新選明文東洋古典大系

新完譯

【朱子四書集註】
孟子集註新講(中)

張基槿 新譯講述

明文堂

▲ 아성전(亞聖殿) 맹자는 공자(孔子)에 버금간다하여 아성(亞聖)으로 불린다.

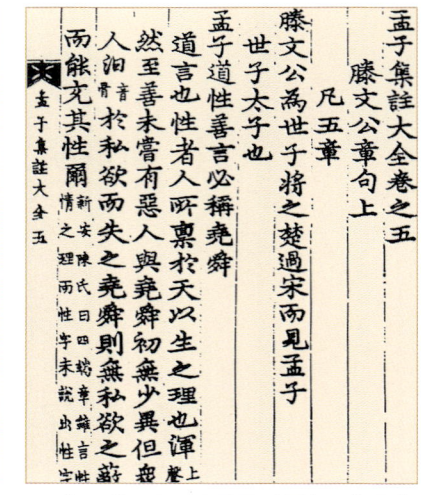

▲ 《맹자》 권5 등문공장구(滕文公章句) 상 원문 정유자본(丁酉字本)

▼ 맹자상(孟子像)

▼ 주희(朱熹) 초상

▲ 성선설(性善說)을 설명하는 맹자

▲ 순자상(荀子像) 맹자가 성선설(性善說)을 주장한 반면, 순자는 성악설(性惡說)을 주장하였다.

▼ 공자묘(孔子墓) 산동성(山東省)의 공림(孔林)에 있다.

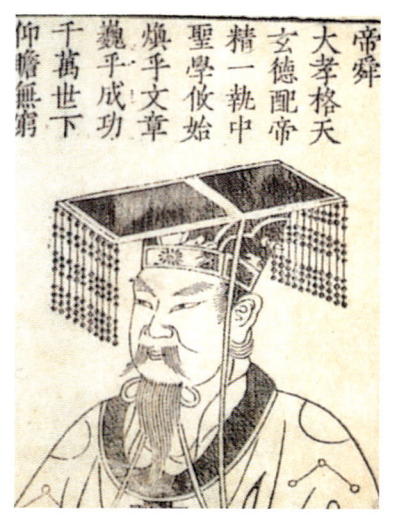

▲ 순제상(舜帝像) 전설상의 성왕으로 요제(堯帝)로부터 황위를 물려 받았다. 맹자는 순임금을 대효(大孝)라 하였다.

▲ 우왕 입상(禹王立像) 순제(舜帝)로부터 선양받은 우왕은 치수(治水)로 유명하다.

▼ 맹자가 살았던 전국시대 지도

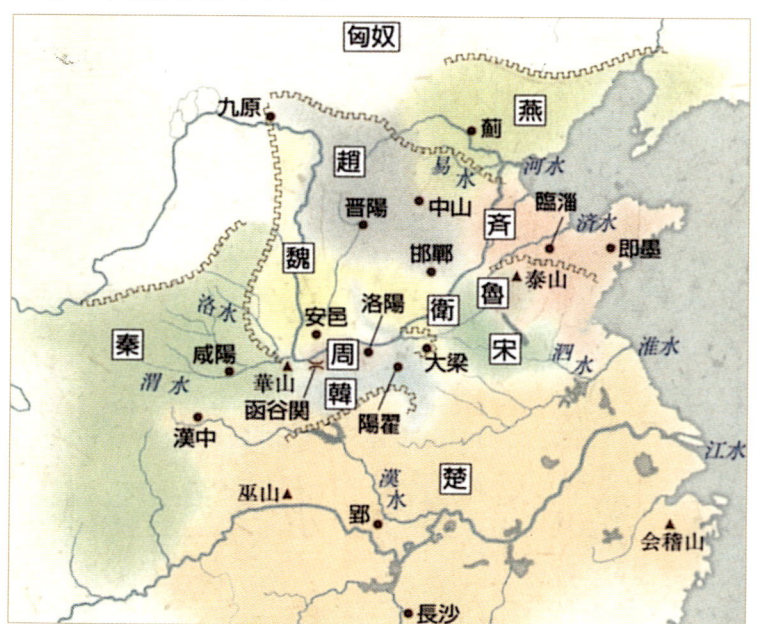

「사서집주(四書集註) 신강(新講)」 간행사

  오늘의 인류사회는 크게 변하고 있다. 외형적으로 눈부시게 발달한 과학 기술 및 공업 생산은 마침내 시간과 공간의 격차를 좁혔으며, 이에 인류는 하나가 되어야 한다는 정신적·도덕적 의식이 높아졌으며, 아울러 인류 대동의 하나의 평화세계 창건을 희구하는 방향으로 나아가고 있다.

  이에 우리 지식인들도 보다 적극적으로 동양의 한문 경전을 읽고 심성을 함양하고 인격을 도야해야 한다. 아울러 국가 및 세계적인 차원에서도 모든 사람이 「충효(忠孝)」를 실천하고 「예의염치(禮義廉恥)」를 가리어야만이 「수신(修身) 제가(齊家) 치국(治國) 평천하(平天下)」의 일관된 도덕세계를 창건할 수 있을 것이다.

  진정한 평화세계 창건에 참여하는 선구자적·도덕적 지식인을 「대인(大人)」이라고 한다. 우리는 「대인」이 되기 위하여 한문을 공부하여야 한다. 그러나 한문 공부는 쉽지 않다. 고전과 성현들의 가르침이나 사상은 심오하고 어렵다. 그러므로 좋은 참고서를 바탕으로 공부해야 한다.

  본사 명문당은 「한문고전 출판」에서는 가장 오래되고 또 권위를 자랑하는 출판사이다. 차제에 우리나라 한문학의 태두(泰斗) 장기근 박사의 「주자 사서집주」의 상재를 기쁘고 자랑스럽게 여긴다.

        2004년 11월
            명문당 김 동 구 삼가 씀

머리말

이 책을 집필하게 된 필자의 동기와 소망의 일단을 삼가 아뢰어 올리겠습니다. 우선 이 책은 「주자의 사서집주」에 대한 그 간의 학습을 미숙한 대로 정리한 것입니다. 아울러 필자는 이 책이 우리나라의 지도층과 지식인들에게 읽히기를 간절히 바라고 서둘러 출판을 한 것입니다. 다음에서 필자의 소견과 소망을 논설문 형식으로 나누어 기술하겠습니다.

(1) 동양의 경전을 읽어야 한다

지식인, 특히 지도층의 인사들은 동양의 경전(經典), 특히 맹자를 읽어야 한다. 그래야 고결한 인격으로 도덕정치에 참여할 수 있다. 그래야 진정으로 국가 민족의 지도자로서 국민을 사랑하고 국가의 역사 문화 발전에 선가치적으로 이바지하게 될 것이다.

필자의 생각에 반대하는 사람도 많을 것이다. 그들은 말할 것이다. 「과학이 발달한 오늘날 맹자 사상은 쓸모가 없다.」

이와 같이 동양의 정신문화나 윤리도덕을 부정하고 서양의 「금전만능주의와 무력팽창주의」에 맹목적으로 동조하기 때문에 바로 오늘의 인류위기가 심화되는 것이다. 도덕성 결핍증의 폐단을 몇 가지 지적하겠다.

사람들이 철학적으로 생각하지 못한다. 따라서 선악시비(善惡是非)를 분별하지 못한다. 동물적 존재로 전락하고 동물적 삶을 살고 있다는 사실도 모른다. 오직 먹고 마시고 뛰고 놀고 표피적인 자극과 관능적 쾌락만을 추구하고 있으며 그것이 전부인 줄 착각하고 있다. 더욱 무서운 것은 수심(獸心)과 탐욕(貪慾)을 바탕으로 남을 속이거나 살상하고 남의 재물을 탈취하여 나 혼자 잘사는 것을 당연시하고 있다는 사실이다. 더욱 한심한 것은 지능과 기계를 악용한 악덕을 현대적 문화행동이라고 착각하고 있다는 사실이다. 즉 선악을 분별할 기준이 없으므로 따라서 지능과 기계에 대한 선용과 악용을 혼동하는 것이다.

사람이 타락하면 국가도 타락한다. 그래서 모든 나라는 부국강병(富國强兵)만을 중시하고「재물 과학 기술 및 지능」을 무기화(武器化)하고 전쟁과 쟁탈에 몰두하고 있다. 더욱이 원자탄과 첨단무기 를 가진 강대국은 빈곤한 약소국가를 무참하게 유린하고 있다. 그래서 인류세계가 약육강식(弱肉强食)과 아비규환(阿鼻叫喚)의 생지옥으로 전락한 것이다.

동양사상과 윤리도덕을 모르면 악덕(惡德)을 악덕인 줄 모르고, 반대로 악덕한 강대국을 높이고 추종한다. 그래서 사회적으로도 윤리 도덕이 증발했으며, 개인들도 다투고 쟁탈하는 데에 골몰하게 되었다. 그 결과 세계가 약육강식과 아비규환의 생지옥으로 화했다.

악은 망하고 선만이 산다. 그것이 천도(天道)다. 맹자는 말했다.「하늘의 도리를 따르는 착한 사람은 살아서 흥하고, 하늘의 도리를 어기는 악한 자는 반드시 망한다.(順天者存 逆天者亡)」

맹자를 읽고 공부해야 한다. 그래야 생각하는 힘과 도덕성을 회복하고 사람다운 삶을 살고 위기를 극복할 수 있다.

⑵ 인류 위기를 극복하자

　오늘의 세계인류는 심각한 위기에 처해 있다. 강대국이 약소국가를 무력으로 짓밟고 자기네만 잘살려고 한다. 그러므로 사람들도 타락하고「돈과 물질 및 기계와 무력」을 높이고「정신과 인격 윤리 도덕」을 망각하고 있다.

　아울러 사람들은 생각하는 힘을 잃고 인류의 위기를 심각하게 느끼지 못하고 있다. 존엄과 정신과 도덕성을 되찾아야 한다. 그래야 우리와 인류가 도덕적으로 소생할 수 있다. 그 길을 우리는 동양의 정신문화와 도덕정치에서 찾아야 한다.

　맹자가 살았던 전국시대가 바로 오늘의 세계와 똑같이 극도로 타락하고 문란한 난세였다. 그 때에 맹자는 분연히 일어나 인의(仁義)의 도덕정치의 기치를 높이 들고 고군분투했던 것이다.

　당시의 임금이나 나라는 무력전쟁만을 일삼았다. 그러므로 맹자의 말이나 사상을 받아들이지 않았다. 그 결과 모든 나라들이「호랑이나 이리 같은 진(秦)」에 짓밟히고 무참하게 멸망했던 것이다. 물론 그 진나라도 이내 멸망했다.

　이것이 역사의 교훈이다.「선만이 살아 흥하고 악은 멸망한다」는 천도(天道)는 오늘의 세계에도 살아서 작용한다. 그러므로 맹자를 공부하고 역사의 흐름을 바르게 알아야 한다.

⑶ 악의 실체를 철학적으로 알자

　우리는 오늘의 인류가 빠져있는 난세의 실상을 철학적으로 알아야 한다. 그래야 위기를 극복하고 구제되는 길을 찾을 수 있다. 다음에서 맹자 사상을 바탕으로 위기의 원인을 살펴보자.

사람은 만물의 영장이다. 탁월한 지능을 바탕으로 창조적 문화 생활을 영위하고 있다. 문화는 공간적·사회적으로 넓게 퍼지고 확대된다. 동시에 시간적·역사적으로 이어지면서 발전한다.

오늘의 인류가 누리고 있는 풍요로운 물질생활이나 놀랍게 발달한 과학기술도 선인들이 남겨준 문화적 열매다. 문화의 창조와 발전은 공간과 시간을 초월한 모든 사람들의 노력과 협동에 의해서 이루어진다. 개인적으로나 국가적으로나 살인 강도를 하는 악덕한 존재는 인류의 역사 문화 발전에 기여하지 못한다. 반대로 파괴를 할 뿐이다.

하늘은 사람에게 탁월한 지능을 내려주었다. 동시에 숭고한 정신과 도덕성도 부여해 주었다. 그러므로 사람은 과학적 발전만 이룬 것이 아니라 동시에 윤리 도덕적 발전도 이루었던 것이다.

인류사회에는 과학을 바탕으로 한 물질문화와 더불어 종교를 바탕으로 한 정신문화가 함께 꽃을 피우고 있는 것이다. 그런데 오늘의 세계에는 악덕한 금전과 무력만이 판을 치고 있다. 그러므로 숭고한 정신문화나 윤리 도덕이 쇠미하게 된 것이다. 그래서 많은 사람들도 숭고한 정신적 도덕성을 제대로 깨닫지 못하고 오직 「육체적·이기적·관능적 삶」에만 몰두하고 있는 것이다.

「육체적 삶」은 「식색(食色)」을 바탕으로 한다. 음식을 잘 먹어야 개체(個體)를 보전(保全)하고 활동하고 일할 수 있다. 「색(色)」은 「남녀의 결합」이다. 남자와 여자가 결혼하고 자손을 낳아야 종족(種族)을 유지하고 또 번성할 수 있다.

그러므로 「식색을 바탕으로 한 삶」은 육신을 지닌 사람에게는 지극히 중요하다. 그러므로 의식주(衣食住)의 생활을 문화적으로 높여야 한다. 그러나 「육체적 삶」은 「개별적·이기적 삶」이다. 내가 배고플 때는 내가 먹어야 한다. 또 내가 결혼해서 아들딸을 낳고 키워야 우리 집안이 번성한다. 남이 먹고 남이 결혼을 해도 내가 안 먹고 내가 결혼을 안 하면 안 된다. 그래서 「식색의 육체적 삶」은 필연적으로 「개별적·이기적 삶」이 된다. 그러므로 개인이나 국가나 「동물적·육체적·이기적 삶」만을 고집하면 필연적으로 서로 다투고 뺏기 내기를 하게 된다. 그래서 숭고한 정신과 윤리 도덕을 바탕으로 하고 「서로 사랑하고 서로 협동하고 함께 잘 사는 공동체」를 꾸며야 한다. 그러한 사상과 정치가 바로 유교(儒教)에서 강조하는 천도(天道)를 바탕으로 한 「인애(仁愛)의 도덕정치(道德政治)」다.

서로 싸우고 죽이는 악덕은 오래가지 못한다. 무력은 더 큰 무력을 초래한다. 임금이나 나라가 무력전쟁을 일삼고 서로 죽이고 파괴하면 결국에는 승자도 패자도 함께 다 망한다.

(4) 필자의 소망

필자의 소망을 다음 같이 추려 아뢰어 올리겠다.

① 심각한 인류위기를 극복하고 인류대동의 참다운 평화세계 창건에 미력이나마 기여하고자 합니다.

② 서양의 외형적 물질문화 및 무력적 패권주의를 비판하고 대처할 수 있는 동양의 내면적 정신문화 및 도덕정치 사상을 선양하고자 합니다.

③ 모든 사람이 저마다 숭고한 정신을 되찾고 아울러 윤리 도덕을 실천하는 인격자가 되기를 간절히 소망합니다.

④ 더 나아가서는 사랑과 행복이 넘치는 나라와 가정을 재건하는 데 곁에서나마 도움이 되고자 합니다.

⑤ 거듭 정중히 당부합니다. 성현(聖賢)이 저술한 경전을 성실하게 공부하고, 깊이 생각하는 힘을 키우고, 심성을 착하게 함양하고, 고결하고 유능한 나라의 일꾼이 되기를 바랍니다. 그래야 가치 있는 삶을 살고 역사 문화 발전에 착하게 기여할 수 있습니다.

⑥ 유교의 학문 정신과 목적은 바로 수기치인(修己治人)과 천인합일(天人合一)입니다.

2006. 7. 16. 玄玉蓮齋에서

장기근(張基槿) 삼가 씀

범례(凡例)

　원문은 보경문화사(保景文化社)에서 영인한 「맹자집주대전(孟子集註大全)」을 바탕으로 했다. 아울러 명문당(明文堂)에서 간행한 「원본 비지 맹자집주(原本 備旨 孟子集註)」를 참고했다.
　맹자의 글을 바르게 읽고 또 맹자의 사상을 깊이 터득하기 위해서는 절대로 「주자집주(朱子集註)」를 바탕으로 해야 한다. 그래서 이 책에서는 경문과 주를 전부 싣고 한글로 풀이했다. 한편 「대전 주소 선역(大全註疏選譯)」과 [참고 보충]으로 뜻풀이를 보충했다. 기타 조기(趙岐)와 양백준(楊伯峻)의 주석을 참고로 했다. 이 책의 편집은 대략 다음 같은 순서로 꾸몄다.

(1) **경문**(經文) : ① 한문 원문, ② 한자음과 토, ③ 한글 풀이, ④ 어구 설명, ⑤ 참고 보충 및 대전 주소 선역.

(2) **주자집주**(朱子集註) : ① 한문 원문, ② 한글 풀이.

(3) **참고 보충 및 대전주소선역**(大全註疏選譯) : 유교(儒敎)와 성리학(性理學)의 원리와 사상을 이해하는 데 도움이 되는 사항이나 용어에 대한 설명을 했다.

(4) **장**(章)**과 구절**(句節) : 원칙적으로 「맹자 집주」를 따랐다. 그러나 지나치게 긴 경우에는 세분(細分)하기도 했다.

(5) **백문**(白文) **및 요점 복습** : 각 장마다 뒤에 「백문(白文)」과 「요점 복습」을 붙였다.

차 례

「사서집주(四書集註) 신강(新講)」 간행사 …… 1
머리말 …… 3
범례(凡例) …… 9

孟子集註 卷之五

■ 滕文公章句 上 : 총 5 장 …… 25

제1장 滕文章 : 총 5 구절 …… 26

【참고 보충】「본성(本性)과 사욕(私欲)」 28 / 「계선성성(繼善成性)」 30 / 「성선설(性善說)과 성악설(性惡說)」 37 / 「육체적 삶과 도덕적 삶」 37 / 「우주적 삶을 의식하자」 38 / 「선가치적 식색(食色)」 39 / 「맹자의 성선설의 깊은 뜻」 40 / 「성선(性善)과 도(道)」 40

【요점 복습】 제1장 등문장 41

제2장 滕定章 : 총 5 구절 …… 42

　【참고 보충】「대전주소선역(大全註疏選譯)」 47 / 「삼년상(三年喪)」 58

　【요점 복습】 제2장 등정장 60

제3장 爲國章 : 총 19 구절 …… 61

　【참고 보충】「대전주소선역(大全註疏選譯)」 65 / 「항산(恒産)과 항심(恒心)」 65 / 「대전주소선역(大全註疏選譯)」 79 / 「대전주소선역(大全註疏選譯)」 81 / 「인정·민생안정·윤리교육」 95

　【요점 복습】 제3장 위국장 98

제4장 神農章 : 총 18 구절 …… 99

　【참고 보충】 허행의 허망한 주장 101 / 「국토개발·민생안정·윤리교육」 123 / 「대인(大人)과 노심자(勞心者)」 143 / 「오륜(五倫)을 실천해야 한다」 144

　【요점 복습】 제4장 신농장 147

제5장 墨子章 : 총 5 구절 …… 149

　【요점 복습】 제5장 묵자장 164

孟子集註 卷之六

■ 滕文公章句 下 : 총 10 장 …… 165

　제1장 陳代章 : 총 5 구절 …… 166

　　【참고 보충】「비기초불왕야(非其招不往也)」 169 /「대전주소선역(大全註疏選譯)」 178 /「수의불왕도(守義不枉道)」 179 /「수사선도(守死善道)」 180

　　【요점 복습】제1장 진대장 181

　제2장 景春章 : 총 3 구절 …… 182

　　【참고 보충】「악덕한 책략가(策略家)」 185 /「대전주소선역(大全註疏選譯)」 189 /「참다운 대장부」 189

　　【요점 복습】제2장 경춘장 190

　제3장 周霄章 : 총 4 구절 …… 191

　　【요점 복습】제3장 주소장 202

　제4장 彭更章 : 총 4 구절 …… 203

　　【요점 복습】제4장 팽경장 212

차 례 13

제5장 宋小章 : 총 7 구절 …… 213
　【참고 보충】「송(宋)나라의 언왕(偃王)」214 /「탕왕(湯王)의 정
　　　벌(征伐)」219
　【요점 복습】제5장 송소장 230
제6장 戴不勝章 : 총 2 구절 …… 231
　【요점 복습】제6장 대불승장 236
제7장 不見章 : 총 4 구절 …… 237
　【요점 복습】제7장 불견장 244
제8장 戴盈之章 : 총 3 구절 …… 246
　【요점 복습】제8장 대영지장 249
제9장 好辯章 : 총 13 구절 …… 250
　【참고 보충】「기화성쇠(氣化盛衰) 인사득실(人事得失)」251 /「반
　　　복하는 흥망·성쇠·치란」253 /「치수와 국토개발」255 /「기
　　　화(氣化) 인사(人事) 상참(相參)」260 /「춘추필법(春秋筆法)」
　　　265 /「치란(治亂)과 오늘의 세계」279
　【요점 복습】제9장 호변장 282
제10장 匡章章 : 총 6 구절 …… 284
　【요점 복습】제10장 광장장 296

孟子集註 卷之七

■ 離婁章句 上 : 총 28 장 …… 297

제1장 離婁章 : 총 12 구절 …… 299
【요점 복습】제1장 이루장 317
제2장 規矩章 : 총 5 구절 …… 319
【요점 복습】제2장 규구장 325
제3장 三代章 : 총 4 구절 …… 326
【요점 복습】제3장 삼대장 329
제4장 愛人章 : 총 3 구절 …… 330
【요점 복습】제4장 애인장 333
제5장 恒言章 : 총 1 구절 …… 334
【요점 복습】제5장 항언장 335
제6장 爲政章 : 총 1 구절 …… 336
【참고 보충】「맥구읍인(麥丘邑人)」339
【요점 복습】제6장 위정장 339
제7장 天下章 : 총 5 구절 …… 340

【요점 복습】제7장 천하장 351

제8장 不仁章 : 총 5 구절 …… 353

　【요점 복습】제8장 불인장 359

제9장 桀紂章 : 총 6 구절 …… 360

　【참고 보충】「조조(鼂錯)의 건의」362

　【요점 복습】제9장 걸주장 368

제10장 自暴章 : 총 3 구절 …… 369

　【요점 복습】제10장 자포장 373

제11장 道在章 : 총 1 구절 …… 374

　【요점 복습】제11장 도재장 375

제12장 居下章 : 총 3 구절 …… 376

　【참고 보충】중용(中庸)의 「성(誠)」381

　【요점 복습】제12장 거하장 381

제13장 伯夷章 : 총 3 구절 …… 382

　【요점 복습】제13장 백이장 386

제14장 求也章 : 총 3 구절 …… 387

　【요점 복습】제14장 구야장 392

제15장 存乎章 : 총 2 구절 …… 393

　【요점 복습】제15장 존호장 395

16 맹자집주신강(孟子集註新講) 중(中)

제16장 恭者章 : 총 1 구절 …… 396
　【요점 복습】제16장 공자장 397
제17장 淳于章 : 총 3 구절 …… 398
　【요점 복습】제17장 순우장 402
제18장 公孫章 : 총 4 구절 …… 403
　【요점 복습】제18장 공손장 407
제19장 事孰章 : 총 4 구절 …… 408
　【요점 복습】제19장 사숙장 415
제20장 不足章 : 총 1 구절 …… 416
　【요점 복습】제20장 부족장 419
제21장 不虞章 : 총 1 구절 …… 420
　【요점 복습】제21장 불우장 421
제22장 易言章 : 총 1 구절 …… 421
　【요점 복습】제22장 이언장 422
제23장 人患章 : 총 1 구절 …… 422
　【요점 복습】제23장 인환장 423
제24장 樂正章 : 총 3 구절 …… 424
　【요점 복습】제24장 악정장 427
제25장 子之章 : 총 1 구절 …… 428

【참고 보충】「책망의 단계」 429
【요점 복습】제25장 자지장 429
제26장 不孝章 : 총 2 구절 …… 430
　【요점 복습】제26장 불효장 432
제27장 仁之章 : 총 2 구절 …… 433
　【요점 복습】제27장 인지장 437
　【참고 보충】「인의예지(仁義禮智)의 확대」 437
제28장 天下章 : 총 2 구절 …… 438
　【요점 복습】제28장 천하장 443

孟子集註 卷之八

■ 離婁章句 下 : 총 33 장 …… 444

제1장 舜生章 : 총 4 구절 …… 446
　【참고 보충】「대전주소선역(大全註疏選譯)」 447 /「대전주소선역(大全註疏選譯)」 450 /「대전주소선역(大全註疏選譯)」 451 /「오늘의 세계와 종교통일」 451

【요점 복습】 제1장 순생장 452

제2장 子産章 : 총 5 구절 …… 453

   【요점 복습】 제2장 자산장 457

제3장 視臣章 : 총 4 구절 …… 458

   【요점 복습】 제3장 시신장 466

제4장 無罪章 : 총 1 구절 …… 467

   【요점 복습】 제4장 무죄장 468

제5장 君仁章 : 총 1 구절 …… 468

   【참고 보충】「인의(仁義)와 상행하효(上行下效)」 469

   【요점 복습】 제5장 군인장 469

제6장 非禮章 : 총 1 구절 …… 470

   【참고 보충】「비례지인의(非禮之仁義)」 471

   【요점 복습】 제6장 비례장 471

제7장 中也章 : 총 1 구절 …… 472

   【참고 보충】「일반적 해석과 집주의 해석」 474 /「대전주소선역(大全註疏選譯)」 474

   【요점 복습】 제7장 중야장 475

제8장 不爲章 : 총 1 구절 …… 476

   【요점 복습】 제8장 불위장 476

제9장 言人章 : 총 1 구절 ······ 477
　　【요점 복습】제9장 언인장 477
제10장 仲尼章 : 총 1 구절 ······ 478
　　【요점 복습】제10장 중니장 478
제11장 惟義章 : 총 1 구절 ······ 479
　　【참고 보충】「필부의 만용(匹夫之蠻勇)」480
　　【요점 복습】제11장 유의장 480
제12장 赤子章 : 총 1 구절 ······ 481
　　【참고 보충】「대전주소선역(大全註疏選譯)」482
　　【요점 복습】제12장 적자장 482
제13장 養生章 : 총 1 구절 ······ 482
　　【요점 복습】제13장 양생장 484
제14장 深造章 : 총 1 구절 ······ 484
　　【참고 보충】「심조지이도(深造之以道)」487 /「대전주소선역(大全註疏選譯)」488
　　【요점 복습】제14장 심조장 488
제15장 博學章 : 총 1 구절 ······ 489
　　【참고 보충】「대전주소선역(大全註疏選譯)」490
　　【요점 복습】제15장 박학장 490

제16장 善服章 : 총 1 구절 …… 491
　【참고 보충】「이선복인(以善服人)」 492
　【요점 복습】제16장 선복장 492

제17장 無實章 : 총 1 구절 …… 493
　【참고 보충】「언무실불상(言無實不祥)」 494
　【요점 복습】제17장 무실장 494

제18장 徐子章 : 총 3 구절 …… 495
　【요점 복습】제18장 서자장 500

제19장 人之章 : 총 2 구절 …… 500
　【참고 보충】「인간과 동물의 차이」 502 / 「하늘과 하나 된 순임금」 505
　【요점 복습】제19장 인지장 506

제20장 旨酒章 : 총 5 구절 …… 507
　【요점 복습】제20장 지주장 513

제21장 王者章 : 총 3 구절 …… 514
　【참고 보충】「왕자지적식(王者之跡熄)」 515
　【요점 복습】제21장 왕자장 519

제22장 私淑章 : 총 2 구절 …… 520
　【요점 복습】제22장 사숙장 522

제23장 可以章 : 총 1 구절 …… 523
　【요점 복습】제23장 가이장 524
제24장 逢蒙章 : 총 2 구절 …… 525
　【요점 복습】제24장 방몽장 533
제25장 西子章 : 총 2 구절 …… 534
　【요점 복습】제25장 서자장 535
제26장 言性章 : 총 3 구절 …… 536
　【참고 보충】「고(故)와 이(利)」538 /「대전주소선역(大全註疏選譯)」542
　【요점 복습】제26장 언성장 543
제27장 公行章 : 총 2 구절 …… 544
　【요점 복습】제27장 공행장 547
제28장 異於章 : 총 7 구절 …… 548
　【요점 복습】제28장 이어장 556
제29장 禹稷章 : 총 7 구절 …… 557
　【요점 복습】제29장 우직장 564
제30장 匡章章 : 총 5 구절 …… 565
　【참고 보충】「광장불효(匡章不孝)」572 /「부자책선(父子責善)」573 /「다섯 가지 불효(五不孝)」573

【요점 복습】제30장 광장장 574
제31장 曾子章 : 총 3 구절 …… 575
　【요점 복습】제31장 증자장 581
제32장 儲子章 : 총 1 구절 …… 582
　【요점 복습】제32장 저자장 583
제33장 齊人章 : 총 2 구절 …… 584
　【요점 복습】제33장 제인장 590

孟子集註 卷之九

■ 萬章章句 上 : 총 9 장 …… 591

제1장 舜往章 : 총 5 구절 …… 592
　【요점 복습】제1장 순왕장 605
제2장 娶妻章 : 총 4 구절 …… 606
　【요점 복습】제2장 취처장 622
제3장 象日章 : 총 3 구절 …… 623
　【요점 복습】제3장 상일장 632

제4장 咸丘章 : 총 6 구절 …… 633
  【요점 복습】제4장 함구장 648
제5장 堯以章 : 총 5 구절 …… 649
  【요점 복습】제5장 요이장 660
제6장 德衰章 : 총 8 구절 …… 661
  【요점 복습】제6장 덕쇠장 677
제7장 割烹章 : 총 9 구절 …… 678
  【요점 복습】제7장 할팽장 693
제8장 或謂章 : 총 4 구절 …… 694
  【요점 복습】제8장 혹위장 702
제9장 百里奚章 : 총 3 구절 …… 703
  【요점 복습】제9장 백리해장 711

孟子集註 卷之十

■ 萬章章句 下 : 총 9 장 …… 712
  제1장 伯夷章 : 총 7 구절 …… 713
    【요점 복습】제1장 백이장 730

24 맹자집주신강(孟子集註新講) 중(中)

제2장 北宮章 : 총 9 구절 ······ 732
　【요점 복습】제2장 북궁장 743
제3장 問友章 : 총 6 구절 ······ 745
　【요점 복습】제3장 문우장 755
제4장 交際章 : 총 7 구절 ······ 756
　【요점 복습】제4장 교제장 774
제5장 爲貧章 : 총 5 구절 ······ 775
　【요점 복습】제5장 위빈장 781
제6장 士之章 : 총 6 구절 ······ 782
　【요점 복습】제6장 사지장 792
제7장 不見章 : 총 8 구절 ······ 793
　【요점 복습】제7장 불견장 805
제8장 一鄕章 : 총 2 구절 ······ 806
　【요점 복습】제8장 일향장 809
제9장 問卿章 : 총 4 구절 ······ 810
　【요점 복습】제9장 문경장 814

孟子集註 卷之五

滕文公章句 上 : 총 5 장

「맹자집주 제5권, 등문공장구 상(滕文公章句 上)」은 총 5 장이다. 각 장의 이름과 그 요점은 대략 다음과 같다.

제1장 등문장(滕文章) : 하늘이 준 착한 본성을 바탕으로 나라를 다스리면 요순(堯舜) 같은 인정(仁政)을 펼 수 있다.

제2장 등정장(滕定章) : 맹자의 말을 듣고, 등나라 문공이 부모의 상을 고대의 예법에 따라 거행했다.

제3장 위국장(爲國章) : 총 19 구절이다. 맹자가 등나라 문공에게 인정(仁政)의 핵심이 되는 민생안정과 윤리도덕 교육을 강조했다.

제4장 신농장(神農章) : 허행(許行)의 맹목적 복고주의(復古主義)를 논박한 글이다. 총 18 구절로 역시 내용이 길다.

제5장 묵자장(墨子章) : 묵자학파(墨子學派)의 무차별적 겸애설(兼愛說)과 장례를 간소하게 지내라는 절검사상(節儉思想)을 비판했다.

제1장 滕文章 : 총 5 구절

[1] 滕文公 爲世子 將之楚 過宋 而見孟子.

등문공(이) 위세자(에) 장지초(할새) 과송 이견맹자(하신대)

[1] 등나라 문공이 세자였을 때, 초나라로 가는 길에 <맹자가 송나라에 있다는 말을 듣고> 송나라에 들러 맹자를 만났다.

[어구 설명] [1] ㅇ滕(등) : 등은 나라 이름, 지금의 산동성 등현(滕縣) 부근에 있던 작은 나라. 본래 주무왕(周文王)의 아들 조숙수(錯叔繡)를 봉했던 나라다. ㅇ文公爲世子(문공위세자) : 문공이 세자로 있을 때의 일이다. 부왕(父王) 정공(定公)이 서거하자, 자리에 올라 문공이라 했다. 문공은 맹자를 존중하고 자주 만났다. 「양혜왕 상, 하」 및 「공손추 하」에도 두 사람의 대화가 나온다. ㅇ將之楚(장지초) : <아버지 정공의 명을 받고> 초나라로 가는 길에. 「지(之)」는 「가다, 간다」는 뜻의 동사. ㅇ過宋而見孟子(과송이견맹자) : 송나라에 들러 맹자를 만났다. 「과(過)」는 「지나가는 길에 들렀다」는 뜻이다. 송(宋)은 하남성(河南省) 상구현(商丘縣) 일대에 있었다. 은(殷)의 미자(微子)가 봉해진 나라다. 당시 맹자는 나이 60세를 넘은 고령이었다. 제(齊)나라에서 돌아와, 고향인 추(鄒)나라에 있다가, 송나라의 임금 언(偃)이 인정(仁政)을 펴겠다

고 하여, 맹자가 송나라에 와 있었다. 당시 등나라의 세자가 맹자를 보려고 송나라에 들른 것이다.

【集註】(1) 世子 太子也.

(1) 세자는 태자다.

[2] 孟子道性善 言必稱堯舜.
　　　맹자(이) 도성선(하샤대) 언필칭요순(이러시다)

[2] 맹자는 「사람의 본성은 착하다」는 성선설(性善說)을 말했으며, 말할 때마다 반드시 요·순(堯舜)을 <내세우고> 칭송했다.

[어구 설명] [2] ㅇ孟子道性善(맹자도성선) : 맹자가 「성선설(性善說)」을 말했다. 「성선설」은 「사람의 본성은 착하다는 주장」으로 맹자 사상의 핵심이다. ㅇ言必稱堯舜(언필칭요순) : 말마다 요임금·순임금을 높이고 칭찬했다.

【集註】(1) 道言也 性者人所稟於天 以生之理也 渾然至善 未常有惡 人與堯舜 初無少異 但衆人 汩於私欲 而失之 堯舜則無私欲之蔽 而能充其性爾.

(1) 「도(道)」는 「말한다」는 뜻이다. 「성(性)」은 「사람이 하늘로부터 받아 지니고 있는 바, <본성 속에 내재하고 있는> 삶의 도리다. <그 삶의 도리는> <우주 천지 만물과> 혼연일체를 이루고, 또 지극히 선한 것이며 악함이 전연 없는 것이다.

<본성적인 착함에 있어> 모든 사람은 요임금이나 순임금과 조금도 다를 바가 없다. <그러나> 다만 일반 대중은 사사로운 욕심에 골몰하기 때문에 <본성적인 착함을> 상실한다. 요임금과 순임금은 사사로운 욕심에 덮이거나 가려지지 않으므로 능히 본성적인 착함을 확대하고 충실하게 할 수 있었던 것이다.

【참고 보충】「본성(本性)과 사욕(私欲)」

인간을 위시하여 식물·동물 등 모든 생물은 「절대자(絶對者) 하늘(天)」에 의해서 창조되었으며 동시에 「하늘의 도리(天道)」를 따라 저마다의 삶을 누리고, 또 시간의 흐름에 따라 더욱 번식 발전하고 있다. 그러나 인간·동물 및 식물은 절대로 같지 않다. 절대로 넘을 수 없는 현격한 차별과 차등이 있다. 그래서 인간을 「만물의 영장(靈長)」이라고 한다. 즉 인간만이 하늘의 도리를 터득하고 활용하는 탁월한 지능, 이성과 정신 및 도덕성을 가지고 있다. 물론 이것도 하늘이 사람에게 내려준 착한 성품이며, 이것을 유교에서는 「하늘에 의해서 주어진 본성이며, 그것은 곧 삶의 도리이며, 우주천지와 혼연일체를 이루는 최고선의 도리(性者人所稟於天 以生之理也 渾然至善)」라고 한다. 이와 같은 절대선(絶對善)의 본성을 지니고 있으나, 인간도 동물적 존재로 동물적 욕구를 채워야 한다. 그 대표적 욕구가 곧 식색(食色)이다. 먹어야 개체(個體)를 보존하고, 음양이 어울려야 종족(種族)을 번성한다. 그러나 「동물적 욕구는 이기적·개별적 욕구이다.」 한편 「본성 속에 주어진 이성적인 도리는 이타적·우주적 도리이다.」 그러므로 사리사욕(私利私欲)에 골몰하면 본성선(本性善)을 소홀히 하거나 망각하게 된다.

「신안 진씨가 말했다. 사단장에서 비록 성정(性情)의 도리를 말했으나 성(性)이란 글자는 아직 나타나지 않았다. 성(性)이란 글자는 여기 처음으로 보인다. 그리고 자세한 설명은 고자편과 진심편에 있다.(新安陳氏曰 四端章 雖言性情之理 而性字未見出 性字始見於此 而詳見告子盡心篇)」<大全註疏>

【集註】(2) 故孟子與世子言 每道性善 而必稱堯舜以實之 欲其知仁義 不假外求 聖人可學而至 而不懈於用力也 門人不能悉記其辭 可撮大旨如此.

(2) 그러므로 맹자는 세자와 대화를 할 때에, 언제나「성선(性善)」을 말했으며 아울러 반드시「요임금・순임금이 <본성적인 착한 도리>를 충실히 실천했다」고 칭찬했다. <그리고 또 맹자는>「인의(仁義)를 바르게 알고 인의의 덕치(德治)를 펴고자 하면, 외부적인 힘을 빌리거나 구하지 않고, 오직 요임금이나 순임금 같은 성인을 배우고 본받으면 도달한다. 그러므로 해이하지 말고 노력하라」고 말한 것이다. <맹자와 세자의 말을> 문인이 기록할 때에 다 기억하고 자세히 기록하지 못하고 이와 같이 대강을 추렸을 것이다.

【集註】(3) 程子曰 性卽理也 天下之理 原其所自 未有不善 喜怒哀樂未發 何嘗不善 發而中節 卽無往

而不善 發不中節 然後爲不善 故凡言善惡 皆先善而
後惡 言吉凶 皆先吉而後凶 言是非 皆先是而後非.

(3) 정자(程子)는「성(性)은 즉 이(理)이다」라고 말했다. 천하 만물의 도리는 원래 하늘에서 나온 것이므로, 선하지 않은 것이 없다.「희노애락(喜怒哀樂)」도 나타나지 않으면 선하지 않은 것이 없다. 나타나도 절도에 맞으면 어떠한 경우에도 선하지 않음이 없다. 절도에 맞지 않게 나타난 다음에, 선하지 않게 되는 것이다. 그러므로 원칙적으로 선악을 논할 때, 먼저 선을 내세우고, 악을 뒤로 돌린다. 길흉을 논할 때, 먼저 길을 내세우고, 흉을 뒤로 돌린다. 시비를 논할 때, 먼저 시를 내세우고, 비를 뒤로 돌린다. <기준을 하늘의 도리에 둔다. 하늘의 도리에 맞으면 선(善), 길(吉), 시(是)하게 마련이다.>

【참고 보충】「계선성성(繼善成性)」

「주자가 말했다. 맹자는 오직 대략적으로 성선(性善)을 말한 것이다. 성이 선한 연유에 대해서는 별로 말하지 않았다. 모름지기 <공자가 계사전(繫辭傳)에서 말한 것처럼>『음과 양이 어울려 생성(生成)하는 것을 도(道)라 한다. 그 도를 계승(繼承)하는 것이 선(善)이고, 도를 성취하는 것이 성(性)이다』라고 말해야 비로소 성(性)과 천도(天道)를 아울러 말하는 것이 된다.(朱子曰 孟子也 只是大概說性善 至於性之所以善處也少說 須是如說 一陰一陽之謂道 繼之者善也 成之者性也 方是說性與天道耳.)」<大全註疏>
* 계사전(繫辭傳)은 공자의 말이다. 그러므로 결국 공자가「성(性)

과 천도(天道)」를 아울러 말한 것이 된다. 「<역경 계사전에 있는> 계선(繼善)은 출생하기 전의 본성을 지칭한 것이고, 맹자가 말한 성선(性善)은 출생 후의 본성을 지칭한 것이다. 비록 이미 출생했다고 해도, 그 본체는 서로 떨어지고 다른 것이 아니다.(易言繼善 是指未生之前 孟子言性善 是指已生之後 雖曰已生 然其本體 初不相離也)」<大全註疏>「본성(本性)이 착하다고 말한 것은 이(理)를 말한 것이다. 요순(堯舜)을 칭송한 것은 사실을 바탕으로 실증한 것이다. <맹자가 성선과 요순을 함께 말한 것은 도리와 실증을> 아울러 나타내고자 한 것이다.(性善者以理言之 稱堯舜者質其事以實之 所以互相發也)」<大全註疏> * 맹자는 성선(性善)을 말하면서 반드시 요순(堯舜)을 본받으라고 했다.

[3] 世子自楚反 復見孟子 孟子曰 世子疑吾言乎 夫道一而已矣.

세자(이) 자초반(하야) 부견맹자(하신대) 맹자(이) 왈 세자(는) 의오언호(이까) 부도(는) 일이이의(니이다)

[3] 세자가 초나라에서 돌아오는 길에, 다시 맹자를 만나자, 맹자가 세자에게 말했다. 「내가 지난번에 한 말이 의아스럽습니까. 허나 도는 하나입니다.」

[어구 설명] [3] ㅇ世子自楚反 復見孟子(세자자초반 부견맹자) : 세자가 초나라에서 돌아오는 길에, 다시 맹자를 만나자. ㅇ孟子曰(맹자왈) : 맹자가 세자에게 말했다. ㅇ世子疑吾言乎(세자의오언호) : 내가 지난번에 한 말이 의아스럽습니까. <즉 믿어지지 않아서

다른 말을 들으려고 왔군요.〉 ○夫道一而已矣(부도일이이의) : 〈허나〉 원래 도(道)는 오직 하나입니다.

【集註】(1) 時人不知 性之本善 而以聖賢 爲不可企及 故世子於孟子之言 不能無疑 而復來求見 蓋恐別有 卑近易行之說也 孟子知之 故但告之如此 以明古今聖愚 本同一性 前言已盡 無復有他說也.

(1) 당시의 사람들은 '사람의 본성이 착하다'는 것을 알지 못했으며, 〈감히〉 성현같이 높은 경지에 이르리라고 생각하지 못했다. 그래서 세자도 맹자의 말을 의심하지 않을 수 없었다. 이에 다시 와서 보려고 한 것이다. 〈세자는〉 아마도 〈맹자로부터〉 전과 다른 말, 비근하고 행하기 쉬운 말을 듣고자 바랐을 것이다. 〈한편〉 맹자는 〈세자의 속생각을〉 알고 있었다. 그래서 이와 같이 말하고 『예나 지금이나 성인이나 우매한 사람이나 본래의 성(性)은 같다. 전에 할 말을 다 했으며, 다시 더 할 말이 없다』는 〈생각이나 입장을〉 분명하게 밝힌 것이다. 〈그리고 맹자는 다음의 세 사람의 말을 인용했다.〉

[4] 成覵謂齊景公曰 彼丈夫也 我丈夫也 吾何畏彼哉 顔淵曰 舜何人也 予何人也 有爲者亦若是 公明儀曰 文王 我師也 周公豈欺我哉.

성간(이) 위제경공왈 피장부야(이며) 아장부야(이니) 오
하외피재(이오하며) 안연(이) 왈 순하인야(이며) 여하인
야(오) 유위자(이) 역약시(라하며) 공명의(이) 왈 문왕
(은) 아사야(이라하시니) 주공(이) 기기아재(시리오하니
이다)

[4] <맹자의 말>「제나라의 용사 성간이 제나라 경공
에게 다음 같이 말했습니다.『그 사람이나 저나 다
같은 대장부입니다. 제가 어찌 그를 두려워하겠습니
까.』 또 공자의 제자 안연이 말했습니다.『순임금이나
나나 다 같은 사람이다. 노력하고 착하게 하면 역시
그와 같이 된다.』 또 노나라의 현인 공명의가 말했습
니다.『주공이 '문왕은 나의 부친이시고 동시에 나의
스승이시다' 라고 했거늘, 어찌 주공이 거짓말을 하겠
습니까.』」 <* 이상은 맹자가 세자를 설득하기 위하여
세 사람의 말을 인용한 것이다.>

[어구 설명] [4] ㅇ成覵謂齊景公曰(성간위제경공왈) : 성간(成覵)
이 제나라 경공에게 말했다. 성간은 제나라의 신하로, 용감하고
대담했다. ㅇ彼丈夫也 我丈夫也(피장부야 아장부야) : 그도 사내
대장부요, 나도 사내 대장부다. 의역하면 「그 사람이나 나나 다
같은 사내 대장부다.」 ㅇ吾何畏彼哉(오하외피재) : <같은 사내 대
장부로서> 내가 어찌 그를 두려워하겠는가. ㅇ顔淵曰(안연왈) :
안연이 말했다. ㅇ舜何人也 予何人也(순하인야 여하인야) :「순임
금이나 나나 다 같은 사람이다.」「A 何人--, B 何人--」은 관용어
구(慣用語句)다.「A와 B가 같은 사람이다」로 풀이한다. ㅇ有爲者

亦若是(유위자역야시) : 노력하고 착하게 하면 역시 그와 같이 된다. ㅇ 公明儀曰(공명의왈) : 공명의가 말했다. 공명의는 노나라의 현인으로, 성이 공명(公明), 이름이 의(儀)다. ㅇ 文王我師也(문왕아사야) : 「문왕은 나의 부친이자 동시에 나의 스승이다.」 주자(朱子)는 이 말을 주공(周公)의 말이라 했다. ㅇ 周公豈欺我哉(주공기기아재) : 주공이 어찌 나를 속이겠느냐. <공명의도 문왕을 스승으로 생각했으므로 주공의 말이 맞는다고 한 것이다.>

【集註】(1) 成覸人姓名 彼謂聖賢也 有爲者亦若是 言人能有爲 則皆如舜也 公明姓 儀名 魯賢人也 文王我師也 蓋周公之言 公明儀 亦以文王 爲必可師 故誦周公之言 而歎其不我欺也.

(1) 「성간(成覸)」은 사람의 성명이다. 「피(彼)」는 성현(聖賢)을 말한다. 「유위자역약시(有爲者亦若是)」는 곧 「되고자 하는 사람은 역시 그와 같이 된다」는 뜻이다. 즉 「사람은 누구나 노력하면, 순같이 된다」는 뜻을 말한 것이다. 「공명(公明)」은 성, 「의(儀)」가 이름이다. 노나라의 현인이다. 「문왕은 나의 스승이다(文王我師也)」라고 한 말은 주공(周公)의 말일 것이다. 공명의(公明儀)도 역시 문왕을 반드시 스승으로 삼아야 한다고 생각했으므로 주공의 말을 되풀이하고 주공의 말이 거짓이 아니라고 감탄한 것이다.

【集註】(2) 孟子旣告世子 以道無二致 而復引此

三言 以明之 欲世子 篤信力行 以師聖賢 不當復求 他說也.

(2) 맹자는 세자에게 도(道)는 오직 하나임을 말하고 거듭 세 사람의 말을 인용하고「세자가 독신역행(篤信力行)하고 성현을 스승으로 삼고 부당하게 다른 말을 구하려 하지 않기를 바란다」는 <자기의 뜻을> 밝힌 것이다.

[5] 今滕 絶長補短 將五十里也 猶可以 爲善國 書曰 若藥不瞑眩 厥疾不瘳.

금등(을) 절장보단(이면) 장오십리야(이나) 유가이위선국(이니) 서(에) 왈 약약(이) 불명현(이면) 궐질(이) 불추(라하니이다)

[5] <맹자가 세자에게 한 말>「지금 등나라에서 긴 데를 자르고 짧은 곳에 보태는 식으로 <영토의 평균치를 내면> 사방 50리가 될 것이며, 그만하면 좋은 나라가 될 수 있습니다. <즉 인정(仁政)을 펼 수 있다.> 상서(商書) 열명편(說命篇)에『만약에 약을 <마셔도> 눈앞이 캄캄해지고 어지럽지 않다면 <그런 약은> 병을 고치지 못한다』라고 했습니다.」

[어구 설명] [5] ㅇ今滕 絶長補短(금등 절장보단) : 지금 등나라 영토를 긴 곳을 자르고 짧은 곳에 보태는 식으로 <영토의 평균치를 낸다면>. ㅇ將五十里也(장오십리야) : <등나라의 영토의 넓이가> 사방 50리는 될 것이다. ㅇ猶可以爲善國(유가이위선국) : 그

만하면 좋은 나라가 될 수 있다. 즉 인정(仁政)을 펼 수 있다. ○書曰(서왈) : 서(書)는 상서(商書). 주자(朱子)는 열명편(說命篇)의 글이라고 했다. 그러나 조기(趙岐)는 일편(逸篇)이라고 했다. ○若藥不暝眩(약약불명현) : 만약에 약을 <마셔도> 눈앞이 캄캄해지고 어지럽지 않다면. ○厥疾不瘳(궐질불추) : <그런 약은> 병을 고치지 못한다.

【集註】(1) 絶猶截也 書商書說命篇 暝眩 憒亂 言滕國雖小 猶足爲治 但恐安於卑近 不能自克 則不足以去惡 而爲善也.

(1) 「절(絶)」은 자른다는 뜻이다. 「서(書)」는 「상서(商書) 열명편(說命篇)」이다. 「명현(暝眩)」은 <약을 마시면> 「어지럽고 혼란스럽다」는 뜻이다. 즉 <다음 같은 뜻을 말한 것이다.> 「등나라는 작아도 인정(仁政)을 하기에는 족하다. 그러나 <세자가> 비근하고 저속한 경지에 만족하고, 자신을 극복하지 못하면, 악을 제거하고 선한 인정을 하지 못할 것이다.」

【集註】(2) 愚按 孟子之言性善 始見於此 而詳具於告子之篇 然默識而旁通之 則七篇之中 無非此理 其所以擴前聖之未發 而有功於聖人之門 程子之言信矣.

(2) 나는 생각한다. 맹자가 주장한 '성선(性善)'이란 말은 여기에 처음 나타났다. 그리고 자세한 주장의 말은 고자편(告子

篇)에 있다. 그러나 <맹자를 공부하는 학자가> 맹자의 글을 깊이 터득하고 넓게 통달하면 <맹자> 7편의 글 속에 <성선설(性善說)의> 이론이 없는 곳이 없음을 알 것이다.『맹자의 성선설은 곧 전대의 성인이 미처 발명하지 않은 바를 넓힌 것이며, 성인의 문(聖人之門)에 공을 세운 것이다.』라고 말한 정자(程子)의 말이 참으로 옳다.

【참고 보충】「성선설(性善說)과 성악설(性惡說)」

 일반적으로 맹자는 성선설(性善說)을 주장하고 순자(荀子)는 성악설(性惡說)을 주장했다고 말한다. 그러나 두 사람이 말하는 「성(性)의 뜻」이 서로 다르다. 맹자가 말하는 인간의 본성은 「이성적 도덕성(理性的 道德性)」이다. 한편 순자가 말하는 것은 「육신적 본능성(肉身的 本能性)」이다. 하늘은 사람에게 육신(肉身)도 주고 정신(精神)도 주었다. 그러므로 사람은 「육신을 바탕으로 한 동물적 삶」과 더불어 「정신을 바탕으로 한 도덕적 삶」을 살게 마련이다. 「육신을 바탕으로 한 동물적 삶」은 「개별적·이기적 삶」이다. 한편 「정신을 바탕으로 한 도덕적 삶」은 「전체적·이타적 삶」이다. 맹자가 말하는 「성선설」은 「정신적 도덕성」을 말한 것이고, 순자가 말하는 성악설은 「육신적 본능성」을 말한 것이다. 둘 다 천도(天道)를 따르면 악하지 않다. 사리(私利) 사욕(私慾)을 따르면 악하게 된다.

【참고 보충】「육체적 삶과 도덕적 삶」

 인간만이 살고 있는 것이 아니다. 식물도 동물도 살고 있다. 단 식물·동물은 삶을 의식하거나 철학적으로 설명하지 못한다. 오직 만물의 영장인 사람만이 삶을 의식하고 철학적으로 설명하고, 또 삶을 「문화적·가치적으로 발전」되게 하고 있다. 인간의 삶에는 크게 두 가지 삶이 있다. 「나만의 육체적·이기적 삶」과 「우리 모두가 어울려 함께 잘사는 정신적·도덕적 삶」이 있다. 먼저 「나만의 육체적·이기적 삶」에 대해 말하겠다. 나라고 하는 개체(個體)를 보전(保全)하고 건강하게 살며 또 활동하고 일하기 위해서는 풍족한 재물(財物)이 있어야 한다. 남에게 있어도 나에게 없으면 아무 소용이 없다. 그러므로 「나만의 육체적 삶」은 「이기적 삶」이 된다. 그러나 인간은 절대로 혼자서는 「태어날 수도 없고 또 살 수도 없다.」 부모에 의해서 태어나고, 남들과 어울려 살고 또 일하게 마련이다. 그러므로 인간은 「이기적 물질생활」과 더불어 「남과 어울려 함께 잘사는 정신적·이성적·도덕적 삶」을 더 중시해야 한다. 「사리 사욕만을 고집하면」 서로 싸우고 공존(共存) 공생(共生) 공영(共榮)할 수 없다. 그러므로 「정신적 도덕생활」을 중시해야 한다. 오늘의 인류가 위기에 빠진 근본은 「정신과 도덕」을 소외하고 「재물에 대한 끝없는 탐욕을 채우기 위해서 서로 싸우기 때문」이다. 오늘의 세계는 흡사 중국의 춘추시대(春秋時代), 전국시대(戰國時代)와 같다. 그러므로 공자(孔子)와 맹자(孟子)가 주장한 인정(仁政)의 깊은 도리를 배우고 따라야 한다.

【참고 보충】「우주적 삶을 의식하자」

동양 사상에서는 공간(空間)과 시간(時間)을 통합하여 우주(宇宙)라고 한다. 한편 존재 만물은 공간적으로 있으면서 동시에 시간적으로 변한다. 사람도 마찬가지다. 공간적으로 존재하면서 동시에 시간적으로 변하고 있다.
 「나」라고 하는「개체(個體)」는「출생하여 살다가 사망하여 스러진다.」그러나「나」는「결혼하여 짝짓기를 하고 자녀를 낳고 역사와 문화를 계승하고 발전케 한다.」
 결국 모든 사람은 우주적 삶을 살고 있는 것이다.「나」는 절대로 나만의 순간적 삶만을 사는 것이 아니다. 공간적으로는 전 인류와 연결되어 있고, 시간적으로는 인류의 역사 문화를 계승하고 발전케 하는 삶을 살고 있는 것이다.

【참고 보충】「선가치적 식색(食色)」
 「먹고 남녀가 짝짓기 하는 것은 사람의 본능이다.(食色本也)」라고 한다. 그러나「식색(食色)의 본능」은 인간에게만 있는 것이 아니다. 모든 생물, 즉 식물이나 동물에게도 있다. 그러므로「식색의 본능이나 욕구」를「생물적·동물적 생존의 본능이나 욕구」라고 한다. 사람의 경우 이를 줄여「육체적 본능」이라고 한다. 바로 앞에서 고찰했듯이 인간은「육체적 삶과 아울러 정신적 삶」을 살며, 후자를 높이고 존중해야 한다.
 그러므로「식색(食色)의 생활」도 정신적·도덕적으로 해야 한다. 하늘은 사람에게 그렇게 할 수 있는 탁월한 본성을 부여해 주었다. 맹자가 말하는「성선설(性善說)」은 바로 하늘이 내려준 착한 본성, 즉「정신적·이성적·도덕성」을 두고 한 말이다. 이 본성은 곧 만물을 낳고 키우는 절대선인 하늘의 도리와 일치한다. 그러므로 성리학(性理學)에서는「성(性)은 곧 이(理)다」라고 했다.

【참고 보충】「맹자의 성선설의 깊은 뜻」

공자(孔子)는 성(性)과 천도(天道)에 대한 설명을 하지 않았다. 논어(論語)에 있다.「성(性)과 천도(天道)에 대한 선생님의 풀이 말씀은 들을 수 없다.(夫子之言性與天道 不可得而聞也已矣)」<公冶長> 그러나 맹자는「성선(性善)」이라고 했다. 그만큼 시대와 더불어 고대 사상이 발달하고 다양해진 것이다.

맹자는「육체적 본능성」을「형기(形氣) 혹은 기질지성(氣質之性)」이라 하고, 한편「정신적 도덕성」을「본연(本然) 혹은 의리지성(義理之性)」이라 했다. 오늘의 말로 하면 순수이성(純粹理性) 혹은 도덕성이다. 맹자가 처음으로「성선(性善)」이란 말을 썼으며, 자세한 설명은 고자편과 진심편에서 했다.

【참고 보충】「성선(性善)과 도(道)」

맹자는 성선(性善)이라 했다. 정자(程子)는「성(性)은 이(理)」라고 풀었다. 사람의 본성 속에는 만물을 생육(生育)하는 절대선(絶對善)의 천리가 주어져 있다는 뜻이다.

그러므로 착한 본성, 즉 천리를 따르면 누구나 요순(堯舜) 같은 경지에 도달한다. 이를 중용(中庸)에서는「하늘이 절대적 명령으로 내려준 것이 곧 도리(天命之謂道)」라고 말했다.

임금이 본성적으로 주어진 천도천리(天道天理)를 따르면 누구나 요순(堯舜)같이 어질고 착한 덕치(德治)를 펼 수 있다. 악한 욕심을 따르기 때문에 안 되는 것이다. 오늘의 인류세계가 도덕적으로 타락하고 전쟁을 거듭하는 것은 사람들이「육체적·동물적·이기적 욕구」만을 바탕으로 행동하기 때문이다.

제1장 滕文章 : 白文

[1] 滕文公爲世子 將之楚 過宋而見孟子.

[2] 孟子道性善 言必稱堯舜.

[3] 世子自楚反 復見孟子 孟子曰 世子疑吾言乎 夫道一而已矣.

[4] 成覵謂齊景公曰 彼丈夫也 我丈夫也 吾何畏彼哉 顏淵曰 舜何人也 予何人也 有爲者亦若是 公明儀曰 文王 我師也 周公豈欺我哉.

[5] 今滕 絶長補短 將五十里也 猶可以爲善國 書曰 若藥不瞑眩 厥疾不瘳.

【요점 복습】 제1장 등문장

등(滕)나라의 문공이 세자로 있을 때 맹자를 만났으며, 맹자로부터 성선설(性善說)의 가르침을 받았다. 그 때에 맹자는 말했다. 「그대도 노력하면 요순(堯舜)의 인정(仁政)을 펴고, 등나라를 좋은 나라로 만들 수 있다.」 그러나 전국시대의 모든 임금들은 부국강병(富國強兵)이라는 중병(重病)에 걸려 있었다. 그래서 강력한 약을 먹고 나쁜 병을 제거해야 한다. 우선 임금이 크게 분발하고 혁신을 해야 한다. 사람의 성품은 착하다. 악덕한 욕심을 극복하고 천리에 따라야 한다.

제2장 滕定章 : 총 5 구절

[1] 滕定公薨 世子謂然友曰 昔者孟子 嘗與我言於宋 於心終不忘 今也不幸 至於大故 吾欲使子 問於孟子 然後 行事.

등정공(이) 훙(커늘) 세자(이) 위연우왈 석자(에) 맹자(이) 상여아언어송(이어시늘) 어심종불망(이러니) 금야 불행(하야) 지어대고(호니) 오욕사자(로) 문어맹자 연후(에) 행사(하노라)

[1] 등나라의 정공이 훙거하자, 세자 즉 문공이 자기의 사부 연우(然友)에게 말했다.「옛날에 맹자와 저는 송나라에서 만나 <성선설(性善說)에 대한> 대화를 나눈 적이 있습니다. 아직도 마음에서 잊혀지지 않고 있습니다. 지금 불행하게도 대상을 당하였으니, 선생님께서 <저 대신 맹자를 만나시고 대상에 대한 옛날의 법도를> 물어주시기를 원합니다. 그런 다음에 <옛날의 법도대로> 상례(喪禮)를 올리고자 합니다.」

[어구 설명] [1] ㅇ滕定公薨(등정공훙) : 등나라의 정공이 훙거하자. 정공은 문공(文公)의 아버지. 임금의 사망을 높여서 훙거(薨去), 훙서(薨逝)라고 함. ㅇ世子謂然友曰(세자위연우왈) : 세자, 즉 문공이 연우(然友)에게 말했다. 연우는 문공의 선생. ㅇ昔者(석

자) : 옛날에. <바로 앞장에 있듯이 문공이 세자로 있을 때, 송나라에서 맹자를 만난 일이 있었다.> ㅇ孟子嘗與我言於宋(맹자상여아언어송) : 맹자와 내가 송나라에서 만나 서로 대화를 나눈 적이 있었다. ㅇ於心終不忘(어심종불망) : <그때의 일이> 아직도 마음에서 잊혀지지 않는다. ㅇ今也不幸至於大故(금야불행지어대고) : 지금 불행하게도 대상을 당했으므로. ㅇ吾欲使子問於孟子(오욕사자문어맹자) : 나는 선생님으로 하여금 맹자에게 물어서. <대상에 대한 법도를 알고자 한다.> ㅇ然後行事(연후행사) : 그런 다음에 <옛날의 법도대로> 상례(喪禮)를 올리고자 한다.

【集註】(1) 定公文公父也 然友世子之傅也 大故大喪也 事謂喪禮.

(1)「정공(定公)」은 문공(文公)의 부친이다.「연우(然友)」는 세자의 사부(師傅)다.「대고(大故)」는 대상(大喪)이다.「사(事)」는 상례(喪禮)를 말한다.

[2] 然友之鄒 問於孟子 孟子曰 不亦善乎 親喪固所自盡也 曾子曰 生事之以禮 死葬之以禮 祭之以禮 可謂孝矣 諸侯之禮 吾未之學也 雖然 吾嘗聞之矣 三年之喪 齊疏之服 飦粥之食 自天子達於庶人 三代共之.

연우(이) 지추(하야) 문어맹자(한대) 맹자(이) 왈 불역선

호(아) 친상(은) 고소자진야(이니) 증자(이) 왈 생사지이
례(하며) 사장지이례(하며) 제지이례(면) 가위효의(라하
시니) 제후지례(는) 오미지학야(어니와) 수연(이나) 오상
문지의(로니) 삼년지상(에) 자소지복(과) 전죽지식(은)
자천자달어서인(하야) 삼대(이) 공지(하니라).

[2] 연우가 추(鄒)에 가서 맹자에게 <상례에 대하여>
묻자, 맹자가 <다음 같이> 말했다.「참으로 잘하시는
일입니다. 부모의 상례는 마땅히 자신이 효성(孝誠)
을 다해서 치러야 합니다. 옛날에 증자가 말하셨습니
다.『살아 계실 때는 예를 다해서 섬기고, 돌아가시면
예를 다해서 장사를 지내고, 제사를 모실 때도 예를
다해야 한다. 그래야 비로소 효라고 할 수 있다.』<지
금> 제후들이 따르고 행하는 예에 대해서 나는 배우
지 않았으므로, 잘 알지 못합니다. 그러나 내가 들은
바, 3년 동안 거상(居喪)하고, 베옷을 입고, 죽을 들어
야 합니다. <이와 같은 삼년상은> 천자로부터 서민
에 이르기까지 '하(夏)·은(殷)·주(周)' 삼대가 공통
으로 따르고 지켰던 예법입니다.」

[어구 설명] [2] ㅇ然友之鄒(연우지추) : <문공의 사부> 연우가
추(鄒)에 가서. ㅇ問於孟子(문어맹자) : 맹자에게 <상례에 대하
여> 묻자. ㅇ孟子曰 不亦善乎(맹자왈 불역선호) : 맹자가 말했다.
「역시 좋지 않습니까. 참 잘하시는 일입니다.」<즉 문공이 성선설
(性善說)을 받아들이고 또 옛날의 예법을 묻는 일은 참으로 잘하
는 일이다.> ㅇ親喪固所自盡也(친상고소자진야) : 부모의 상례는

마땅히 자신이 효성(孝誠)을 다해서 치러야 한다. ㅇ曾子曰(증자왈) : 증자가 말했다. 논어 위정편(爲政篇)에는 공자가 제자 번지(樊遲)에게 한 말로 되어 있다. 이 말은 증자가 자기 제자에게 가르쳤을 것이다. ㅇ生事之以禮(생사지이례) : 살아 계실 때는 예를 다해서 섬긴다. ㅇ死葬之以禮(사장지이례) : 돌아가시면 예를 다해서 장사를 지낸다. ㅇ祭之以禮(제지이례) : 예를 다해서 제사를 지낸다. ㅇ可謂孝矣(가위효의) : 그렇게 해야 효라고 할 수 있다. ㅇ諸侯之禮(제후지례) : 지금 제후들이 행하는 예에 대해서는. ㅇ吾未之學也(오미지학야) : 나는 배우지 않아서, 잘 알지 못한다. <제후들이 따르고 행하는 의식은 옛날의 예(禮)에 맞지 않았다.> ㅇ雖然(수연) : 그러나. ㅇ吾嘗聞之矣(오상문지의) : 나는 전에 들어서 알고 있다. ㅇ三年之喪(삼년지상) : 부모의 상을 3년 간 모신다. 즉 자식이 베옷을 입고 죽을 먹으며 부모의 무덤 곁에 움막을 짓고 25개월 지킨다. ㅇ齊疏之服(자소지복) : 거친 베로 만든 상복을 입는다.「자(齊)」는 상복이다. 아랫단을 꿰맨 상복을「자소(齊疏)」또는「재최(齊衰)」라고 한다. 꿰매지 않은 상복을 참최(斬衰)라고 한다. ㅇ飦粥之食(전죽지식) : 된 죽을 먹는다. ㅇ自天子達於庶人(자천자달어서인) : <이와 같은 삼년상을> 천자로부터 서민에 이르기까지 모든 사람이. ㅇ三代共之(삼대공지) : 하(夏)·은(殷)·주(周) 삼대에 걸쳐 공통으로 따르고 지켰다.

【集註】(1) 當時諸侯 莫能行古喪禮 而文公獨能以此爲問 故孟子善之 又言父母之喪 固人子之心 所以自盡者 蓋悲哀之情 痛疾之意 非自外至 宜乎文公

於此 有所不能自已也 但所引曾子之言 本孔子告樊
遲者 豈曾子嘗誦之 以告其門人歟.

(1) 당시, 즉 전국시대의 제후는 능히 옛날의 상례를 행할 수 없었다. 그런데 유독 문공이 능히 그와 같은 질문을 할 수 있었으므로 맹자가 좋다고 칭찬한 것이다. 그리고 또 말했다.「부모의 상을 당하면 당연히, 자식이 마음을 다 하게 마련인 바, 그 이유는 비애의 정이나 애통하는 뜻이 밖에서 오는 것이 아니라, <본성에서 나오는 바> 문공도 <부친의 상을 당해서> 자신의 마음을 다하지 않을 수 없었던 것이다.」증자의 말이라고 인용한 것은 본래 공자가 제자 번지에게 한 말이다. 아마 증자가 그 말을 자기 제자에게 옮겨 했을지도 모른다.

【集註】(2) 三年之喪者 子生三年然後 免於父母之懷 故父母之喪 必以三年也 齊衣下縫也 不緝曰斬衰 緝之曰齊衰 疏麤也 麤布也 飦糜也 喪禮 三日始食粥 旣葬乃疏食 此古今貴賤 通行之禮也.

(2) 부모의 삼년상을 지내는 것은 자식이 출생하고 3년을 지내야 부모의 품에서 벗어난다. 고로 부모의 상례를 반드시 3년을 지내는 것이다.「자(齊)」는 상복의 아랫도리를 꿰맨다는 뜻이다. <*「자(齊)」를「재」라고도 읽음>「가지런히 하지 않은 것(不緝)」을「참최(斬衰)」라 하고,「가지런히 한 것」을

「재최(齊衰)」라 한다.「소(疏)」는「거칠다」는 뜻이며 곧 거친 베를 말한다.「전(飦)」은「된 죽」이다. 상례가 정하는 바, 상제는 사흘만에 비로소 죽을 먹는다. 장사를 마친 다음에 비로소 소사(疏食)를 든다. 이와 같은 상례는 옛날이나 오늘이나 귀한 사람이나 천한 사람이다 다 행해야 할 예법이다.

【참고 보충】「대전주소선역(大全註疏選譯)」
「주자의 말 : 맹자가 등나라 문공에게 답하면서, 상례에 대한 <여러 가지 절차에 대해서> 자세하게 말하지 못하고 다만 재소(齊疏)의 상복과 전죽(飦粥)의 음식만을 말한 것은 위로는 천자로부터 아래로는 서민에 이르기까지, 그 두 가지가 <상례의> 가장 큰 근본이기 때문이다. 이에 대해서 스스로 마음을 다 하는 것이 곧 상례의 근본이다. 3년 간, 재소(齊疏)하고 전죽(飦粥)하는 것이 상례의 대경(大經)이다. 맹자는 전국시대에 태어났으므로 선왕의 <예법의> 전체 줄기를 알 수 없었다. 그러나 맹자는 공자의 바른 전달과 주나라 문왕과 무왕의 도리를 배워서 대강을 알았던 것이다.(朱子曰 孟子答滕文公 喪禮 不說到詳碎上 只說齊疏之服 飦粥之食 自天子達於庶人 這二項 便是大原大本 自盡其心 喪禮之大本也 三年齊疏飦粥 喪禮之大經也 孟子生戰國 不得見先王全經矣 然其學得孔子之正傳 而文武之道 識其大者)」

「서산 진씨가 말했다. 부모에 대한 삼년상은 요임금·순임금 및 하(夏)·은(殷)·주(周) 삼대(三代)에도 변하지 않았다. 그러나 춘추시대에는 그 예절이 쇠퇴했다. 그래서 재여(宰予)가 삼년상을 단축하자고 말했다가 공자에게「불인(不仁)하다」고 책망을 들었다.(西山眞氏曰 三年之喪 自唐虞三代 未有改者 春秋之世 此禮廢墜 於是宰予 欲短喪 而孔子責其不仁)」

「<운봉 호씨의 말> : 상례(喪禮)의 제도는 자식이 자기의 효성심(孝誠心)을 다하는 행사이며, 또 사람의 본성의 선함이 최고로 나타나는 행사이기도 하다.(雲峯胡氏曰 : 蓋喪制 人子之心 所自盡者 最可見人性之本善處)」

「<운봉 호씨의 말> <문공이 맹자의 말을 듣고> 감동해서 착한 본성을 발휘하고 <삼년상을 지냈다.> 그러자 원근에서 사람들이 와서 <보고 문공의 효도에 감격함으로써> 그들도 착한 본성을 나타내 보인 것이다. 그러므로 더욱 <맹자가 말한 바와 같이> 인간의 본성이 착하지 않음이 없고, 또 요임금이나 순임금이 진실함을 믿게 되는 것이다.(文公一感發之 頃而遠近之人 性善皆見矣 於是益可信 人性之無有不善 而堯舜之眞可謂也)」

[3] 然友反命 定爲三年之喪 父兄百官 皆不欲 曰 吾宗國 魯先君莫之行 吾先君亦莫之行也 至於子之身 而反之 不可 且志曰 喪祭從先祖 曰 吾有所受之也.

연우(이) 반명(하야) 정위삼년지상(한대) 부형백관(이) 개불욕 왈 오종국 노선군(도) 막지행(하시고) 오선군(도) 역막지행야(하시니) 지어자지신이반지(이) 불가(하이다) 차지(에) 왈 상제(는) 종선조(이라하니) 왈 오유소수지야(이니이다)

등문공장구(滕文公章句) 상(上) 49

[3] 연우가 돌아와서 복명하자, 문공이 삼년상을 치르기로 결정했다. 그러자 문공의 일가 부형들이나 나라의 모든 관리들이 반대하고 말했다. 「우리 등나라의 종주국인 노나라의 선군들도 삼년상을 지내지 않았으며, 우리 등나라의 선군들도 역시 삼년상을 지내지 않았습니다. 그대의 대에 이르러 <이전의 예와> 반대되게 하는 것은 좋지 않습니다. 또 기록에도 적혀 있습니다. 상례와 제례는 선조의 법도를 따라야 한다.」 <그러자> 문공이 말했다. 「나는 맹자에게 배워서 <옛날의 법도를> 알게 되었다.」

[어구 설명] [3] ㅇ然友反命(연우반명) : 연우가 돌아와서 복명하자. ㅇ定爲三年之喪(정위삼년지상) : 문공이 삼년상을 치르기로 결정했다. ㅇ父兄百官皆不欲(부형백관개불욕) : 그러자 문공의 일가 부형들이나 나라의 모든 관리들이 반대하고. ㅇ曰(왈) : 말했다. ㅇ吾宗國魯先君莫之行(오종국로선군막지행) : 우리 등나라의 종주국인 노나라의 선군들도 삼년상을 지내지 않았다. 등은 주 문왕의 아들 숙수(叔繡)의 봉지(封地)이다. 노(魯)는 주공(周公)이 봉해진 나라다. 두 나라가 다 주 문왕의 자손의 나라다. 주공을 높여서 종주국이라 한 것이다. ㅇ吾先君亦莫之行也(오선군역막지행야) : 우리 등나라의 선군들도 역시 3년상을 지내지 않았다. ㅇ至於子之身而反之(지어자지신이반지) : 그대의 대에 이르러 <이전의 예와> 반대되게 하는 것은. ㅇ不可(불가) : 좋지 않다. ㅇ且志曰(차지왈) : 또한 기록에도 적혀 있다. ㅇ喪祭從先祖(상제종선조) : 상례와 제례는 선조의 법도를 따른다. ㅇ曰 吾有所受之

也(왈 오유소수지야) : 문공이 말했다. 「나는 맹자에게 배워서 알게 된 것이다.」

【集註】(1) 父兄同姓老臣也 滕與魯 俱文王之後 而魯祖周公爲長 兄弟宗之 故滕謂魯爲宗國也 然謂二國 不行三年之喪者 乃其後世之失 非周公之法 本然也.

(1) 「부형(父兄)」은 같은 성을 가진 노신(老臣)이다. 등(滕)과 노(魯)는 다 문왕의 후예의 나라다. 그리고 노나라의 시조 주공(周公)이 장(長)이었으므로, 형제들이 그를 으뜸으로 여겼다. 고로 등나라가 노나라를 종주국으로 여겼던 것이다. 그러나 두 나라가 다 3년상을 행하지 않은 것은 곧 후세에 와서 <옛날의 법도를> 잃은 것이지, 주공의 법도의 본연이 아니다.

【集註】(2) 志記也 引志之言 而釋其意 以爲所以如此者 蓋爲上世以來 有所傳受 雖或不同 不可改也 然志所言 本謂先王之世 舊俗所傳 禮文小異 而可以通行者耳 不謂後世之失禮之甚者也.

(2) 「지(志)」는 기록이다. 기록의 말을 인용해서 그 뜻을 해석한 것이다. 그와 같이 하는 까닭은 아마도 옛날부터 내려오면서 전수 받은 <예법이> 혹 같지 않아도 <근본은> 고칠 수 없는 것이었다. 허기는 <각 나라> 기록에서 말한 바는 선왕

시대와 옛날의 관습을 바탕으로 하여 예문(禮文)과는 약간 달라도 통행할 수는 있었다. <그 기록은> 후세에 예를 심하게 잃어버린 그런 것을 말하는 것이 아니다.

[4] 謂然友曰 吾他日 未嘗學問 好馳馬試劍 今也 父兄百官 不我足也 恐其不能盡於大事 子爲我問孟子 然友復之鄒 問孟子 孟子曰 然不可以他求者也 孔子曰 君薨 聽於冢宰 歠粥 面深墨 卽位而哭 百官有司 莫敢不哀 先之也 上有好者 下必有甚焉者矣 君子之德 風也 小人之德 草也 草尚之風 必偃 是在世子.

위연우왈 오(이) 타일(에) 미상학문(이오) 호치마시검(하더니) 금야(에) 부형백관(이) 불아족야(하니) 공기불능진어대사(하노니) 자(이) 위아문맹자(하라) 연우(이) 부지추(하야) 문맹자(한대) 맹자(이) 왈 연(하다) 불가이타구자야(이라) 공자(이) 왈 군훙(커시든) 청어총재(하나니) 철죽(하고) 면심묵(하야) 즉위이곡(이어든) 백관유사(이) 막감불애(는) 선지야(이라) 상유호자(면) 하필유심언자의(니) 군자지덕(은) 풍야(이오) 소인지덕(은) 초야(이니) 초상지풍(이면) 필언(이라하시니) 시재세자(하니라)

[4] 문공이 연우에게 말했다.「나는 전에 학문을 배우지 않고 오직 말타기와 검술 연습만을 좋아했습니다. 그래서 지금 부형들이나 백관들이 나를 부족한 사람이라고 여기고 나에게 반대하는 것입니다. 이러다가는 뜻한 대로 대상(大喪)을 치르지 못할까 두렵습니다. 그러니 선생님께서 저를 위해서 다시 맹자에게 가서 <어떻게 하면 좋은지> 물어주십시오.」연우가 다시 추(鄒)에 가서 맹자에게 물었다. 그러자 맹자가 말했다.「그래도 <아들이 부친상을 모시는 일에 있어> 다른 사람의 말을 들으면 안 됩니다. <어디까지나 효성을 다해야 합니다.> 공자가 말했습니다.『임금이 돌아가시면 총재에게 재가를 받게 한다.』<그러므로 임금은> 죽을 마시고, 비탄에 넘쳐, 안색이 검게 되도록 상주(喪主)의 자리를 지키고 통곡을 해야 합니다. 그러면 백관들이나 유사들도 애통해하지 않는 자가 없게 됩니다. <남들이 반대를 해도> 솔선했기 때문입니다. <옛말에도 있습니다.>『윗사람이 좋아하면, 아랫사람들은 한층 더 심하게 좋아한다. 군자의 덕은 바람과 같고 소인의 덕은 풀과 같다. 풀에 바람이 불면 반드시 나부낀다.』그러므로 <대상을 정성으로 치르는 일은> 오직 세자 자신에게 달려 있습니다.」

[어구 설명] [4] ㅇ謂然友曰(위연우왈) : 문공이 연우에게 말했다. <모든 사람이 반대하자, 자기반성을 하며 말했다.> ㅇ吾他日未嘗

學問(오타일미상학문) : 나는 전에 학문을 배우지 않고. ○好馳馬試劍(호치마시검) : 말달리기와 검술 시합만을 좋아했다. ○今也父兄百官不我足也(금야부형백관불아족야) : <그래서> 지금 부형들이나 백관들이 나를 만족하게 여기지 않고 있다. ○恐其不能盡於大事(공기불능진어대사) : <이런 상황에서는> 내가 <뜻한 대로> 대상(大喪)을 잘 치르지 못할까 두렵다. <부형이나 백관들이>「세자가 대상을 잘 치르지 못할 것이라고 걱정한다」로 풀기도 한다. ○子爲我問孟子(자위아문맹자) : 선생님께서, 저 대신 맹자에게 가서 <어떻게 하면 좋은지> 다시 물어주시오. ○然友復之鄒問孟子(연우부지추문맹자) : 연우가 다시 추(鄒)에 가서 맹자에게 물었다. ○孟子曰(맹자왈) : 맹자가 말했다. ○然(연) : 그러나. ○不可以他求者也(불가이타구자야) : <아들이 부친상을 모시는 일에 있어> 다른 사람의 의견을 구하거나 들으면 안 된다. <어디까지나 자식이 효성을 다해야 한다.> ○孔子曰 君薨 聽於冢宰(공자왈 군훙 청어총재) : 공자가 말했다. <논어 헌문편(憲問篇)에 있다.>「임금이 돌아가면 백관들은 자기의 직책을 총괄해서 총재에게 재가 받기를 3년 간 했다.(君薨 百官總已 以聽於冢宰 三年)」<다음은 맹자의 말이다.> ○歠粥(철죽) : 죽을 마신다. 歠(마실 철), 粥(죽 죽). ○面深墨(면심묵) : <비탄에 넘쳐> 안색이 몹시 검게 된다. ○卽位而哭(즉위이곡) : 상제의 자리를 지키고 통곡을 한다. ○百官有司莫敢不哀(백관유사막감불애) : <그러면> 백관들이나 유사들도 애통해하지 않는 자가 없게 된다. ○先之也(선지야) : <남들이 반대를 해도> 태자가 솔선해서 3년상을 지켜야 한다. ○上有好者 下必有甚焉者矣(상유호자 하필유심언자의) : 윗사람이 좋아하면, 아랫사람들은 반드시 더욱 심하게 좋아한다. 논어 자로편(子路篇)에 있다. 「위가 예를 좋아하면 백성들은 감히 경건하지 않을 수 없다.(上好禮 則民莫敢不敬)」예기(禮記) 치의편(緇衣篇)에 있다. 「위가 좋아하면, 아래는 더 심하게 좋아한다.(上好是物 下必有甚者焉)」o 君子之德 風也 小人之德 草也 草尙之風 必偃(군자지덕풍야 소인지덕초야 초상지풍 필언) : 군자의 덕은 바람과 같고 소인의 덕은 풀과 같다. 풀에 바람이 불면 반드시 나부낀다. 논어 안연편(顔淵篇)에 같은 구절이 있다. o 是在世子(시재세자) : <대상을 정성으로 치르는 일은> 오직 세자 자신에게 달려 있다. <여기까지를 공자의 말이라고 보는 설도 있다.>

【集註】(1) 不我足 謂不以我滿足其意也 然者 然其不我足之言 不可他求者 言當責之於己 冢宰六卿之長也 歠飮也 深墨甚黑色也 卽就也 尙加也 論語作上 古字通也 偃伏也 孟子言 但在世子自盡其哀而已.

(1) 「불아족(不我足)」은 「내가 하는 일이 그들의 뜻에 흡족하지 않다는 뜻이다.」「연(然)」은 「그들이 세자를 흡족하게 생각지 않지만, 그래도」의 뜻이다. 「불가타구자(不可他求者)」는 <남의 의견을 듣지 말고> 「마땅히 자신이 책임을 진다는 뜻」을 말한 것이다. 「총재(冢宰)」는 육경(六卿)의 장(長)이다. 「철(歠)」은 「음(飮)」이다. 「심묵(深墨)」은 「안색이 심하게 검다」는 뜻이다. 「즉(卽)」은 「취(就)」와 같다. 「상(尙)」은 「가

(加)」의 뜻이다. 논어에서는 「상(上)」으로 썼다. 옛날에는 두 글자가 통했다. 「언(偃)」은 「복(伏)」의 뜻이다. 맹자가 「오직 세자가 스스로 애통을 다할 뿐이다」라고 말한 것이다.

[5] 然友反命 世子曰 然 是誠在我 五月居廬 未有命戒 百官族人 可謂曰知 及至葬 四方來觀之 顔色之戚 哭泣之哀 弔者大悅.

연우(이) 반명(한대) 세자(이) 왈 연(하다) 시성재아(라하시고) 오월거려(하야) 미유명계(어시늘) 백관족인(이) 가위왈지(라하며) 급지장(하야) 사방(이) 내관지(하더니) 안색지척(과) 곡읍지애(에) 조자(이) 대열(하여라)

[5] 연우가 돌아와 복명하는 말을 듣고 세자가 말했다. 「참으로 그러합니다. 상례는 바로 제가 책임을 지고 거행할 일입니다.」 그리고 5개월 동안 여막(廬幕)에 거처하고, 정사를 보지 않고 또 명령이나 교계(敎戒)도 내리지 않았다. 그러자 <전에 반대했던> 백관이나 한집안 사람들이 「세자는 가히 상례를 바르게 아는구나」라고 말했다. 그리고 장례(葬禮) 때가 되어 사방에서 사람들이 와서 세자의 안색이 검고 초췌하게 된 모습과 애통하게 통곡하는 모습을 보고 조문객들 모두가 크게 감탄했다.

[어구 설명] [5] ㅇ 然友反命(연우반명) : 연우가 돌아와 복명하는

말을 듣고. ㅇ世子曰(세자왈) : 세자가 말했다. ㅇ然(연) : 그러하다. ㅇ是誠在我(시성재아) : <모든 일은> 참으로 나에게 책임이 있다. ㅇ五月居廬(오월거려) : 5개월 간을 여막(廬幕)에 거처하다. 천자(天子)는 7개월 간, 제후(諸侯)는 5개월 간, 대부(大夫)는 3개월 간, 사(士)는 1개월 간 시신을 빈소에 모신다. 그 기간이 지나서 산릉(山陵)에 매장한다. 그 동안 상주(喪主)는 여막에 거처한다. 거적 위에 자고, 죽을 먹고, 주야로 곡을 하고 애통한다. 따라서 상주의 얼굴이 초췌하고 안색이 검게 된다. ㅇ未有命戒(미유명계) : 거상(居喪)할 때는 정사를 보지 않고, 명령이나 교계(敎戒)도 내리지 않는다. ㅇ百官族人(백관족인) : <전에 반대했던> 백관이나 한집안 사람들이. ㅇ可謂曰知(가위왈지) : <모든 사람이 세자를 보고> 가히 「상례를 안다」고 말했다. 「가(可)」를 「개(皆)」로 써야 한다. <大全註疏> ㅇ及至葬(급지장) : 장례(葬禮) 때가 되어. ㅇ四方來觀之(사방래관지) : 사방에서 사람들이 와서 보고. ㅇ顔色之戚(안색지척) : 문공의 안색이 검고 초췌하게 된 모습과. ㅇ哭泣之哀(곡읍지애) : 애통하게 곡하고 우는 모습을 보고. ㅇ弔者大悅(조자대열) : 조문 온 모든 사람들이 크게 감탄했다. 「열(悅)」은 「감탄하고 탄복하다」의 뜻이다.

【集註】(1) 諸侯 五月而葬 未葬 居倚廬於中門之外 居喪不言 故未有命令教戒也 可謂曰知 疑有闕誤 或曰 皆謂世子之知禮也.

(1) 제후는 5개월 간 <빈소에 모셨다가> 장사를 지낸다. 매장하지 않은 <그 동안, 상주는> 중문 밖의 여막(廬幕)에 기거

하며 거상(居喪)하고 말을 안 한다. 고로 명령이나 교계(教戒)도 내리지 않는다. 「가위왈지(可謂曰知)」는 <앞뒤에> 아마도 빠졌거나 잘못 쓴 글자가 있을 것이다. 「혹은 모든 사람이 세자가 예를 알고 잘 치른다고 말했다」의 뜻이다.

【集註】(2) 林氏曰 孟子之時 喪禮旣壞 然三年之喪 惻隱之心 痛疾之意 出於人心之所固有者 初未嘗忘也 惟其溺於流俗之弊 是以喪其良心 而不自知耳.

(2) 임씨가 말했다. 「맹자 때에는 이미 고대의 상례는 무너져 지키는 사람이 없었다. 그러나 <부모에 대한> 삼년상은 측은한 마음과 애통한 생각, 즉 사람이면 누구나 있는 본래의 마음 속에서 우러나오는 것으로 처음부터 망각할 수 없는 일이다. 다만 세속적인 폐단에 빠져서 <본래의> 착한 마음을 상실한 것조차 스스로 모르게 된 것이다.」

【集註】(3) 文公見孟子 而聞性善 堯舜之說 則固有以啓發良心矣 是以至此 而哀痛之誠心發焉 及其父兄百官 皆不欲行 則亦反躬自責 悼其前行之不足以取信 而不敢有非其父兄百官之心 雖其資質 有過人者 而學問之力 亦不可誣也.

(3) <임씨의 말 계속> 「문공은 맹자를 만나 성선설(性善說)과 요순(堯舜)의 말을 듣고 이미 굳게 양심(良心)을 계발했던

것이다. 그러므로 <삼년상을 지킴에 있어> <효자의> 애통한 효성심(孝誠心)이 나타난 것이다. <한편 전에> 부형이나 백관들이 <세자가 삼년상을> 행하려고 하자 반대했다. <그때에도 세자는 그들을 나무라지 않고> 도리어 자신을 반성하고 자책했다. 즉 과거의 자신의 소행이 <잘못되어> <그들로부터> 신임을 얻지 못하게 된 것을 뉘우치고[悼], 감히 부모나 백관들을 비난하는 마음을 품지 않았던 것이다. 세자의 자질이 비록 남들보다 탁월했으나 그러나 학문의 힘 또한 무시할 수 없다. <즉 맹자로부터 배웠기 때문에 그렇게 할 수 있었다.>」

【集註】(4) 及其斷然行之 而遠近見聞 無不悅服 則以人心之所同然者 自我發之 而彼之心悅誠服 亦有所不期然而然者 人性之善 豈不信哉.

(4) 세자가 삼년상을 단호하게 실행하자 원근에서 많은 사람들이 와서 보고 듣고 했다. 그리고 탄복하지 않는 사람이 없었다. 결국 모든 사람의 마음은 다 착한 것이다. 내가 먼저 착한 마음을 나타내자, 다른 사람들이 마음으로 기뻐하고 진실로 탄복한 것이다. 그렇게 되기를 기약하지 않고 그렇게 된 것이다. 사람의 본성이 착하다는 것을 어찌 안 믿겠는가.

【참고 보충】「삼년상(三年喪)」
 논어(論語) 양화편(陽貨篇)에 있다. 공자의 제자 재아(宰我)가

「삼년상(三年喪)은 너무 깁니다. 1년이면 되지 않습니까.」하고 묻자 공자가 그를 책망하면서 대략 다음 같이 말했다. 「그렇게 단축해도 네 마음이 편하면 그렇게 하거라.(女安則爲之)」 공자는 나중에 또 말했다. 「재아는 어질지 못하다.(予之不仁也)」 이 말은 인정(仁情)이 없다는 뜻이다. 「자식이 태어나 3년 만에 부모의 품에서 벗어나듯이 부모의 무덤 곁에서 삼년상을 지내는 것이 인정이다.」 「삼년상」은 효심(孝心) 인정(仁情)에서 나온 상례(喪禮)다. 효심과 인정이 곧 착한 본심이다.

제2장 滕定章 : 白文

[1] 滕定公薨 世子謂然友曰 昔者孟子嘗與我言於宋 於心終不忘 今也不幸至於大故 吾欲使子問於孟子 然後行事.

[2] 然友之鄒 問於孟子 孟子曰 不亦善乎 親喪固所自盡也 曾子曰生事之以禮 死葬之以禮 祭之以禮 可謂孝矣 諸侯之禮 吾未之學也雖然 吾嘗聞之矣 三年之喪 齊疏之服 飦粥之食 自天子達於庶人 三代共之.

[3] 然友反命 定爲三年之喪 父兄百官皆不欲 曰吾宗國魯先君莫之行 吾先君亦莫之行也 至於子之身而反之 不可 且志曰 喪祭從先祖 曰 吾有所受之也.

[4] 謂然友曰 吾他日未嘗學問 好馳馬試劍 今也父兄百官不我足也 恐其不能盡於大事 子爲我問孟子 然友復之鄒問孟子 孟子曰 然不可以

他求者也 孔子曰 君薨 聽於冢宰 歠粥 面深墨
卽位而哭 百官有司莫敢不哀 先之也 上有好
者 下必有甚焉者矣 君子之德風也 小人之德
草也 草上之風必偃 是在世子.

[5] 然友反命 世子曰 然是誠在我 五月居廬 未有
命戒 百官族人可, 謂曰知 及至葬 四方來觀之
顔色之戚 哭泣之哀 弔者大悅.

【요점 복습】제2장 등정장

 등나라 정공이 죽자, 뒤를 계승한 문공이 스승 연우로 하여금 맹자에게 고대의 예법을 물었다. 그리고 맹자의 말을 따라, 삼년상을 지내기로 결정했다. 그러자 모든 사람들이 반대했다. 그래도 문공은 맹자의 말을 따라 의연하게 삼년상을 지켰다. 그러자 반대했던 모든 사람들이 감동했다. 결국 사람의 본성은 착하고 또 고대의 예법인 삼년상이 착한 본성을 바탕으로 한 것임을 알 수 있다. 윗사람이 덕을 실천하면, 아랫사람이 감화된다.

제3장 爲國章 : 총 19 구절

[1] 滕文公問爲國.
등문공(이) 문위국(하신대)

[1] 등나라 문공이 <맹자에게> 치국(治國)에 대해서 물었다.

[어구 설명] [1] ○滕文公(등문공) : 등나라의 문공이 임금이 된 다음 맹자를 예빙(禮聘)했다. ○問爲國(문위국) : 그리고 치국(治國)에 대해서 물었다.

【集註】(1) 文公以禮聘孟子 故孟子至滕 而文公問之.

(1) 문공(文公)이 맹자를 예(禮)로써 초빙했다. 그래서 맹자가 등나라에 왔으며, 문공이 치국(治國)에 대해서 물었다.

[2] 孟子曰 民事不可緩也 詩云 晝爾于茅 宵爾索綯 亟其乘屋 其始播百穀.
맹자(이) 왈 민사(는) 불가완야(이니) 시운 주이우모(이오) 소이삭도(하야) 극기승옥(이오사) 기시파백곡(이라 하니이다)

[2] 맹자가 말했다. 「백성들의 농사를 소홀히 하면 안 됩니다. 시경(詩經) 빈풍(豳風) 칠월편(七月篇)에 있습니다. 『그대여, 낮에는 띠풀을 베어 오고, 밤에는

새끼를 꼬아, 서둘러 지붕에 올라가 고쳐라. 바야흐로
<봄이 되니> 백곡을 심을 농사가 바쁘니라.』」

[어구 설명] [2] ㅇ孟子曰(맹자왈) : 맹자가 말했다. ㅇ民事不可緩也(민사불가완야) : 백성의 일을 소홀히 할 수 없다. 「민사(民事)」는 백성을 잘 먹여 살게 하는 일, 즉 농사(農事)다. 「완(緩)」은 늦추다, 소홀히 하다. ㅇ詩云(시운) : 시경(詩經) 빈풍(豳風) 칠월편(七月篇)에 있다. ㅇ晝爾于茅(주이우모) : 낮에는 그대여, 띠풀[茅]을 따라[于=取]. ㅇ宵爾索綯(소이삭도) : 밤에는 새끼를 꼬아라. ㅇ亟其乘屋(극기승옥) : 빨리 지붕에 올라가서 이엉을 덮어라. 비가 새지 않도록 집수리를 해라. ㅇ其始播百穀(기시파백곡) : 이제부터 백곡을 뿌려야 한다. 즉 춘경(春耕)이 시작된다. 「기(其)」를 「장(將)」의 뜻으로 푼다.

【集註】(1) 民事謂農事 詩豳風七月之篇 于往取也 綯絞也 亟急也 乘升也 播布也 言農事至重 人君不可以爲緩而忽之 故引詩 言治屋之急如此者 蓋以來春 將復始播百穀 而不暇爲此也.

(1) 「민사(民事)」는 농사를 말한다. 「시(詩)」는 빈풍(豳風) 칠월편(七月篇)이다. 「우(于)」는 「가서 취한다」는 뜻이다. 「도(綯)」는 「새끼를 꼬다」의 뜻이다. 「극(亟)」은 「급(急)」이다. 「승(乘)」은 「승(升 : 올라가다)」의 뜻이다. 「파(播)」는 「포(布 : 뿌리다)」의 뜻이다. 「농사가 지극히 중대하므로 임금이 가볍게 여기거나 소홀히 하면 안 된다」는 뜻을 말한 것

이다. 고로 시경의 시를 인용했다.「지붕을 그와 같이 다급히 수리하라」고 말한 것은「봄이 오면 다시 백곡을 심고 농사를 지어야 하며, <농번기에는 지붕을 고칠> 틈이 없기 때문이다.」

[3] 民之爲道也 有恒産者 有恒心 無恒産者 無恒心 苟無恒心 放辟邪侈 無不爲已 及陷乎罪 然後從而刑之 是罔民也 焉有仁人 在位罔民 而可爲也 是故 賢君必恭儉禮下 取於民有制.

민지위도야(이) 유항산자(는) 유항심(이오) 무항산자(는) 무항심(이니) 구무항심(이면) 방벽사치(를) 무불위이(니) 급함호죄 연후(에) 종이형지(면) 시(는) 망민야(이니) 언유인인(이) 재위(하야) 망민(을) 이가위야(이리오) 시고(로) 현군(이) 필공검(하야) 예하(하며) 취어민유제(니이다)

[3] <맹자의 말 계속>「백성들이 <따르는> 삶의 원칙이나 도리가 있습니다. 일정하고 안정된 생산이나 재산이 있으면, 한결같은 마음을 지니게 됩니다. <즉 변치 않는 도덕심이나 윤리의식을 지닌다.> 그러나 일정하고 안정된 생산이나 재산이 없으면, 한결같은 마음도 없게 됩니다. 만약에 한결같은 마음이 없게

되면 <그 때에는> 방종(放縱)이나 방탕(放蕩), 편벽(偏僻)이나 괴벽(怪癖), 사악(邪惡)이나 간사(奸邪), 사치(奢侈)나 음란(淫亂) 등을 거침없이 저지르게 됩니다. 백성들이 죄악에 빠지게 된 다음에 뒤따라, 그들에게 형벌을 내리는 것은 바로 백성을 법망에 걸리게 하는 일과 같습니다. 어찌 인자한 사람이 자리에 있으면서 백성을 법망에 걸려들게 하겠습니까. <미리 교육하고 감화해서 법에 걸리지 않게 해야 합니다.> 그러므로 현명한 임금은 반드시 공경(恭敬)하고 검소(儉素)하고, 아랫사람에게 예양(禮讓)하며, 백성들로부터 세금을 거둘 때에도 절제해야 합니다.」

[어구 설명] [3] ○民之爲道也(민지위도야) : 일반 백성들이 따르고 지키는 생활 원칙이나 삶의 도리. ○有恒産者(유항산자) : 안정된 생산이나 소득과 고정된 수입이나 재산이 있는 사람은. ○有恒心(유항심) : 한결같은 마음이 있다. 즉 불변의 도덕심이나 윤리의식이 있다. ○無恒産者 無恒心(무항산자 무항심) : 항산(恒産)이 없으면, 항심(恒心)도 없게 된다. ○苟無恒心(구무항심) : 가령 항심이 없게 되면. <그 때에는> ○放辟邪侈(방벽사치) : 방종(放縱)이나 방탕(放蕩), 편벽(偏僻)이나 괴벽(怪癖), 사악(邪惡)이나 간사(奸邪), 사치(奢侈)나 음란(淫亂) 등을. ○無不爲己(무불위이) : 하지 않는 것이 없게 된다. 온갖 악덕한 짓을 끝없이 하게 된다. ○及陷乎罪(급함호죄) : 죄악에 빠지게 된 다음에. ○然後從而刑之(연후종이형지) : 다음에 뒤따라, 그에게 형벌을 내리는 것은. ○是罔民也(시망민야) : 바로 백성을 법망에 걸리게 하는 짓이다.

ㅇ焉有仁人 在位罔民 而可爲也(언유인인 재위망민 이가위야) : 어찌 인자한 사람이 자리에 있으면서, 백성을 법망에 걸려들게 하겠는가. <미리 교육하고 감화해서, 법에 걸리지 않게 해야 한다.>
ㅇ是故(시고) : 그러므로. ㅇ賢君必恭儉禮下(현군필공검례하) : 현명한 임금은 반드시 공경(恭敬)하고 검소(儉素)하고, 아랫사람에게도 예를 따라 겸손하게 해야 한다. 즉 예양(禮讓)이나 예하(禮下)한다. ㅇ取於民有制(취어민유제) : 백성들로부터 세금을 거둘 때에도 절제하는 것이다.

【集註】(1) 恭則能以禮接下 儉則能取民以制.

(1)「공(恭)」은 곧 예(禮)로써 아랫사람을 대한다는 뜻이다. 「검(儉)」은 곧 백성으로부터 취할 때, 제약한다는 뜻이다.

【참고 보충】「대전주소선역(大全註疏選譯)」

조씨가 말했다.「예하(禮下)는 세록(世祿)과 학교(學校)를 개설하는 바탕이다. 취민이제(取民以制)는 백성에게 안정된 생업을 주고, 또 세금 징수를 '공(貢), 조(助), 철(徹)' 같이 가볍게 하는 제도를 개설하는 바탕이다.(趙氏曰 禮下 所以開世祿 及學校之事也 取民以制 所以開制民常産貢助徹之法也)」

【참고 보충】「항산(恒産)과 항심(恒心)」

「모든 사람들이 따르는 삶의 원칙이나 도리가 있다.(民之爲道也)」즉「안정된 생산이나 고정된 수입이나 재산이 있으면, 한결같은 마음을 지니게 된다. 즉 하늘이 내려준 착한 본성을 바탕으로 한, 절대선(絶對善)의 천도(天道)를 터득하고 따르려는 불변의 도덕심이나 윤리의식을 지니게 된다.(有恒産者 有恒心)」그러나 일정하고 안정된 생산이나 재산이 없으면, 한결같은 마음도 없게 된다.(無恒産者 無恒心)」 그러므로 정치의 기본은 민생(民生)이다. 우선 먼저 「백성을 잘 먹고 잘살게 해주어야 한다.」 이것이 맹자의 정치사상의 핵심이다. 「잘 먹고 잘살게 해준 다음에, 교화(敎化)해서 윤리 도덕을 따르고 실천하게 높여야 한다.」 「항산(恒産)과 항심(恒心)」의 「항(恒)」의 뜻은 깊다. 「항(恒)」은 곧 광명정대(光明正大), 공평무사(公平無私), 항구불변(恒久不變)하게 천지 만물을 창조하고 번성케 하는 「절대선(絶對善)인 하늘(天)과 하늘의 도리(天道)」의 뜻을 내포하고 있다. 그러므로 「항산(恒産)」은 하늘의 도리를 따라 생산하고 축적하는 재물이다. 무력으로 남을 죽이고 탈취한 재물은 항산(恒産)이 아니다. 또 남을 속이거나 살상하고 남의 재물을 탈취하여 나 혼자 잘살려는 동물적 욕구나 이기심이나 사리사욕은 절대로 항심(恒心)이 아니다. 그래서 「천도를 따르고 실천하는 항심이 없으면, 온갖 범죄를 다 저지르게 된다. 오늘의 인류가 바로 사심(邪心=私心)을 바탕으로 서로 싸우고 세계를 지옥으로 만들고 있는 것이다.

[4] 陽虎曰 爲富 不仁矣 爲仁 不富矣.

양호(이) 왈 위부(이면) 불인야(요) 위인(이면) 불부의(이라하니이다)

[4] <맹자의 말 계속> 「양호가 말했습니다. 『부자가 되려면 불인해야 하고, 인자하면 부자가 못 된다.』」

[어구 설명] [4] ㅇ陽虎曰(양호왈) : 양호(陽虎)가 말했다. 「양호」는 노(魯)의 대부 계손씨(季孫氏)의 가신. ㅇ爲富 不仁矣(위부 불

인의) : 부자가 되기 위해서는 인자하지 않아야 한다. 백성들로부터 무자비하게 재물을 취해야 부자가 된다. ○爲仁 不富矣(위인불부의) : 인자하면 재물을 거두어 쌓을 수 없다. <*양호는 나쁜 사람이다. 악하게 해야 재물을 모을 수 있다는 뜻이다.>

【集註】(1) 陽虎 陽貨 魯季氏家臣也 天理人欲 不容竝立 虎之言此 恐爲仁之害於富也 孟子引之 恐爲富之害於仁也 君子小人 每相反而已矣.

(1) 양호(陽虎)는 양화(陽貨)다. 노(魯)나라의 대부 계손씨(季孫氏)의 가신(家臣)이다. 천리(天理)와 인욕(人欲)은 병행할 수 없다. 양호는 이 말을 「인자하면 부자가 되는 데 해가 될 것이다」 라는 뜻으로 말했다. 한편 맹자는 이 말을 「부(富)는 인(仁)을 해친다」는 뜻으로 인용했을 것이다. 군자와 소인은 매사에 서로 반대가 된다.

[5] 夏后氏 五十而貢 殷人 七十而助 周人 百畝而徹 其實 皆什一也 徹者徹也 助者藉也.

하후씨(는) 오십이공(하고) 은인(은) 칠십이조(하고) 주인(은) 백무이철(하나) 기실(은) 개십일야(이니) 철자(는) 철야(이오) 조자(는) 자야(이니라)

[5] <맹자의 말 계속> 「하나라 때에는 백성 한 사람에게 50무(畝)의 토지를 주고 '10분의 1'에 해당하는

5무에서 산출되는 곡물을 바치게 했으며, 이 제도를 공(貢)이라 했습니다. 은나라 때에는 <정전제(井田制)를 시행했으며> 여덟 사람이 각각 70무의 사전(私田)을 경작하고, <공동으로 공전(公田)을 경작해서 그 소출을 나라에 바치고 별도로 세금을 안 바쳤습니다.> 그것이 곧 '조(助)'입니다. 주나라 때에는 각자에게 백무의 땅을 주고 세금을 징수했으며, 그 제도를 '철(徹)'이라 했습니다. <하(夏)·은(殷)·주(周) 삼대(三代)의 제도는 서로 다르지만> 사실상으로는 세금으로 '10분의 1'을 거둬들였던 것입니다. '철(徹)'은 '통(通)'과 같은 뜻이고, '조(助)'는 '자(藉=借)'와 같은 뜻입니다.」

[어구 설명] [5] ㅇ夏后氏(하후씨) : 하나라 때에는. ㅇ五十而貢(오십이공) : 각자 50무(畝)의 토지를 주고 「10분의 1」에 해당하는 5무에서 산출된 곡물을 바치게 했다. 이 제도를 공(貢)이라 했다. ㅇ殷人 七十而助(은인 칠십이조) : 은나라 때에는 정전제(井田制)였다. 큰 토지를 우물 정자로 구분하고, 여덟 사람이 각자 밖에 있는 70무의 사전(私田)을 경작한다. 그리고 공동으로 중앙에 있는 공전(公田)을 경작해서, 그 소출을 나라에 바친다. 별도로 세금을 안 바친다. 「조(助)」는 협조한다, 혹은 힘을 빌린다는 뜻이다. ㅇ周人 百畝而徹(주인 백무이철) : 주나라 때에는 각자에게 백무의 땅을 주고 세금을 징수했다. 이러한 제도를 「철(徹)」이라 했다. 「철(徹)」은 「취(取)」와 같은 뜻이다. ㅇ其實 皆什一也(기실 개십일야) : 사실상으로는 세금을 「10분의 1」을 거둬들였다. 즉 「하

(夏)・은(殷)・주(周)」삼대(三代)에는 약「10분의 1」의 세금을 거두어들였다. ㅇ徹者 徹也(철자 철야):「철(徹)」은「철(徹=通)」이다. 즉「공통되게 거두어들인다」는 뜻이다. ㅇ助者 藉也(조자 자야):「조(助)」는「자(藉=借)」, 즉「힘을 빌린다」는 뜻이다.

【集註】(1) 此以下 乃言制民常產 與其取之之制也 夏時 一夫受田五十畝 而每夫 計其五畝之入 以爲貢 商人 始爲井田之制 以六百三十畝之地 畫爲九區 區七十畝 中爲公田 其外八家 各授一區 但借其力 以助耕公田 而不復稅其私田.

(1) 이하는 즉 백성의 농업 생산 제도와 백성으로부터 취하는 세금 제도를 설명한 것이다. 하나라 때에는 농부 한 사람이 50무의 농토를 받고 각자 5무의 수입을 헤아려 공(貢)으로 바치게 했다. 은나라 때에 처음으로 정전제(井田制)를 실시했다. 630무의 토지를 9개의 구역으로 나누면 1개의 구역은 70무가 된다. 중앙의 공전을 밖의 8개 집안이 각기 나누어 경작한다. 다만 힘만을 빌리는 것이다. 여덟 집안이 협동해서 공전을 경작할 뿐 별도로 사전에 대한 세금을 부과하지 않는다.

【集註】(2) 周時一夫 受田百畝 鄕遂用貢法 十夫有溝 都鄙用助法 八家同井 耕則通力而作 收則計畝而分 故謂之徹 其實皆什一者 貢法皆以十分之一 爲

常數 惟助法乃是九一.

(2) 주나라 때에는 농부 한 사람이 백무의 토지를 받았으며, 향수(鄕遂)에서는 공법(貢法)을 쓰고, 십부(十夫)마다 구(溝)가 있었다. 도비(都鄙)에서는 조법(助法)을 썼다. 여덟 집이 같은 정(井)에 속했다. 경작에는 힘을 통해서 했으며, 수확에는 무를 헤아려 나누었다. 고로 철(徹)이라고 했다. 그러나 실지로는 다 「10분의 1」이다. 즉 하(夏)나라의 공법(貢法)은 「10분의 1」을 상수(常數)로 삼았다. 다만 은(殷)나라의 조법(助法)은 「9분의 1」이다.

[어구 설명] ㅇ鄕遂(향수) : 주(周)나라 때에는 왕성(王城)으로부터 50~100리 떨어진 시골을 「향(鄕)」이라 하고, 그보다 더 먼 시골을 「수(遂)」라고 했다. ㅇ十夫有溝(십부유구) : 한 사람이 받는 백무(百畝)를 「일부(一夫)」라고 했다. 「십부(十夫)」는 곧 「천무(千畝)」다. 천무마다 구(溝)가 있다.

【集註】(3) 而商制不可考 周制則公田 百畝中 以二十畝 爲廬舍 一夫所耕公田 實計十畝 通私田百畝 爲十一分而取其一 蓋又輕於十一矣.

(3) 그러나 은(殷)의 제도는 알 수 없다. 주(周)의 제도는 공전 백무 중, 20무는 여사(廬舍)이므로 한 사람이 경작하는 공전은 실지로는 10무이다. 사전 백무를 합하면 「11분의 1」을 취하므로 「10분의 1」보다도 더 가볍다.

【集註】(4) 竊料商制 亦當似此 而以十四畝 爲廬舍 一夫 實耕公田七畝 是亦不過十一也 徹通也 均也 藉借也.

(4) 나는 생각한다. 은(殷)의 제도도 이와 비슷하리라. 14무를 여사가 차지했으므로 한 사람은 사실 공전 7무를 경작했으며, 이는「11분의 1」에 불과하다.「철(徹)」은「통한다, 평균」이란 뜻이다.「자(藉)」는「빌린다(借)」의 뜻이다.

[6] 龍子曰 治地 莫善於助 莫不善於貢 貢者 校數歲之中以爲常 樂歲 粒米狼戾 多取之而不爲虐 則寡取之 凶年 糞其田而不足 則必取盈焉 爲民父母 使民盻盻然 將終歲勤動 不得以養其父母 又稱貸而益之 使老稚轉乎溝壑 惡在其爲民父母也.

용자(이) 왈 치지(는) 막선어조(이오) 막불선어공(이니) 공자(는) 교수세지중(하야) 이위상(하나니) 낙세(에) 입미랑려(하야) 다취지이불위학(이라도) 즉과취지(하고) 흉년(에) 분기전이부족(이어늘) 즉필취영언(하나니) 위민부모(라) 사민(으로) 혜혜연 장종세근동(하야) 부득이양기부모(하고) 우칭대이익지(하야) 사로치(로) 전호구학(이면) 오재기위민부모야(라하나이다)

[6] <맹자의 말 계속>「옛날의 현인(賢人) 용자가 말했습니다.『토지 정책으로는 조법(助法)이 가장 좋고, 공법(貢法)이 가장 좋지 않다. 공법은 수년 간의 생산의 중간치를 헤아려 <매년 같은> 세금을 바치게 하는 제도이며, 풍년에는 입쌀, 즉 곡물이 낭자(狼藉)하게 넘쳐, 세금을 과다하게 거두어도 가혹하다고 치지 않거늘 세금을 적게 취한다. <반면> 흉년에는 농민이 비료를 밭에 뿌리고 애를 써도 수확이 부족하거늘 세금을 정한 액수대로 거두어들인다. 백성의 부모 된 임금이 백성들로 하여금 원망스러운 눈초리를 짓게 하고, 1년 내내 부지런히 일을 하고 농사를 지어도, 자기 부모조차 공양하지 못하게 한다. 뿐만 아니라 다시 고리(高利)로 대여(貸與)해주고 <국가의 재물을> 더욱 불린다. <그래서> 노인이나 어린아이들이 굶주려 시궁창에 굴러 떨어지게 만든다. <그런 짓을> 어찌 백성의 부모 된 임금이 하겠느냐.』」<여기까지를 용자의 말로 본다.>

[어구 설명] [6] ㅇ龍子曰(용자왈) : 옛날의 현명한 사람, 용자가 말했다. 자세한 것은 알 수 없다. ㅇ治地莫善於助(치지막선어조) : 토지 정책으로는 조법(助法)이 가장 좋다. ㅇ莫不善於貢(막불선어공) : 공법(貢法)이 가장 좋지 않다. ㅇ貢者 校數歲之中以爲常(공자 교수세지중이위상) : 공법은 수년 간의 생산량의 중간치를 헤아려 <매년 같은> 세금을 바치게 하는 제도다. ㅇ樂歲

(낙세) : 풍년에는. ○粒米狼戾(입미랑려) : 입쌀, 즉 곡물이 낭자(狼藉)하다, 사방에 흩어져 넘친다. ○多取之而不爲虐(다취지이불위학) : 세금을 과다하게 거두어도 가혹하다고 치지 않는다. ○則寡取之(즉과취지) : <풍년에는 수확에 비해> 적게 취하는 것이다. ○凶年(흉년) : 흉년에는. ○糞其田而不足(분기전이부족) : 농민이 비료를 밭에 뿌리고 애를 써도 수확이 부족하다. ○則必取盈焉(즉필취영언) : 그런데도 세금을 정한대로 거두어들이고 액수를 채운다. ○爲民父母(위민부모) : 백성의 부모 된 임금이. ○使民盻盻然(사민혜혜연) : 백성들로 하여금, 원망스러운 눈초리를 짓게 한다. ○將終歲勤動(장종세근동) : 1년 내내 부지런히 노동을 하고 농사를 지어도. ○不得以養其父母(부득이양기부모) : 자기 부모조차 공양하지 못하게 한다. ○又稱貸而益之(우칭대이익지) : 뿐만 아니라, 더욱 고리(高利)로 대여(貸與)해주고, <국가의 재물을> 불린다. ○使老稚轉乎溝壑(사로치전호구학) : 그 결과 노인이나 어린아이들이 굶주려 시궁창에 굴러 떨어지게 만든다. ○惡在其爲民父母也(오재기위민부모야) : 어찌 백성의 부모된 <어진 임금의 나라에서> 그런 일이 있겠느냐.

【集註】 (1) 龍子 古賢人 狼戾 猶狼藉 言多也 糞壅也 盈滿也 盻恨視也 勤動勞苦也 稱擧也 貸借也 取物於人 而出息 以償之也 益之以足取之數也 稚幼子也.

(1)「용자(龍子)」는 옛날의 현인이다.「낭려(狼戾)」는「낭자

(狼藉)」와 같다. 많다는 뜻이다.「분(糞)」은「옹(壅: 북돋음)」이다.「영(盈)」은「액수를 채우다(滿)」의 뜻이다.「혜(盻)」는 「한스럽게 본다」는 뜻이다.「근동(勤動)」은「노고(勞苦)」의 뜻이다.「칭(稱)」은「높이 내세우다」의 뜻이다.「대(貸)」는 곧 「차(借)」다.「남의 재물을 얻어 쓰고 이자를 붙여 상환하게 하는 제도」다.「익지(益之)」는「징수할 액수를 채운다」는 뜻이다.「치(稚)」는「어린아이」다.

[7] 夫世祿 滕固行之矣.

부세록(은) 등(이) 고행지의(니이다)

[7]「공신(功臣)의 자손에게 대대로 봉록을 주는 세록제(世祿制)를 등나라는 전부터 시행하고 있습니다.」

[어구 설명] [7] <맹자가 문공에게 한 말> ㅇ夫世祿(부세록) : 공신(功臣)의 자손에게 봉록(俸祿)을 주는 세록제(世祿制). ㅇ滕固行之矣(등고행지의) : 등나라는 전부터 시행하고 있다.

【集註】(1) 孟子嘗言 文王治岐 耕者九一 仕者世祿 二者王政之本也 今世祿 滕已行之 惟助法未行 故取於民者 無制耳 蓋世祿者 授之土田 使之食其公田之入 實與助法 相爲表裏 所以使君子小人 各有定業 而上下相安者也 故下文遂言助法.

(1) 맹자는 전에 말한 바 있다.「주문왕(周文王)이 기(岐)를

다스릴 때에 농사짓는 사람은 '9분의 1'을 <세금으로> 바치며, 관리에게는 세록(世祿)을 주었으며, 이들 두 제도는 왕정(王政)의 근본이다.」 당시, 세록제(世祿制)는 등(滕)나라에서 시행하고 있으나, 조법(助法)은 아직 행하지 않았다. 고로 백성들로부터 세금을 징수하는 데 제약이 없었다. 허기는 세록은 바로 관리에게 토지를 주고 그 공전(公田)의 수입으로 먹고사는 제도로, 실은 조법과 표리가 되는 제도다. 그러므로 군자나 소인이나 다 정업(定業)을 가지고, 상하가 다 안정되게 산다. 고로 다음에서 조법에 대한 말을 했던 것이다.

[8] 詩云 雨我公田 遂及我私 惟助爲有公田 由此觀之 雖周亦助也.

시운 우아공전(하야) 수급아사(라하니) 유조위유공전(하니) 유차관지(컨댄) 수주(이나) 역조야(이로소이다)

[8] <맹자의 말 계속>「시경(詩經) 소아(小雅) 대전편(大田篇)에 있습니다.『우리 공전(公田)에 먼저 비 내리고 이어 우리 사전(私田)에도 내려 주시오.』생각하건대, 조법(助法)이라야 공전이 있습니다. 이로써 볼 때, 주나라도 조법을 썼을 것입니다.」

[어구 설명] [8] ㅇ詩云(시운) : 시경(詩經) 소아(小雅) 대전편(大田篇)의 시. ㅇ雨我公田(우아공전) : 우리 공전(公田)에 비 내리고. ㅇ遂及我私(수급아사) : 다음에 우리 사전(私田)에도 <비를> 내려 주시오. <농민들의 기도.> ㅇ惟助爲有公田(유조위유공전) : 생

각하건대, 조법(助法)이라야 공전(公田)이 있는 법이다. ㅇ由此觀之(유차관지) : 이로써 볼 때. ㅇ雖周亦助也(수주역조야) : 주(周)나라도 역시 조법을 썼을 것이다.

【集註】(1) 詩小雅大田之篇 雨降雨也 言願天 雨於公田 而遂及私田 先公而後私也 當時助法盡廢 典籍不存 惟有此詩 可見周亦用助 故引之也.

(1) 「시(詩)」는 「소아(小雅) 대전편(大田篇)」이다. 「우(雨)」는 「비를 내린다」는 뜻이다. 「먼저 공전에 비를 내리고, 다음에 사전에 내리게 하라」고 하늘에 기원했다. 공(公)을 앞세우고 사(私)를 뒤로 돌린 것이다. 당시, 조법은 완전히 폐지되었으며, 전적(典籍)도 남은 것이 없었다. 오직 이 시가 있으므로, 주(周) 역시 조법을 썼음을 알 수 있다. 그래서 인용한 것이다.

[9] 設爲庠序學校 以敎之 庠者養也 校者敎也 序者射也 夏曰校 殷曰序 周曰庠 學則三代共之 皆所以明人倫也 人倫明於上 小民親於下.

설위상서학교(하야) 이교지(하니) 상자(는) 양야(이오) 교자(는) 교야(이오) 서자(는) 사야(이라) 하왈교(이오) 은왈서(이오) 주왈상(이오) 학즉삼대공지(하니) 개소이명인륜야(라) 인륜명어상(이면) 소민친어하(이니라)

[9] <맹자의 말 계속> 「상(庠)・서(序)・학(學)・교(校) 등의 교육기관을 세워 백성들을 교육해야 합니다. 상(庠)은 양육한다(養)는 뜻이고, 교(校)는 가르치고 교도(敎導)한다는 뜻이고, 서(序)는 사례(射禮)를 가르친다는 뜻입니다. <교육기관을> 하(夏)나라에서는 교(校)라 했고, 은(殷)나라에서는 서(序)라 했고, 주(周)나라에서는 상(庠)이라 했습니다. 학(學) <즉 왕도(王都)에 있는 국학(國學)>이란 이름은 하(夏)・은(殷)・주(周) 삼대(三代)가 다 같았습니다. <이들 국학에서는> 모두 인륜(人倫)을 밝히는 바탕을 가르쳤습니다. 위에 있는 지도층이 먼저 인륜을 밝히면, 아래에 있는 일반 백성들도 서로 친목하게 됩니다.」

[어구 설명] [9] ㅇ設爲庠序學校(설위상서학교) : 「상(庠)・서(序)・학(學)・교(校)」 등의 교육기관을 세운다. ㅇ以敎之(이교지) : 그래가지고 백성들을 교육한다. ㅇ庠者養也(상자양야) : 상(庠)은 양육한다(養)는 뜻이다. ㅇ校者敎也(교자교야) : 교(校)는 가르치고 교도(敎導)한다는 뜻이다. ㅇ序者射也(서자사야) : 서(序)는 사례(射禮)를 가르친다는 뜻이다. ㅇ夏曰校(하왈교) : 하(夏)나라에서는 교(校)라 했고. ㅇ殷曰序(은왈서) : 은(殷)나라에서는 서(序)라 했고. ㅇ周曰庠(주왈상) : 주(周)나라에서는 상(庠)이라 했다. ㅇ學則三代共之(학즉삼대공지) : 학(學)이란 이름은 「하・은・주」 삼대가 다 같았다. ㅇ皆所以明人倫也(개소이명인

류야) : <이들 교육기관은> 다 인륜(人倫)을 밝히는 바탕을 가르쳤다. ○ 人倫明於上(인륜명어상) : 위에서 인륜을 밝히면. ○ 小民親於下(소민친어하) : 일반 백성들도 아래에서 서로 친목하게 된다.

【集註】(1) 庠以養老爲義 校以敎民爲義 序以習射爲義 皆鄕學也 學國學也 共之 無異名也 倫序也 父子有親 君臣有義 夫婦有別 長幼有序 朋友有信 此人之大倫也 庠序學校 皆以明此而已.

(1) 「상(庠)」은 노인을 부양하는 것을 기본의(基本義)로 삼고, 「교(校)」는 백성을 가르치는 것을 기본의로 삼고, 「서(序)」는 사례(射禮)를 익히는 것을 기본의로 삼았다. 이들은 다 향학(鄕學 : 지방의 학교)이다. 「학(學)」은 국도(國都)에 있는 태학(太學)이며, 삼대(三代)가 같고 이름이 다르지 않았다. 「윤(倫)」은 「위계(位階)・서열(序列)・질서(秩序)」를 포함한 뜻이다. 즉 「부자는 서로 친애한다(父子有親), 군신은 서로 예의를 지킨다(君臣有義), 부부는 서로 분별을 지킨다(夫婦有別), 연장자와 연하자는 서로 서열을 지킨다(長幼有序), 붕우는 서로 신의를 지킨다(朋友有信)」는 다섯 가지 기본 윤리다. 이들 다섯이 곧 인륜의 가장 큰 것이다. 「상(庠), 서(序), 학(學), 교(校)」의 교육기관은 다 인륜을 가르치고 밝히는 바탕이다.

【참고 보충】「대전주소선역(大全註疏選譯)」

「경원 보씨의 말 : 지방의 학교는 <왕조마다> 이름이 같지 않았다. 국도에 있는 태학(太學)은 이름이 같았다. 그러나 지방의 향학(鄕學)이나 국도에 있는 국학(國學)이나 인륜(人倫)을 교육하고 밝히는 것은 같았다.(慶源輔氏曰 鄕學有異名 國學無異名 然其明人倫以敎之之事則同也)」

「쌍봉 요씨의 말 : 맹자는 당시의 임금에게『인정(仁政)을 행하는 일은 오직 백성을 교육하고 또 백성을 잘 양육하는 두 가지 일이다』라고 가르쳤다. 즉 정전법을 시행해서 백성들을 잘 양육하고, 학교 교육으로 백성들을 잘 교화해야 한다. <맹자는> 제나라 임금에게도 등나라 문공에게도 같은 말을 했다.(雙峯饒氏曰 孟子敎時君 行仁政 只是敎與養兩事 井田以養之 學校以敎之 告齊王滕公皆如此)」

[10] 有王者起 必來取法 是爲王者師也.

유왕자(이) 기(면) 필래취법(하리니) 시위왕자사야(이니이다)

[10] <맹자의 말 계속>「장차 <인정을 펴려고 하는> 참다운 임금이 나타나면, <그는> 반드시 <등에 와서> 보고 배우고 법도를 취할 것입니다. 그러므로 임금님은 곧 왕자의 스승이 되십니다.」

[어구 설명] [10] ㅇ有王者起(유왕자기) : <장차 인정(仁政)을 펴고자 하는> 참다운 임금이 나타나면. ㅇ必來取法(필래취법) : 반드시 <등(滕)나라에 와서> 보고 배우고 법도를 취할 것이다. ㅇ是

爲王者師也(시위왕자사야) : 그러므로 임금님, 즉 문공이 바로 왕자의 스승이 될 것이다. <맹자가 문공에게 한 말이다.>

【集註】(1) 滕國褊小 雖行仁政 未必能興王業 然爲王者師 雖不有天下 而其澤 亦足以及天下矣 聖賢至公無我之心 於此可見.

(1) 등나라는 작은 나라다. 비록 인정을 펴도, 반드시 <천하를 지배하고> 왕업(王業)을 흥성케 한다고 말할 수 없다. 그러나 왕자의 스승이 되면, 천하를 소유하지 못해도, 은택이 천하에 미칠 것이다. 성현의 지공무사(至公無私)한 마음은 그런 식으로 나타난다.

[11] 詩云 周雖舊邦 其命維新 文王之謂也 子力行之 亦以新子之國.

시운 주수구방(이나) 기명유신(이라하니) 문왕지위야(이니) 자력행지(하시면) 역이신자지국(하시리이다)

[11] <맹자의 말 계속>「시경 대아(大雅) 문왕편(文王篇)에 『주나라는 비록 오래된 나라이지만 문왕의 덕으로 천명을 새로 내려받았다.』라고 했습니다. 이는 문왕을 말한 것입니다. 임금님도 힘들여 노력하시고, 등나라를 새롭게 하십시오.」

[어구 설명] [11] ㅇ詩云(시운) : 시경 대아(大雅) 문왕편(文王篇)의 시다. ㅇ周雖舊邦(주수구방) : 주나라는 비록 오래된 나라이지

만. ○ 其命維新(기명유신) : 문왕이 덕을 세워서, 새롭게 천명을 내려받았다. ○ 文王之謂也(문왕지위야) : 문왕을 말한 것이다. ○ 子力行之(자력행지) : 그대도 힘들여 노력하시고. ○ 亦以新子之國(역이신자지국) : 역시 그대의 나라를 새롭게 혁신하십시오.

【集註】(1) 詩大雅文王之篇 言周雖后稷以來 舊爲諸侯 其受天命 而有天下 則自文王始也 子指文公 諸侯未踰年之稱也.

(1)「시(詩)」는「대아(大雅) 문왕편(文王篇)」이다. 주는 후직 이래, 오래된 제후의 나라였다. 천명을 받고 천하를 다스린 것은 문왕 때에 비롯했음을 말한 것이다.「자(子)」는「문공」이다. 제후로서 나이가 어린 사람을 지칭한 말이다.

【참고 보충】「대전주소선역(大全註疏選譯)」

「동양 허씨의 말 : 문공이 나라 다스리는 법을 묻자, 맹자는 백성들에 대한 양육과 교육을 말해주었다. 잘 양육한 다음에 교육할 수 있다. 그래서 토지 분배와 세록제(世祿制)를 먼저 말하고 나중에 학교교육을 말했다.(東陽許氏曰 文公問爲國 孟子告以敎養其民 有養然後可敎 故先言分田制祿 而後及學校也)」

  * 이상이 전반부다. 후반부는 토지정책에 관한 말이다.

[12] 使畢戰問井地 孟子曰 子之君將行
    仁政 選擇而使子 子必勉之 夫仁政
    必自經界始 經界不正 井地不均 穀

祿不平 是故暴君汙吏 必慢其經界
經界旣正 分田制祿 可坐而定也.

사필전(으로) 문정지(하신대) 맹자(이) 왈 자지군(이) 장행인정(하야) 선택이사자(하시니) 자필면지(어다) 부인정(은) 필자경계시(니) 경계(이) 부정(이면) 정지(이) 불균(하며) 곡록(이) 불평(하리니) 시고(로) 폭군오리(는) 필만기경계(하나니) 경계(이) 기정(이면) 분전제록(은) 가좌이정야(이니라)

[12] 등나라 문공이 신하 필전(畢戰)을 시켜서 정전법(井田法)에 대한 것을 물었다. 그러자 맹자가 말했다. 「그대의 임금 문공이 장차 인정을 행하려고 하여, 그대를 선택해서 <나에게> 와서 묻게 했군요. 그러니 그대는 열심히 노력하시오. 무릇 인정은 반드시 토지의 경계를 바르게 하는데서 시작됩니다. 경계가 정확하지 않으면 9등분하는 정전(井田)이 균등하지 않고, 따라서 산출되는 곡식이나 세록이 공평하지 않게 됩니다. 그러므로 폭군이나 오리(汙吏)들은, 경계를 태만하게 하는 것입니다. 먼저 경계를 정확하게 하면 경작자에 대한 토지 분배나 세록의 제도를 앉아서 바르게 할 수 있습니다.」

[어구 설명] [12] ㅇ 使畢戰問井地(사필전문정지) : 문공이 필전(畢戰)을 시켜서 정전법(井田法)에 대한 것을 물었다. 필전은 등나라 문공의 신하로 정전법을 주관했다. ㅇ 孟子曰(맹자왈) : 맹자가 필전에게 말했다. ㅇ 子之君將行仁政(자지군장행인정) : 그대의 임금

문공이 장차 인정을 행하려고 하여. ㅇ選擇而使子(선택이사자) : 그대를 선택해서 <나에게> 와서 묻게 했다. ㅇ子必勉之(자필면지) : 그러니 그대는 열심히 노력하시오. ㅇ夫仁政(부인정) : 무릇 인정은. ㅇ必自經界始(필자경계시) : 반드시 토지의 경계를 바르게 하는 데서 시작된다. ㅇ經界不正(경계부정) : 경계가 정확하지 않으면. ㅇ井地不均(정지불균) : 9등분하는 정전(井田)이 균등하지 않고. ㅇ穀祿不平(곡록불평) : 산출되는 곡식이나 세록제가 공평하지 않게 된다. ㅇ是故暴君汙吏(시고폭군오리) : 그러므로 폭군이나 오리들은. ㅇ必慢其經界(필만기경계) : 토지의 경계를 소홀히 하거나 태만하게 한다. ㅇ經界旣正(경계기정) : 경계가 정확하게 되면. ㅇ分田制祿(분전제록) : 경작자에 대한 토지 분배나 세록의 제도를. <바르게 하는 것은> ㅇ可坐而定也(가좌이정야) : 앉아서 바르게 할 수 있다.

【集註】(1) 畢戰滕臣 文公 因孟子之言 而使畢戰 主爲井田之事 故使之來 問其詳也 井地卽井田也 經界 謂治地分田 經畫其溝塗 封植之界也.

(1) 「필전(畢戰)」은 등(滕)나라 신하다. 문공이 맹자의 말을 듣고 필전으로 하여금 정전의 일을 주관하게 했다. 고로 맹자에게 와서 자세하게 물었다. 「정지(井地)」는 토지를 「정(井) 자로 9등분」함이다. 「경계(經界)」는 「농지를 다스리고 밭을 분할하여 그 도랑이나 길을 구획하고 나누어서 경작케 한다」는 뜻이다.

【集註】（2） 此法不修 則田無定分 而豪强得以兼并 故井地有不均 賦無定法 而貪暴得以多取 故穀祿有不平 此欲行仁政者之所以必從此始 而暴君汚吏則必欲慢 而廢之也 有以正之 則分田制祿 可不勞而定矣.

(2) 정전법을 잘 다스리지 않으면, 농지가 바르게 분배되지 않고, 결국 토호나 강자들이 약자들의 토지를 겸병하게 된다. 그러므로 정지(井地)가 고르지 못하고, 세금부과에 일정한 법이 없게 되고, 탐욕하고 포악한 자들이 많이 취한다. 고로 곡물수확이나 세록이 공평하지 못하게 된다. 고로 인정은 반드시 토지분배에서부터 시작해야 한다. 그러나 폭군과 오리는 경계를 바로잡는 일을 소홀히 하거나 폐지한다. 경계를 바르게 하면 분전이나 세록은 힘들이지 않고 바르게 정해진다.

[13] 夫滕 壤地褊小 將爲君子焉 將爲野人焉 無君子 莫治野人 無野人 莫養君子.

부등(이) 양지(이) 편소(하나) 장위군자언(이며) 장위야인언(이니) 무군자(이면) 막치야인(이오) 무야인(이면) 막양군자(이니라)

[13] <맹자가 필전에게 하는 말 계속>「원래 등나라는 토지가 협소하지만 당연히 다스리는 군자가 있어

야 하고, 또 당연히 농사를 짓는 야인들도 있어야 합
니다. 군자가 없으면 야인들을 다스리지 못하고, 야인
이 없으면 군자를 부양하지 못합니다.」

[어구 설명] [13] ○ 夫滕 壤地褊小(부등 양지편소) : 원래 등나라는
토지가 협소하다. ○ 將爲君子焉(장위군자언) : 마땅히 군자가 있
어야 한다. 위정자 계층이 있어야 한다. 「장(將)」은 「마땅히(當)」
로 풀이한다. ○ 將爲野人焉(장위야인언) : 당연히 농사를 짓는 야
인들도 있어야 한다. ○ 無君子 莫治野人(무군자 막치야인) : 군자
가 없으면 야인들을 다스리지 못한다. ○ 無野人 莫養君子(무야인
막양군자) : 야인들이 없으면, 군자를 부양하지 못한다.

【集註】(1) 言滕地雖小 然其間 亦必有爲君子而
仕者 亦必有爲野人而耕者 是以 分田制祿之法 不可
偏廢也.

(1) 다음 같은 뜻을 말한 것이다. 「등나라는 토지가 협소하지
만 나라에는 반드시 군자로서 벼슬하는 사람이 있어야 하고,
또 야인으로서 농사를 짓는 사람이 있어야 한다. 그러므로
농지 분배와 세록의 법 중, 어느 하나도 폐할 수 없다.」

[14] 請野 九一而助 國中 什一使自賦.

청야(에) 구일이조(하고) 국중(에) 십일(하야) 사자부(하
라)

[14] <맹자의 말 계속> 「권하니 교외의 먼 시골에서
는 '9분의 1'을 바치는 조법(助法)을 쓰고, 교내(郊內)

에서는 '10분의 1'을 바치는 철법(徹法)을 적용하고, 자진해서 납부케 하시오.」

[어구 설명] [14] ㅇ請(청) : <맹자가 필전에게> 청하고 권하는 말. ㅇ野 九一而助(야 구일이조) : 교외(郊外)의 먼 시골 땅에서는 「9분의 1」을 바치는 조법(助法)을 쓰고. ㅇ國中 什一使自賦(국중 십일사자부) : 교내(郊內)에서는 「10분의 1」을 바치는 철법(徹法)을 적용하고, 자진 납부하게 하시오.

【集註】(1) 此 分田制祿之常法 所以治野人 使養君子也 野 郊外都鄙之地也 九一而助 爲公田而行助法也 國中 郊門之內 鄕遂之地也 田不井授 但爲溝洫 使什而自賦其一 蓋用貢法也 周所謂徹法者 蓋如此 以此推之 當時 非惟助法不行 其貢亦不止什一矣.

(1) 이것이 토지를 나누어주고 세록을 제정하는 상법(常法)이며, 야인을 다스려 군자를 부양하게 하는 바탕이다. 「야(野)」는 교외(郊外) 및 도비(都鄙)의 땅이다. 「구일이조(九一而助)」는 「공전(公田)을 만들어 조법을 행한다」는 뜻이다. 「국중(國中)」은 「교문(郊門) 안 향수(鄕遂)의 땅」이다. 토지를 정전(井田)으로 만들어 주지 않고, 다만 도랑을 파서 「10분의 1」을 스스로 바치게 했다. 아마 공법(貢法)을 썼을 것이다. 주나라에서 말하는 철법(徹法)이 대략 이와 같은 것이다. 이것으로

추측하면 당시는 조법이 행해지지 않았을 뿐만 아니라, 공법 역시「10분의 1」에 멈추지 않았을 것이다.

[15] 卿以下 必有圭田 圭田五十畝.

경이하(는) 필유규전(하니) 규전(은) 오십무(이니라)

[15] <맹자의 말 계속>「경 이하는 반드시 50무 넓이의 규전을 가지게 해야 합니다.」

[어구 설명] [15] ㅇ卿以下(경이하) : 경 이하는. ㅇ必有圭田(필유규전) : 반드시 규전(圭田)을 가지게 한다.「규전」은 제사에 올릴 곡식을 재배하는 전답.「규(圭)」는「결(潔)」과 같은 뜻이다. ㅇ圭田五十畝(규전오십무) : 규전은 50무의 넓이다.

【集註】(1) 此世祿常制之外 又有圭田 所以厚君子也 圭潔也 所以奉祭祀也 不言世祿者 滕已行之 但此未備耳.

(1) 이 규전은 세록 상제(常制) 외로 규전을 가지게 하는 것으로 군자를 후대하기 때문이다.「규(圭)」는「결(潔)」의 뜻이다. <규전에서 나오는> 곡물로 제사를 올린다.「세록(世祿)」에 대해서 말하지 않은 것은 등나라는 이미 시행하고 있기 때문이다. 다만 규전은 아직 시행하지 않았다.

[16] 餘夫 二十五畝.

여부(는) 이십오무(이니라)

[16] <맹자의 말 계속>「여부에게는 별도로 25무의
땅을 추가로 줍니다.」

[어구 설명] [16] ㅇ餘夫 二十五畝(여부 이십오무) : 한 집안에서 한 사람의 장정이 백무(百畝)의 사전(私田)을 받는다. 여덟 집안이 합동해서 중앙의 공전(公田)을 경작하고 나라에 바친다. 이 때의 장정은 부모 처자 등 5~6명의 가족을 부양해야 한다. 그러나 장정의 동생으로 나이 16세 이상이면서 미혼인 경우는 별도로「25무」의 땅을 추가로 내려준다.

【集註】(1) 程子曰 一夫 上父母 下妻子 以五口八口爲率 受田百畝 如有弟 是餘夫也 年十六 別受田二十五畝 俟其壯 而有室 然後更受百畝之田 愚按此百畝常制之外 又有餘夫之田 以厚野人也.

(1) 정자(程子)가 말했다.「한 장정은 위로는 부모, 아래로는 처자 등 대략 5~8명의 식구를 거느리고, 백무의 토지를 받는다. 만약 동생이 있으면 그를 여부라 한다. 그는 16세가 되면 별도로 25무의 토지를 받는다. 그가 장성해서 장가들 때를 기다려, 다시 백무의 땅을 받는다.」<주자>「나는 생각한다. 이렇게 정해진 백무 외로 여부에게 땅을 주는 것은 야인을 후대하는 것이다.」

[17] 死徙無出鄕 鄕田同井 出入相友 守
望相助 疾病相扶持 則百姓親睦.

사사(에) 무출향(이니) 향전동정(이) 출입(에) 상우(하며) 수망(에) 상조(하며) 질병(에) 상부지(하면) 즉백성(이) 친목(하리다)

[17] <맹자의 말 계속>「<이렇게 백성을 후대하면> 죽은 사람을 장사 지내거나, 집을 이사하는 경우에도 <자기가 살던> 향(鄕)을 떠나지 않으며, 같은 향 안에서는 정(井)자로 나누어진 땅을 함께 공유하고, 출입할 때도 서로 친하게 지내고, 마을이나 집을 감시할 때도 서로 도우며, 질병이 나면 서로 의지하고 도우므로 결국 백성들이 서로 친애하고 화목(和睦)하게 됩니다.」

[어구 설명] [17] ㅇ死徙無出鄕(사사무출향) : <이렇게 백성을 후대하면> 죽은 사람을 장사 지내거나, 집을 이사하는 경우에도 <자기가 살던> 향(鄕)을 떠나지 않는다. ㅇ鄕田同井(향전동정) : 한 향 안에서는 정(井)자로 나누어진 땅을 함께 공유한다. ㅇ出入相友(출입상우) : 출입할 때도 서로 친하게 지낸다. ㅇ守望相助(수망상조) : 마을이나 집을 감시할 때도 서로 돕는다. ㅇ疾病相扶持(질병상부지) : 질병이 나면 서로 의지하고 돕는다. ㅇ則百姓親睦(즉백성친목) : 곧 백성들이 서로 친애하고 화목(和睦)하게 된다.

【集註】(1) 死謂葬也 徙謂徙其居也 同井者八家也 友猶伴也 守望防寇盜也.

(1)「사(死)」는 장례의 뜻이다.「사(徙)」는 거처를 옮긴다는

뜻이다. 「동정자(同井者)」는 「여덟 가구」를 말한다. 「우(友)」는 짝한다는 뜻이다. 「수망(守望)」은 도둑을 방어함이다.

[18] 方里而井 井九百畝 其中爲公田 八家皆私百畝 同養公田 公事畢 然後敢治私事 所以別野人也.

방리이정(이니) 정(이) 구백무(이니) 기중(이) 위공전(이라) 팔가(이) 개사백무(하야) 동양공전(하야) 공사(를) 필연후(에) 감치사사(이니) 소이별야인야(이니라)

[18] <필전에게 하는 말 계속>「<정전법을 말하자면 다음과 같다.> 사방이 각 '1리(里)' 넓이의 땅을 '1정(井)'이라 합니다. 그러므로 '1정'은 약 '9백무(畝)'가 됩니다. <이 땅을 정(井)자 모양으로 9등분하니> 그 중앙의 땅이 곧 공전(公田)입니다. 8가구가 각자 주변의 사전(私田) '백무'를 소유하고 그들이 합동으로 공전을 경작합니다. 공전의 농사를 마친 다음에 비로소 사전을 경작하게 합니다. 그 이유는 <관직을 가진 군자와> 야인을 분별하기 위해서입니다. <즉 군자는 농민을 다스리는 사람이니 그들의 공전을 먼저 다스리게 하는 것입니다.>」

[어구 설명] [18] ㅇ 方里而井(방리이정) : 사방 1리(里) 넓이의 땅을 정(井)이라 한다. ㅇ 井九百畝(정구백무) : 1정(井)의 땅은 「9백무」가 된다. ㅇ 其中爲公田(기중위공전) : 한복판의 땅이 공전(公

田)이다. ㅇ八家皆私百畝(팔가개사백무) : 둘레의 여덟 집은 각자 백무의 땅을 소유한다. 즉 사전(私田)이다. ㅇ同養公田(동양공전) : 여덟 집이 공동으로 공전을 경작한다. ㅇ公事畢(공사필) : 공전의 일을 먼저 마치고. ㅇ然後(연후) : 그런 다음에 비로소. ㅇ敢治私事(감치사사) : 감히 사전의 농사를 한다. ㅇ所以別野人也(소이별야인야) : <그 이유는 관리들과> 야인을 구분하기 위해서다.

【集註】(1) 此詳言 井田形體之制 乃周之助法也 公田 以爲君子之祿 而私田 野人之所受 先公後私 所以別君子野人之分也 不言君子 據野人而言 省文耳 上言野及國中 此獨詳於治野者 國中貢法 當世已行 但取之 過於什一爾.

(1) 이는 정전제의 형식과 제도를 자세히 말한 것이며, 곧 주나라의 조법(助法)이기도 하다. 공전은 군자의 녹(祿)이 되고, 사전은 야인이 받은 땅이다. 선공후사(先公後私)라고 말한 것은 군자와 야인을 분별하기 때문이다. 군자에 대한 말을 하지 않고 야인만을 들어 말한 것은 글을 생략한 것이다. 위에서는 야(野) 및 국중(國中)의 제도를 자세히 말했으므로 여기서는 다만 야인을 다스리는 것만을 자세히 말했다. 국중의 공법(貢法)은 당시 행하고 있었다. 다만「10분의 1」보다 과다하게 취했던 것이다.

[19] 此其大略也 若夫潤澤之 則在君與子矣.

차기대략야(이니) 약부윤택지 즉재군여자의(니라)

[19] <맹자의 말 계속> 「이상이 정전제의 대략입니다. 이러한 정책을 잘 운용해서 백성들을 잘살게 하는 일은 임금님과 또 보좌하는 당신들에게 달려 있습니다.」

[어구 설명] [19] ○此其大略也(차기대략야) : 이상 말한 것이 정전제(井田制)의 대략이다. ○若夫潤澤之(약부윤택지) : 이를 잘 운용해서 더욱 빛을 내게 하는 일은. ○則在君與子矣(즉재군여자의) : 즉 임금님과 그를 보좌할 그대에게 달렸습니다.

【集註】(1) 井地之法 諸侯皆去其籍 此特其大略而已 潤澤 謂因時制宜 使合於人情 宜於土俗 而不失於先王之意也.

(1) 정전법을 제후들이 전적(典籍)을 없애버렸으므로 여기는 다만 대략을 말했을 뿐이다. 「윤택(潤澤)」은 「때에 따라 잘 제도하고 인정에 맞고, 또 토속에 맞게 하되 선왕의 근본의의를 잃지 않게 하라」는 뜻이다.

【集註】(2) 呂氏曰 子張子 慨然有意三代之治 論治人先務 未始不以經界爲急 講求法制 粲然具備 要

之 可以行於今 如有用我者 擧以措之耳 嘗曰仁政
必自經界始 貧富不均 敎養無法 雖欲言治 皆苟而已
世之病難行者 未始不以亟奪富人之田 爲辭 然茲法
之行 悅之者衆 苟處之有術 其以數年 不刑一人 而
可復所病者 特上之未行耳.

(2) 여씨가 말했다. 장횡거(張橫渠) 선생은 「삼대지치(三代之治)」에 감탄하고 <본받으려는> 뜻을 가지고 있었다. <그는 다음 같이 말했다.> 「사람을 다스리는 급선무를 논할 때에는 <맹자가 말한 바와 같이> 먼저 토지의 경계를 정확히 하는 것을 긴급하게 여겨야 한다. <고로> 법 제정을 강구하고 찬연하게 구비하고 요점을 파악하면 오늘에도 시행할 수 있다. <그러므로> 만약 나를 등용하면 <삼대 같은 정치를> 높이고 시행할 수 있다.」 그는 전에 말한 바 있다. 「인정(仁政)은 토지 분배의 경계를 정확히 하는 데서 시작된다. 빈부가 고르지 않고, 또 교육이나 부양함에 법도가 없으면 말로 잘 다스린다고 해도 헛된 소리가 되고 만다. <인정(仁政)을> 행하기 어려움을 걱정하는 사람은 누구나 다 당장에 부자의 땅을 뺏어서 <고르게 분배해 주어야 한다고> 말한다. 그러나 <토지 분배를 균등하게 하는> 이 법을 행하면 좋아할 사람이 많을 것이다. 그러므로 법 적용을 기술적으로 하고, 또 수년에 걸쳐 하면, 한 사람의 부자도 처형하지 않고 걱정하던 빈부 불균등의 모순을 고칠 수 있다. 그런데 윗사람, 즉 임금이 행하려고

하지 않는 것이다.」

【集註】(3) 乃言曰 縱不能行之天下 猶可驗之一鄕 方與學者 議古之法 買田一方 畫爲數井 上不失公家之賦役 退以其私 正經界 分宅里 立斂法 廣儲蓄 興學校 成禮俗 救菑恤患 厚本抑末 足以推先王之遺法 明當今之可行 有志未就而卒.

(3) 그리고 그는 다음 같이 말했다. 비록 당장 천하에 시행할 수 없어도 한 향(鄕)에서 시험해 볼 수 있다. 마땅히 학자와 함께 고대의 법을 토의한다. 그리고 땅을 사들여 여러 개의 정전(井田)을 구획하고 <정전법을 시험해 본다.> 위로는 공전의 부역을 잃지 않게 하고, 물러나서는 사전을 경작하게 한다. 경계를 정확하게 하고, 택지를 나누고, 수렴법을 정하고, 저축을 넓히고, 학교 교육을 흥하게 하여, 예의 풍속을 바르게 잡고, 재난이나 환난 시에는 나라에서 구휼해준다. 한편 바탕이 되는 농업을 진작하고, 말단이 되는 상업을 억제한다. 그렇게 선왕의 유법(遺法)을 추진하면 오늘의 세계에서도 시행할 수 있을 것이다. <그는 이와 같은> 뜻이 있었으나, 성취하지 못하고 사망했다.

【集註】(4) 愚按 喪禮經界兩章 見孟子之學識其大者 是以 雖當禮法廢壞之後 制度節文 不可復考 而能因略以致詳 推舊而爲新 不屑屑於旣往之迹 而

能合乎先王之意. 眞可謂命世亞聖之才矣.

(4) <주자> 나는 생각한다. 「상례와 경계 두 장을 보면 맹자의 학식이 큼을 알 수 있다. 그러므로 당시에 이미 예법이 폐기되고 제도에 대한 글들을 복원할 수 없게 되었으나, 맹자의 글을 바탕으로 개략이나마 상세한 것을 알고 옛날의 방식을 미루어 새롭게 쓸 수 있으며, 과거의 자질구레한 사실을 몰라도 선왕의 뜻에 맞게 할 수 있으니, 맹자는 참으로 세기에 한 번 나타날 아성의 재주를 가진 분이라 하겠다.」 <*「命世亞聖之才(명세아성지재)」: 조기(趙岐)가 맹자제사(孟子題辭)에서 말했다. 「일세에 뛰어난 아성의 재주를 가진 분」이라는 뜻이다.

【참고 보충】 「인정·민생안정·윤리교육」

　공간과 시간을 통합한 우주(宇宙)를 주재(主宰)하는 하늘(天)은 절대선(絶對善)의 도리, 즉 천도(天道)로써 만물을 낳고 양육한다. 그러므로 천명을 받은 임금은 「백성의 부모가 되어 만민을 사랑하고 양육해야 한다.」 이러한 다스림을 인정(仁政)이라고 한다.

　그러나 전국시대(戰國時代)의 무식하고 우매한 폭군(暴君)들은 자기네들의 정복욕을 채우기 위해서, 백성들을 전쟁터에서 죽게 하고, 또 가렴주구(苛斂誅求)하여 궁핍하게 만들었다. 그래서 맹자는 그런 임금들을 깨우치기 위하여 「백성이 가장 귀하고, 다음으로 사직이고, 임금은 가벼운 존재다.(民爲貴 社稷次之 君爲輕)」 <盡心 下>라고 했다.

백성을 위해서 인정(仁政)을 펴야 한다. 인정은 우선 백성을 경제적으로 잘살게 해주어야 한다. 그러기 위해서는 국가의 토지를 공평하게 분배해주고 농업생산을 높여야 한다. 아울러 세금을 가볍게 거두어야 한다. 그런 다음에 학교 교육을 진작하여 백성들을 깨우치고 저마다 자진해서 윤리 도덕을 실천하게 계몽해야 한다. 그래야 사람들이 서로 사랑하고 협동하며, 가정 및 국가적 차원에서 하나가 되고 또 역사와 문화를 계승 발전하게 할 수 있다. 「맹자의 인정」은 「민본(民本), 민생(民生) 및 도덕을 겸한다.」

제3장 爲國章 : 白文

[1] 滕文公問爲國.

[2] 孟子曰 民事不可緩也 詩云 晝爾于茅 宵爾索綯 亟其乘屋 其始播百穀.

[3] 民之爲道也 有恒産者 有恒心 無恒産者 無恒心 苟無恒心 放辟邪侈 無不爲已 及陷乎罪 然後從而刑之 是罔民也 焉有仁人 在位罔民 而可爲也 是故 賢君必恭儉禮下 取於民有制.

[4] 陽虎曰 爲富 不仁矣 爲仁 不富矣.

[5] 夏后氏 五十而貢 殷人 七十而助 周人 百畝而徹 其實 皆什一也 徹者徹也 助者藉也.

[6] 龍子曰 治地莫善於助 莫不善於貢 貢者 校數歲之中以爲常 樂歲 粒米狼戾 多取之而不爲虐,則寡取之 凶年 糞其田而不足 則必取盈焉 爲民父母 使民盻盻然 將終歲勤動 不得以養其父母 又稱貸而益之 使老稚轉乎溝壑 惡在

其爲民父母也.

[7] 夫世祿 滕固行之矣.

[8] 詩云 雨我公田 遂及我私 惟助爲有公田 由此觀之 雖周亦助也.

[9] 設爲庠序學校 以敎之 庠者養也 校者敎也 序者射也. 夏曰校 殷曰序 周曰庠 學則三代共之 皆所以明人倫也 人倫明於上 小民親於下.

[10] 有王者起 必來取法 是爲王者師也.

[11] 詩云 周雖舊邦 其命維新 文王之謂也 子力行之 亦以新子之國.

[12] 使畢戰問井地 孟子曰 子之君將行仁政 選擇而使子 子必勉之 夫仁政 必自經界始 經界不正 井地不均 穀祿不平 是故暴君汙吏 必慢其經界 經界旣正 分田制祿 可坐而定也.

[13] 夫滕 壤地褊小 將爲君子焉 將爲野人焉 無君子 莫治野人 無野人 莫養君子.

[14] 請野 九一而助 國中 什一使自賦.

[15] 卿以下 必有圭田 圭田五十畝.

[16] 餘夫 二十五畝.

[17] 死徙無出鄕 鄕田同井 出入相友 守望相助 疾病相扶持 則百姓親睦.

[18] 方里而井 井九百畝 其中爲公田 八家皆私百畝 同養公田 公事畢然後 敢治私事 所以別野人也.

[19] 此其大略也 若夫潤澤之 則在君與子矣.

【요점 복습】제3장 위국장

　제3장은 길다. 총 19개의 구절이 있다. 전반부는「1~11구절」이고, 후반부는「12~19구절」이다. 전반부는 등나라의 문공이「나라 다스리는 법」을 묻자, 맹자가 인정(仁政)을 펴라고 가르쳤다. 인정의 핵심은 크게 두 가지다. 먼저 백성들을 경제적으로 잘살게 해주어야 한다. 그러기 위해서는 농업을 진작하고 세금을 적게 징수해야 한다. 그 표본으로 정전제(井田制)를 들었다. 그런 다음에 교육해서 윤리 도덕을 따르고 실천하게 해야 한다. 그래야 백성들이 서로 사랑하고 상부상조한다. 전반부의 핵심은 [3]의「유항산자(有恒産者) 유항심(有恒心)」및 [9]의 윤리교육이다. 후반부는 맹자가 필전(畢戰)에게 정전제(井田制)의 대강을 설명했다. 토지의 경계와 분배를 정확히 하고, 아울러 농민에게 후덕을 베풀어야 한다. 그래야 그들이 군자들을 잘 보양한다. 그러나 공사(公私)를 분별해야 한다.

제4장 神農章 : 총 18 구절

[1] 有爲神農之言者 許行自楚之滕 踵門而告文公曰 遠方之人 聞君行仁政 願受一廛而爲氓 文公與之處 其徒數十人 皆衣褐 捆屨 織席以爲食.

<small>유위신농지언자 허행(이) 자초지등(하야) 종문 이고문공왈 원방지인(이) 문군(의) 행인정(하고) 원수일전 이위맹(하노이다) 문공(이) 여지처(하시니) 기도수십인(이) 개의갈(하고) 곤구 직석(하야) 이위식(하더라)</small>

[1] 농업의 시조 신농씨(神農氏)의 말을 실천하는 허행(許行)이라는 사람이 초(楚)나라에서 등(滕)나라에 왔다. 그는 대궐 문에 이르러 문공에게 말했다. 「저는 먼 나라 사람입니다. 임금님께서 인정(仁政)을 행하신다는 말을 듣고 왔습니다. 원하오니, 집 한 채를 주시면 이 나라 백성이 되겠습니다.」 문공이 그에게 거처할 곳을 주었다. 그러자 그의 도당들 수십 명이 털가죽 옷을 걸치고, 손수 만든 짚신을 신고, 거적자리를 깔고, 생활을 했다.

[어구 설명] [1] ㅇ有爲神農之言者(유위신농지언자) : 신농(神農)의 말을 실천하는 사람이 있었다. 신농은 고대의 성왕(聖王), 농업신이다. ㅇ許行(허행) : 허행이라는 사람이. ㅇ自楚之滕(자초지

등) : 남쪽의 초(楚)나라에서 멀리 등(滕)나라에 왔다. ㅇ踵門(종문) : 대궐 문에 이르자. ㅇ而告文公曰(이고문공왈) : 문공에게 말했다. ㅇ遠方之人(원방지인) : <저 허행은> 먼 곳에서 온 사람이다. ㅇ聞君行仁政(문군행인정) : 임금님께서 인정(仁政)을 행하신다는 말을 듣고 왔습니다. ㅇ願受一廛而爲氓(원수일전이위맹) : 집 한 채를 주시면, 이 나라의 백성이 되고자 합니다. ㅇ文公與之處(문공여지처) : 문공이 그에게 거처할 곳을 주었다. ㅇ其徒數十人(기도수십인) : 그의 도당은 수십 명이나 되었으며. ㅇ皆衣褐(개의갈) : 모두 거친 털가죽 옷을 걸치고. ㅇ捆屨(곤구) : 손수 짚신을 만들고 두들겨 단단하게 만들고 <자기가> 신거나 <남에게> 팔다. ㅇ織席(직석) : 손수 자리를 만들어 깔고. ㅇ以爲食(이위식) : 그리고 생활을 하면서 먹고살았다.

【集註】(1) 神農 炎帝神農氏 始爲耒耜 敎民稼穡者也 爲其言者 史遷所謂農家者流也 許姓行名 踵門 足至門也 仁政上章所言井田之法也 廛民所居也 氓 野人之稱 褐 毛布 賤者之服也 捆扣椓之 欲其堅也 以爲食 賣以供食也.

(1) 「신농(神農)」은 「염제 신농씨」로 처음으로 쟁기와 보습을 만들어 백성에게 농사짓고 거두는 법을 가르쳐주었다. 「위기언자(爲其言者)」는 사기(史記)의 저자 사마천(司馬遷)이 말한 바 「농가자류(農家者流)」이다. 허(許)는 성(姓), 행(行)은 이름이다. 「종문(踵門)」은 「발이 문에 이르다」는 뜻이다. 「인

정(仁政)」은 앞장에서 말한 바 정전지법(井田之法)을 한다는 뜻이다.「전(廛)」은 백성이 사는 곳이다.「맹(氓)」은 야인(野人)을 부르는 말이다. 갈(褐)은「털가죽 옷」이다. 천민이 입는다.「곤(捆)」은「두들긴다(扣掾之)」는 뜻이다. 굳게 하고자 해서다.「이위식(以爲食)」은 그렇게 해서 팔아서 먹고산다.

【集註】（2）程子曰 許行所謂神農之言 乃後世稱述上古之事 失其義理者耳 猶陰陽醫方 稱黃帝之說也.

(2) 정자(程子)가 말했다.「허행이 말하는 신농의 주장은 곧 후세에서 전하는 바, 상고대의 일로 그 바른 뜻이 상실된 것이다. 흡사 음양의 의학이 황제를 내세우는 것과 같다.」

【참고 보충】 허행의 허망한 주장

허행의 무리들이 말로는 신농씨의 가르침을 따른다고 했다. 그러나 그것은 후세에 잘못 와전된 농업학파(農業學派)의 궤변이다. 그들은 임금도 지식인도 손수 농사를 지어먹어야 한다고 주장했다. 그래서 맹자가 여러 면으로 날카롭게 공박한 것이다.

[2] 陳良之徒 陳相與其弟辛 負耒耜 而自宋之滕 曰 聞君行聖人之政 是亦聖人也 願爲聖人氓.

진량지도 진상(이) 여기제신(으로) 부뢰사 이자송지등(하야) 왈 문군(의) 행성인지정(하니) 시역성인야(이시

니) 원위성인맹(하노이다)

[2] 진량(陳良)의 제자, 진상(陳相)이 자기 동생 진신(陳辛)과 함께 쟁기와 보습을 등에 메고 송(宋)나라에서 등(滕)나라에 와, <문공에게> 말했다.「저희들은 임금님께서 성인의 정치, 즉 정전제(井田制)를 행한다고 들었습니다. 그러므로 임금님이 바로 성인이십니다. 저희들은 성인의 백성이 되고 싶습니다.」

[어구 설명] [2] ○陳良之徒(진량지도) : 진량(陳良)의 제자. ○陳相與其弟辛(진상여기제신) : 진상(陳相)이 자기 동생 진신(陳辛)과 함께 왔다. 이들은 다 유생(儒生)이다. ○負耒耜(부뢰사) : 쟁기와 보습을 등에 메고 오다. ○而自宋之滕(이자송지등) : 송(宋)나라에서 등(滕)나라에 왔다. ○曰(왈) : 말하다. ○聞君行聖人之政(문군행성인지정) : 임금님이 성인의 정치, 즉 정전제(井田制)를 행한다고 들었습니다. ○是亦聖人也(시역성인야) : 임금님이 바로 성인이십니다. ○願爲聖人氓(원위성인맹) : <우리들은> 성인의 백성이 되고 싶습니다.

【集註】(1) 陳良楚之儒者 耜所以起土 耒其柄也.
(1) 진량(陳良)은 초(楚)의 유학자(儒學者)다. 사(耜)는 흙을 일으키는 보습, 뇌(耒)는 그 자루(柄)다.

[3] 陳相見許行 而大悅 盡棄其學 而學焉 陳相見孟子 道許行之言 曰 滕君

則誠賢君也 雖然未聞道也 賢者與民
並耕而食 饔飧而治 今也滕有 倉廩
府庫 則是厲民 而以自養也 惡得賢.

진상(이) 견허행 이대열(하야) 진기기학 이학언(이러니)
진상(이) 견맹자(하야) 도허행지언 왈 등군즉성현군야
(이어니와) 수연(이나) 미문도야(이로다) 현자(는) 여민
병경이식(하며) 옹손이치(하나니) 금야(에) 등유 창름부
고(하니) 즉시려민 이이자양야(이니) 오득현(이리오)

[3] 진상이 허행을 만나 보고 크게 기뻐했으며 자기가 배운 유학(儒學)을 다 버리고, <허행(許行)의 농가학설(農家學說)을> 배웠다. 그 후에 진상이 맹자를 만나자 허행의 주장[言]을 전하면서[道] <다음같이> 말했다. 「등나라 문공은 참으로 현명하기는 합니다. 그러나 아직도 도(道)를 터득하지는 못했습니다. <이유를 다음같이 말했다.> 현군(賢君)도 백성과 같이 함께 농사를 지어서 먹어야 합니다. 아침이나 저녁밥을 <손수 지어서> 먹으면서 백성을 다스려야 합니다. 그런데 지금 등나라 창름(倉廩)에는 곡식이 쌓였고, 또 부고(府庫)에는 재물이 가득합니다. 이는 곧 임금이 백성들로부터 심하게 거두어들여서 자기만 편하게 양생(養生)하자는 것입니다. 그러니 어찌 현명하다고 하겠습니까.」

[어구 설명] [3] ㅇ陳相見許行而大悅(진상견허행이대열) : 진상이

허행을 만나 보고 크게 기뻐했으며. ㅇ盡棄其學而學焉(진기기학이학언) : 자기가 배운 유학(儒學)을 다 버리고, <허행(許行)의 농가학설(農家學說)을> 배웠다. ㅇ陳相見孟子(진상견맹자) : <그후에> 진상이 맹자를 만나자. ㅇ道許行之言(도허행지언) : 허행의 주장[言]을 전하면서[道]. ㅇ曰(왈) : <다음같이> 말했다. ㅇ滕君則誠賢君也(등군즉성현군야) : 등나라 문공은 참으로 현군이다. ㅇ雖然未聞道也(수연미문도야) : 그러나 아직도 도(道)를 다 터득하지 못했다. <그 이유를 다음같이 말했다.> ㅇ賢者與民(현자여민) : 현군(賢君)도 백성과 같이. ㅇ並耕而食(병경이식) : 함께 농사를 지어서 먹어야 한다. ㅇ饔飧而治(옹손이치) : 아침이나 저녁밥을 <손수 지어서> 먹으면서 백성을 다스려야 한다. 饔(아침밥 옹), 飧(저녁밥 손). ㅇ今也滕有倉廩府庫(금야등유창름부고) : 지금 등나라 창름(倉廩)에는 곡식이 쌓였고, 또 부고(府庫)에는 재물이 가득하니. ㅇ則是厲民(즉시려민) : 이는 곧 백성들을 못살게 하고 <거두어들여서>. ㅇ而以自養也(이이자양야) : 자기를 편하게 보양하는 것이다. ㅇ惡得賢(오득현) : 어찌 그런 임금을 현명하다고 하겠느냐.

【集註】(1) 饔飧 熟食也 朝曰饔 夕曰飧 言當自炊爨以爲食 而兼治民事也 厲病也 許行此言 皆欲陰壞孟子分別 君子小人之法.

(1) 「옹손(饔飧)」은 「숙식(熟食)」의 뜻이다. 아침을 「옹(饔)」이라 하고, 저녁을 「손(飧)」이라 한다. 당연히 자신이 취사하고 끓여서 먹고 그리고 겸해서 백성 다스리는 일을 해야 한다.

「여(厲)」는 「병들게 한다, 괴롭힌다」는 뜻이다. 허행의 말은 은근히 맹자의 군자와 소인 분별의 법도를 파괴하려는 의도로 한 말이다.

[4] 孟子曰 許子必種粟 而後食乎 曰 然 許子必織布 而後衣乎 曰 否 許子衣褐 許子冠乎 曰 冠 曰 奚冠 曰 冠素 曰 自織之與 曰 否 以粟易之 曰 許子奚爲不自織 曰 害於耕 曰 許子以釜甑爨 以鐵耕乎 曰 然 自爲之與 曰 否 以粟易之.

맹자(이) 왈 허자(는) 필종속 이후(에) 식호(아) 왈 연(하다) 허자(는) 필직포 이후(에) 의호(아) 왈 부(이라) 허자(는) 의갈(이니라) 허자(는) 관호(아) 왈 관(이니라) 왈 해관(고) 왈 관소(이니라) 왈 자직지여(아) 왈 부(이라) 이속역지(니라) 왈 허자(는) 해위부자직(고) 왈 해어경(이니라) 왈 허자(는) 이부증찬(하며) 이철경호(아) 왈 연(하다) 자위지여(아) 왈 부(이라) 이속역지(니라)

[4] <맹자와 진상이 주고받는 말이다. 대화 형식으로 풀이하겠다.>
맹자가 <진상에게> 물었다 : 「허자(許子)는 반드시 손수 곡식을 심어서 먹느냐.」
진상이 대답했다 : 「네.」

맹자 : 「허자는 반드시 손수 베를 짜서 옷을 만들어 입느냐.」
진상 : 「아닙니다. 허선생은 거친 털옷을 입습니다.」
맹자 : 「관을 쓰느냐.」
진상 : 「관을 쓰십니다.」
맹자 : 「어떠한 관이냐.」
진상 : 「생사로 만든 관입니다.」
맹자 : 「그것은 그가 손수 만든 것이냐.」
진상 : 「아닙니다. 곡물과 교역한 것입니다.」
맹자 : 「허자는 왜 손수 베를 짜지 않느냐.」
진상 : 「농사짓는 데 방해가 됩니다.」
맹자 : 「허자는 솥과 시루로 곡식을 쪄 먹고, 또 쇠로 만든 농기구를 써서 경작하느냐.」
진상 : 「그러합니다.」
맹자 : 「그 기물들은 손수 만든 것들이냐.」
진상 : 「아닙니다. 곡식과 교역한 것입니다.」

[어구 설명] [4] ㅇ孟子曰 許子必種粟而後食乎(맹자왈 허자필종속이후식호) : 맹자가 진상에게 물었다. 「허자는 반드시 손수 곡식을 심어 가지고 먹느냐.」 ㅇ曰 然(왈 연) : 진상이 대답했다. 「그러합니다.」 ㅇ許子必織布而後衣乎(허자필직포이후의호) : <맹자의 질문>「허자는 반드시 손수 베를 짜 가지고 옷을 만들어 입느냐.」 ㅇ曰 否 許子衣褐(왈 부 허자의갈) : 진상이 대답했다. 「아닙니다. 허선생은 <베옷을 안 입고> 거친 털옷을 걸칩니다.」 ㅇ許

子冠乎(허자관호) : 맹자가 물었다. 「허자는 관을 쓰느냐.」 ○曰 冠
(왈 관) : 진상이 대답했다. 「관을 씁니다.」 ○曰 奚冠(왈 해관) :
맹자가 물었다. 「어떠한 관이냐.」 ○曰 冠素(왈 관소) : 진상이 대
답했다. 「생사로 만든 관입니다.」 ○曰 自織之與(왈 자직지여) :
맹자가 물었다. 「손수 짠 것이냐.」 ○曰 否 以粟易之(왈 부 이속
역지) : 진상이 대답했다. 「아닙니다. 곡식과 교역한 것입니다.」
○曰 許子奚爲不自織(왈 허자해위부자직) : 맹자가 물었다. 「허자
는 왜 손수 베를 짜거나 관을 만들지 않느냐.」 ○曰 害於耕(왈
해어경) : 진상이 대답했다. 「농경에 방해가 됩니다.」 ○曰 許子以
釜甑爨 以鐵耕乎(왈 허자이부증찬 이철경호) : 맹자가 물었다.
「허자는 가마나 시루를 앉히고 불을 때서 곡물을 익히고, 또 쇠로
만든 농기구로 경작을 하느냐.」 釜(가마 부), 甑(시루 증), 爨(불땔
찬). ○曰 然(왈 연) : 진상이 대답했다. 「그러합니다.」 ○自爲之與
(자위지여) : 맹자가 물었다. 「손수 그것들을 만들었느냐.」 ○曰
否 以粟易之(왈 부 이속역지) : 진상이 대답했다. 「아닙니다. 곡물
과 교역한 것입니다.」

【集註】(1) 釜所以煮 甑所以炊 爨然火也 鐵耜屬
也 此語八反 皆孟子問而陳相對也.

(1) 「부(釜)」는 「삶는 그릇」이다. 「증(甑)」은 「취사용 시루」
다. 「찬(爨)」은 「불을 땐다」는 뜻이다. 「철(鐵)」은 「쇠로 만든
보습 같은 농기구」를 말한다. 이 구절은 <맹자가> 여덟 번
반문한 것이며, 맹자가 묻고 진상이 대답한 것이다.

[5] 以粟易械器者 不爲厲陶冶 陶冶亦以其械器易粟者 豈爲厲農夫哉 且許子何不爲陶冶 舍皆取諸其宮中而用之 何爲紛紛然 與百工交易 何許子之不憚煩 曰 百工之事 固不可耕 且爲也.

이속역계기자(이) 불위려도야(이니) 도야(이) 역이기계기역속자(이) 기위려농부재(리오) 차허자(는) 하불위도야(하야) 사 개취제기궁중이용지(하고) 하위분분연 여백공교역(고) 하허자지불탄번(고) 왈 백공지사(는) 고불가경 차위야(이니라)

[5] <맹자의 말>「곡물을 가지고 기물과 교역하는 것을, 도공(陶工)이나 야공(冶工)을 괴롭히는 것이라고 생각하지 않는다면, 도공이나 야공도 역시 자기가 만든 기물을 가지고 곡물과 교역하는 것을 어찌 농부를 괴롭히는 일이라고 생각하겠느냐. <서로 편하고 좋다고 생각하게 마련이다.> 뿐만이 아니다. <누구나 자기 손으로 농사를 지어먹어야 한다고 주장을 하는> 허자가 왜 자기는 도공이나 야공 일은 안 하느냐. <그는 왜> 모든 기물들을 자기 집에서 만들어 가지고 쓰지를 않느냐. 왜 번거롭게 다른 기술자들과 교역을 하느냐. 무엇 때문에 허자는 번거로운 일을 꺼리지 않느냐.」

진상이 말했다.「여러 가지 기술자의 일들은 <저마다 전문적인 기술이므로> 절대로 농사를 하면서 할 수 있는 일이 아닙니다.」

[어구 설명] [5] ㅇ以粟易械器者 不爲厲陶冶(이속역계기자 불위려도야) : 곡물을 가지고 기물과 교역하는 것을, 도공(陶工)이나 야공(冶公)을 괴롭히는 것이라고 생각하지 않는다면. ㅇ陶冶 亦以其械器 易粟者(도야 역이기계기 역속자) : 도공이나 야공도 역시 자기가 만든 기물을 가지고 곡물과 교역하는 것을. ㅇ豈爲厲農夫哉(기위려농부재) : 어찌 농부를 괴롭히는 일이라고 생각하겠느냐. <서로가 편하고 좋다.> ㅇ且許子何不爲陶冶(차허자하불위도야) : 그런데 <누구나 자기 손으로 농사를 지어먹어야 한다고 주장하는> 허자가 왜 자기는 도공이나 야공의 일은 안 하는가. ㅇ舍皆取諸其宮中而用之(사개취제기궁중이용지) : 모든 기물들을 자기 집에서 만들어 가지고 쓰지를 않고.「사(舍)」는「하지 않는다」는 뜻의 동사다.「취제기궁(取諸其宮)」은「모든 것을 자기 집에서 취하다」의 뜻. ㅇ何爲紛紛然與百工交易(하위분분연여백공교역) : 왜 번거롭게 다른 기술자들과 교역을 하느냐. ㅇ何許子之不憚煩(하허자지불탄번) : 무엇 때문에 허자는 번거로운 일을 꺼리지 않느냐. ㅇ曰百工之事 固不可耕且爲也(왈 백공지사 고불가경차위야) : 진상이 말했다.「여러 가지 기술자의 일들은 <저마다 전문적인 기술이므로> 절대로 농사를 하면서 할 수 있는 일이 아닙니다.」

【集註】(1) 此孟子言 而陳相對也 械器釜甑之屬也 陶爲甑者 冶爲釜鐵者 舍止也 或讀屬上句 舍爲

作陶冶之處也.

(1) 이 구절은 맹자가 묻고 진상이 대답한 것이다.「계기(械器)」는 가마나 시루 같은 것이다.「도(陶)」는 시루를 만들고「야(冶)」는 솥이나 쇠의 농기구를 만드는 사람이다.「사(舍)」는「안 한다」는 뜻이다.「사(舍)」를 혹 앞의 구절에 붙여 읽고「도공(陶工)이나 야공(冶工)의 집」으로 풀이한다.

[6] 然則治天下 獨可耕且爲與 有大人之事 有小人之事 且一人之身 而百工之所爲備 如必自爲而後用之 是率天下而路也 故曰 或勞心 或勞力 勞心者治人 勞力者治於人 治於人者食人 治人者食於人 天下之通義也.

연즉치천하(는) 독가경차위여(아) 유대인지사(하며) 유소인지사(하니) 차일인지신 이백공지소위(이) 비(하니) 여필자위이후(에) 용지(면) 시(는) 솔천하이로야(이니라) 고(로) 왈 혹로심(하며) 혹로력(이니) 노심자(는) 치인(하고) 노력자(는) 치어인(이라하니) 치어인자(는) 사인(하고) 치인자(는) 사어인(이) 천하지통의야(이니라)

[6] <맹자의 말 계속>「그러하거늘 천하를 다스리는 사람은 혼자서 농사도 짓고 또 다스리기도 해야 하는가. <세상일에는> 대인이 할 일도 있고 소인이 할 일이 있는 법이다. 게다가 한 사람이 몸으로 살기 위

해서는 모든 기술자가 만든 기물들을 다 갖추어야 한다. 그런데 만약에 <그 모든 것들을> 반드시 손수 만들어 써야 한다면 천하의 모든 사람들을 몰아서 지쳐버리게 할 것이다. 그러므로 옛날에 말한 바 있다. 어떤 사람은 마음, 즉 정신을 부려쓰고, 어떤 사람은 힘, 즉 노동력을 부려쓴다. 마음, 즉 정신을 쓰는 사람은 남을 다스리고, 힘, 즉 노동력을 쓰는 사람은 남에게 다스림을 받는다. 다스림을 받는 농민들이 선비를 먹게 하고, 남을 다스리는 선비는 남, 즉 농민에게 부양되는 것이, 천하의 공통된 바른 이치이다.」

[어구 설명] [6] ㅇ 然則治天下(연즉치천하) : 그러나 즉 천하를 다스리는 일을. ㅇ 獨可耕且爲與(독가경차위여) : 홀로 농사도 짓고 또 다스리기도 해야 하느냐. ㅇ 有大人之事(유대인지사) : 대인(大人)이 할 일이 있고.「대인」은「사(士)」. ㅇ 有小人之事(유소인지사) : 소인(小人)이 할 일이 있다. 소인은「농공상(農工商)」에 종사하는 사람. ㅇ 且一人之身(차일인지신) : 게다가 한 사람 몸이 <살기 위해서는>. ㅇ 而百工之所爲備(이백공지소위비) : 모든 기술자가 만든 모든 기물들이 다 구비되어야 한다. ㅇ 如必自爲而後用之(여필자위이후용지) : 만약에 <그 모든 것들을> 반드시 손수 만들어 써야 한다면. ㅇ 是率天下而路也(시솔천하이로야) : 천하의 모든 사람들을 몰아서 지쳐버리게 할 것이다.「노(路)」를「이(贏 : 여윌 리)」로 풀이한다. 주자는「쉴새없이 길을 뛰어다니다」의 뜻으로 풀었다. ㅇ 故曰(고왈) : 그러므로 옛말에 있다. ㅇ 或勞心(혹

로심) : 어떤 사람은 마음, 즉 정신을 쓰고. ㅇ或勞力(혹로력) : 어떤 사람은 힘, 즉 노동력을 부려쓴다. ㅇ勞心者治人(노심자치인) : 마음, 즉 정신을 쓰는 사람은 남을 다스리고. ㅇ勞力者治於人(노력자치어인) : 힘, 즉 노동력을 쓰는 사람은 남에게 다스림을 받는다. ㅇ治於人者食人(치어인자사인) : 다스림을 받는 농민들이 선비를 먹게 하고. ㅇ治人者食於人(치인자사어인) : 남을 다스리는 선비는 남, 즉 농민에게 부양되는 것이. ㅇ天下之通義也(천하지통의야) : 천하의 공통된 바른 도리이다.

【集註】(1) 此以下 皆孟子言也 路謂奔走道路 無時休息也 治於人者 見治於人也 食人者 出賦稅 以給公上也 食於人者 見食於人也 此四句 皆古語而孟子引之也.

(1) 이 다음은 다 맹자의 말이다. 「노(路)」는 「분주하게 도로를 오가면 쉴 때가 없다」는 뜻이다. 「치어인자(治於人者)」는 「남에게 다스림을 받는다」는 뜻이다. 「사인자(食人者)」는 「부역이나 세금을 내서 공무를 보는 윗사람에게 급여한다」는 뜻이다. 「사어인자(食於人者)」는 「남에게 급식을 받는다」는 뜻이다. 이 네 구절은 다 옛말이며, 맹자가 인용한 것이다.

【集註】(2) 君子無小人則飢 小人無君子則亂 以此相易 正猶農夫陶冶 以粟與械器相易 乃所以相濟而非所以相病也 治天下者 豈必耕自爲哉.

(2) 군자는 소인이 없으면 굶고, 소인은 군자가 없으면 혼란하게 된다. 서로 주고받는 것이 마치 농부와 도공이나 야공이 서로 곡식과 기물을 교역하는 것과 같다. 즉 서로가 도움을 주는 것이며 서로 상대를 괴롭히는 것이 아니다. 그러니 천하를 다스리는 <임금이> 어찌 반드시 손수 경작을 해야 하는가.

[7] 當堯之時 天下猶未平 洪水橫流 氾濫於天下 草木暢茂 禽獸繁殖 五穀不登 禽獸偪人 獸蹄鳥跡之道 交於中國 堯獨憂之 舉舜而敷治焉 舜使益掌火 益烈山澤而焚之 禽獸逃匿 禹疏九河 瀹濟漯而注諸海 決汝漢 排淮泗而注之江 然後中國可得而食也 當是時也 禹八年於外 三過其門而不入 雖欲耕 得乎.

당요지시(에) 천하(이) 유미평(하야) 홍수(이) 횡류(하야) 범람어천하(하야) 초목창무(하며) 금수번식(이라) 오곡부등(하며) 금수핍인(하야) 수제조적지도(이) 교어중국(이어늘) 요독우지(하샤) 거순이부치언(이시어늘) 순(이) 사익장화(하신대) 익(이) 열산택이분지(하니) 금수(이) 도닉(이어늘) 우(이) 소구하(하며) 약제탑이주제해

(하시며) 결여한(하며) 배회사이주지강(하시니) 연후(에) 중국(이) 가득이식야(하니) 당시시야(하야) 우팔년 어외(에) 삼과기문이불입(하시니) 수욕경(이나) 득호(아)

[7] <맹자의 말 계속>「요임금 때만 해도 천하가 미처 평온하지 못했다. 홍수가 마구 넘쳐흐르고 강물이 온 천하에 범람했으며, 사방에 초목이 마냥 자라나 엉키고, 금수가 번식하여 득실거렸으며 <전답에> 오곡을 심어 영글게 하지도 못했다. <그 때에는 사방에서> 금수가 사람에 접근해 위협했으며 동물이나 새 발자국이 난 길이 나라 중심, 즉 국도(國都) 안에도 교차했었다. <이와 같은 미개한 상태를> 요임금이 걱정하고 순을 등용하여 다스리게 하였다. 순은 백익(伯益)을 시켜 불을 다루게 했으며, 백익은 산이나 늪에 심한 불을 놓아 모조리 타게 했다. 이에 금수들이 도망가 숨었다. 한편 우는 구하(九河)를 소통했으며, 제수(濟水)나 탑수(漯水)를 바다에 흘러들게 했다. 또 여수(汝水)와 한수(漢水)의 막힌 물줄기를 트고, 또 회수(淮水)와 사수(泗水)를 터서 장강(長江)에 흐르게 했다. 그런 다음에 비로소 중국에서 사람들이 농사를 지어 곡식을 거두어 먹고 살 수 있게 되었던 것이다. 그와 같은 개척 시기에 우는 8년 간을 외지에서 <일을 했으며> 세 번이나 자기 집 앞을 지나치고도 들어가 가족을 만나보지 못했다. <그렇게 치수에

전념했으니> 비록 손수 경작을 하고 싶어도 될 수 있었겠는가.」

[어구 설명] [7] ㅇ 當堯之時(당요지시) : 요임금 때만 해도. ㅇ 天下猶未平(천하유미평) : 천하가 미처 평온하지 못했다. ㅇ 洪水橫流(홍수횡류) : 홍수가 마구 넘쳐흐르고. ㅇ 氾濫於天下(범람어천하) : 강물이 온 천하에 범람했다. ㅇ 草木暢茂(초목창무) : 초목이 마냥 자라나 엉키고. ㅇ 禽獸繁殖(금수번식) : 금수가 번식하여 득실거렸으며. ㅇ 五穀不登(오곡부등) : 땅에 오곡(五穀)을 심고 열매를 맺게 할 수도 없었다. 「오곡」은 「벼(稻), 수수(黍), 피(稷), 보리(麥), 팥(菽)」. ㅇ 禽獸偪人(금수핍인) : 금수가 사람에게 접근해서 위협하다. ㅇ 獸蹄鳥跡之道(수제조적지도) : 동물이나 새들의 발자국이 어지럽게 파진 길이. ㅇ 交於中國(교어중국) : 나라 중심, 즉 국도(國都) 안에까지 교차했다. ㅇ 堯獨憂之(요독우지) : <이와 같은 미개한 상태를> 요임금이 걱정하고. ㅇ 擧舜而敷治焉(거순이부치언) : 순을 등용하여 다스리게 하였다. ㅇ 舜使益掌火(순사익장화) : 순은 백익(伯益)을 시켜 불을 다루게 했다. ㅇ 益烈山澤而焚之(익렬산택이분지) : 백익은 산이나 늪에 심한 불을 놓아 모조리 타게 했다. ㅇ 禽獸逃匿(금수도닉) : 금수들이 도망가 숨었다. ㅇ 禹疏九河(우소구하) : 우는 구하(九河)를 소통했다. 「구하」는 「모든 강」으로 풀기도 한다. 집주에는 아홉 개의 강 이름이 있다. ㅇ 瀹濟漯(약제탑) : 「약(瀹)」은 소통하다, 물이 잘 흐르게 하다. 「제(濟)」나 「탑(漯)」은 강 이름으로, 황하(黃河)의 지류다. ㅇ 而注諸海(이주제해) : 바다에 흘러들게 하다. ㅇ 決汝漢(결여한) : 여수(汝水)와

한수(漢水)의 막힌 물줄기를 터서. ○排淮泗而注之江(배회사이주지강):「배(排)」는「장애물을 밀어내다」의 뜻으로「결(決)」과 같다. 회수(淮水)와 사수(泗水)를 터서 장강(長江)에 흐르게 하다. ○然後中國可得而食也(연후중국가득이식야): 그런 다음에 비로소 중국에서 사람들이 농사를 지어 곡식을 거두어 먹고 살 수 있게 되었다. ○當是時也(당시시야): 그와 같은 개척 시기에. ○禹八年於外(우팔년어외): 우는 8년 간을 외지에서 <일을 했으며>. ○三過其門而不入(삼과기문이불입): 세 번이나 자기 집 앞을 지나치고도 들어가 가족을 만나보지 못했다. ○雖欲耕得乎(수욕경득호): <그렇게 치수에 전념했으니> 비록 손수 경작을 하고 싶어도 될 수 있었겠는가.

【集註】(1) 天下猶未平者 洪荒之世 生民之害多矣 聖人迭興 漸次除治 至此尙未盡平也 洪大也 橫流不由其道 而散溢妄行也 汎濫橫流之貌 暢茂長盛也 繁殖衆多也 五穀 稻黍稷麥菽也 登成熟也 道路也 獸蹄鳥跡 交於中國 言禽獸多也 敷布也 益舜臣名 烈熾也 禽獸逃匿然後 禹得施治水之功 疏通也分也.

(1)「천하가 미처 평온하지 못했다」고 말한 것은 즉「<태고 때에는> 세상이 크게 황폐하여 사람들이 해를 심하게 입었다. <그 후에> 성인들이 번갈아 나타나서 점차로 해를 제거하고 잘 다스렸지만 그래도 요임금 때에는 아직도 평온하지

못했다」는 뜻을 말한 것이다.「홍(洪)」은「대(大)」의 뜻이다. 「횡류(橫流)」는「강물이 물줄기를 타지 않고 넘치고 마구 흐른다」는 뜻이다.「범람(汎濫)」은「횡류(橫流)하는 모양」을 말한 것이다.「창무(暢茂)」는「수목이 자라 무성하다」는 뜻이다.「번식(繁殖)」은「중다(衆多)」의 뜻이다.「오곡(五穀)」은 「벼(稻), 수수(黍), 피(稷), 보리(麥), 팥(菽)」이다.「등(登)」은 「곡물이 자라고 익는다」는 뜻이다.「도(道)」는 길이다.「수제조적 교어중국(獸蹄鳥跡 交於中國)」은「금수가 많다」는 뜻을 말한 것이다.「부(敷)」는「포(布)」의 뜻이다. 즉「넓게 펴고 다스리다」의 뜻이다.「익(益)」은 순(舜)의 신하의 이름이다. 「열(烈)」은「세차게 불로 태우다」의 뜻이다.「금수가 도망가 숨은 다음」에 비로소 우(禹)가 치수(治水)를 하고 공을 세울 수 있었다.「소(疏)」는「강물을 나누어 통하게 한다」는 뜻이다.

【集註】 (2) 九河 曰徒駭 曰太史 曰馬頰 曰覆釜 曰胡蘇 曰簡 曰潔 曰鉤盤 曰鬲津 瀹亦疏通之意 濟漯二水名 決排皆去其壅塞也 汝漢淮泗 亦皆水名也 據禹貢及今水路 惟漢水入江耳 汝泗則入淮 而淮自入海 此謂四水 皆入于江 記者之誤也.

(2)「구하(九河)」는 다음의 아홉 개의 강이다.「도해(徒駭), 태사(太史), 마협(馬頰), 복부(覆釜), 호소(胡蘇), 간(簡), 결(潔), 구반(鉤盤), 격진(鬲津)」이다.「약(瀹)」은 역시「소통」

의 뜻이다. 「제(濟)와 탑(漯)」도 두 개의 강 이름이다. 「결(決)과 배(排)」는 다 「막힌 곳을 터서 소통하게 한다」는 뜻이다. 「여(汝), 한(漢), 회(淮), 사(泗)」도 다 강물의 이름이다. 우공(禹貢)의 기록이나 현재의 수로를 보면, 한수(漢水)만이 장강(長江)에 흘러들고 여수(汝水)나 사수(泗水)는 회수(淮水)에 들어간다. 그리고 회수가 바다에 흘러 들어간다. 앞에서 「네 강이 다 장강으로 들어간다」고 한 것은 기술한 사람의 잘못이다.

[8] 后稷 教民稼穡 樹藝五穀 五穀熟而民人育 人之有道也 飽食煖衣 逸居而無教 則近於禽獸 聖人有憂之 使契爲司徒 教以人倫 父子有親 君臣有義 夫婦有別 長幼有序 朋友有信 放勳曰 勞之來之 匡之直之 輔之翼之 使自得之 又從而振德之 聖人之憂民如此 而暇耕乎.

후직(이) 교민가색(하야) 수예오곡(한대) 오곡(이) 숙이 민인(이) 육(하니) 인지유도야(에) 포식난의(하야) 일거이무교(이면) 즉근어금수(일새) 성인(이) 유우지(하샤) 사설위사도(하야) 교이인륜(하시니) 부자유친(이며) 군신유의(며) 부부유별(이며) 장유유서(이며) 붕우유신(이니라) 방훈(이) 왈 노지래지(하며) 광지직지(하며) 보지

익지(하야) 사자득지(하고) 우종이진덕지(라하시니) 성인지우민(이) 여차(하시니) 이가경호(아)

[8] <맹자의 말 계속>「순임금의 명을 받고 농업을 관장하는 후직(后稷)은 백성에게 농사와 또 오곡을 심고 가꾸는 법을 가르쳐주었다. 그래서 오곡이 익어서 만민들이 잘먹고 건강하게 자랐다. <허나> 사람에게는 <따르고 지켜야 할> 바른 길과 도리가 있는 법이다. <그러므로> 배부르게 먹고 따뜻하게 옷을 입고 안락하게 살되, 바르게 <도덕과 윤리를> 교육하지 않으면 곧 금수와 비슷한 존재가 된다. <그래서> 성인, 즉 순임금이 걱정을 하고 설(契)을 사도(司徒)로 삼고 오륜(五倫)을 가르치게 했다. 즉 부모와 자식간에는 육친애가 있어야 한다. 군신간에는 도의(道義)가 있어야 한다. 부부간에는 분별이 있어야 한다. 형과 동생 사이에는 질서와 순차가 있어야 한다. 붕우 사이에는 서로 신의를 지키고 행해야 한다. <한편> 방훈, 즉 요(堯)임금은 다음같이 말했다.『천하의 모든 백성들이 와서 부지런히 일하게 해야 한다. 또 그들을 곧고 바르게 잡아주어야 한다. 약하고 힘없는 사람을 돕고 보호해서 저마다 스스로 <도를 터득하고 따라서> 잘살게 해주어야 한다. 그리고 더 나가서는 저마다 덕을 세우게 해야 한다.』순임금 같은 성인이 이와 같이 백성을 걱정하고 애를 쓰고 지도했으니, 손수 농사를 지을 시간이 있겠는가.」

[어구 설명] [8] ㅇ 后稷(후직) : 관명(官名)으로「농업을 관장하는 장관 혹은 임금」의 뜻이다.「후직」은 주(周)나라의 시조(始祖)다. 어머니 강원(姜嫄)이 거인(巨人)의 발자국을 밟고 잉태하여 아들을 낳았다. 불길하게 생각하고 여러 차례 내다버렸으나 기적이 일어났으므로, 강원이 다시 데리고 와서 키웠다. 그래서 이름을 기(棄)라고 했다. 기는 농경에 탁월한 재주가 있었다. 그래서 순임금이 그를 농업장관「후직」에 임명했던 것이다. ㅇ 敎民稼穡(교민가색) : 후직이 백성들에게 농사를 가르쳐주었다. 稼(심을 가), 穡(거둘 색). ㅇ 樹藝五穀(수예오곡) : <후직이> 오곡을 심고 가꾸는 법을 <가르쳐주었다>.「수(樹)」는「심다」,「예(藝)」는「가꾸다」의 뜻이다. ㅇ 五穀熟而民人育(오곡숙이민인육) : 오곡이 익어서 인민들이 잘먹고 건강하게 자랐다. ㅇ 人之有道也(인지유도야) : 사람에게는 <따르고 지켜야 할> 바른 길과 도리가 있다. ㅇ 飽食煖衣(포식난의) : 배부르게 먹고 따뜻하게 옷을 입는다. ㅇ 逸居而無敎(일거이무교) : 안락하게 살지만 바르게 교육하지 않으면. ㅇ 則近於禽獸(즉근어금수) : 곧 금수와 가까운 존재가 된다. ㅇ 聖人有憂之(성인유우지) : 성인, 즉 순임금이 걱정을 하다. 교육을 하지 않으면 동물과 같은 존재가 되는 것을 우려하다. ㅇ 使契爲司徒(사설위사도) : 설(契)을 사도(司徒 : 백성을 지도하는 교육장관)로 삼고.「설」은 순임금의 신하다. ㅇ 敎以人倫(교이인륜) : 인륜을 가르치게 했다. ㅇ 父子有親(부자유친) : 부모와 자식간에는 육친애가 있다. <유교의 윤리는 쌍무적으로 실천해야 한다.> 그러므로「아버지는 자식을 자애(慈愛)하고, 자식은 부모를 친애(親愛)한다」로 풀어도 된다. ㅇ 君臣有義(군신유의) : 군신간에는

도의(道義)가 있다. 임금은 예양(禮讓)하고 신하는 충성한다. ○夫婦有別(부부유별) : 부부간에는 분별이 있다. 남편은 사회활동을 하고 아내는 가정을 다스린다. ○長幼有序(장유유서) : 형과 동생 사이에는 질서와 순차가 있다.「연장자・선배」와「연소자・후배」사이에는 서로 지키고 따를 순서와 질서가 있다. ○朋友有信(붕우유신) : 붕우는 서로 신의를 지키고 행해야 한다.「붕(朋)」은「학문이나 학파를 같이하는 벗」,「우(友)」는 도(道)나 뜻을 같이 하는 벗」의 뜻으로 세분할 수도 있다. ○放勳曰(방훈왈) : 방훈(放勳), 즉 요(堯)임금은 말했다.「방훈」은 요임금의 호(號), 순임금의 호는「중화(重華)」, 우임금은「문명(文命)」이다. ○勞之來之(노지래지) : 모든 백성들이 <자기 나라에> 와서 부지런히 일하게 한다. ○匡之直之(광지직지) : 곧고 바르게 잡아준다. ○輔之翼之(보지익지) : 힘없고 약한 사람을 돕고 보호해서. ○使自得之(사자득지) : 저마다가 스스로 <도를 터득하고 따라서> 잘 살게 해준다. 즉 윤리 도덕을 실천하게 한다. ○又從而振德之(우종이진덕지) : 그리고 더 나가서는 저마다 덕을 세우게 한다. <사람은 누구나 하늘로부터 명덕(明德)을 내려 받고 있다. 그 명덕을 밝혀서 덕을 세워야 한다.> ○聖人之憂民如此(성인지우민여차) : 순임금 같은 성인은 이와 같이 백성을 걱정하고 애를 쓰고 지도한다. ○而暇耕乎(이가경호) : 그러니 농사를 지을 시간이 있겠는가.

【集註】(1) 言水土平然後 得以敎稼穡 衣食足然後 得以施敎化 后稷官名 棄爲之 然言敎民則亦非竝耕矣 樹亦種也 藝殖也 契亦舜臣名也 司徒官名也.

(1) 즉 다음 같은 뜻을 말한 것이다.「치수를 하고 국토를 평온하게 한 다음에 농경과 수확을 가르칠 수 있고, 의식(衣食)이 족한 다음에 교육과 감화를 시행할 수 있다.」「후직(后稷)」은 관명(官名)이다. 기(棄)가 그 관직에 올랐다. 그러나 백성을 가르친다고 말한 것은 역시 백성과 함께 경작한다는 뜻이 아니다.「수(樹)」도 역시「곡물을 심는다」의 뜻이다.「예(藝)」는「가꾸고 번식케 한다」는 뜻이다.「설(契)」은 순(舜)의 신하의 이름이다.「사도(司徒)」는「백성을 교육하는 관직명」이다.

【集註】(2) 人之有道 言其皆有秉彝之性也 然無教 則亦放逸怠惰而失之 故聖人設官 而敎以人倫 亦因其固有者而道之耳 書曰天叙有典 勅我五典五惇哉 此之謂也.

(2)「인지유도(人之有道)」는 곧「모든 사람에게는 변치 않는 도리를 꽉 잡고 지키는 도덕성(道德性)이 있다」는 뜻을 말한 것이다. 그러나 교육하지 않으면 역시 마음이 흩어지고 안일에 빠지고 태만하게 되어 <도덕심을> 상실하게 된다. 고로 성인, 즉 순임금이 관직을 만들어 인륜을 가르치게 한 것이다. 역시 본래에 주어진 본성을 바탕으로 바르게 도를 따라가게 교도한 것이다. 서경(書經) 고요모(皐陶謨)에 있다.『하늘이 전법(典法)을 펴서, 우리에게 오륜(五倫)을 지키라고 명하셨으니, 다섯 가지를 돈독히 행해야 한다.』<서경의 말이> 바로

이를 말한 것이다.

【集註】(3) 放勳 本史臣贊堯之辭 孟子因以爲堯號也 德猶惠也 堯言勞者勞之 來者來之 邪者正 枉者直 輔以立之 翼以行之 使自得其性矣 又從而提撕警覺 以加惠焉 不使其放逸怠惰而或失之 蓋命契之辭也.

(3)「방훈(放勳)」은 원래 사신(史臣)이 요를 칭찬해서 부른 칭호다. 맹자가 그것을 요의 호로 삼은 것이다.「덕(德)」은「혜(惠)」와 같은 뜻이다. 요임금이 말했다.「노고(勞苦)하는 사람을 위로해 달래고, 오겠다는 사람은 오게 하라. 사악한 사람은 바로잡아 주고, 구부러진 사람은 곧게 해주어라. 힘없는 사람을 도와서 서게 해주고, 걷지 못하는 사람을 부축해서 걸어가게 해주어라. 그리고 저마다 모든 사람이 본성의 덕을 세우게 해주어라. 아울러 손을 잡아끌고 지도하고 경각심을 높여 남에게 혜택을 주게 해라. 방탕(放蕩) 안일(安逸)에 빠져 태만해지거나 혹은 본심의 착한 본성을 잃지 않게 해라.」이 말은 아마 요임금이 설(契)에게 명한 말일 것이다.

【참고 보충】「국토개발・민생안정・윤리교육」
 인류는 문화적으로 발전한다. 고대 중국민족도 장구한 세월에 걸쳐, 자연의 위협이나 재해를 극복하고 또 국토를 개발하고 아울러 농업생산을 진작하여 민생을 안정되게 했다. 그리고 한발 더 나가 모든 사람에게 윤리 도덕을 교육하여, 공동체 생활의 터전을 확고히 했던 것이다. 그 과정을 맹자는 대략 다음같이 말했다.

 [7] : 요(堯)임금 때에 천하가 안정되지 못했다. 고대에는 인류가 홍수(洪水)와 한발(旱魃) 및 금수(禽獸)에 시달렸다. 그것을 순(舜)임금이 우(禹)임금과 백익(伯益)으로 하여금 국토를 개발하고 자연의 위협을 극복하게 했다.

 [8] : <1> 후직(后稷)이 농업생산을 진작했다. <2> 순임금이 설(契)을 사도(司徒 : 교육장관)로 임명하고 오륜(五倫)을 가르쳤다. <3> 비로소 모든 사람이 모여 사는 공동체가 이루어졌다. 특히 다음의 글은 명문 중에 명문이다. 깊이 터득해야 한다.

 『사람에게는 따르고 지켜야 할 바른 길과 도리가 있다. 배부르게 먹고 따뜻하게 옷을 입고 안락하게 살되, 바르게 <도덕과 윤리를> 교육하지 않으면 곧 금수와 비슷한 존재가 된다. <그래서> 성인, 즉 순임금이 걱정을 하고 설(契)을 사도(司徒)로 삼고 오륜(五倫)을 가르치게 했다. 즉 부모와 자식간에는 육친애가 있어야 한다. 군신간에는 도의(道義)가 있어야 한다. 부부간에는 분별이 있어야 한다. 형과 동생 사이에는 질서와 순차가 있어야 한다. 붕우 사이에는 서로 신의를 지키고 행해야 한다.(人之有道也 飽食煖衣 逸居而無敎 則近於禽獸 聖人有憂之 使契爲司徒 敎以人倫 父子有親 君臣有義 夫婦有別 長幼有序 朋友有信.)』

[9] 堯以不得舜 爲己憂 舜以不得禹皐陶 爲己憂 夫以百畝之不易 爲己憂者 農夫也.

요(이) 이부득순(으로) 위기우(하시고) 순이부득우고요
(로) 위기우(하시니) 부이백무지불이(로) 위기우자(는)
농부야(이니라)

[9] <맹자의 말 계속>「요임금은 순 같은 현인을 얻지 못하는 것을 자기의 걱정으로 여기고, 순임금은 우나 고요 같은 사람을 얻지 못하는 것을 자기의 걱정으로 여겼다. <그러나> 백 무의 땅을 가지고 농사짓기가 쉽지 않다고 걱정하는 사람이 바로 농부이다.」

[어구 설명] [9] ㅇ堯以不得舜 爲己憂(요이부득순 위기우) : <천하를 다스릴> 요는 순 같은 현인을 얻지 못하는 것을 자기의 걱정으로 여긴다. ㅇ舜以不得禹皐陶 爲己憂(순이부득우고요 위기우) : <천하를 다스릴> 순은 우나 고요 같은 현인을 얻지 못하는 것을 자기의 걱정으로 여긴다. ㅇ夫以百畝之不易 爲己憂者 農夫也(부이백무지불이 위기우자 농부야) : <허나> 백 무의 땅을 가지고 농사짓기 쉽지 않음을 자기의 걱정으로 삼는 자가 농민이다. 주자는 「이(易)」를 「다스리다」로 풀었다. <천하를 다스리는 성왕의 걱정과, 백 무의 땅을 다스리는 농부의 걱정이 같지 않다.>

【集註】(1) 易治也 堯舜之憂民 非事事而憂之也 急先務而已 所以憂民者 其大如此 則不惟不可耕 而亦不必耕矣.

(1)「이(易)」는 「다스린다」는 뜻이다.「요순(堯舜)의 우민(憂民)」은 하나하나의 일을 걱정한 것이 아니고 <천하 만민을

위해> 다급하고 먼저 애를 써야 할 일들뿐이었다. 백성을 위해 걱정한 것으로 큰 것만도 이와 같았으니, 즉 손수 경작할 틈이 없을 뿐더러 또 반드시 경작할 필요도 없는 것이다.

[10] 分人以財 謂之惠 敎人以善 謂之忠 爲天下得人者 謂之仁 是故 以天下與人易 爲天下得人難.

분인이재(를) 위지혜(요) 교인이선(을) 위지충(이오) 위천하득인자(를) 위지인(이니) 시고(로) 이천하여인(은) 이(하고) 위천하득인(은) 난(하니라)

[10] <맹자의 말 계속>「남에게 재물(財物)을 나누어 주는 것을 은혜(恩惠)라 하고, 남에게 선도(善道)를 가르쳐주는 것을 충실(忠實)이라 하고, 천하 만민을 위하여 훌륭한 인재를 얻어 다스림을 맡기는 것을 인정(仁政)이라 한다. 그러므로 천하를 남에게 주기는 쉬워도, 천하를 위해서 훌륭한 사람을 얻기는 어렵다.」

[어구 설명] [10] ○分人以財 謂之惠(분인이재 위지혜) : 재물을 남에게 분배해주는 것을 은혜(恩惠)를 베푼다고 말한다. ○敎人以善 謂之忠(교인이선 위지충) : 남에게 착한 도리를 가르쳐주는 것을 충실(忠實)한 일이라고 말한다. ○爲天下得人者 謂之仁(위천하득인자 위지인) : 천하를 위해서 훌륭한 사람을 얻어서 <잘 다스리는 것을> 인정(仁政)을 베푼다고 말한다. ○是故(시고) : 그러므

로. ㅇ以天下與人易(이천하여인이) : 천하를 남에게 맡기는 일은 쉬워도. ㅇ爲天下得人難(위천하득인난) : 천하 만민을 잘살게 할 만한 현명하고 좋은 인재를 얻는 일은 어렵다.

【集註】(1) 分人以財 小惠而已 敎人以善 雖有愛民之實 然其所及 亦有限而難久 惟若堯之得舜 舜之得禹皐陶 乃所謂爲天下得人者 而其恩惠廣大 敎化無窮矣 此所以爲仁也.

(1) 남에게 재물을 나눠주는 일은 작은 은혜이다. 남에게 착한 도리를 가르쳐주는 것은 비록 남을 사랑하는 실속이기는 해도 그 미치는 범위가 한정되고 또 오래가지 않는다. 오직 요임금이 순을 얻은 것이나 순임금이 우나 고요를 얻은 것을, 이른바 천하를 위해 훌륭한 인재를 얻었다고 말하며, 그 은혜가 광대하게 미치고 또 교화가 무궁하게 된다. <그러므로 훌륭한 사람을 얻는 것> 그것이 인정(仁政)의 바탕이다.

[11] 孔子曰 大哉堯之爲君 惟天爲大 惟堯則之 蕩蕩乎 民無能名焉 君哉舜也 巍巍乎有天下而不與焉 堯舜之治天下 豈無所用心哉 亦不用於耕耳.

공자(이) 왈 대재(라) 요지위군(이여) 유천(이) 위대(어늘) 유요(이) 칙지(하시니) 탕탕호 민무능명언(이로다) 군재(라) 순야(이여) 외외호 유천하이불여언(이라하시

니) 요순지치천하(이) 기무소용심재(시리오마는) 역불용
어경이(시니라)

[11] <맹자가 먼저 공자의 말을 인용했다.> 「공자께서 말씀하셨다. 『위대하다. 요제(堯帝)의 임금 되심이여. 오직 하늘만이 크거늘, 요제는 하늘을 본받았으며, 그의 덕이 넘치고 광대하여, 백성들은 칭송할 말조차 찾지 못했노라. 성스러운 임금 순(舜)이시여, 그의 덕이 높고 또 높아라. 천하를 물려받고도 홀로 다스리지 않고 <현인들로 하여금 다스리게 했노라.>』 <이어 맹자가 진상에게 말했다.> 요와 순 두 임금님이 천하를 다스릴 때에 어찌 마음을 쓰지 않았겠느냐. <무척 마음을 썼을 것이다.> 그러니 역시 두 분도 손수 농사를 짓지 않으신 것이다.」

[어구 설명] [11] ○孔子曰(공자왈) : 공자가 말했다. 논어(論語) 태백편(泰伯篇)에 있다. 맹자의 말과는 몇 자가 다르다. ○大哉堯之爲君(대재 요지위군) : 위대하다. 요의 임금 노릇하심이. ○惟天爲大(유천위대) : 오직 하늘만이 위대하거늘. ○惟堯則之(유요칙지) : 요임금은 하늘을 본받았도다. ○蕩蕩乎(탕탕호) : 덕이 넓게 퍼지고 천하에 넘치다. ○民無能名焉(민무능명언) : 백성들은 칭송할 말조차 찾지를 못했다. ○君哉 舜也(군재 순야) : 성군이시다, 순임금은. ○巍巍乎(외외호) : 그의 덕이 높고 또 높다. ○有天下而不與焉(유천하이불여언) : 천하를 물려받았으나, 사사로이 소유하지 않고. <현명한 사람들로 하여금 다스리게 하였다.> <즉 예기(禮記) 예운편(禮運篇)의 말처럼 천하위공(天下爲公)이다. 현명한

사람과 능력 있는 사람을 등용해서 다스렸다.〉 ㅇ堯舜之治天下
(요순지치천하) : 요순(堯舜) 두 임금이 천하를 잘 다스릴 때에.
ㅇ豈無所用心哉(기무소용심재) : 어찌 마음을 쓰지 않았겠느냐.
〈몹시 마음을 썼을 것이다.〉 ㅇ亦不用於耕耳(역불용어경이) : 그
러므로 그들도 역시 손수 경작할 수 없었던 것이다.

【集註】(1) 則法也 蕩蕩廣大之貌 君哉言盡君道
也 巍巍高大之貌 不與猶言不相關 言其不以位爲樂
也.

(1)「칙(則)」은 법(法)이다.「탕탕(蕩蕩)」은 광대한 모양이다.
「군재(君哉)」는「임금의 도리를 다한다」는 뜻을 말한 것이다.
「외외(巍巍)」는 고대(高大)한 모양이다.「불여(不與)」는「불
상관(不相關)」과 같은 뜻이다. 즉「임금의 높은 자리를 즐기
지 않고, 천하를 위했다」는 뜻을 말한 것이다.

[12] 吾聞用夏變夷者 未聞變於夷者也
陳良楚産也 悅周公仲尼之道 北學於
中國 北方之學者 未能或之先也 彼
所謂豪傑之士也 子之兄弟 事之數十
年 師死而遂倍之.

오문용하변이자(이오) 미문변어이자야(이캐라) 진량
(은) 초산야(이니) 열주공중니지도(하야) 북학어중국(이
어늘) 북방지학자(이) 미능혹지선야(하니) 피소위호걸지

사야(이라) 자지형제(이) 사지수십년(이라가) 사사이수배지(온여)

[12] <맹자가 진상에게 하는 말 계속> 「나는 중화(中華)의 문화로써 야만인을 변화시킨다는 말은 들었어도 오랑캐 때문에 변하고 퇴보한다는 말을 듣지 못했다. <그대의 스승> 진량은 남쪽 초나라에서 출생한 사람이며 주공과 공자의 도(道)를 좋아하고, 북쪽에 와서 문화의 중심에서 유학(儒學)을 배웠다. 그래서 북방 출신의 학자도 혹 그보다 더 앞서지 못하는 경우도 있으니, 말하자면 진량은 호걸이라 하겠다. 자네 형제가 진량을 스승으로 섬기고 배운 지가 수십 년이 되었거늘, 스승이 죽자 등을 돌리고 허행(許行)의 농업학파가 되었단 말이냐. <맹자가 진상을 비난한 말이다.>」

[어구 설명] [12] ㅇ 吾聞用夏變夷者(오문용하변이자) : 나는 중화(中華)의 문화로써 야만인을 변화시킨다는 말은 들었어도.「하(夏)」는「화(華)」와 같다.「용하(用夏)」는「중화의 문화를 가지고」의 뜻.「변이(變夷)」는「오랑캐를 변화시킨다.」 ㅇ 未聞變於夷者也(미문변어이자야) : <문화가> 오랑캐 때문에 <야만적으로> 변하고 퇴보한다는 말을 듣지 못했다. ㅇ 陳良楚産也(진량초산야) : 진량은 <미개한> 초나라에서 출생한 사람이다.「진량」은 바로 진상(陳相)에게 유학을 가르쳐 준 선생이다. ㅇ 悅周公仲尼之道(열주공중니지도) : 진량은 주공과 공자의 도(道)를 좋아하고. ㅇ 北學於

中國(북학어중국) : <남쪽 초나라에서> 북쪽에 와서 문화의 중심에서 유학을 배웠으며. ○北方之學者(북방지학자) : 북방 출신의 학자도. ○未能或之先也(미능혹지선야) : <학문적으로> 혹 그보다 앞서지 못하는 경우도 있다. ○彼所謂豪傑之士也(피소위호걸지사야) : 그 사람, 즉 진량(陳良)은 「호걸지사」라 하겠다. ○子之兄弟(자지형제) : 자네 형제, 즉 진상(陳相)과 동생 진신(陳辛). ○事之數十年(사지수십년) : 진량(陳良)을 스승으로 섬기고 배운 지, 수십 년이 되었거늘. ○師死而遂倍之(사사이수배지) : 스승 진량이 죽자 등을 돌리고, 허행(許行)의 농업학파가 되었단 말이냐.

【集註】(1) 此以下 責陳相倍師而學許行也 夏諸夏禮義之敎也 變夷 變化蠻夷之人也 變於夷 反見變化於蠻夷之人也 産生也 陳良生於楚 在中國之南 故北遊而學於中國也 先過也 豪傑才德出衆之稱 言其能自拔於流俗也 倍與背同 言陳良用夏變夷 陳相變於夷也.

(1) 다음은 <맹자가> 진상(陳相)이 스승을 배반하고 허행(許行)의 학설을 배우고 따른 것을 책망한 말이다. 「하(夏)」는 여러 중화(中華)의 예의의 가르침이다. 「변이(變夷)」는 「오랑캐들을 변화시킨다」는 뜻이다. 「변어이(變於夷)」는 「반대로 오랑캐에게 변화된다」는 뜻이다. 「산(産)」은 「출생」의 뜻이다. 진량(陳良)은 초(楚)나라에서 출생했다. <초나라는> 중국의 남쪽이다. 그러므로 「북쪽으로 와서 중심국가의 문화를

배웠다」고 한 것이다. 「선(先)」은 「앞서다(過)」의 뜻이다. 「호걸(豪傑)」은 「재주나 덕이 출중한 사람을 일컫는 말」이다. 즉 「진량이 평범한 무리들보다 뛰어났음」을 말한 것이다. 「배(倍)」는 「배(背)」와 같다. 말하자면 「진량은 중화의 문화를 배워서 야만적인 존재가 문화적으로 변했거늘, 진상은 도리어 야만적으로 퇴보한 것이다.」

[13] 昔者 孔子沒 三年之外 門人治任將歸 入揖於子貢 相嚮而哭 皆失聲 然後歸 子貢反 築室於場 獨居三年 然後歸 他日 子夏子張子游 以有若似聖人 欲以所事孔子事之 彊曾子 曾子曰 不可 江漢以濯之 秋陽以暴之 皜皜乎不可尚已.

석자(에) 공자(이) 몰(커시늘) 삼년지외(에) 문인(이) 치임장귀(할새) 입읍어자공(하고) 상향이곡(하야) 개실성연후(에) 귀(어늘) 자공(은) 반 축실어장(하야) 독거삼년 연후(에) 귀(하니라) 타일(에) 자하 자장 자유(이) 이유약사성인(이라하야) 욕이소사공자(로) 사지(하야) 강증자(호대) 증자(이) 왈 불가(하니) 강한이탁지(며) 추양이폭지(라) 호호호 불가상이(라하시니라)

[13] <맹자가 진상에게 하는 말 계속> 「옛날에 공자님이 돌아가시자 <제자들이> 3년 간의 심상(心喪)을

마치고 나서, 문인들이 각자 짐을 꾸리고 돌아가기에 앞서 <대표자 격인> 자공(子貢)의 거실에 들어가 읍례(揖禮)를 하고, 서로 마주보고 통곡했다. 허나 모든 제자들은 말을 잃고 <묵묵히 헤어져> 돌아갔다. 그러자 자공은 <혼자 무덤으로> 되돌아와서 무덤 곁에 여막(廬幕)을 짓고 혼자 다시 3년 간 거상(居喪)하고 자기 집에 돌아갔다. 그 후에 자하(子夏), 자장(子張), 자유(子游) 등 세 제자들이『유약(有若)이 흡사 공자를 닮았으니 <형식적이나마> 공자를 섬기던 예로써 <유약을> 섬기자』고 제안하고, 증자(曾子)에게 동의하기를 강요했다. 그러나 증자는 말했다.『안 된다. <돌아가신 공자님의 학문과 덕은> 장강(長江)이나 한수(漢水)의 물로 맑게 세탁하고, 맑은 가을 햇볕에 말린 것처럼 고결(高潔)하고 빛나며 그 이상 더 보탤 수 없다. <그러하거늘 어찌 형식적이라 한들, 남을 내세워 추모할 수 있느냐.>』」

[어구 설명] [13] ㅇ昔者孔子沒(석자 공자몰) : 옛날에 공자가 돌아가시자. ㅇ三年之外(삼년지외) : <제자들이> 3년 간의 심상(心喪)을 마치고 나서. 부모의 경우는 3년의 복상(服喪)을 한다. 스승의 경우는 예법에 없다. 공자의 제자들이 부모같이 복상을 한 것을 「심상(心喪)」이라 했다. ㅇ門人治任將歸(문인치임장귀) : 문인들이 짐을 싸고, 각자 돌아가기에 앞서. ㅇ入揖於子貢(입읍어자공) : <대표자 격인> 자공(子貢)의 거실에 들어가 읍례(揖禮)를

하고. ○相嚮而哭(상향이곡) : 서로 마주보고 통곡을 했다. ○皆失聲 然後歸(개실성 연후귀) : 모든 제자들은 말을 잃고 <묵묵히 헤어져> 돌아갔다. ○子貢反(자공반) : 자공은 되돌아와서. ○築室於場(축실어장) : 묘지 곁에 여막(廬幕)을 짓고. ○獨居三年(독거삼년) : 혼자서 다시 3년 간 거상(居喪)을 했다. ○然後歸(연후귀) : 그리고 자기 집에 돌아갔다. ○他日(타일) : 그 후에. ○子夏子張子游(자하자장자유) : 「자하(子夏), 자장(子張), 자유(子游)」세 제자들이. ○以有若似聖人(이유약사성인) : 유약(有若)이라는 제자가 공자를 닮았다고 하여. ○欲以所事孔子事之(욕이소사공자사지) : 공자를 섬기던 예로써 <유약을> 섬기자고 하였으며. ○彊曾子(강증자) : 증자에게 동의하기를 강요했다. ○曾子 曰 不可(증자 왈 불가) : 증자는 「안 된다」고 말했다. 증자는 효도(孝道)와 심성(心性)을 중시했다. 그래서 형식(形式)을 중시하는 세 사람의 제안을 거절했던 것이다. 증자의 학문은 자사(子思)에 이어지고, 다시 간접적으로 맹자에게 이어졌다. ○江漢以濯之(강한이탁지) : <증자의 말> <공자의 학문과 덕은> 장강(長江)이나 한수(漢水)의 물로 맑게 세탁하고. ○秋陽以暴之(추양이폭지) : 맑은 가을 햇볕에 말린 것처럼. ○皜皜乎不可尙已(호호호불가상이) : 고결(高潔)하고 빛나며 그 이상 더 보탤 수 없다. 즉 공자의 학덕(學德)은 최고의 경지에 이르렀다.

【集註】(1) 三年 古者爲師 心喪三年 若喪父而無服也 任擔也 場冢上之壇場也 有若似聖人 蓋其言行氣象 有似之者 如檀弓所記 子游謂有子之言 似夫子

之類是也.

(1)「삼년(三年)」은 옛날에는 스승을 위해서 심상(心喪)을 삼년 지켰다. 부친과 같이 했으나 상복(喪服)은 입지 않았다. 「임(任)」은 「짐을 진다」는 뜻이다. 「장(場)」은 무덤 앞의 제단(祭壇) 터다. 「유약(有若)이 성인을 닮았다」고 함은 아마도 그의 언행이나 기상이 비슷한 데가 있었을 것이다. 예기(禮記) 단궁편(檀弓篇)에 「자유(子游)가 유자(有子)의 말하는 품이 선생님을 닮았다」고 한 기록과 같은 유일 것이다.

【集註】(2) 所事孔子 所以事夫子之禮也 江漢水多 言濯之潔也 秋日燥烈 言暴之乾也 皜皜潔白貌 尙加也 言夫子 道德明著 光輝潔白 非有若所能彷彿也 或曰 此三語者 孟子贊美曾子之辭也.

(2)「소사공자(所事孔子)」는 「선생님을 섬긴 예로써」의 뜻이다. 「강한(江漢)」은 곧 「물이 많은 장강(長江)과 한수(漢水)에서 깨끗이 세탁했다」는 뜻을 말한 것이다. 「추일(秋日)」은 「햇볕이 건조하고 강렬하므로 <빨래를> 쬐서 말렸다」는 뜻을 말한 것이다. 「호호(皜皜)」는 결백(潔白)한 품이다. 「상(尙)」은 「가(加)」의 뜻이다. 즉 「공자의 도와 덕이 빛나고 고결하고 깨끗하므로 유약은 방불할 수 없음」을 말한 것이다. 어떤 사람은 「이 세 마디는 맹자가 증자를 칭찬한 말이라」고 한다.

[14] 今也 南蠻鴂舌之人 非先王之道 子
倍子之師 而學之 亦異於曾子矣.

금야(에) 남만결설지인(이) 비선왕지도(이어늘) 자(이)
배자지사 이학지(하니) 역이어증자의(로다)

[14] <맹자가 진상을 비난하는 말 계속>「지금 남쪽 오랑캐이며 뱁새소리를 내는 허행(許行)이 선왕의 도를 비난하고 있거늘, 그대는 스승 진량(陳良)을 배반하고 허행을 배우고 따르니 참으로 그대는 역시 증자와 무척 다르다고 하겠다.」

[어구 설명] [14] ㅇ 今也(금야) : 지금. ㅇ 南蠻鴂舌之人(남만결설지인) : 남쪽 오랑캐이며, 뱁새 같은 소리로 <횡설수설하는> 허행(許行). 鴂(뱁새 결). ㅇ 非先王之道(비선왕지도) : 선왕의 도를 비난하고 있다. ㅇ 子倍子之師而學之(자배자지사이학지) : 그대가 그대의 스승 진량(陳良)을 배반하고 허행(許行)의 <터무니없는 사상이나 주장을> 배우고 따르니. ㅇ 亦異於曾子矣(역이어증자의) : 역시 증자와 너무나 다르다. <스승이 죽은 다음에, 증자는 스승을 더욱 존경했다. 그러나 진상(陳相)은 자기의 스승을 배반하고 몽매한 허행을 따랐다.>

【集註】 (1) 鴂博勞也 惡聲之鳥 南蠻之聲 似之 指許行也.

(1) 「결(鴂)」은 뱁새다. 흉악한 소리를 내는 새다. 남쪽 오랑캐

가 떠드는 소리와 비슷하다. 즉 허행(許行)의 <터무니없는 주장을> 비난한 것이다.

[15] 吾聞 出於幽谷 遷于喬木者 未聞下喬木而入於幽谷者.

오문 출어유곡(하야) 천우교목자(이오) 미문 하교목이입어유곡자(케라)

[15] <맹자의 말 계속>「나는 <새가> 깊고 어두운 계곡에서 나와 높은 나무로 옮겨간다는 말은 들어도 높은 나무에서 내려와 깊고 어두운 계곡으로 들어간다는 말은 들은 바 없다.」

[어구 설명] [15] ㅇ 吾聞 出於幽谷 遷于喬木者(오문 출어유곡 천우교목자) : 나는 <새가> 깊고 어두운 계곡에서 나와 높은 나무로 옮겨간다는 말은 들어도. ㅇ 未聞下喬木而入於幽谷者(미문하교목이입어유곡자) : 높은 나무에서 내려와 깊고 어두운 계곡으로 들어간다는 말은 들은 바 없다.

【集註】(1) 小雅伐木之詩 云伐木丁丁 鳥鳴嚶嚶 出自幽谷 遷于喬木.

(1) 시경(詩經) 소아(小雅) 벌목편(伐木篇)의 시다. <다음 같다.>「나무 베는 소리가 쩡쩡 울리자(伐木丁丁), 새가 앵앵 울면서(鳥鳴嚶嚶), 골짜기에서 나와(出自幽谷), 큰 나무로 옮겨가네.(遷于喬木)」

[16] 魯頌曰 戎狄是膺 荊舒是懲 周公 方 且膺之 子是之學 亦爲不善變矣.

노송(에) 왈 융적시응(하니) 형서시징(이라하니) 주공 (이) 방차응지(어시늘) 자시지학(하니) 역위불선변의(로 다)

[16] <맹자의 말 계속>「시경(詩經) 노송(魯頌) 비궁편(閟宮篇)에 있다.『서쪽 오랑캐와 북쪽 오랑캐를 응징한다. 형만 초나라와 서(舒)나라를 응징한다.』주공도 바야흐로 또 <형만(荊蠻)을> 치고자 했거늘, 그대는 <남쪽 오랑캐인 허행의 말을> 배우고 따르니, 역시 나쁘게 변한 것이다.」

[어구 설명] [16] ㅇ魯頌曰(노송왈) : 시경(詩經) 노송(魯頌) 비궁편(閟宮篇)에 있다. ㅇ戎狄是膺(융적시응) : 서쪽 오랑캐와 북쪽 오랑캐를 응징한다.「응(膺)」은 친다, 응징한다. ㅇ荊舒是懲(형서시징) : 형만, 즉 초나라와 서(舒)나라를 응징한다, 벌준다. ㅇ周公方且膺之(주공방차응지) : 주공도 바야흐로 또 <형만(荊蠻)을> 치고자 했는데. ㅇ子是之學(자시지학) : 그대는 <형만의 사상을> 배우고자 하니. ㅇ亦爲不善變矣(역위불선변의) : 역시 나쁘게 변한 것이다.

【集註】(1) 魯頌 閟宮之篇也 膺擊也 荊楚本號也 舒國名 近楚者也 懲艾也 今按此詩 爲僖公之頌 而 孟子 以周公言之 亦斷章取義也.

(1) 노송(魯頌) 비궁편(閟宮篇)의 시다. 「응(膺)」은 「친다」는 뜻이다. 「형(荊)」은 초(楚)나라의 본래 이름이다. 「서(舒)」는 국명이다. 초(楚) 가까이 있는 나라다. 「징(懲)」은 「다스린다」는 뜻이다. 지금의 <시경에는> 이 시를 <노나라> 희공(僖公)을 칭송한 시라고 했다. 그러나 맹자가 주공(周公)의 시라고 말한 것은 역시 「단장취의(斷章取義)」한 것이다. <* 맹자 때에는 정해진 경전(經典)이 없었다.>

[17] 從許子之道 則市賈不貳 國中無僞 雖使五尺之童適市 莫之或欺 布帛長短同 則賈相若 麻縷絲絮輕重同 則賈相若 五穀多寡同 則賈相若 屨大小同 則賈相若.

종허자지도 즉시가(이) 불이(하야) 국중(이) 무위(하야) 수사오척지동(으로) 적시(라도) 막지혹기(니) 포백장단(이) 동 즉가상약(하며) 마루사서경중(이) 동 즉가상약(하며) 오곡다과(이) 동 즉가상약(하야) 구대소(이) 동 즉가상약(이니라)

[17] <진상(陳相)이 굽히지 않고 맹자에게 말했다.> 「허자(許子)의 사상이나 도를 따르면, 물건값이 일정하고, 나라 안에서 사기치는 일이 없습니다. 그러므로 오척동자(五尺童子)를 시켜서 시장에 가서 <물건을 사게 해도> 아무도 속이지 않습니다. 베나 비단이나

길이만 같으면 즉 가격이 같습니다. 삼실이나 명주실이나 무게만 같으면 즉 값이 같습니다. 오곡도 분량만 같으면 즉 값이 같습니다. 신도 크기만 같으면 즉 값이 같습니다.」

[어구 설명] [17] <진상(陳相)이 말했다.> ㅇ從許子之道(종허자지도) : 허자(許子)의 도를 따르면. <허자의 사상은 몽매한 야만시대의 무차별적 평등주의다.> ㅇ則市賈不貳 國中無僞(즉시가불이 국중무위) : 물건값에 차등이 없고, 나라 안에서는 사기를 칠 수 없다. ㅇ雖使五尺之童適市(수사오척지동적시) : 오척 크기의 아동을 시켜서 시장에 가서 <물건을 사게 해도>. ㅇ莫之或欺(막지혹기) : 누구도 사기를 치지 않는다. ㅇ布帛長短同 則賈相若(포백장단동 즉가상약) : 베나 비단이나 길이가 같으면 곧 가격이 같다. ㅇ麻縷絲絮輕重同(마루사서경중동) : 삼실이나 명주실이나 무게가 같으면.「마루(麻縷)」를「삼실」,「사서(絲絮)」를「명주실」로 풀었다. ㅇ則賈相若(즉가상약) : <무게만 같으면> 값이 같다. ㅇ五穀多寡同 則賈相若(오곡다과동 즉가상약) : 오곡도 양만 같으면 값이 같다. ㅇ屨大小同 則賈相若(구대소동 즉가상약) : 신도 크기만 같으면, 값이 같다.

【集註】(1) 陳相又言許子之道 如此 蓋神農始爲市井 故許行託於神農 而有是說也 五尺之童 言幼小無知也 許行欲使市中所粥之物 皆不論精粗美惡 但以長短輕重多寡大小 爲賈也.

(1) 진상(陳相)이 또 허자(許子)의 사상과 도리를 이와 같이 <맹자에게> 말했다. 아마 신농씨가 처음으로 시장을 만들었으므로 허행이 신농씨에 의탁하고 이와 같은 말을 했을 것이다. 「오척의 아동(五尺之童)」은 「어리고 무지한 아이」를 말한다. 허행은 「시장에서 파는 물건은 물품의 정조(精粗)나 미악(美惡)을 막론하고 다만 장단(長短), 경중(輕重), 다과(多寡) 및 대소(大小)만으로 값을 정하려고 했다.」

[18] 曰 夫物之不齊 物之情也 或相倍蓰 或相什百 或相千萬 子比而同之 是亂天下也 巨屨小屨同賈 人豈爲之哉 從許子之道 相率而爲僞者也 惡能治國家.

왈 부물지부제(는) 물지정야(이니) 혹상배사(하며) 혹상십백(하며) 혹상천만(이어늘) 자비이동지(하니) 시란천하야(이로다) 거구소구(이) 동가(이면) 인기위지재(리오) 종허자지도(이면) 상솔이위위자야(이니) 오능치국가(이리오)

[18] <맹자가 반박하며> 말했다. 「본래 모든 물품은 똑같지 않으며, 그것이 곧 물품의 실정이다. 어떤 것은 <그 값이나 가치가> 두 배, 혹은 다섯 배 되고, 또 어떤 것은 십 배 혹은 백 배 되는 것도 있다. 또 어떤 것은 천 배 혹은 만 배 나가는 것도 있다. <그런

데 허행이나 그대는 모든 물품을> 늘어놓고 다 같다고 하니, 그런 주장은 곧 천하를 혼란하게 만드는 소리다. 큰 신이나 작은 신이나 값이 같다면 어느 사람이 <큰 신을> 만들겠느냐. 허행의 생각이나 도리를 따르면 모든 사람이 서로 속이고 기만할 것이니, 어떻게 나라를 바르게 다스릴 수 있겠느냐.」

[어구 설명] [18] ㅇ曰(왈) : <맹자가 반박해서> 말했다. ㅇ夫物之不齊 物之情也(부물지부제 물지정야) : 무릇 모든 물품은 똑같지 않으며, 그것이 곧 물품의 실정이다. ㅇ或相倍蓰(혹상배사) : 서로 비교해서 어떤 것은 <그 값이나 가치가> 두 배, 혹은 다섯 배 된다. ㅇ或相什百 (혹상십백) : 어떤 것은 십 배 혹은 백 배 되는 것도 있다. ㅇ或相千萬(혹상천만) : 어떤 것은 천 배, 혹은 만 배, 나가는 것도 있다. ㅇ子比而同之(자비이동지) : <허행이나 그대는 모든 물품을> 늘어놓고 다 같다고 하니. ㅇ是亂天下也(시란천하야) : 그런 말은 곧 천하를 혼란하게 만든다. ㅇ巨屨小屨同賈(거구소구동가) : 큰 신이나 작은 신이나 값이 같다면. ㅇ人豈爲之哉(인기위지재) : 누가 <큰 신발을> 만들겠느냐. ㅇ從許子之道(종허자지도) : 허행의 생각이나 도리를 따르면. ㅇ相率而爲僞者也(상솔이위위자야) : 모든 사람이 <그와 같은 터무니없는 도리를> 따라 서로 속일 것이다. ㅇ惡能治國家(오능치국가) : 어떻게 나라를 바르게 다스릴 수 있겠느냐.

【集註】(1) 倍一倍也 蓰五倍也 什百千萬 皆倍數也 比次也 孟子 言物之不齊 乃其自然之理 其有精

粗 猶其有大小也 若大屨小屨同價 則人豈肯爲大者
哉 今不論精粗 使之同價 是使天下之人 皆不肯爲其
精者 而競爲濫惡之物 以相欺耳.

(1)「배(倍)」는「한 배」의 뜻이다.「사(蓰)」는「다섯 배」의 뜻
이다.「십백천만(什百千萬)」은 다 배수(倍數)다.「비(比)」는
「옆에 늘어놓다」의 뜻이다. 맹자는 다음 같은 뜻을 말한 것이
다.「물품이 서로 같지 않은 것이 바로 자연의 도리다. 물품에
는 정밀한 것도 있고, 조잡한 것도 있는 것은 흡사 큰 것도
있고 작은 것도 있는 것과 같다. 만약에 큰 신과 작은 신의
가격을 같게 한다면, 누가 큰 것을 만들려고 하겠느냐. 만약에
정밀한 것과 조잡한 것을 논하지 않고 값을 같게 한다면 천하
모든 사람으로 하여금 정밀한 것을 만들지 않고, 서로 다투어
조잡한 것을 만들고, 서로 속이게 할 것이다.」

【참고 보충】「대인(大人)과 노심자(勞心者)」
　대인(大人)은 곧「절대선(絶對善)의 천도(天道)를 따라 만민 만
물을 바르게 다스리는 사람」이다. 즉 요순(堯舜) 같은 성왕(聖王)
이나 공자나 맹자 같은 현인(賢人)을 대인이라고 한다. 맹자는 다
음같이 말했다.「대인은 <하늘이 내려준> 어린아이의 순수하고
착한 마음을 잃지 않고 행하는 사람이다.(大人者 不失其赤子之心
者也)」<離婁 下>「대인은 먼저 자신을 바르게 하고 더 나가 모든
사람이나 만물을 바르게 하는 사람이다.(大人者 正己而物正者也)」
<盡心 上>「노심자(勞心者)」는「마음을 쓰는 사람」곧「정신이나

머리를 쓰는 선비」다. 바꾸어 말하면「지인용(智仁勇)」삼달덕(三達德)을 갖춘 군자(君子)다. 군자는 임금을 보좌하고 천도를 따라서 인정을 펴게 하는 정치 참여 계층의 지식인이다. 그러므로 그들은 백성을 다스린다. 그래서 맹자는「노심자 치인(勞心者 治人)」이라고 했다. 한편「노력자(勞力者)」는「체력을 바탕으로 한 노동자」다. 그들은 임금이나 군자에게 다스림을 받는다. 그래서 맹자는「노력자 치어인(勞力者 治於人)」이라고 했다. 그 대신 백성은 임금이나 군자를 먹여 살린다. 이를 맹자는「치어인자 사인(治於人者 食人)」이라 하고, 한편「남을 다스리는 군자는 백성에게 부양을 받는다.(治人者 食於人也)」라고 했다.

【참고 보충】「오륜(五倫)을 실천해야 한다」

맹자는 말했다.「사람들이 따라야 할 길과 도리가 있다. 배부르게 먹고 따뜻하게 입고 안락하게 살되, 가르침이 없으면 금수와 가까운 존재가 된다. 성인이 이를 걱정하고 설(契)을 사도(司徒 : 교육 장관)에 임명하고 <다음의 다섯 가지> 윤리를 가르치게 했다.(人之有道也 飽食煖衣 逸居而無敎 則近於禽獸 聖人有憂之 使契爲司徒 敎以人倫)」「부자는 서로 친애한다(父子有親), 군신은 서로 예의를 지킨다(君臣有義), 부부는 내외를 분별해야 한다(夫婦有別), 장유는 서로 질서를 지켜야 한다(長幼有序), 붕우는 서로 신의를 지켜야 한다(朋友有信).」

아울러 임금을 위시하여 정치에 참여하는 군자들은 자기 나라 백성은 물론 천하의 모든 사람에게 은혜와 은덕을 베풀어야 한다.

제4장 神農章 : 白文

[1] 有爲神農之言者 許行自楚之滕 踵門而告文公曰 遠方之人 聞君行仁政 願受一廛而爲氓 文公與之處 其徒數十人 皆衣褐 捆屨 織席以爲食.

[2] 陳良之徒 陳相與其弟 辛負耒耜 而自宋之滕 曰 聞君行聖人之政 是亦聖人也 願爲聖人氓.

[3] 陳相見許行而大悅 盡棄其學而學焉 陳相見孟子 道許行之言 曰 滕君則誠賢君也 雖然未聞道也 賢者與民 並耕而食 饔飧而治 今也滕有倉廩府庫 則是厲民 而以自養也 惡得賢.

[4] 孟子曰 許子必種粟而後食乎 曰然 許子必織布而後衣乎 曰否 許子衣褐 許子冠乎 曰冠 曰奚冠 曰冠素 曰自織之與 曰否 以粟易之 曰許子奚爲不自織 曰害於耕 曰許子以釜甑爨 以鐵耕乎 曰然 自爲之與 曰否 以粟易之.

[5] 以粟易械器者 不爲厲陶冶 陶冶亦以其械器易粟者 豈爲厲農夫哉且許子何不爲陶冶 舍皆取諸其宮中而用之 何爲紛紛然與百工交易 何許子之不憚煩 曰百工之事 固不可耕且爲也.

[6] 然則治天下 獨可耕且爲與 有大人之事 有小人之事 且一人之身 而百工之所爲備 如必自爲而後用之 是率天下而路也 故曰 或勞心 或勞力 勞心者治人 勞力者治於人 治於人者食人 治人者食於人 天下之通義也.

[7] 當堯之時 天下猶未平 洪水橫流 氾濫於天下 草木暢茂 禽獸繁殖 五穀不登 禽獸偪人 獸蹄鳥跡之道 交於中國 堯獨憂之 舉舜而敷治焉 舜使益掌火 益烈山澤而焚之 禽獸逃匿 禹疏九河 瀹濟漯而注諸海 決汝漢 排淮泗而注之江 然後中國可得而食也 當是時也 禹八年於外 三過其門而不入 雖欲耕 得乎.

[8] 后稷教民稼穡 樹藝五穀 五穀熟而民人育 人之有道也 飽食煖衣 逸居而無教 則近於禽獸 聖人有憂之 使契爲司徒 教以人倫 父子有親 君臣有義 夫婦有別 長幼有序 朋友有信 放勳曰 勞之來之 匡之直之 輔之翼之 使自得之 又從而振德之 聖人之憂民如此 而暇耕乎.

[9] 堯以不得舜 爲己憂 舜以不得禹皐陶 爲己憂 夫以百畝之不易 爲己憂者 農夫也.

[10] 分人以財 謂之惠 教人以善 謂之忠 爲天下得人者 謂之仁 是故 以天下與人易 爲天下得人難.

[11] 孔子曰 大哉堯之爲君 惟天爲大 惟堯則之 蕩蕩乎 民無能名焉 君哉 舜也 巍巍乎 有天下而不與焉 堯舜之治天下 豈無所用心哉 亦不用於耕耳.

[12] 吾聞用夏變夷者 未聞變於夷者也 陳良楚產也 悅周公仲尼之道 北學於中國 北方之學者 未能或之先也 彼所謂豪傑之士也 子之兄弟事之數十年 師死而遂倍之.

[13] 昔者 孔子沒 三年之外 門人治任將歸 入揖於 子貢 相嚮而哭 皆失聲 然後歸 子貢反 築室於 場 獨居三年 然後歸 他日 子夏子張子游 以有 若似聖人 欲以所事孔子事之 强曾子 曾子曰 不可 江漢以濯之 秋陽以暴之 皜皜乎不可尙 已.

[14] 今也 南蠻鴃舌之人 非先王之道 子倍子之師 而學之 亦異於曾子矣.

[15] 吾聞 出於幽谷 遷于喬木者 미문하교목而入 於幽谷者.

[16] 魯頌 曰 戎狄是膺 荊舒是懲 周公 方且膺之 子是之學 亦爲不善變矣.

[17] 從許子之道 則市賈不貳 國中無僞 雖使五尺 之童適市 莫之或欺 布帛長短同 則賈相若 麻 縷絲絮輕重同 則賈相若 五穀多寡同 則賈相 若 屨大小同 則賈相若.

[18] 曰 夫物之不齊 物之情也 或相倍蓰 或相什百 或相千萬 子比而同之 是亂天下也 巨屨小屨 同賈 人豈爲之哉 從許子之道 相率而爲僞者 也 惡能治國家.

【요점 복습】제4장 신농장

　제4장은 모두 18 구절로, 내용이 많고 길다. 그러나 한마디로 요약하면, 맹자가 농가학파(農家學派)의 원시적이고 우매한 주장을 날카롭게 비판하고 배격한 글이다. 맹자가 직접 꾸짖고 책망한 상대는 진상(陳相)이다. 원래 그는 유학도(儒學徒)였다. 그가 사이

비(似而非) 농가(農家)인 허행(許行)의 사상과 말을 신봉하고, 맹자에게「허행의 말이 좋다」고 했다. 그래서 맹자가 여러 가지 면에서 그를 신랄하게 반박했던 것이다.

진상이 내세운 허행의 농가사상의 요점은 크게 두 가지다. 하나는「임금도 손수 농사를 지어먹어야 한다」, 다른 하나는「물건값을 단일화하라」는 것이었다. 이러한 생각은 상고대의 몽매한 생각이다. 계층(階層)도 분업(分業)도 없고 또 다양한 상품도 공예품도 없던 때에나 통하는 생각이다. 그래서 맹자는 나누어 반박했던 것이다.

(1) 허행 자신도 기물을 손수 만들어 쓰지 않고, 곡물과 교역하지 않느냐. 사람은 저마다의 일이 있게 마련이다.

(2)「대인(大人)의 일」과「소인(小人)의 일」이 있게 마련이다. 「정신과 머리를 쓰는 사람」과「육체적 노동력을 쓰는 사람」이 있게 마련이다.

(3) 세상은 성왕(聖王)과 현인(賢人)의 노력과 힘으로 점차로 안정되고 또 잘살 수 있게 되었다. 아울러 교육이나 감화로 해서, 모든 사람이 윤리 도덕을 실천하고 서로 화목하게 살고 있는 것이다. 이와 같이 천하 만민을 다스리는 성왕이나 현인은 손수 농사를 지을 틈도 없고 또 지을 필요도 없다.

(4) 이와 같은 역사발전과 덕치(德治)의 도리를 가르쳐주는 것이 유교다. 그런데, 그대는 야만으로 돌아가려고 하느냐.

(5) 공자의 제자들은 공자가 죽은 후, 더욱 스승을 존경했다. 그런데 그대는 스승과 그 가르침에 등을 돌리느냐.

제5장 墨子章 : 총 5 구절

[1] 墨者夷之 因徐辟而求見孟子 孟子曰 吾固願見 今吾尙病 病愈 我且往見 夷子不來.

묵자 이지(이) 인서벽 이구견맹자(한대) 맹자(이) 왈 오(이) 고원견(이라니) 금오(이) 상병(이라) 병유(이어든) 아차왕견(하리니) 이자(는) 불래(니라)

[1] 묵자(墨子)의 사상을 신봉하는 이지(夷之)라는 사람이, 맹자의 제자 서벽(徐辟)을 통해서, 맹자를 만나고자 요청했다. 맹자가 <서벽에게> 말했다. 「물론 나도 만나기를 바란다. 그러나 지금 나는 병중이다. 병이 나면 내가 가서 볼 것이니, <지금은> 이자를 오지 않게 해라.」

[어구 설명] [1] ○墨者夷之(묵자이지) : 묵자(墨子)의 사상을 신봉하는 이지(夷之)라는 사람이. ○因徐辟(인서벽) : 맹자의 제자 서벽(徐辟)을 통해서. ○而求見孟子(이구견맹자) : 맹자를 만나고자 요청했다. ○孟子曰(맹자왈) : 맹자가 말했다. ○吾固願見(오고원견) : 물론 나도 만나기를 바란다. ○今吾尙病(금오상병) : 그러나 지금 나는 <아직은> 몸이 아프다. ○病愈(병유) : 병이 쾌유되는 대로. ○我且往見(아차왕견) : 내가 가서 볼 것이니. ○夷子不來(이자불래) : <지금은> 이자를 오지 않게 해라.

【集註】（1）墨者 治墨翟之道者 夷姓 之名 徐辟 孟子弟子 孟子稱疾 疑亦託辭 以觀其意之誠否.

(1) <여기서> 「묵자(墨者)」라고 한 것은 「묵적(墨翟)의 도를 믿고 따르는 사람」이라는 뜻이다. 「이(夷)」는 성, 「지(之)」는 이름이다. 「서벽(徐辟)」은 맹자의 제자다. 맹자가 병을 핑계 댄 것은 아마 꾸민 말일 것이다. 즉 그의 뜻이 성실한지 아닌지를 보고자 한 것이다.

[2] 他日 又求見孟子 孟子曰 吾今則可以見矣 不直則道不見 我且直之 吾聞夷子墨者 墨之治喪也 以薄爲其道也 夷子思以易天下 豈以爲非是而不貴也 然而夷子葬其親厚 則是以所賤事親也.

타일(에) 우구견맹자(한대) 맹자(이) 왈 오(이) 금즉가이견의(어니와) 부직즉도불견(하니) 아차직지(호리다) 오문이자(는) 묵자(이라호니) 묵지치상야(는) 이박위기도야(이라) 이자(이) 사이역천하(하나니) 기이위비시이불귀야(이리오) 연이이자(이) 장기친(이) 후(하니) 즉시이소천사친야(이로다)

[2] 다른 날, 이지(夷之)가 거듭 맹자를 만나고자 하자, 맹자가 <제자 서벽에게> 말했다. 「지금은 내가

그를 만나 볼 수 있다. <그러나 그에게는> 곧바로 직설적으로 말하지 않으면 바른 도리를 알게 할 수 없을 것이다. <그러므로> 나는 그에게 직설적으로 말을 하겠다. 내가 들은 바, 이지(夷之)는 묵자(墨子)의 사상이나 주장을 따르고 행한다고 하더라. 묵자는 상례(喪禮) 치를 때에 간소하고 천박하게 하는 것을 도로 삼고 있다. 한편 이지는 <묵자의 도를 가지고> 천하를 개혁하고자 생각하고 있다. <그러므로> 이지가 어찌 <상례를 간소하게 치르라는 묵자의 주장을> 잘못이라고 생각할 것이며 또 <묵자의 도를> 귀하게 여기지 않겠느냐. 그런데, <전에 실지로> 이지는 자기 부모의 장례(葬禮)를 정중하게 지냈으니, 그것은 곧 자기들이 천하게 여기는 바 <유교의 방식을 가지고> 자기 부모를 섬긴 것이 되는 것이다.」

[어구 설명] [2] ㅇ他日(타일) : 그 후, 다른 날. ㅇ又求見孟子(우구견맹자) : 이지(夷之)가 다시 맹자를 만나고자 했다. ㅇ孟子曰(맹자왈) : 맹자가 <제자 서벽에게> 말했다. ㅇ吾今則可以見矣(오금즉가이견의) : 이제는 내가 그를 만나 볼 수 있다. ㅇ不直(부직) : 곧게 말하지 않으면, 직설적으로 말하지 않으면. ㅇ則道不見(즉도불견) : 즉 도리를 내보일 수 없다. <그로 하여금 도를 알게 할 수 없다.> ㅇ我且直之(아차직지) : <그러므로> 나는 그에게 직설적으로 말하겠다. ㅇ吾聞夷子·墨者(오문이자묵자) : 내가 들은 바, 이지(夷之)는 「묵자 학파」의 사람이다. ㅇ墨之治喪也(묵지치상

야) : 묵자는 상례(喪禮)를 치를 때에. ○以薄爲其道也(이박위기도야) : 간소하고 천박하게 하는 것을 도로 삼는다. ○夷子思以易天下(이자사이역천하) : 이지(夷之)는 <묵자의 도를 가지고> 천하를 개혁하고자 생각하고 있다. 「이자(夷子)」라고 「자(子)」를 붙인 것은 「이지」를 대접한 것이다. ○豈以爲非是而不貴也(기이위비시이불귀야) : <그러므로> 이지가 어찌 <상례를 간소하게 치르라는 묵자의 주장을> 잘못이라고 생각할 것이며 또 <묵자의 주장을> 귀하게 여기지 않겠느냐. ○然而夷子葬其親厚(연이이자장기친후) : 그런데, <전에 실지로는> 이지는 자기 부모의 장례(葬禮)를 정중하게 지냈으니. ○則是以所賤事親也(즉시이소천사친야) : 그것은 곧, 자기들이 천하게 여기는 바, <유교의 방식을 가지고> 자기 부모를 섬긴 것이 된다.

【集註】(1) 又求見則其意已誠矣 故因徐辟 以質之如此 直盡言以相正也 莊子曰 墨子生不歌 死無服 桐棺三寸而無槨 是墨之治喪 以薄爲道也 易天下 謂移易天下之風俗也 夷子學於墨氏 而不從其敎 其心必有所不安者 故孟子因以詰之.

(1) 이지가 또 만나기를 요청한 것은 곧 그의 뜻이 성실함을 나타낸 것이다. 고로 맹자는 서벽을 통해서 그처럼 다짐을 한 것이다. 「직(直)」은 「직설적으로 할 말을 다해서 서로 바로잡는다」는 뜻이다. 장자는 말했다. 「묵자는 사람이 출생해도 노래하지 않고, 사람이 죽어도 상복을 입지 않는다. 오동나무

관의 두께를 3촌으로 하고, 외곽은 안 썼다. 이렇게 간소하게 하는 것이 묵자의 상례 방식이며, 소박하게 하는 것을 원칙으로 삼았다. 「역천하(易天下)」는 「천하의 풍속을 바꾸자는 것이다.」 이지는 묵자에게 배웠으나, <부모 장사 때에> 가르침을 따르지 않았으니, 반드시 양심적으로 불안하게 여기는 바가 있었을 것이다. 그래서 맹자는 그의 양심을 바탕으로 하고 힐난했던 것이다.

[3] 徐子以告夷子 夷子曰 儒者之道 古之人 若保赤子 此言何謂也 之則以爲愛無差等 施由親始 徐子以告孟子 孟子曰 夫夷子 信以爲人之親其兄之子 爲若親其隣之赤子乎 彼有取爾也 赤子 匍匐將入井 非赤子之罪也 且天之生物也 使之一本 而夷子二本故也.

서자(이) 이고이자(호대) 이자(이) 왈 유자지도(에) 고지인(이) 약보적자(이라하니) 차언(은) 하위야(요) 지즉이위애무차등(이오) 시유친시(라하노라) 서자(이) 이고맹자(한대) 맹자(이) 왈 부이자(는) 신이위인지친기형지자(이) 위약친기린지적자호(아) 피유취이야(이니) 적자포복장입정(이) 비적자지죄야(이라) 차천지생물야(이) 사지일본(이어늘) 이이자(는) 이본고야(로다)

[3] <맹자의 제자> 서벽(徐辟)이 <맹자가 한 말을> 이지(夷之)에게 고했다. 그러자 이지가 <다음같이> 반문했다. 「<서경(書經)을 보면> 유가의 도리로서 『옛날의 성인은 백성 사랑하기를 마치 어린아이 보양하듯이 한다』고 했으니, 그 말이 무슨 뜻입니까. 그것이 곧 사랑에는 차등이 없다는 뜻이거늘 다만 사랑을 베풀 때는 부모로부터 시작하라는 것이지요.」 <이지의 말을> 서벽이 맹자에게 고하자, 맹자가 말했다. 「도대체, 이지는 사람이 자기 형의 아들을 사랑하는 것을, 이웃집의 어린아이를 사랑하는 것과 같다고 믿는 것이냐. 서경(書經)의 말은 <그런 뜻이 아니고> 다른 뜻을 적은 것이다. 즉 어린아이가 엉금엉금 기어서 우물에 떨어지려고 하면, 그것은 <위험을 모르기 때문이다> 그러므로 어린아이의 죄라고 탓할 수 없다. <도리어 어린아이를 사랑하고 보호해야 한다.> <그와 마찬가지로 몰라서 죄를 짓는 백성을 사랑하고 보육하라는 뜻이다.> 또한 하늘은 만물의 출생을 「한 뿌리에서 태어나게 했다.」 <그것이 하늘의 도리다.> 그러나 이지는 두 뿌리에서 나온다고 잘못 알고 있기 때문에 <자기 부모와 남의 부모를 똑같이 사랑하라고 하는 것이다.>」

[어구 설명] [3] ㅇ徐子以告夷子(서자이고이자) : <맹자의 제자> 서벽(徐辟)이 <맹자가 한 말을> 이지(夷之)에게 고했다. ㅇ夷子

曰(이자왈) : 이지가 말했다. ○儒者之道(유자지도) : 유가의 도리를 <서경(書經)에서 다음같이 말했더군요.> ○古之人 若保赤子(고지인 약보적자) : 옛날의 성인은 백성 사랑하기를 마치 어린아이 보양하듯이 한다. 서경(書經) 강고편(康誥篇)에 있다. ○此言何謂也(차언하위야) : 이 말이 무슨 뜻이냐. <즉 유교에서도 백성들과 아이들은 똑같이 사랑하라고 하지 않느냐?> ○之則以爲愛無差等(지즉이위애무차등) : 그것이 곧 사랑에는 차등이 없다는. <묵가(墨家)의 겸애(兼愛)와 같은 것이 아닌가.> ○施由親始(시유친시) : 다만 사랑을 베풀 때에 부모로부터 시작해야 한다. ○徐以告孟子(서이고맹자) : <이지의 말을> 서벽이 맹자에게 고하자. ○孟子曰(맹자왈) : 맹자가 말했다. ○夫夷子信以爲(부이자신이위) : 도대체 이지는 <다음과 같이> 믿는단 말인가. ○人之親其兄之子(인지친기형지자) : 사람이 자기 형의 아들을 사랑하는 것을. 「친(親)」은 「사랑하다, 친애하다」의 뜻이다. ○爲若親其隣之赤子乎(위약친기린지적자호) : 이웃집의 어린아이를 사랑하는 것과 같다고. <생각하는가.> ○彼有取爾也(피유취이야) : 서경(書經)의 말은 다른 뜻을 적은 것이다. 「피(彼)」는 「서경(書經)」, 「유취(有取)」는 「다른 뜻을 취한 것이다」. 「이(爾)」는 「이이(而已)」와 같다. ○赤子匍匐將入井(적자포복장입정) : 어린아이가 엉금엉금 기어서 우물에 떨어지려고 하면. ○非赤子之罪也(비적자지죄야) : 그것은 <위험을 모르기 때문이다.> 그러므로 어린아이의 죄라고 탓할 수 없다. <무조건 어린아이를 사랑하고 보호해야 한다.> <그와 마찬가지로 무지하고 우매한 백성이 잘못을 해도, 어린아이 사랑하듯이 백성을 사랑하라는 뜻이다.> ○且天之生物也 使之一

本(차천지생물야 사지일본) : 또한 하늘은 만물을 출생할 때, 「한 뿌리에서 태어나게 한다.」<그것이 하늘의 도리다.> ㅇ而夷子二本故也(이이자이본고야) : 그러나 이지는 두 뿌리에서 나온다고 잘못 알고 있기 때문에. <자기 부모와 남의 부모를 똑같이 사랑하라고 주장하는 것이다.>

【集註】(1) 若保赤子 周書康誥篇文 此儒者之言也 夷子引之 蓋欲援儒而入於墨 以拒孟子之非己 又曰愛無差等 施由親始 則推墨而附於儒 以釋己所以厚葬其親之意 皆所謂遁辭也.

(1) 「약보적자(若保赤子)」는 서경(書經) 주서(周書) 강고편(康誥篇)의 글이다. 이것은 유가(儒家)의 말이다. 아마, 이지(夷之)가 이 말을 인용해서 <자기들이 신봉하는> 묵자 사상에 넣어 가지고, 맹자가 자기를 비난하는 것을 막으려고 했을 것이다. 또 <이지가>「사랑에는 차등이 없다. 다만 베풀 때는 부모를 먼저 한다(愛無差等 施由親始)」고 말한 것은, 묵자 사상을 <억지로> 유가에 결부시켜서, 자기가 부모의 장례를 후하게 치른 것을 해명하려고 한 것이며, 그의 말은 궁지를 모면하려는 둔사(遁辭)라 하겠다.

【集註】(2) 孟子言 人之愛其兄子 與隣之子 本有差等 書之取譬 本爲小民無知而犯法 如赤子無知而入井耳 且人物之生 必各本於父母而無二 乃自然之

理 若天使之然也 故其愛由此立 而推以及人 自有差等 今如夷子之言 則是視其父母 本無異於路人 但其施之之序 姑自此始耳 非二本而何哉 然於先後之間 猶知所擇 則又本心之明 有終不得而息者 此所以卒能受命 而自覺其非也.

(2) <이상과 같이 이지가 궁색하게 둔사를 늘어놓자> 맹자는 다음같이 말했다. 「사람이 자기 형의 아들을 사랑할 때의 사랑과, 이웃집의 아이를 사랑할 때의 사랑에는 근본적으로 차등이 있는 법이다. 또 서경의 글은 비유로 취해야 한다. 즉 본래 소민(小民)들이 무지해서 범법을 한 것이며, 흡사 어린 아이가 알지 못하고 우물에 빠지려고 한 것과 같다는 뜻을 비유한 것이다. 또 사람이나 자연 만물이 출생하는 것은 저마다의 <한 줄기의> 뿌리에서 나오는 것이지, 두 뿌리가 없다. 그것이 곧 자연의 도리이며, 하늘이 그렇게 만든 것이다. 고로 사랑도 <한 뿌리> 천리(天理)를 바탕으로 세워지는 것이다. 그러므로 사랑을 남에게 미칠 때에도 자연히 차등이 있게 마련이다. 만약 이지의 말처럼 한다면, 자기 부모를 길가는 타인과 똑같이 보아야 하며, 다만 사랑을 베풀 때만, 그 순서를 잠시 먼저 해야 할 것이니, <그의 말은> <만물의 출생이나 사랑의 근본을> 두 뿌리에 둔 것이 아니고 무엇이겠느냐.」 <여기까지가 맹자의 말> <다음은 주자의 말로 본다.> 그러면서 <이지가> 선후에 있어서는 역시 선택해야 함을 아는

듯하니, 역시 그의 본심 속에 명덕(明德)이 끝내 소멸되지 못하는 것이니라. 그러므로 이지는 결국은 <하늘이 내려준 명덕을 바탕으로> 하늘의 명을 받고 따라서 자기의 잘못을 자각하게 되었던 것이다.

[4] 蓋上世 嘗有不葬其親者 其親死 則擧而委之於壑 他日過之 狐狸食之 蠅蚋姑嘬之 其顙有泚 睨而不視 夫泚也 非爲人泚 中心達於面目 蓋歸反虆梩而掩之 掩之誠是也 則孝子仁人之掩其親 亦必有道矣.

개상세(에) 상유부장기친자(이러니) 기친(이) 사(커늘) 즉거이위지어학(하고) 타일과지(할새) 호리(이) 식지(하며) 승예(이) 고최지(어늘) 기상유차(하야) 예이불시(하니) 부차야(는) 비위인차(이라) 중심(이) 달어면목(이니) 개귀(하야) 반라리이엄지(하니) 엄지(이) 성시야(이면) 즉효자인인지엄기친(이) 역필유도의(니라)

[4] <맹자의 말 계속>「아마, 아득한 옛날에는 <장례제도가 없으므로> 자기 부모를 매장하지 않았고, 자기 부모가 죽으면, 즉시 시체를 들어다가 골짜기에 버리는 자가 있었을 것이다. 그리고 후일, 지나가다 보니 여우와 너구리가 <자기 부모의 시체를> 뜯어먹고, 파리와 모기 혹은 땅강아지가 <시체에 붙어> 빨

아먹고 있더라. 그래서 그 사람은 이마에 식은땀을
흘리며, 정시(正視)하지 못하고 고개를 돌려 곁눈으
로 바라보았을 것이다. 그의 식은땀은 남을 의식해서
흘리는 것이 아니라, 마음속의 애통함이 얼굴에 나타
난 것이다. 아마 그는 집에 돌아가서 삼태기와 가래를
들고 와서 시체를 흙으로 덮고 묻었을 것이다. 그가
시체를 흙으로 덮고 매장한 것은 참으로 잘한 일이다.
<그러므로 후세에> 효자나 어진 사람이 자기 부모를
정중히 매장하는 것도 다 반드시 도리가 있는 것이다.
<즉 유교에서 장례를 정중하게 거행하는 것은 다 깊
은 도리가 있다는 말이다.>」

[어구 설명] [4] ○蓋上世(개상세) : 아마도, 아득한 옛날에는. <장
례의 제도가 없었다. 그래서.> ○嘗有不葬其親者(상유부장기친
자) : 자기 부모를 매장하지 않았다. ○其親死(기친사) : 자기 부모
가 죽으면. ○則擧而委之於壑(즉거이위지어학) : 곧 시체를 들어
다가 골짜기에 버리는 자가 있었을 것이다. 앞의 「유(有)」는 여기
까지 걸린다. ○他日過之(타일과지) : 그리고 후일, <그곳을> 지
나가다 보니. ○狐狸食之(호리식지) : 여우와 너구리가 <자기 부
모의 시체를> 뜯어먹고. ○蠅蚋姑嘬之(승예고최지) : 파리와 모기
가 <시체에 붙어> 빨아먹고 있더라. 蠅(파리 승), 蚋(모기 예),
嘬(먹을 최). ○其顙有泚(기상유차) : 이마에 식은땀이 나고. 顙(이
마 상), 泚(땀날 차). ○睨而不視(예이불시) : 정시(正視)하지 못하
고 고개를 돌려 곁눈으로 바라보다. 睨(흘겨볼 예). ○夫泚也 非爲

人泚(부차야 비위인차) : 식은땀은 남을 의식해서 흘리는 것이 아니다. ○中心達於面目(중심달어면목) : 마음속의 <애통함이> 얼굴에 나타난 것이다. ○蓋歸反虆梩而掩之(개귀반라리이엄지) : 아마 그 사람은 집에 돌아가서 삼태기와 가래를 들고 와서 시체를 흙으로 덮고 묻었을 것이다. 虆(삼태기 라), 梩(가래 리). ○掩之誠是也(엄지성시야) : 그가 시체를 흙으로 덮고 매장한 것은 참으로 잘한 일이다. ○則孝子仁人之掩其親(즉효자인인지엄기친) : <그러므로 후세에> 효자나 어진 사람이 자기 부모를 정중히 매장하는 것은. ○亦必有道矣(역필유도의) : 반드시 다 도리가 있는 것이다. 즉 유교에서 장례를 정중하게 거행하는 것은 다 깊은 뜻과 도리가 있다.

【集註】(1) 因夷子厚葬其親而言此 而深明一本之意 上世謂太古也 委棄也 壑山水所趨也 蚋蚊屬 姑語助聲 或曰螻蛄也 嘬攢共食之也 顙額也 泚泚然汗出之貌 睨邪視也 視正視也 不能不視 而又不忍正視 哀痛切迫 不能爲心之甚也 非爲人泚 言非爲他人見之而然也.

(1) 이지(夷之)가 자기 부모의 장례를 후하게 지냈다는 사실을 바탕으로 하고 <맹자가> 이와 같이 말을 한 것이다. 아울러 <진정한 사랑의 마음은> 하나의 뿌리에서 나온다는 깊은 뜻을 밝힌 것이다. 「상세(上世)」는 「태고(太古)」다. 「위(委)」는 「버린다」는 뜻이다. 「학(壑)」은 「산의 물이 모여 흐르는

골짜기」다. 「예(蚋)」는 「모기의 종류」다. 「고(姑)」는 「어조사(語助辭)」다. 혹은 「누고(螻蛄 : 땅강아지)」로 풀기도 한다. 「최(嘬)」는 「달려들어 함께 먹는다」는 뜻이다. 「상(顙)」은 「이마(額)」다. 「차(泚)」는 「흥건하게 땀이 나는 모양이다.」 「예(睨)」는 「곁눈으로 보다」의 뜻이다. 「시(視)」는 「정시(正視)」의 뜻이다. 정시할 수가 없다. 또 참고 정시하지 못한다. <그렇게> 애통함이 절박하여, 마음의 심한 충격을 어찌할 수 없는 것이다. 「비위인차(非爲人泚)」는 「남이 보기 때문에 꾸며서 식은땀을 흘리는 것이 아니고, 자연히 그렇게 된다」는 뜻을 말한 것이다.

【集註】（2）所謂一本者 於此見之 尤爲親切 蓋惟至親 故如此 在他人 則雖有不忍之心 而其哀痛切迫 不至若此之甚矣 反覆也 虆土籠也 梩土轝也 於是歸而掩覆其親之尸 此葬埋之禮 所由起也 此掩其親者 若所當然 則孝子仁人 所以掩其親者 必有其道 而不以薄爲貴矣.

(2) <맹자가 말한 바> 「<진정한 사랑은> 한 뿌리를 바탕으로 한다」고 한 도리가 이와 같은 예로 나타나니, 더욱 절실하게 느껴진다. 허기는 죽은 사람이 친부모이기 때문에 그와 같이 되는 것이다. 만약에 남 같으면, 불쌍하다는 마음은 들어도 그 애통함이 절박하지 못하며, <친부모에 대한 것과 같

이> 심하지 않다. 「반(反)」은 「복(覆)」의 뜻이다. 「나(虆)」는 「흙 삼태기」다. 「이(梩)」는 「흙 수레(土轝)」다. <참사랑이 있으므로> 다시 와서 자기 부모의 시체를 흙으로 덮고 묻는 것이며, 이것이 장사와 매장의 예가 나타난 바탕이며 또 이와 같이 자기 부모의 시체를 덮고 가라는 것을 당연하게 여기게 마련이다. 그러므로 효자나 어진 사람이 자기 부모를 정중히 매장하는 것은 필연적 도리가 있는 법이다. 그러므로 <묵자의 설같이 장례를> 소홀하게 하는 것을 귀하게 여기지 않는 것이다.

[5] 徐子以告夷子 夷子憮然爲間曰 命之矣.

서자(이) 이고이자(한대) 이자(이) 무연(이) 위간왈 명지의(로다)

[5] <맹자의 제자> 서벽(徐辟)이 <맹자의 말을> 이지(夷之)에게 고했다. 그러자, 이지는 멍하니 한참 있다가 말했다. 「<맹자 선생님이> 저를 잘 깨우쳐 주셨습니다.」

[어구 설명] [5] ○徐子以告夷子(서자이고이자) : <맹자의 제자> 서벽(徐辟)이 <맹자의 말을> 이지(夷之)에게 고했다. ○夷子憮然爲間曰(이자무연 위간왈) : 이지가 멍하니 한참 있다가 말했다. ○命之矣(명지의) : <맹자께서> 잘 가르쳐주셨습니다. 「명(命)」을 「교(敎)」의 뜻으로 푼다.

【集註】(1) 憮然 茫然自失之貌 爲間者有頃之間也 命猶敎也 言孟子已敎我矣 蓋因其本心之明 以攻其所學之蔽 是以吾之言 易入而彼之惑易解也.

(1)「무연(憮然)」은 「망연자실(茫然自失)」하는 모양이다. 「위간자(爲間者)」는 「잠시 있다」의 뜻이다. 「명(命)」은 「교(敎)」와 같은 뜻이다. 즉 「맹자가 저를 가르쳐주었다」는 뜻을 말한 것이다. <맹자가> 본심의 명덕(明德)을 바탕으로 하고 <이지의> 학문의 폐단을 공격했으므로, 맹자의 말이 이지에게 쉽게 들어가고 그의 미혹(迷惑)을 쉽게 풀었던 것이다.

제5장 墨子章 : 白文

[1] 墨者夷之 因徐辟而求見孟子 孟子曰 吾固願見 今吾尙病 病愈 我且往見 夷子不來.

[2] 他日 又求見孟子 孟子曰 吾今則可以見矣 不直則道不見 我且直之 吾聞夷子墨者 墨之治喪也 以薄爲其道也 夷子思以易天下 豈以爲非是而不貴也 然而夷子葬其親厚 則是以所賤事親也.

[3] 徐子以告夷子 夷子曰 儒者之道 古之人 若保赤子 此言何謂也 之則以爲愛無差等 施由親始 徐以告孟子 孟子曰 夫夷子信 以爲人之親其兄之子 爲若親其鄰之赤子乎 彼有取爾也 赤子 匍匐將入井 非赤子之罪也 且天之生物也 使之一本 而夷子二本故也.

[4] 蓋上世 嘗有不葬其親者 其親死 則舉而委之
於壑 他日過之 狐狸食之 蠅蚋姑嘬之 其顙有
泚 睨而不視 夫泚也 非爲人泚 中心達於面目
蓋歸反虆梩而掩之 掩之誠是也 則孝子仁人之
掩其親 亦必有道矣.
[5] 徐子以告夷子 夷子憮然爲間曰 命之矣.

【요점 복습】 제5장 묵자장

　맹자가 묵자(墨子) 사상을 신봉하는 이지(夷之)를 굴복케 한 내용을 적었다. 맹자는 직접 상대하지 않고 자기의 제자 서벽(徐辟)을 통해서 이지를 굴복케 했다. 맹자가 반박한 요점은 두 가지다. 하나는 겸애설(兼愛說)이고 다른 하나는 장례(葬禮)을 검소하게 치르자는 주장이다. 그런데 묵자 사상을 신봉하는 이지가 <자기네들의 주장과는 다르게> 자기 부친의 장례를 후하게 치렀다는 사실을 알고, 맹자는「사람은 본성적으로 친부모를 더 사랑하고 친부모의 장례를 후하게 지낸다」는 유교의 가르침을 알게 했다. 유교는 나의 뿌리를 부모와 선조에 두고, 더 거슬러 올라가면 하늘과 하나가 된다는 것을 강조한다. 하늘의 도리가 곧 천도(天道)이다.

孟子集註 卷之六

滕文公章句 下 : 총 10 장

「맹자집주 제6권, 등문공장구 하(滕文公章句 下)」는 총 10 장이다. 각 장의 이름과 그 요점은 대략 다음과 같다.

제1장 진대장(陳代章) : 자신을 굽히거나 도를 어기면 안 된다.
제2장 경춘장(景春章) : 참다운 대장부(大丈夫)의 뜻.
제3장 주소장(周霄章) : 군자는 마땅히 출사해야 한다.
제4장 팽경장(彭更章) : 인정(仁政)을 깨우치는 군자를 높여야 한다.
제5장 송소장(宋小章) : 악덕한 자를 정벌하면, 만민이 좋아한다.
제6장 대불승장(戴不勝章) : 임금 곁에 좋은 신하가 많아야 한다.
제7장 불견장(不見章) : 군자는 중정(中正)의 도를 지켜야 한다. 함부로 임금을 만나면 안 된다.
제8장 대영지장(戴盈之章) : 나쁜 정책은 당장 그만두어야 한다.
제9장 호변장(好辯章) : 무력과 이단사설이 횡행하는 전국시대를 바로잡으려고 성현의 도리를 역설하는 맹자.
제10장 광장장(匡章章) : 청렴 결백도 윤리 도덕을 바탕으로 해야 한다.

제1장 陳代章 : 총 5 구절

[1] 陳代曰 不見諸侯 宜若小然 今一見之 大則以王 小則以霸 且志曰 枉尺而直尋 宜若可爲也.

진대왈 불견제후(이) 의약소연(하이다) 금일견지(하시면) 대즉이왕(이오) 소즉이패(니) 차지(에) 왈 왕척이직심(이라하니) 의약가위야(이로소이다)

[1] 맹자의 제자 진대(陳代)가 말했다. 「선생님께서 제후들을 찾아보지 않으시는 것은 아마도 지나치게 소절(小節)에 매이신 것 같습니다. 만약 지금이라도 한바탕 나서서 제후들을 만나보시고 <도와주시면>, 크게 잘되면 즉 그를 참다운 임금 되게 하시고 혹 작아도 그를 패자(霸者)되게 하실 것입니다. 또 기록에 적혀 있습니다. '한 자를 굽히고 여덟 자를 곧게 한다.' 그러니 제후들을 만나보심이 좋을 것 같습니다.」

[어구 설명] [1] ㅇ陳代曰(진대왈) : 맹자의 제자 진대(陳代)가 말했다. ㅇ不見諸侯(불견제후) : 선생님께서 제후들을 찾아보지 않으시는 것은. ㅇ宜若小然(의약소연) : 아마도 소절(小節)인 것 같습니다. 「의(宜)」를 「거의, 아마도」, 「약소연(若小然)」을 「지나치게 소절(小節)에 매인 듯하다」로 풀이한다. ㅇ今一見之(금일견

지) : 만약 지금이라도 한바탕 나서서 제후들을 만나보시고 <도와주시면>. ○大則以王(대즉이왕) : 크게 잘되면, 즉 그를 참다운 임금 되게 하시고. ○小則以覇(소즉이패) : 작아도 그를 패자(覇者)되게 하실 것입니다. ○且志曰(차지왈) : 또 책이나 기록에 적혀 있습니다. ○枉尺而直尋(왕척이직심) : 한 자를 굽히고 여덟 자를 곧게 한다.「왕(枉)」은 굽힌다,「심(尋)」은 한 길, 즉 8자. ○宜若可爲也(의약가위야) : 그렇게 하심이 좋을 것 같습니다.

【集註】(1) 陳代孟子弟子也 小謂小節也 枉屈直伸也 八尺曰尋 枉尺直尋 猶屈己一見諸侯 而可以致王覇 所屈者小 所伸者大也.

(1)「진대(陳代)」는 맹자의 제자다.「소(小)」는 소절(小節)이다.「왕(枉)」은「굴(屈)」이다.「직(直)」은「신(伸)」이다.「8척(八尺)」을「심(尋)」이라 한다.「왕척직심(枉尺直尋)」은「자기를 굽히고 한번 제후를 만나면 <그들을> 왕자나 패자 되게 할 수 있으니, 굽히는 것은 작고 뻗는 것이 큼과 같음을 말한 것이다.」

[2] 孟子曰 昔齊景公田 招虞人以旌 不至 將殺之 志士不忘在溝壑 勇士不忘喪其元 孔子奚取焉 取非其招不往也 如不待其招而往 何哉.

맹자(이) 왈 석(에) 제경공(이) 전(할새) 초우인이정(한

대) 부지(어늘) 장살지(러니) 지사(는) 불망재구학(이오)
용사(는) 불망상기원(이라하시니) 공자(는) 해취언(고)
취비기초불왕야(이시니) 여부대기초이왕(엔) 하재(오)

[2] 맹자가 말했다. 「옛날, 제나라의 경공이 수렵을 할 때에, 정기(旌旗)를 들고 우인(虞人)을 불렀으나, 그가 오지 않자, 임금이 그를 죽이려고 했다. <그러자 공자가>『지사는 <극악한 경우에는 죽어서> 구학(溝壑)에 버려질 수도 있다는 생각을 해야 한다. 용사는 자기 목을 잃을 것을 각오해야 한다.』고 <그를 칭찬했다.> 공자가 어떤 점을 취하고 그를 칭찬했을까? 그가 임금의 부름이 정당하지 않기 때문에, 그가 가지 않은 점을 취한 것이다. 만약에 내가 제후가 예를 갖추어 부르기를 기다리지 않고, <경솔하게> 찾아간다면, 나의 체면이나 꼴이 어찌 되겠느냐.」

[어구 설명] [2] ○孟子曰(맹자왈) : 맹자가 말했다. ○昔齊景公田(석제경공전) : 옛날, 제나라의 경공이 수렵을 할 때.「전(田)」은「사냥한다」는 뜻의 동사다. ○招虞人以旌(초우인이정) : 정기(旌旗)를 흔들고 우인(虞人)을 불렀으나. ○不至 將殺之(부지장살지) : 그가 오지 않자, 임금이 그를 죽이려고 했다.「정(旌)」은 대 끝에 새 깃을 단 장군의 기다.「우인(虞人)」은 원유(苑囿)나 사냥터를 지키는 사람. ○志士不忘在溝壑(지사불망재구학) : 지사는 <극악한 경우에는 죽어서> 구학(溝壑)에 버려질 수도 있다는 생각을 해야 한다. ○勇士不忘喪其元(용사불망상기원) : 용사는 자기 목을 잃을 것을 잊지 않는다. 즉 언제라도 생명을 바칠 각오를

해야 한다. ○孔子奚取焉(공자해취언) : 공자가 어떤 점을 취하고 그를 칭찬했을까? ○取非其招不往也(취비기초불왕야) : 그가 「임금의 부름이 정당하지 않기 때문에, 그가 가지 않은 점」을 취한 것이다. ○如不待其招而往 何哉(여불대기초이왕 하재) : 만약에 내가 제후가 예를 갖추어 부르기를 기다리지 않고, <경솔하게 자진해서> 제후를 찾아간다면, 그 꼴이 어찌 되겠느냐.

【참고 보충】「비기초불왕야(非其招不往也)」

좌전(左傳) 소공(昭公) 30년 12월 조에 다음 같은 기록이 있다. 「제후(齊侯)가 패(沛)에서 사냥을 하다가 활을 흔들고 우인(虞人)을 불렀다. 우인이 오지 않자, 제후가 그를 체포하고 벌을 주려고 하자, 우인이 말했다. 『전의 임금님은 사냥하실 때에는, 정(旌)으로 대부를 불렀고, 활로 사(士)를 불렀고, 피관(皮冠)으로 우인을 불렀습니다. 저는 피관을 보지 못해서 오지 않았습니다.』

【集註】(1) 田獵也 虞人守苑囿之吏也 招大夫以旌 招虞人以皮冠 元首也 志士固窮 常念死無棺槨 棄溝壑而不恨 勇士輕生 常念戰鬪而死 喪其首而不顧也 此二句 乃孔子歎美虞人之言 夫虞人招之不以其物 尙守死而不往 況君子豈可不待其招 而自往見之邪 此以上 告之以不可往見之意.

(1)「전(田)」은「사냥」의 뜻이다.「우인(虞人)」은「원유(苑囿)를 지키는 관리」이다. 대부(大夫)는 정(旌)으로 부르고, 우인(虞人)은 피관(皮冠)으로 부른다.「원(元)」은「수(首)」의 뜻이

다. 지사(志士)는 곤궁하며, 죽어 관곽(棺槨) 없이 구학에 버려져도 원망하지 않도록 항상 생각해야 한다. 용사(勇士)는 생명을 가볍게 여기고 항상 싸우다가 죽고, 자기의 목을 잃어도 후회하지 않도록 각오해야 한다. 이 두 구절은 공자가 우인을 감탄하고 칭찬한 말이다. 이렇게 우인도 법에 맞지 않는 물건으로 부르면 죽음을 각오하고 가지 않았다. 하물며 군자가 어찌 임금의 예빙(禮聘)을 기다리지 않고 스스로 가서 보겠는가. 이상은 맹자가 자진해서 임금을 만나보지 못한다는 뜻을 <진대에게> 고한 것이다.

[3] 且夫枉尺而直尋者 以利言也 如以利 則枉尋直尺而利 亦可爲與.

차부왕척 이직심자(는) 이리언야(이니) 여이리 즉왕심직척 이리(라도) 역가위여(아)

[3] <맹자의 말 계속> 「또한 한 자를 굽혀서 여덟 자를 뻗게 한다고 말한 것은 이가 되기 때문에 <그렇게 하라고> 말한 것이다. 만약에 이가 되면 즉 여덟 자를 굽히고 한 자를 뻗는 일 <즉 군자의 체통을 잃을지라도> 이가 된다면 역시 하는 것이 좋단 말이냐. <해야 하느냐?>」

[어구 설명] [3] ㅇ 且夫枉尺而直尋者(차부왕척이직심자) : 또한 한 자를 굽혀서 여덟 자를 뻗게 한다고 말한 것은. ㅇ 以利言也(이리언야) : 이를 말한 것이다. <이를 위해서는 그렇게도 한다.> ㅇ 如以

利(여이리) : 만약에 이가 되다면. ㅇ則枉尋直尺(즉왕심직척) : 즉 여덟 자를 굽히고 한 자를 뻗는 일, 즉 군자의 체통을 잃고 작은 것을 얻는 일. ㅇ而利(이리) : 그러고도 이가 된다면. ㅇ亦可爲與(역가위여) : 역시 하는 것이 좋단 말이냐. 해야 하느냐?

【集註】(1) 此以下 正其所稱 枉尺直尋之非 夫所謂枉小而所伸者大 則爲之者 計其利耳 一有計利之心 則雖枉多伸少 而有利 亦將爲之邪 甚言其不可也.

(1) 이 다음은 이른바「왕척직심지(枉尺直尋之)」의 잘못을 바로잡고자 한 말이다. <맹자는>「이른바, 작은 것을 굽히고 큰 것을 뻗는다고 함은 곧 그렇게 하는 자가 이득만을 헤아린 것이다. 이를 헤아리는 마음이 있으면, 많은 것을 굽히고 적은 것을 뻗게 해도, 이득이 되기만 하면 <도리를 어기고라도> 그렇게 하겠는가?」<맹자가> 심하게 안 된다고 반박했다.

[4] 昔者 趙簡子 使王良與嬖奚乘 終日而不獲一禽 嬖奚反命曰 天下之賤工也 或以告王良 良曰 請復之 彊而後可 一朝而獲十禽 嬖奚反命曰 天下之良工也 簡子曰 我使掌與女乘 謂王良 良不可 曰 吾爲之範我馳驅 終

日不獲一 爲之詭遇 一朝而獲十 詩云 不失其馳 舍矢如破 我不貫與小人乘 請辭.

석자(에) 조간자(이) 사왕량(으로) 여폐해승(한대) 종일이불획일금(하고) 폐해(이) 반명왈 천하지천공야(이러이다) 혹(이) 이고왕량(한대) 양(이) 왈 청부지(호리라) 강이후가(이라하야늘) 일조이획십금(하고) 폐해(이) 반명왈 천하지량공야(이러이다) 간자(이) 왈 아(이) 사장여여승(호리라하고) 위왕량(한대) 양(이) 불가 왈 오(이) 위지범아치구(호니) 종일불획일(하고) 위지궤우(호니) 일조이획십(하니) 시운 불실기치(어늘) 사시여파(이라하니) 아(는) 불관여소인승(호니) 청사(라하니라)

[4] <맹자의 말 계속>「옛날에, 진(晉)나라의 대부 조앙(趙鞅)이 어자(御者) 왕량으로 하여금 자기의 사랑하는 신하, 해(奚)를 위해서 수레를 몰게 했다. 해는 종일 달려도, 새 한 마리도 잡지 못했다. 그러자 총신 해는 돌아와서 <조간자에게> 복명(復命)하며 말했다.『왕량은 세상에서 가장 못난 마부입니다.』어떤 사람이 <그 말을> 왕량에게 일러주었다. 그러자, 왕량이『다시 해를 수레에 태우고 사냥을 하게 허락해 주시오..』하고 청원했다. <그러나 해가 거절하므로> <왕량은> 애를 쓰고 힘들게 허락을 얻어냈다. <그리고 다시 사냥에 나가, 이번에는> 조반 전에 열 마리의 새를 잡아왔다. 해가 <조간자에게> 복명하며 말했

다.『왕량은 천하에서 으뜸가는 수레몰이입니다.』
<이에> 조간자가 <총신 해에게> 말했다.『내가 <앞
으로는> <수레를> 그대 마음대로 타게 하겠다.』<그
리고 조간자가 그 뜻을> 왕량에게 말하자, 왕량이
『안 됩니다』하고 거절했다. <그리고 왕량은 다음같
이 그 이유를> 말했다.『제가 그분을 모시고 법도대
로 수레를 몰고 달리면, 그분은 종일토록 새 한 마리
도 못 잡았습니다. <그러나> 수레를 비정상적으로
몰고 억지로 사냥감과 만나게 하자, 아침나절에 새를
열 마리나 잡았습니다. 시경(詩經) 소아(小雅) 거공편
(車攻篇)에 이런 말이 있습니다. '법도를 잃지 않고
수레를 몰고 달려, 화살을 쏘아 새를 맞히니, 화살을
맞고 새가 터지더라.' <그러나 해는 그렇지 못합니다.
그래서 그분을 태울 수 없습니다.> 저는 그와 같은
소인과 같이 수레를 타는 데 익숙하지 않습니다. 그래
서 거절하겠습니다.』」

[어구 설명] [4] ㅇ昔者(석자) : 옛날에. ㅇ趙簡子(조간자) : 진(晉)
나라의 대부 조앙(趙鞅)이다. 「간(簡)」은 시호(諡號)다. ㅇ使王良
(사왕량) : 왕량(王良)으로 하여금. 「왕량」은 조간자의 어자(御者)
다. 수레를 잘 몰았다. ㅇ與嬖奚乘(여폐해승) : 사랑하는 신하
해(奚)를 위해서 수레를 몰게 했다. 「폐(嬖)」는 「총애한다」는 뜻.
ㅇ終日而不獲一禽(종일이불획일금) : <왕량이 모는 수레를 타
고> 종일 달렸으나, 새 한 마리도 잡지 못했다. ㅇ嬖奚反命曰(폐해

반명왈) : 사랑하는 신하 해(奚)가 돌아와 <조간자에게> 보고했다. ㅇ 天下之賤工也(천하지천공야) : <왕량은> 세상에서 가장 못난 마부입니다. 「천공(賤工)」은 「못난 마부, 기술자」라는 뜻. ㅇ 或以告王良(혹이고왕량) : 어떤 사람이 <그 말을> 왕량에게 일러주었다. ㅇ 良曰請復之(양왈 청부지) : 왕량이 「다시 해(奚)를 수레에 태우고 사냥하고 싶다」고 말했다. ㅇ 彊而後可(강이후가) : <그러나 해(奚)가 거절하므로> <왕량은> 힘들게 허락을 받았다. ㅇ 一朝而獲十禽(일조이획십금) : 이번에는 조반 전에, 열 마리의 새를 잡아 가지고 돌아왔다. ㅇ 嬖奚反命曰(폐해반명왈) : 총신(寵臣) 해가 돌아와서 <조간자에게> 복명(復命)했다. ㅇ 天下之良工也(천하지량공야) : <왕량은> 천하에서 으뜸가는 수레 몰이 기술자다. ㅇ 簡子曰(간자왈) : 조간자가 <총신 해에게> 말했다. ㅇ 我使掌與女乘(아사장여여승) : 내가 <앞으로는> <수레를> 그대 마음대로 타게 하겠다. 「장(掌)」은 「마음대로」의 뜻으로 푼다. ㅇ 謂王良(위왕량) : <조간자가> <앞으로는 해(奚)를 주인같이 수레를 타게 하라고> 왕량에게 말했다. ㅇ 良不可 曰(양불가 왈) : 왕량이 「안됩니다」하고 거절했다. <그리고 다음같이 그 이유를> 말했다. ㅇ 吾爲之範我馳驅(오위지범아치구) : 제가 그분을 태우고 법도대로 수레를 몰고 달리면. ㅇ 終日不獲一(종일불획일) : 그분은 종일토록 새 한 마리도 못 잡았습니다. ㅇ 爲之詭遇(위지궤우) : 수레를 비정상적으로 몰고 억지로 사냥감과 만나게 하면. ㅇ 一朝而獲十(일조이획십) : 아침나절에 새를 열 마리나 잡았습니다. ㅇ 詩云(시운) : 시경(詩經) 소아(小雅) 거공편(車攻篇)의 구절이다. ㅇ 不失其馳(불실기치) : 법도를 잃지 않고 수레를 몰고 달린다. ㅇ 舍矢如

破(사시여파) : 화살을 쏘면 새가 화살을 맞고 터질 듯하다. <시경의 시처럼 법도에 맞게 수레를 몰아도, 활을 잘 쏘는 사람은 새를 잘 잡는다. 그러나 해는 그렇지 못하다. 그래서 그를 태울 수 없다.>
ㅇ我不貫與小人乘(아불관여소인승) : 저는 그와 같은 소인과 같이 타는 데, 익숙하지 않다. ㅇ請辭(청사) : 그래서 거절하겠다.

【集註】(1) 趙簡子 晉大夫 趙鞅也 王良善御者也 嬖奚簡子幸臣 與之乘 爲之御也 復之再乘也 彊而後可 嬖奚不肯 彊之而後肯也 一朝自晨至食時也 掌專主也 範法度也 詭遇不正而與禽遇也 言奚不善射 以法馳驅 則不獲 廢法 詭遇而後中也 詩小雅車攻之篇 言御者不失其馳驅之法 而射者發矢皆中而力 今嬖奚不能也 貫習也.

(1) 「조간자(趙簡子)」는 「진(晉)나라 대부 조앙(趙鞅)」이다. 왕량(王良)은 수레를 잘 모는 사람이다. 「폐해(嬖奚)」는 「조간자가 사랑하는 신하, 해(奚 : 이름)」다. 「여지승(與之乘)」은 「그를 위해서 수레를 몰다」의 뜻이다. 「부지(復之)」는 「다시 타다」의 뜻이다. 「강이후가(彊而後可)」는 「해가 승낙하지 않으므로, 왕량이 힘들여 애를 써서 승낙하게 했다」는 뜻이다. 「일조(一朝)」는 「새벽부터 조반 시까지」를 말한다. 「장(掌)」은 「홀로 주인이 되다」의 뜻이다. 「범(範)」은 「법도(法度)」다. 「궤우(詭遇)」는 「정당하지 않게 새를 만나게 하다」의 뜻이다.

「즉 해가 활을 잘 쏘지 못해서, 법대로 수레를 달리면, 새를 잡지 못하고, 법도를 따르지 않고, <부당하게 수레를 몰면> <비정상적으로> 새를 만나고 잡았다」는 뜻을 말한 것이다. 시경(詩經) 소아(小雅) 거공편(車攻篇)의 시다.「수레를 모는 마부도 법도를 잃지 않고 수레를 몰고 달리고, 활을 쏘는 사람도 화살을 날려 세차게 맞춘다」는 뜻을 말한 것이다. 그러나 지금의 해(奚)는 그렇게 하지 못한다.「관(貫)」은「습관(習慣)」의 뜻이다.

[5] 御者且羞與射者比 比而得禽獸 雖若丘陵 弗爲也 如枉道而從彼 何也 且子過矣 枉己者 未有能直人者也.

어자(이) 차수여사자비(하야) 비이득금수(이) 수약구릉(이라도) 불위야(하니) 여왕도이종피(에) 하야(오) 차자(이) 과의(로다) 왕기자(이) 미유능직인자야(이니라)

[5] <맹자의 말 계속>「수레를 모는 어자(御者)도 활 쏘는 사람에게 아첨하기를 수치로 여기고, 또 한패가 되고 <사냥하여> 금수를 산더미같이 잡는다 해도, 그런 짓을 안하거늘, 만약 내가 예(禮)의 도리를 굽히고 그들 <무식한 제후를> 만나고 따른다면, 그 꼴이 무엇이 되겠느냐. 더욱 그대의 말이나 생각은 잘못이다. 자기를 굽히는 자는 절대로 다른 사람을 곧고 바르게 할 수 없는 법이다.」

[어구 설명] [5] ○御者且羞與射者比(어자차수여사자비) : 수레를 모는 어자도 활 쏘는 사람에게 아첨하기를 수치로 여긴다. 「비(比)」는 「아첨하고, 한패가 된다」는 뜻이다. ○比而得禽獸(비이득금수) : 한패가 되고 <사냥하여> 금수를 많이 잡는다 해도. ○雖若丘陵 弗爲也(수약구릉 불위야) : 산더미같이 많은 금수를 잡는다 해도, 그런 짓을 안한다. ○如枉道而從彼 何也(여왕도이종피 하야) : 만약 내가 예(禮)의 도리를 굽히고 그들 <무식한 제후를> 만나고 따른다면, 그 꼴이 무엇이 되겠느냐. ○且子過矣(차자과의) : 더욱 그대의 말이나 생각은 잘못이다. ○枉己者未有能直人者也(왕기자미유능직인자야) : 자기를 굽히는 자는 다른 사람을 곧고 바르게 할 수 없는 법이다.

【集註】(1) 比阿黨也 若丘陵 言多也.

(1) 「비(比)」는 「아첨하고 한패가 된다」는 뜻이다. 「약구릉(若丘陵)」은 「많다」는 뜻이다.

【集註】(2) 或曰 居今之世 出處去就 不必一一中節 欲其一一中節 則道不得行矣.

(2) 어떤 사람이 말했다. 지금 같은 세상에 살면, 출처 거취를 일일이 예절에 맞게 할 수 없다. 일일이 예절에 맞게 하려고 하면, 자기의 주장이나 바라는 도를 행할 수 없다. <* 세속적 도를 말한 것이다.>

【集註】(3) 楊氏曰 何其不自重也 枉己 其能直人

乎 古之人 寧道之不行 而不輕其去就 是以孔孟 雖在春秋戰國之時 而進必以正 以至終不得行而死也 使不恤其去就 而可以行道 孔孟當先爲之矣 孔孟豈不欲道之行哉.

(3) 양씨가 말했다. <이런 말은> 참으로 자중하지 않는 자의 말이다. 자기를 굽하고 어찌 남을 곧게 할 수 있느냐. 옛사람은 저속한 벼슬길을 포기하고라도, 자신의 거취를 경솔하게 하지 않았다. 그러므로 공자나 맹자는 비록 험난한 춘추나 전국 시대라 해도, 반드시 정도(正道)를 가지고 나가서 벼슬을 하려고 했다. 그래서 결국은 <벼슬길에 오르지 못하고> 죽은 것이다. 죽어도 거취에 대한 미련이 없어야 비로소 정도(正道)를 지키고 행할 수 있다. 공자와 맹자가 마땅히 정도를 앞세운 성현(聖賢)이다. 어찌 공자나 맹자라고 정도가 행해지기를 바라지 않았겠느냐. <즉 벼슬자리에 올라 천하를 바르게 다스리려는 뜻이 없었겠느냐.> <다만 아무렇게나 벼슬자리에 오르려고 하지 않았던 것이다.>

【참고 보충】「대전주소선역(大全註疏選譯)」

(1)「신안 진씨의 말: 맹자는 평생토록 <자진해서> 제후를 찾아가 만나지 않는 것을 스스로 굳게 지켰다. 그래서 <진대 같은 제자가> 이와 같은 질문을 한 것이다.(新安陳氏曰 孟子平生 以不見諸侯自守 故以此爲問)」

(2)「남헌 장씨의 말: 우인(虞人: 수레를 모는 사람)이지만 관리

가 지킬 도의를 굳게 지켰다. <그래서 잘못된 명령에 응하지 않고> 가지 않은 것이다. 즉 도의를 죽음보다 중하게 여겼기 때문이다. 만약에 죽음을 두려워하는 마음이 있었다면, 도리에 맞지 않는 명령에 응했을 것이며, 곧 견리망의(見利忘義)했을 것이다.(南軒張氏曰 虞人守官義 不敢往 義有重於死故也 使一有畏死之心 應非其招 則見利忘義矣)」

(3)「화정 윤씨의 말 : 한 자를 굽히고, 한 길을 뻗게 한다는 식의 <이득을 취하려는 천한 욕심에 매이면> <그런 자는> 반드시 한 길을 굽히고 한 자를 뻗게 하려는 일도 하게 될 것이다.(和靖尹氏曰 有枉尺以直尋 則亦必至於枉尋以直尺矣)」

(4)「경원 보씨의 말 : 도를 행하겠다고 원하는 것이 인(仁)이고, 벼슬에 나갈 때에 반드시 바르게 하겠다고 원하는 것이 의(義)다. 인의(仁義)를 병행하고 그릇되게 하지 않는 것이 바로 성현(聖賢)이 되는 바탕이다.(慶源輔氏曰 欲道之行仁也 進必以正義也 仁義竝行 而不悖 所以爲聖賢)」

【참고 보충】「수의불왕도(守義不枉道)」

이 장의 요지는 한마디로「수의 불왕도(守義 不枉道)」다. 즉「정의(正義)를 굳게 지키고 어떠한 경우라도 정도(正道)를 굽히거나 어기지 않음이다.」단「정의와 정도의 기준」은「천도천리(天道天理)」에 두어야 한다. 무력으로 남을 쳐서 내 나라를 부강하게 만들려는 정복자의 야심이나, 아무에게나 붙어서 부귀영화를 누리겠다는 천박한 소인들의 욕심을 기준으로 하면 안 된다.

【참고 보충】「수사선도(守死善道)」

논어(論語) 태백편(泰伯篇)에서 공자(孔子)가 말했다.「독실하게 믿고 배우기를 좋아하고, 죽음으로써 도를 지키고 높여야 한다. 위태로운 나라에는 들어가지 말고, 문란한 나라에는 살지 말라. 천하에 도가 있으면 나타나고, 도가 없으면 숨어라. 나라에 도가 있는데 가난하고 미천하면 부끄러운 노릇이요, 나라에 도가 없는데도 부하고 고귀하면 부끄러운 노릇이다.(子曰 篤信好學 守死善道 危邦不入 亂邦不居 天下有道則見 無道則隱 邦有道 貧且賤焉 恥也 邦無道 富且貴焉 恥也)」＊「선도(善道)」의「선(善)」을 동사로 보고,「높이고 나타낸다」의 뜻으로 풀어도 된다.

제1장 陳代章 : 白文

[1] 陳代曰 不見諸侯 宜若小然 今一見之 大則以王 小則以霸 且志曰 枉尺而直尋 宜若可爲也.

[2] 孟子曰 昔齊景公田 招虞人以旌 不至 將殺之 志士不忘在溝壑 勇士不忘喪其元 孔子奚取焉 取非其招不往也 如不待其招而往 何哉.

[3] 且夫枉尺而直尋者 以利言也 如以利 則枉尋直尺而利 亦可爲與.

[4] 昔者 趙簡子使王良與嬖奚乘 終日而不獲一禽 嬖奚反命曰 天下之賤工也 或以告王良 良曰 請復之 强而後可 一朝而獲十禽 嬖奚反命曰 天下之良工也 簡子曰 我使掌與女乘 謂王良 良不可 曰 吾爲之範我馳驅 終日不獲一 爲之詭遇 一朝而獲十 詩云 不失其馳 舍矢如破 我

不貫與小人乘 請辭.
[5] 御者且羞與射者比 比而得禽獸 雖若丘陵 弗爲也 如枉道而從彼 何也 且子過矣 枉己者未有能直人者也.

【요점 복습】 제1장 진대장

　제자 진대(陳代)가 주책없이 말했다. 「적당히 현실과 타협하고 또 자신을 굽히고 제후들을 만나시면 좋지 않습니까? 자신을 조금 굽히면 크게 이득을 얻을 수 있습니다.」 그러자, 맹자가 두 가지 예를 들었다. 제(齊)나라의 우인(虞人 : 원유를 지키는 사람)과 진(晉)나라의 왕량(王良 : 수레를 모는 사람)의 예를 들고 꾸짖듯이 타일렀다. 우인은 임금이 불러도, 그 격식이 맞지 않자, 죽음을 각오하고 달려가지 않았다. 즉 생명보다도 바른 도리를 지켰다. 왕량은 무법자(無法者)를 태우기를 거절했다. 그를 태우고 사냥에 나가면 막대한 이익을 얻을 것을 알면서도 정도(正道)를 지키고자 했다. 군자는 절대로 악덕한 임금에게 자기를 굽히거나, 이득을 위해서 도를 어기면 안 된다.

제2장 景春章 : 총 3 구절

[1] 景春曰 公孫衍 張儀 豈不誠大丈夫哉 一怒而諸侯懼 安居而天下熄.

경춘(이) 왈 공손연 장의(는) 기불성대장부재(리오) 일노이제후(이) 구(하고) 안거이천하(이) 식(하니라)

[1] <전국시대의 종횡가> 경춘이라는 자가 <맹자에게> 말했다. 「공손연과 장의야말로 참으로 대장부가 아닙니까? 그들이 한번 노하면 천하의 제후들이 겁을 먹었고, 반대로 조용히 있으면, 천하의 전란이 멈추었습니다.」

[어구 설명] [1] ㅇ景春曰(경춘왈) : 경춘(景春)이 말했다. 「경춘」은 맹자와 같은 시기에 살았던 종횡가(縱橫家)로, 한서(漢書) 예문지(藝文志)에 「경자(景子) 13편」이 보인다. 같은 사람인지는 알 수 없다. ㅇ公孫衍(공손연) : 위(魏)나라 사람이다. 장의(張儀)가 죽은 다음에 진(秦)나라의 재상이 되어 연횡술(連橫術)로 다른 나라를 격파했다. 그러나, 한때는 종약장(縱約長)으로 진(秦)에 맞서 싸운 전략가(戰略家)였다. ㅇ張儀(장의) : 위(魏)나라 사람이다. 소진(蘇秦)과 함께 귀곡자(鬼谷子)에게 종횡술(縱橫術)을 배웠다. 진(秦)나라 혜왕(惠王) 밑에서 재상이 되어, 연횡책(連橫策)으로 소진의 합종책(合縱策)을 격파했다. ㅇ豈不誠大丈夫哉(기불성대장부재) : <그들은> 참으로 대장부가 아니냐? ㅇ一怒而諸侯懼(일

노이제후구) : 일단 성을 내고 무력전쟁을 일으키면, 다른 나라 제후들이 겁을 먹었다. ㅇ安居而天下熄(안거이천하식) : 조용히 있으면, 천하의 전화(戰火)가 종식되었다.

【集註】(1) 景春 人姓名 公孫衍 張儀 皆魏人 怒則說諸侯 使相攻伐 故諸侯懼也.

(1)「경춘(景春)」은 사람의 성명이다. 「공손연(公孫衍)」과 「장의(張儀)」는 다 위(魏)나라 사람이다. <그들이> 한바탕 성을 내고 제후에게 유세를 하면 즉 서로 공격하고 서로 쳤다. 그래서 제후들이 두려워했다.

[2] 孟子曰 是焉得爲大丈夫乎 子未學禮乎 丈夫之冠也 父命之 女子之嫁也 母命之 往送之門 戒之曰 往之女家 必敬必戒 無違夫子 以順爲正者 妾婦之道也.

맹자(이) 왈 시언득위대장부호(이리오) 자미학례호(아) 장부지관야(에) 부(이) 명지(하고) 여자지가야(에) 모(이) 명지(하나니) 왕(에) 송지문(할새) 계지왈 왕지여가(하야) 필경필계(하야) 무위부자(이라하니) 이순위정자(는) 첩부지도야(이니라)

[2] 그러자 맹자가 말했다. 「그런 것을 어찌 대장부라고 말할 수 있겠소. 그대는 예법도 배우지 않았소.

남자가 관례를 올릴 때에는 아버지가 아들에게 <사
람의 도리를> 일러주고 또 딸아이가 출가할 때에는
어머니가 타이르되, 대문까지 전송해 가서 딸에게
『너 시집가면 반드시 어른을 공경하고, 몸가짐을 삼
가야 한다. 남편에게 거역하지 마라』하고 훈계하지
요. 이와 같이 남에게 순종하는 것을 바른 도리로 삼
는 것은 곧 아낙네들이나 지킬 도리이지요.」<* 공손
연이나 장의 같은 술책가(術策家)는 결국 전쟁을 좋
아하는 나쁜 임금의 비위나 맞추고, 그들의 정복욕을
채워주고, 그 덕으로 권세나 부귀를 누리는 자들이거
늘, 어찌 그들을 대장부라 하느냐?>

[어구 설명] [2] ㅇ孟子曰(맹자왈) : 맹자가 말했다. ㅇ是焉得爲大
丈夫乎(시언득위대장부호) : 그런 일을 한 <그들을> 어찌 대장부
라고 말할 수 있겠느냐? ㅇ子未學禮乎(자미학례호) : 그대는 예법
도 배우지 못했는가? ㅇ丈夫之冠也(장부지관야) : 아들이 성장하
여 관례를 올릴 때에는. ㅇ父命之(부명지) : 아버지가 아들에게
일러준다. ㅇ女子之嫁也(여자지가야) : 여자가 출가할 때에는. ㅇ母
命之(모명지) : 어머니가 일러준다. ㅇ往送之門(왕송지문) : 대문
까지 가서, 시집가는 딸을 전송하면서. ㅇ戒之曰(계지왈) : 훈계하
고 말한다. ㅇ往之女家(왕지여가) : 시집에 가면.「지(之)」는 허사
(虛詞)로 본다. ㅇ必敬必戒(필경필계) : 어른에게 공경하고, 몸가
짐을 삼가야 한다. ㅇ無違夫子(무위부자) : 남편에게 거역하지 마
라. ㅇ以順爲正者(이순위정자) : <이와 같이> 순종을 바른 도리로

삼는 것은. ㅇ妾婦之道也(첩부지도야) : 아녀자들이나 지킬 도리이다.

【集註】 (1) 加冠於首曰冠 女家夫家也 婦人內夫家 以嫁爲歸也 夫子夫也 女子從人 以順爲正道也 蓋言二子 阿諛苟容 竊取權勢 乃妾婦順從之道耳 非丈夫之事也.

(1) <남자는 20세가 되면> 머리에 관을 쓴다. 이것을 관례(冠禮)라고 한다.「여가(女家)」는 남편의 집이다. 부인(婦人)은 시집을 안으로 삼는다. 출가하는 것을 귀(歸)라고 한다.「부자(夫子)」는 남편이다. 여자는 남에게 복종하고, 순종을 바른 도리로 삼아야 한다. 결국 공손연과 장의 두 사람은 <임금에게> 아첨하고 비위를 맞추고 영합하여 권세를 도둑질한 자들이다. 흡사 첩이나 부녀자의 순종의 도리를 지킨 것일 뿐, 대장부가 할 일이 아니다. <맹자는 참다운 대장부의 도리를 말했다. 공자나 맹자의 유교사상은 천도를 따르고 행하는 것이다. 악덕한 임금에게 맹종하거나, 간악한 술책을 농하는 것이 아니다.>

【참고 보충】「악덕한 책략가(策略家)」
　전국시대(戰國時代)에는 정의(正義)도 신의(信義)도 없었다. 수단 방법을 가리지 않고 오직 이기는 것만이 목적이고 또 자랑이었다. 그러므로 무사(武士)와 책사(策士)가 날뛰고 기승을 부렸다.

경춘(景春)이 대장부라고 치켜세우는 장의(張儀)나 공손연(公孫衍)은 「전술적 책략가(戰術的 策略家)」의 대표자였다. 그들의 권모술수(權謀術數)에 따라 무참한 전쟁이 일어나기도 하고 반대로 전화(戰火)가 종식(終熄)되기도 했다. 그래서 경춘은 그들을 「진짜 사내 대장부」라고 추켜세웠던 것이다. 그러나 맹자는 달랐다. 그들은 악덕한 임금의 정복야욕(征服野欲)에 아첨하고 권세나 부귀를 누리는 소인배에 불과하다. 말하자면 무조건 남자에게 맹종하는 첩부(妾婦)와 같은 존재라고 혹독하게 매도했다. 그리고 맹자는 참다운 대장부를 다음같이 말했다.

[3] 居天下之廣居 立天下之正位 行天下之大道 得志 與民由之 不得志 獨行其道 富貴不能淫 貧賤不能移 威武不能屈 此之謂大丈夫.
거천하지광거(하며) 입천하지정위(하며) 행천하지대도(하야) 득지(하얀) 여민유지(하고) 부득지(하얀) 독행기도(하야) 부귀(이) 불능음(하며) 빈천(이) 불능이(하며) 위무(이) 불능굴(이) 차지위대장부(이니라)

[3] <맹자의 말 계속>「천하의 넓은 집에 살고, <즉 인(仁)에 몸을 담고 살며> 천하의 바른 자리에 선다. <즉 예(禮)를 바르게 지키고> 천하의 대도를 따라 간다. <즉 의(義)를 지키고 행한다.> 뜻을 얻으면 백성들과 함께 나가고 뜻을 얻지 못하면 홀로 도를 따라 산다. 부귀에도 마음을 흐트리지 않고 빈천에도 지조

나 절개를 변하지 않고 위협이나 무력에도 굴하지 않는다. 이런 사람을 대장부라고 한다.」

[어구 설명] [3] ㅇ居天下之廣居(거천하지광거) : 천하의 넓은 집에 살다. 「광거(廣居)」는 천하의 모든 사람이 살 수 있는 넓은 집, 즉 인(仁)이다. 맹자는 「인은 모든 사람이 깃들어 살 수 있는 보금자리다.(仁 人之安宅也)」라고 했다. ㅇ立天下之正位(입천하지정위) : 천하의 바른 자리에 서다. 「정위(正位)」는 건양(建陽)이 바르게 서는 자리, 즉 예(禮)다. 천리(天理)를 바르게 따르고 행하는 것을 예(禮)라고 한다. ㅇ行天下之大道(행천하지대도) : 천하의 대도(大道)를 행한다. 「대도」는 곧 천도(天道)다. 주자는 「대도」를 「의(義)」라고 풀었다. 맹자는 「의는 사람의 바른 길이다.(義 人之正路也)」라고 했다. ㅇ得志 與民由之(득지 여민유지) : 뜻을 얻으면, 백성들과 함께 나간다. 즉 좋은 임금 밑에서 벼슬을 하고 천하에 도를 펴고 행할 수 있으면, 백성들과 함께 왕도 덕치의 꽃을 피운다. 맹자는 「달즉겸선천하(達則兼善天下)」라고 말했다. ㅇ不得志 獨行其道(부득지 독행기도) : 뜻을 얻지 못하면, 자기 혼자만이라도 도를 따르고 행한다. <즉 난세를 만나, 천하를 바로잡을 수 없는 경우에는, 자기 혼자만이라도 도를 지킨다.> 맹자는 「궁즉독선기신(窮則獨善其身)」이라고 말했다. ㅇ富貴不能淫(부귀불능음) : 부귀에 마음을 흔들리지 않는다. ㅇ貧賤不能移(빈천불능이) : 빈천에도 지조나 절개를 변하지 않는다. ㅇ威武不能屈(위무불능굴) : 위협이나 무력에도 굴하지 않는다. ㅇ此之謂大丈夫(차지위대장부) : 이런 사람을 대장부라고 할 수 있다.

【集註】(1) 廣居仁也 正位禮也 大道義也 與民由之 推其所得於人也 獨行其道 守其所得於己也 淫蕩其心也 移變其節也 屈挫其志也.

(1)「광거(廣居)」는 인(仁)이다.「정위(正位)는 예(禮)다.「대도(大道)」는 의(義)다.「백성과 함께 나간다(與民由之)」고 함은「자기가 얻은 바 <인의례(仁義禮)의 도덕을> 남에게도 미루어 얻게 한다」는 뜻이다.「홀로 그 도를 행한다(獨行其道)」고 함은「자기가 얻은 바 <인의례(仁義禮)의 도덕을> 자기 혼자만이라도 굳게 지킨다」는 뜻이다.「음(淫)」은「자기 마음을 흐트리게 한다」는 뜻이다.「이(移)」는「절의(節義)를 변한다」는 뜻이다.「굴(屈)」은「의지(意志)가 좌절된다」는 뜻이다.

【集註】(2) 何叔景曰 戰國之時 聖賢道否 天下不復見其德業之盛 但見姦巧之徒 得志橫行 氣焰可畏 遂以爲大丈夫 不知由君子觀之 是乃妾婦之道耳 何足道哉.

(2) 하숙경(何叔景)은 말했다.「전국시대에는 성현의 길이나 도리가 꽉 막히고 천하에서 다시 성현의 성대한 덕업을 볼 수 없었다. 오직 간교한 무리들이 뜻을 얻고 횡행했으며, 그들의 기염이 겁날 지경이었다. 그래서 <일반 사람들도> 마침내 그들을 대장부라고 쳤다. <일반 사람들은> '군자가 볼 때,

그들은 첩부(妾婦)의 도를 따른 천한 존재로 말할 만한 가치가 없음'을 알지 못했던 것이다.」

【참고 보충】「대전주소선역(大全註疏選譯)」

「주자의 말 : 마음이 넓게 뚫리고 털끝만큼의 사리사욕이 없어야 곧바로 천지와 같이 헤아리게 된다. 이러한 경지가 곧 천하의 넓은 집에 거하는 것이고, 그것이 바로 인(仁)에 거함이다. 자신의 몸을 세움에 있어, 조금도 이(理)에 부당한 바가 없게 되어야 비로소 천하의 바른 자리에 선 것이며, 그것이 바로 예(禮)에 선 것이다. 더 밀고 나가서 사물에 나타나게 할 때에, 조금도 의(義)에 맞지 않는 바가 없게 하는 것이 곧 천하의 대도(大道)를 행하는 것이다. (朱子曰 此心廓然 無一毫之私意 直與天地同量 這便是居天下之廣居 便是居仁 到得自家立身 更無些子 不當於理 這便是立天下之正位 便是立於禮 及推而見於事 更無些子 不合於義 此便是行天下之大道)」

＊ 대장부(大丈夫)는 곧 대인(大人)이다. 호연지기(浩然之氣)를 지니고 우주와 하나가 된 큰 사람이다. 욕심을 초월하고 천인합일(天人合一)의 경지에 도달한 사람이다.

【참고 보충】「참다운 대장부」

선본성(善本性)을 간직한다. 즉 본성 속에 주어진 천리(天理)를 따르고 실천한다. 우주(宇宙)와 하나가 된 「호연지기(浩然之氣)」를 바탕으로 대학에서 말하는 「삼강령(三綱領)과 팔조목(八條目)」을 실천하는 대인(大人)이 바로 대장부(大丈夫)다. 「혈기 만용(血氣蠻勇)」으로 사리사욕을 채우는 자는 소인(小人)이다.

제2장 景春章 : 白文

[1] 景春曰 公孫衍 張儀 豈不誠大丈夫哉 一怒而諸侯懼 安居而天下熄.

[2] 孟子曰 是焉得爲大丈夫乎 子未學禮乎 丈夫之冠也 父命之 女子之嫁也 母命之 往送之門 戒之曰 往之女家 必敬必戒 無違夫子 以順爲正者 妾婦之道也.

[3] 居天下之廣居 立天下之正位 行天下之大道 得志 與民由之 不得志 獨行其道 富貴不能淫 貧賤不能移 威武不能屈 此之謂大丈夫.

【요점 복습】제2장 경춘장

고금동서를 막론하고 사람의 종류나 등급이 끝없이 많다. 그러나 대부분의 사람들은「권력을 독점하고 부귀영화를 누리는 임금이나 고관 대작들을 높이 평가한다.」그러나 유교의 정통사상은 그런 것보다, 인의(仁義) 도덕(道德)을 중시한다. 즉 천도(天道)를 따라 지덕(地德)을 세우는 성인(聖人)이나 현인(賢人)을 높인다. 반대로 무력이나 권모술수로 남을 살상(殺傷)하고 자기의 탐욕(貪慾)을 채우고 자기만 향락하는 인간들을 악덕한(惡德漢)으로 멸시한다. 그래서 맹자가 장의(張儀)나 공손연(公孫衍)을 멸시하고, 참다운 대장부(大丈夫)를 기술했던 것이다.

제3장 周霄章 : 총 4 구절

[1] 周霄問曰 古之君子仕乎 孟子曰 仕 傳曰 孔子三月無君 則皇皇如也 出疆必載質 公明儀曰 古之人三月無君 則弔.

주소(이) 문왈 고지군자(이) 사호(이까) 맹자(이) 왈 사(이니라) 전(에) 왈 공자(이) 삼월무군 즉황황여야(하샤) 출강(에) 필재지(라하고) 공명의(이) 왈 고지인(이) 삼월무군 즉조(이라하니라)

[1] <위(魏)나라 사람> 주소가 맹자에게 물었다. 「옛날의 군자는 출사했습니까?」 맹자가 대답했다. 「출사했습니다. 전하는 바에 <다음같이 있습니다>『공자는 석 달 이상, 섬길 임금이 없으면 불안하게 여겼다고 합니다. <그리고> 그 나라 영토를 떠날 때는 반드시 예물을 수레에 싣고 갔다고 합니다.』 한편 노(魯)나라 현인 공명의는『옛사람들은 석달 간, 임금을 섬기지 못하면 다른 사람이 가서 그를 위로해 주었다고 했습니다.』」

[어구 설명] [1] ㅇ周霄問曰(주소문왈) : 주소(周霄)가 물었다. 「주소」는 위(魏)나라 사람. 맹자가 자기를 굽히지 않고 출사(出仕)하지 않자, 질문을 한 것이다. ㅇ古之君子仕乎(고지군자사호) : 옛날

의 군자는 출사를 했습니까? ○孟子曰 仕(맹자왈 사) : 맹자가 대답했다. 「출사했습니다.」 ○傳曰(전왈) : 전하는 바, 혹은 기록에. <다음같이 있다.> ○孔子三月無君(공자삼월무군) : 공자는 석달 이상, 섬길 만한 임금이 없으면. ○則皇皇如也(즉황황여야) : 즉 불안하게 여겼다고 한다. 「황황여(皇皇如)」는 불안하게 여긴다. 혹은 당황하는 모양. ○出疆(출강) : <그 나라> 국경을 나갈 때. <즉 다른 나라 임금을 찾아갈 때에> 「강(疆)」은 영토나 지경. ○必載質(필재지) : 반드시 예물을 수레에 싣고 갔다. 「지(質)」는 「지(贄 : 임금에게 바치는 예물)」. 제후(諸侯)는 피백(皮帛), 경(卿)은 고(羔 : 새끼양), 대부(大夫)는 안(鴈 : 기러기), 서인(庶人)은 목(鶩 : 오리)을 바쳤다. ○公明儀曰(공명의왈) : <춘추시대 노(魯)나라의 현인(賢人)> 공명의가 말했다. ○古之人(고지인) : 옛날 사람들은. ○三月無君(삼월무군) : 석달 간 임금을 섬기지 못하면. 즉 벼슬하지 못하면. ○則弔(즉조) : 다른 사람이 가서 그를 위로해 주었다.

【集註】(1) 周霄魏人 無君謂不得仕而事君也 皇皇 如有求而弗得之意 出疆謂失位而去國也 質所執以見人者 如士則執雉也 出疆載之者 將以見所適國之君而事之也.

(1) 「주소(周霄)」는 위(魏)나라 사람이다. 「무군(無君)」은 「출사하고 임금을 섬기지 못한다」는 뜻이다. 「황황(皇皇)」은 「구하는 바 있으나, 얻지 못한다」는 뜻이다. 「출강(出疆)」은 「자

리를 잃고 그 나라를 떠난다」는 뜻이다. 「지(質)」는 「들고 가서 사람을 볼 때 <바치는> 예물」이다. 사(士)가 꿩을 가지고 가서 바치는 것과 같은 것이다. 「출강(出疆)」할 때 「수레에 <예물을> 싣는 것」은 「장차 가서 만나볼 그 나라 임금에게 바치고 섬기겠다」는 뜻의 표시이다.

[2] 三月無君則弔 不以急乎 曰 士之失位也 猶諸侯之失國家也 禮曰 諸侯耕助以供粢盛 夫人蠶繅 以爲衣服 犧牲不成 粢盛不潔 衣服不備 不敢以祭 惟士無田 則亦不祭 牲殺器皿衣服不備 不敢以祭 則不敢以宴 亦不足弔乎.

삼월무군즉조(이) 불이급호(이까) 왈 사지실위야(이) 유제후지실국가야(이니) 예(에) 왈 제후(이) 경조(하야) 이공자성(하고) 부인(이) 잠소(하야) 이위의복(이라하니) 희생(이) 불성(하며) 자성(이) 불결(하며) 의복(이) 불비(하면) 불감이제(하고) 유사(이) 무전 즉역부제(하나니) 생살기명의복(이) 불비(하야) 불감이제 즉불감이연(이니) 역부족조호(아)

[2] <주소가 말했다.> 「석달 간 <벼슬하지 못하고> 임금을 섬기지 못했다고 <가서 그를> 조문하는 것은 너무 조급한 일이 아닙니까.」

맹자가 말했다. 「선비가 관직을 잃는 것은, 마치 제후가 나라를 잃는 것과 같습니다. 예서(禮書)에도 있습니다. 『제후가 공전(公田)을 경작하고 <공전에서 수확한 곡식을 가지고> 제사에 바친다. 제후의 부인은 양잠하고 실을 뽑아서, 의복을 만든다. 희생으로 바칠 동물이 잘 자라지 않거나 제물로 바칠 곡식이 정결하지 못하거나, 의복이 구비되지 못하면 감히 제사를 올리지 못한다.』 또 예서에 있다. 『선비도 규전(圭田)이 없으면 역시 제사를 올리지 못한다. <제사에 바칠> 희생이나, 제기 기물이나, 의복을 제대로 갖추지 못하면, 감히 제사를 올리지 못하고, 따라서 <일가 친척이나 마을 사람들에게 베푸는> 잔치도 하지 못하게 된다.』 <그러니 벼슬을 잃은 사람에게> 조문할 만하지 않습니까.」

[어구 설명] [2] ○ 三月無君則弔(삼월무군즉조) : <주소의 말이다> 석달 간 <벼슬하지 못하고> 임금을 섬기지 못했다고 <가서 그를> 조문(弔問)하는 것은. ○ 不以急乎(불이급호) : 너무 조급한 일이 아닙니까? ○ 曰(왈) : 맹자가 대답해서 말했다. ○ 士之失位也(사지실위야) : 선비가 관직을 잃는 것은. ○ 猶諸侯之失國家也(유제후지실국가야) : 마치 제후가 나라를 잃는 것과 같다. ○ 禮曰(예왈) : 예서(禮書)에 있다. 어떤 책인지 알 수 없다. ○ 諸侯耕助(제후경조) : 제후는 공전(公田)을 경작해서. 「조(助)」는 정전법(井田法)에서 말하는 중앙의 공전(公田)이다. 임금이 직접 경작하지 않고,

농민들이 경작한다. 임금은 공전에서 수확한 곡물을 제사에도 바치고 먹기도 한다. ο 以供粢盛(이공자성) : <공전에서 수확한 곡식을 가지고> 자성(粢盛)에 충당한다. 「자(粢)」는 「서(黍 : 기장)」 혹은 「직(稷 : 기장)」으로, 오곡(五穀)의 뜻이다. 「성(盛)」은 제기(祭器)에 고인다. 그러므로 「자성(粢盛)」을 제물이라고 풀이할 수 있다. 「공(供)」은 「바친다, 혹은 충당한다」의 뜻이다. ο 夫人蠶繅以爲衣服(부인잠소 이위의복) : 제후의 부인은 양잠하고 실을 뽑아서, 의복을 만든다. 蠶(누에 잠), 繅(고치 켤 소). ο 犧牲不成(희생불성) : 희생으로 바칠 동물이 잘 자라지 않거나. ο 粢盛不潔(자성불결) : 제물로 바칠 곡식이 알차고 정결하지 못하면. ο 衣服不備(의복불비) : 의복이 구비되지 못하면. ο 不敢以祭(불감이제) : 감히 제사를 올리지 못한다. ο 惟士無田(유사무전) : 선비도 규전(圭田)이 없으면. ο 則亦不祭(즉역부제) : 역시 제사를 올리지 못한다. ο 牲殺器皿衣服不備(생살기명의복불비) : <제사에 바칠> 희생이나, 제기 기물이나, 의복을 제대로 갖추지 못하면. ο 不敢以祭(불감이제) : 감히 제사를 올리지 못한다. ο 則不敢以宴(즉불감이연) : <제사를 지낸 다음에> 잔치도 버리지 못한다. ο 亦不足弔乎(역부족조호) : 그러니 문안하고 위로하지 않겠느냐.

【集註】(1) 周霄問也 以已通 太也 後章放此.

(1) 주소(周霄)가 물었다 「이(以)」는 「이(已)」와 통한다. 「태(太)」의 뜻이다. 다음 장에서도 이와 같이 풀이한다.

【集註】(2) 禮曰 諸侯爲藉百畝 冕而靑紘 躬秉耒

以耕 而庶人助以終畝 收而藏之御廩 以供宗廟之粢
盛 使世婦 蠶于公桑蠶室 奉繭以示于君 遂獻于夫人
夫人副褘受之 繅三盆手 遂布于三宮世婦 使繅以爲
黼黻文章 而服以祀先王先公 又曰 士有田則祭 無田
則薦 黍稷曰粢 在器曰盛 牲殺 牲必特殺也 皿所以
覆器者.

(2) 예서에 있다. 제후가 자전(藉田) 백 무를 <시범적으로>
경작한다. 면류관을 쓰고 푸른 끈을 매고, 몸소 쟁기 자루를
잡고 밭을 갈면, 서민들이 도와서 농사를 마친다. 수확하여
국고에 보관하고 또 종묘 제사의 자성(粢盛)으로 바쳐 올린
다. 세부(世婦 : 황후 다음가는 비, 빈)로 하여금 공상잠실(公
桑蠶室)에서 누에를 치게 하고, 고치를 들고, 임금에게 보이
고, 마지막으로 황후에게 올린다. 황후는 의식에 맞는 복식(服
飾)을 갖추고, 고치를 받아, 세 동이에 담아 손수 실을 켜서,
3궁 세부에게 배포하고, 「보불문장(黼黻文章)」을 만들게 한
다. 그것으로 장식한 예복을 입고 선왕 선공에게 제사를 드린
다. 또 예서에 있다. 선비가 규전(圭田)이 있으면 제사하고,
규전이 없으면, 제수만 올린다. 「서직(黍稷)」을 「자(粢)」라 하
고, 「그릇에 고이는 것」을 성(盛)이라 한다. 「생살(牲殺)」은
「희생(犧牲)을 특별히 잡는다」는 뜻이다. 「명(皿)」은 「제기를
덮는 것이다.」 * 예서(禮書) : 먼저는 예기(禮記) 제의편(祭儀
篇). 다음은 예기 왕제편(王制篇)이다.

[3] 出疆必載質 何也 曰 士之仕也 猶農夫之耕也 農夫豈爲出疆 舍其耒耜哉.

출강(에) 필재지(는) 하야(이꼬) 왈 사지사야(이) 유농부지경야(이니) 농부기위출강(하야) 사기뢰사재(리오)

[3] <주소가 물었다.>「그 나라 지경을 떠날 때에, 반드시 <수레에> 예물을 싣는 것은 무슨 까닭입니까.」맹자가 말했다.「선비가 나라에 출사하는 것은 흡사 농부가 밭을 경작하는 것과 같습니다. 농부가 <자기가 살던> 나라를 떠날 때에 <농사짓는> 쟁기나 보습을 버리고 가겠습니까.」

[어구 설명] [3] ○出疆必載質 何也(출강필재지 하야) : 그 나라 지경을 떠날 때에, 반드시 예물이나 폐백을 싣고 가는 것은 무슨 까닭입니까. ○曰(왈) : 맹자가 말했다. ○士之仕也(사지사야) : 선비가 나라에 출사하는 것은. ○猶農夫之耕也(유농부지경야) : 흡사 농부가 밭을 경작하는 것과 같다. ○農夫豈爲出疆(농부기위출강) : 농부가 <자기> 나라를 떠날 때에. ○舍其耒耜哉(사기뢰사재) : <농사짓는> 쟁기나 보습을 버리고 가겠느냐.

【集註】(1) 周霄問也.

(1) 주소(周霄)가 맹자에게 물었다.

[4] 曰 晉國亦仕國也 未嘗聞仕如此其急 仕如此其急也 君子之難仕 何也 曰 丈夫生而願爲之有室 女子生而願爲之有家 父母之心 人皆有之 不待父母之命 媒妁之言 鑽穴隙相窺 踰牆相從 則父母國人皆賤之 古之人未嘗不欲仕也 又惡不由其道 不由其道而往者 與鑽穴隙之類也.

왈 진국(이) 역사국야(로대) 미상문사(이) 여차기급(호니) 사여차기급야(인댄) 군자지난사(는) 하야(이꼬) 왈 장부(이) 생이원위지유실(하며) 여자(이) 생이원위지유가(는) 부모지심(이라) 인개유지(언마는) 부대부모지명(과) 매작지언(하고) 찬혈극상규(하며) 유장상종(하면) 즉부모국인(이) 개천지(하나니) 고지인(이) 미상불욕사야(언마는) 우오불유기도(하니) 불유기도이왕자(는) 여찬혈극지류야(니라)

[4] 주소가 말했다. 「우리 진(晉: 즉 魏)나라도 <많은 선비들이> 벼슬하고 있는 나라입니다. 그러나 <저는> 아직 벼슬하는 것을 그와 같이 조급하게 여긴다는 말을 듣지 못했습니다. 벼슬하는 것을 그와 같이 긴급하게 여기면서, <선생님 같은> 군자께서 왜 벼슬하기를 그렇게 어렵게 여기십니까.」

맹자가 말했다.「남자가 태어나면 <그 아들에게 좋은 아내를 얻어> 가정을 갖게 하고, 여자가 태어나면 <그 딸아이가 좋은 남편을 만나> 시집가서 잘살기를 바라는 것은 모든 부모의 마음입니다. 그런 마음은 모든 사람이 같습니다. <그러나 아들이나 딸아이가> 부모의 명을 기다리지 않거나, 중매의 말을 기다리지 않고 <저희들이 멋대로> 담에 구멍을 뚫고, 엿보거나, 담을 넘어가서 서로 어울린다면, <그런 것을> 부모나 나라 사람들이 다 천시할 것입니다. 옛날 선비도 벼슬을 원치 않은 것이 아닙니다. <나가서 벼슬하기를 간절히 원했습니다.> 그러나, 동시에 정도(正道)를 따르지 않는 것을 싫어했습니다. 정도를 따르지 않고, <함부로> 나가는 사람은 담에 구멍을 뚫고 서로 엿보고 어울리는 따위의 인간들입니다.」

[어구 설명] [4] ㅇ曰(왈) : 주소(周霄)가 말했다. ㅇ晉國亦仕國也(진국역사국야) : 우리 진(晉 : 즉 魏)나라도 <많은 선비들이> 벼슬하고 있는 나라다. ㅇ未嘗聞(미상문) : 아직 듣지 못했다. ㅇ仕如此其急(사여차기급) : 벼슬하는 것을 그와 같이 조급하게 여긴다. ㅇ仕如此其急也(사여차기급야) : 벼슬하는 것을 그와 같이 긴급하게 여긴다면서. ㅇ君子之難仕 何也(군자지난사 하야) : <주소가 맹자에게 반문하는 말>「당신 같은 군자가 왜 벼슬하기를 그렇게 어렵게 여기느냐.」ㅇ曰(왈) : 맹자가 말했다. ㅇ丈夫生而願爲之有室(장부생이원위지유실) : 남자가 태어나면 <그 아들에게 좋은

아내를 얻어> 가정을 갖게 하고. ○ 女子生而願爲之有家(여자생이원위지유가) : 여자가 태어나면 <그 딸아이가 좋은 남편을 만나> 시집가서 잘살기를 바란다. ○ 父母之心(부모지심) : 부모의 마음이다. ○ 人皆有之(인개유지) : 그런 마음은 모든 사람이 같다. ○ 不待父母之命(부대부모지명) : <그러나 아들이나 딸아이가> 부모의 명을 기다리지 않고. ○ 媒妁之言(매작지언) : 중매의 말을 기다리지 않고. ○ 鑽穴隙相窺(찬혈극상규) : <저희들 멋대로> 담에 구멍을 뚫고 엿보거나. ○ 踰牆相從(유장상종) : 담을 넘어 서로 어울린다. 踰(넘을 유), 牆(담 장). ○ 則父母國人皆賤之(즉부모국인개천지) : 부모나 나라 사람들이 모두 <그들을> 천시한다. ○ 古之人未嘗不欲仕也(고지인미상불욕사야) : 옛날 선비도 벼슬을 원치 않은 것이 아니다. <나가서 벼슬하기를 간절히 원했다.> ○ 又惡不由其道(우오불유기도) : 그러나, 정도(正道)를 따르지 않는 것을 싫어했다. ○ 不由其道而往者(불유기도이왕자) : 정도(正道)를 따르지 않고, <함부로> 나가는 사람은. ○ 與鑽穴隙之類也(여찬혈극지류야) : 담에 구멍을 뚫고 서로 엿보고 어울리는 따위의 인간들이다.

【集註】(1) 晉國 解見首篇 仕國 謂君子遊宦之國 霄意以孟子不見諸侯爲難仕 故先問古之君子仕否 然後言此 以風切之也.

(1)「진국(晉國)」의 해석은「수편(首篇)」에 보인다.「사국(仕國)」은「군자가 유세하고 벼슬하는 나라」를 말한다. 주소는 「맹자가 제후를 만나지 않아서 벼슬을 못하는 것이라고」 생

각했다. 그러므로「옛날 군자가 벼슬을 하느냐 안하느냐」고 물어본 것이다. 그런 다음에 이 말을 하고, 날카롭게 풍자한 것이다.

【集註】(2) 男以女爲室 女以男爲家 妁亦媒也 言爲父母者 非不願其男女之有室家 而亦惡其不由道 蓋君子 雖不潔身以亂倫 而亦不殉利而忘義也.

(2) 남자는 아내를 얻어 가정을 꾸미고, 여자는 남자에게 <결혼하여> 시집살이를 한다. 「작(妁)」은 역시 중매이다. 즉 다음 같은 뜻을 말한 것이다. 「부모 된 사람은 그의 아들과 딸이 가정을 꾸미고 시집살이하기를 원하지 않는 것이 아니다. 그러나 또한 바른 도리를 따르지 않는 것을 싫어하는 것이다. 대개 군자는 비록 <출사를 못하고 가난하게 살아도> 몸을 더럽히지 않고 또 인륜을 어지럽히지 않는다. 동시에 또한 이익을 얻으려고, 도의를 잃는 일도 없다.」*「雖不潔身以亂倫」을 의역했다.

제3장 周霄章 : 白文

[1] 周霄問曰 古之君子仕乎 孟子曰 仕 傳曰 孔子三月無君 則皇皇如也 出疆必載質 公明儀曰 古之人三月無君 則弔.

[2] 三月無君則弔 不以急乎 曰 士之失位也 猶諸侯之失國家也 禮曰 諸侯耕助以供粢盛 夫人蠶繅 以爲衣服 犧牲不成 粢盛不潔 衣服不備

不敢以祭 惟士無田 則亦不祭 牲殺器皿衣服 不備 不敢以祭 則不敢以宴 亦不足弔乎.

[3] 出疆必載質 何也 曰 士之仕也 猶農夫之耕也 農夫豈爲出疆 舍其耒耜哉.

[4] 曰 晉國亦仕國也 未嘗聞仕如此其急 仕如此其急也 君子之難仕 何也 曰 丈夫生而願爲之有室 女子生而願爲之有家 父母之心 人皆有之 不待父母之命 媒妁之言 鑽穴隙相窺 踰牆相從 則父母國人皆賤之 古之人未嘗不欲仕也 又惡不由其道 不由其道而往者 與鑽穴隙之類也.

【요점 복습】 제3장 주소장

　전국시대에는 여러 사람들이 천하게 여러 나라를 유력(游歷)하고, 임금들에게 감언이설(甘言利說)로 유세하고, 벼슬을 얻으려고 광분했다. 그러나 맹자는 임금이 예빙(禮聘)하기를 기다릴 뿐 몸을 굽히고 찾아가지 않았다. 그래서 주소(周霄)가 「옛날 군자는 출사했나요.」하고 물어본 것이다. 이에 대해 맹자는 말했다. 「출사하는 것이 원칙이다. 옛날 선비들도 출사를 갈망했다. 다만 정도(正道)를 따르고 지켰다. 그래서 함부로 벼슬하지 않는 것이다.」

제4장 彭更章 : 총 4 구절

[1] 彭更問曰 後車數十乘 從者數百人 以傳食於諸侯 不以泰乎 孟子曰 非其道 則一簞食不可受於人 如其道 則舜受堯之天下 不以爲泰 子以爲泰乎.

팽경(이) 문왈 후거수십승(과) 종자수백인(으로) 이전식어제후(이) 불이태호(이까) 맹자(이) 왈 비기도 즉일단사(라도) 불가수어인(이어니와) 여기도 즉순수요지천하(하샤대) 불이위태(하시니) 자이위태호(아)

[1] <맹자의 제자> 팽경(彭更)이 물었다. 「뒤에 수레를 수십 대 거느리고, 또 추종하는 자를 수백 명 따르게 하고 제후들을 찾아다니며 그들로부터 객사(客舍)와 식록(食祿)을 제공받는 것은 너무 과분한 일이 아닙니까?」 맹자가 말했다. 「도리에 맞지 않는다면 남으로부터 한 도시락의 밥도 받아서는 안 될 것이다. 그러나 도리에 맞는다면 순임금이 요임금으로부터 천하를 물려받는 일도 과분하다고 치지 않을 것이다. 그런데 자네는 <나의 경우를> 과분하다고 생각하는가.」

[어구 설명] [1] ㅇ彭更問曰(팽경문왈) : 맹자의 제자 팽경(彭更)이

물었다. 성이 팽(彭), 이름이 경(更). ㅇ後車數十乘(후거수십승) : 뒤따르는 수레가 수십 대. ㅇ從者數百人(종자수백인) : 뒤따르는 종자(從者)가 수백 명. ㅇ以傳食於諸侯(이전식어제후) : 제후로부터 숙식을 제공받다. 「이(以)」는 「받아쓴다」, 「전(傳)」은 「객사(客舍)」, 「식(食)」은 「식록(食祿)」의 뜻으로 푼다. 「전식(傳食)」을 「차례로 찾아다니며 녹을 받아먹다」로 풀기도 한다. ㅇ不以泰乎(불이태호) : 과분하지 않으냐. 「태(泰)」는 「과분하다, 지나치다」의 뜻. ㅇ孟子曰(맹자왈) : 맹자가 말했다. ㅇ非其道(비기도) : 도리가 아니면. ㅇ則一簞食不可受於人(즉일단사불가수어인) : 한 그릇의 밥이라도 남으로부터 받지 않는다. ㅇ如其道(여기도) : 만약 도에 맞는다면. ㅇ則舜受堯之天下(즉순수요지천하) : 즉 순임금이 요임금으로부터 천하를 받는다 해도. ㅇ不以爲泰(불이위태) : 과분하게 생각하지 않는다. ㅇ子以爲泰乎(자이위태호) : <맹자가 제자에게 묻는 말> 「자네는 과분하다고 생각하는가?」

【集註】(1) 彭更 孟子弟子也 泰侈也.

(1) 「팽경(彭更)」은 맹자의 제자다. 「태(泰)」는 「치(侈 : 분수에 넘치다)」로 풀이한다.

[2] 曰 否 士無事而食 不可也.

  왈 부(아) 사(이) 무사이식(이) 불가야(이니이다)

[2] 팽경이 말했다. 「그런 뜻이 아닙니다. 선비가 하는 일 없이 녹을 받아먹는 것을 안 된다고 하는 것입니다.」

[어구 설명] [2] ㅇ曰(왈) : 팽경이 말했다. ㅇ否(부) : <그런 뜻이> 아닙니다. ㅇ士無事而食 不可也(사무사이식 불가야) : 선비가 하는 일 없이 녹을 받아먹는 것을 안 된다고 말하는 것입니다.

【集註】(1) 言不以舜爲泰 但謂今之士 無功而食人之食 則不可也.

(1) 즉 「순임금을 과분하다고 여기는 것이 아니고, 오직 오늘의 선비들이 공도 없이 남의 녹을 먹는 것을 불가하다」고 말한 것이다.

[3] 曰 子不通功易事 以羨補不足 則農有餘粟 女有餘布 子如通之 則梓匠輪輿皆得食於子 於此有人焉 入則孝出則悌 守先王之道 以待後之學者而不得食於子 子何尊梓匠輪輿而輕爲仁義者哉.

왈 자(이) 불통공역사(하야) 이선보부족(이면) 즉농유여속(하며) 여유여포(어니와) 자여통지(면) 즉재장륜여개득식어자(하리니) 어차유인언(하니) 입즉효(하고) 출즉제(하며) 수선왕지도(하여) 이대후지학자(호되) 이부득식어자(하나니) 자하존재장륜여 이경위인의자재(오)

[3] 맹자가 말했다. 「<만약에 그대가 백성을 다스릴 때에> 사람들이 자기가 생산한 성과를 서로 유통하

고 사물을 교역하고 남는 물품을 가지고 부족한 것을
보충하는 그런 일을 못하게 한다면 어떻게 되겠는가.
농민에게는 곡식이 남아 돌아가고 여인에게는 베가
남아 넘칠 것이다. 그대가 그것을 유통하게 하면 목공
이나 수레를 만드는 사람도 다 <그대 덕택으로> 밥
을 먹을 수 있을 것이다. 또 여기 <윤리 도덕을 가르
치는> 사람, 즉 군자나 학자가 있다고 하자. <그의
덕택으로 모든 사람들이 교육을 받고 감화되어> 집
안에서는 어버이에게 효도하고 밖에 나가서는 어른
에게 공손하게 한다. 한편 <임금도 그의 가르침을 따
라서> 선왕의 도리를 지킬 것이다. <뿐만 아니라>
후세의 더 좋은 학자가 나타나기를 기다릴 것이다.
<그런데 만약에 자기가 손수 생산하지 않으면 먹지
말라는 자네의 주장대로 한다면 그런 학자나 선생도>
그대 때문에 밥을 얻어먹지 못할 것이다. 그대는 어찌
하여 목공이나 수레 만드는 사람은 높이면서 인의를
행하려는 선생을 경시하는가.」

[어구 설명] [3] ㅇ曰(왈) : 맹자가 말했다. ㅇ子不通功易事(자불통
공역사) : 그대가 자기들의 노동의 성과를 서로 유통하고 사물을
교역하지 못하게 한다. ㅇ以羨補不足(이선보부족) : 자기에게 남
는 것을 가지고 부족한 것을 보충하지 못하게 한다면 어떻게 되겠
나. ㅇ則農有餘粟(즉농유여속) : 농민에게는 곡식이 남아넘치고.
ㅇ女有餘布(여유여포) : 여자에게는 베가 남아 넘칠 것이다. ㅇ子

如通之(자여통지) : 그대가 그것을 유통하게 하면. ○則梓匠輪輿 (즉재장륜여) : 목공(木工)이나 차륜(車輪)을 만드는 기술자. ○皆得食於子(개득식어자) : 그대 덕택으로 <서로 교역을 함으로써> 다 먹고살 수 있다. ○於此有人焉(어차유인언) : 여기 또 사람이 있다. <즉 인의(仁義)의 도리를 가르쳐주는 군자나 유학자. 그의 덕택으로 백성들이 교육을 받고 감화되어> ○入則孝 出則悌 (입즉효 출즉제) : 안에서는 효(孝)를 지키고, 밖에서는 제(悌)를 따르고 행한다. ○守先王之道(수선왕지도) : <유학자의 덕택으로 그 나라 임금이> 선왕의 도를 따르고 지켜서 인정(仁政)을 편다. ○以待後之學者(이대후지학자) : 또 후세에도 훌륭한 학자가 나오기를 기다린다. 「대전주소」에 있다. 「계왕성 개래학(繼往聖 開來學)」이다. 맹자 자신을 말한 것이다. <그와 같이 왕도덕치(王道德治)를 선양하는 훌륭한 학자를 기다려야 한다.> ○而不得食於子 (부득식어자) : 그대에 의해서 밥을 먹지 못할 것이다. 팽경(彭更)이 앞에서 「선비가 하는 일 없이 녹을 받아먹는 것이 나쁘다(士無事以食 不可)」라고 했다. 즉 「손수 생산하지 않으면 먹지 말라」고 한 것이다. 이를 맹자가 책망한 것이다. ○子何尊梓匠輪輿(자하존재장륜여) : 그대는 어찌하여, 목공이나 차륜 기술자는 존중하면서. ○而輕爲仁義者哉(이경위인의자재) : 인의를 높이는 학자나 스승은 멸시하는가.

【集註】(1) 通功易事 謂通人之功 而交易其事 羨餘也 有餘 言無所貿易 而積於無用也 梓人匠人 木工也 輪人輿人 車工也.

(1) 「통공역사(通功易事)」는 「모든 사람의 공적을 서로 공유하고, 일이나 업적을 서로 교역한다」는 뜻이다. 「선(羨)」은 「남는 물건」이다. 「유여(有餘)」는 「무역할 곳이 없어서 무용지물을 쌓아 둔다」는 뜻이다. 「재인(梓人)」은 「장인, 목공」이다. 「윤인(輪人)」은 「수레를 만드는 거공(車工)」이다.

[4] 曰 梓匠輪輿 其志將以求食也 君子之爲道也 其志亦將以求食與 曰 子何以其志爲哉 其有功於子 可食而食之矣 且子食志乎 食功乎 曰 食志.

왈 재장륜여(는) 기지(이) 장이구식야(이어니와) 군자지위도야(도) 기지(이) 역장이구식여(이까) 왈 자(이) 하이기지위재(오) 기유공어자(에) 가식이식지의(니) 차자(는) 식지호(아) 식공호(아) 왈 식지(니이다)

[4] 팽경이 말했다. 「목수나 공인은 그 목적하는 바 뜻이 먹을 것을 구하고 일하는 것입니다. 그런데 군자가 인의(仁義)의 도를 행하는 것도 역시 그 뜻이 먹을 것을 구하기 위해서입니까.」 맹자가 말했다. 「자네는 어찌하여 목적하는 바 뜻을 문제로 삼는가. <일하는 사람이> 공이 있어 밥을 먹일 만하면 밥을 먹이는 것이다. 또 그대는 목적하는 바 뜻을 위주로 하고 녹을 준다고 생각하는가. 공을 위주로 하고 녹을 준다고 생각하는가?」 팽경이 말했다. 「목적하는 바 뜻을 위

주로 하고 녹을 받아먹습니다.」

[어구 설명] [4] ○曰(왈) : 팽경(彭更)의 말. ○匠輪輿 其志將以求食也(장륜여 기지장이구식야) : 목공이나 차륜 공인은 목적하는 바 뜻이 먹는 것을 구합니다. ○君子之爲道也(군자지위도야) : 군자가 도를 행하는 것도. ○其志亦將以求食與(기지역장이구식여) : 그 뜻이 식록(食祿)을 구하기 위해서입니까. ○曰(왈) : 맹자가 말했다. ○子何以其志爲哉(자하이기지위재) : 그대는 어찌하여 목적하는 바 뜻을 문제로 삼는가? ○其有功於子(기유공어자) : 그대에게 공이 있는 사람에게. ○可食而食之矣(가식이식지의) : <공을 세워서> 먹을 만한 사람에게 <녹을 주어서> 먹게 하는 것이다. ○且子食志乎 食功乎(차자식지호 식공호) : 하기는 <다시 묻겠다.>「그대는 뜻으로 먹는가? 공으로 먹는가?」○曰 食志(왈 식지) : 팽경이 말했다.「뜻으로 녹을 받아먹습니다.」

【集註】(1) 孟子言 自我而言 固不求食 自彼而言 凡有功者則當食之.

(1) 맹자의 말은 「나의 입장에서 말하면, <벼슬하는 것은> 녹을 구해서가 아니다. 제후의 입장에서 말하면, 무릇 공이 있는 사람이면, 당연히 녹을 주어 먹게 한다」는 뜻이다.

[5] 曰 有人於此 毁瓦畫墁 其志將以求食也 則子食之乎 曰 否 曰 然則子非食志也 食功也.

왈 유인어차(하니) 훼와화만(이오) 기지장이구식야 즉자(이) 사지호(아) 왈 부(라) 왈 연즉자(이) 비사지야(이라) 사공야(이로다)

[5] 맹자가 말했다. 「여기 어떤 사람이 있는데, 그가 기와를 깨뜨리거나 담을 더럽히기만 한다. <그와 같이 무익하고 해만 끼치는데도> 그가 바라는 뜻이 식록(食祿)을 얻고자 한다면, 그대는 먹이게 하겠는가.」 팽경이 말했다. 「안 됩니다.」 맹자가 말했다. 「그렇다면 그대도 뜻을 보고 먹게 하는 것이 아니고 공을 보고 먹게 하는 것이다.」

[어구 설명] [5] ㅇ曰(왈) : 맹자가 말했다. ㅇ有人於此(유인어차) : 여기 어떤 사람이 있다고. <가정하자.> ㅇ毀瓦畫墁(훼와화만) : 기와를 깨뜨리거나 담을 더럽힌다. ㅇ其志將以求食也(기지장이구식야) : <그런데도> 그 사람이 바라는 뜻은 식록(食祿)을 얻고자 함이다. ㅇ則子食之乎(즉자사지호) : <그런 사람에게> 그대는 <식록을 주어> 먹게 하겠는가. ㅇ曰否(왈부) : 팽경이 말했다. 「안 됩니다.」 ㅇ曰(왈) : 맹자가 말했다. ㅇ然則子非食志也 食功也(연즉자비사지야 사공야) : 그렇다면 그대도 뜻을 보고 먹게 하는 것이 아니고 공을 보고 먹게 하는 것이다.

【集註】(1) 墁 牆壁之飾也 毀瓦畫墁 言無功而有害也 旣曰食功 則以士爲無事而食者 眞尊梓匠輪輿而輕爲仁義者矣.

(1) 「만(墁)」은 「장벽의 장식」이다. 「훼와화만(毀瓦畫墁)」은

「무공이 유해(無功而有害)」를 말한다. 「이미 공에 대해서 녹을 주어 먹게 한다고 말을 했다면(旣曰食功)」, 즉 「선비가 하는 일 없이 밥을 먹는다고 생각하는 것은(則以士爲無事而食者) 참으로 목공이나 수레 만드는 공인을 높이고, 인의를 행하는 군자나 학자를 경시하는 것이라 하겠다.(眞尊梓匠輪輿 而輕爲仁義者矣)」

제4장 彭更章 : 白文

[1] 彭更問曰 後車數十乘 從者數百人 以傳食於諸侯 不以泰乎 孟子曰 非其道 則一簞食不可受於人 如其道 則舜受堯之天下 不以爲泰 子以爲泰乎.

[2] 曰 否 士無事而食 不可也.

[3] 曰 子不通功易事 以羨補不足 則農有餘粟 女有餘布 子如通之 則梓匠輪輿皆得食於子 於此有人焉 入則孝 出則悌 守先王之道 以待後之學者 而不得食於子 子何尊梓匠輪輿而輕爲仁義者哉.

[4] 曰 梓匠輪輿 其志將以求食也 君子之爲道也 其志亦將以求食與 曰 子何以其志爲哉 其有功於子 可食而食之矣 且子食志乎 食功乎 曰 食志.

[5] 曰 有人於此 毁瓦畫墁 其志將以求食也 則子食之乎 曰 否 曰 然則子非食志也 食功也.

【요점 복습】 제4장 팽경장

　맹자는 부국강병(富國强兵)이나 권모술책(權謀術策)보다 인의(仁義)의 도덕정치(道德政治)를 구현하여 평천하(平天下)하기를 염원했다. 그래서 천하를 주유(周遊)했다. 도덕정치는 하늘이 바라는 바이다. 무력침략은 천벌을 받을 일이다.
　그러므로 맹자는 자신의 위치나 가치를 무력통치자와는 비교가 될 수 없이 높고 존엄하게 높였던 것이다. 그래서 행차할 때도 「많은 수레와 사람들을 따르게 했던 것이다.」
　맹자의 제자 팽경(彭更)이 이런 깊은 뜻과 도리를 알지 못했다. 그래서 「과분하지 않느냐」고 말한 것이다. 또 팽경은 생각했다. 「선비는 무위도식(無爲徒食)하는 사람이다.」 <이와 같은 저속한 생각을 대표하는 인물로 팽경이란 제자를 고의로 내세웠을 것이다.> 맹자는 비근한 예를 들고 말했다. 「하늘의 도리를 따라 덕을 세우고, 임금이나 백성들을 가르치고 깨우치는 사람이 군자이고 학자다. 하늘 앞에 세우는 공으로 말해도, 최고의 공을 세우는 사람이다. 그러므로 하늘이 내려주는 벼슬이나 작위도 최고라야 한다.」 오늘의 세계인류도 깨달아야 한다. 정신과 윤리 도덕을 높여야 한다. 그래야 위기를 극복하고 멸망하지 않는다.

제5장 宋小章 : 총 7 구절

[1] 萬章問曰 宋小國也 今將行王政 齊楚惡而伐之 則如之何.

만장(이) 문왈 송(은) 소국야(이라) 금(에) 장행왕정(하나니) 제초(이) 악이벌지 즉여지하(이니이꼬)

[1] 맹자의 제자 만장이 물었다. 「송나라는 작은 나라입니다. 지금, 왕정(王政)을 행하려고 하지만 동쪽의 제(齊)나라와 남쪽의 초(楚)나라가 반대하고 무력으로 칠 것입니다. 그러니 어떻게 하면 좋겠습니까.」

[어구 설명] [1] ㅇ萬章問曰(만장문왈) : 만장(萬章)이 물었다. 「만장」은 맹자의 고제자(高弟子)다. 맹자 책에도 그와의 문답이 가장 많다. 사마천(司馬遷)은 「맹자가 물러나 만장과 같이 맹자 7편을 저술했다」고 했다. ㅇ宋小國也(송소국야) : 송나라는 작은 나라다. ㅇ今將行王政(금장행왕정) : <만약에> 지금 왕정(王政)을 행하려고 하지만. 「금(今)」은 「지금, 만약」으로 풀 수 있다. ㅇ齊楚惡而伐之(제초악이벌지) : <동쪽의> 제(齊)나라와 <남쪽의> 초(楚)나라가 미워하고 칠 것이다. 「제(齊)」는 동쪽 산동(山東) 일대를 점유하고 있는 강대국이다. 「초(楚)」는 장강(長江) 하류를 점유하고 있는 대국이다. ㅇ則如之何(즉여지하) : <그렇게 되면> 어떻게 하면 좋으냐.

【集註】(1) 萬章 孟子弟子 宋王偃 嘗滅滕伐薛 敗

齊楚魏之兵 欲霸天下 疑卽此時也.

(1)「만장(萬章)」은 맹자의 제자다. 송왕(宋王) 언(偃)이 전에 등(滕)나라를 멸하고, 설(薛)나라를 정벌한 일이 있었다. 또 「제(齊), 초(楚), 위(魏)」세 나라의 군대를 치고 천하의 패자(霸者)가 되고자 했다. 아마 <맹자와 만장은> 이 때를 두고 말한 것 같다.

【참고 보충】「송(宋)나라의 언왕(偃王)」

송나라는 은(殷)의 유민을 위해 세운 작은 나라로 시조는 주(紂)의 서형(庶兄) 미자(微子)다. 춘추시대(春秋時代)에는 「송양지인(宋襄之仁)」으로 알려진 양왕(襄王) 같은 착한 임금도 있었다. 그러나 말기의 강왕(康王 : 偃)은 포학무도했다. 음란과 주색에 빠지고, 간하는 충신을 사형했으며, 또 가죽부대에 피를 담아 높이 걸고 활로 쏘면서 하늘을 쏘았다고 했다. 그래서 그를 걸송(桀宋)이라고 욕했다. 또 그는 무모하게 무력으로 「제(齊), 초(楚), 위(魏)」세 나라를 침공하여 영토를 점령한 일도 있었다. 결국 그는 삼국의 반격을 받고 멸망했다.

[2] 孟子曰 湯居亳 與葛爲鄰 葛伯放而
不祀 湯使人問之曰 何爲不祀 曰無
以供犧牲也 湯使遺之牛羊 葛伯食之
又不以祀 湯又使人問之曰 何爲不祀
曰無以供粢盛也 湯使亳衆往爲之耕

老弱饋食 葛伯帥其民 要其有酒食黍稻者奪之 不授者殺之 有童子以黍肉餉 殺而奪之 書曰 葛伯仇餉 此之謂也.

맹자(이) 왈 탕(이) 거박(하실새) 여갈위린(이러시니) 갈백(이) 방이불사(이어늘) 탕(이) 사인문지왈 하위불사(오) 왈 무이공희생야(이로이다) 탕(이) 사유지우양(하신대) 갈백(이) 식지(하고) 우불이사(이어늘) 탕(이) 우사인문지왈 하위불사(오) 왈 무이공자성야(이로이다) 탕(이) 사박중(으로) 왕위지경(이어시늘) 노약(이) 궤식(이라) 갈백(이) 솔기민(하야) 요기유주식서도자(하야) 탈지(호대) 불수자(를) 살지(하더니) 유동자(이) 이서육향(이어늘) 살이탈지(하니) 서(에) 왈 갈백(이) 구향(이라하니) 차지위야(이니라)

[2] 맹자가 말했다.「은나라 탕왕(湯王)이 <일개 제후로> 박(亳)에 있을 때, 갈(葛)나라가 인접하고 있었다. 갈백(葛伯)은 방자무도(放恣無道)하고 제사를 안 지냈다. <그래서> 탕왕이 사람을 시켜『왜 제사를 안 지내십니까?』하고 물었다. 그러자 갈백이 말했다.『제사에 바칠 희생이 없습니다.』이에 탕왕이 <희생으로 쓰라고> 소와 양을 보내주었다. 그러자 갈백은 소와 양을 잡아먹고 또 제사를 지내지 않았다. 이에 또 탕왕이 사람을 시켜『왜 제사를 안 지내십니까?』하고 물었다. <그러자> 갈백이『제사에 바칠 곡물이

없습니다.』하고 말했다. <그러자> 탕왕은 <자기 나라 도읍> 박(亳)에 사는 많은 사람들을 갈(葛)에 보내서 밭을 갈게 했다. <한편> 노약자들은 <농사짓는 사람들의> 식사를 날라다 주게 했다. <그러자> 갈백은 자기 나라 백성들을 이끌고 길목을 지키고 있다가 술이나 밥 혹은 곡식을 가진 사람들을 강탈했고 주지 않는 사람을 살해했다. 어린아이도 수수밥이나 고기 반찬을 들고 가면 죽이고 탈취했다. 서경(書經) 상서(商書) 중훼지고(仲虺之誥)에 있는 『갈백이 음식을 날라다 주는 사람들을 <원수시하고> 죽이고 강탈했다』고 한 말이 바로 이 말이다.」

[어구 설명] [2] ㅇ孟子曰(맹자왈) : 맹자가 말했다. ㅇ湯居亳(탕거박) : 은나라 탕(湯)이 <일개 제후로서> 박(亳)에 있을 때.「박」은 지금의 하남성(河南省) 상구현(商丘縣)에 있으며, 은나라의 시발(始發) 도읍(都邑)이다. ㅇ與葛爲鄰(여갈위린) : 갈(葛)나라와 인접하고 있었다. ㅇ葛伯放而不祀(갈백방이불사) : 갈의 영주(領主)는 방자무도(放恣無道)하여, 제사를 안 지냈다. 유교에서는 제사를 중하게 여긴다. ㅇ湯使人問之曰(탕사인문지왈) : 탕이 사람을 시켜 물었다. ㅇ何爲不祀(하위불사) : 왜 제사를 안 지내느냐. ㅇ曰(왈) : 갈(葛)의 영주가 말했다. ㅇ無以供犧牲也(무이공희생야) : 제사에 바칠 희생이 없다. ㅇ湯使遺之牛羊(탕사유지우양) : 탕이 <희생으로 쓰라고> 소와 양을 보내주었다. ㅇ葛伯食之(갈백식지) : 갈의 영주가 소와 양을 먹어버리고. ㅇ又不以祀(우불이사) :

또 제사를 지내지 않았다. ○湯又使人問之曰 何爲不祀(탕우사인문지왈 하위불사) : 탕이 사람을 시켜 다시「왜 제사를 안 지내느냐」고 물었다. ○曰 無以供粢盛也(왈 무이공자성야) : 갈의 영주가「제사에 바칠 곡물이 없다」고 말했다. ○湯使亳衆往爲之耕(탕사박중왕위지경) : 탕은 <자기 나라 도읍> 박(亳)에 사는 많은 사람을 갈(葛)에 보내서 밭을 갈게 했다. ○老弱饋食(노약궤식) : <한편> 노약자들은 <농사짓는 사람들의> 식사를 날라주게 했다. ○葛伯帥其民(갈백솔기민) : 갈의 영주는 자기 나라 백성들을 이끌고. ○要(요) :「길목을 막고」혹은「강요하다」의 뜻이다. ○其有酒食黍稻者(기유주식서도자) : 주식이나 곡식을 가진 사람을. ○奪之(탈지) : 강탈하다. ○不授者殺之(불수자살지) : 주지 않는 사람을 살해했다. ○有童子以黍肉餉(유동자이서육향) : 어린아이가 수수밥이나 고기반찬을 들고 가면. ○殺而奪之(살이탈지) : 죽이고 탈취했다. ○書曰(서왈) : 상서(商書) 중훼지고(仲虺之誥)에 보인다. ○葛伯仇餉(갈백구향) : 갈백(葛伯)이 음식을 날라다 주는 사람들을 <원수시하고> 죽이고 강탈했다. ○此之謂也(차지위야) : 이를 말한 것이다.

【集註】(1) 葛國名 伯爵也 放而不祀 放縱無道 不祀先祖也 亳衆 湯之民 其民葛民也 授與也 餉亦饋也 書商書仲虺之誥也 仇餉 言與餉者 爲仇也.

(1)「갈(葛)」은 나라이름이다.「백(伯)」은 작위다.「방이불사(放而不祀)」는「방종무도(放縱無道)하고 제사를 지내지 않는다」는 뜻을 말한 것이다.「박중(亳衆)」은 바로「탕의 백성이

다.(湯之民)「기민(其民)」은「갈의 백성이다.(葛民)」「수(授)」는「줄 여(與)」와 같다.「향(餉)」도 역시「음식을 공여한다」는 뜻이다.「서(書)」는「상서(商書) 중훼지고(仲虺之誥)」이다.「구향(仇餉)」은「음식을 먹게 해주는 사람을 원수로 삼는다」는 뜻이다.

[3] 爲其殺是童子而征之 四海之內皆曰 非富天下也 爲匹夫匹婦復讐也.

위기살시동자이정지(하신대) 사해지내(이) 개왈 비부천하야(이라) 위필부필부(하여) 복수야(이라하니라)

[3] <갈백(葛伯)이 그렇게> 아이들을 살해했기 때문에 <탕왕이 무력으로> 정벌한 것이다. <그러므로> 사해 안의 모든 사람들이 다 말했다.『<탕왕이 갈을 친 것은> 하늘 밑에 있는 <자기 나라를> 부(富)하게 만들기 위해서가 아니다. <무고하게 죽은> 서민 남녀들을 위해서 복수를 한 것이다.』

[어구 설명] [3] ㅇ 爲其殺是童子(위기살시동자) : <갈백(葛伯)이> <그들> 아이들을 살해했기 때문에. ㅇ 而征之(이정지) : <탕왕이> 정벌한 것이다. ㅇ 四海之內皆曰(사해지내개왈) : <그러므로> 사해 안의 모든 사람들이 다 말했다. ㅇ 非富天下也(비부천하야) : 천하를 취해 가지고, 자기가 부강(富强)해지고자 한 것이 아니다. <집주의 풀이를 따랐다.> ㅇ 爲匹夫匹婦復讐也(위필부필부복수야) : <탕왕이 갈백을 친 것은 무고하게 죽은> 서민 남녀들을

위해서 복수를 한 것이다.

【集註】(1) 非富天下 言湯之心 非以天下 爲富 而欲得之也.

(1) 「비부천하(非富天下)」는 <곧 모든 사람들이> 「탕왕의 마음은 천하를 취해 가지고 <자기가> 부강하게 되기 위해서 <다른 나라를 치고> 얻고자 한 것이 아니다」라는 뜻을 말한 것이다.

【참고 보충】「탕왕(湯王)의 정벌(征伐)」

왕도인정(王道仁政)에는 양면이 있다. 적극적으로는 인덕(仁德)을 베풀어 백성을 잘살게 해주는 것이다. 또 다른 면은 폭군과 악정에 시달리는 백성을 해방시켜 주고 아울러, 천하에서 악을 제거하는 일이다. 탕왕(湯王)은 어진 마음으로 방자하고 무도한 갈백(葛伯)을 백방으로 도와주었다. 또 여러 차례 참고 자중하고, 갈백이 정도(正道)에 돌아오기를 기다렸다. 그러나 갈백은 더욱 악덕을 자행했다. 최후에는 주식(酒食)을 운반하는 동자(童子)나 죄 없는 부녀자까지 무참하게 죽였다. 그래서 마침내 탕왕이 그를 정벌(征伐)한 것이다. 「정벌」은 「하늘을 대신해서 나가서 악덕(惡德)을 응징하고 멸한다」는 뜻이다. 함부로 하는 무력침략이 아니다. 이와 같은 탕왕의 마음을 천하 만민은 알게 마련이다. 그래서 「비부천하(非富天下)」라고 말한 것이다. 비지(備旨)에 다음같이 있다. 「필부필부가 죄 없이 피살된 복수를 한 것이다. 그러므로 찬하의 모든 사람들이 탕왕의 마음을 이해한 것이다.(爲匹夫匹婦

復其無罪被殺之讐也 天下莫不諒湯之心矣)」<備旨>

[4] 湯始征 自葛載 十一征 而無敵於天下 東面而征 西夷怨 南面而征 北狄怨 曰 奚爲後我 民之望之 若大旱之望雨也 歸市者弗止 芸者不變 誅其君 弔其民 如時雨降 民大悅 書曰 徯我后 后來其無罰.

탕(이) 시정(을) 자갈(로) 재(하샤) 십일정 이무적어천하(하니) 동면이정(에) 서이(이) 원(하며) 남면이정(에) 북적(이) 원(하야) 왈 해위후아(오하야) 민지망지(이) 약대한지망우야(하야) 귀시자(이) 불지(하며) 운자(이) 불변(이어늘) 주기군 조기민(하신대) 여시우강(이라) 민(이) 대열(하니) 서(에) 왈 혜아후(하노소니) 후래(하시면) 기무벌(아하니라)

[4] <맹자의 말>「탕왕의 정벌은 갈(葛)나라부터 시작했으며, 모두 11차의 정벌을 했다. 그래서 천하에 대적할 <악한 나라가> 없게 되었다. 탕왕이 <먼저> 동쪽을 향해 정벌을 나가면 서쪽 오랑캐들이 원망했고, 탕왕이 <먼저> 남쪽을 향해 정벌을 나가면 북쪽 오랑캐들이 원망하며,『왜 우리를 뒤로 돌리느냐.』하고 말했다. 백성들이 <탕왕이 와서 자기들을 해방시켜 주기를> 바라기를 흡사 큰 가뭄에 비 오기를 바라듯 했다. 그래서 시장 가는 사람도 걸음을 멈추지 않

고, 김매는 사람들도 변동하지 않고 일을 했다. <탕왕이> 그들의 악한 임금을 처단하고, 그들 백성을 <구제하고> 위로하는 것이 마치 <하늘이> 때맞추어 비를 내리듯이 했으므로, 백성들이 크게 기뻐했던 것이다. 서경(書經) 상서(商書) 태갑편(太甲篇)에 있다. 『우리는 임금님을 기다린다. 임금님이 와서 <악을 치시니> 우리도 무고한 벌을 받지 않게 된다.』」

[어구 설명] [4] ○湯始征(탕시정) : 탕왕의 정벌 시작. ○自葛載(자갈재) : 갈(葛)나라부터 시작했다.「재(載)」는「시(始)」의 뜻이다. ○十一征(십일정) : 모두 11차의 정벌을 했다. ○而無敵於天下(이무적어천하) : 그래서 천하에 대적할 <악한 나라가> 없게 되었다. ○東面而征 西夷怨(동면이정 서이원) : 탕왕이 <먼저> 동쪽을 향해 정벌을 나가면, 서쪽 오랑캐들이 원망했다. ○南面而征 北狄怨(남면이정 북적원) : 탕왕이 <먼저> 남쪽을 향해 정벌을 나가면 북쪽 오랑캐들이 원망했다. ○曰 奚爲後我(왈 해위후아) : 그리고 말했다.「왜 우리를 뒤로 돌리느냐.」○民之望之(민지망지) : 백성들이 바라기를. <즉 탕왕이 자기들을 해방시켜 주기를 바라기를> ○若大旱之望雨也(약대한지망우야) : 흡사 큰 가뭄에 비 오기를 바라듯 했다. ○歸市者弗止(귀시자불지) : 시장 가는 사람도 걸음을 멈추지 않고. ○芸者不變(운자불변) : 김매는 사람들도 변하지 않았다. <태연하게 밭에서 농사를 지었다.> ○誅其君 弔其民(주기군 조기민) : <탕왕이> 그들의 악한 임금을 처단하고, 그들 백성을 <구제하고> 위로하기를. ○如時雨降(여시우강) : 마치 <하늘

이> 때맞추어 비를 내리듯이 했다. ㅇ民大悅(민대열) : 그래서 백성들이 크게 기뻐했던 것이다. ㅇ書曰(서왈) : 서경(書經) 상서(商書) 태갑편(太甲篇)에 있다. ㅇ徯我后(혜아후) : 우리 임금님을 기다린다. ㅇ后來其無罰(후래기무벌) : 임금님이 와서 <악을 치시니> 우리도 무고한 벌을 받지 않게 된다.

【集註】(1) 載 亦始也 十一征 所征十一國也 餘已見前篇.

(1)「재(載)」도 역시「시(始)」의 뜻이다.「십일정(十一征)」은「정벌한 나라가 11개국」이라는 뜻이다. 기타는 전편에 나왔다. <梁惠王 下 제11장>. * 이상은 은(殷) 탕왕(湯王)에 대한 말이고, 다음은 주(周) 무왕(武王)에 대한 말이다.

[5] 有攸不爲臣 東征 綏厥士女 匪厥玄黃 紹我周王見休 惟臣附于大邑周 其君子 實玄黃于匪 以迎其君子 其小人 簞食壺漿 以迎其小人 救民於水火之中 取其殘而已矣.

유유불위신(이어늘) 동정(하샤) 수궐사녀(하신대) 비궐현황(하야) 소아주왕견휴(하야) 유신부우대읍주(하니) 기군자(는) 실현황우비(하야) 이영기군자(하고) 기소인(은) 단사호장(으로) 이영기소인(하니) 구민어수화지중(하야) 취기잔이이의(니라)

[5] <맹자의 말 계속>「<무왕에게 굴복하고> 신하가 되지 않으려고 한 자가 있었다. 그래서 무왕이 동쪽으로 가서 정벌하고, 그 나라의 남자와 여자들을 편하게 해주었다. <즉 해방시켜 주었다. 그러자 그 나라의 고관이나 귀족들이> 대나무 광주리에 흑색 또는 황색의 비단, 즉 폐백을 담아 가지고 와서 바쳤다. 그래서 우리 무왕에게 소개되고 무왕의 아름답고 높은 덕풍(德風)을 알현했으며 바로 신하가 되어 큰 나라 주(周)에 귀순했던 것이다. 그 나라의 군자들도 대나무 광주리에 흑색 황색의 폐백을 가득 채워 가지고 와서 주나라의 군자들을 맞이하고 바쳐 올렸다. 또 그 나라의 평민들은 도시락에 밥을 담고 단지에 국을 담아 가지고 와서 주나라의 평민들을 환영했다. <주 무왕(武王)은> 백성들을 물불 같은 고통 속에서 구제해주고 그 나라의 잔혹한 임금을 주멸(誅滅)했던 것이다.」

[어구 설명] [5] ㅇ有攸不爲臣(유유불위신) : <무왕에게 굴복하고> 신하가 되려고 하지 않는 자가 있었다. 주자(朱子)는「유(攸)」를「소(所)」로 풀었다. <주(周) 무왕(武王)이 주(紂)를 친 다음에도, 은(殷)나라에 속했던 여러 나라의 임금들은 여전히 주나라에 굴복하지 않았다.> ㅇ東征(동정) : 무왕이 동쪽으로 가서 정벌했다. <즉 굴복하지 않는 임금들을 쳤다.> ㅇ綏厥士女(수궐사녀) : 그 나라의 남자와 여자들을 편하게 해주었다. 해방시켰다. 綏(편

안할 수). ○匪厥玄黃(비궐현황) : <그 나라의 고관이나 귀족들이> 흑색 또는 황색의 비단을 대 광주리에 담아 가지고 와서 바친다. 즉 폐백을 바치다. 「비(匪)」는 「비(篚)」다. ○紹我周王見休(소아주왕견휴) : 우리 주왕(周王)에게 소개되고 주왕의 아름답고 높은 덕풍(德風)을 알현했다. 「소(紹)」는 「소개되다, 안내되다」의 뜻. 「견휴(見休)」는 「아름답고 높은 덕풍을 우러러보다.」 ○惟臣附于大邑周(유신부우대읍주) : 바로 신하가 되어 큰 나라 주(周)에 붙었다. 「대읍(大邑)」은 「대국(大國)」이다. 당시의 나라는 도읍(都邑)을 중심으로 한 도시국가였다. ○其君子 實玄黃于匪(기군자 실현황우비) : 그 나라의 군자들도 대나무 광주리에 흑색 황색의 폐백을 가득 채워 가지고 와서. ○以迎其君子(이영기군자) : 주나라의 군자들을 맞이하고 바쳐 올렸다. ○其小人 簞食壺漿(기소인 단사호장) : 그 나라의 평민들은 도시락에 밥을 담고, 단지에 국을 담아 가지고 와서. ○以迎其小人(이영기소인) : 주나라의 평민들을 환영했다. ○救民於水火之中(구민어수화지중) : <주나라 무왕(武王)이> 백성들을 물불 같은 고통 속에서 구제해 주고. ○取其殘而已矣(취기잔이이의) : 그 나라의 잔인한 임금을 주멸(誅滅)했던 것이다. 「취(取)」를 「처치하다, 멸하다」로 풀었다.

【集註】(1) 按周書武成篇 載武王之言 孟子約其文如此 然其辭 時與今書文不類 今姑依此文解之 有所不惟臣 謂助紂爲惡 而不爲周臣者 匪與篚同 玄黃幣也 紹繼也 猶言事也 言其士女以匪盛玄黃之幣 迎

武王而事之也.

(1) 서경(書經) 주서(周書) 무성편(武成篇)을 보면, 무왕의 말이 있다. 이것을 맹자가 이와 같이 요약한 것이다. 그러나 맹자가 요약한 말이 때로는 지금의 서경의 글과 같지 않다. 지금은 임시로 그대로 따라서 해석하겠다. 「유소불유신(有所不惟臣)」은 「주(紂)를 도와서 악을 행하고 주(周)나라의 신하가 되지 않는 사람」을 말한다. 「비(匪)」는 「비(篚 : 대광주리)」와 같다. 「현황(玄黃)」은 폐백(幣帛)이다. 「소(紹)」는 「잇는다(繼)의 뜻」이며, 「섬긴다는 뜻」과 같다. 즉 「그 나라의 남녀가 광주리에 흑색·황색의 폐백을 가득 담아 가지고 와서 무왕을 환영하고 계속해서 무왕을 섬긴다는 뜻」을 말한 것이다.

【集註】(2) 商人而曰我周王 猶商書所謂我后也 休美也 言武王 能順天休命 而事之者 皆見休也 臣附 歸服也.

(2) 은(殷)나라 사람이면서 「우리들의 주나라 임금이라고 말한 것」은 서경(書經) 상서(商書)에 이른바 「우리 임금님」이라고 한 것과 같다. 「휴(休)」는 「좋다, 아름답다」는 뜻이다. 즉 「무왕이 능히 하늘의 좋은 명령을 따를 수 있으므로, 무왕을 섬기는 자들도 모두 좋고 아름다움을 볼 수 있다는 뜻」을 말한 것이다. 「신부(臣附)」는 「귀순하고 복종한다」는 뜻이다.

【集註】(3) 孟子又釋其意 言商人聞周師之來 各

以其類相迎者 以武王能救民於水火之中 取其殘民
者誅之 而不爲暴虐耳 君子謂在位之人 小人謂細民
也.

(3) 맹자는 또 다음 같은 뜻으로 해석했다.「은나라 사람들이 주나라 군대가 왔다는 말을 듣고, 저마다 신분계층을 따라 환영한 것은, 무왕이 물불 속에 빠져있는 백성들을 구원해주고, 또 백성을 잔인하게 해치는 자를 취해서 죽이고 포학한 행동을 못하게 했기 때문이다.」「군자(君子)」는 벼슬자리에 있는 사람,「소인(小人)」은 세민(細民)을 말한다.

[6] 太誓曰 我武惟揚 侵于之疆 則取于 殘 殺伐用張 于湯有光.

태서(에) 왈 아무(를) 유양(하야) 침우지강(하야) 즉취우 잔(하야) 살벌용장(하야) 우탕(에) 유광(이라하니라)

[6] <맹자의 말 계속>「서경(書經) 주서(周書) 태서편(太誓篇)에 있다.『우리나라 무왕의 무위(武威)가 높이 떨치고, <복종하지 않는> 나라 경내로 진격했노라. <그래가지고> 잔학한 자들을 적발하고, 주멸하고 또 토벌하여, 그 공용(功用)을 <천하에> 넓혔노라. 이에 탕왕보다 더욱 빛이 높이 났노라.』」

[어구 설명] [6] ㅇ 太誓曰(태서왈) : 서경(書經) 주서(周書) 태서편(太誓篇)에 있다. ㅇ 我武惟揚(아무유양) : 우리나라 무왕의 위세가

높이 떨치다. ㅇ侵于之疆(침우지강) : <복종하지 않는> 은나라 국경에 진격하다. 양백준(楊伯峻)은 「우(于)」를 「우국(邘國)」이라고 보았다. 邘(땅 이름 우). 그러나 여기서는 취하지 않는다. ㅇ則取于殘(즉취우잔) : 그래가지고 잔학한 자들을 적발하다. ㅇ殺伐用張(살벌용장) : <악인을> 죽이고 토벌하고, <백성을 구제하는> 공용(功用)을 <천하에> 넓혀나갔다. ㅇ于湯有光(우탕유광) : 탕왕보다 더욱 빛을 높였다.

【集註】(1) 太誓 周書也 今書文亦小異 言武王 威武奮揚 侵彼紂之疆界 取其殘賊 而殺伐之 功因以張大 比於湯之伐桀 又有光焉 引此以證上文取其殘之義.

(1) 「태서(太誓)」는 서경(書經) 주서편(周書篇)이다. 지금의 글과 약간 다르다. 다음 같은 뜻을 말한 것이다. 무왕의 위세와 무위가 높이 떨치고, 주(紂)에 가담하는 자들의 경계에 진격하야, 잔학한 잔당들을 잡아서 죽이고 토벌한 공적이 더욱 확대되었다. 그래서 탕왕이 걸(桀)을 친 것보다 한층 더 빛이 났다. 서경의 글을 인용하여, 상문(上文)에 있는 「취기잔(取其殘)」의 뜻을 증명한 것이다.

[7] 不行王政云爾 苟行王政 四海之内 皆擧首而望之 欲以爲君 齊楚雖大 何畏焉.

불행왕정운이(언정) 구행왕정(이면) 사해지내(이) 개거
수이망지(하야) 욕이위군(하리니) 제초(이) 수대(나) 하
외언(이리오)

[7] <맹자의 말 계속> 「왕정을 펴지 않으니깐 그렇게
말하는 것이다. 일단 왕정을 행하면 사해 안에 있는
모든 나라 사람들이 모두가 머리를 높이 치켜들고
바라보고 <송나라 임금이> 천하의 임금 되기를 원할
것이다. 제(齊)와 초(楚)가 비록 크다고 해도 무엇이
두렵겠는가.」

[어구 설명] [7] ㅇ不行王政云爾(불행왕정운이) : 왕정(王政)을 펴
지 않으니깐, <자네같이> 말하는 것이다. <즉 강대국이 두렵다고
말하는 것이다.> ㅇ苟行王政(구행왕정) : 일단 왕정을 행하면.
ㅇ四海之內(사해지내) : 사해(四海) 안에 있는 모든 나라 사람들
이. ㅇ皆擧首而望之(개거수이망지) : 모두가 머리를 높이 치켜들
고 바라볼 것이다. ㅇ欲以爲君(욕이위군) : <송나라 임금이> 천하
의 임금 되기를 원할 것이다. ㅇ齊楚雖大(제초수대) : 제나라 초나
라가 비록 크다고 해도. ㅇ何畏焉(하외언) : 무엇이 두렵겠는가.

【集註】 (1) 宋 實不能行王政 後果爲齊所滅 王偃
走死 尹氏曰 爲國者 能自治而得民心 則天下 皆將
歸往之 恨其征伐之不早也 尙何彊國之足畏哉 苟不
自治 而以彊弱之勢 言之 是可畏而已矣.

(1) 송나라는 사실 왕정을 행하지 못했다. 그 결과, 제나라에

게 멸망되고, <마지막 왕> 언(偃)이 쫓겨 죽었다. 윤씨가 말했다. 국가를 다스리는 자는 능히 스스로 다스려 민심을 얻어야 한다. 그러면 천하의 인심이 모두 그에게 돌아올 것이다. <그렇게 되면 천하 만민의 힘을 업고 나쁜 나라들을> 일찍 치지 못한 것을 한스럽게 여기게 될 것이다. 어찌 도리어 강대국을 두려워하겠는가. 만약 스스로 다스리지 못하고 강약의 형세만을 논한다면, 강한 나라가 두렵기만 할 것이다.

제5장 宋小章 : 白文

[1] 萬章問 曰 宋小國也 今將行王政 齊楚惡而伐之 則如之何.

[2] 孟子 曰 湯居亳 與葛爲鄰 葛伯放而不祀 湯使人問之曰 何爲不祀 曰 無以供犧牲也 湯使遺之牛羊 葛伯食之 又不以祀 湯又使人問之曰 何爲不祀 曰 無以供粢盛也 湯使亳衆往爲之耕 老弱饋食 葛伯率其民 要其有酒食黍稻者奪之 不授者殺之 有童子以黍肉餉 殺而奪之 書曰 葛伯仇餉 此之謂也.

[3] 爲其殺是童子而征之 四海之內皆曰 非富天下也 爲匹夫匹婦復讎也.

[4] 湯始征 自葛載 十一征 而無敵於天下 東面而征 西夷怨 南面而征 北狄怨 曰 奚爲後我 民之望之 若大旱之望雨也 歸市者弗止 芸者不變 誅其君 弔其民 如時雨降 民大悅 書曰 徯我后 后來其無罰.

[5] 有攸不爲臣 東征 綏厥士女 篚厥玄黃 紹我周
王見休 惟臣附于大邑周 其君子 實玄黃于篚
以迎其君子 其小人 簞食壺漿 以迎其小人 救
民於水火之中 取其殘而已矣.
[6] 太誓曰 我武惟揚 侵于之疆 則取于殘 殺伐用
張 于湯有光.
[7] 不行王政云爾 苟行王政 四海之內 皆擧首而望
之 欲以爲君 齊楚雖大 何畏焉.

【요점 복습】 제5장 송소장

　왕도인정(王道仁政)을 펴면 천하 만민이 구제되고 좋아한다. 그 실례를 은(殷)나라 탕왕(湯王)과 주(周)나라 무왕(武王)으로 보였다. 탕왕은 이웃 나라 갈(葛)이 제사를 지내지 못하자, 제사를 지내라고 희생(犧牲)과 곡식을 보내주었다. 그러나 악덕한 영주가 먹어치우고, 더욱이 은나라의 양민들을 학살하자, 마침내 무력으로 정벌했다. 무왕이 포학무도한 주(紂)를 치고 계속해서 귀순하지 않는 잔당들을 무력으로 토벌하고 백성들을 해방시켜 주었다. 왕도인정을 펴고 정의의 무력으로 악을 제거하면 천하만민이 다 귀순하고 칭송한다.

제6장 戴不勝章 : 총 2 구절

[1] 孟子謂戴不勝曰 子欲子之王之善與
我明告子 有楚大夫於此 欲其子之齊
語也 則使齊人傅諸 使楚人傅諸 曰
使齊人傅之 曰 一齊人傅之 衆楚人
咻之 雖日撻而求其齊也 不可得矣
引而置之 莊嶽之間數年 雖日撻而求
其楚 亦不可得矣.

맹자(이) 위대불승왈 자욕자지왕지선여(아) 아(이) 명고자(호리라) 유초대부어차(하니) 욕기자지제어야 즉사제인부제(이야) 사초인부제(이야) 왈 사제인부지(니리) 왈 일제인(이) 부지(어든) 중초인(이) 휴지(면) 수일달이구기제야(이라도) 불가득의(어니와) 인이치지 장악지간수년(이면) 수일달이구기초(이라도) 역불가득의(리라)

[1] 맹자가 <송나라의 신하> 대불승에게 말했다. 「당신은 당신 나라의 임금이 좋게 되기를 바라겠지요. <그에 대해서> 내가 잘 알게 그대에게 말해주겠소. 가령 여기 초나라의 대부가 있다고 가정하고, 그가 자기 아들이 제나라에 가서 제나라 말을 잘하기를 바란다고 했을 때, 제나라 사람으로 하여금 아들을 가르치게 하겠습니까, 아니면 초나라 사람으로 하여

금 가르치게 하겠습니까.」대불승이 대답했다.「제인으로 하여금 가르치게 해야 합니다.」맹자가 다시 말했다.「제나라 사람 한 사람이 그에게 말을 가르친다고 해도, 많은 초나라 사람과 <어울려 살면서 하루종일> 초나라 말을 시끄럽게 떠든다면 <어떻게 되겠소.> 비록 매일 그에게 매질을 하고, 제나라 말을 잘하기를 구해도 안 될 것입니다. <그러므로 차라리> 그를 제나라의 장(莊)이나 악(嶽) 같은 번화한 도시에 데리고 가서, 수년 간 살게 해야 합니다. <그러면> 비록 날로 매질을 하고 초나라 말을 잘하기를 구해도 역시 안 될 것입니다. <제나라 말을 잘하고 초나라 말을 잊고 잘 못할 것이다.>」

[어구 설명] [1] ㅇ 孟子謂戴不勝曰(맹자위대불승왈) : 맹자가 대불승(戴不勝)에게 말했다.「대불승」은 송(宋)나라의 신하다. 당시 송나라의 강왕(康王 : 偃)은 포학무도(暴虐無道)했다. ㅇ 子欲子之王之善與(자욕자지왕지선여) : <맹자의 말>「당신은 당신 나라의 임금이 좋게 되기를 바라시겠지요.」ㅇ 我明告子(아명고자) : 내가 분명하게 그대에게 말해주리다. <그리고 맹자가 다음 같은 비유를 들었다.> ㅇ 有楚大夫於此(유초대부어차) : 여기 초(楚)나라의 대부가 있다고 가정합시다. ㅇ 欲其子之齊語也(욕기자지제어야) : 그가 자기 아들이 제(齊)나라에 갔을 때, 제나라 말을 유창하게 하기를 바란다면.「지제어(之齊語)」는「제나라에 가서, 제나라 말을 잘한다」는 뜻이다. 생략이 심하여, 문법적으로는 무리가 있다.

o 則使齊人傅諸(즉사제인부제) : <그러면> 즉 제인(齊人)으로 하여금 아들을 가르치게 할 것이냐. 「부(傅)」는 스승으로 삼다, 가르치다. 「제(諸)」는 「어지(於之)」다. o 使楚人傅諸(사초인부제) : 초인(楚人)으로 하여금 가르치게 할 것이냐. o 曰 使齊人傅之(왈 사제인부지) : 대불승이 대답했다. 「제인으로 하여금 가르치게 해야 한다.」 o 曰(왈) : 맹자가 말했다. o 一齊人傅之(일제인부지) : <초나라에 살면서> 제나라 사람 한 사람이 그에게 말을 가르친다고 해도. o 衆楚人咻之(중초인휴지) : 많은 초나라 사람과 <어울려 하루종일> 초나라 말을 시끄럽게 떠든다면. o 雖日撻而求其齊也(수일달이구기제야) : 비록 매일 그에게 매질을 하고, 제나라 말을 잘하기를 구해도. o 不可得矣(불가득의) : 안 될 것이다. o 引而置之(인이치지) : 그를 <제나라로> 데리고 가서, 살게 한다. 「치(置)」는 「제(齊)나라에 살게 한다」는 뜻. o 莊嶽之間數年(장악지간수년) : 「장(莊)」이나 「악(嶽)」 같은 번화한 도시에 수년 간. <살면.> o 雖日撻而求其楚(수일달이구기초) : 비록 날로 매질을 하고 초나라 말을 잘하기를 구해도. o 亦不可得矣(역불가득의) : 역시 안 될 것이다. <초나라 말을 다 잊고, 잘 못할 것이다.>

【集註】(1) 戴不勝 宋臣也 齊語 齊人語也 傅敎也 咻讙也 齊齊語也 莊嶽齊街里名也 楚楚語也 此先設譬以曉之也.

(1) 「대불승(戴不勝)」은 송(宋)나라의 신하다. 「제어(齊語)」는 제나라 사람의 말이다. 「부(傅)」는 「가르치다」의 뜻이다. 「휴(咻)」는 「말하고 떠든다」는 뜻이다. 「제(齊)」는 「제나라

말」이다. 「장(莊)・악(嶽)」은 제나라의 거리 이름이다. 「초(楚)」는 「초나라 말」이다. 이 구절은 맹자가 먼저 비유를 들고 깨우치려고 한 것이다.

[2]　子謂薛居州善士也　使之居於王所 在於王所者　長幼卑尊皆薛居州也　王誰與爲不善　在王所者　長幼卑尊皆非薛居州也　王誰與爲善　一薛居州　獨如宋王何.

자(이) 위설거주(를) 선사야(이라하야) 사지거어왕소(하나니) 재어왕소자(이) 장유비존(이) 개설거주야(이면) 왕수여위불선(이며) 재왕소자(이) 장유비존(이) 개비설거주야(이면) 왕수여위선(이리오) 일설거주(이) 독여송왕하(이리오).

[2] <맹자의 말 계속>「그대는 설거주가 선한 선비라 생각하고 왕의 곁에 있게 했소이다. <그리고> 임금 곁에 있는 사람들, 장유비존(長幼卑尊) <모든 사람이> 다 설거주같이 착한 사람들이면, 임금이 누구와 어울려 나쁜 일을 하겠소. <한편> 임금 곁에 있는 사람들, 장유비존 <모든 사람이> 다 설거주같이 착한 사람이 아니면, 왕이 누구와 어울려 착한 일을 하겠소. <그러니> 한 사람의 설거주만으로는 송왕(宋王)을 어떻게 하겠는가. <혼자만으로는 왕을 착하게

고칠 수 없다는 뜻을 암시한 것이다.>」

[어구 설명] [2] ○子謂(자위) : 그대가 생각하다, 말하다. ○薛居州善士也(설거주선사야) : 설거주(薛居州)는 착한 선비다.「설거주」는 송(宋)나라의 착한 신하. ○使之居於王所(사지거어왕소) : 왕의 좌우에 있게 하다. ○在於王所者(재어왕소자) : 임금 곁에 있는 사람들. ○長幼卑尊皆薛居州也(장유비존개설거주야) :「장유비존(長幼卑尊)」<모든 사람이> 다 설거주같이 착한 사람들이면. ○王誰與爲不善(왕수여위불선) : 왕이 누구와 어울려 나쁜 짓을 하겠는가. ○在王所者(재왕소자) : 임금 곁에 있는 사람들. ○長幼卑尊皆非薛居州也(장유비존개비설거주야) :「장유비존」<모든 사람이> 다 설거주같이 착한 사람이 아니면. ○王誰與爲善(왕수여위선) : 왕이 누구와 어울려 착한 일을 하겠는가. ○一薛居州(일설거주) : 한 사람의 설거주. ○獨如宋王何(독여송왕하) : 단독으로는 송왕(宋王)을 어떻게 하겠는가. <선도하고 선정(善政)을 행하게 할 수 없음을 암시한 것이다.>

【集註】(1) 居州 亦宋臣 言小人衆 而君子獨 無以成正君之功.

(1)「거주(居州)」도 송나라의 신하다. 즉「소인은 많은데 군자는 혼자뿐이다. 그래서 임금을 바르게 할 공을 세울 수 없다」는 뜻을 말한 것이다.

제6장 戴不勝章 : 白文

[1] 孟子謂戴不勝曰 子欲子之王之善與 我明告子

有楚大夫於此 欲其子之齊語也 則使齊人傅諸
使楚人傅諸 曰 使齊人傅之 曰 一齊人傅之 衆
楚人咻之 雖日撻而求其齊也 不可得矣 引而置
之莊嶽之間數年 雖日撻而求其楚 亦不可得矣.
[2] 子謂薛居州 善士也 使之居於王所 在於王所者
長幼卑尊皆薛居州也 王誰與爲不善 在王所者
長幼卑尊皆非薛居州也 王誰與爲善 一薛居州
獨如宋王何.

【요점 복습】제6장 대불승장

 우선은 임금이 착하면 선정(善政)을 펼 것이고, 임금이 악하면 악정(惡政)을 펼 것이다. 그러나, 정치는 임금 혼자서 하는 것이 아니다. 때와 주변 상황과 정치에 참여하는 사람들이 종합적으로 어울려 이루는 것이 바로 정치다. 맹자는 그 중의 일부를 강조해서 말했다. 즉 임금을 보좌하는 사람과 주변 환경에 중점을 두었다.

 맹자와 대불승(戴不勝)의 대화는 아마도 송(宋)나라 임금 강왕(康王 : 이름은 偃)을 걱정하고 이루어진 것일 것이다. 허나 이미 때가 늦었다. 그래서 대불승이 착한 신하 설거주(薛居州)를 임금 곁에 두어도, 혼자서는 만회할 수가 없음을 맹자가 기발한 비유를 가지고 암시한 것이다. 참조 ⇒ 앞장

제7장 不見章 : 총 4 구절

[1] 公孫丑問曰 不見諸侯何義 孟子曰 古者不爲臣不見.

공손추(이) 문왈 불견제후(이) 하의(이꼬) 맹자(이) 왈 고자(에) 불위신(하야) 불견(하더니라)

[1] <맹자의 제자> 공손추가 물었다. 「선생님께서는 제후들을 찾아가서 보지 않으시는데, 무슨 <깊은> 뜻이 있습니까.」

맹자가 말했다. 「옛날에는 신하가 아니면, <임금을> 찾아가 보지 않았다.」

[어구 설명] [1] ㅇ公孫丑問曰(공손추문왈) : 맹자의 제자 공손추가 물었다. ㅇ不見諸侯何義(불견제후하의) : 선생님은 제후를 찾아가서 보지 않으시는데, 무슨 <깊은> 뜻이 있습니까. ㅇ孟子曰(맹자왈) : 맹자가 말했다. ㅇ古者不爲臣不見(고자불위신불견) : 옛날에는 신하가 아니면, <임금을> 찾아가 보지 않았다.

【集註】(1) 不爲臣 謂未仕於其國者也 此不見諸侯之義也.

(1) 「불위신(不爲臣)」은 「그 나라에 출사하지 않는다」는 뜻이다. 그것이 곧 제후를 만나보지 않는 뜻이다.

[2] 段干木 踰垣而辟之 泄柳 閉門而不內 是皆已甚 迫斯可以見矣.

단간목(은) 유원이피지(하고) 설류(는) 폐문이불내(하니) 시개이심(하니) 박(이어든) 사가이견의(니라)

[2] <맹자의 말 계속>「진(晉)나라의 현인 단간목은 위(魏)나라 문공(文公)이 찾아오자, 담을 넘어 몸을 피했으며, 노(魯)나라의 현인 설류는 노나라 목공(繆公)이 찾아왔으나, 문을 닫고 집안에 들이지 않았다고 한다. 허나 이들은 너무 심했으며, 어쩔 수 없는 경우에는 만나보아도 무방하다.」

[어구 설명] [2] ○段干木(단간목) : 진(晉)나라의 현인(賢人), 성이 단간(段干), 이름이 목(木). ○踰垣而辟之(유원이피지) : <위(魏) 문공(文公)이 찾아오자, 담을 넘어 몸을 피했다.「벽(辟)」을 여기서는 「피(避)」로 읽는다. ○泄柳(설류) : 노(魯)나라의 현인. ○閉門而不內(폐문이불내) : 노나라 목공(繆公)이 찾아왔으나, 문을 닫고, 집안에 들이지 않았다.「내(內)」는 「납(納)」과 같다. ○是皆已甚(시개이심) : 이들은 이미 너무 심했다. ○迫斯可以見矣(박사가이견의) : 어쩔 수 없으면, 만나보아도 된다.「박(迫)」은 임금이 찾아왔으니, 어쩔 수 없이. <만나보아도 무방하다.>

【集註】(1) 段干木 魏文侯時人 泄柳 魯繆公時人 文侯 繆公 欲見此二人 而二人不肯見之 蓋未爲臣也 已甚過甚也 迫謂求見之切也.

(1) 「단간목(段干木)」은 「위(魏)나라 문후(文侯)」 때의 사람이다. 「설류(泄柳)」는 「노(魯)나라 목공(繆公)」 때의 사람이다. 「문후와 목공」이 그들 두 사람을 만나고자 했으나, 두 사람이 만나지 않았다. 아마 아직 벼슬하지 않았기 때문이다. 「이심(已甚)」은 「너무 심하다」는 뜻이다. 「박(迫)」은 「절실하게 만나고자 한다」는 뜻이다.

[3] 陽貨 欲見孔子 而惡無禮 大夫有賜於士 不得受於其家 則往拜其門 陽貨矙孔子之亡也 而饋孔子蒸豚 孔子亦矙其亡也 而往拜之 當是時 陽貨先 豈得不見.

양화(이) 욕견공자이오무례(하야) 대부(이) 유사어사(이어든) 부득수어기가(이면) 즉왕배기문(일새) 양화(이) 감공자지무야 이궤공자증돈(한대) 공자(이) 역감기무야 이왕배지(하시니) 당시시(하야) 양화(이) 선(이면) 기득불견(이시리오)

[3] <맹자의 말 계속> 「노(魯)나라의 대부 양화가 공자로 하여금 찾아오게 하려고 했다. 그러나 무례하다고 <비난을 받을 것이> 두려워서 <다음과 같은 예법을 이용했다. 즉 고대의 예법은> 대부(大夫)가 사(士)에게 예물을 하사하는 경우, 사(士)가 자기 집에서 직접 받지 못한 때에는 사(士)가 나중에라도 <예물을

보내준〉 대부(大夫)의 문전에 가서 인사를 하는 법도 가 있었다. 양화는 공자가 집에 없을 때를 엿보았다가 공자에게 '삶은 돼지'를 보내주었다. 〈그러면 공자가 찾아올 거라고 생각했던 것이다.〉 공자도 역시 양화가 없을 때를 엿보아서 〈답례로〉 양화의 문전에 가서 인사를 차렸다. 당시에 양화가 먼저 수를 썼으니, 공자도 어찌 〈형식적 예를〉 차리지 않을 수 있었겠느냐.」

[어구 설명] [3] ㅇ陽貨欲見孔子(양화욕견공자) : 노(魯)나라의 대부 양화가 〈건방지게〉 공자가 먼저 자기에게 와서 만나보기를 바랐다. ㅇ而惡無禮(이오무례) : 〈그러나〉 무례하다고 〈비난을 받을 것이〉 두려워서. 〈다음과 같은 예법을 이용했다.〉 ㅇ大夫有賜於士(대부유사어사) : 〈고대의 예법은〉 대부(大夫)가 사(士)에게 예물을 하사하고. ㅇ不得受於其家(부득수어기가) : 사(士)가 자기 집에서 직접 받지 못한 경우에는. ㅇ則往拜其門(즉왕배기문) : 사(士)가 나중에라도 〈예물을 보내준〉 대부(大夫)의 문전에 와서. 〈인사를 하는 법도가 있었다.〉 ㅇ陽貨瞰孔子之亡也(양화감공자지무야) : 양화는 공자가 집에 없을 때를 엿보았다가.「감(瞰)」은「규(窺 : 엿볼 규)」와 같은 뜻이다. ㅇ而饋孔子蒸豚(이궤공자증돈) : 공자에게 '삶은 돼지'를 보내주었다. ㅇ孔子亦瞰其亡也(공자역감기무야) : 공자도 역시 양화가 없을 때를 엿보아서. ㅇ而往拜之(이왕배지) : 양화의 문전에 가서 형식적 인사를 차렸다. ㅇ當是時(당시시) : 당시에는. ㅇ陽貨先(양화선) : 양화가 먼저 수를 썼으

므로. ㅇ豈得不見(기득불견) : 어찌 공자도 형식적 예를 차리지 않을 수 있었겠느냐. * 논어(論語) 양화편(陽貨篇)에 있다. 공자는 양화를 낮게 평가했으며, 그를 만나기를 싫어했다. 그러나 양화는 공자의 명성을 이용하려고 했던 것이다.

【集註】(1) 此又引孔子之事 以明可見之節也 欲見孔子 欲召孔子 來見己也 惡無禮 畏人以己爲無禮也 受於其家 對使人 拜受於家也 其門大夫之門也 瞯窺也 陽貨於魯爲大夫 孔子爲士 故以此物及其不在而饋之 欲其來拜而見之也 先謂先來加禮也.

(1) 이 구절은 역시 공자의 사적을 인용하여 예절을 알 수 있게 밝힌 것이다.「욕견공자(欲見孔子)」는「양화가 공자를 불러, 그가 와서 자기를 보게 한 것이다.」「오무례(惡無禮)」는「남이 자기를 무례하다고 여기는 것을 두려워한 것이다.」「수어기가(受於其家)」는「심부름 온 사람에게, 집에서 절하고 받는다는 뜻」을 말한 것이다.「기문(其門)」은「대부의 문전」을 말한다.「감(瞯)」은「규(窺)」와 같은 뜻이다.<신분상> 양화(陽貨)는 노(魯)에서 대부(大夫)이고, 공자(孔子)는 사(士)였다. 그러므로 물건을 공자 부재중에 보내고, 공자가 와서 절하고 만나보게 하려고 했던 것이다.」「선(先)」은 곧「<양화가> 먼저 형식적인 예를 수단으로 썼음」을 말한다.

[4] 曾子曰 脅肩諂笑 病于夏畦 子路曰

未同而言 觀其色赧赧然 非由之所知
也 由是觀之 則君子之所養 可知已
矣.

증자(이) 왈 협견첨소(이) 병우하휴(이라하며) 자로(이) 왈 미동이언(을) 관기색(컨댄) 난난연(이라) 비유지소지야(이라하니) 유시관지 즉군자지소양(을) 가지이의(니라)

[4] <맹자의 말 계속>「증자도 말했다.『양쪽 어깨를 추켜올리고 아첨하는 웃음을 짓기는 여름에 밭 갈기보다 더 고통스럽다.』자로도 말했다.『생각이 같지 않으면서, '네'하는 자의 얼굴을 보면 부끄러워 붉어지더라. 나는 그렇게 할 수 없다.』이상으로 군자가 어떻게 수양해야 할지 알만하다.」

[어구 설명] [4] ㅇ曾子曰(증자왈) : 증자가 말했다. ㅇ脅肩諂笑(협견첨소) : 어깨를 추켜올리고 아첨하는 웃음을 짓는다. ㅇ病于夏畦(병우하휴) : 여름에 밭에서 일하는 것보다 더 고통스럽다. ㅇ子路曰(자로왈) : 자로가 말했다. ㅇ未同而言(미동이언) : 생각이 같지 않으면서 겉으로 '네'하는 사람. ㅇ觀其色赧赧然(관기색난난연) : 그 안색을 보면, 부끄러워 붉어지더라. ㅇ非由之所知也(비유지소지야) : 나는 그런 것을 알지 못한다.「유(由)」는 자로의 이름. ㅇ由是觀之(유시관지) : 이상과 같은 예로 보아. ㅇ則君子之所養 可知已矣(즉군자지소양 가지이의) : 군자가 자신을 어떻게 수양해야 할지 가히 알 수 있다.

【集註】(1) 脅肩竦體 詔笑彊笑 皆小人側媚之態也 病勞也 夏畦夏月治畦之人也 言爲此者 其勞過於夏畦之人也 未同而言 與人未合而彊與之言也 赧赧慙而面赤之貌 由子路名 言非己所知 甚惡之之辭也.

(1)「협견(脅肩)」은「몸을 움츠리고 송구한 체한다」는 뜻이다.「첨소(詔笑)」는「억지로 웃는 품」이다. 이 모두가 소인들이 한쪽에 기울고, 아첨하는 태도이다.「병(病)」은「힘이 든다」는 뜻이다.「하휴(夏畦)」는「여름에 밭이랑을 다스린다는 뜻」이다. 아첨하는 자의 고생이「여름에 밭을 가는 사람보다 더 고생스럽다」는 뜻을 말한 것이다.「미동이언(未同而言)」은「남과 <생각이나 뜻이> 맞지 않는데도, 억지로 찬성하는 말을 한다」는 뜻이다.「난난(赧赧)」은「부끄러워 얼굴이 붉어지는 모양이다.」「유(由)」는「자로(子路)의 이름」이다.「내가 알 바 아니다」라고 말한 것은,「심히 미워한다는 뜻」을 말한 것이다.

【集註】(2) 孟子言 由此二言觀之 則二子之所養可知 必不肯不俟其禮之至 而輒往見之也 此章 言聖人 禮義之中正 過之者 傷於迫切而不洪 不及者 淪於汙賤而可恥.

(2) 맹자가 다음 같은 뜻을 말한 것이다.「이 같은 두 사람의

말을 가지고 보면, 두 사람의 수양한 바를 알 수 있다. 그러니 <그들은> 반드시 예가 지극하기를 기다리지 않고서는 경솔하게 즉시 가서 보지 않을 것이다.」 이 장은 곧 다음 같은 뜻을 말한 것이다. 「성인은 예의의 중정(中正)을 지킨다. 지나치면 촉박하고 넓지 못한 흠이 있다. 한편 못 미치면, 더럽고 천한 데 빠져, 부끄럽게 된다.」

제7장 不見章 : 白文

[1] 公孫丑問曰 不見諸侯何義 孟子曰 古者不爲臣不見.

[2] 段干木 踰垣而辟之 泄柳 閉門而不納 是皆已甚 迫斯可以見矣.

[3] 陽貨欲見孔子而惡無禮 大夫有賜於士 不得受於其家 則往拜其門 陽貨瞯孔子之亡也 而饋孔子蒸豚 孔子亦瞯其亡也 而往拜之 當是時 陽貨先 豈得不見.

[4] 曾子曰 脅肩諂笑 病于夏畦 子路曰 未同而言 觀其色赧赧然 非由之所知也 由是觀之 則君子之所養 可知已矣.

【요점 복습】제7장 불견장

맹자의 제자 공손추(公孫丑)가 스승에게 물었다. 「왜 선생님은 임금을 찾아가 만나지 않으십니까?」 이에 맹자가 말했다. 「옛날의 군자는 자기가 직접 섬기는 임금이 아니면 찾아가 뵙지 않는 법이다.」 허나 전국시대에는 온갖 부류의 인간들이 임금은 물론 고관

대작이나 세도가들을 찾아다니며 추잡할 정도로 벼슬자리를 얻으려고 야단을 떨었다. 그럴수록 맹자처럼 고답(高踏)한 자세를 취한다는 것은 참으로 어렵고 기이했던 것이다.

그래서 맹자는 먼저 옛날의 특이한 예를 말해주었다. 진(晉)나라의 단간목(段干木)은 위(魏)나라 임금 문공(文公)을 안 만나려고 담을 넘어 도망을 갔다. 노(魯)나라의 설류(泄柳)는 자기 나라 임금 목공(繆公)이 와도 문을 잠근 채 집안에 맞아들이지 않았다. 허기는 맹자도 그들을 좀 지나치다고 말했다. 한편 맹자는 외형상으로 예를 지키면서 좋지 못한 양화를 만나지 않은 공자의 태도를 말했다. 아울러 나쁜 세도가에 아첨하거나 동조하는 것을 철저히 기피한 증자(曾子)나 자로(子路)의 예를 들고, 군자는 철저히 도를 지키는 자기 수양을 해야 한다는 점을 제자에게 깨우치게 했다. 아울러 임금을 만나지 않는 이유를 밝힌 것이다.

제8장 戴盈之章 : 총 3 구절

[1] 戴盈之曰 什一 去關市之征 今茲未能 請輕之 以待來年 然後已 何如.

대영지왈 십일(과) 거관시지정(을) 금자미능(이호대) 청경지(하야) 이대래년 연후(에) 이(호대) 하여(하니이꼬)

[1] 송(宋)나라의 대부 대영지(戴盈之)가 <맹자에게> 말했다. 「10분의 1을 거두는 농지세(農地稅)와 관문(關門)이나 시장에서 <징수하는> 세금을 철폐하는 것을 지금 당장 그만둘 수 없습니다. <대신 모든 세금을> 가볍게 하고 내년까지 기다렸다가, 다음에 철폐하겠습니다. <그러면> 어떻겠습니까.」

[어구 설명] [1] ○戴盈之曰(대영지왈) : 송(宋)나라의 대부 대영지(戴盈之)가 <맹자에게> 말했다. 앞의 「대불승」과 같은 사람이라는 설도 있다. ○什一(십일) : 10분의 1을 거두는 농지세(農地稅)를 시행하는 일과. ○去關市之征(거관시지정) : 관문(關門)이나 시장에서 <징수하는> 세금을 철폐하는 일. ○今茲未能(금자미능) : 지금 당장 그만둘 수 없다. ○請(청) : 상대에게 양해를 구한다는 뜻의 조동사. ○輕之(경지) : <모든 세금을> 가볍게 하고. ○以待來年(이대래년) : 그래가지고 내년까지 기다렸다가. ○然後已(연후이) : 그런 다음에 철폐하려고 한다. ○何如(하여) : 어떠냐.

【集註】(1) 盈之 亦宋大夫也 什一 井田之法也 關

市之征 商賈之稅也 已止也.

(1)「대영지(戴盈之)」도 역시 송(宋)나라 대부(大夫)다.「십일(什一)」은 정전법(井田法)에서 거두는 농지세이다.「관시지정(關市之征)」은 상고(商賈)에 부과하는 세금이다.「이(已)」는「그만둔다」는 뜻이다. <* 상(商)은 관문(關門)을 드나드는 행상(行商), 고(賈)는 시장(市場)에서 점포를 소유하고 상품을 매매하는 상인이다.>

[2] 孟子曰 今有人日攘其鄰之雞者 或告之曰 是非君子之道 曰 請損之 月攘一雞 以待來年 然後已.

맹자(이) 왈 금유인(이) 일양기린지계자(이어든) 혹(이) 고지왈 시비군자지도(이라한대) 왈 청손지(하야) 월양일계(하야) 이대래년 연후(에) 이(로다)

[2] 맹자가 <다음 같은 비유를 들어> 말했다.「지금 어떤 사람이 매일 <한 마리씩> 이웃집의 닭을 훔쳤다고 가정합시다. <그래서> 다른 사람이 그에게 말했다오.『그런 짓은 군자의 도리로 할 일이 아닙니다.』<그러자 닭을 훔친 사람이>『<죄송합니다. 앞으로는 훔치는 양을> 줄이겠습니다. 매월 한 마리만 훔치겠습니다. 그리고 내년이 되면 <완전히> 그만두겠습니다.』라고 했다고 하오.」

[어구 설명] [2] ○孟子曰(맹자왈) : 맹자가 말했다. <즉 다음 같은

비유를 들었다.> ○今有人日攘其鄰之雞者(금유인일양기린지계자) : 지금 어떤 사람이 있어, 매일 <한 마리씩> 이웃집의 닭을 훔쳤다. ○或告之曰(혹고지왈) : <그래서> 다른 사람이 그에게 말했다. ○是非君子之道(시비군자지도) : 그런 짓은 군자의 도리로 할 일이 아니다. ○曰請損之 月攘一雞(왈청손지 월양일계) : <그러자 닭을 훔친 사람이> 말했다. 「<앞으로는 훔치는 수량을> 줄이겠습니다. 매월 한 마리만 훔치겠습니다.」 ○以待來年 然後已 (이대래년 연후이) : 「그리고 내년이 되면 <완전히> 그만두겠습니다.」

【集註】(1) 攘物自來而取之也 損減也.

(1) 「양(攘)」은 「<이웃집 닭을 꼬여서> 제물로 오게 하고 잡는다」는 뜻이다. 「손(損)」은 「수량을 감소한다」는 뜻이다.

[3] 如知其非義 斯速已矣 何待來年.

여지기비의(인댄) 사속이의(니) 하대래년(이리오)

[3] <맹자의 말 계속> 「만약 옳지 않다는 것을 알았으면, 그 즉시 속히 그만두어야 합니다. 왜 내년까지 기다립니까.」

[어구 설명] [3] ○如知其非義(여지기비의) : 만약 옳지 않다는 것을 알면. ○斯速已矣(사속이의) : 그 즉시 그만두어야 한다. ○何待來年(하대래년) : 왜 내년까지 기다리는가.

【集註】(1) 知義理之不可 而不能速改 與月攘一

雞 何以異哉.

(1) 의리에 있어, 불가함을 알면서도, 속히 고치지 못하는 것은, 매월 닭 한 마리를 훔치겠다는 말과 무엇이 다르겠는가.

제8장 戴盈之章 : 白文

[1] 戴盈之曰 什一 去關市之征 今茲未能 請輕之 以待來年 然後已 何如.

[2] 孟子曰 今有人日攘其鄰之雞者 或告之曰 是非君子之道 曰 請損之 月攘一雞 以待來年 然後已.

[3] 如知其非義 斯速已矣 何待來年.

【요점 복습】 제8장 대영지장

맹자가 송(宋)나라의 대부 대영지(戴盈之)에게 말했을 것이다. 「임금에게 건의해서, 농지세(農地稅)나 관세(關稅)나 상업세(商業稅)를 감면하게 하시오.」 그러자 대영지가 「당장은 할 수 없고 내년부터 하겠다.」고 말했다. 이에 맹자가 이웃집 닭을 도둑질하는 자를 비유로 들었다. 그리고 말했다. 「옳지 않다는 것을 알면 당장에 고쳐라. 왜 내년까지 기다리는가.(如知其非義 斯速已矣 何待來年.)」

제9장 好辯章 : 총 13 구절

[1] 公都子曰 外人皆稱夫子好辯 敢問何也 孟子曰 予豈好辯哉 予不得已也 天下之生久矣 一治一亂.

공도자(이) 왈 외인(이) 개칭부자호변(하니) 감문하야(이꼬) 맹자(이) 왈 여기호변재(리오) 여부득이야(이로다) 천하지생(이) 구의(라) 일치일란(이니라)

[1] 맹자의 제자 공도자가 말했다.「밖의 모든 사람들은 선생께서 변론하기를 좋아하신다고 말합니다. 왜 그러한지 묻고자 합니다.」맹자가 말했다.「내가 어찌 변론이나 논쟁을 좋아하겠느냐. 나는 어쩔 수 없이 말을 하는 것이다. 천하에 <인간 세상이> 생긴 지 오래되었으며, 그 간에 치(治)와 난(亂)이 서로 교체하면서 이어져 내려왔다.」

[어구 설명] [1] ㅇ公都子曰(공도자왈) : 맹자의 제자 공도자가 말했다. ㅇ外人皆稱夫子好辯(외인개칭부자호변) : 밖의 모든 사람들이 선생께서 변론(辯論 : 논쟁)하기를 좋아한다고 말합니다. ㅇ敢問何也(감문하야) : 감히 묻겠습니다.「왜 그렇습니까.」ㅇ孟子曰(맹자왈) : 맹자가 말했다. ㅇ予豈好辯哉(여기호변재) : 내가 어찌 변론이나 논쟁을 좋아하겠느냐. ㅇ予不得已也(여부득이야) : 내가 <말하는 것은> 어쩔 수 없이 하는 것이다. ㅇ天下之生久矣(천하

지생구의) : 천하에 <인간 세상이> 생긴 지 오래되었다. ㅇ一治一亂(일치일란) : 그 사이에 치(治)와 난(亂)이 서로 교체하면서 이어졌다. 즉 오래 이어지는 인류역사에서 평화안정(平和安定)과 전쟁혼란(戰爭混亂)이 서로 교체하면서 오늘에 이르렀다.

【集註】(1) 生謂生民也 一治一亂 氣化盛衰 人事得失 反覆相尋 理之常也.

(1) 「생(生)」은 「생민(生民)」이란 뜻이다. 「일치일란(一治一亂)」은 「<천지의> 기(氣)가 변화(變化)하고 또 성쇠(盛衰)함에 따라 인간사(人間事)의 득실도 반복하며 이어진다. 이 모두가 하늘의 상도(常道)를 따른 것이다.」

【참고 보충】「기화성쇠(氣化盛衰) 인사득실(人事得失)」

 자연만물이나 인간세계의 「흥망(興亡)・성쇠(盛衰)・치란(治亂)」은 「천지인(天地人)」 삼자(三者)의 조화(造化)로 이루어진다. 「기화성쇠(氣化盛衰)」는 「천지의 기(氣)에 의해서 성하기도 하고 쇠하기도 한다」는 뜻이다. 봄에는 생기가 돋아나고, 가을에는 시든다. 그 속에 천리(天理)가 있다. 그러므로 사람은 천리를 따라 일을 처리해야 한다. 천리를 따르면 득(得)하고 천리를 따르지 않으면 실(失)한다. 이것을 「인사득실(人事得失)」이라고 한 것이다. 득(得)은 곧 「덕(德)」이다. 천도(天道)를 따라 지덕(地德)을 세워야 한다. 인사(人事) 중에서 가장 중대한 것이 「나라의 흥망(興亡)과 치란(治亂)」이다. 천도를 따르면 나라가 흥(興)하고 치(治)한다. 따르지 않으면 망(亡)하고 난(亂)한다.

[2] 當堯之時 水逆行 氾濫於中國 蛇龍
居之 民無所定 下者爲巢 上者爲營
窟 書曰 洚水警余 洚水者 洪水也.
당요지시(하야) 수역행(하야) 범람어중국(하야) 사룡
(이) 거지(하니) 민무소정(하야) 하자(는) 위소(하고) 상
자(는) 위영굴(하니) 서(에) 왈 강수(이) 경여(이라하니)
경수자(는) 홍수야(이니라)

[2] <맹자의 말 계속>「요임금 때에, 강물이 역류하고 넘쳐, 전 중국에 물이 범람했다. 사방에 뱀이나 용 같은 파충류가 득실댔으며, 사람들은 편하게 살 곳이 없었다. 낮은 지대 사람들은 나무 위에 집을 짓고 살았으며, 높은 지대 사람들은 굴을 파고 살았다. 서경(書經) 대우모(大禹謨)에 있다.『쏟아져 내리는 물이 우리를 놀라고 경계토록 했다.』강수는 바로 홍수다.」

[어구 설명] [2] ㅇ當堯之時(당요지시) : 요임금 때에. ㅇ水逆行(수역행) : 강물이 역류하고 넘쳤다. ㅇ氾濫於中國(범람어중국) : 전 중국에 범람했다. ㅇ蛇龍居之(사룡거지) : 뱀이나 용 같은 파충류가 득실댔다. ㅇ民無所定(민무소정) : 사람들이 안정하고 편하게 살 곳이 없었다. ㅇ下者爲巢(하자위소) : 낮은 지대 사람들은 나무 위에 집을 짓고 살았으며. ㅇ上者爲營窟(상자위영굴) : 높은 지대 사람들은 굴을 파고 살았다. ㅇ書曰(서왈) : 서경(書經) 대우모(大禹謨)에 있다. ㅇ洚水警余(강수경여) : 쏟아져 내리는 물이 우리를 놀라고 경계토록 했다.「강(洚)」은「홍」으로도 읽는다.「경(警)」은

「경(驚)」과 통한다. ㅇ洚水者 洪水也(강수자 홍수야) : 강수는 바로 홍수다.

【集註】 (1) 水逆行 下流壅塞 故水倒流而旁溢也 下下地 上高地也 營窟穴處也 書虞書大禹謨也 洚水 洚洞無涯之水也 警戒也 此一亂也.

(1)「수역행(水逆行)」은 「강의 하류가 막혀서, 강물이 역류하고 옆으로 넘쳐흐른다」는 뜻이다. 「하(下)」는 「낮은 지대」, 「상(上)」은 「고지대」를 말한다. 「영굴(營窟)」은 「굴속에 산다」는 뜻이다. 「서(書)」는 「우서(虞書) 대우모(大禹謨)」이다. 「강수(洚水)」는 「동굴에서 끝없이 쏟아져 내리는 물」을 형용한 말이다. 「경(警)」은 「경계」의 뜻이다. 이상은 <태고 때의> 일차적 혼란을 말한 것이다.

【참고 보충】「반복하는 흥망・성쇠・치란」
이 장에서 맹자는 중국 역사를 개관했다. 특히 「흥망(興亡)・성쇠(盛衰)・치란(治亂)」이 교체하고 반복하면서 이어져 나간다고 말했다. 즉 치(治) 다음에 난(亂)이 따르고, 난 다음에는 다시 치가 따른다. 그와 같은 역사 발전 과정에서 주도적 역할을 담당하는 사람이 바로 성현(聖賢)이다. 그러므로 맹자는 전국난세(戰國亂世)를 태평치세(太平治世)로 돌리기 위해서 진력하고, 또 웅변으로 세상을 깨우치고자 한 것이다.

[3] 使禹治之 禹掘地而注之海 驅蛇龍

而放之菹 水由地中行 江淮河漢是也
險阻旣遠 鳥獸之害人者消 然後人得
平土而居之.

사우치지(어시늘) 우(이) 굴지이주지해(하시고) 구사룡이방지저(하신대) 수유지중행(하니) 강회하한(이) 시야(이라) 험조(이) 기원(하며) 조수지해인자(이) 소 연후(에) 인득평토이거지(하니라)

[3] <맹자의 말 계속>「요(堯)임금이 우(禹)로 하여금 홍수를 다스리게 했다. 우는 땅을 파서 <넘치는 물을> 바다로 흘러들게 했고, 또 용이나 뱀 같은 파충류를 늪지대로 쫓아 버렸다. 그리고 물이 강줄기를 따라 흘러가게 했으니, 그 강이 바로 '장강(長江), 회수(淮水), 황하(黃河), 한수(漢水)' 등이다. <우가 치수공사를 해서> 위험하고 방해가 되었던 홍수를 멀리하고, 또 조수들이 사람을 해치는 것도 제거했다. 연후에 비로소 사람들이 평지에서 살 수 있게 되었다.」

[어구 설명] [3] ○使禹治之(사우치지) : 요임금이 우로 하여금 홍수를 다스리게 했다. ○禹掘地而注之海(우굴지이주지해) : 우는 땅을 파서 <넘치는 물을> 바다로 흘러들게 했다. ○驅蛇龍而放之菹(구사룡이방지저) : 또 용이나 뱀 같은 파충류를 늪지대로 쫓아 보냈다. ○水由地中行(수유지중행) : 강물이 땅속, 강줄기를 따라서 흘러가게 했다. ○江淮河漢是也(강회하한시야) : <그 강이 곧>

장강(長江), 회수(淮水), 황하(黃河), 한수(漢水) 등이다. ㅇ險阻旣遠(험조기원) : <우가 치수공사를 해서> 위험하고 지장이 되었던 홍수의 해를 막고 멀리했다. ㅇ鳥獸之害人者消(조수지해인자소) : 조수들이 사람을 해치는 것도 제거했다. ㅇ然後(연후) : 연후에 비로소. ㅇ人得平土而居之(인득평토이거지) : 사람들이 평지에서 살 수 있게 되었다.

【集註】(1) 掘地 掘去壅塞也 菹澤生草者也 地中兩涯之間也 險阻 謂水之氾濫也 遠去也 消除也 此一治也.

(1)「굴지(掘地)」는「막힌 것을 파서 제거한다」는 뜻이다.「저(菹)」는「풀이 자라는 택지(澤地)다.」「지중(地中)」은「양쪽 강 언덕 사이」라는 뜻이다.「험조(險阻)」는「범람하는 홍수」를 말한다.「원(遠)」은「멀리했다」는 뜻이다.「소(消)」는「제거했다」는 뜻이다. 이것은 바로 <자연의 난(亂)을> 사람의 힘으로 다스린 것이다.

【참고 보충】「치수와 국토개발」
　고대에는 자연의 위협이 많았다. 그것을 사람의 힘으로 극복했다. 그 대표자가 요임금·순임금 및 우임금이다. 이 장 전체를 통해서 우리는 맹자의 역사 발전관을 터득해야 한다. <뒤의 참고 보충 참조>

[4] 堯舜旣沒 聖人之道衰 暴君代作 壞

宮室以爲汙池 民無所安息 棄田以爲
園囿 使民不得衣食 邪說暴行又作
園囿汙池沛澤 多而禽獸至 及紂之身
天下又大亂.

요순(이) 기몰(하시니) 성인지도(이) 쇠(하야) 폭군(이)
대작(하야) 괴궁실 이위오지(하야) 민무소안식(하며) 기
전이위원유(하야) 사민부득의식(하고) 사설폭행(이) 우
작(하야) 원유오지패택(이) 다이금수(이) 지(하니) 급주
지신(하야) 천하(이) 우대란(하니라)

[4] <맹자의 말 계속>「요임금·순임금이 돌아가시
니 <요순시대의 치(治)가 끝나고> 성인의 길이 쇠퇴
하게 되었다. <그러자> 폭군들이 <뒤이어> 대대로
나타났으며 <그들은 선량한> 백성의 집을 헐고 <궁
전을 짓고> 연못을 팠다. <그래서> 백성들은 안식할
곳이 없게 되었다. <또 농민들의> 전답을 <강제로>
몰수하고 원유(苑囿)를 만들었다. <그래서> 백성들
로 하여금 살 수 없게 만들었던 것이다. <폭군과 더불
어> 사악한 학설이나 주장과 또 포악하고 난잡한 수
작들이 마구 나타났다. <그래서 폭군을 위한> 원유
(苑囿)나 깊은 못이나 소택지(沼澤地)를 더욱 많이
만들었으며 <그곳에는 백성들은 접근할 수 없고> 금
수만이 와서 살았다. 마침내 주(紂)의 대(代)에 이르
러 천하가 다시 크게 혼란하게 되었다.」

[어구 설명] [4] ㅇ堯舜旣沒(요순기몰) : 요임금·순임금이 죽고. <이에 따라 요순시대의 치세(治世)가 끝이 났다.> ㅇ聖人之道衰(성인지도쇠) : 성인의 길이 쇠퇴하다. 「성인지도(聖人之道)」는 유가사상에서 높이는 도통의 길, 즉 「요·순·우·탕왕·문왕·무왕·주공·공자」로 이어지는 인정(仁政)의 정치 도리」. ㅇ暴君代作(폭군대작) : 폭군들이 대대로 나타났다. 뒤이어 나타났다. ㅇ壞宮室以爲汙池(괴궁실이위오지) : <선량한> 백성의 집을 헐고 <폭군의 궁전이나> 연못을 팠다. 「오지(汙池)」는 움푹 파진 연못. ㅇ民無所安息(민무소안식) : 백성들은 안식할 곳이 없게 되었다. ㅇ棄田以爲園囿(기전이위원유) : <농민들의> 전답을 <강제로> 몰수하고 <폭군을 위한> 원유(苑囿)를 만들었다. 「기(棄)」는 「강제로 포기하게 만든다」는 뜻이다. ㅇ使民不得衣食(사민부득의식) : 백성들로 하여금 살 수 없게 했다. 「부득의식(不得衣食)」은 「의식을 얻지 못하다」 혹은 「옷도 입을 수 없고, 또 밥도 먹을 수 없게 하다」는 뜻이다. ㅇ邪說暴行又作(사설폭행우작) : 사악한 학설이나 주장과 아울러 포악하고 난잡한 행동이 마구 나타났다. ㅇ園囿汙池沛澤多(원유오지패택다) : <폭군을 위해 만든> 원유(苑囿)나 깊은 못이나 소택지(沼澤地)가 <각처에> 많았다. ㅇ而禽獸至(이금수지) : 그리고 <그곳에는 백성들이 접근할 수 없고> 금수만이 와서 살았다. ㅇ及紂之身(급주지신) : 마침내 주(紂)의 대(代)에 이르러. ㅇ天下又大亂(천하우대란) : 천하가 다시 크게 혼란하게 되었다.

【集註】(1) 暴君 謂夏太康 孔甲 履癸 商武乙之類

也 宮室 民居也 沛 草木之所生也 澤 水所鍾也 自堯舜沒 至此 治亂非一 及紂而又一大亂也.

(1) 「폭군(暴君)」은 하(夏)나라의 태강(太康), 공갑(孔甲), 이규(履癸) 및 은(殷)나라의 무을(武乙) 등을 말한다. 「궁실(宮室)」은 「백성들의 집」을 말한다. 「패(沛)」는 「초목이 자라는 곳」이다. 「택(澤)」은 「물이 모이는 곳」이다. 「요순(堯舜)」이 죽은 다음 그때까지도, 치란(治亂)이 여러 차례 교차했었다. 그러나 주(紂)에 이르러 다시 크게 난세가 된 것이다.

[5] 周公相武王誅紂 伐奄三年討其君 驅飛廉於海隅而戮之 滅國者五十 驅虎豹犀象而遠之 天下大悅 書曰 丕顯哉 文王謨 丕承哉 武王烈 佑啓我後人 咸以正無缺.

주공(이) 상무왕(하샤) 주주(하시고) 벌엄삼년(에) 토기군(하시고) 구비렴어해우이륙지(하시니) 멸국자(이) 오십(이오) 구호표서상이원지(하신대) 천하(이) 대열(하니) 서(에) 왈 비현재(라) 문왕모(이여) 비승재(라) 무왕렬(이여) 우계아후인(하샤대) 함이정무결(이라하니라)

[5] <맹자의 말 계속> 「주공(周公)은 무왕(武王)을 도왔다. 무왕은 폭군 주(紂)를 토벌하고 다시 <주(紂)에 가담한> 엄(奄)나라를 정벌했으며, 3년 만에 그 나라 임금을 죽였다. 또 비렴(飛廉)을 바다 끝으로

쫓아 몰고, 마침내 살육했다. 무왕(武王)은 <주(周)나라에 복종하지 않는> 50여 개의 나라를 토벌했다. 또 호랑이(虎), 표범(豹), 외뿔소(犀), 코끼리(象) 등을 멀리 쫓아냈다. <그래서> 천하 만민이 크게 좋아했다. 서경(書經) 주서(周書) 군아편(君牙篇)에 있다. 『문왕(文王)의 창업(創業)의 계략이, 크게 빛나노라. <아버지 문왕의 뜻을> 웅대하게 계승한 무왕(武王)의 무위(武威)도 크게 빛나노라. 우리들 후세 사람들을 계발하고 도와주었으므로 우리 모두가 바르고 또 무너지지 않게 되었노라.』」

[어구 설명] [5] ㅇ周公相武王誅紂(주공상무왕주주) : 주공(周公)은 무왕(武王)이 폭군 주(紂)를 토벌할 때에 도왔다. <다음의 일도 다 무왕의 공적이다.> ㅇ伐奄三年討其君(벌엄삼년토기군) : 무왕은 엄(奄)나라를 정벌했으며, 3년 만에 그 나라 임금을 죽였다. 「엄」은 주(紂)에 가담한 나쁜 나라다. ㅇ驅飛廉於海隅而戮之(구비렴어해우이륙지) : 비렴(飛廉)을 바다 끝으로 쫓아 몰고, 마침내 살육했다. 「비렴」도 폭군 주(紂)에 붙은 악인이었다. 그의 아들 오래(惡來)도 악인이었다. ㅇ滅國者五十(멸국자오십) : 무왕(武王)은 <주나라에 복종하지 않는> 50여 개의 나라를 토벌했다. ㅇ驅虎豹犀象而遠之(구호표서상이원지) : 호랑이(虎), 표범(豹), 외뿔소(犀), 코끼리(象)를 멀리 쫓았다. ㅇ天下大悅(천하대열) : 천하 만민이 크게 좋아했다. ㅇ書曰(서왈) : 서경(書經) 주서(周書) 군아편(君牙篇)에 있다. ㅇ丕顯哉 文王謨(비현재 문왕모) : 문왕

(文王)의 창업(創業)의 계략이 크게 빛나다. ㅇ丕承哉 武王烈(비승재 무왕렬) : <아버지 문왕의 뜻을> 장대하게 계승한 무왕(武王)의 무열(武烈)도. <크게 빛나다.> ㅇ佑啓我後人(우계아후인) : 우리들 후세 사람들을 계발하고 도와주니. ㅇ咸以正無缺(함이정무결) : 모두가 바른 길을 가고 또 무너지지 않게 되었노라.

【集註】(1) 奄東方之國 助紂爲虐者也 飛廉紂幸臣也 五十國皆紂黨虐民者也 書周書君牙之篇 丕大也 顯明也 謨謀也 承繼也 烈光也 佑助也 啓開也 缺壞也 此一治也.

(1)「엄(奄)」은 동방의 나라로 폭군 주(紂)를 도와, 포학한 짓을 한 나라다.「비렴(飛廉)」은 주(紂)의 사랑하는 신하다.「오십국(五十國)」은 모두 주(紂)에 붙어 백성을 학대한 나라들이다.「서(書)」는「서경(書經) 주서(周書) 군아지편(君牙之篇)」이다.「비(丕)」는「크다」는 뜻이다.「현(顯)」은「빛나다」는 뜻이다.「모(謨)」는「모책(謀策)」이다.「승(承)」은「계승(繼承)한다」의 뜻이다.「열(烈)」은「빛난다」는 뜻이다.「우(佑)」는「도와준다」는 뜻이다.「계(啓)」는「연다」는 뜻이다.「결(缺)」은「무너진다」는 뜻이다. 이상은 한 시대의 치(治)를 말한 것이다.

【참고 보충】「기화(氣化) 인사(人事) 상참(相參)」

「경원 보씨가 말했다. 이것이 하나의 치세(治世)다. 다시 기화

(氣化)와 인사(人事)가 서로 교체하는 것이다. 서경을 들어서 문왕과 무왕의 창업의 모책과 공업의 빛남을 말한 것이다.(慶源輔氏曰 此一治 又氣化人事 相參者也 擧書言 文王武王 謀謨之大功業之光)<大全註疏>

「기화(氣化)」는「하늘의 기류와 기풍이 변화한다」는 뜻이다.「인사(人事)」는「지상에 사는 인간세상의 제반사」를 말한다. 이 둘이 서로 어울리고 교체하는 것을「상참(相參)」이라고 했다.

요순(堯舜) 다음에 한동안 악덕한 자들이 나타나 세상을 어지럽히고 백성을 못살게 했다. 이에 다시 착한 사람이 나타나 악을 물리치고 길을 바로잡았다. 즉 은주혁명(殷周革命)이다. 집주(集註)의 말을 빌리면「천하의 기풍이 악화된 것을 성현이 사실적으로 바로잡았다」고 했다. 즉「난(亂)」을「치(治)」로 돌린 것이다. 그 주역이 곧 주(周)나라의 문왕(文王)·무왕(武王)·주공(周公)이었다. 그러나 서주(西周) 시대가 끝나고 동주(東周) 시대가 되자 천하가 다시 문란하게 되었다.

[6] 世衰道微 邪說暴行有作 臣弑其君者有之 子弑其父者有之.

세쇠도미(하야) 사설폭행(이) 유작(하야) 신시기군자(이) 유지(하며) 자시기부자(이) 유지(하니라)

[6] <맹자의 말 계속>「<주나라의 세력이 약해지고 위세가 시들었으며> 이에 따라 천하의 기풍과 도덕윤리가 쇠미하게 되었다. <그러자> 사악한 사상을 주장하는 자, 혹은 포악한 무력이나 간교한 술책을

행하는 자들이 나타났다. 신하로서 자기 임금을 죽이
는 자가 있는가 하면 또 자식이면서 자기 아버지를
죽이는 자도 있었다.」

[어구 설명] [6] ○世衰道微(세쇠도미) : <주나라의 세력이 약해지고 위세가 시들었다.> 이에 따라 천하의 기풍과 도덕 윤리가 쇠미하게 되었다. 주(周)나라 평왕(平王)이 도읍을 호경(鎬京)에서 동쪽 낙읍(洛邑)으로 옮겼다. 그래서 동주(東周)라고 했다. 동주시대를 다시 춘추시대(春秋時代 : 약 B.C. 770~B.C. 440)와 전국시대(戰國時代 : 약 B.C. 440~B.C. 220)로 나눈다. 공자는 춘추시대에 속하고, 맹자는 전국시대에 속한다. ○邪說暴行有作(사설폭행유작) : 사악한 사상을 주장하는 자, 혹은 포악한 무력이나 간교한 술책을 행하는 자들이 나타났다. ○臣弑其君者有之(신시기군자유지) : 신하로서 자기 임금을 죽이는 자가 있었고. ○子弑其父者有之(자시기부자유지) : 자식이면서 자기 아버지를 죽이는 자도 있었다.

【集註】(1) 此 周室東遷之後 又一亂也.

(1) 이는 곧 주 왕실이 동쪽으로 옮겨간 뒤의 일이다. 세상이 다시 한번 흐트러졌다.

[7] 孔子懼 作春秋 春秋天子之事也 是故 孔子曰 知我者其惟春秋乎 罪我者其惟春秋乎.

공자(이) 구(하샤) 작춘추(하시니) 춘추(는) 천자지사야
(이라) 시고(로) 공자(이) 왈 지아자(는) 기유춘추호(이
며) 죄아자(는) 기유춘추호(인디하시니라)

[7] <맹자의 말 계속> 「공자가 이러한 사태를 두려워 하고 춘추를 지었다. 춘추의 필법(筆法)은 <천명을 받고 천하를 다스리는> 천자만이 쓸 수 있는 기술방법이었다. 그러므로 공자가 말했다.『나를 알고 칭찬할 사람도 춘추를 바탕으로 할 것이다. 나를 배척하고 죄 줄 사람도 춘추를 바탕으로 할 것이다.』」

[어구 설명] [7] ㅇ孔子懼(공자구) : 공자가 이러한 사태를 두려워하고. ㅇ作春秋(작춘추) : 춘추를 저술했다. 춘추는 원래 노(魯)나라의 역사를 적은 연대기(年代記)다. 재래의 학설은 「공자가 대의명분을 밝히려고 가필했다」고 했다. 그러나 맹자는 「공자가 춘추를 자술했다」고 말했다. ㅇ春秋天子之事也(춘추천자지사야) : 춘추의 필법(筆法)은 <천명을 받고 천하를 다스리는> 천자의 위치에서 한 역사 기술 방법이다. 하늘의 위치에서 대의명분을 밝히는 글을 쓰는 것을 「춘추필법(春秋筆法)」이라고 한다. ㅇ是故(시고) : 그러므로. ㅇ孔子曰(공자왈) : 공자가 말했다. ㅇ知我者其惟春秋乎(지아자기유춘추호) : 나를 알고 칭찬해 줄 사람도 춘추를 바탕으로 한다. ㅇ罪我者其惟春秋乎(죄아자기유춘추호) : 나를 욕하고 죄를 줄 사람도 춘추를 바탕으로 한다.

【集註】(1) 胡氏曰 仲尼作春秋 以寓王法 厚典庸禮 命德討罪 其大要 皆天子之事也.

(1) 호씨(胡氏)가 말했다. 「중니(仲尼) 공자가 춘추를 저술한 의도는 왕법(王法)을 기준으로 하고, <제후에게> 전법(典法)을 높이고, 의례(儀禮)를 준수하고자 함이었다. 또 덕 있는 자에게는 명을 내리고, 죄지은 자를 토벌한다는 뜻을 밝히고자 한 것이다. 춘추의 대요는 모두 천자가 할 일을 <공자가> 적은 것이다.」 <왕법(王法)은 왕도덕치(王道德治)의 법.>

【集註】(2) 知孔子者 謂此書之作 遏人欲於橫流 存天理於旣滅 爲後世 慮至深遠也.

(2) <호씨의 말> 「공자를 안다(知孔子者)」고 한 것은 <다음 같은 공자의 깊은 뜻을 아는 사람이라는 뜻이다.> 곧 「<춘추를 저술한 공자의 의도가 사람으로 하여금> 넘치는 인욕(人欲)을 억제하고 <마음속에서> 이미 사라진 천리(天理)를 되살려서 후세를 바로잡게 하자는 깊고 원대한 생각이다.」 <이러한 뜻을 아는 사람이 「지공자자(知孔子者)」다.

【集註】(3) 罪孔子者 以謂無其位 而託二百四十二年南面之權 使亂臣賊子 禁其欲而不得肆則戚矣.

(3) <호씨의 말> 「공자를 벌한다(罪孔子者)」고 한 말은 곧 다음 같은 뜻을 말한 것이다. 「공자가 천자의 자리에 오른 것도 아닌데 춘추시대 242년 동안 마치 남면하고 천하를 다스린 듯한 처지에서, 천자의 권위를 가탁(假託)하고 난신적자

(亂臣賊子)로 하여금, 나쁜 욕심을 금하고, 멋대로 악을 행하지 못하게 하고 겁을 먹게 했다는 뜻이다.」

【集註】(4) 愚謂孔子作春秋 以討亂賊 則致治之法 垂於萬世 是亦一治也.

(4) 나는 생각한다.「공자가 춘추를 저술한 것은, 난신적자(亂臣賊子)를 토벌하고, 도덕정치의 법도를 만들어 만세에 내려주고자 한 것이다. 이것 역시 한 시대의 치(治)이다.」

【참고 보충】「춘추필법(春秋筆法)」

공자는 노나라의 역사기술을 천도를 기준으로 선악(善惡)을 분명히 가리고, 또 대의명분(大義名分)을 따라 준엄하게 심판했다. 그러므로 천도를 따르는 선한 사람은 공자를 좋아할 것이고, 천도를 어기고 악덕한 짓을 한 자들은 공자를 미워할 것이다. 오늘의 세계가 바로 난세다. 강대국이 무력으로 약소국가를 유린하고 인류사회를 약육강식(弱肉强食)의 생지옥으로 빠뜨리고 있다. 그런데도 무식하고 악덕한 지식인들은 맹목적으로 강대국의 간악한 논리를 기준으로 동양의 숭고한 사상을 무시하고 개인적으로나 집단적으로나 악행을 거듭하고 있다.

[8] 聖王不作 諸侯放恣 處士橫議 楊朱墨翟之言盈天下 天下之言不歸楊則歸墨 楊氏爲我 是無君也 墨氏兼愛 是無父也 無父無君 是禽獸也 公明

儀曰 庖有肥肉 廐有肥馬 民有饑色
野有餓莩 此率獸而食人也 楊墨之道
不息 孔子之道不著 是邪說誣民 充
塞仁義也 仁義充塞 則率獸食人 人
將相食.

성왕(이) 부작(하야) 제후(이) 방자(하며) 처사(이) 횡의(하야) 양주묵적지언(이) 영천하(하야) 천하지언(이) 불귀양 즉귀묵(하니) 양씨(는) 위아(하니) 시(는) 무군야(이오) 묵씨(는) 겸애(하니) 시(는) 무부야(이니) 무부무군(은) 시(이) 금수야(이니라) 공명의(이) 왈 포유비육(하며) 구유비마(이어든) 민유기색(하며) 야유아표(이면) 차(는) 솔수이사인야(이라하니) 양묵지도(이) 불식(하면) 공자지도(이) 부저(하리니) 시(는) 사설(이) 무민(하야) 충색인의야(이니) 인의충색 즉솔수사인(하다가) 인장상식(하리라)

[8] <맹자의 말 계속>「<공자 이후에도> 성왕이 나타나지 않고 성왕의 도가 진작되지 않자 제후들이 저마다 방자하게 되었다. <즉 전국시대에 제후가 저마다 왕이라 하고 서로 무력 전쟁에만 몰두했다.> 또 포의 처사들이 제멋대로 사악한 주장을 내세웠다. <그래서> 양주와 묵자의 사설(邪說)이 천하에 넘쳤다. <그래서> 천하의 사상은 양주에 기울지 않으면 묵자에 귀속했던 것이다. 양주는 나만을 위주로 했으니 이는 임금을 부정하는 사상이다. 묵자의 겸애 사상

은 부친의 존재를 부정하는 사상이다. 부친도 무시하고 임금도 무시하는 사상은 바로 금수의 사상이다. 노(魯)나라의 현인(賢人) 공명의가 말했다.『임금이나 통치자들의 푸주간에는 기름진 고기가 가득히 쌓여있고, 임금이나 귀족들의 마구간에는 살찐 말들이 있는데 <반대로> 백성들 얼굴에는 굶주리고 허기진 기색이 떠돌고 들판에는 굶어죽은 사람의 시체가 버려져 있다. 이러한 현상은 <임금이나 위정자가 백성을 돌보지 않고> 짐승을 끌어다가 사람을 먹게 하는 짓이라 하겠다.』양주나 묵자가 주장하는 금수의 도리가 종식되지 않으면 공자의 주장이나 도리가 나타나지 못하고, <따라서> 사설(邪說)이 백성들을 무망(誣罔)하고 인의의 길을 저해하고 가로막는다. 인의의 길과 도리가 막히면, 즉 <임금이나 위정자들이 인의의 정치를 행하지 못하고> 짐승들을 끌어다가 사람을 먹게 하게 되는 것이다. <뿐만이 아니다.> 장차는 사람이 서로 사람을 잡아먹게 될 것이다.」

[어구 설명] [8] ㅇ聖王不作(성왕부작) : <공자 사후에도> 성왕이 나타나지 않고, 성왕의 도가 진작되지 않자. ㅇ諸侯放恣(제후방자) : 제후들이 저마다 방자하게 되었다. 전국시대(戰國時代)에는 제후가 저마다 왕(王)을 참칭(僭稱)했다. ㅇ處士橫議(처사횡의) : 처사(處士)들이 제멋대로 사악한 주장을 내세웠다.「처사」는 벼슬하지 않고 야에 있는 선비. 포의(布衣)의 학자나 사상가. 전국시대

에는 제자백가(諸子百家)가 서로 자기 주장을 내세우고, 논쟁(論爭)했다. ㅇ楊朱(양주) : 전국시대 위(衛)나라 사람. 극단적인 개인주의와 이기주의를 주장했다. 맹자는 그를 비판했다.「머리털 하나를 뽑아 천하를 이롭게 해도, 하지 않았다.(拔一毛而利天下 不爲也)」ㅇ墨翟之言 盈天下(묵적지언 영천하) : 묵자(墨子)의 주장이 천하에 넘치고 퍼졌다.「묵적(墨翟)」은 곧 묵자다. 노(魯)나라 사람으로 송(宋)나라에서 대부(大夫)를 지내기도 했다. 그의 사상의 특색은「겸애(兼愛)·비공(非攻)·상검(尙儉)」이다.「겸애(兼愛)」는「무차별적 박애사상(博愛思想)」이다.「비공(非攻)」은「철저한 반전 평화사상(反戰平和思想)」이다.「상검(尙儉)」은「검소 절약주의(儉素節約主義)」다. 특히 유교의 예교(禮敎)를 지나친 형식주의적 낭비라고 심하게 반대했다. ㅇ天下之言(천하지언) : 당시의 천하의 사상이나 주장. ㅇ不歸楊則歸墨(불귀양즉귀묵) : 양주(楊朱)의 사상이 아니면 즉 묵자(墨子) 사상에 돌아갔다. ㅇ楊氏爲我 是無君也(양씨위아 시무군야) : 양주는 나만을 위주로 한다. 그 사상은 임금을 부정하는 사상이다. <공동체를 다스리는 사람이 임금이다. 철저한 개인주의나 이기주의는 공동체와 임금도 부정하게 마련이다.> ㅇ墨氏兼愛 是無父也(묵씨겸애 시무부야) : 묵자의 무차별적 겸애 사상은 부친의 존재를 부정하게 된다. <유교사상은 자기를 생육한 부모를 남보다 더 사랑하라고 가르친다. 묵자는 사랑의 차등을 두지 말라고 주장한다. 결국 자기 생명의 뿌리인 부모도 몰라보는 사상이다.> ㅇ無父無君(무부무군) : 부친도 무시하고 임금도 무시하는 사상은. ㅇ是禽獸也(시금수야) : 바로 금수의 사상이다. ㅇ公明儀曰(공명의왈) : 노(魯)나라의 현인(賢人)

공명의가 말했다. ○庖有肥肉(포유비육) : 임금이나 귀족들의 푸주간에는 기름진 고기가 가득히 쌓여 있다. ○廐有肥馬(구유비마) : 임금이나 귀족들의 마구간에는 살찐 말들이 사육되고 있는데. ○民有饑色(민유기색) : 백성들 얼굴에는 굶주리고 허기진 기색이 넘친다. ○野有餓莩(야유아표) : 들판에는 굶어죽은 사람의 시체가 버려져 있다. 「표(莩)」는 「굶어죽을 표(殍)」와 같다. ○此率獸而食人也(차솔수이사인야) : 이러한 현상은 <임금이나 위정자가 백성을 돌보지 않고> 짐승을 끌어다가 사람을 먹게 하는 짓이라 하겠다. ○楊墨之道不息(양묵지도불식) : 양주나 묵자가 주장하는 금수의 도리가 종식되지 않으면. ○孔子之道不著(공자지도부저) : 공자의 주장이나 도리가 나타나지 못한다. ○是邪說誣民(시사설무민) : 그러면 사설(邪說)이 백성들을 무망(誣罔)하고. ○充塞仁義也(충색인의야) : 인의의 도를 저해하고 가로막는다. ○仁義充塞(인의충색) : 인의의 길과 도리가 막히면. ○則率獸食人(즉솔수사인) : <임금이나 위정자들이 인의의 정치를 행하지 못하고> 짐승들을 끌어다가 사람을 먹게 하는 것이다. ○人將相食(인장상식) : <뿐만이 아니다.> 장차는 사람들이 서로 잡아먹게 될 것이다.

【集註】(1) 楊朱 但知愛身 而不復知有致身之義 故無君 墨子 愛無差等 而視其至親 無異衆人 故無父 無父無君 則人道滅絕 是亦禽獸而已 公明儀之言 義見首篇 充塞仁義 謂邪說徧滿 妨於仁義也.

(1) 양주(楊朱)는 오직 자기 한 몸을 사랑할 줄 알지만, 자기 몸을 <나라에> 바쳐야 한다는 깊은 뜻을 알지 못했다. 그러므로 임금 없는 사상이다. 묵자(墨子)는 사랑에 차등이 없으며 지극히 친근한 부모를 일반 대중과 같이 보고자 했다. 그래서 부친이 없는 사상이다. 아비가 없고 임금이 없는 사상은 인류 도덕이 송두리째 단절되고 죽어버린 사상이며, 이 또한 금수의 사상일 뿐이다. 공명의의 말은 「등문공 상(滕文公 上) 제1장」에도 보인다. 「충색인의(充塞仁義)」는 곧 「사설(邪說)이 세상에 넘치고 인의에 방해가 된다」는 뜻을 말한 것이다.

【集註】(2) 孟子引儀之言 以明楊墨道行 則人皆無父無君 以陷於禽獸 而大亂將起 是亦率獸食人 而人又相食也 此又一亂也.

(2) 맹자가 공명의의 말을 인용한 것은 다음 같은 뜻을 밝히고자 해서다. 「양주(楊朱)나 묵자(墨子)의 도리가 퍼지면, 사람들이 아비도 몰라보고, 임금도 몰라보는 금수 같은 존재로 전락한다. 따라서 큰 변란이 일어날 것이다. 이러한 사태 역시 짐승을 몰아다가 사람을 먹게 하고, 또 사람들로 하여금 서로 잡아먹게 하는 짓이 되는 것이다.」 <이러한 뜻을 밝히고자 맹자가 공명의의 말을 인용한 것이다.> 이 구절은 또 한 차례의 <사상적> 난(亂)을 말한 것이다.

[9] 吾爲此懼 閑先聖之道 距楊墨 放淫辭 邪說者 不得作 作於其心 害於其事 作於其事 害於其政 聖人復起 不易吾言矣.

오(이) 위차구(하여) 한선성지도(하야) 거양묵(하며) 방음사(하여) 사설자(이) 부득작(케하노니) 작어기심(하야) 해어기사(하며) 작어기사(하여) 해어기정(하나니) 성인(이) 부기(하샤도) 불역오언의(시리라)

[9] <맹자의 말 계속> 「나는 이러한 사태를 두려워하므로 선성(先聖)들의 도를 지키고 양주나 묵자를 막고 기타의 허무맹랑한 사설을 추방하고 이단사설이 다시는 나타나지 못하게 하고자 한다. 사설이 마음속에 일어나면 일을 해치게 된다. 모든 일에 사설이 작용하면 마지막에는 <바른> 정치를 해치게 된다. <앞으로 다른> 성인이 나타난다 해도 <나의 생각이나 주장을> 고치지 않고 옳다고 인정해 줄 것이다.」

[어구 설명] [9] ㅇ吾爲此懼(오위차구) : 나는 이러한 사태를 두려워한다. ㅇ閑先聖之道(한선성지도) : 그래서 선성(先聖)들의 도를 지키고. 「한(閑)」을 「지키다[衛]」로 풀이한다. ㅇ距楊墨(거양묵) : 양주나 묵자를 막고. ㅇ放淫辭(방음사) : 기타의 허무맹랑한 사설을 추방하고. ㅇ邪說者不得作(사설자부득작) : 이단사설이 다시는 나타나지 못하게 한다. ㅇ作於其心 害於其事(작어기심 해어

기사) : 사설이 마음속에 일어나면, 일을 해치게 된다. ○作於其事 害於其政(작어기사 해어기정) : 모든 일에 사설이 작용하면, 마지막에는 <바른> 정치를 해치게 된다. ○聖人復起 不易吾言矣(성인부기 불역오언의) : <앞으로 다른> 성인이 나타난다 해도, <나의 생각이나 주장을> 고치지 않고 옳다고 할 것이다.

【集註】(1) 閑衛也 放驅而遠之也 作起也 事所行 政大體也 孟子雖不得志於時 然楊墨之害 自是滅息 而君臣父子之道 賴以不墜 是亦一治也.

(1) 「한(閑)」은 「지키다[衛]」의 뜻이다. 「방(放)」은 「멀리 쫓아내다」의 뜻이다. 「작(作)」은 「일어나다」의 뜻이다. 「사(事)」는 「행하는 일」의 뜻이다. 「정(政)」은 「<행하는 일 중에 가장> 큰 몸통」이다. <즉 국가정치가 중대한 일이다.> 맹자는 비록 당시에 뜻을 이루지는 못했다. <즉 왕도인정(王道仁政)을 구현하지 못했다.> 그러나 양주나 묵자 사상의 해독을 소멸케 하고 <인륜의 대도인> 군신과 부자의 도를 지키고 잃지 않게 했다. 이와 같은 <맹자의 공적은> 역시 한 시대의 치(治)이다.

【集註】(2) 程子曰 楊墨之害 甚於申韓 佛老之害 甚於楊墨 蓋楊氏 爲我 疑於義 墨氏 兼愛 疑於仁 申韓則淺陋易見 故孟子止闢楊墨 爲其惑世之甚也 佛氏之言近理 又非楊墨之比 所以爲害尤甚.

(2) 정자(程子)가 말했다. 「양주와 묵자의 해는 신불해(申不

害)나 한비자(韓非子)보다도 심하다. 그리고 불교와 노자(老子)의 해독은 양주나 묵자보다 더 심하다. 양주의 이기주의(利己主義)는 도의(道義)면에서 의심하게 만들고, 묵자의 겸애사상(兼愛思想)은 인애(仁愛)면에서 의심하게 만든다. 신불해나 한비자의 사상이 천박하고 누추하다는 것은 누구나 쉽게 알 수 있다. 그러므로 맹자는 양주와 묵자를 <가장 극렬하게> 배척하고 막았던 것이다. <그 이유는> 그들이 가장 심하게 혹세무민(惑世誣民)하기 때문이다. 불교의 말은 도리에 가깝다. <그래서 사람들이 빠지기 쉬우며> 양주나 묵자에 비할 바가 아니다. 그래서 해가 더욱 심하다.」

[10] 昔者 禹抑洪水 而天下平 周公兼夷狄 驅猛獸 而百姓寧 孔子成春秋 而亂臣賊子懼.

석자(에) 우(이) 억홍수이천하(이) 평(하고) 주공(이) 겸이적 구맹수 이백성(이) 영(하고) 공자(이) 성춘추 이란신적자(이) 구(하니라)

[10] <맹자의 말 계속>「옛날에 우왕(禹王)이 홍수를 다스리고 <국토를 개발하여> 천하가 평탄하게 되고, 만민이 편하게 살게 되었다. 주공단(周公旦)이 오랑캐와 아울러 맹수들을 쫓아냈다. 그래서 백성들이 편안하게 살게 되었다. 공자가 <천명을 받은 천자의 위치에서> 춘추(春秋)를 저술하고 대의명분(大義名分)

을 밝혔다. 그래서 난신적자(亂臣賊子)들이 겁을 먹
고 떨었던 것이다.」

[어구 설명] [10] ○昔者(석자) : 옛날에. ○禹抑洪水(우억홍수) :
우왕(禹王)이 홍수를 막았다. <우왕의 치수(治水)에는 국토 개발
이 포함된다.> ○而天下平(이천하평) : 그래서 천하가 평탄하게
되고, 만민이 편하게 살게 되었다. ○周公兼夷狄驅猛獸(주공겸이
적구맹수) : 주공단(周公旦)이 오랑캐와 아울러 맹수들을 쫓아냈
다. ⇒「참고 보충」 ○而百姓寧(이백성녕) : 그래서 백성들이 편안
하게 살게 되었다. ○孔子成春秋(공자성춘추) : 공자가 <천명을
받은 천자의 위치에서> 춘추(春秋)를 저술하고, 대의명분(大義名
分)을 밝혔다. ○而亂臣賊子懼(이란신적자구) : 그래서 난신적자
(亂臣賊子)들이 겁을 먹고 떨었다.

【集註】(1) 抑止也 兼幷之也 總結上文也.

(1)「억(抑)」은「막는다」는 뜻이다.「겸(兼)」은「아울러」의 뜻
이다. 이 구절은 위를 다 묶은 것이다.

[11] 詩云 戎狄是膺 荊舒是懲 則莫我敢承 無父無君 是周公所膺也.

시운 융적시응(하니) 형서시징(하야) 즉막아감승(이라하
니) 무부무군(은) 시주공소응야(이니라)

[11] <맹자가 시경(詩經)을 인용하고 말했다.>「시경
노송(魯頌) 비궁편(閟宮篇)에 있다.『미개한 서북쪽
의 오랑캐 융적(戎狄)을 응징하노라. 남쪽 오랑캐 형

서(荊舒)도 응징하노라. 그러니 아무도 감히 나를 막지 못하노라.』<이와 같이> 아버지도 모르고 임금도 모르는 <금수 같은 자를> 주공이 응징했던 것이다.」

[어구 설명] [11] ㅇ詩云(시운) : 시경(詩經) 노송(魯頌) 비궁편(閟宮篇)에 있다. ㅇ戎狄是膺(융적시응) : <미개한 서북쪽의 오랑캐> 융적(戎狄)을 응징한다. ㅇ荊舒是懲(형서시징) : 남쪽 오랑캐 형서(荊舒)도 응징한다. ㅇ則莫我敢承(즉막아감승) : 즉 아무도 감히 나를 막지 못한다. 「승(承)」은 「당(當, 擋)」으로 풀이한다. ㅇ無父無君(무부무군) : <인륜 도덕을 모르고> 아버지도 모르고 임금도 모르는. <금수 같은 자들을> ㅇ是周公所膺也(시주공소응야) : 주공이 응징했던 것이다.

【集註】(1) 說見上篇 承當也.

(1) 해설은 상편(上篇), 즉 「등문공 상(滕文公 上) 제4장」에 보인다. 「승(承)」은 「당(當)」의 뜻이다.

[12] 我亦欲正人心 息邪説 距詖行 放淫辭 以承三聖者 豈好辯哉 予不得已也.

아(이) 역욕정인심(하야) 식사설(하며) 거피행(하며) 방음사(하야) 이승삼성자(이로니) 기호변재(리오) 여(이) 부득이야(이니라)

[12] <맹자의 말 계속>「나도 역시 사람들의 마음을 바르게 잡아주고, 이단사설을 종식하고 그릇되고 빗

나간 행동을 막고, 방자하고 망발된 말을 추방하고 앞의 세 성인들의 뒤를 이으려고 원한다. 내가 어찌 변론하기를 좋아하겠느냐. <내가 말을 많이 하는 것은> 어쩔 수 없이 말하는 것이다.」

[어구 설명] [12] ㅇ我亦欲正人心(아역욕정인심) : 나도 역시 사람들의 마음을 바르게 잡아주고. ㅇ息邪說(식사설) : 이단사설을 종식하고. ㅇ距詖行(거피행) : 그릇되고 편파적인 행동을 막고. ㅇ放淫辭(방음사) : 방자하고 망발된 말을 추방하고. ㅇ以承三聖者(이승삼성자) : 앞의 세 성인들을 계승하려고 한다. 앞의 「욕(欲)」은 여기까지 걸린다. ㅇ豈好辯哉(기호변재) : 내가 어찌 변론하기를 좋아하겠느냐. <내가 말을 많이 하는 것은> ㅇ予不得已也(여부득이야) : 어쩔 수 없이 말하는 것이다.

【集註】(1) 詖淫 解見前篇 辭者 說之詳也 承繼也 三聖禹周公孔子也 蓋邪說橫流 壞人心術 甚於洪水猛獸之災 慘於夷狄簒弑之禍 故孟子深懼而力救之 再言豈好辯哉 予不得已也 所以深致意焉 然非知道之君子 孰能眞知其所以不得已之故哉.

(1) 「피(詖)」와 「음(淫)」의 뜻은 전편(前篇), 즉 「공손추 상(公孫丑 上) 제2장」에 보인다. 「사자(辭者)」는 「상세히 말한다」는 뜻이다. 「승(承)」은 「계승(繼承)한다」는 뜻이다. 「삼성(三聖)」은 「우(禹), 주공(周公) 및 공자(孔子)」다. 대개 이단사설이 횡행하고 퍼지면, 모든 사람의 마음이나 일을 파괴하며,

<그 해가> 홍수나 맹수의 재난보다 더 심하고, 또 오랑캐나 혹은 임금을 죽이는 찬탈자의 화보다 더 참혹하다. 그러므로 맹자가 깊이 두려워하고 힘써 구제하려 한 것이다. 맹자는 거듭「내가 어찌 변론하기를 좋아하겠는가? 부득이해서이다」라고 말한 것은「맹자의 뜻이 심각하기 때문이다.」그러나 도를 터득한 군자가 아니고서는, 어느 사람이「맹자가 부득이하게 말한다」는 깊은 연유를 참으로 알겠는가.

[13] 能言距楊墨者 聖人之徒也.

능언거양묵자(는) 성인지도야(이니라)

[13] <맹자의 말>「양주나 묵자를 막고 물리칠 사람은 성인의 학도이다.」라고 말할 수 있다.

[어구 설명] [13] ㅇ能言(능언): 말할 수 있다. ㅇ距楊墨者(거양묵자): 양주나 묵자를 막고 물리치는 사람. ㅇ聖人之徒也(성인지도야): 성인의 학도(學徒)이다. 즉 공자 학파의 유학자다.

【集註】(1) 言苟有能爲此距楊墨之說者 則其所趨正矣 雖未必知道 是亦聖人之徒也 孟子旣答公都子之問 而意有未盡 故復言此.

(1) 이 말은 곧 다음 같은 뜻을 말한 것이다.「조금이라도 능히 양주나 묵자의 사설을 물리칠 수 있다면, 그 나가는 바가 옳게 마련이다. 비록 도리를 다 알지 못해도 역시 성인의 학도일 것이다.」맹자가 이미 공도자의 질문에 답을 했으나 뜻에 미

진한 바가 있으므로, 다시 이렇게 말한 것이다.

【集註】(2) 蓋邪說害正 人人得而攻之 不必聖賢 如春秋之法 亂臣賊子 人人得而誅之 不必士師也 聖人救世立法之意 其切如此 若以此意推之 則不能攻討 而又唱爲不必攻討之說者 其爲邪詖之徒 亂賊之黨 可知矣.

(2) 대개 사설은 정도를 해치는 것이라 모든 사람이 공격할 수 있으며 반드시 성현을 필요로 하지 않는다. 춘추필법으로 밝혀진 난신적자 같은 자는 모든 사람이 토벌할 수 있으며, 반드시 옥리(獄吏)가 아니라도 된다. 성인의 구세(救世)와 입법(立法)의 뜻이 이렇게 절실했다. 이와 같은 뜻을 미루어 보면 <이단사설을> 공격하고 타도하지 못하거나 또는 공격하고 타도할 필요가 없다고 말하는 자들도 역시 사악하고 편파적 무리 혹은 난적의 일당이 됨을 알 수 있다.

【集註】(3) 尹氏曰 學者於是非之原 毫釐有差 則害流於生民 禍及於後世 故孟子辯邪說 如是之嚴 而自以爲承三聖之功也 當是時 方且以好辯目之 是以常人之心 而度聖賢之心也.

(3) 윤씨가 말했다. 「학자는 시비의 근원에 있어, <만약에> 털끝만큼이라도 차질이 있으면, 그 폐해가 모든 사람에게 퍼

지고 또 화가 후세에까지 미친다. 그러므로 맹자는 사설을 이와 같이 엄격하게 분별했으며 자신의 공이 삼성(三聖)에 이어진다고 생각했던 것이다. 당시 맹자가 변론을 좋아한다고 지목한 것은 평범한 사람들의 마음으로 성현(聖賢)의 마음을 헤아린 것이니라.」

【참고 보충】「치란(治亂)과 오늘의 세계」

공자의 춘추시대(春秋時代)에는 오패(五覇)가 무력을 바탕으로 패권을 자랑했다. 그러나, 패자(覇者)는 입으로나마 존왕양이(尊王攘夷)를 주장했으며, 미처 노골적으로 주왕실(周王室) 타도를 외치지는 않았다.

그 속에서 공자가 학문과 덕행을 겸비한 군자(君子)를 양성하고, 인정덕치(仁政德治)를 회복하고, 평천하(平天下)를 실현하고자 진력했던 것이다. 그러나 공자의 염원은 달성되지 않고, 시대와 더불어 세상은 더욱 타락하고 혼란에 빠졌다.

그리하여 마침내 전국시대(戰國時代)에 돌입하게 되었다. 전국시대는 중국 역사상 가장 악덕한 난세(亂世)였다. 그 때에 맹자가 나타나, 중국의 도통(道統)을 계승한 공자의 사상을 선양하고 천하를 바로잡으려고 고군분투했던 것이다.

맹자는 역사의 치(治)와 난(亂)을 다음같이 추렸다.

① 요순(堯舜)의 치세(治世).
② 홍수(洪水)와 한발(旱魃) 및 금수에 시달리는 난세.
③ 우(禹)의 치수(治水)와 국토개발은 치세(治世).
④ 하(夏)나라 은(殷)나라의 포학무도한 폭군에 시달린 악덕정

치시대로 극심한 난세(亂世).

 ⑤ 주(周)나라 문왕(文王), 무왕(武王), 주공(周公)의 서주(西周) 시대는 치세(治世).

 ⑥ 동주(東周)에 접어들면서 난세(亂世).

 ⑦ 공자(孔子)가 나타나 춘추(春秋)를 저술하고 난신적자(亂臣賊子)를 심판한 것은 치세(治世)의 상징이다. 즉 정신적·도덕적으로 인류를 바로잡고자 한 것이다.

 ⑧ 전국칠웅(戰國七雄)이 무력으로 침략 병탄(侵略倂呑)만을 일삼고, 종횡가(縱橫家)가 권모술책을 농하고 또 양주(楊朱)와 묵자(墨子)가 사설(邪說)을 가지고 만민을 미혹한 것은 무력적으로나 정신적으로나 난세(亂世) 중의 난세였다.

 그래서 맹자가 부득이하게 사상과 변론을 통해서 바로잡으려고 했던 것이다.

 무력적 난세 : 전국시대는 무력전쟁과 침략병탄(侵略倂呑)이 노골화했다. 그래서 서주(西周) 시대의 백여 개나 되었던, 제후국(諸侯國)들이 강대국에게 멸망당하거나 병탄되고 마침내 일곱 나라가 남았다. 전국칠웅(戰國七雄)은 「진(秦), 초(楚), 제(齊), 연(燕), 위(魏), 조(趙), 한(韓)」 등 일곱 개의 강대국이다. 그러나 결국에는 이리나 호랑이 같은 진(秦)나라에 의해서 무력적으로 통일되었다.

 사상적 혼란 : 제자백가(諸子百家) 속에는 전략병가(戰略兵家), 형명법가(刑名法家), 책략종횡가(策略縱橫家) 등도 있었다. 그러나 양주(楊朱)의 철저한 개인주의와 묵가(墨家)의 겸애(兼愛)·비공(非攻)·상검(尙儉) 사상과 아울러 노장(老莊)의 도가(道家) 사상이 사람의 마음을 혼란케 했다.

제9장 好辯章 : 白文

[1] 公都子曰 外人皆稱夫子好辯 敢問何也 孟子曰 予豈好辯哉 予不得已也 天下之生久矣 一治一亂.

[2] 當堯之時 水逆行 氾濫於中國 蛇龍居之 民無所定 下者爲巢 上者爲營窟 書曰 洚水警余 洚水者 洪水也.

[3] 使禹治之 禹掘地而注之海 驅蛇龍而放之菹 水由地中行 江淮 河漢是也 險阻旣遠 鳥獸之害人者消 然後人得平土而居之.

[4] 堯舜旣沒 聖人之道衰 暴君代作 壞宮室以爲汙池 民無所安息 棄田以爲園囿 使民不得衣食 邪說暴行又作 園囿汙池沛澤 多而禽獸至 及紂之身 天下又大亂.

[5] 周公相武王誅紂 伐奄三年討其君 驅飛廉於海隅而戮之 滅國者五十 驅虎豹犀象而遠之 天下大悅 書曰 丕顯哉 文王謨 丕承哉 武王烈 佑啓我後人 咸以正無缺.

[6] 世衰道微 邪說暴行有作 臣弑其君者有之 子弑其父者有之.

[7] 孔子懼 作春秋 春秋 天子之事也 是故 孔子曰 知我者其惟春秋乎 罪我者其惟春秋乎.

[8] 聖王不作 諸侯放恣 處士橫議 楊朱墨翟之言盈天下 天下之言不歸楊則歸墨 楊氏爲我 是無君也 墨氏兼愛 是無父也 無父無君 是禽獸也 公

明儀曰 庖有肥肉 廐有肥馬 民有饑色 野有餓
莩 此率獸而食人也. 楊墨之道不息 孔子之道
不著 是邪說誣民 充塞仁義也 仁義充塞 則率
獸食人 人將相食.

[9] 吾爲此懼 閑先聖之道 距楊墨 放淫辭 邪說者
不得作 作於其心 害於其事 作於其事 害於其
政 聖人復起 不易吾言矣.

[10] 昔者禹抑洪水而天下平 周公兼夷狄 驅猛獸
而百姓寧 孔子成春秋而亂臣賊子懼.

[11] 詩云 戎狄是膺 荊舒是懲 則莫我敢承 無父無
君 是周公所膺也.

[12] 我亦欲正人心 息邪說 距詖行 放淫辭 以承三
聖者 豈好辯哉 予不得已也.

[13] 能言距楊墨者 聖人之徒也.

【요점 복습】 제9장 호변장

「제9장 호변장」은 맹자 사상을 연구하는 데, 매우 중요한 글이
다. 총체적으로는 맹자가 격렬하게 양주(楊朱)와 묵자(墨子)의 이
단사설(異端邪說)을 격파해야 한다는 주장이다. 양주의 이기주의
(利己主義)와 묵자의 무차별적 겸애사상(兼愛思想)은 결국「무군
무부(無君無父)」사상이다.「무군(無君)」은 곧「국가라는 공동체
(共同體)와 그 중심이 되는 임금을 부정하고 무시하는 사상이다.」
「무부(無父)」는 곧「부모의 존재와 고마움을 모른다」는 뜻이다.
이러한 사상은「인간이 아닌 금수의 도리를 바탕으로 한 것이다.」
양주와 묵자의 사상은 인륜 도덕을 중시하는 유교사상과 정반대

되는 악덕 사상이다. 그래서 맹자가 격렬하게 사상적으로 학술적으로 이론적으로 반박하고 없애려고 열심히 말하고 진력했던 것이다. 이와 같은 맹자의 태도를 잘 모르는 사람들은「맹자가 변론하기 좋아한다」고 비꼬았던 것이다. 그러므로 맹자는 화제를 돌려서 중국의 역사 발전 과정을 철학적으로 말했던 것이다.

태고 때의 홍수는 난(亂)이다. 우(禹)의 치수는 치(治)다. 걸(桀)과 주(紂)의 포학무도(暴虐無道)는 난(亂)이다. 주(周)나라의 건국은 치(治)다. 춘추시대(春秋時代)는 난(亂)이다. 성인 공자(孔子)가 춘추필법(春秋筆法)으로 난신적자(亂臣賊子)를 처단한 것은 치(治)다. 오늘의 전국시대(戰國時代)는 무력(武力)과 사설(邪說)이 횡행하는 난세(亂世)다. 그래서 맹자는 삼성(三聖)의 뒤를 이어, 난세(亂世)를 치세(治世)로 돌리려고 애를 쓰고 있는 것이다.

인간의 타락과 악덕의 근원은 마음이다. 정심(正心)을 바탕으로, 평천하(平天下)하자는 것이 유교의 도통이다. 그런데 양주(楊朱)와 묵자(墨子)는 정반대가 되는 이단시설(異端邪說)로 혹세무민(惑世誣民)하고 천하를 혼란과 악덕 속에 떨어지게 하고 있다. 그래서 맹자가 적극적으로 총력을 기울여 그들을 격멸(擊滅)하려고 애를 쓰고 있는 것이다.

* 오늘의 세계가 바로 전국시대(戰國時代)다. 그런데, 오늘의 세계는 가공할 첨단 무기와 막대한 재물을 바탕으로 악덕을 자행하고 있다. 그래서 공자나 맹자 같은 성자가 나타나기 더 어렵게 된 것이다. 그래도 절대선(絶對善)인「하늘과 하늘의 도리」는 살아있다.

제10장 匡章章 : 총 6 구절

[1] 匡章曰 陳仲子 豈不誠廉士哉 居於 陵 三日不食 耳無聞 目無見也 井上 有李 螬食實者過半矣 匍匐往 將食 之 三咽 然後耳有聞 目有見.

<small>광장(이) 왈 진중자(는) 기불성렴사재(리오) 거오릉(할 새) 삼일불식(하야) 이무문(하며) 목무견야(이러니) 정상 유리(이) 조식실자(이) 과반의(이날) 포복왕 장식지(하 야) 삼연 연후(에야) 이유문(하며) 목유견(하니라)</small>

[1] 제(齊)나라 사람 광장(匡章)이 말했다.「진중자는 참으로 청렴결백한 선비가 아닙니까. 그는 오릉(於 陵)에 살았으며 사흘이나 먹지를 못하여 귀도 안 들 리고 눈도 안보였습니다. 마침, 우물가 오얏나무에 열 매가 달렸는데 벌레가 파먹은 것이 태반 이상이나 되었습니다. 진중자가 기어가서 열매를 집어먹었으 며 세 번을 목에 넘기자 비로소 귀가 들리고 눈이 보이게 되었다고 합니다.」

[어구 설명] [1] ㅇ匡章曰(광장왈) : 광장(匡章)이 말했다. 광장은 제(齊)나라 사람, 맹자의 제자라고 한다. ㅇ陳仲子豈不誠廉士哉 (진중자기불성렴사재) : 진중자는 참으로 청렴결백한 선비가 아닙 니까. 진중자도 제나라 사람이다. ㅇ居於陵(거오릉) : 오릉(於陵)에

살았다.「오릉」은 산동성(山東省) 장산현(長山縣) 서남쪽에 있다. ㅇ三日不食(삼일불식) : 사흘이나 먹지를 못하여. ㅇ耳無聞(이무문) : 귀도 안 들리고. ㅇ目無見也(목무견야) : 눈도 안보였다. ㅇ井上有李(정상유리) : 우물가에 오얏나무가 있었다. ㅇ螬食實者過半矣(조식실자과반의) : 벌레가 열매를 파먹은 것이 반 이상이나 되었다. 螬(굼벵이 조). ㅇ匍匐往(포복왕) : 진중자가 기어가서. ㅇ將食之(장식지) : 열매를 따거나 <땅에 떨어진 것을> 집어먹었다. ㅇ三咽(삼연) : 세 번 목에 넘기자. 「인(咽)」을 「연(嚥)」으로 읽는다. ㅇ然後耳有聞(연후이유문) : 그런 다음에 귀가 들리고. ㅇ目有見(목유견) : 눈이 보이게 되었다.

【集註】(1) 匡章 陳仲子 皆齊人 廉有分辨 不苟取也 於陵地名 螬 蠐螬 蟲也 匍匐言無力不能行也 咽吞也.

(1)「광장(匡章)과 진중자(陳仲子)」는 다 제(齊)나라 사람이다. 「염(廉)」은 「분별이 있고 재물을 함부로 취하지 않는다」는 뜻이다. 「오릉(於陵)」은 지명이다. 「조(螬)」는 「굼벵이」다. 「포복(匍匐)」은 「기력이 없어 걸어갈 수 없다」는 뜻을 말한 것이다. 「연(咽)」은 「삼킨다(吞)」이다.

[2] 孟子曰 於齊國之士 吾必以仲子爲
  巨擘焉 雖然 仲子惡能廉 充仲子之
  操 則蚓而後可者也.

맹자(이) 왈 어제국지사(에) 오필이중자(로) 위거벽언(이어니와) 수연(이나) 중자(는) 오능렴(이리오) 충중자지조(이면) 즉인이후가자야(니라)

[2] 맹자가 말했다.「제나라 선비로서는 진중자를 나도 반드시 거물급으로 치겠다. 그러나, 진중자의 태도를 어찌 <정상적인 의미로> 청렴이라고 말할 수 있겠느냐. 진중자 같은 <괴벽한> 태도를 견지하기 위해서는 곧 지렁이 같은 생태로 살아야 비로소 가능할 것이다.」

[어구 설명] [2] ㅇ孟子曰(맹자왈) : 맹자가 말했다. ㅇ於齊國之士(어제국지사) : 제나라 선비들 중에. ㅇ吾必以仲子爲巨擘焉(오필이중자위거벽언) : 나도 반드시 진중자를 으뜸으로 치겠다.「거벽(巨擘)」은 엄지손가락, 거물급 인물. ㅇ雖然(수연) : 그러나. ㅇ仲子惡能廉(중자오능렴) : 진중자가 어찌 청렴한 선비가 될 수 있겠느냐. ㅇ充仲子之操(충중자지조) : 진중자 같은 태도를 충족하려면. 충(充)은「충족한다, 행한다.」「조(操)」는「지조, 절조」. 여기서는「그와 같은 태도」의 뜻이다. ㅇ則蚓而後可者也(즉인이후가자야) : 즉 지렁이 같은 생태를 지녀야 비로소 가능할 것이다.

【集註】(1) 巨擘大指也 言齊人中有仲子 如衆小指中有大指也 充推而滿之也 操所守也 蚓丘蚓也 言仲子未得爲廉也 必若滿其所守之志 則惟丘蚓之無求於世 然後可以爲廉耳.

(1) 「거벽(巨擘)」은 「엄지손가락」이다. 즉 「제나라 사람 중에서, 진중자 같은 사람이 있는 것은, 여러 작은 손가락 중, 엄지손가락이 있는 것과 같다」는 뜻이다. 「충(充)」은 「미루어 채운다」는 뜻이다. 「조(操)」는 「굳게 지킨다」는 뜻이다. 「인(蚓)」은 「지렁이」이다. 즉 다음 같은 뜻을 말한 것이다. 「진중자의 태도는 청렴이라 할 수 없다. 만약 반드시 그가 뜻하는 바 <생활 태도를> 채우려면, 오직 지렁이처럼 <인간 세상에서 살기를> 구하지 않아야 비로소 <그와 같은> 청렴을 지키게 될 것이다.」

[3] 夫蚓 上食槁壤 下飮黃泉 仲子所居之室 伯夷之所築與 抑亦盜跖之所築與 所食之粟 伯夷之所樹與 抑亦盜跖之所樹與 是未可知也.
부인(은) 상식고양(하고) 하음황천(하나니) 중자소거지실(은) 백이지소축여(아) 억역도척지소축여(아) 소식지속(은) 백이지소수여(아) 억역도척지소수여(아) 시미가지야(이로다)

[3] <맹자의 말 계속>「원래 지렁이는 땅 위에서는 마른 흙을 먹고, 땅 밑에서는 흙탕물을 마시고 산다. <그러나 진중자는 사람이다. 사람은 인간세상에서 문화적으로 생활을 해야 한다. 지렁이같이 흙이나 흙탕물만으로는 살 수 없다. 결백하고 염치를 가리는

것과 무조건 굶고 가난하게 사는 것과를 분별해야 한다.> <또 맹자는 다음같이 추궁했다.> 진중자가 살고 있는 집이 과연 백이(伯夷) 같은 의로운 사람이 지은 집인지, 혹은 역시 도척(盜跖) 같은 악인이 지은 집인지, 또 그가 먹는 곡식이 백이 같은 의로운 사람이 심고 키운 것이지, 혹은 역시 도척 같은 악인이 심고 키운 것인지 엄밀하게 알지 못하고 살고, 또 먹고 있지 않느냐. <진중자가 결백하다면, 그런 것까지 철저히 밝혀야 하지 않겠느냐.>」

[어구 설명] [3] ㅇ夫蚓(부인) : 원래 지렁이는. ㅇ上食槁壤(상식고양) : 땅 위에서는 마른 흙을 먹고. ㅇ下飮黃泉(하음황천) : 땅 밑에서는 흙탕물을 마시고 산다. <그러나 진중자는 사람이다. 사람은 인간세상에서 문화적으로 생활을 해야 한다. 지렁이같이 흙이나 흙탕물만으로는 살 수 없다. 결백하고 염치를 가리는 것과 무조건 굶고 가난하게 사는 것과를 분별해야 한다.> <또 맹자는 다음같이 추궁했다.> ㅇ仲子所居之室(중자소거지실) : 진중자가 살고 있는 집이. ㅇ伯夷之所築與(백이지소축여) : 백이(伯夷) 같은 의로운 사람이 지은 집인지. ㅇ抑亦盜跖之所築與(억역도척지소축여) : 혹은 역시 도척(盜跖) 같은 악인이 지은 집인지. ㅇ所食之粟(소식지속) : 그가 먹는 곡식이. ㅇ伯夷之所樹與(백이지소수여) : 백이 같은 의로운 사람이 심고 키운 것이지. ㅇ抑亦盜跖之所樹與(억역도척지소수여) : 혹은 역시 도척 같은 악인이 심고 키운 것인지. ㅇ是未可知也(시미가지야) : 그런 것을 알지 못할 것이다.

【集註】(1) 槁壤乾土也 黃泉濁水也 抑 發語辭也 言蚓 無求於人而自足 而仲子 未免居室食粟 若所從來 或有非義 則是未能如蚓之廉也.

(1)「고양(槁壤)」은「마른 흙」,「황천(黃泉)」은「흙탕물」이다.「억(抑)」은 발어사(發語辭)다. 즉 다음 같은 뜻을 말한 것이다.「미물인 지렁이는 인간세상에서 구하는 바 없이, <땅에 살아도> 자족한다. 그러나 진중자는 <사람답게> 집에서 살고 또 곡식을 먹는 일을 면할 수 없다. 그런데 만약에 그가 따르는 <태도나 도리가> 인간의 도의가 아니라면 <그의 청렴은> 곧 지렁이의 결백만도 못한 것이다.」

[4] 曰 是何傷哉 彼身織屨 妻辟纑 以易之也.

왈 시하상재(리오) 피신직구(하고) 처벽로(하여) 이역지야(니이다)

[4] 광장(匡章)이 말했다.「그 점은 하등의 흠이 없습니다. 그 자신이 신을 삼고, 그의 처가 무명실을 만들어 그것들과 <집이나 곡식을> 교역하여 살고 있습니다.」

[어구 설명] [4] ㅇ曰(왈) : 광장(匡章)이 말했다. ㅇ是何傷哉(시하상재) : 그것은 하등의 흠이 없습니다. ㅇ彼身織屨(피신직구) : 그 자신이 신을 삼고. ㅇ妻辟纑(처벽로) : 그의 처가 무명실을 만들

어. ㅇ以易之也(이역지야) : 그것들과 <집이나 곡식을> 교역한 것이다.

【集註】 (1) 辟績也 纑練麻也.

(1)「벽(辟)」은「방적」의 뜻이다.「노(纑)」는「삼실을 뽑는다」는 뜻이다.

[5] 曰 仲子齊之世家也 兄戴蓋祿萬鍾 以兄之祿 爲不義之祿 而不食也 以兄之室 爲不義之室 而不居也 辟兄離母 處於於陵 他日歸 則有饋其兄生鵝者 己頻顣曰 惡用是鶃鶃者爲哉 他日其母殺是鵝也 與之食之 其兄自外至 曰 是鶃鶃之肉也 出而哇之.

왈 중자(는) 제지세가야(이라) 형대(이) 갑록(이) 만종(이러니) 이형지록(으로) 위불의지록 이불식야(하며) 이형지실(로) 위불의지실 이불거야(하고) 벽형리모(하여) 처어오릉(이러니) 타일(에) 귀 즉유궤기형생아자(이어늘) 기빈축왈 오용시역역자위재(리오) 타일(에) 기모살시아야(하야) 여지식지(러니) 기형(이) 자외지 왈 시역역지육야(이라한대) 출이왜지(하니라).

[5] 맹자가 말했다.「진중자는 제나라에서 대대로 세록(世祿)을 받는 세가(世家)의 출신이다. 형 진대(陳

戴)는 갑읍(蓋邑)에서 녹(祿)을 만종(萬鍾)이나 받고 있다. <그런데 진중자는> 형이 받는 녹을 불의의 녹이라 하고 먹지 않고, 또 형의 집을 불의의 집이라 하고 살지 않으며, 형을 피하고 모친과 떨어져 <혼자> 오릉에서 살고 있다. 어느 날 진중자가 <자기 집에> 돌아갔을 때 어떤 사람이 형에게 산 거위를 선사했다. <진중자는> 혼자 상을 찡그리고 말했다. 『어찌 꽥꽥 소리를 내며 우는 <산 오리를> 선물로 보냈나.』<하고 미워했다.> 어느 날 모친이 그 오리를 잡아 <요리를 만들어> 먹게 했다. <마침 그 때에> 그의 형이 밖에서 돌아와 말했다. 『그것이 꽥꽥 소리를 내는 오리 고기다.』<형의 말을 듣자, 진중자는> 밖에 나가서 토해버렸다.」

[어구 설명] [5] ㅇ曰(왈) : 맹자가 말했다. ㅇ仲子齊之世家也(중자제지세가야) : 진중자는 제나라에서 대대로 세록(世祿)을 받는 세가(世家)의 출신이다. ㅇ兄戴蓋祿萬鍾(형대갑록만종) : 형 진대(陳戴)는 갑읍(蓋邑)에서 녹(祿)을 만종(萬鍾)이나 받고 있다. ㅇ以兄之祿 爲不義之祿 而不食也(이형지록 위불의지록 이불식야) : <진중자는> 형이 받는 녹을 불의의 녹이라 하고 먹지 않고. ㅇ以兄之室 爲不義之室 而不居也(이형지실 위불의지실 이불거야) : <진중자는> 형의 집을 불의의 집이라 하고 살지 않고. ㅇ辟兄離母(벽형리모) : 형을 피하고 모친과 떨어져. ㅇ處於於陵(처어오릉) : 오릉에서 살고 있다. ㅇ他日歸(타일귀) : 어느 날 진중자가 <자기

집에> 돌아갔을 때. ㅇ則有饋其兄生鵝者(즉유궤기형생아자) : 어떤 사람이 형에게 산 거위를 선사했다. ㅇ己頻顣曰(기빈축왈) : <진중자는> 혼자 상을 찡그리고 말했다. 「기(己)」는 「자기 혼자」의 뜻으로 푼다. 「빈축(頻顣)」은 「상을 찡그리다.」 ㅇ惡用是鶂鶂者爲哉(오용시역역자위재) : 어찌 꽥꽥 소리를 내며 우는 <산 오리를> 선물로 보냈나.」 <하고 미워했다.> ㅇ他日其母殺是鵝也與之食之(타일기모살시아야 여지식지) : 어느 날, 모친이 그 오리를 잡아 <요리를 만들어> 먹게 했다. ㅇ其兄自外至 曰(기형자외지왈) : <마침 그 때에> 그의 형이 밖에서 돌아와, 말했다. ㅇ是鶂鶂之肉也(시역역지육야) : 「그것이 꽥꽥 소리를 내는 오리 고기다.」 ㅇ出而哇之(출이왜지) : <형의 말을 듣자, 진중자는> 밖에 나가서 토해버렸다.

【集註】(1) 世家 世卿之家 兄名戴 食采於蓋 其入萬鍾也 歸自於陵歸也 己仲子也 鶂鶂鵝聲也 頻顣而言 以其兄受饋 爲不義也 哇吐之也.

(1) 「세가(世家)」는 세경(世卿)의 집안이다. 형의 이름은 대(戴)다. 녹(祿)을 갑(蓋)에서 받아먹으며 세록(世祿)이 만종(萬鍾)이나 되었다. 「귀(歸)」는 「오릉(於陵)에서 형의 집으로 돌아왔다」는 뜻이다. 「기(己)」는 「진중자(陳仲子) 자신」이다. 「역역(鶂鶂)」은 「거위가 우는 소리」이다. 「빈축이언(頻顣而言)」은 「자기 형이 선물 받은 것을 불의라고 여긴 것」이다. 「왜(哇)」는 「토한다」는 뜻이다.

[6] 以母則不食 以妻則食之 以兄之室 則弗居 以於陵則居之 是尙爲能充其 類也乎 若仲子者 蚓而後 充其操者 也.

이모즉불식(하고) 이처즉식지(하며) 이형지실즉불거(하고) 이오릉즉거지(하니) 시상위능충기류야호(아) 약중자자(는) 인이후 충기조자야(니라)

[6] <맹자의 말 계속>「<진중자는> 자기 어머니가 만든 음식은 먹지 않고, 자기 처가 만든 것은 먹었다. <진중자는> 형의 집에는 살지 않고, 오릉에는 살았으니 <그런 태도로> 자기가 생각하는 <괴벽한> 종류의 청렴을 능히 채울 수 있겠는가. 진중자가 지키는 청렴 같은 <괴벽한 짓은> <사람이 아니고 오직> 지렁이라야 지키고 채울 수 있는 것이다.」

[어구 설명] [6] ㅇ以母則不食 以妻則食之(이모즉불식 이처즉식지) : <진중자는> 자기 어머니가 만든 음식은 먹지 않고, 자기 처가 만든 것은 먹었다. ㅇ以兄之室則弗居 以於陵則居之(이형지실즉불거 이오릉즉거지) : <진중자는> 형의 집에는 살지 않고, 오릉에는 살았으니. ㅇ是尙爲能充其類也乎(시상위능충기류야호) : <그런 태도로> 자기가 생각하는 <괴벽한> 종류의 청렴을 능히 채울 수 있겠는가. ㅇ若仲子者(약중자자) : 진중자가 지키는 청렴 같은. <괴벽한 짓은.> ㅇ蚓而後充其操者也(인이후충기조자

야) : <사람이 아니고 오직> 지렁이라야 <그 괴벽한 고집을> 지키고 채울 수가 있는 것이다.

【集註】(1) 言 仲子以母之食 兄之室 爲不義 而不食不居 其操守如此 至於妻所易之粟 於陵所居之室 旣未必伯夷之所爲 則亦不義之類耳 今仲子於此則不食不居 於彼則食之居之 豈爲能充滿其操守之類者乎 必其無求自足 如丘蚓然 乃爲能滿其志而得爲廉耳 然豈人之所可爲哉.

(1) 즉 다음 같은 뜻을 말한 것이다. 「진중자는 어머니가 주는 음식과 형의 집을 의롭지 않다고 생각하고, 먹지도 않고 살지도 않았다. 그와 같이 괴벽한 고집을 부린다면, 아내가 교역한 곡식과 오릉의 사는 집도 반드시 백이가 <만든 곡식이나 집이> 아닐 것이니, 역시 의롭지 못한 것들이다. 그런데 진중자가 지금 여기 <즉 자기 집에서는> 먹지도 않고 살지도 않으면서, 저기 <즉 오릉에서는> 먹고 또 살고 있으니, 어찌 능히 자기의 괴벽한 고집 따위를 채운다고 할 수 있겠는가? <그렇게> 반드시 인간세상에서 구하지 않고 자족(自足)만을 고집한다면, <그런 태도는> 지렁이와 같은 생태(生態)이다. 그래 가지고 자기 생각을 채우고 또 청렴하다고 한다면, 그것이 어찌 인간이 할 일이라 하겠는가.」

【集註】(2) 范氏曰 天之所生 地之所養 惟人爲大

人之所以爲大者 以其有人倫也 仲子避兄離母 無親
戚君臣上下 是無人倫也 豈有無人倫 而可以爲廉哉.

(2) 범씨가 말했다. 「하늘이 낳고, 땅이 기르는 만물 중에서
오직 인간만이 위대하다. 인간이 위대한 까닭은 바로 인륜
도덕이 있기 때문이다. 진중자는 형을 피하고 어머니를 떠났
으며, 또 일가친척과 상하 군신도 없으니 그는 곧 인륜이 없는
것이다. 어찌 인륜이 없으면서 청렴할 수 있겠는가.」

제10장 匡章章 : 白文

[1] 匡章曰 陳仲子豈不誠廉士哉 居於陵 三日不食
耳無聞 目無見也 井上有李 螬食實者過半矣
匍匐往 將食之 三咽 然後耳有聞 目有見.

[2] 孟子曰 於齊國之士 吾必以仲子爲巨擘焉 雖然
仲子惡能廉 充仲子之操 則蚓而後可者也.

[3] 夫蚓 上食槁壤 下飮黃泉 仲子所居之室 伯夷
之所築與 抑亦盜跖之所築與 所食之粟 伯夷
之所樹與 抑亦盜跖之所樹與 是未可知也.

[4] 曰 是何傷哉 彼身織屨 妻辟纑 以易之也.

[5] 曰 仲子齊之世家也 兄戴蓋祿萬鍾 以兄之祿
爲不義之祿 而不食也 以兄之室 爲不義之室
而不居也 辟兄離母 處於於陵 他日歸 則有饋
其兄生鵝者 己頻顣曰 惡用是鶃鶃者爲哉 他
日其母殺是鵝也 與之食之 其兄自外至 曰 是
鶃鶃之肉也 出而哇之.

[6] 以母則不食 以妻則食之 以兄之室則弗居 以於
陵則居之 是尙爲能充其類也乎 若仲子者 蚓而
後充其操者也.

【요점 복습】 제10장 광장장

 맹자의 제자 광장(匡章)이 진중자(陳仲子)를 청렴결백(淸廉潔白)한 사람의 대표자라고 칭찬하자 맹자가 그를 반박했다.

 진중자의 집안은 세가(世家)로 형이 만종(萬鍾)의 녹을 받고 있었다. 그런데 진중자는 무조건 형의 집이나 녹을 불의(不義)의 집이며, 불의의 재물이라고 배척하고 또 어머니하고도 떨어져 살았다. 말하자면, 진중자는 청렴결백에 대한 잘못된 생각으로 가정윤리를 파괴하고 육친들마저 버리고 홀로 가난하게 살며, 굶주렸던 것이다.

 그래서 맹자는 말했다.「가족을 멀리하고 혼자 살며, 무조건 가난하게 사는 것은 청렴결백이 아니다. 그런 짓은 지렁이의 생태(生態)다.」

孟子集註 卷之七

離婁章句 上 : 총 28 장

「맹자집주 제7권, 이루장구 상(離婁章句 上)」은 총 28 장이다.
각 장의 이름과 그 요점은 대략 다음과 같다.

제1장 이루장(離婁章) : 실지로 인정(仁政)을 펴야 한다.
제2장 규구장(規矩章) : 요순(堯舜)을 따라 인정(仁政)을 펴라.
제3장 삼대장(三代章) : 불인(不仁)하면 죽고 나라도 망한다.
제4장 애인장(愛人章) : 내가 바르게 하면, 천하도 바르게 된다.
제5장 항언장(恒言章) : 임금이 몸가짐을 바르게 해야 한다.
제6장 위정장(爲政章) : 귀족들이 마음으로 따르게 해야 한다.
제7장 천하장(天下章) : 인자(仁者)는 천하무적(天下無敵)이다.
제8장 불인장(不仁章) : 불인(不仁)하게 하면 다 함께 망한다.
제9장 걸주장(桀紂章) : 백성은 악을 싫어하고 인(仁)에 귀순한다.
제10장 자포장(自暴章) : 인의(仁義) 부정이 자포자기(自暴自棄)다.
제11장 도재장(道在章) : 효제(孝弟) 실천이 인(仁)의 근본이다.
제12장 거하장(居下章) : 중용(中庸)의 「성(誠)」을 강조했다.
제13장 백이장(伯夷章) : 대로(大老)가 문왕(文王)에게 귀순했다.
제14장 구야장(求也章) : 싸우기 좋아하는 자는 사형을 받는다.
제15장 존호장(存乎章) : 눈동자를 보면 마음을 알 수 있다.
제16장 공자장(恭者章) : 남을 공경하고 재물을 절약하는 임금

제17장 순우장(淳于章) : 물에 빠진 사람 구하듯 천하를 구해야 한다.
제18장 공손장(公孫章) : 자식을 직접 가르치지 않는 이유
제19장 사숙장(事孰章) : 수신(守身)과 사친(事親)이 중하다.
제20장 부족장(不足章) : 임금을 바로잡아 주어야 한다.
제21장 불우장(不虞章) : 군자는 스스로 완전하기를 기해라.
제22장 이언장(易言章) : 무책임하게 말을 함부로 하면 안 된다.
제23장 인환장(人患章) : 함부로 아는 체 하지 마라.
제24장 악정장(樂正章) : 맹자가 권세를 따라온 제자를 탓했다.
제25장 자지장(子之章) : 먹기 위해 권세에 붙으면 안 된다.
제26장 불효장(不孝章) : 자식 없는 것이 가장 큰 불효다.
제27장 인지장(仁之章) : 인의(仁義)의 핵심은 효제(孝弟)이다.
제28장 천하장(天下章) : 순임금의 대효(大孝).

제1장 離婁章 : 총 12 구절

[1] 孟子曰 離婁之明 公輸子之巧 不以規矩 不能成方員 師曠之聰 不以六律 不能正五音 堯舜之道 不以仁政 不能平治天下.

맹자왈 이루지명(과) 공수자지교(로도) 불이규구(이면) 불능성방원(이요) 사광지총(으로도) 불이륙률(이면) 불능정오음(이요) 요순지도(로도) 불이인정(이면) 불능평치천하(이니라)

[1] 맹자가 말했다. 「이루(離婁)같이 눈이 밝고 공수자(公輸子) 같이 기술이 뛰어나도 그림쇠나 곡척을 쓰지 않으면 <온전한> 사각형과 원형을 만들 수 없다. 또 사광(師曠)같이 귀가 밝아도 육률(六律)을 쓰지 않으면 오음(五音)을 바로잡지 못한다. 그와 마찬가지로 아무리 요(堯)임금과 순(舜)임금의 도를 높인다해도 실제로 인정(仁政)을 펴지 않으면 천하를 화평하게 다스릴 수 없다.」

[어구 설명] [1] ㅇ 離婁之明(이루지명) : 이루(離婁)같이 눈이 밝아도. 「이루」는 황제(黃帝) 때의 사람으로 이주(離朱)라고도 한다. 눈이 밝아서 백보(百步) 밖에서도 추호(秋毫)의 끝을 볼 수 있었다고 한다. 장자(莊子) 천지편(天地篇)에는 황제가 곤륜산(崑崙山)

에서 잃어버린 현주(玄珠)를 이주(離朱)가 찾았다고 한다. ○公輸子之巧(공수자지교) : 공수자(公輸子) 같은 교묘한 기술. 「공수자」는 「공수반(公輸般=班)」이라고도 한다. 노(魯)나라의 탁월한 기술자로, 운제(雲梯)라는 공성무기(攻城武器)를 만들기도 했다. ○規矩(규구) : 원규(圓規 : 컴퍼스)와 곡척(曲尺). ○不能成方員(불능성방원) : 온전한 사각형과 원형을 만들지 못한다. ○師曠之聰(사광지총) : 사광(師曠)같이 귀가 밝아도. 「사광」은 진(晉)나라의 「태사(太師 : 악공의 장)」로 이름이 「광(曠)」이다. ○不以六律(불이륙률) : 육률(六律)을 쓰지 않으면. 「육률」은 음률(音律)을 바로잡는 기구. 황제(黃帝) 때의 영륜(伶倫)이 죽관(竹管)으로 만들었다고 전한다. 육률은 양(陽), 육려(六呂)는 음(陰)이다. 「육률육려」를 합해서 「십이율(十二律)」이라고 한다. ○五音(오음) : 「궁(宮), 상(商), 각(角), 치(徵), 우(羽)」를 오음이라 한다.

【集註】 (1) 離婁 古之明目者 公輸子 名班 魯之巧人也 規所以爲員之器也 矩所以爲方之器也 師曠 晉之樂師 知音者也 六律 截竹爲筩 陰陽各六 以節五音之上下 黃鍾 太簇 姑洗 蕤賓 夷則 無射 爲陽 大呂 夾鍾 仲呂 林鍾 南呂 應鍾 爲陰也 五音 宮 商 角 徵 羽也 范氏曰 此言治天下 不可無法度 仁政者 治天下之法度也.

(1) 「이루(離婁)」는 「옛날의 눈이 밝은 사람」이다. 「공수자(公輸子)」의 이름은 반(班), 노(魯)나라의 기술자다. 「규(規)」

는 원형(圓形)을 그리거나 만드는 도구, 즉 컴퍼스 같은 도구다. 「구(矩)」는 사각형, 즉 방형(方形)을 그리는 곡척(曲尺) 같은 도구다. 「사광(師曠)」은 진(晉)나라의 악사(樂師)로 음악에 능통한 사람이다. 「육률(六律)」은 죽통(竹筒)으로 만들고, 음양(陰陽) 각각 여섯 개이며, 오음(五音)의 높낮이를 조절하는 기구다. 「황종(黃鍾), 태주(太簇), 고선(姑洗), 유빈(蕤賓), 이칙(夷則), 무역(無射)」은 「양(陽)」이 되고, 「대려(大呂), 협종(夾鍾), 중려(仲呂), 임종(林鍾), 남려(南呂), 응종(應鍾)」은 「음(陰)」이 된다. 「오음(五音)」은 「궁(宮), 상(商), 각(角), 치(徵), 우(羽)」이다. 범씨(范氏)가 말했다. 「이는 곧 천하를 다스리는 데는 법도가 없을 수 없으며, 인정(仁政)이 천하를 다스리는 법도임을 말한 것이다.」

[2] 今有仁心仁聞 而民不被其澤 不可法於後世者 不行先王之道也.

금유인심인문 이민불피기택(하야) 불가법어후세자(는) 불행선왕지도야(일새니라)

[2] <맹자의 말 계속>「오늘의 임금들 중에는 인심(仁心)이 있으며 또 어질다는 소문이 난 사람도 있다. 그러나 백성들이 실제로 혜택을 받지 못하고 또 그들 임금을 후세의 법도로 삼을 수 없으니, <그 이유는 다름이 아니다.> 그들이 선왕의 왕도덕치(王道德治)를 실천하지 않기 때문이다.」

[어구 설명] [2] ㅇ今有仁心仁聞(금유인심인문) : 지금의 임금 중에는 인심(仁心)을 지닌 사람도 있고 또 어질다고 소문이 난 사람도 있다. ㅇ而民不被其澤(이민불피기택) : 그러나 백성이 실제로 혜택을 받지 못한다. ㅇ不可法於後世者(불가법어후세자) : 후세의 법도로 삼을 수 없다. ㅇ不行先王之道也(불행선왕지도야) : <그 이유는> 실지로 선왕의 도리를 행하지 않기 때문이다.

【集註】(1) 仁心 愛人之心也 仁聞者 有愛人之聲聞於人也 先王之道 仁政是也 范氏曰 齊宣王 不忍一牛之死 以羊易之 可謂有仁心 梁武帝 終日一食蔬素 宗廟以麪爲犧牲 斷死刑必爲之涕泣 天下知其慈仁 可謂有仁聞 然而宣王之時 齊國不治 武帝之末 江南大亂 其故何哉 有仁心仁聞 而不行先王之道 故也.

(1) 「인심(仁心)」은 「사람을 사랑하는 마음」이다. 「인문(仁聞)」은 「사람을 사랑한다는 명성이 사람에게 들린다」는 뜻이다. 「선왕지도(先王之道)」는 바로 「인정(仁政)」이다. 범씨(范氏)가 말했다. 제 선왕(齊宣王)은 소 한 마리 죽는 것을 끔찍하게 여기고 양으로 바꾸라고 했으니, 어질다고 말할 수 있다. 양 무제(梁武帝)는 하루 한번 소식(素食)을 먹었고, 종묘에는 국수를 희생으로 바쳤으며, 사형을 내릴 적에는 반드시 눈물을 흘리고 울었다. 그래서 천하 만민이 그의 인자함을 알았으

니, 가히 인문(仁聞)이라고 할 만하다. 그러나 제 선왕 때에 제나라가 다스려지지 못하였고, 양 무제 말기에는 강남이 크게 혼란하였다. 그 이유가 무엇인가. 겉으로만 인심(仁心)이 있다, 혹은 어질다고 소문이 났을 뿐, 실제로 선왕의 왕도를 행하지 않았기 때문이다.

[3] 故曰 徒善不足以爲政 徒法不能以自行.

고(로) 왈 도선(이) 부족이위정(이오) 도법(이) 불능이자행(이라하니라)

[3] <맹자의 말 계속>「그러므로 오직 착한 마음만으로는 인정을 하기에 부족하고, 좋은 법도만으로는 인정을 할 수 없다고 하는 것이다.」

[어구 설명] [3] ㅇ故曰(고왈) : 그러므로 말한다. 「고(故)」를 「옛말(古語)」로 풀기도 한다. ㅇ徒善不足以爲政(도선부족이위정) : 오직 선만으로는 인정을 펴기에 부족하다. ㅇ徒法不能以自行(도법불능이자행) : 법도만 있다고 인정이 스스로 행해질 수 없다.

【集註】(1) 徒猶空也 有其心 無其政 是謂徒善 有其政 無其心 是爲徒法 程子嘗言 爲政 須要有綱紀文章 謹權審量 讀法平價 皆不可闕 而又曰 必有關雎麟趾之意 然後可以行周官之法度 正謂此也.

(1)「도(徒)」는「공(空)과 같은 뜻」이다.「<어진> 마음만 있

고 <어진> 정치가 없는 것」을 「도선(徒善)」이라 한다. 「정치의 법도만 있고 어진 마음이 없는 것」을 「도법(徒法)」이라 한다. 정자(程子)가 전에 말했다. 「정치를 하기 위해서는 모름지기 다음 같은 것을 갖추어야 한다. 기강을 바르게 세워야 한다. 문물 제도를 빛나게 꾸며야 한다. 신중하게 저울질하고 무게를 살펴야 한다. 법 해석을 바르게 하고 가치를 공평하게 평가해야 한다. 이들은 다 빼놓을 수 없는 일들이다.」 또 말했다. 「반드시 시경(詩經) 주남(周南)에 나오는 관저(關雎)와 인지(麟趾)의 숭고한 의식을 바탕으로 하고, 그 다음에 주(周) 나라의 관제(官制)와 법도(法度)를 따르고 행해야 한다는 뜻을 말한 것이다.」

[4] 詩云 不愆不忘 率由舊章 遵先王之 法 而過者 未之有也.

시운 불건불망(은) 솔유구장(이라하니) 준선왕지법 이과자(는) 미지유야(이니라)

[4] <맹자의 말 계속> 「시경(詩經) 대아(大雅) 가락편(假樂篇)에 있다. 『잘못하지 않고 잊지도 않는 것은, 오직 옛날의 법도를 따르기 때문이니라.』 선왕의 법도를 준수하면 잘못하는 예가 아직 없었다.」

[어구 설명] [4] ㅇ詩云(시운) : 「시경(詩經) 대아(大雅) 가락편(假樂篇)」에 있다. ㅇ不愆不忘(불건불망) : 잘못하지 않고, 잊지도 않았다. ㅇ率由舊章(솔유구장) : 옛날의 전장(典章)과 법도(法度)를

따른다. ㅇ遵(준) : 성심으로 준수한다. ㅇ而過者(이과자) : 그리고 허물이나 잘못되는 일.

【集註】 (1) 詩大雅假樂之篇 愆過也 率循也 章典法也 所行 不過差 不遺忘者 以其循用舊典故也.

(1)「시(詩)」는 「대아(大雅) 가락편(假樂篇)」이다. 「건(愆)」은 「허물, 잘못」이다. 「솔(率)」은 「따른다」는 뜻이다. 「장(章)」은 「전법(典法)」이다. 행하는 바에 허물이나 차질이 없고, 망각하지 않는 것은 옛날의 전법(典法)을 따르기 때문이다.

[5] 聖人旣竭目力焉 繼之以規矩準繩 以爲方員平直 不可勝用也 旣竭耳力焉 繼之以六律 正五音 不可勝用也 旣竭心思焉 繼之以不忍人之政 而仁覆天下矣.

성인(이) 기갈목력언(하시고) 계지이규구준승(하시니) 이위방원평직(에) 불가승용야(이며) 기갈이력언(하시고) 계지이육률(하시니) 정오음(에) 불가승용야(이며) 기갈심사언(하시고) 계지이불인인지정(하시니) 이인복천하의(시니라)

[5] <맹자의 말 계속>「성인들이 과거에 밝은 시력을 발휘하여 <사물을 바르게 보았고> 또 계속해서 컴퍼스나 곡척이나 수평이나 목줄을 사용해서 사각형이

나 원형 또는 평면이나 직선을 <규격대로 바르게> 잡으셨으므로 <오늘 우리는> 이루 다 쓸 수 없을 만큼 덕을 보고 있다. 성인들이 과거에 밝은 청력을 발휘하여 <소리를 바로잡았으며> 또 계속해서 육률(六律)을 가지고, 오음(五音)을 바로잡았으므로 <오늘 우리는> 이루 다 쓸 수 없을 만큼 덕을 보고 있다. 성인들이 과거에 마음과 생각을 다하고 또 불인인지정(不忍人之政)을 펴고 온 천하를 인으로 덮으셨다.」

[어구 설명] [5] ○既竭目力焉(기갈목력언) : 옛날에 성인이 탁월하게 밝은 눈으로 사물을 바르게 보고. ○繼之以規矩準繩(계지이규구준승) : 이어 「규(規 : 컴퍼스), 구(矩 : 곡척), 준(準 : 수평), 승(繩 : 먹줄)」 같은 도구를 써서. ○以爲方員平直(이위방원평직) : 「방(方 : 사각형), 원(員=圓 : 원형), 평(平 : 평면), 직(直 : 직선)」 등을 바르게 정해 주었다. ○不可勝用也(불가승용야) : 이루 다 쓸 수 없이 많다. <성인에 의해서 바르게 정해진 사물이나, 그 은덕이 수 없이 많다.> ○既竭耳力(기갈이력) : 이미 과거에 성인이 뛰어나게 밝은 청력을 가지고 음악 세계를 바르게 잡아주었다. ○既竭心思(기갈심사) : 성인이 탁월한 마음과 생각을 바탕으로 인정을 폈다. ○不忍人之政(불인인지정) : 남을 처참하게 만드는 것을 참을 수 없는 정치, 적극적인 뜻이 인정(仁政)이다. ⇒「公孫丑 上, 제6장 不忍章」 ○仁覆天下矣(인복천하의) : 인애(仁愛) 인덕(仁德)이 천하에 넘치게 되었다.

【集註】(1) 準所以爲平 繩所以爲直 覆被也 此言

古之聖人 旣竭耳目心思之力 然猶以爲未足以徧天下及後世 故制爲法度 以繼續之 則其用不窮 而仁之所被者廣矣.

(1)「준(準)」은「수평을 바르게 잡는 도구」다.「승(繩)」은「직선을 바르게 잡는 도구, 먹줄」이다.「복(覆)」은「온통 덮는다」는 뜻이다. 이 구절은 다음 같은 뜻을 말한 것이다.「옛날의 성인이 이미 귀와 눈 및 마음과 생각하는 힘을 다하여 세상을 바르게 했다. 그러나 천하에 두루 퍼지고 후세에 미치기에는 아직도 부족하다. 그러므로 법도를 제정하여 뒤를 이어야 한다. 그러면 곧 <성인들이 남겨준 문화의> 이용가치가 무궁하고 따라서 인덕을 입는 사람들의 범위도 넓어질 것이다.」

[6] 故曰 爲高必因丘陵 爲下必因川澤 爲政 不因先王之道 可謂智乎.

고(로) 왈 위고(하되) 필인구릉(하며) 위하(하되) 필인천택(이라하니) 위정(하되) 불인선왕지도(면) 가위지호(아)

[6] <맹자의 말 계속>「고로 옛날에 말했다.『높이 오르려면 산이나 언덕을 따라가야 하고, 낮은 데로 가려면 개천이나 못을 따라가야 한다.』정치를 하되, 선왕의 도를 따르지 않는 것을 지혜롭다 하겠는가.」

[어구 설명] [6] ㅇ故曰(고왈) : 고로 말한다. 혹은 고어(古語)에

있다. ○ 爲高必因丘陵(위고필인구릉) : 높이 올라가려면 반드시 구릉을 따라가야 한다. ○ 爲下必因川澤(위하필인천택) : 낮은 데로 가려면 반드시 개천이나 늪을 따라가야 한다. ○ 爲政(위정) : 정치를 하면서. ○ 不因先王之道(불인선왕지도) : 선왕의 도를 따르지 않는 것을. ○ 可謂智乎(가위지호) : 지혜롭다고 하겠는가.

【集註】(1) 丘陵 本高 川澤 本下 爲高下者因之 則用力少 而成功多矣 鄒氏曰 自章首至此 論以仁心仁聞行先王之道.

(1) 구릉(丘陵)은 본래 높고, 천택(川澤)은 본래 낮다. 그러므로 높이 가거나 낮은 데로 가려는 사람이 따라가면 힘을 적게 들이고 크게 성공한다. 추씨(鄒氏)가 말했다. 첫 장에서 여기까지는 인심(仁心)과 어질다는 명성만으로 선왕의 도를 행하는 <임금들을> 논한 것이다.

[7] 是以惟仁者 宜在高位 不仁而在高位 是播其惡於衆也.

시이유인자(이아) 의재고위(니) 불인이재고위(면) 시(는) 파기악어중아(이니라)

[7] <맹자의 말 계속>「그러므로 오직 인자(仁者)만이 의당히 높은 자리에 있어야 하고, 어질지 않은 사람이 높은 자리에 있으면 백성에게 악을 전파하게 된다.」

[어구 설명] [7] ㅇ惟仁者宜在高位(유인자의재고위) : 오직 인자(仁者)라야 의당히 높은 자리에 있게 마련이다. ㅇ不仁而在高位(불인이재고위) : 어질지 않으면서 높은 자리에 오르면. ㅇ是播其惡於衆也(시파기악어중야) : 이는 곧 많은 사람에게 악을 전파하게 된다.

【集註】(1) 仁者 有仁心仁聞 而能擴而充之 以行先王之道者也 播惡於衆 謂貽患於下也.

(1) 「인자(仁者)」는 「인심(仁心)도 있고 어질다는 소문도 나고 또 능히 <인애를> 충실하게 넓혀, 선왕의 도를 행할 수 있는 임금」이다. 「파악어중(播惡於衆)」은 「아래에 있는 백성에게 화환(禍患)을 퍼지게 한다」는 뜻이다.

[8] 上無道揆也 下無法守也 朝不信道 工不信度 君子犯義 小人犯刑 國之所存者幸也.

상무도규야(하며) 하무법수야(하야) 조불신도(하며) 공불신도(하야) 군자(이) 범의(하고) 소인(이) 범형(이면) 국지소존자(이) 행야(이니라)

[8] <맹자의 말 계속> 「위의 임금이 도로써 모든 일을 헤아리지 않으면, 아래에 있는 신하가 법도를 지키지 않을 것이다. 또 조정의 백관(百官)이 도를 지키지 않으면, 아래의 백공(百工)들이 법도를 안 지킬 것이

다. 위에 있는 군자가 도의(道義)를 어기면 아래의
소인들이 형법에 저촉되는 범죄를 할 것이다. 그러고
도 나라가 존속한다면, 그것은 요행이다.」

[어구 설명] [8] ㅇ上無道揆也(상무도규야) : 위의 임금이 도로써
만사를 헤아리지 않으면. ㅇ下無法守也(하무법수야) : 아랫사람도
법을 지키지 않게 된다. ㅇ朝不信道(조불신도) : 조정의 <백관들
이> 도의를 신봉하지 않으면. ㅇ工不信度(공불신도) : 아래에 있
는 백관(百官)들도 법도를 믿고 따르지 않는다. ㅇ君子犯義(군자
범의) : 군자가 의를 어기면. ㅇ小人犯刑(소인범형) : 소인들이 형
법을 어기고 죄를 짓는다. ㅇ國之所存者幸也(국지소존자행야) :
<그러고도> 나라가 존속되는 것은 요행이다.

【集註】(1) 此言 不仁而在高位之禍也 道義理也
揆度也 法制度也 道揆 謂以義理度量事物而制其宜
法守 謂以法度自守 工官也 度卽法也 君子小人 以
位而言也 由上無道揆 故下無法守 無道揆 則朝不信
道 而君子犯義 無法守 則工不信度 而小人犯刑 有
此六者 其國必亡 其不亡者 僥倖而已.

(1) 이 구절은「어질지 않은 사람이 위에 있을 때의 화난」을
말한 것이다.「도(道)」는「의리(義理)」의 뜻이다.「규(揆)」는
「헤아린다」는 뜻이다.「법(法)」은「제도(制度)」이다.「도규
(道揆)」는「의리로써 사물을 도량하고 바르게 제도한다」는
뜻을 말한 것이다.「법수(法守)」는「법도를 스스로 지킨다」는

뜻이다. 「공(工)」은 「관원(官員)」의 뜻이다. 「도(度)」 곧 「법(法)」이다. 「군자(君子)나 소인(小人)」은 「지위로써 말한 것」이다. 위가 도로써 헤아리지 않으므로 고로 아래가 법을 안 지킨다. 도로써 헤아리지 않으면, 즉 조정에서 도를 신봉하지 않게 되고, 군자들도 의를 어기고 법을 안 지키게 되고, 백공이나 관원들도 법도를 믿지 않게 되고 소인들은 형법을 어기고 죄를 짓게 된다. 이 여섯 가지 폐단이 있으면 그 나라는 반드시 망한다. 혹 망하지 않는다면 그것은 요행이다.

[9] 故曰 城郭不完 兵甲不多 非國之災也 田野不辟 貨財不聚 非國之害也 上無禮 下無學 賊民興 喪無日矣.

고(로) 왈 성곽불완(하며) 병갑부다(이) 비국지재야(이며) 전야불벽(하며) 화재불취(이) 비국지해야(이라) 상무례(하며) 하무학(이면) 적민(이) 흥(하여) 상무일의(이라 하니라)

[9] <맹자의 말 계속> 「그러므로 말한다. 성곽이 완전하지 못한 것이나, 무기나 갑주(甲冑)가 많지 않은 것은 나라의 재화가 아니다. 전답을 개간하지 않아서 재물이 많이 쌓이지 않는 것도 국가의 해가 아니다. 위가 무례하고 아래가 배우지 못하여 <바르게 다스리지 못하면> 백성을 해치는 도적들이 흥성하니 나라가 망할 날이 가까운 것이다.」

[어구 설명] [9] ○故曰(고왈) : 고로 말한다. ○城郭不完(성곽불완) : 성곽이 불완전한 것. ○兵甲不多(병갑부다) : 무기나 갑주(甲冑)가 많지 않은 것. ○非國之災也(비국지재야) : 국가의 재난이 아니다. ○田野不辟(전야불벽) : 전답을 개간하지 않고. ○貨財不聚(화재불취) : 재물이 많이 모이지 않는 것. ○非國之害也(비국지해야) : 국가의 해가 아니다. ○上無禮(상무례) : 임금이 예(禮)를 모르다. 「예」는 형식적으로는 예의(禮義), 내면적으로는 천리(天理)의 뜻이다. ○下無學(하무학) : 아랫사람들이 배우지 못하다. 「학(學)」의 핵심은 「천도(天道)」를 배워 깨닫고, 실천한다는 뜻이다. ○賊民興(적민흥) : 백성을 해치는 역적들이 흥성하야. ○喪無日矣(상무일의) : 나라가 망할 날이 얼마 안 남았다.

【集註】(1) 上不知禮 則無以敎民 下不知學 則易與爲亂 鄒氏曰 自是以惟仁者 至此 所以責其君.

(1) 윗사람이 예(禮)를 모르면 백성을 교화할 수 없고, 아랫사람이 도(道)를 배우고 행하지 않으면 쉽사리 난동에 가담하게 된다. 추씨(鄒氏)가 말했다. 「자시이유인자(自是以惟仁者)」에서 여기까지는 임금을 책망하는 말이다.

[10] 詩曰 天之方蹶 無然泄泄 泄泄 猶沓沓也.

시왈 천지방궐(이시니) 무연예예(라하니) 예예(는) 유답답야(니라)

[10] <맹자의 말 계속> 「시경(詩經) 대아(大雅) 판편(板篇)에 있다.『하늘이 바야흐로 <주(周)나라를> 뒤엎으려고 하니 <그대들 군신들은> 그렇게 '예예'하고 <맹목적으로> 좋아하고 따르지 마라.』'예예'는 '답답'과 같다.」

[어구 설명] [10] ㅇ詩曰(시왈) : 시경(詩經) 대아(大雅) 판편(板篇)에 있다. ㅇ天之方蹶(천지방궐) : 하늘이 바야흐로 <주(周)나라 왕실을> 전복(顚覆)하려고 한다. ㅇ無然泄泄(무연예예) : 아무 일도 없는 것같이, '예예'하고 좋아서 따르기만 한다. <군신들은 왕실의 잘못을 고치고 바로잡으려고 노력해야 한다.> ㅇ泄泄猶沓沓也(예예유답답야) : 「예예(泄泄)」는 「답답(沓沓)」과 같은 말이다.

【集註】(1) 詩 大雅 板之篇 蹶 顚覆之意 泄泄 怠緩悅從之貌 言天欲顚覆周室 群臣無得泄泄然 不急救正之 沓沓 卽泄泄之意 蓋孟子時人語如此.

(1)「시(詩)」는 대아(大雅) 판편(板篇)의 시다.「궐(蹶)」은「뒤집어엎다(顚覆)」의 뜻이다.「예예(泄泄)」는「느리고 태만하고 좋아서 따르기만 하는 모습」이다. 즉「하늘이 주나라 왕실을 전복시키려고 하는데도, 군신들이 '예예'하고 따르기만 할 뿐, <잘못을> 바로잡고 나라를 구하지 못한다」는 뜻을 말한 것이다.「답답(沓沓)」은「예예」와 같은 뜻이다. 아마 맹자 때는 사람들이 그렇게 말했을 것이다.

[11] 事君無義 進退無禮 言則非先王之道者 猶沓沓也.

사군무의(하며) 진퇴무례(하고) 언즉비선왕지도자(이) 유답답야(이니라)

[11] <맹자의 말 계속> 「오늘의 선비들은 임금을 섬기는 데도 의(義)가 없고, 진퇴(進退)에도 예(禮)가 없다. <입을 열고> 말하면 바로 선왕의 도를 비난한다. <이러한 모양이> '답답(沓沓)'과 같은 것이다.」

[어구 설명] [11] ㅇ事君無義(사군무의) : 임금을 섬기는 데도 도의(道義)를 따르지 않는다. ㅇ進退無禮(진퇴무례) : 진퇴에도 예도(禮道)가 없다. ㅇ言(언) : 입을 열고 말하면. ㅇ則(즉) : 곧바로. ㅇ非先王之道者(비선왕지도자) : 선왕의 도를 비난한다. <선왕의 도를 따라야 인정(仁政)을 할 수 있다.> ㅇ猶沓沓也(유답답야) : 이러한 상태를 「답답(沓沓)」이라 하는 것이다. 「답답」의 뜻이 애매하다. 아마 「시끄럽고 혼잡한 모양」을 말하는 것이리라.

【集註】 (1) 非 訕毁也.

(1) 「비(非)」는 「비난하고 헐뜯는다」는 뜻이다.

[12] 故曰 責難於君 謂之恭 陳善閉邪 謂之敬 吾君不能 謂之賊.

고(로) 왈 책난어군(을) 위지공(이요) 진선폐사(를) 위지경(이요) 오군불능(을) 위지적(이라하니라)

이루장구(離婁章句) 상(上)   315

[12] <맹자의 말 계속>「그러므로 나는 다음같이 말하겠다. <신하가 되어 임금에게 선왕의 도와 인정(仁政) 같은> 어려운 일을 하라고 강요하는 것이 공손(恭遜)이다. <신하가 임금에게> 선(善)을 진술하고 악(惡)을 막는 것이 공경(恭敬)이다. <신하가 충간을 올리지 않고> 우리 임금은 인정(仁政)을 할 수 없다고 <포기하는 자를> 역적(逆賊)이라 하겠다.」

[어구 설명] [12] ㅇ責難於君 謂之恭(책난어군 위지공) : <신하가 선왕의 도와 인정(仁政) 같은> 어려운 일을 하라고 강요하는 것을 공손(恭遜)이라 한다. ㅇ陳善閉邪 謂之敬(진선폐사 위지경) : <신하가 임금에게> 선(善)을 진술하고 악(惡)을 막는 것을 공경(恭敬)이라 한다. ㅇ吾君不能 謂之賊(오군불능 위지적) : <신하가 충간을 올리지 않고> 우리 임금은 인정(仁政)을 할 수 없다고 <포기하는 자를> 역적(逆賊)이라 한다.

【集註】(1) 范氏曰 人臣 以難事責於君 使其君爲堯舜之君者 尊君之大也 開陳善道 以禁閉君之邪心 惟恐其君或陷於有過之地者 敬君之至也 謂其君不能行善道 而不以告者 賊害其君之甚也 鄒氏曰 自詩云 天之方蹶 至此 所以責其臣 鄒氏曰 此章 言爲治者 當有仁心仁聞 以行先王之政 而君臣 又當各任其責也.

(1) 범씨(范氏)가 말했다.「신하는 <인정(仁政) 같은> 어려운

일을 하라고 임금을 독촉하여 그로 하여금 요순(堯舜) 같은 임금을 만들어야 한다. 그것이 임금을 크게 존경하는 일이다. 선도(善道)를 개진하고 임금의 사악한 마음을 닫게 하고 오직 임금이 혹 잘못된 경지에 빠지면 <어쩌나 하고> 걱정하는 것이 곧 임금에 대한 지극한 공경이다. <반대로> 우리 임금은 착한 도리를 행할 수 없다고 <포기하고> 충간을 올리지 않는 신하가 바로 지극히 심하게 임금을 해치고 망하게 하는 자이다.」 추씨(鄒氏)가 말했다. 「시운 천지방궐(詩云 天之方蹶)부터 여기까지는 <잘못한> 신하를 책망한 것이다.」 추씨가 말하였다. 「이 장은 <다음 같은 뜻을 말한 것이다. 즉 나라를 다스리는 자는 마땅히 인심(仁心)을 지니고, 또 인(仁)을 행한다는 명성(名聲)을 높이고, 선왕의 도를 따른 인정(仁政)을 행해야 한다. 아울러 임금이나 신하가 저마다 자기의 직책을 다해야 한다.」

제1장 離婁章 : 白文

[1] 孟子曰 離婁之明 公輸子之巧 不以規矩 不能成方員 師曠之聰 不以六律 不能正五音 堯舜之道 不以仁政 不能平治天下.

[2] 今有仁心仁聞 而民不被其澤 不可法於後世者 不行先王之道也.

[3] 故曰 徒善不足以爲政 徒法不能以自行.

[4] 詩云 不愆不忘 率由舊章 遵先王之法而過者 未之有也.

[5] 聖人旣竭目力焉 繼之以規矩準繩 以爲方員平直 不可勝用也 旣竭耳力焉 繼之以六律 正五音 不可勝用也 竭心思焉 繼之以不忍人之政 而仁覆天下矣.

[6] 故曰 爲高必因丘陵 爲下必因川澤 爲政 不因先王之道 可謂智乎.

[7] 是以惟仁者 宜在高位 不仁而在高位 是播其惡於衆也.

[8] 上無道揆也 下無法守也 朝不信道 工不信度 君子犯義 小人犯刑 國之所存者幸也.

[9] 故曰 城郭不完 兵甲不多 非國之災也 田野不辟 貨財不聚 非國之害也 上無禮 下無學 賊民興 喪無日矣.

[10] 詩曰 天之方蹶 無然泄泄 泄泄 猶沓沓也.

[11] 事君無義 進退無禮 言則非先王之道者 猶沓沓也.

[12] 故曰 責難於君 謂之恭 陳善閉邪 謂之敬 吾君不能 謂之賊.

【요점 복습】 제1장 이루장

　요순지도(堯舜之道)는 다른 것이 아니다. 임금이 실지로 인정(仁政)을 행하는 것이다. 어질게 하겠다는 마음만 있거나, 소문만 있어도 실지로 백성들에게 인덕(仁德)과 은택(恩澤)이 미치지 않으면 안 된다. 이미 과거에 성인(聖人)들이 법도와 기준을 밝히고 알려주었다. 또 요순(堯舜) 같은 성왕(聖王)은 이미「불인인지정(不忍人之政)」을 펴서 천하에 인덕을 베푼 역사적 사실이 있었다.

그러므로 나라를 다스릴 임금이나 신하는 인자(仁者)라야 한다. 불인자(不仁者)가 위에 있으면, 악(惡)을 퍼뜨리게 된다. 임금이나 신하가 도의(道義)와 법도(法度)를 따르고 행하지 않으면 나라가 망하게 된다. 그러므로 외형적인 무력(武力)을 강화하거나, 재물(財物)을 축적하는 것보다, 상하(上下)가 다 같이 예의(禮義), 윤리(倫理), 도덕(道德)을 배우고 또 실천하는 것을 중하게 여겨야 한다.

제2장 規矩章 : 총 5 구절

[1] 孟子曰 規矩方員之至也 聖人人倫之至也.

맹자(이) 왈 규구(는) 방원지지야(이요) 성인(은) 인륜지지야(이니라)

[1] 맹자가 말했다. 「원규(圓規)와 곡척(曲尺)은 사각형과 원형을 만드는 지극한 기준이 되는 도구이고, 성인은 인류 도덕을 가르치고 깨우치는 최고의 인물이다.」

[어구 설명] [1] ㅇ規矩(규구) : 「규(規)」는 원규(圓規), 즉 컴퍼스. 「구(矩)」는 곡척(曲尺). ㅇ方員之至也(방원지지야) : 사각형과 원형을 그리는 최고의 기준이 되는 도구이다. ㅇ聖人 人倫之至也(성인 인륜지지야) : 성인은 인륜면에서 최고의 기준이 되는 사람이다. 즉 지극한 경지에 이른 사람이다.

【集註】(1) 至極也 人倫說見前篇 規矩盡所以爲方員之理 猶聖人盡所以爲人之道.

(1) 「지(至)」는 「극(極)」이다. 「인륜에 대한 설명」은 전편(前篇), 즉 「등문공(滕文公) 상 제4장」에 보인다. 「규구(規矩)」는 방형(方形)과 원형(圓形)을 만드는 도리의 지극한 도구다. <그러하듯이> 성인은 인간 윤리의 극치를 다한

사람이다.

[2] 欲爲君 盡君道 欲爲臣 盡臣道 二者 皆法堯舜而已矣 不以舜之所以事堯 事君 不敬其君者也 不以堯之所以治 民 治民 賊其民者也.

욕위군(인댄) 진군도(이요) 욕위신(인댄) 진신도(이니) 이자(를) 개법요순이이의(니) 불이순지소이사요(로) 사군(이면) 불경기군자야(이요) 불이요지소이치민(으로) 치민(이면) 적기민자야(이니라)

[2] <맹자의 말 계속> 「임금이 되고자 하면 임금의 도리를 다해야 한다. 신하가 되고자 하면 신하의 도리를 다해야 한다. <임금이나 신하나> 둘 다 요순(堯舜)을 법도로 삼으면 된다. 순(舜)이 요(堯)를 섬긴 <신하의 도리가 아닌> 다른 도리로써 임금을 섬기면 그것은 자기 임금을 불경(不敬)하는 짓이다. 요(堯)가 백성을 다스리던 <성왕의 도리가 아닌> 다른 도리로써 백성을 다스리면 그것은 백성을 해치는 짓이다.」

[어구 설명] [2] ㅇ欲爲君 盡君道(욕위군 진군도) : 임금이 되고자 하면, 임금의 도리를 다해야 한다. ㅇ欲爲臣 盡臣道(욕위신 진신도) : 신하가 되고자 하면, 신하의 도리를 다해야 한다. ㅇ二者(이자) : 임금이나 신하. ㅇ皆法堯舜而已矣(개법요순이이의) : 둘 다, 오로지, 요순(堯舜)을 법도로 삼으면 된다. ㅇ不以舜之所以事堯

(불이순지소이사요) : <신하> 순이 <임금> 요를 섬기던 지극한 도리가 아닌 <세속적 이득을 얻으려는 나쁜 태도로>. ○ 事君(사군) : <오늘의 선비들이> 자기 임금을 섬기면. ○ 不敬其君者也(불경기군자야) : 그것은 곧 자기 임금을 공경하지 않는 짓이다. ○ 不以堯之所以治民 治民(불이요지소이치민 치민) : 성왕(聖王) 요(堯)가 백성을 다스리던 도리가 아닌 <악덕한 도리로써> 백성을 다스리면. ○ 賊其民者也(적기민자야) : 그것은 백성을 해치는 자라 하겠다.

【集註】(1) 法堯舜 以盡君臣之道 猶用規矩 以盡方員之極 此孟子所以道性善 而稱堯舜也.

(1) 「요순(堯舜)을 법도로 삼고 군신(君臣)의 도리를 다함이다.」 이는 마치 「규구(規矩)」를 가지고 방원(方圓)의 극치를 이루는 것과 같다. 이런 까닭으로 맹자가 성선(性善)을 말할 때 요순(堯舜)을 내세워 칭찬했던 것이다.

[3] 孔子曰 道二 仁與不仁而已矣.

공자(이) 왈 도(이) 이(니) 인여불인이이의(라하시니라)

[3] <맹자의 말 계속> 「공자가 말했다. 『도는 둘이다. 즉 인(仁) 혹은 불인(不仁)이 있을 뿐이다.』」

[어구 설명] [3] ○ 孔子曰 道二(공자왈 도이) : 공자가 말했다. 「도는 둘이다.」 ○ 仁與不仁而已矣(인여불인이이의) : 「오직 인(仁)이냐 불인(不仁)이냐가 있을 뿐이다.」

【集註】（1） 法堯舜 則盡君臣之道而仁矣 不法堯舜 則慢君賊民而不仁矣 二端之外 更無他道 出乎此則入乎彼矣 可不謹哉.

(1) 요순(堯舜)을 법도로 삼으면 곧「군신지도(君臣之道)」를 다하므로 인(仁)이다. 요순(堯舜)을 법도로 삼지 않으면 임금이 태만해지고 따라서 백성을 해치므로 불인(不仁)이다. 두 가지 도리 이외에는 다른 길이 없으며, 거기서 벗어나면 다른 곳에 들어가게 되니 인이 아니면 불인하게 된다. 참으로 삼가지 않을 수 없다.

[4] 暴其民甚 則身弑國亡 不甚則身危國削 名之曰 幽厲 雖孝子慈孫 百世不能改也.

포기민(이) 심 즉신시국망(하고) 불심즉신위국삭(하나니) 명지왈 유려(이면) 수효자자손(이라도) 백세(에) 불능개야(이니라)

[4] <맹자의 말 계속>「<임금이 인(仁)을 베풀지 않고> 백성에게 포악하게 굴고, 그 정도가 심하면 몸도 죽고 나라도 망하게 된다. 심하지 않으면 몸이 위태롭게 되고 나라가 약하고 위태롭게 된다. 그리고 <죽은 다음에> 유(幽) 혹은 여(厲) 같은 나쁜 시호(諡號)가 붙는다. <그렇게 되면> 비록 효성스럽고 자비로운 자손이 있어도 <그 악명을> 고칠 수 없게 된다.」

[어구 설명] [4] ○ 暴其民甚 則身弑國亡(포기민심 즉신시국망) : 백성에게 포악하게 대하고, 그 정도가 심하면, 임금 자신도 살해되고 나라도 멸망하게 된다. ○ 不甚 則身危國削(불심 즉신위국삭) : 심하지 않은 경우에는, 임금이 위태롭고, 나라가 기울고 약하게 된다. ○ 名之曰(명지왈) : <죽은 다음에> 나쁜 이름이 붙는다. 즉 나쁜 시호(諡號)가 붙는다. ○ 幽厲(유려) : 서주(西周) 말기의 유왕이나 여왕. ○ 雖孝子慈孫(수효자자손) : 비록 자손이 효성하고 인자해도. ○ 百世不能改也(백세불능개야) : 백세를 두고 악명을 고칠 수 없다.

【集註】(1) 幽暗 厲虐 皆惡諡也 苟得其實 則雖有孝子慈孫 愛其祖考之甚者 亦不得廢公義而改之 言不仁之禍 必至於此 可懼之甚也.

(1)「유(幽)」는「어둡다」는 뜻이고,「여(厲)」는「포학하다」는 뜻이다. 만일 그 사실을 안다면 비록 그 선조를 매우 사랑하는 효자 자손(慈孫)이 있다 해도 역시 공론을 폐지하고 고칠 수 없다. 불인(不仁)의 재앙이 반드시 이렇게 후세에도 미치니, 심히 두려워해야 하느니라.

[5] 詩云 殷鑒不遠 在夏后之世 此之謂也.

시운 은감불원(이라) 재하후지세(라하니) 차지위야(이니라)

[5] <맹자의 말 계속> 「시경(詩經) 대아(大雅) 탕편(蕩篇)에 있다. 『은(殷)나라 주(紂)왕의 거울이 멀리 있지 않다. 바로 하(夏)나라 걸(桀)왕 때에 있었다.』 이것이 바로 <후세의 임금이 전세의 폭군을 경계하라는 뜻을> 말한 것이다.」

[어구 설명] [5] ㅇ詩云(시운) : 시경(詩經) 대아(大雅) 탕편(蕩篇)에 있다. ㅇ殷鑒不遠 在夏后之世(은감불원 재하후지세) : 은(殷)나라의 거울이 멀리 있지 않다. 바로 하(夏)나라에 있다. 즉 은(殷)나라의 주(紂)가 하나라의 걸(桀)을 거울로 삼았더라면 망하지 않았을 것이다. ㅇ此之謂也(차지위야) : 시의 구절이 옛날의 임금들을 거울로 삼으라고 가르친 말이다.

【集註】(1) 詩 大雅蕩之篇 言商紂之所當鑒者 近在夏桀之世 而孟子引之 又欲後人以幽厲爲鑒也.
(1) 「시(詩)」는 「시경(詩經) 대아(大雅) 탕편(蕩篇)」이다. 「은(殷)나라 주(紂)가 마땅히 거울로 삼아야 할 자가, 바로 가까이 있는 하(夏)나라 걸(桀)의 세상이다」라는 뜻을 말한 것이다. 아울러 맹자가 인용하고 다시 후인들이 유왕과 여왕을 거울로 삼기를 바랐던 것이다.

제2장 規矩章 : 白文
[1] 孟子曰 規矩方員之至也 聖人人倫之至也.
[2] 欲爲君 盡君道 欲爲臣 盡臣道 二者皆法堯舜而已矣 不以舜之所以事堯 事君 不敬其君者

也 不以堯之所以治民 治民 賊其民者也.
[3] 孔子曰 道二 仁與不仁而已矣.
[4] 暴其民 甚則身弒國亡 不甚則身危國削 名之曰 幽厲 雖孝子慈孫 百世 不能改也.
[5] 詩云 殷鑒不遠 在夏后之世 此之謂也.

【요점 복습】 제2장 규구장

　성인(聖人)은 인간 윤리의 극치이며, 모든 사람이나 임금이 기준으로 삼아야 한다.

　임금은 임금의 도리를 다해야 하고, 신하는 신하의 도리를 다해야 한다. 즉 요임금・순임금을 법도로 삼아야 한다.

　순이 신하일 때에 요임금을 모신 것같이 하지 않으면 불경기군(不敬其君)이다. 요임금이 백성을 다스린 것같이 하지 않으면 곧 「백성을 해치는 자(賊其民者)」라 하겠다.

　도(道)에는 「인(仁)과 불인(不仁)」이 있을 뿐이다.

　불인(不仁)해서 백성을 해치면, 임금 자신도 죽고, 나라도 멸망하게 된다.

제3장 三代章 : 총 4 구절

[1] 孟子曰 三代之得天下也 以仁 其失天下也 以不仁.

맹자(이) 왈 삼대지득천하야(는) 이인(이요) 기실천하야(는) 이불인(이니라)

[1] 맹자가 말했다.「하(夏), 은(殷), 주(周) 세 왕조가 천하를 얻은 것은 인정(仁政)을 폈기 때문이다. <이와는 반대로> 걸왕(桀王), 주왕(紂王), 유왕(幽王), 여왕(厲王)이 나라를 잃은 것은 불인(不仁)했기 때문이다.」

[어구 설명] [1] ㅇ三代(삼대) :「하(夏), 은(殷), 주(周)」세 왕조를 삼대라고 한다. ㅇ以仁(이인) :「인으로써(以仁)」는「삼대지득천하야(三代之得天下也)」의 보어(補語)다.「이(以)」는「용(用)」의 뜻으로 풀이할 수 있다. 즉「인덕(仁德)을 베풀었기 때문에 천하를 얻을 수 있었다」의 뜻이다. ㅇ其失天下也以不仁(기실천하야이불인) : 불인(不仁)했기 때문에 천하를 잃었다.

【集註】(1) 三代謂夏商周也 禹湯文武 以仁得之 桀紂幽厲 以不仁失之.

(1)「삼대(三代)」는「하(夏), 은(殷), 주(周)」세 왕조를 말한다.「우왕(禹王), 탕왕(湯王), 문왕(文王), 무왕(武王)」은 인

(仁)으로 나라를 세웠고,「걸(桀), 주(紂), 유(幽), 여(厲)」는 불인(不仁)하여 나라를 잃었다.

[2] 國之所以廢興存亡者 亦然.

국지소이폐흥존망자(이) 역연(하니라)

[2]「나라가 흥망성쇠(興亡盛衰)하는 이유도 역시 그 와 같다. <인(仁)과 불인(不仁)이다.>」

[어구 설명] [2] ㅇ國之所以廢興存亡者(국지소이폐흥존망자) : 나라가 흥망성쇠(興亡盛衰)하는 이유나 바탕.「폐흥존망(廢興存亡)」을「흥망성쇠」로 풀었다.「소이--자(所以--者)」는「--하는 바탕이나 이유」의 뜻이다. ㅇ亦然(역연) : 역시 같다.「인(仁)」은 흥성(興盛)한다.「불인(不仁)」은「쇠망(衰亡)」한다.

【集註】(1) 國謂諸侯之國.

(1)「국(國)」은「제후(諸侯)의 나라」를 말한다.

[3] 天子不仁 不保四海 諸侯不仁 不保社稷 卿大夫不仁 不保宗廟 士庶人不仁 不保四體.

천자(이) 불인(이면) 불보사해(하고) 제후(이) 불인(이면) 불보사직(하고) 경대부(이) 불인(이면) 불보종묘(하고) 사서인(이) 불인(이면) 불보사체(니라)

[3] <맹자의 말 계속>「천자가 어질지 못하면 사해를 보전하지 못하고, 제후가 어질지 못하면 사직을 보전

하지 못하고, 경이니 대부가 어질지 못하면 종묘를
보전하지 못하고, 사나 서민이 어질지 못하면 자기의
몸도 보전하지 못한다.」

[어구 설명] [3] ㅇ不仁(불인) : 어질지 못하다. 인정(仁政)을 행하고 인덕(仁德)을 베풀지 못하면. ㅇ不保(불보) : 온전하게 보전(保全)하지 못한다. ㅇ天子(천자) : 천명을 받고 천하를 다스린다. ㅇ四海(사해) : 바다 안의 전 국토, 즉 천하. ㅇ諸侯(제후) : 지방의 나라를 다스리는 임금. ㅇ社稷(사직) : 국가라는 뜻. 원래「사(社)」는 토지신(土地神),「직(稷)」은「곡신(穀神)」이다. ㅇ卿(경) : 임금 곁에서 보좌하는 최고의 고관 대작. ㅇ大夫(대부) : 영지(領地)와 행정 조직을 가지고 있는 지방의 명문대가. ㅇ宗廟(종묘) : 역대의 선조를 모신 사당.「불보종묘(不保宗廟)」는「경(卿)이나 대부(大夫)가 탈관삭직(奪官削職)되고 패가망신(敗家亡身)한다」는 뜻이다. ㅇ士(사) : 하급 관리. ㅇ庶人(서인) : 일반 서민. ㅇ四體(사체) : 자기 한 몸. 사지(四肢)와 생명.

【集註】(1) 言必死亡.

(1)「반드시 죽고 망한다」는 뜻을 말한 것이다.

[4] 今 惡死亡 而樂不仁 是猶惡醉 而强酒.

금(에) 오사망 이락불인(하나니) 시유오취 이강주(이니라)

[4] <맹자의 말 계속>「지금 <사람들은> 죽고 망하

는 것을 싫어한다. 그러면서 불인(不仁)한 짓을 즐겨 하고 있으니, 이는 흡사 술 취하는 것을 싫어하면서, 억지로 술을 마시게 하는 것과 같다.」

[어구 설명] [4] ㅇ今(금) : 지금 사람들은. ㅇ惡死亡(오사망) : 죽거나 망하는 것을 싫어한다. ㅇ而樂不仁(이락불인) : 그러면서 <죽고 망하는 바탕이 되는> 불인(不仁)을 즐기고 행한다. ㅇ是猶(시유) : 이는 흡사 --와 같다. ㅇ惡醉而强酒(오취이강주) : 취하고 주정하는 것을 싫어하면서, 강제로 술을 마시게 하는 것과 같다.

【集註】(1) 此 承上章之意 而推言之也.

(1) 이 구절은 앞장의 뜻을 받고, 더 밀고 나간 말이다.

제3장 三代章 : 白文

[1] 孟子曰 三代之得天下也 以仁 其失天下也 以不仁.
[2] 國之所以廢興存亡者 亦然.
[3] 天子不仁 不保四海 諸侯不仁 不保社稷 卿大夫不仁 不保宗廟 士庶人不仁 不保四體.
[4] 今惡死亡 而樂不仁 是猶惡醉而强酒.

【요점 복습】 제3장 삼대장

　인(仁)하면 살고, 불인(不仁)하면 죽고 나라도 망한다. 그런데도 불인하는 것은 독주(毒酒)를 마시는 것과 같다.

제4장 愛人章 : 총 3 구절

[1] 孟子曰 愛人不親 反其仁 治人不治 反其智 禮人不答 反其敬.

맹자(이) 왈 애인불친(이어든) 반기인(하고) 치인불치(어든) 반기지(하고) 예인부답(이어든) 반기경(이니라)

[1] 맹자가 말했다. 「내가 남을 사랑했는데도 남이 나를 친애하지 않으면, 나의 사랑이 <부족하지 않았나> 스스로 반성해 보아야 한다. 내가 남을 다스렸는데도 잘 다스려지지 않으면, 나의 지혜가 <부족하지 않았나> 스스로 반성해 보아야 한다. 내가 남에게 예의를 다했는데도 남이 나에게 예의로써 답하지 않으면, 나의 공경이 <부족하지 않았나> 반성해 보아야 한다.」

[어구 설명] [1] ㅇ愛人不親(애인불친) : 내가 남을 사랑했는데 남이 나를 친애하지 않으면. ㅇ反其仁(반기인) : 그에 대한 나의 인애(仁愛)나 인덕(仁德)이 <부족하지 않았나> 반성해 보아야 한다. ㅇ治人不治 反其智(치인불치 반기지) : 내가 남을 다스렸는데 남이 잘 다스려지지 않으면, 나의 지혜가 <부족하지 않았나> 스스로 반성해 보아야 한다. ㅇ禮人不答 反其敬(예인부답 반기경) : 내가 남에게 예를 다했는데도 남이 나에게 예로써 답하지 않으면, 나의 공경(恭敬)이 <부족하지 않았나> 반성해 보아야 한다.

【集註】(1) 我愛人 而人不親我 則反求諸己 恐我
之仁未至也 智敬放此.

(1) 내가 남을 사랑했는데, 남이 나를 친애하지 않으면, 스스로 자기 반성을 해야 한다. 나의 사랑이 지극하지 못했는지 걱정해야 한다. 지혜(智慧)나 공경(恭敬)의 경우도 같다.

[2] 行有不得者 皆反求諸己 其身正 而天下歸之.

행유부득자(이어든) 개반구제기(니) 기신(이) 정 이천하(이) 귀지(니라)

[2] <맹자의 말 계속>「일을 행하고 좋은 성과를 얻지 못했을 때, <모든 이유나 원인 등> 모든 것을 자신에게서 찾아야 한다. 자신이 바르면, 천하도 바르게 돌아간다.」

[어구 설명] [2] ㅇ行有不得者(행유부득자) :「행(行)」에는 크게 두 가지 뜻이 있다. 행동한다, 일을 처리한다.「유부득자(有不得者)」는「좋은 성과를 얻지 못한다」는 뜻이다.「득(得)」은 곧「덕(德)」이다. ㅇ皆反求諸己(개반구제기) : <덕을 세우지 못한 이유나 원인을> 자신에게서 찾아야 한다. ㅇ其身正 而天下歸之(기신 정 이천하귀지) : 자기의 몸가짐이 바르면, 천하 만민이나 만사가 바르게 되돌아간다.「정(正)」의 뜻은 깊다.「하나(一)에 가서 멈춤(止)」이다. 즉「하늘(天)이나 천도(天道)와 하나가 되는 것이 정

(正)」이다.

【集註】(1) 不得 謂不得其所欲 如不親不治不答
是也 反求諸己 謂反其仁 反其智 反其敬也 如此則
其自治益詳 而身無不正矣 天下歸之 極言其效也.

(1)「부득(不得)」은 「자기가 기대한 바를 얻지 못했다」는 뜻이다. 즉 <상대방의>「불친(不親), 불치(不治), 부답(不答)」과 같은 태도다.「반구제기(反求諸己)」는「자기의 인(仁)을 반성한다, 자기의 지혜(智慧)를 반성한다, 자기의 공경(恭敬)을 반성한다」는 뜻이다. 이렇게 하면 자기를 더욱 잘 다스려, 자기 몸가짐에 바르지 않음이 없게 되고 따라서 천하도 바르게 돌아온다. 즉 그 효험의 지극함을 말한 것이다.

[3] 詩云 永言配命 自求多福.

시운 영언배명(이) 자구다복(이라하니라)

[3] <맹자의 말 계속>「시경(詩經) 대아(大雅) 문왕편(文王篇)에 있다.『언제나 천명에 맞게 하는 것이, 스스로 복을 구함이다.』」

[어구 설명] [3] ㅇ詩云(시운) :「시경(詩經) 대아(大雅) 문왕편(文王篇)에 있다. ㅇ永言配命 自求多福(영언배명 자구다복) : 언제나 천도를 따르고 천명에 맞게 하는 것이, 스스로 복을 얻는 길이다.

【集註】(1) 解見前篇 亦承上章而言.
(1) 설명은 전편에 있다. 역시 앞장을 이어받고 한 말이다.

　　제4장 愛人章 : 白文
　　[1] 孟子曰 愛人不親 反其仁 治人不治 反其智 禮
　　　　人不答 反其敬.
　　[2] 行有不得者 皆反求諸己 其身正而天下歸之.
　　[3] 詩云 永言配命 自求多福.

【요점 복습】 제4장 애인장
　옛날이나 오늘이나 대개 사람들은 자기 반성을 안하고 남을 탓하고 욕하기 바쁘다. 그러니까 서로 다투고 싸우게 된다. 오늘의 세계도 같다. 강대국은 약소국을 인자한 마음으로 도와주려 하지 않고, 각박하게 몰아붙이고 말살하려고 한다. 그래서 더욱 국제 정세가 험악하게 된다.
　그러나 2천 년 전의 맹자는 다음같이 말했다.「내가 남을 사랑했는데도 남이 나를 친애하지 않으면, 나의 사랑이 부족하지 않았나 스스로 반성해 보아야 한다. 내가 남을 다스렸는데도 잘 다스려지지 않으면 나의 지혜가 부족하지 않았나 스스로 반성해 보아야 한다. 내가 남에게 예의를 다했는데도 남이 나에게 예의로써 답하지 않으면 나의 공경이 부족하지 않았나 반성해 보아야 한다.」「내가 바르게 하면 천하도 바르게 된다.」허기는 오늘의 정치인들은 맹자의 말을 바보 같은 소리라고 할 것이다.

제5장 恒言章 : 총 1 구절

[1] 孟子曰 人有恒言 皆曰 天下國家 天下之本在國 國之本在家 家之本在身.

맹자(이) 왈 인유항언(호대) 개왈 천하국가(라하나니) 천하지본(은) 재국(하고) 국지본(은) 재가(하고) 가지본(은) 재신(하니라)

[1] 맹자가 말했다.「사람들이 항상 말한다. 모든 사람이 천하 국가를 논하고 말한다. <그러나> 천하의 근본은 나라에 있고, 나라의 근본은 집안에 있고, 집안의 근본은 <개개인의> 몸가짐에 있다.」

[어구 설명] [1] ㅇ人有恒言(인유항언) : 사람들이 항상 말한다. ㅇ皆曰天下國家(개왈천하국가) : 누구나 다 천하와 국가를 논한다. ㅇ天下之本 在國(천하지본 재국) : 천하의 근본은 나라에 있다. ㅇ國之本 在家(국지본 재가) : 나라의 근본은 집안에 있다. ㅇ家之本 在身(가지본 재신) : 집안의 근본은 개개인의 몸가짐에 있다.

【集註】(1) 恆常也 雖常言之 而未必知其言之有序也 故推言之 而又以家本乎身也 此亦承上章而言之 大學所謂自天子至於庶人 壹是皆以修身爲本 爲是故也.

(1)「항(恒)」은「항상」의 뜻이다. 사람들은 비록 항상 <천하 국가에 대한> 말을 하면서도 순서가 있음을 모른다. 그러므로 <그 단계를> 추려 말한 것이다. 아울러 집안의 근본이 <개개인의> 몸가짐에 있다는 것도 말했다. 이 장도 역시 앞장을 이어받은 말이며, 대학(大學)에서 이른바 『천자로부터 서민에 이르기까지 한결같이 수신을 근본으로 삼는다』고 한 것도 이 때문이다.

　　제5장 恒言章 : 白文
　　[1] 孟子曰 人有恒言 皆曰 天下國家 天下之本在
　　　　國 國之本在家 家之本在身.

【요점 복습】제5장 항언장
　대학에서 말한「수신(修身), 제가(齊家), 치국(治國), 평천하(平天下)」를 맹자가 거듭 말한 것이다.

제6장 爲政章 : 총 1 구절

[1] 孟子曰 爲政不難 不得罪於巨室 巨室之所慕 一國慕之 一國之所慕 天下慕之 故沛然德敎 溢乎四海.

맹자(이) 왈 위정(이) 불난(하니) 부득죄어거실(이니) 거실지소모(를) 일국모지(하고) 일국지소모(를) 천하모지(하나니) 고(로) 패연덕교(가) 일호사해(하나니라)

[1] 맹자가 말했다. 「나라 다스리기는 어렵지 않다. 대대로 벼슬을 지낸 세신대가(世臣大家)를 거슬리지 않으면 된다. 그들 세신대가가 경모(敬慕)하면, 온 나라가 경모하고, 온 나라가 경모하면 천하가 경모하게 된다. 그렇게 되면 도덕 교화가 넓게 퍼져 사해(四海)에 넘치게 될 것이다.」

[어구 설명] [1] ㅇ爲政不難(위정불난) : 나라 다스리기는 어렵지 않다. ㅇ不得罪於巨室(부득죄어거실) : 대대로 벼슬을 지낸 「세신대가(世臣大家)」에게 잘못이나 죄를 짓지 않아야 한다. 즉 그들의 원한을 사거나 그들을 적으로 돌리지 않아야 한다. ㅇ巨室之所慕(거실지소모) : 세신대가가 경모(敬慕)하는 임금. 「경모」는 「존경하고 사랑한다」는 뜻. ㅇ一國(일국) : 온 나라, 국민 전부. ㅇ故(고) : 그러므로. ㅇ沛然(패연) : 세차고 넓게. 주자(朱子)는 「성대하게 퍼진다」로 풀었다. ㅇ德敎(덕교) : 임금의 도덕 교화.

ㅇ溢乎四海(일호사해) : 사해(四海)에 넘치게 된다. 이 때의「사해」
는 중심이 되는 문화 국가는 물론, 주변의 미개 야만국도 포함한다.

【集註】(1) 巨室 世臣大家也 得罪 謂身不正而取
怨怒也 麥丘邑人 祝齊桓公曰 願主君 無得罪於群臣
百姓 意蓋如此 慕向也 心悅誠服之謂也 沛然盛大流
行之貌 溢充滿也.

(1)「거실(巨室)」은「세신의 큰 집안이다(世臣大家)」.「득죄
(得罪)」는「자신이 바르지 못하여 원망과 노여움을 받는다」
는 뜻이다.「맥구읍인(麥丘邑人)」이 제(齊)나라 환공(桓公)
에게 축원(祝願)할 때에「임금님께 원합니다. 군신이나 백성
에게 죄를 짓지 마십시오..」라고 했다. 대개 같은 뜻이다.「모
(慕)」는「마음이 향한다」는 뜻이다. 즉「마음으로 기뻐하고
진실로 복종한다」는 뜻이다.「패연(沛然)」은「성대하게 퍼져
나간다는 모양」이다.「일(溢)」은「차고 넘친다」는 뜻이다.

【集註】(2) 蓋巨室之心 難以力服 而國人素所取
信 今旣悅服 則國人皆服 而吾德敎之所施 可以無遠
而不至矣 此亦承上章而言 蓋君子不患人心之不服
而患吾身之不修 吾身旣修 則人心之難服者 先服而
無一人之不服矣.

(2) 원래 세신대가(世臣大家)의 마음은 힘으로 복종케 하기

어렵다. 한편 국민들은 평소 세신대가를 믿고 따른다. 그런데 지금 그들이 먼저 기뻐하고 복종한다면 국민도 모두 복종한다. 그러므로 임금이 펴는 도덕 교화가 멀리 이르지 않을 곳이 없게 될 것이다. 이 장 역시 앞장과 이어지며 <다음 같은 뜻을> 말한 것이다.「군자는 남이 마음으로 복종하지 않는 것을 걱정하지 않고, 나 자신을 수양하지 못한 것을 걱정한다. 나의 몸이 수양되면, 심복하기 어려웠던 사람이 먼저 귀순한다. 따라서 복종하지 않는 사람이 하나도 없게 된다.」

【集註】(3) 林氏曰 戰國之世 諸侯失德 巨室擅權 爲患甚矣 然或者不修其本 而遽欲勝之 則未必能勝 而適以取禍 故孟子推本而言 惟務修德以服其心 彼旣悅服 則吾之德教無所留礙 可以及乎天下矣.

(3) 임씨(林氏)가 말했다. 전국시대에는 제후가 덕을 잃고, 세신대가들이 권력을 멋대로 휘둘러 백성의 환난이 심했다. 그러나 임금들이 근본은 닦지 않고, 당장 힘으로 그들을 제압하려고 해도 되지 않고, <도리어 찬탈되고 살해되는> 화를 초래했던 것이다. 그래서 맹자가 근본부터 미루어 나가야 한다고 <다음같이> 말한 것이다.「오직 덕을 닦고 그들을 마음으로 따르게 애를 써라. <먼저> 그들이 좋아서 심복하면 즉 임금의 덕화(德化)가 막히지 않고 퍼져, 천하에 미칠 것이다.」

【集註】(4) 裴度所謂 韓弘輿疾討賊 承宗斂手削

地 非朝廷之力 能制其死命 特以處置得宜 能服其心
故爾 正此類也.

(4) 배도(裴度)가 말한바「한홍(韓弘)은 아픈 몸으로 수레를 타고 나가 적을 토벌하였고, 왕승종(王承宗)이 <대적하려는 마음을 버리고> 반란에서 손을 거두고 땅을 삭제당했다. 그것은 조정의 무력으로 그들의 사명(死命)을 능히 제압한 것이 아니고 다만 처리를 잘했기 때문에 그들의 마음을 따르게 할 수 있었다」고 말한 예와 같은 것이다.

【참고 보충】「맥구읍인(麥丘邑人)」

유향(劉向)의 신서(新序) 잡사편(雜事篇)에 보이는 고사다. 환공(桓公)이 맥구(麥丘)로 수렵(狩獵)을 나갔다가 여러 읍인(邑人)을 만났다. 그 중의 한사람으로 83세의 고령(高齡) 노인이 환공을 위해 축원(祝願)했다.

제6장 爲政章 : 白文

[1] 孟子曰 爲政不難 不得罪於巨室 巨室之所慕
一國慕之 一國之所慕 天下慕之 故沛然德敎
溢乎四海.

【요점 복습】제6장 위정장

임금이 자신의 몸가짐을 바르게 하고 더 나가, 일가 친척 및 세신대가(世臣大家)들이 진심으로 마음으로 따르게 해야 나라를 잘 다스릴 수 있다.

제7장 天下章 : 총 5 구절

[1] 孟子曰 天下有道 小德役大德 小賢役大賢 天下無道 小役大 弱役强 斯二者天也 順天者存 逆天者亡.

맹자(이) 왈 천하(이) 유도(엔) 소덕(이) 역대덕(하며) 소현(이) 역대현(하고) 천하(이) 무도(엔) 소역대(하며) 약역강(하나니) 사이자(는) 천야(이니) 순천자(는) 존(하고) 역천자(는) 망(하나니라)

[1] 맹자가 말했다. 「천하에 도가 있으면 <도덕을 기준으로 하므로> 덕이 작은 사람이 덕이 큰 사람을 받들어 섬기고, 지능이 적은 사람이 지능이 많은 사람을 받들고 섬긴다. 천하에 도가 없으면 <무력을 위주로 하므로> 작은 나라는 큰 나라에 예속되고, <힘이> 약한 사람은 강한 사람에게 예속되게 마련이다. 이 두 가지는 하늘의 당연한 이치이다. <그러므로 옛말에 있다.> 『천도를 따르고 행하는 자는 살아 흥성하고, 하늘의 도리를 어기는 자는 죽고 망한다.』」

[어구 설명] [1] ○天下有道(천하유도) : 천하에 도가 있으면. <도덕이 기준이 된다.> ○小德役大德(소덕역대덕) : 덕이 작은 사람이 덕이 큰 사람을 받들고 그를 위해 일을 한다. 「역(役)」을 피동(被動)으로 「소덕(小德)이 대덕(大德)에게 사역된다」로 풀어도 된

다. ㅇ小賢役大賢(소현역대현) : 지능(知能)이나 현명(賢明)이 작은 사람이 큰 사람을 위해서 일을 한다. ㅇ天下無道(천하무도) : 천하에 도가 없다. <즉 힘이나 무력이 판을 친다.> ㅇ小役大(소역대) : 작은 나라가 큰 나라에 예속된다. 큰 나라를 위해 일을 한다. ㅇ弱役强(약역강) : 약자가 강자에게 예속되고, 강자를 위해 일을 한다. ㅇ斯二者天也(사이자천야) : 이와 같은 두 가지 현상이나 이치는 하늘의 도리이다. ㅇ順天者存 逆天者亡(순천자존 역천자망) : <고어(古語)다.> 「하늘의 뜻이나 도리를 따르는 사람은 살고 흥하지만, 하늘의 뜻이나 도리를 어기는 자는 죽고 망한다.」 맹자가 말하는 「천(天)」은 인격신(人格神)이 아니라, 「우주적 도리나 추세를 포괄한 뜻」이다.

【集註】(1) 有道之世 人皆修德 而位必稱其德之大小 天下無道 人不修德 則但以力相役而已 天者理勢之當然也.

(1) 도가 행해지는 세상에서는 모든 사람이 덕을 닦고, 지위도 반드시 덕(德)의 대소에 어울리게 한다. 천하에 도가 없으면 사람들이 덕을 닦지 않고, 오직 힘을 바탕으로 남을 부리고 쓴다. 「천(天)」은 「당연한 도리와 추세라는 뜻」이다.

[2] 齊景公曰 旣不能令 又不受命 是絶物也 涕出而女於吳.

제경공(이) 왈 기불능령(하고) 우불수명(이면) 시(는) 절

물야(이라하고) 체출이녀어오(하니라)

[2] <맹자의 말 계속> 「제(齊)나라 경공(景公)이 말했다. 『우리가 오(吳)나라를 지배할 수 없는데, 그들의 명령을 듣지 않는다면, 그 때에는 국교가 단절된다.』<이렇게 말하고> 눈물을 흘리면서, 자기 딸을 오나라에 시집보냈다.」

[어구 설명] [2] ㅇ齊景公曰(제경공왈) : 제나라 경공(景公 : B.C. 547~B.C.409 재위)이 말했다. 당시 제나라는 힘이 약했다. 그래서 힘이 강한 오(吳)나라 합려(闔閭)의 요청대로 자기 딸을 시집보냈던 것이다. ㅇ旣不能令 又不受命 是絶物也(기불능령 우불수명 시절물야) : <제 경공의 말이다.> 『우리가 오(吳)나라를 지배할 수 없는데, 그들의 명령을 듣지 않는다면, 그 때에는 <두 나라는 사이가> 단절된다.』「물(物)」은 「상대(相對), 즉 오나라」의 뜻이다. ㅇ涕出而女於吳(체출이녀어오) : 눈물을 흘리면서, 자기 딸을 오나라에 시집보냈다. 「여어오(女於吳)」는 「오나라에 시집보낸다.」는 뜻이다.

【集註】(1) 引此 以言 小役大 弱役强之事也 令出令以使人也 受命聽命於人也 物猶人也 女以女與人也 吳蠻夷之國也 景公羞與爲昏 而畏其强 故涕泣而以女與之.

(1) 맹자가 이와 같은 예를 들고, 「소역대(小役大), 약역강(弱役强)」하는 사실을 말한 것이다. 「영(令)」은 「명령을 내려 남

으로 하여금 따르게 한다」는 뜻이다. 「수명(受命)」은 「남의 명령을 듣고 따른다」는 뜻이다. 「물(物)」은 「<상대가 되는> 사람」의 뜻이다. 「여(女)」는 「딸을 남에게 준다」는 뜻이다. 「오(吳)」는 「오랑캐(蠻夷) 나라다」. <그러므로> 경공(景公)은 그들과 결혼하는 것을 부끄럽게 여겼다. 그러나 그 나라가 무력이 강하므로 울면서 딸을 시집보냈던 것이다.

[3] 今也 小國師大國 而恥受命焉 是猶弟子 而恥受命於先師也.

금야(에) 소국(이) 사대국 이치수명언(하나니) 시유제자 이치수명어선사야(이니라)

[3] <맹자의 말 계속>「지금 약소국은 강대국을 본받고 있다. 그러면서 강대국의 명령받기를 창피하게 여기고 있다. 이는 마치 제자가 선생의 명령받기를 창피하게 여기는 것과 같은 것이다.」

[어구 설명] [3] ㅇ今也(금야) : 오늘 전국시대에는. ㅇ小國師大國(소국사대국) : 약소국들이 강대국의 비도덕적 부국강병책(富國强兵策)을 배우고 따르고 있다. ㅇ而恥受命焉(이치수명언) : 그러면서 강대국의 명령받기를 창피하게 여긴다. ㅇ是猶弟子 而恥受命於先師也(시유제자 이치수명어선사야) : 이는 흡사 제자가 선생으로부터 명령받기를 창피하게 여기는 것과 같다.

【集註】(1) 言小國 不修德以自强 其般樂怠敖 皆

若效大國之所爲者 而獨恥受其敎命 不可得也.

(1) <이 구절은 다음 같은 뜻을 말한 것이다.> 「약소국가의 임금이 인덕(仁德)을 닦아서 자강(自強)하지 않고 <반대로> 항상 연락(宴樂)하면서 정치를 태만히 하고 백성에게 거만을 떨기만 한다. 이와 같이 모든 <악덕한 짓을> 강대국을 본받고 흉내를 내고 있다. 그러면서 오직 <무력을 바탕으로 한> 강대국의 명령을 받고 <지배되기를> 창피하게 여기려고 해도 안 될 노릇이다. <즉 부국강병을 모방하고 따르면서 강대국에게 예속되기를 창피하게 여기고, 또 멸망되지 않으려고 해도 불가능하다. 타락한 방식을 모방하면, 약소국은 반드시 강대국에 의해 멸망당하게 된다.>」

[4] 如恥之 莫若師文王 師文王 大國五年 小國七年 必爲政於天下矣.

여치지(인댄) 막약사문왕(이니) 사문왕(이면) 대국(은) 오년(이요) 소국(은) 칠년(에) 필위정어천하의(리라)

[4] <맹자의 말 계속> 「만약에 <강대국의 명령을 받고 예속되기를> 창피하게 여긴다면 차라리 주(周)나라 문왕(文王)을 스승으로 삼고 따라야 한다. 문왕을 스승으로 삼으면, 대국은 5년, 소국은 7년이면, 반드시 천하에 인정(仁政)을 펼 수 있게 될 것이다.」

[어구 설명] [4] ㅇ 如恥之 莫若師文王(여치지 막약사문왕) : 만약

에 <강대국의 명령을 받고 예속되기를> 창피하게 여긴다면, 차라리 주(周)나라 문왕(文王)을 스승으로 삼아라.「막약(莫若)」은「차라리 --하라, --하는 것이 좋다.」는 뜻이다. ㅇ大國五年(대국오년) : 큰 나라는 5년. ㅇ小國七年(소국칠년) : 작은 나라는 7년이면. ㅇ必爲政於天下矣(필위정어천하의) : 반드시 천하에 인정(仁政)을 펴게 된다.

【集註】(1) 此因其愧恥之心 而勉以修德也 文王之政 布在方策 擧而行之 所謂師文王也 五年七年 以其所乘之勢 不同爲差 蓋天下雖無道 然修德之至 則道自我行 而大國 反爲吾役矣.

(1) 이 구절은 곧「<강대국에 예속되기를> 부끄럽게 여기기 때문에 더 열심히 덕을 닦아야 한다」는 뜻을 말한 것이다. 문왕의 인정(仁政)은 고대의 기록에 적혀 있다. 그대로 받들고 행하는 것이 곧「문왕을 스승으로 삼는 것(師文王)」이다.「대국은 5년, 소국은 7년」이라고 한 것은 저마다의 시대와 형세에 따라서 같지 않고 차이가 나기 때문이다. 비록 천하가 무도해도 임금이 덕을 지극하게 닦으면, 즉 인도(仁道)가 임금으로부터 행해진다. 그래서 <부국강병을 따르던> 대국이 도리어 그 나라를 받들고 섬기게 된다.

【集註】(2) 程子曰 五年七年 聖人度其時則可矣 然凡此類 學者皆當思其作爲如何 乃有益耳.

(2) 정자(程子)가 말했다. 「5년, 7년은 성인이 그때쯤이면 가능하다고 헤아린 시간이다. 그러나 이와 같은 <도덕인정(道德仁政)에 관한 모든 종류에 대해서> 학자 자신들이 어떻게 행동해야 할지를 잘 생각하면 유익할 것이다.」

[5] 詩云 商之孫子 其麗不億 上帝旣命 侯于周服 侯服于周 天命靡常 殷士膚敏 祼將于京 孔子曰 仁不可爲衆也 夫國君好仁 天下無敵.

시운 상지손자(이) 기려불억(이언마는) 상제기명(이라) 후우주복(이로다) 후복우주(하니) 천명미상(이라) 은사부민(이) 관장우경(이라하야늘) 공자(이) 왈 인불가위중야(이나) 부국군(이) 호인(이면) 천하무적(이라하니라)

[5] <맹자의 말 계속> 「시경(詩經) 대아(大雅) 문왕편(文王篇)에 있다.『은나라의 자손은 그 수가 10만뿐만이 아니라 그 이상으로 많았다. <그러나> 상제(上帝)가 이미 천명을 <주(周)나라에> 내리셨으므로 주나라를 받들고 복종했도다. <이와 같이 은나라 자손이> 주나라를 받들고 복종한 까닭은, 천명이 한결같이 않고 <덕 있는 임금에게 옮겨갔기 때문이다.> <그래서> 은나라 선비들이 아름다운 예복을 입고 민첩하게 주나라 왕경(王京)에 와서 관주(灌酒)하고 주나라 제사를 받들었도다.』또 공자가 말했다.『인자

(仁者)에게 많은 대중들은 어쩔 수 없이 <따르게 마
련이다.> 그러므로 나라를 다스리는 임금이 인(仁)을
좋아하면 천하에 맞설 자가 없게 된다.』」

[어구 설명] [5] ○詩云(시운) : 시경(詩經) 대아(大雅) 문왕편(文王
篇)에 있다. ○商之孫子(상지손자) : 은(殷)나라의 자손들은. 초기
에는 「상(商)」이라 했다. ○其麗不億(기려불억) : 「여(麗)」는 「수
(數)」, 「억(億)」은 「10만(萬)」이다. 은나라 자손의 수가 10만 이상
이나 되고 퍽 많았다. ○上帝旣命(상제기명) : 상제(上帝), 즉 하늘
이 천명(天命)을 주(周)나라에 내렸다. 은(殷)이 실덕(失德)했으므
로 주(周)에게 바꿔 내렸다. ○侯于周服(후우주복) : <은나라 자손
들이> 주(周)나라를 받들고 복종했다. 「후(侯)」를 「섬기다, 받들
다」로 풀 수 있다. ○侯服于周(후복우주) : 주나라를 받들고 복종
했다. ○天命靡常(천명미상) : 천명은 무상(無常)하다. 천명은 항
상 바뀐다. 즉 실덕(失德)하면 천명(天命)을 잃는다. 유덕(有德)하
면 천명을 얻는다. ○殷士膚敏(은사부민) : <전의> 은나라 신하나
선비들이 예복을 아름답게 차려 입고 민첩하게. <천명을 새로 받
은 주나라를 받들고 섬긴다.> ○祼將于京(관장우경) : 주나라 서
울, 호경(鎬京)에서 관주(灌酒)하고 주나라 종묘 제사에 참가했다.
<천명을 따른 것이다.> ○仁不可爲衆也(인불가위중야) : 인덕(仁
德)이 높은 인자(仁者)에게 많은 사람이 별 수 없이 따른다. 「인자
에게 많은 사람도 대적하지 못한다.」로 풀 수도 있다. ○夫國君好
仁(부국군호인) : 나라 임금이 인(仁)을 좋아하고 인정(仁政)을 베
풀면. ○天下無敵(천하무적) : 천하에 누구도 대적할 자가 없다.

【集註】(1) 詩大雅文王之篇 孟子引此詩及孔子之言 以言文王之事 麗數也 十萬曰億 侯維也 商士 商孫子之臣也 膚大也 敏達也 祼宗廟之祭 以鬱鬯之酒灌地 而降神也 將助也 言商之孫子衆多 其數不但十萬而已 上帝旣命周以天下 則凡此商之孫子 皆臣服于周矣 所以然者 以天命不常 歸于有德故也 是以商士之膚大而敏達者 皆執祼獻之禮 助王祭事于周之京師也.

(1)「시(詩)」는「시경(詩經) 대아(大雅) 문왕편(文王篇)」이다. 맹자가 이 시와 공자의 말을 인용해서「문왕의 일」을 말한 것이다.「여(麗)」는「수(數)」의 뜻이다.「십만(十萬)」을「억(億)」이라 한다.「후(侯)」는「유(維)」와 같은 뜻이다.「상사(商士)」는「상(商)나라 자손의 신하」를 말한다. <상(商)은 곧 은(殷)이다.>「부(膚)」는「대(大)」의 뜻이다.「민(敏)」은「달(達)」의 뜻이다.「관(祼)」은「종묘 제사에서 울창주(鬱鬯酒)를 땅에 뿌리고 신을 내리게 하는 의식이다.」「장(將)」은「조(助)」의 뜻이다. 즉 다음 같은 뜻을 말한 것이다.「은나라의 자손이 많고, 그 수가 10만일뿐 아니라, <그 이상이지만> 상제(上帝)가 이미 주(周)나라에 천명을 내려 천하를 다스리게 했으므로 모든 은(殷)나라의 자손들이 주나라에 신하로서 복종했다. 그 까닭은 '천명무상(天命無常)'이라, <천명은 항상>

이루장구(離婁章句) 상(上) 349

유덕자(有德者)에게 돌아가기 때문이다. 그래서 은나라의 선비들이 아름답고 거창하게 예복을 차려 입고 또 민첩하게 사리를 깨닫고, 술을 땅에 쏟고 강신례(降神禮)를 올리고, 주나라 왕이 주나라 경사(京師)에서 거행하는 제사를 거들었다.」

【集註】(2) 孔子因讀此詩而言 有仁者則雖有十萬之衆 不能當之 故國君好仁 則必無敵於天下也 不可爲衆 猶所謂難爲兄 難爲弟云爾.

(2) 공자는 시를 읽고 말했다.「주(周) 문왕(文王) 같은 인자(仁者)에게는 비록 <은나라의 자손이> 10만 이상 다수라 하더라도 당할 수 없다. 그러므로 나라 임금이 인정(仁政)을 좋아하면 반드시 천하에 대적할 자가 없게 된다.」「불가위중(不可爲衆)」은 이른바「형이 되기도 어렵고, 아우 되기도 어렵다」는 말과 같은 뜻이다. <즉 형제는 될 수 없고, 오직 신하로써 복종해야 한다.>

[6] 今也 欲無敵於天下 而不以仁 是猶執熱而不以濯也 詩云 誰能執熱 逝不以濯.

금야(에) 욕무적어천하 이불이인(하니) 시유집열 이불이탁야(이니) 시운 수능집열(하야) 서불이탁(이리오하니라)

[6] <맹자의 말 계속>「지금 천하에 대적할 자가 없

기를 바라면서 인정(仁政)을 행하지 않으니 이는 뜨거운 물건을 잡으려고 하면서 미리 손을 찬물에 담그지 않는 것과 같다. 시경(詩經) 대아(大雅) 상유편(桑柔篇)에 있다. 『누가 능히 뜨거운 것을 잡고자 하면, 우선 찬물에 손을 담그지 않겠는가.』

[어구 설명] [6] ㅇ今也(금야) : 오늘의 모든 임금들은. ㅇ欲無敵於天下(욕무적어천하) : 무적천하(無敵天下)를 바라면서. ㅇ而不以仁(이불이인) : 그러면서 인정(仁政)을 행하지 않는다. ㅇ是猶執熱而不以濯也(시유집열 이불이탁야) : 이는 마치 뜨거운 물건을 잡으려고 하면서, 손을 미리 찬물에 담그지 않는 것과 같다. ㅇ詩云(시운) : 시경(詩經) 대아(大雅) 상유편(桑柔篇)에 있다. ㅇ誰能執熱 逝不以濯(수능집열 서불이탁) : 누가 능히 뜨거운 것을 잡고자 하면서 찬물에 손을 담그지 않는가. <누구나 미리 대비한다. 그와 마찬가지로 망하지 않기 위해서도 인정(仁政)을 펴야 한다.>

【集註】(1) 恥受命於大國 是欲無敵於天下也 乃師大國而不師文王 是不以仁也 詩大雅桑柔之篇 逝語辭也 言誰能執持熱物 而不以水自濯其手乎 此章言不能自强 則聽天所命 修德行仁 則天命在我.

(1) 무력이 강한 나라의 명령을 받는 것을 부끄럽게 여기는 것이 곧 '천하무적(天下無敵)'하겠다는 생각이다. <그러면서> 큰 나라를 본으로 삼고, 문왕(文王)을 본으로 삼지 않는다. 이는 바로 인(仁)을 바탕으로 하지 않는 것이다. 「시(詩)」

는 「시경 대아(大雅) 상유편(桑柔篇)」이다. 「서(逝)」는 어조사다. <시 구절은> 「누가 뜨거운 물건을 잡으려고 하면서, 먼저 찬물에 손을 담그지 않을 수 있는가」라는 뜻을 말한 것이다. 이 장은 곧 「스스로 강해지지 못하면, 하늘이 명하는 바를 듣고 덕을 닦고 인을 행해야 한다. 그러면 천명이 나에게 있게 된다.」는 뜻을 말한 것이다.

제7장 天下章 : 白文

[1] 孟子曰 天下有道 小德役大德 小賢役大賢 天下無道 小役大 弱役强 斯二者天也 順天者存 逆天者亡.

[2] 齊景公曰 旣不能令 又不受命 是絶物也 涕出而女於吳.

[3] 今也 小國師大國而恥受命焉 是猶弟子而恥受命於先師也.

[4] 如恥之 莫若師文王 師文王 大國五年 小國七年 必爲政於天下矣.

[5] 詩云 商之孫子 其麗不億 上帝旣命 侯于周服 侯服于周 天命靡常 殷士膚敏 祼將于京 孔子曰 仁不可爲衆也 夫國君好仁 天下無敵.

[6] 今也欲無敵於天下而不以仁 是猶執熱而不以濯也 詩云 誰能執熱 逝不以濯.

【요점 복습】 제7장 천하장

맹자가 말했다. 「도가 있으면 덕이 작은 사람이 덕이 큰 사람을 받들고, 지능이 적은 사람이 지능이 많은 사람을 받들고 섬긴다. 반대로 도가 없으면 <무력을 위주로 하므로> 작은 나라는 큰 나라에 예속되고 <힘이> 약한 사람은 강한 사람에게 예속되게 마련이다.(天下有道 小德役大德 小賢役大賢 天下無道 小役大 弱役强)」 그리고 맹자는 다음 같은 옛말을 인용했다. 「순천자존 역천자망(順天者存 逆天者亡.)」 이 때의 「천(天)」의 뜻을 바르게 넓게 파악해야 한다.

<1> 무도(無道)한 경우는 전체적인 대세나 경향이다. 즉 타락하고 악덕한 세계에서는 강대국이 약소국을 유린하고 지배한다. <오늘의 인류세계가 그러하다.>

<2> 유도(有道)의 경우는 절대선(絶對善)인 천도를 따라 왕도인정(王道仁政)을 펴는 사람이 천명(天命)을 받고 천하를 다스리게 마련이다. 그래서 주(周)나라 문왕(文王)과 무왕(武王)이 천명을 받고, 악덕한 은(殷)나라를 멸하고 만민을 구제했던 것이다. 그래서 「임금이 인(仁)을 좋아하고 인정(仁政)을 베풀면 천하에 누구도 대적할 자가 없다.(夫國君好仁 天下無敵)」고 한다.

<3> 「천명미상(天命靡常)」이다. 절대적인 천명은 항상 인덕(仁德)을 따라 내린다. 실덕(失德)하면 천명도 떠나게 마련이다.

제8장 不仁章 : 총 5 구절

[1] 孟子曰 不仁者 可與言哉 安其危而
利其菑 樂其所以亡者 不仁而可與言
則何亡國敗家之有.

맹자(이) 왈 불인자(는) 가여언재(아) 안기위이리기치(하
야) 낙기소이망자(하나니) 불인이가여언(이면) 즉하망국
패가지유(리오)

[1] 맹자가 말했다. 「인도(仁道)를 따르지 않는 사람
과는 함께 <정치를> 논할 수 없다. <그들은 패도(霸
道)를 따른다. 그래서 그들은> 위험을 도리어 안정이
라 여기고, 재앙을 도리어 유리하다고 생각한다. <또
그들은 나라를> 멸망하게 만드는 패도(霸道)를 즐겁
게 따르고 있다. <이와 같이> 불인(不仁)한 자와 함
께 <진지하게> 말을 할 수 있다면, <그 자도 결국은
깨닫고 알 것이므로> 어찌 나라와 집안이 패망하는
일이 있겠느냐.」

[어구 설명] [1] ㅇ不仁者 可與言哉(불인자 가여언재) : 불인자(不
仁者)와 어떻게 함께 말할 수 있겠는가. 이 때의 불인자는 「인심
(仁心)을 바탕으로 하고, 인도(仁道)를 따라 인정(仁政)을 행하려
고 하지 않고, 반대로 욕심(欲心)을 바탕으로 하고, 패도(霸道)를
따라 폭정(暴政)을 하려는 자」의 뜻이다. ㅇ安其危(안기위) : <불

인자는> 나라가 위태롭게 되는 패도를 나라를 안정시키는 길이라 믿는다. ㅇ而利其菑(이리기치) : 또 나라에 재화(災禍)를 안겨주는 <패도를 반대로> 나라를 이롭게 하는 것이라 생각한다. ㅇ樂其所以亡者(낙기소이망자) : 나라를 망치는 원인이 되는 패도(覇道)의 폭정(暴政)을 즐기고 있다. ㅇ不仁而可與言(불인이가여언) : <만약에 내가> 그들 불인자와 함께 말할 수 있고. <그들이 내 말을 듣는다면> ㅇ則何亡國敗家之有(즉하망국패가지유) : 어찌 나라와 집안이 패망하는 일이 있겠느냐.

【集註】(1) 安其危 利其菑者 不知其爲危菑 而反以爲安利也 所以亡者 謂荒淫暴虐 所以致亡之道也 不仁之人 私欲固蔽 失其本心 故其顚倒錯亂 至於如此 所以不可告以忠言 而卒至於敗亡也.

(1) 「위험을 모르고 안전하다고 생각하고 또 재난을 모르고 이득이라고 생각하는 자는(安其危 利其菑者)」 <불인(不仁)의 패도(覇道)가> 「위험하고 재난이 되는 것을 모르고 도리어 안전하고 이롭다고 생각한다.」 「망하는 바탕(所以亡者)」이란 「황음포학(荒淫暴虐)」을 말하며, 그것이 바로 멸망의 길이 된다. 불인(不仁)한 자는 사욕에 굳게 덮이고 엄폐되고 본심(本心)을 상실한다. 그러므로 전도착란(顚倒錯亂)하여 그와 같이 <반대로 착각하게> 되는 것이다. 그래서 <그들에게는> 충언을 해서 알게 할 수 없고 결국은 패망에 이르는 것이다.

[2] 有孺子歌曰 滄浪之水淸兮 可以濯我纓 滄浪之水濁兮 可以濯我足.

유유자(이) 가왈 창랑지수(이) 청혜(어든) 가이탁아영(이요) 창랑지수(이) 탁혜(어든) 가이탁아족(이라하야늘)

[2] <맹자의 말 계속>「옛날 아이가 부른 노래가 있다.『창랑(滄浪)의 물이 맑으면 나의 갓끈을 씻고, 창랑의 물이 탁하면 나의 발을 씻으리라.』」

[어구 설명] [2] ㅇ孺子(유자) : 어린아이. 이 노래는「유자가(孺子歌) 혹은 창랑가(滄浪歌)」라고도 한다. 원래는 형초(荊楚)의 민요로, 굴원(屈原)의 어부사(漁父辭)에도 인용되었다. ㅇ滄浪之水淸兮 可以濯我纓(창랑지수청혜 가이탁아영) : 창랑(滄浪)의 물이 맑으면, 나의 갓끈을 씻을 수 있다.「창랑」은 한수(漢水) 하류에 있는 강물 이름. 현 호북성(湖北省)에 있다.

【集註】(1) 滄浪水名 纓冠系也.

(1)「창랑(滄浪)」은「강물 이름」이다.「영(纓)」은「갓끈」이다.

[3] 孔子曰 小子聽之 淸斯濯纓 濁斯濯足矣 自取之也.

공자(이) 왈 소자(아) 청지(하라) 청사탁영(이오) 탁사탁족의(로소니) 자취지야(라하시니라)

[3] <맹자의 말 계속>「공자께서 말하셨다.『그대들아, 잘 들어라. 물이 맑으면 갓끈을 씻고, 탁하면 발을

씻는다고 했으니, 결국 자신이 취하는 것이다.』」<내 자신이 맑으면 갓끈을 씻게 하고, 내 자신이 탁하면 발을 씻게 한다.>

[어구 설명] [3] ㅇ 小子聽之(소자청지) : 「그대들이여 잘 듣고, 명심하여라.」<공자가 제자에게 한 말.> ㅇ 淸斯濯纓(청사탁영) : 맑으면 갓끈을 씻는다. ㅇ 濁斯濯足矣(탁사탁족의) : 탁하면 발을 씻는다. ㅇ 自取之也(자취지야) : 자신이 취하는 것이다.

【集註】(1) 言水之淸濁 有以自取之也 聖人 聲入心通 無非至理 此類可見.

(1) 「강물 자체가 맑거나 탁하거나에 따라, <갓끈 혹은 발을> 취하게 된다」는 뜻이다. 성인(聖人)은 <천도(天道)의> 소리가 잘 들어가고 마음으로 통달하므로, <만사가> 지극한 도리에 맞지 않는 것이 없게 된다. 이러하듯이 <성인은> 모든 <사물의 도리를> 밝게 보고 또 알 수 있다.

[4] 夫人必自侮 然後人侮之 家必自毁 而後人毁之 國必自伐 而後人伐之.

부인필자모 연후(에) 인(이) 모지(하며) 가필자훼 이후(에) 인(이) 훼지(하며) 국필자벌 이후(에) 인(이) 벌지(하나니라)

[4] <맹자의 말 계속>「무릇 사람의 경우, 반드시 나 자신이 나를 업신여긴 후에, 남들도 나를 업신여기게

된다. 집안의 경우도 반드시 나 자신이 내 집안을 훼손한 후에 남들이 내 집안을 훼손한다. 나라의 경우도 반드시 나 자신이 내 나라를 파괴한 후에 남들이 내 나라를 파괴하게 마련이다.」

[어구 설명] [4] ○夫(부) : 무릇, 대개. ○人(인) : 나라고 하는 한 사람. 나의 존재나 인격. ○必自侮 然後人侮之(필자모 연후인모지) : 반드시 자신이 <나 자신을> 모욕한 후에, 남들이 나를 모욕한다. ○家必自毁 而後人毁之(가필자훼 이후인훼지) : 집안의 경우도, 나 자신이 내 집안을 훼손(毁損)한 후에, 남들도 나의 집안을 훼손한다. ○國必自伐 而後人伐之(국필자벌 이후인벌지) : 나라의 경우도, 반드시 자신이 자기 나라를 치고 파괴하면, 남들이 그 나라를 토벌하게 마련이다.

【集註】(1) 所謂自取之者.

(1) 이 구절은 곧 「자신이 취한다(自取之者)」는 뜻을 말한 것이다.

[5] 太甲曰 天作孽 猶可違 自作孽 不可活 此之謂也.

태갑(에) 왈 천작얼(은) 유가위(어니와) 자작얼(은) 불가활(이라하니) 차지위야(이니라)

[5] <맹자의 말 계속>「서경(書經) 상서(商書) 태갑편(太甲篇)에 있다.『하늘이 내리는 재화는 혹 피할 수 있다. 그러나 내 스스로 만든 재화로부터는 살아남

을 수 없다.』이 말이 바로 이것을 말한 것이다.」

[어구 설명] [5] 太甲曰(태갑왈) : 「서경(書經) 상서(商書) 태갑편(太甲篇)」에 있다. ㅇ天作孽 猶可違(천작얼 유가위) : 하늘이 내리는 죄벌(罪罰)이나 재화(災禍)는 혹 피하거나 모면할 수도 있다. ㅇ自作孽 不可活(자작얼 불가활) : 자신이 지은 죄벌이나 재화는 모면하고 살아남을 수 없다. ㅇ此之謂也(차지위야) : 이를 두고 한 말이다.

【集註】(1) 解見前篇 此章 言心存 則有以審夫得失之幾 不存則無以辨於存亡之著 禍福之來 皆其自取.

(1) 해설은 전편(前篇), 즉「공손추 상(公孫丑 上) 제4장」에 보인다. 이 장은「본심(本心)이 있으면 득실(得失)의 기미를 살필 수 있고, 본심이 없으면 존망(存亡)의 나타남이나 화복(禍福)의 도래를 분별하지 못하며, 그 모두가 자신이 취한다」는 뜻을 말한 것이다.

제8장 不仁章 : 白文

[1] 孟子曰 不仁者 可與言哉 安其危 而利其菑 樂其所以亡者 不仁而可與言 則何亡國敗家之有.

[2] 有孺子歌曰 滄浪之水淸兮 可以濯我纓 滄浪之水濁兮 可以濯我足.

[3] 孔子曰 小子 聽之 淸斯濯纓 濁斯濯足矣 自取之也.

[4] 夫人必自侮然後 人侮之 家必自毁而後 人毁之
國必自伐而後 人伐之.
[5] 太甲曰 天作孼 猶可違 自作孼 不可活 此之謂
也.

【요점 복습】 제8장 불인장

 천도(天道)를 따라 인정(仁政)을 펴야 임금도 백성도 안락하고 또 흥성(興盛)한다. 그런데 패도(覇道)를 따르는「불인자(不仁者)」는 서로 무력전쟁을 하고, 백성들을 죽게 만들고 또 재물을 허망하게 낭비한다. 그러므로 맹자는「그와 같은 불인자」와는 함께 말할 수 없다고 했다. 즉 천도(天道)와 인도(仁道)를 논할 수 없다고 했다. 그들「불인자」는「국가나 백성을 위태롭게 하고 멸망케 하는 악덕한 전쟁을 좋아하고 또 사망이나 멸망 같은 재난을 초래하는 전쟁을 이로운 것이라고 고집한다.」
 오늘의 세계에는 이와 같은 도리와 말이 안 통하는「불인자」가 너무나 많다. 거의 모든 나라의 정치지도자는「부국강병(富國强兵)과 무력쟁탈(武力爭奪)」을 국가 경영의 근간으로 삼고 있다. 그 근본 요인은「천도(天道)와 인심(仁心)」을 바탕으로 하지 않고「남을 죽이고 나만 먹고살겠다는 동물적 욕구」를 바탕으로 하고 있기 때문이다.「자작얼 불가활(自作孼 不可活)」이다. 결국 인류는 전멸하게 마련이다.

제9장 桀紂章 : 총 6 구절

[1] 孟子曰 桀紂之失天下也 失其民也 失其民者 失其心也 得天下有道 得其民 斯得天下矣 得其民有道 得其心 斯得民矣 得其心有道 所欲與之聚之 所惡勿施爾也.

맹자(이) 왈 걸주지실천하야(는) 실기민야(이니) 실기민자(는) 실기심야(이라) 득천하(이) 유도(하니) 득기민(이면) 사득천하의(리라) 득기민(이) 유도(하니) 득기심(이면) 사득민의(리라) 득기심(이) 유도(하니) 소욕(을) 여지취지(오) 소오(를) 물시이야(니라)

[1] 맹자가 말했다. 「하(夏)나라의 걸왕(桀王)이나, 은(殷)나라의 주왕(紂王)이 천하를 잃은 까닭은, 그들이 백성을 잃었기 때문이다. 그들이 백성을 잃었다 함은 곧 백성의 마음을 잃은 것이다. 천하를 얻는 데 도(道)가 있으니 백성을 얻으면 천하를 얻게 된다. 백성을 얻는 데 도가 있으니 그들 백성의 마음을 얻으면 백성을 얻게 된다. 백성의 마음을 얻는 데 도가 있으니 그들이 원하는 바를 <모두 다> 모아 주고 <반대로> 원하지 않는 바를 행하거나 강요하지 않아야 한다.」

[어구 설명] [1] ㅇ桀紂之失天下也(걸주지실천하야) : 하(夏)나라

의 걸왕(桀王)이나, 은(殷)나라의 주왕(紂王)이 천하를 잃은 것은. ○失其民也(실기민야) : 백성을 잃었다는 뜻이다. ○失其民者 失其心也(실기민자 실기심야) : 백성을 잃었다고 함은 곧 백성의 마음을 잃었다는 뜻이다. ○得天下有道(득천하유도) : 천하를 얻고 다스리는 데는 도(道)가 있다. 「도」는 원칙이나 원리 및 도리의 뜻. ○得其民 斯得天下矣(득기민 사득천하의) : 백성을 얻는 것이 곧 천하를 얻는 것이다. ○得其民有道(득기민유도) : 백성을 얻는 데도 도리나 원칙이 있다. ○得其心 斯得民矣(득기심 사득민의) : 백성의 마음을 얻는 것이 곧 백성을 얻는 것이다. ○得其心有道(득기심유도) : 백성의 마음을 얻는 도리나 원칙은. ○所欲與之聚之(소욕여지취지) : 백성이 바라고 원하는 것을 채워주고 또 많이 모아서 주는 것이다. ○所惡勿施爾也(소오물시이야) : 백성이 싫어하는 바를 시키거나 또 강요하지 않아야 한다.

【集註】 (1) 民之所欲 皆爲致之 如聚斂然 民之所惡 則勿施於民 鼂錯所謂 人情莫不欲壽 三王生之而不傷 人情莫不欲富 三王厚之而不困 人情莫不欲安 三王扶之而不危 人情莫不欲逸 三王節其力而不盡 此類之謂也.

(1) 백성들이 원하는 바를 모두 이루어 주는 것을 흡사 <위정자가> 재물을 거두어들이듯이 <적극적으로> 해야 한다. 한편 백성들이 싫어하는 바는 시행하거나 강요하지 말아야 한다. 한(漢)나라의 조조(鼂錯)가 말한 바 있다. 「인정은 장수하

기를 바란다. 그래서 세 임금은 백성들을 잘살게 하고 상하지 않게 했다. 인정은 부유하기를 바란다. 그래서 세 임금은 백성들을 후하게 해주고 궁핍하지 않게 해주었다. 인정은 편안하기를 바란다. 그래서 세 임금은 백성을 도와주고 위태하지 않게 해주었다. 인정은 안일하기를 바란다. 그래서 세 임금은 백성의 부역을 조절하고 백성들이 지치지 않게 해주었다.」
맹자는 이와 같은 일들을 하라고 한 것이다.

【참고 보충】「조조(鼂錯)의 건의」

「조조(鼂錯)」는 영천(潁川) 사람이다. 한(漢)나라 경제(景帝)에게 위와 같은 건의를 했으며, 제후(諸侯)의 봉지와 재물을 강제로 거두어들여, 백성에게 베풀어 주게 했다. 그러나 오초칠국(吳楚七國)이 반란하자, 경제는 원앙(袁盎)의 책을 채택하고, 조조를 사형에 처했다.

[2] 民之歸仁也 猶水之就下 獸之走壙也.

민지귀인야(이) 유수지취하(이며) 수지주광야(이니라)

[2] <맹자의 말 계속>「백성들이 인정(仁政)을 펴는 임금에게 귀순(歸順)하는 것은 흡사 물이 아래로 흘러 내려가고, 동물이 넓은 들판으로 달려가는 것과 같다.」

[어구 설명] [2] ㅇ民之歸仁也(민지귀인야) : 백성들이 인정(仁政)

을 펴는 임금에게 돌아가고 복종하는 것은. ○猶水之就下(유수지취하) : 물이 아래로 흘러 내려가는 것과 같다. ○獸之走壙也(수지주광야) : 동물이 넓은 들판으로 달려가는 것과 같다.「유(猶)」는 여기까지 걸린다. 壙(들판 광).

【集註】(1) 壙廣野也 言民之所以歸乎此 以其所欲之在乎此也.

(1)「광(壙)」은「넓은 들」이다. 이 구절은 곧「백성들이 인정(仁政)으로 돌아가는 까닭은 그들이 원하는 바가 인정에 있기 때문임」을 말한 것이다.

[3] 故爲淵敺魚者 獺也 爲叢敺爵者 鸇也 爲湯武敺民者 桀與紂也.

고(로) 위연구어자(는) 달야(이오) 위총구작자(는) 전야(이오) 위탕무구민자(는) 걸여주야(이니라)

[3] <맹자의 말 계속>「고로, 물고기를 깊은 못으로 쫓겨가게 하는 것이 수달이고, 새들을 숲으로 몰아 쫓는 것이 새매다. <그렇듯이> 백성들을 탕왕(湯王)이나 무왕(武王)에게로 몰고 가게 한 자가, 바로 걸(桀)과 주(紂) 같은 <포학무도한> 나쁜 임금이었다.」

[어구 설명] [3] ○故(고) : 고로. ○爲淵敺魚者 獺也(위연구어자 달야) : 깊은 못으로 물고기를 몰아 쫓는 것이 수달이다.「위(爲)」는「향(向)」의 뜻으로 푼다.「구(敺)」는「몰 구(驅)」와 같다.「달

(獺)」은 수달. 수달이 물고기를 쫓아서, 못으로 가게 한다. ○爲叢敺爵者 鸇也(위총구작자 전야) : 새들을 숲으로 몰아 쫓는 것이 새매다.「총(叢)」은 숲, 산림.「작(爵)」은「참새 작(雀)」과 같다.「전(鸇)」은 새매. ○爲湯武敺民者桀與紂也(위탕무구민자 걸여주야) : 백성들을 탕왕(湯王)이나 무왕(武王)에게로 몰고 가게 한 자가, 바로 걸(桀)과 주(紂) 같은 나쁜 임금이다.

【集註】(1) 淵深水也 獺食魚者也 叢茂林也 鸇食雀者也 言民之所以去此 以其所欲在彼 而所畏在此也.

(1)「연(淵)」은「깊은 물」이다.「달(獺)」은「물고기를 잡아먹는 짐승」이다.「총(叢)」은「무성한 숲」이다.「전(鸇)」은「참새를 잡아먹는 새」이다. 이 구절은 곧「백성들이 포학한 이곳을 떠나는 까닭은 자기들이 바라는 바가 저쪽, 즉 인정(仁政)에 있고, 두려워하는 바가 여기에 있기 때문임」을 말한 것이다.

[4] 今天下之君 有好仁者 則諸侯皆爲之敺矣 雖欲無王 不可得已.

금천하지군(이) 유호인자(이면) 즉제후(이) 개위지구의(리니) 수욕무왕(이나) 불가득이(니라)

[4] <맹자의 말 계속>「지금 천하의 임금으로 인정(仁政)을 좋아하는 임금이 나타난다면 <백성들이 어질지 못한 임금을 버리고 어진 임금에게로 향해 올

것이니> 결국 제후들이 모두 백성들을 어진 임금에게 몰아다 준 것이 된다. 그러므로 비록 임금이 되고자 하지 않아도 어쩔 수 없이 되게 마련이다.」

[어구 설명] [4] ㅇ今天下之君(금천하지군) : 오늘의 천하에 있는 임금 중에서. ㅇ有好仁者(유호인자) : 인(仁)을 좋아하는 자가 나타나면. ㅇ則諸侯皆爲之敺矣(즉제후개위지구의) : 나쁜 제후들이 모두 백성들을 몰아서 좋은 임금에게 몰아오게 하는 꼴이 된다. ㅇ雖欲無王 不可得已(수욕무왕 불가득이) : 비록 왕이 될 생각이 없어도, 별 수 없이 <왕이 되게> 마련이다. <백성들이 인자(仁者)에게 귀순하므로 자연히 임금이 될 것이다.>

[5] 今之欲王者 猶七年之病 求三年之艾也 苟爲不畜 終身不得 苟不志於仁 終身憂辱 以陷於死亡.

금지욕왕자(는) 유칠년지병(에) 구삼년지애야(이니) 구위불축(이면) 종신부득(하리니) 구부지어인(이면) 종신우욕(하야) 이함어사망(하리라)

[5] <맹자의 말 계속>「오늘 왕이 되고자 하는 사람은 흡사 7년 간 병을 앓는 사람이, 3년 동안 <바싹 말린> 쑥을 구해서 <뜸을 뜨고> 병을 고치려고 하는 사람과 같으니라. <즉 평소에 인정(仁政)을 행하지 않고, 불인(不仁)한 짓을 한 자가, 영약(靈藥)을 얻어 먹고, 하루아침에 왕자가 되려고 하는 것과 같다.> 임금이면서 만약에 <인덕(仁德)을> 쌓지 않는다면,

평생토록 왕이 될 수 없다. 또 만약 인(仁)에 뜻을
두지 않으면, 평생토록 걱정스럽고 욕을 볼 것이며,
마침내는 사망 속에 빠지고 말 것이다.」

[어구 설명] [5] ㅇ 今之欲王者(금지욕왕자) : 오늘 왕이 되고자 하는 자는. ㅇ 猶七年之病 求三年之艾也(유칠년지병 구삼년지애야) : 흡사 7년 간 병을 앓는 사람이, 3년 동안 <바싹 말린> 쑥을 구해서 <뜸을 뜨고, 즉각> 병을 고치려고 하는 사람과 같다. <평소에 인정(仁政)을 행하지 않고, 불인(不仁)한 짓을 한 병든 임금은 설사 영약(靈藥)을 먹어도, 하루아침에 왕자가 될 수 없다.> ㅇ 苟爲不畜 終身不得(구위불축 종신부득) : <왕이 되려는 사람이> 만약 <평소에 인덕(仁德)을> 쌓지 않으면, 평생토록 왕이 될 수 없는 법이다. ㅇ 苟不志於仁(구부지어인) : 만약 인(仁)에 뜻을 두지 않으면. ㅇ 終身憂辱 以陷於死亡(종신우욕 이함어사망) : 평생토록 걱정하고 욕을 볼 것이며, 마침내는 사망 속에 빠지고 말 것이다.

【集註】 (1) 艾草名 所以灸者 乾久益善 夫病已深 而欲求乾久之艾 固難卒辦 然自今畜之 則猶或可及 不然 則病日益深 死日益迫 而艾終不可得矣.

(1) 「애(艾)」는 풀이름이며, 뜸을 뜨며, 오래 말릴수록 더욱 좋다. 허기는 병이 깊어진 다음에, <설사> 오래 말린 쑥을 구해도 <병을> 완치하기 어려울 것이다. 그러나, 지금부터라도 스스로 <인덕(仁德)을> 쌓으면, 혹 미칠 수 있다. 그렇지 않으면 병이 날로 더욱 깊어지고 죽음이 날로 임박할 것이니

결국 쑥도 끝내 얻지 못하고 말 것이다.

[6] 詩云 其何能淑 載胥及溺 此之謂也.

시운 기하능숙(이리오) 재서급닉(이라하니) 차지위야(이니라)

[6] <맹자의 말 계속> 「시경(詩經) 대아(大雅) 상유편(桑柔篇)에 있다.『그들이 어찌 잘될 수가 있겠나. 다같이 환난에 빠지리라.』이 시가 바로 이와 같은 뜻을 말한 것이다.」

[어구 설명] [6] ㅇ詩云(시운) : 시경(詩經) 대아(大雅) 상유편(桑柔篇)에 있다. ㅇ其何能淑(기하능숙) : 그들이 어찌 잘될 수가 있겠는가.「숙(淑)」은「선(善)」이다. ㅇ載胥及溺(재서급닉) : 그들이 다 함께 재난에 빠져들 것이다.「재(載)」는「즉(則)」과 같다.「서(胥)」는「모두, 다 함께」의 뜻이다.

【集註】(1) 詩大雅桑柔之篇 淑善也 載則也 胥相也 言今之所爲 其何能善 則相引以陷於亂亡而已.

(1)「시(詩)」는「시경(詩經) 대아(大雅) 상유편(桑柔篇)」이다.「숙(淑)」은「선(善)」이다.「재(載)」는「즉(則)」이다.「서(胥)」는「서로(相)」의 뜻이다. 이는 곧 다음 같은 뜻을 말한 것이다.「<그들의> 지금 하는 일들이 어찌 선할 수 있겠는가. <참으로 나쁘다.> 그러므로 모두, 다 함께 혼란과 멸망에 함몰할 뿐이다.」

제9장 桀紂章 : 白文

[1] 孟子曰 桀紂之失天下也 失其民也 失其民者 失其心也 得天下有道 得其民 斯得天下矣 得其民有道 得其心 斯得民矣 得其心有道 所欲與之聚之 所惡勿施爾也.

[2] 民之歸仁也 猶水之就下 獸之走壙也.

[3] 故 爲淵敺魚者獺也 爲叢敺爵者鸇也 爲湯武敺民者桀與紂也.

[4] 今天下之君 有好仁者 則諸侯皆爲之敺矣 雖欲無王 不可得已.

[5] 今之欲王者 猶七年之病 求三年之艾也 苟爲不畜 終身不得 苟不志於仁 終身憂辱 以陷於死亡.

[6] 詩云 其何能淑 載胥及溺 此之謂也.

【요점 복습】 제9장 걸주장

「천하를 얻고 참다운 임금이 되기 위해서는 백성을 얻어야 하고, 백성의 마음을 얻기 위해서는 백성이 원하는 바를 주고, 싫어하는 바를 강요하지 말아야 한다. 백성이 인(仁)에 귀순하는 것은 흡사 물이 아래로 흐르는 것과 같이 자연스런 하늘의 도리다.(民之歸仁也 猶水之就下)」그러므로 참다운 임금이 되기 위해서는 평소부터 인덕을 쌓아야 한다.

제10장 自暴章 : 총 3 구절

[1] 孟子曰 自暴者 不可與有言也 自棄者 不可與有爲也 言非禮義 謂之自暴也 吾身不能居仁由義 謂之自棄也.

맹자(이) 왈 자포자(는) 불가여유언야(이오) 자기자(는) 불가여유위야(이니) 언비례의(를) 위지자포야(이오) 오신불능거인유의(를) 위지자기야(이니라)

[1] 맹자가 말했다. 「스스로 자신을 해치는 사람과는 함께 <인의 도덕을> 말할 수 없다. 스스로 자신을 포기하는 사람과는 함께 <왕도 인정을> 행할 수 없다. 예의를 비난하고 부정하는 것을 자포(自暴)라 한다. 나 자신이 인도(仁道)에 깃들지 않고 또 도의(道義)를 따르지 않는 자를 자기(自棄)라 한다.」

[어구 설명] [1] ㅇ自暴者(자포자) : 스스로 자신을 해치는 사람. ㅇ不可與有言也(불가여유언야) : 함께 <인의 도덕을> 논하거나 말할 수 없다. ㅇ自棄者(자기자) : 스스로 자신을 포기하는 사람. ㅇ不可與有爲也(불가여유위야) : <왕도 인정을> 함께 행할 수 없다. ㅇ言非禮義(언비례의) : 예의를 비난하고 부정하는 사람을. ㅇ謂之自暴也(위지자포야) : 자포(自暴)라 한다. ㅇ吾身不能居仁由義(오신불능거인유의) : 나는 인도(仁道)에 깃들지 않고 또 도의(道

義)를 따르지 않는다고 말하는 자를. ㅇ謂之自棄也(위지자기야) : 자기(自棄)라 한다. 앞의「언(言)」은 이 구절에도 걸린다.

【集註】(1) 暴猶害也 非猶毀也 自害其身者 不知禮義之爲美而非毀之 雖與之言 必不見信也 自棄其身者 猶知仁義之爲美 但溺於怠惰 自謂必不能行 與之有爲 必不能勉也.

(1)「포(暴)」는「해친다는 뜻」과 같다.「비(非)」는「훼손한다는 뜻」과 같다.「스스로 자신을 해치는 사람(自害其身者)」은 곧「예의가 좋고 아름다운 줄 모르고 <예의를> 훼손하는 사람」이다. <그러므로> 비록 이런 사람과 함께 <예의를> 논하고 말을 해도 <그 자는> 반드시 실천하지 않을 것이다.「스스로 자신의 인심(仁心)을 버리고 인덕을 훼손하는 사람(自棄其身者)」은「인의가 좋고 아름다운 줄은 알지만, 태만하고 타락한 습성에 빠져 '자신은 행할 수 없다'고 말하는 사람」이다. 그러므로 그런 자와 함께 일을 해도, 그는 반드시 애를 쓰고 노력하지 않을 것이다.

【集註】(2) 程子曰 人苟以善自治 則無不可移者 雖昏愚之至 皆可漸磨而進也 惟自暴者 拒之以不信 自棄者 絶之以不爲 雖聖人與居 不能化而入也 此所謂下愚之不移也.

(2) 정자(程子)가 말했다. 사람은 적어도 선본성(善本性)을 바탕으로 자신을 다스린다면, <반드시> 선(善) 쪽으로 옮아가게 된다. 비록 지극히 우매한 사람이라도 다 점차로 닦아지고 앞으로 나갈 수 있다. 그러나 「자포자(自暴者)」는 <인의 도덕을> 거부하고 믿으려 하지 않고, 또 「자기자(自棄者)」는 단절하고 행하지 않는다. <그러므로> 성인(聖人)이 함께 있어도, 감화를 속에 들어가게 할 수 없다. 이를 두고 이른바 '낮고 어리석은 자는 고칠 수 없다'고 하는 것이다. <일부 의역 했음.>

[2] 仁人之安宅也 義人之正路也.

인(은) 인지안택야(이오) 의(는) 인지정로야(이라)

[2] <맹자의 말 계속> 「인(仁)은 모든 사람이 편하게 살 수 있는 집이고, 의(義)는 모든 사람이 따라가야 할 바른 길이다.」

[어구 설명] [2] 仁人之安宅也(인인지안택야) : 인(仁)은 모든 사람이 편하게 살 수 있는 집이다. 「인」은 서로 사랑하고 서로 협동하여 함께 잘사는 보금자리다. 인에 마음과 몸을 두고 살아야 함께 잘살고 행복하다. 서로 사랑하면 편하고 좋다. 반대로 미워하고 싸우면 서로 불행하다. ㅇ義人之正路也(의인지정로야) : 「의(義)」의 기본적인 뜻은 「옳고(宜) 바르다(正)」는 뜻이다. 삶을 살거나, 사물을 처리하거나 옳고 바른 길과 도리를 따라야 한다. 「옳고 바르다」는 뜻은 곧 천도(天道)를 따라 광명정대(光明正大)하다는 뜻이다. 그

래서 「의(義)를 바른 길(正路)」이라고 한다.

【集註】(1) 仁宅已見前篇 義者宜也 乃天理之當行 無人欲之邪曲 故曰正路.

(1) 「인택(仁宅)」은 이미 전편, 즉 「공손추 상(公孫丑 上) 제7장」에 나왔다. 「의(義)」는 「의(宜)」와 같은 뜻이다. 즉 천리(天理)를 따라 정당하게 행하고, 인간적 욕심을 바탕으로 한 사악(邪惡)이나 굴곡(屈曲)이 없다. 그래서 「바른 길(正路)」이라고 말한다.

[3] 曠安宅而弗居 舍正路而不由 哀哉.

광안택이불거(하며) 사정로이불유(하나니) 애재(라)

[3] <맹자의 말 계속> 「편안하고 안락한 집을 비워놓고 <그 집에> 살지 않으며, 바른 길을 버리고 따라가지 않으니, <참으로> 슬프고 딱한 노릇이다.」

[어구 설명] [3] ㅇ曠安宅而弗居(광안택이불거) : 편안하고 안락한 집을 비워놓고, <그 집에> 살지 않는다. 「광(曠)」은 「비워놓다」는 뜻이다. ㅇ舍正路而不由(사정로이불유) : 옳고 바른 길을 버리고 따라가지 않는다. ㅇ哀哉(애재) : <참으로> 슬프고 딱하다.

【集註】(1) 曠空也 由行也 此章言道本固有而人自絶之 是可哀也 此聖賢之深戒 學者所當猛省也.

(1) 「광(曠)」은 「비워놓다」의 뜻이다. 「유(由)」는 「따라가다」

의 뜻이다. 이 장의 글은 「<사람이 따라가야 할> 길이나 도리는 본래부터 확고하게 정해져 있거늘, 사람이 제 멋대로 단절하려고 하니, 참으로 슬프고 딱한 노릇이다.」라는 뜻을 말한 것이다. 이는 곧 성현이 <내리는> 심각한 경계의 말이므로, 학자는 마땅히 맹성(猛省)해야 한다.

제10장 自暴章 : 白文
[1] 孟子曰 自暴者 不可與有言也 自棄者 不可與有爲也 言非禮義 謂之自暴也 吾身不能居仁由義 謂之自棄也.
[2] 仁 人之安宅也 義 人之正路也.
[3] 曠安宅而弗居 舍正路而不由 哀哉.

【요점 복습】제10장 자포장

「인(仁)은 모든 사람이 편안하고 안락하게 살 수 있는 보금자리다.(人之安宅也)」「의(義)는 모든 사람이 따르고 행해야 하는 바른 길이다.(義人之正路也)」 이 두 말은 맹자의 명언 명구다. 그러나 우매하고 동물적·본능적 욕심이나 이기적 사리사욕에 빠진 사람은 「인지안택(仁之安宅)과 의지정로(義之正路)」를 비난하고 따르지 않는다. 그와 같은 악덕한 사람을 「자포자(自暴者) 자기자(自棄者)」라 한다. 도덕윤리(道德倫理) 및 인의(仁義)를 무시하고 무력전쟁으로 자기만의 탐욕을 채우려는 오늘의 세계가 바로 불쌍한 「자포자 자기자」라 하겠다.

제11장 道在章 : 총 1 구절

[1] 孟子曰 道在爾 而求諸遠 事在易 而求諸難 人人 親其親 長其長 而天下平.

맹자(이) 왈 도재이 이구제원(하며) 사재이 이구제난(하나니) 인인(이) 친기친(하며) 장기장(이면) 이천하평(하리라)

[1] 맹자가 말했다. 「<인(仁)을 실천하는> 길과 도리는 가까이 있거늘, 먼 데서 찾으려고 한다. <인(仁)을 실천하는> 일은 쉽거늘, 어렵게 구하려고 한다. 모든 사람이 저마다 자기의 부모를 친애하고 형이나 연장자를 공경하고 높이면 천하가 태평하게 된다.」

[어구 설명] [1] ○道在爾 而求諸遠(도재이 이구제원) : <인(仁)을 실천하는> 길과 도리는 가까이 있거늘, 먼 데서 찾으려고 한다. ○事在易 而求諸難(사재역 이구제난) : <인(仁)을 실천하는> 일이 쉽거늘, 어렵게 구하려고 한다. ○人人(인인) : 모든 사람. ○親其親(친기친) : 자기의 부모를 친애한다. <육친이나 일가 친척을 친애한다.> ○長其長(장기장) : 형이나 연장자를 공경하고 높인다. ○而天下平(이천하평) : 그러면 천하가 태평하게 된다.

【集註】 (1) 親長 在人 爲甚爾 親之長之 在人 爲甚

易 而道初不外是也 舍此 而他求 則遠且難 而反失
之 但人人 各親其親 各長其長 則天下自平矣.

(1) 부모를 친애하고 연장자를 공경하는 일은 사람이 하는 일이며, <바로 나에게> 가까이 있는 일이다. 부모를 친애하고 연장자를 공경하는 일도 사람이 하는 일이며, <바로 내가 할> 아주 쉬운 일이다. 그러므로 인도(仁道)는 처음부터 나 밖에 있는 것이 아니다. <그런데 인(仁)을> 나 자신을 제쳐놓고 다른 데서 구하려고 한다. <고로 인(仁)이> 멀리 있고, 행하기 어렵다고 생각하고 따라서 도리어 인(仁)을 잃게 된다. 오직 모든 사람이 저마다 부모를 친애하고, 연장자를 공경하면, 곧 천하가 스스로 태평하게 될 것이다.

　　제11장 道在章 : 白文
　　[1] 孟子曰 道在爾 而求諸遠 事在易 而求諸難 人
　　　　人 親其親 長其長 而天下平.

【요점 복습】 제11장 도재장

　인(仁)의 구현은 내 자신이 효제(孝悌)를 실천함에 있다. 논어(論語)에서 유자(有子)가 말했다.「효와 제는 인을 이룩하는 근본이다.(孝弟也者 其爲仁之本與)」<學而篇>

제12장 居下章 : 총 3 구절

[1] 孟子曰 居下位 而不獲於上 民不可得而治也 獲於上有道 不信於友 弗獲於上矣 信於友有道 事親弗悅 弗信於友矣 悅親有道 反身不誠 不悅於親矣 誠身有道 不明乎善 不誠其身矣.

<small>맹자(이) 왈 거하위 이불획어상(이면) 민불가득이치야(이리라) 획어상(이) 유도(하니) 불신어우(이면) 불획어상의(리라) 신어우(이) 유도(하니) 사친불열(이면) 불신어우의(리라) 열친(이) 유도(하니) 반신불성(이면) 불열어친의(리라) 성신(이) 유도(하니) 불명호선(이면) 불성기신의(리라)</small>

[1] 맹자가 말했다. 「아래 자리에 있는 사람이 윗사람에게 신임을 얻지 못하면, 백성을 바르게 다스릴 수 없다. 윗사람에게 신임을 얻는 도리가 있다. 친구나 동료에게 신임을 받지 못하면 윗사람에게 신임을 받지 못한다. 친구나 동료에게 신임을 받는 도리가 있다. 자기 부모에게 효도를 하고 기쁘게 해드리지 못하면 친구나 동료에게 신임을 못 받는다. 부모를 기쁘게 해드리는 도리가 있다. 자신을 반성해보고 <자기의

마음이나 행실이> 성실하지 못하면 부모를 기쁘게 해드리지 못한다. 자신을 성실하게 하는 데 도리가 있다. 선(善)을 밝혀내지 못하면, 자신에게 성실하지 못한 것이다.」

[어구 설명] [1] ○居下位 而不獲於上(거하위 이불획어상) : 아래 자리에 있는 사람이 윗사람에게 신임을 얻지 못하면. ○民不可得而治也(민불가득이치야) : 백성을 바르게 다스릴 수 없다. ○獲於上有道(획어상유도) : 윗사람에게 신임을 얻는 도리가 있다. 「도(道)」는 「길이나 도리, 혹은 원칙이나 방법」 등의 뜻을 다 포함한다. ○不信於友(불신어우) : 친구나 동료에게 신임을 받지 못하면. ○弗獲於上矣(불획어상의) : 윗사람에게 신임을 못 받는다. ○信於友有道(신어우유도) : 친구나 동료에게 신임을 받는 데 도리가 있다. ○事親弗悅(사친불열) : 자기 부모에게 효도를 하고, 기쁘게 해드리지 못하면. ○弗信於友矣(불신어우의) : 친구나 동료에게 신임을 못 받는다. ○悅親有道(열친유도) : 부모를 기쁘게 해드리는 데 도리가 있다. ○反身不誠(반신불성) : 자신을 반성해보고, <자기의 마음이나 행실이> 성실하지 못했으면. ○不悅於親矣(불열어친의) : 부모를 기쁘게 해드리지 못한다. ○誠身有道(성신유도) : 자신을 성실하게 하는 데 도리가 있다. ○不明乎善(불명호선) : 선(善)을 밝혀내지 못하면. 「선」은 하늘이 사람에게 내려준 「선본성(善本性) 혹은 명덕(明德)」이다. ○不誠其身矣(불성기신의) : 자신에게 성실하지 못한 것이다.

【集註】(1) 獲於上 得其上之信任也 誠實也 反身

不誠 反求諸身 而其所以爲善之心 有不實也 不明乎善 不能卽事以窮理 無以眞知善之所在也.

(1)「획어상(獲於上)」은 「윗사람의 신임을 얻는다」는 뜻이다. 「성(誠)」은 「알차게 한다」는 뜻이다. 「반신불성(反身不誠)」은 「자신을 반성하고 돌이켜 보았을 때, 선(善)을 행하는 바탕이 되는 <본심(本心)이나 명덕(明德)에> 충실하지 못했다」는 뜻이다. 「불명호선(不明乎善)」은 「사물을 처리함에 있어, 궁리(窮理)하지 못하고 따라서 '선의 소재'를 참으로 알지 못했다」는 뜻이다. * 「선의 소재(善之所在)」는 절대선(絕對善)인 천도(天道)와 중정(中正)의 도에 맞게 함이다.

【集註】(2) 游氏曰 欲誠其意 先致其知 不明乎善 不誠乎身矣 學至於誠身 則安往而不致其極哉 以內則順乎親 以外則信乎友 以上則可以得君 以下則可以得民矣.

(2) 유씨(游氏)가 말했다. 「뜻을 성실하게 하고자 원하면, 먼저 바르게 알아야 한다. 선을 밝게 나타내지 못한 것이 곧 자신에게 성실하지 못한 것이다. 학문이 자신을 성실하게 하는 지경에 이르면, 어디에 간들 <무슨 일을 한들> 지극하게 하지 않겠는가. <그렇게 되면> 집안에서는 부모에게 효순(孝順)하고, 밖에서는 친구에게 신임을 받고, 위로는 임금의 신임을 얻고, 아래로는 백성들의 민심을 얻게 된다.」

[2] 是故 誠者天之道也 思誠者人之道也.

시고(로) 성자(는) 천지도야(이오) 사성자(는) 인지도야(이니라)

[2] <맹자의 말 계속> 「고로 성(誠)은 하늘의 길이고 도리이다. 성실하게 되고자 생각하는 것이 사람의 길이고 도리이다.」

[어구 설명] [2] ㅇ是故(시고) : 그래서. ㅇ誠者天之道也(성자천지도야) : 「성(誠)」은 하늘의 길이나 도리이다. ㅇ思誠者人之道也(사성자인지도야) : 성실하게 하고자 생각하는 것이 사람의 길이고 또 도리다. <⇒ 참고 보충>

【集註】(1) 誠者 理之在我者 皆實而無僞 天道之本然也 思誠者 欲此理之在我者 皆實而無僞 人道之當然也.

(1) 「성자(誠者)」는 「인간의 본성 속에 있는 천리(天理)로 <천지 만물을 낳고 양육하는 본체(本體)로> 진실하고 거짓이 없는 것이다. 이는 곧 천도(天道)의 본연(本然)이다.」 「사성자(思誠者)」는 「나의 본성 속에 있는 천리를 알차게 사실로 거짓되지 않게 나타내려고 바란다」는 뜻이다. <이와 같은 생각이나 욕구> 즉 「사성(思誠)」은 「사람이면 당연히 따르고 지켜야 할 도리이다.」

[3] 至誠而不動者 未之有也 不誠 未有 能動者也.

지성 이부동자(이) 미지유야(이니) 불성(이면) 미유능동 자야(이니라)

[3] <맹자의 말 계속>「지극한 정성에 감동하지 않는 사람은 아직까지 없다. <반대로> 성실하지 않으면 <아무도> 감동케 하지 못한다.」

[어구 설명] [3] ㅇ至誠而不動者未之有也(지성이부동자미지유야) : 지극한 정성에 감동하지 않는 사람은 아직까지 없었다. ㅇ不誠未有能動者也(불성미유능동자야) : <반대로> 성실하지 않으면, <아무도> 감동케 하지 못한다.

【集註】(1) 至極也 楊氏曰 動便是驗處 若獲乎上 信乎友 悅於親之類是也.

(1)「지(至)」는「지극하다」는 뜻이다. 양씨(楊氏)가 말했다. 「동(動 : 감동)이 바로 효험이 나타난 상태를 말한 것이다. 예를 들면, 윗사람에게 <신임을> 얻는다, 벗에게 신임을 얻는다, 부모를 기쁘게 해드린다는 유이다.」

【集註】(2) 此章 述中庸孔子之言 見思誠爲修身之本 而明善又爲思誠之本 乃子思所聞於曾子 而孟子所受乎子思者 亦與大學相表裏 學者宜潛心焉.

(2) 이 장은 중용(中庸)에 있는 공자의 말을 기술한 것이다. 이 장은 다음 같은 뜻을 나타낸 것이다. 사성(思誠)은 수신(修身)의 근본이고, 또 명선(明善)도 역시 사성의 근본이다. 이는 곧 자사(子思)가 증자(曾子)에게 한 말이며, 또 맹자가 자사에게서 전수받은 바이다. 역시 대학(大學)과 더불어 서로 표리가 된다. 학자는 마땅히 마음을 깊이 해야 한다.

【참고 보충】 중용(中庸)의 「성(誠)」

「성실하게 천지 만물을 낳고 자라게 하는 것이 하늘의 도리이다. (誠者天之道也)」 「그와 같은 하늘의 도리를 따라 천하 만민이나 만물을 인애(仁愛)하고 생육 번성케 하는 것이 사람의 도리이다. (誠之者人之道也)」 <⇒ 中庸章句新講 참고 明文堂>

제12장 居下章 : 白文

[1] 孟子曰 居下位而不獲於上 民不可得而治也 獲於上有道 不信於友 弗獲於上矣 信於友有道 事親弗悅 弗信於友矣 悅親有道 反身不誠 不悅於親矣 誠身有道 不明乎善 不誠其身矣.

[2] 是故 誠者天之道也 思誠者人之道也.

[3] 至誠而不動者 未之有也 不誠未有能動者也.

【요점 복습】 제12장 거하장

맹자가 중용의 성(誠)을 거듭 밝힌 말이다. 깊은 뜻을 알기 위해서는 「중용장구신강(中庸章句新講)」을 읽어야 한다.

제13장 伯夷章 : 총 3 구절

[1] 孟子曰 伯夷辟紂 居北海之濱 聞文王作興 曰盍歸乎來 吾聞西伯 善養老者 太公辟紂 居東海之濱 聞文王作興 曰盍歸乎來 吾聞西伯 善養老者.

맹자(이) 왈 백이(이) 피주(하야) 거북해지빈(이러니) 문문왕작흥(하고) 왈 합귀호래(리오) 오문서백(은) 선양로자(이라하며) 태공(이) 피주(하야) 거동해지빈(이러니) 문문왕작흥(하고) 왈 합귀호래(리오) 오문서백(은) 선양노자(라하니라)

[1] 맹자가 말했다. 「백이가 은(殷)나라의 <포학무도한> 주왕(紂王)을 피해, 북해 해변에서 살았다. 주(周)나라 문왕(文王)이 인정(仁政)을 높였다는 말을 듣고 말했다. 『왜 문왕에게 가지 않으랴. 나는 서백(西伯)이 노인들을 잘 보양한다고 들었다.』<한편> 강태공(姜太公) 여상(呂尙)도 주왕을 피해 동해 해변에 살았다. 주(周)나라 문왕(文王)이 인정(仁政)을 높였다는 말을 듣고 말했다. 『왜 문왕에게 가지 않으랴. 나는 서백이 노인들을 잘 보양한다고 들었다.』」

[어구 설명] [1] ㅇ 伯夷辟紂(백이피주) : 백이가 은(殷)나라의 <포

학무도한> 주왕(紂王)을 피하고.「벽(辟)」을 여기서는「피(避)」로 읽는다. ○居北海之濱(거북해지빈) : 북해 가에 살았다. 고죽국(孤竹國) 북쪽에 있는 발해(渤海)를 북해라고 했다. ○聞文王作興(문문왕작흥) : 주(周)나라 문왕(文王)이 인정(仁政)을 일으켰다는 말을 듣고. ○曰(왈) : 말하다. ○盍歸乎來(합귀호래) : 왜 문왕에게 가지 않으랴.「합(盍)」은「하불(何不)」을 합친 자다. ○吾聞西伯善養老者(오문서백 선양로자) : 나는 서백(西伯)이 노인들을 잘 보양한다고 들었다.「서백」은 곧 문왕이다. 은(殷)나라 때에는 서백이었다. 백(伯)은 제후들을 통솔하는 장(長)이란 뜻이다. ○太公辟紂 居東海之濱(태공피주 거동해지빈) : 강태공(姜太公) 여상(呂尙)도 주왕(紂王)을 피해 동해 해변에 살았다.

【集註】(1) 作興 皆起也 盍何不也 西伯卽文王也 紂命爲西方諸侯之長 得專征伐 故稱西伯 太公姜姓 呂氏 名尙 文王發政 必先鰥寡孤獨 庶人之老 皆無凍餒 故伯夷 太公 來就其養 非求仕也.

(1)「작(作), 흥(興)」은 다「일으키고 진작한다」는 뜻이다.「합(盍)」은「하불(何不)」이다.「서백(西伯)」은 곧「문왕(文王)」이다.「주(紂)」가 <문왕을> 서방 제후들의 장(長)으로 임명했으며, <그들이 잘못하면> 무력으로 칠 수도 있었다. 그래서 서백이라고 칭했다.「태공(太公)」의 성은 강(姜), 여(呂)는 씨(氏), 이름은 상(尙)이다. 문왕(文王)이 인정(仁政)을 펼침에 있어, 반드시 먼저 홀아비, 과부, 고아, 자식 없는 노인 및

서민층의 노인들을 <돌보고> 얼거나 굶주리지 않게 해주었다. 그래서 백이와 강태공이 <문왕에게> 와서 보양을 받으려고 했다. 그들은 벼슬을 구한 것이 아니다.

[2] 二老者 天下之大老也 而歸之 是天下之父 歸之也 天下之父 歸之 其子焉往.

이로자(는) 천하지대로야 이귀지(하니) 시(는) 천하지부(이) 귀지야(이라) 천하지부(이) 귀지(어니) 기자언왕(이리오)

[2] <맹자의 말 계속>「두 노인, 즉 백이와 강태공은 천하에서 가장 위대하다고 높이는 노인이다. 그런데 그들이 문왕에게 귀순했으니, 이는 곧 천하의 모든 부로(父老)들이 귀순한 것이다. 천하의 부로가 다 <문왕에게> 귀순했으니 그들의 자제들은 어디로 가겠는가.」

[어구 설명] [2] ㅇ二老者(이로자) : 두 노인, 즉 백이와 강태공. ㅇ天下之大老也 而歸之(천하지대로야 이귀지) : 천하에서 가장 위대하다고 치는 노인이다. 그런데 그들이 문왕에게 귀순했으니. ㅇ是天下之父 歸之也(시천하지부 귀지야) : 이는 곧 천하의 모든 부로(父老)들이 귀순한 것이다. ㅇ天下之父 歸之(천하지부 귀지) : 천하의 부로가 다 <문왕에게> 귀순했으니. ㅇ其子焉往(기자언왕) : 그들의 자제들은 어디로 가겠는가.

【集註】(1) 二老 伯夷太公也 大老 言非常人之老者 天下之父 言齒德皆尊 如衆父然 旣得其心 則天下之心 不能外矣 蕭何所謂養民致賢 以圖天下者 其意暗與此合 但其意則有公私之辨 學者又不可以不察也.

(1)「이로(二老)」는「백이(伯夷)와 태공(太公)」이다.「대로(大老)」는「평범한 노인이 아니다」라는 뜻이다.「천하지부(天下之父)」는「연령과 덕망이 높아서, 대중의 아버지와 같은 사람」을 말한다.「이미 그들의 마음을 얻었으므로 천하 모든 사람들의 마음도 밖으로 가지 않을 것이다.」소하(蕭何)가 말한 바,「백성을 잘 양육하고, 현인을 초빙하여 천하를 도모한다」는 말과 암암리에 부합한다. 단 뜻에 있어 공과 사의 구별이 있으니 학자는 이 점을 살피지 않으면 안 된다.

[3] 諸侯有行文王之政者 七年之內 必爲政於天下矣.

제후(이) 유행문왕지정자(이면) 칠년지내(에) 필위정어천하의(리라)

[3] <맹자의 말 계속>「제후 중에, 문왕과 같은 인정을 행하는 자가 있다면, 그는 7년 안에 반드시 천하를 얻어 바르게 다스리게 될 것이다.」

[어구 설명] [3] ㅇ諸侯有行文王之政者(제후유행문왕지정자) : 제

후 중에, 문왕과 같은 인정을 행하는 자가 있으면. ○ 七年之內(칠년지내) : 7년 안에. 「7년이면 천하를 얻을 수 있다.」<離婁篇 上 제7장> ○ 必爲政於天下矣(필위정어천하의) : 반드시 천하를 얻어 바르게 다스릴 것이다.

【集註】(1) 七年 以小國而言也 大國五年 在其中矣.

(1) 「7년」은 작은 나라의 경우를 말한 것이다. 큰 나라는 5년이면 된다. <7년 속에 5년도> 포함되어 있다.

제13장 伯夷章 : 白文

[1] 孟子曰 伯夷辟紂 居北海之濱 聞文王作興 曰 盍歸乎來 吾聞西伯 善養老者 太公辟紂 居東海之濱 聞文王作興 曰 盍歸乎來 吾聞西伯 善養老者.

[2] 二老者 天下之大老也 而歸之 是天下之父歸之也 天下之父歸之 其子焉往.

[3] 諸侯有行文王之政者 七年之內 必爲政於天下矣.

【요점 복습】 제13장 백이장

은(殷)나라의 주왕(紂王)이 포학무도(暴虐無道)하자, 천하의 만민을 대표하는 대로(大老) 「백이(伯夷)와 여상(呂尙)」이 인덕(仁德)이 높은 문왕(文王)에게 귀순했다. 그러므로 천하 만민도 문왕을 따랐으며, 이에 하늘도 그에게 천명을 내렸던 것이다.

제14장 求也章 : 총 3 구절

[1] 孟子曰 求也爲季氏宰 無能改於其德 而賦粟倍他日 孔子曰 求非我徒也 小子鳴鼓而攻之可也.

맹자(이) 왈 구야(이) 위계씨재(하야) 무능개어기덕(이오) 이부속(이) 배타일(한대) 공자(이) 왈 구(는) 비아도야(로소니) 소자(아) 명고이공지(이) 가야(이라하시니라)

[1] 맹자가 말했다.「공자의 제자, 염구(冉求)가 노(魯)나라의 대부(大夫) 계강자(季康子)의 가신(家臣)이 되었다. 그런데 염구는 계강자의 덕(德)을 고쳐주지 않고, <도리어 백성으로부터 징수하는> 곡물세를 전보다 배로 늘렸다. 이에 공자가 말했다.『염구(冉求)는 우리 학파의 문도가 아니다. 그대들은 진격의 북을 울리고 그를 공격해서 치거라.』」

[어구 설명] [1] ㅇ求也(구야) : 공자의 제자, 염구(冉求). ㅇ爲季氏宰(위계씨재) : 노(魯)나라의 대부(大夫) 계강자(季康子)의 가신(家臣)이 되었다. 계강자는 임금을 무시하고 전횡(專橫)하여 나라를 문란케 했다. ㅇ無能改於其德(무능개어기덕) : 염구가 계강자의 덕(德)을 고쳐주지 못하고. ㅇ而賦粟倍他日(이부속배타일) : <백성으로부터 징수하는> 곡물세를 전보다 배로 늘렸다.「부(賦)」

는「부과한다, 세금으로 징수한다」,「속(粟)」은「곡물」의 뜻으로 푼다. ○孔子曰(공자왈) : 공자가 말했다. ○求非我徒也(구비아도야) : 염구는 우리 <유학의> 문도(門徒)가 아니다. ○小子(소자) : 그대들아. <공자가 학생들을 부른 말.> ○鳴鼓而攻之可也(명고이공지가야) : 진격의 북을 울리고 그를 공격해서 치거라.

【集註】(1) 求孔子弟子冉求 季氏魯卿 宰家臣 賦猶取也 取民之粟 倍於他日也 小子弟子也 鳴鼓而攻之 聲其罪而責之也.

(1)「구(求)」는「공자의 제자 염구(冉求)」다.「계씨(季氏)」는「노(魯)나라 경(卿)」이다.「재(宰)」는「가신(家臣)」이다.「부(賦)」는「취(取)」와 같다. 백성들로부터 거두는 곡물세가 전보다 두 배나 되었다.「소자(小子)」는「제자(弟子)」의 뜻이다.「명고이공지(鳴鼓而攻之)」는「그의 죄를 성토하고 그를 책하라」는 뜻이다.

[2] 由此觀之 君不行仁政而富之 皆棄於孔子者也 況於爲之强戰 爭地以戰 殺人盈野 爭城以戰 殺人盈城 此所謂率土地而食人肉 罪不容於死.

유차관지(컨대) 군불행인정 이부지(면) 개기어공자자야(이니) 황어위지강전(하야) 쟁지이전(에) 살인영야(하며) 쟁성이전(에) 살인영성(이라) 차(이) 소위솔토지 이

식인육(이라) 죄불용어사(이니라)

[2] <맹자의 말 계속>「이렇게 볼 때, 임금이 인정(仁政)을 행하지 않고, 자기 혼자 부강(富强)하게 되려고 하는 <그런 자는> 다 공자로부터 버림을 받았던 것이다. 하물며, 부강(富强)을 위해 억지로 전쟁을 하거나, 토지를 쟁탈하기 위해 전쟁을 하고, 들판 가득히 사람을 죽게 하거나, 또 <남의> 도성(都城)을 탈취하기 위해서 전쟁을 하고, 도성 가득히 사람을 죽게 하는 그런 <악덕한> 짓은 이른바 토지를 <탈취하기> 위해서, 사람을 <죽이고> 그 살을 먹는 짓이라 하겠으니, 그 죄는 죽어도 용서받지 못할 것이다.」

[어구 설명] [2] ○由此觀之(유차관지) : 이렇게 볼 때. ○君不行仁政而富之(군불행인정이부지) : 임금이 인정(仁政)을 행하지 않고, 자기 혼자 부강(富强)하게 되려고 하는. <그런 자는.> ○皆棄於孔子者也(개기어공자자야) : 다 공자로부터 버림을 받았다. ○況於爲之强戰(황어위지강전) : 「황어(況於)」는 「하물며」, 「위지강전(爲之强戰)」은 「부강(富强)을 위해 억지로 전쟁을 한다」. ○爭地以戰(쟁지이전) : 토지를 쟁탈하기 위해 전쟁을 해서. ○殺人盈野(살인영야) : 들판 가득히 사람을 죽게 한다. ○爭城以戰 殺人盈城(쟁성이전 살인영성) : 도성(都城)을 탈취하기 위해서 전쟁을 하고, 도성 가득히 사람을 죽게 한다. ○此所謂率土地而食人肉(차소위솔토지이식인육) : 이와 같은 짓은 이른바 토지를 <탈취하기> 위해서, 사람을 <죽이고> 그 살을 먹는 짓이라 하겠다. 「솔(率)」

을 여기서는 「위(爲)」, 「식(食)」을 「먹다」로 풀이한다. ○罪不容於死(죄불용어사) : 그 죄는 죽어도 용서받지 못한다.

【集註】(1) 林氏曰 富其君者 奪民之財耳 而夫子猶惡之 況爲土地之故而殺人 使其肝腦塗地 則是率土地而食人之肉 其罪之大 雖至於死 猶不足以容之也.

(1) 임씨(林氏)가 말했다. 「자기 군주를 부하게 만드는 것은 곧 백성들의 재물을 탈취하는 것이다. <그래서> 공자가 증오했던 것이다. 하물며 토지를 <탈취하기> 위하여 사람을 죽게 하고, 사람의 간과 뇌를 흙에 더럽히게 한다. 이는 곧 토지를 탈취하기 위해서, 사람의 고기를 먹는 것이라 하겠으며, 그 죄의 큼은, 비록 죽어도 족히 용서받지 못할 것이다.」

[3] 故善戰者服上刑 連諸侯者次之 辟草萊任土地者次之.

고(로) 선전자(는) 복상형(하고) 연제후자(이) 차지(하고) 벽초래임토지자(이) 차지(니라)

[3] <맹자의 말 계속> 「고로 전쟁을 좋아하는 자는 상형(上刑), 즉 사형에 처한다. 제후를 연결해서 서로 싸우게 한 자는 다음가는 형벌에 처한다. 풀밭이나 황무지를 개간케 하고 백성들에게 토지를 경작하게 하고, <무거운 세금으로 곡물을 탈취하는 자는> 그

다음가는 형벌에 처한다.」

[어구 설명] [3] ㅇ故(고) : 고로. ㅇ善戰者服上刑(선전자복상형) : 전쟁을 좋아하는 자는 상형, 즉 사형에 처한다. 손빈(孫臏)이나 오기(吳起) 같은 전략가(戰略家). ㅇ連諸侯者次之(연제후자차지) : 제후를 연결해서 서로 싸우게 한 자는 다음가는 형벌에 처한다. 장의(張儀)나 소진(蘇秦) 같은 종횡가(縱橫家). ㅇ辟草萊(벽초래) : 풀밭이나 황무지(荒蕪地)를 개간케 하다. 「벽(辟)」은 「벽(闢)」, 개간하다. 「내(萊)」는 「황무지」의 뜻. ㅇ任土地者次之(임토지자차지) : 백성에게 토지를 경작하게 하고 <무거운 세금으로 곡물을 탈취하는 자는> 그 다음의 형벌에 처한다.

【集註】(1) 善戰 如孫臏 吳起之徒 連結諸侯 如蘇秦 張儀之類 辟開墾也 任土地謂分土授民 使任耕稼之責 如李悝盡地力 商鞅開阡陌之類也.

(1) 「선전(善戰)」은 「손빈(孫臏)이나 오기(吳起)」같은 무리다. 「연결제후(連結諸侯)」는 「소진(蘇秦)이나 장의(張儀)」같은 무리다. 「벽(辟)」은 「개간(開墾)」이다. 「임토지(任土地)」는 「땅을 나누어 백성들에게 주고, 경작하고 농사짓는 책임을 지게 하는 것」이다. 이회(李悝)는 지력을 다하여 생산성을 높이고, 상앙(商鞅)은 천맥(阡陌)을 개간했다. 이런 부류이다.

제14장 求也章 : 白文

[1] 孟子曰 求也爲季氏宰 無能改於其德 而賦粟倍他日 孔子曰 求非我徒也 小子鳴鼓而攻之可

也.
- [2] 由此觀之 君不行仁政而富之 皆棄於孔子者也 況於爲之强戰 爭地以戰 殺人盈野 爭城以戰 殺人盈城 此所謂率土地而食人肉 罪不容於死.
- [3] 故 善戰者服上刑 連諸侯者次之 辟草萊任土地者次之.

【요점 복습】 제14장 구야장

　공자나 맹자의 소망은 학덕(學德)을 겸비한 군자를 양성해서 현실 정치에 참여하게 하고, 그들로 하여금 우매한 임금을 깨우치고 또 인정을 펴게 하는 것이었다. 그런데 공자의 제자인 염구(冉求)는 계씨(季氏)의 가신이 되자, 도리어 주군의 덕을 고쳐주지 못하고 반대로 백성들로부터 세금을 더 거두어들였다. 이에 공자가 다른 제자에게 말했다.「염구는 우리 학파의 학도가 아니다. 너희들은 북을 치고 공격해서 그를 벌주어라.(求非我徒也 小子鳴鼓而攻之可也)」이는 논어에 있는 말이다. 그리고 맹자는 더욱 가혹하게 말했다.「인정(仁政)을 행하지 않고 부강(富强)하게 되려고 하는 자는 공자로부터 버림을 받았다. 하물며, 부강을 위해 억지로 전쟁을 하거나, 토지를 쟁탈하기 위해 전쟁을 하고, 들판 가득히 사람을 죽게 하거나, 또 <남의> 도성(都城)을 탈취하기 위해서 전쟁을 하고, 도성 가득히 사람을 죽게 하는 그런 악덕한 짓을 하는 자는 바로 토지를 얻고자 해서, 백성들을 살육하고 그 살을 먹는 자들이라 절대로 용서받지 못할 것이다.」

제15장 存乎章 : 총 2 구절

[1] 孟子曰 存乎人者 莫良於眸子 眸子 不能掩其惡 胸中正 則眸子瞭焉 胸中不正 則眸子眊焉.

맹자(이) 왈 존호인자(이) 막량어모자(라하니) 모자불능 엄기악(하나니) 흉중(이) 정 즉모자(이) 요언(하고) 흉중 (이) 부정 즉모자(이) 모언(이니라)

[1] 맹자가 말했다. 「사람의 <속마음을> 살펴볼 수 있는 것으로는 눈동자보다 더 좋은 것이 없다. 눈동자는 <속에 품은> 악(惡)을 감추지 못한다. 가슴속의 <생각이나 마음이> 바르면 눈동자도 바르고 밝게 빛이 난다. 가슴속의 <생각이나 마음이> 바르지 않으면 눈동자도 흐리고 어둡게 보인다.」

[어구 설명] [1] ㅇ孟子曰(맹자왈) : 맹자가 말했다. ㅇ存乎人者(존호인자) : 직역하면 「사람에게 있는 것」이다. 그러나 다음같이 「사람의 <속마음을> 살펴볼 수 있는 것」으로 풀이해야 한다. 「존(存)」을 「찰(察)」로 푼다. ㅇ莫良於眸子(막량어모자) : 눈동자보다 더 좋은 것이 없다. ㅇ眸子不能掩其惡(모자불능엄기악) : 눈동자는 <속에 품은> 악(惡)을 감추지 못한다. ㅇ胸中正(흉중정) : 가슴속의 <생각이나 마음이> 바르면. ㅇ則眸子瞭焉(즉모자료언) : 눈동자가 바르고 밝게 빛이 난다. ㅇ胸中不正(흉중부정) : 가슴속의

<생각이나 마음이> 바르지 않으면. ㅇ則眸子眊焉(즉모자모언) : 즉 눈동자도 흐리고 어둡게 된다.「모(眊)」는「흐리고 어둡다」는 뜻.

【集註】(1) 良善也 眸子目瞳子也 瞭明也 眊者蒙蒙 目不明之貌 蓋人與物接之時 其神在目 故胸中正則神精而明 不正則神散而昏.

(1)「양(良)」은「선(善)」의 뜻이다.「모자(眸子)」는「눈동자」다.「요(瞭)」는「명(明)」의 뜻이다.「모(眊)」는「어둡고 흐리고(蒙蒙), 눈이 밝지 않은 모양(目不明之貌)」이다.「원칙적으로 사람이 사물에 대했을 때에는 정신이 눈에 집중된다. 그러므로 가슴속이 바르면 정신이 밝게 빛난다. <반대로> 바르지 못하면 정신이 흩어지고 어둡게 된다.」

[2] 聽其言也 觀其眸子 人焉廋哉.

청기언야(이오) 관기모자(이면) 인언수재(리오)

[2] <맹자의 말 계속>「그의 말을 듣고 또 그의 눈동자를 살펴보면 <속마음이나 생각을 알 수 있다. 그러니> 사람이 어찌 <속에 품은 부정한 마음을> 숨길 수 있겠느냐.」

[어구 설명] [2] ㅇ聽其言也(청기언야) : 그의 말을 듣고. ㅇ觀其眸子(관기모자) : 그의 눈동자를 살펴보면. <속마음이나 생각을 알 수 있다.> ㅇ人焉廋哉(인언수재) : <그러니> 사람이 어찌 <속에

품은 부정한 마음을> 숨길 수 있겠느냐.

【集註】(1) 廋匿也 言亦心之所發 故幷此以觀 則人之邪正 不可匿矣 然言猶可以僞爲 眸子則有不容僞者.

(1)「수(廋)」는「숨긴다」는 뜻이다.「말도 역시 마음을 바탕으로 하고 나오는 것이다. 그러므로 말까지 함께 살펴보면, 사람의 <마음속에 품은> 사(邪)와 정(正)을 숨길 수가 없다. 그러나 말은 역시 거짓으로 할 수 있다. <그러나> 눈동자는 거짓을 용납하지 않는다.」

제15장 存乎章 : 白文

[1] 孟子曰 存乎人者 莫良於眸子 眸子不能掩其惡 胸中正則 眸子瞭焉 胸中不正則 眸子眊焉.

[2] 聽其言也 觀其眸子 人焉廋哉.

【요점 복습】 제15장 존호장

 가슴속에 품은 생각이나 뜻을 말로 나타낸다. 그러니 말은 거짓되게 할 수 있다. 하지만 사람의 눈동자는 거짓이 없다. 속이 바르고 착하면, 눈동자가 맑고 빛이 난다. 반대로 속에 품은 생각이나 뜻이 사악하면, 눈동자가 흐리고 어둡게 된다. 조기(趙岐)는 말했다.「눈 속에는 신(神)이 깃들어 있고, 정(精)이 담겨져 있다. 그러므로 눈동자를 살펴보면 선악(善惡)을 알 수 있다.」

제16장 恭者章 : 총 1 구절

[1] 孟子曰 恭者不侮人 儉者不奪人 侮奪人之君 惟恐不順焉 惡得爲恭儉 恭儉豈可以聲音笑貌爲哉.

맹자(이) 왈 공자(는) 불모인(하고) 검자(는) 불탈인(하나니) 모탈인지군(은) 유공불순언(이어니) 오득위공검(이리오) 공검(을) 기가이성음소모위재(리오)

[1] 맹자가 말했다. 「공손한 임금은 남을 업신여기거나 모욕하지 않는다. 절검(節儉)하는 임금은 백성의 재물을 탈취하지 않는다. 백성이나 남을 모욕하고 재물을 탈취하려는 임금은 항상 <백성이나 남이> 순종하지 않을 것을 겁낸다. 그러니 어찌 공손(恭遜)하고 절검할 수 있겠는가. <포학무도하게 마련이다.> 공손이나 절검을 어찌 말이나 웃는 얼굴로 행할 수 있겠느냐. <인정(仁政)을 펴서 실지로 공손하고 절검해야 한다.>」

[어구 설명] [1] ㅇ恭者不侮人(공자불모인) : 공손(恭遜)한 임금이나 사람은 남을 업신여기거나 모욕하지 않는다. 「공손」은 곧 예(禮)이다. 「예」는 곧 천도(天道)를 공경하고 따르고 행한다는 뜻이 포함되어 있다. ㅇ儉者不奪人(검자불탈인) : 절검(節儉)하는 임금이나 사람은 백성의 재물을 탈취하지 않는다. ㅇ侮奪人之君(모탈

인지군) : 백성이나 남을 모욕하고 재물을 탈취하는 임금은. ○惟恐不順焉(유공불순언) : 오직 <항상 백성이나 남들이 자기에게> 순종하지 않을 것을 겁낸다. ○惡得爲恭儉(오득위공검) : 그러니 어찌 공손하고 절약할 수 있겠는가. <포학무도하게 마련이다.> ○恭儉豈可以聲音笑貌爲哉(공검기가이성음소모위재) : 공손이나 절약을 어찌 말이나 웃는 얼굴로 행할 수 있겠느냐. <인정(仁政)을 펴서 실지로 공손하고 절검해야 한다.>

【集註】(1) 惟恐不順 言恐人之不順己 聲音笑貌 僞爲於外也.

(1)「유공불순(惟恐不順)」은 곧「백성이나 남이 자기에게 순종하지 않을까 두려워한다」는 뜻이다.「성음소모(聲音笑貌)」는「겉으로 거짓 꾸민다」는 뜻이다.

제16장 恭者章 : 白文
[1] 孟子曰 恭者不侮人 儉者不奪人 侮奪人之君 惟恐不順焉 惡得爲恭儉 恭儉豈可以聲音笑貌 爲哉.

【요점 복습】 제16장 공자장
예(禮)에 따라 남에게 공손하고 씀씀이를 절약하여, 백성의 재물을 탈취하지 않는 것이 인정(仁政)의 출발점이다. 그와 반대로 남에게 오만하고 백성의 재물을 탈취하는 자는 항상 겁을 내고 백성을 적대시하게 마련이다.

제17장 淳于章 : 총 3 구절

[1] 淳于髡曰 男女授受 不親禮與 孟子曰 禮也 曰嫂溺則援之以手乎 曰嫂溺不援 是豺狼也 男女授受 不親禮也 嫂溺 援之以手者權也.

순우곤(이) 왈 남녀(이) 수수불친(이) 예여(이까) 맹자(이) 왈 예야(이니라) 왈 수닉 즉원지이수호(이까) 왈 수닉불원(이면) 시(는) 시랑야(이니) 남녀수수불친(은) 예야(이오) 수닉(이어든) 원지이수자(는) 권야(이니라)

[1] 제(齊)나라 사람 순우곤이 물었다. 「남자와 여자가 직접 <손으로> 물건을 주고받지 않는 것이 예입니까.」 맹자가 대답했다. 「예다.」 <그러자> 순우곤이 또 물었다. 「형수가 물에 빠졌을 때는 즉시 손으로 구원해야 합니까.」 맹자가 말했다. 「형수가 물에 빠졌는데도 구원하지 않으면 <사람이 아니라> 승냥이(豺)나 이리(狼)라 하겠다. 남녀가 서로 손으로 물건을 주고받지 않는 것은 예(禮)다. <그러나> 형수가 물에 빠졌을 때, 손으로 구원하는 것은 응변의 조치이다.」

[어구 설명] [1] ㅇ淳于髡曰(순우곤왈) : 순우곤이 물었다. 성이 순우(淳于), 이름이 곤(髡). 제(齊)나라 사람으로 말을 잘했다. ㅇ男

女授受 不親 禮與(남녀수수 불친 예여) : 남자와 여자가 직접 물건을 주고받지 않는 것이 예입니까. 예기(禮記) 곡례편(曲禮篇)에 「남녀가 직접 손으로 물건을 주고받지 않는다(男女不親授)」라는 말이 있다. ㅇ孟子曰 禮也(맹자왈 예야) : 맹자가 대답했다.「예다.」ㅇ曰(왈) : 순우곤이 물었다. ㅇ嫂溺則援之以手乎(수닉즉원지이수호) : 형수가 물에 빠졌을 때는 곧 손으로 구원해야 합니까. ㅇ曰(왈) : 맹자가 말했다. ㅇ嫂溺不援 是豺狼也(수닉불원 시시랑야) : 형수가 물에 빠졌는데도 구원하지 않으면, <사람이 아니라> 승냥이(豺)나 이리(狼)라 하겠다. ㅇ男女授受 不親 禮也(남녀수수 불친 예야) :「남녀가 서로 손으로 물건을 주고받지 않는 것은 예(禮)다.」ㅇ嫂溺 援之以手者 權也(수닉 원지이수자 권야) : 형수가 물에 빠졌을 때, 손으로 구원하는 것은 응변(應變)적인 조치다.「권(權)」은 원래는「저울의 추」를 말한다. 여기서는「임시응변(臨時應變)적으로 취하는 조치」의 뜻이다. 이를「권도(權道)」라고 말한다.

【集註】(1) 淳于姓 髡名 齊之辯士 授與也 受取也 古禮 男女不親授受 以遠別也 援救之也 權稱錘也 稱物輕重 而往來 以取中者也 權而得中是 乃禮也.

(1)「순우(淳于)」는 성,「곤(髡)」은 이름이다. 제(齊)나라의 변사(辯士)다.「수(授)」는「준다」는 뜻,「수(受)」는「받는다」는 뜻이다. 고대의 예법은 남녀가 물건을 친히 주고받지 않았다. 남녀가 서로 멀리 떨어져 있게 하기 위해서다.「원(援)」은「구원한다」는 뜻이다.「권(權)」은「저울의 추(錘)」다. 물건의

경중을 저울질할 때, 추를 왔다갔다하여, <형평을> 맞게 하는 것이다. 상황을 저울질하여 그 상황에 맞게 하는 것이 바로 예이다.

[2] 曰 今天下溺矣 夫子之不援 何也.

왈 금천하(이) 익의(어늘) 부자지불원(은) 하야(이꼬)

[2] 순우곤이 물었다.「오늘, 천하가 물에 빠져있는데, 선생님께서 구원하지 않으심은 어째서입니까.」

[어구 설명] [2] ㅇ 曰(왈) : 순우곤이 물었다. ㅇ 今天下溺矣(금천하닉의) : 오늘 천하가 물에 빠져있는데. ㅇ 夫子之不援 何也(부자지불원 하야) : 선생님께서 구원하지 않으심은 어째서입니까.

【集註】(1) 言今天下大亂 民遭陷溺 亦當從權以援之 不可守先王之正道也.

(1) 이는 곧 다음 같은 뜻을 말한 것이다.「지금 천하가 크게 흐트러지고 백성들이 <난세를 만나> 도탄에 깊이 빠져있으니, 역시 마땅히 권도(權道)로 구원해 주어야 할 것이다. <고집스럽게> 선왕의 도를 지키고 있기만 해서는 안 된다.」

[3] 曰 天下溺 援之以道 嫂溺 援之以手 子欲手援天下乎.

왈 천하(이) 익(이어든) 원지이도(이오) 수닉(이어든) 원지이수(이니) 자욕수원천하호(아)

[3] 맹자가 대답해서 말했다.「천하가 물에 빠지면 도로써 구원해 주고, 형수가 물에 빠지면 손으로 구원해 준다. 그대는 천하를 손으로 구원하고자 하는가.」

[어구 설명] [3] ㅇ曰(왈) : 맹자가 대답해서 말했다. ㅇ天下溺 援之以道(천하닉 원지이도) : 천하가 물에 빠지면 도로써 구원해 주고. ㅇ嫂溺 援之以手(수닉 원지이수) : 형수가 물에 빠지면 손으로 구원해 준다. ㅇ子欲手援天下乎(자욕수원천하호) : 그대는 천하를 손으로 구원하고자 하는가.

【集註】(1) 言 天下溺 惟道可以捄之 非若嫂溺可手援也 今子欲援天下 乃欲使我枉道求合 則先失其所以援之之具矣 是欲使我以手援天下乎 此章言 直己守道 所以濟時 枉道殉人 徒爲失己.

(1) 곧 다음 같은 뜻을 말한 것이다.「천하가 도탄에 빠졌을 때에는 오직 도(道)로써 구제할 수 있다. 형수가 물에 빠졌을 때는 손으로 구제할 수 있는 것과 다르다. 그런데 지금 그대는 천하를 구제하고자 하면서, 나로 하여금 도를 굽혀, <무도한 임금에게> 영합하라고 하니, 이는 곧 천하를 구원하는 도를 먼저 잃게 하는 짓이다. 그래서 나로 하여금 손으로 천하를 구제하기를 바라는 것이리라.」이 장은「자신을 곧게 하고 도를 지키는 것이 세상을 구제하는 것이며, 도를 굽히고 남을 따르는 것이 공연히 자기를 상실하는 것이다」라는 뜻을 말한

것이다.

제17장 淳于章 : 白文

[1] 淳于髡曰 男女授受不親 禮與 孟子曰 禮也 曰 嫂溺則援之以手乎 曰 嫂溺不援 是豺狼也 男女授受不親 禮也 嫂溺 援之以手者 權也.

[2] 曰 今天下溺矣 夫子之不援 何也.

[3] 曰 天下溺 援之以道 嫂溺 援之以手 子欲手援天下乎.

【요점 복습】제17장 순우장

　제(齊)나라 순우곤(淳于髡)은 궤변을 농하여 맹자를 제나라 정치에 참여시키려고 했다. 그래서 말했다. 「지금 천하가 물에 빠져 허덕이고 백성이 고생하니, 임시응변(臨時應變)적으로 나서서 세상을 구해 주십시오.」 그러자 맹자가 그를 반박하고 말했다. 「천하가 물에 빠지면 도로써 구원해 주고, 형수가 물에 빠지면 손으로 구원해 준다. 그대는 천하를 손으로 구원하고자 하는가.」 즉 천하가 혼란하고 악한 것은 임금들이 왕도덕치(王道德治)를 따르지 않고, 부국강병(富國强兵)과 무력침략(武力侵略)만을 일삼고 있기 때문이다. 그런데 나마저 도를 굽히고 나서라는 말이냐.

제18장 公孫章 : 총 4 구절

[1] 公孫丑 曰 君子之不敎子 何也.
공손추(이) 왈 군자지불교자(는) 하야(이꼬)

[1] 맹자의 제자, 공손추가 물었다. 「군자가 자기 친자식을 직접 가르치지 않는 이유가 무엇입니까.」

[어구 설명] [1] ○公孫丑曰(공손추왈) : 맹자의 제자, 공손추가 물었다. ○君子之不敎子 何也(군자지불교자 하야) : 군자가 자기 친자식을 <직접> 가르치지 않는 이유는 무엇입니까.

【集註】(1) 不親敎也.
(1) <군자는 자기 자식을> 친히 가르치지 않는다.

[2] 孟子曰 勢不行也 敎者必以正 以正不行 繼之以怒 繼之以怒 則反夷矣 夫子敎我以正 夫子未出於正也 則是父子相夷也 父子相夷 則惡矣.
맹자(이) 왈 세불행야(이니라) 교자(는) 필이정(이니) 이정불행(이어든) 계지이노(하고) 계지이노 즉반이의(니) 부자(이) 교아이정(하시되) 부자(도) 미출어정야(이라하면) 즉시부자상이야(이니) 부자상이 즉악의(니라)

[2] 맹자가 대답해서 말했다. 「<정리(情理)상의> 추

세로 <아버지가 자기 자식을 직접> 가르치지 않는
다. 가르치는 사람은 반드시 바른 도리를 <가르쳐 준
다. 그런데 가르침을 받은 자식이> 바르게 행하지 않
으면, <아버지가> 뒤에 화를 낸다. <가르치고> 나서
화를 내는 것은 도리어 <부자간의 정리를> 상하게
한다. <한편 아들도 속으로 생각한다.>『선생이신 아
버지는 나에게 바르게 하라고 가르치시면서, <아버지
자신은> 바르게 행하지 못하는구나.』<그러므로> 즉
부자간에 서로 정리를 상하게 된다. 부자가 서로 정리
를 상하면, <좋지 않고> 나쁘다.」

[어구 설명] [2] ㅇ孟子曰(맹자왈) : 맹자가 대답해서 말했다.
ㅇ 勢不行也(세불행야) : <정리(情理)상의> 추세로서 <아버지가
자식을 직접> 가르치지 않는다. ㅇ敎者 必以正(교자 필이정) : 가
르치는 사람은 반드시 바른 도리를. <가르친다.> ㅇ以正不行 繼
之以怒(이정불행 계지이노) : <가르침을 받은 자식이> 바르게 행
하지 않으면, <아버지가> 뒤에 화를 낸다. ㅇ繼之以怒 則反夷矣
(계지이노 즉반이의) : <가르치고> 나서, 다음에 화를 내면, 도리
어 <부자간의 정리를> 상하게 한다. 「이(夷)」는 「상(傷)」의 뜻이
다. ㅇ夫子敎我以正(부자교아이정) : <한편 아들도 속으로 생각한
다.> 「아버지는 나에게 바르게 하라고 가르치시면서.」 ㅇ夫子未
出於正也(부자미출어정야) : <아버지 자신은>「바르게 행하지 못
하는구나.」「출(出)」은 「행동으로 나타낸다」는 뜻이다. ㅇ則是父
子相夷也(즉시부자상이야) : 즉 부자간에 서로 정리를 상하게 된

다. ㅇ 父子相夷 則惡矣(부자상이 즉악의) : 부자가 서로 정리를 상하면, <좋지 않고> 나쁘다.

【集註】(1) 夷傷也 敎子者本爲愛其子也 繼之以怒 則反傷其子矣 父旣傷其子 子之心 又責其父 曰 子敎我以正道 而夫子之身 未必自行正道 則是子又傷其父也.

(1) 「이(夷)」는 「상(傷)」의 뜻이다. 자식을 가르치는 아버지는 본래 자식을 사랑하기 때문에 <가르치는 것이다. 그런데> 나중에 화를 내면, 도리어 자식의 마음을 상하게 한다. 아버지가 먼저 자식의 마음을 상하게 하자, 자식도 마음으로 아버지를 책망하게 된다. 즉 「선생이신 아버지는 나에게는 바른 도리를 가르쳐 주시면서, 아버지 자신은 반드시 바른 도리를 행하지 못하신다.」 <그래서> 곧 자식이 또 아버지 마음을 상하게 하는 것이다.

[3] 古者 易子而敎之.

고자(에) 역자이교지(하니라)

[3] <맹자의 말 계속> 「<그래서> 옛날에는 자식을 바꾸어서 가르쳤던 것이다.」

[어구 설명] [3] 古者(고자) : 옛날에는. ㅇ 易子而敎之(역자이교지) : 자식을 바꾸어서 가르쳤던 것이다.

【集註】(1) 易子而敎 所以全父子之恩 而亦不失其爲敎.

(1) 자식을 바꾸어 가르쳤으므로, 부자간의 은혜도 온전하게 유지하고, 또 가르치는 목적도 잃지 않았던 것이다.

[4] 父子之間 不責善 責善則離 離則不祥 莫大焉.

부자지간(은) 불책선(이니) 책선즉리(하나니) 이즉불상(이) 막대언(이니라)

[4] <맹자의 말 계속>「부자 사이에서는 선(善)에 대한 책망을 하지 않는다. 선을 놓고 서로 책망하면, 부자의 정(情)이 멀어진다. 부자의 정이 멀어지면 곧 그보다 더 큰 불행이 없다.」

[어구 설명] [4] ㅇ父子之間 不責善(부자지간 불책선) : 부자 사이에서는 선(善)에 대한 책망을 하지 않는다. ㅇ責善則離(책선즉리) : 선을 놓고 서로 책망하면, 부자의 정(情)이 멀어진다, 벌어진다. ㅇ離則不祥莫大焉(이 즉불상막대언) : 부자의 정이 멀어지면, 곧 그보다 더 큰 불행이 없다. 「불상(不祥)」은 「불행(不幸)」이다.

【集註】(1) 責善 朋友之道也 王氏曰 父有爭子 何也 所謂爭者 非責善也 當不義 則爭之而已矣 父之於子也 如何 曰 當不義 則亦戒之而已矣.

(1) 선을 놓고 책망하는 것(責善)은 붕우의 도리이다. 왕씨(王氏)가 말했다. 「아버지에게는 간쟁(諫爭)하는 자식이 있어야 한다고 한 말은 무슨 뜻인가. 이른바 간쟁이라고 한 말은 선을 놓고 책망하는 것이 아니고, <아버지의> 불의에 대해서 <자식이> 간쟁하는 것이다. 아버지는 자식에 대하여 어떻게 하는가. 자식이 불의하면 역시 훈계해야 한다.」

제18장 公孫章 : 白文
[1] 公孫丑曰 君子之不敎子 何也.
[2] 孟子曰 勢不行也 敎者 必以正 以正不行 繼之以怒 繼之以怒 則反夷矣 夫子敎我以正 夫子未出於正也 則是父子相夷也 父子相夷 則惡矣.
[3] 古者 易子而敎之.
[4] 父子之間 不責善 責善則離 離則不祥莫大焉.

【요점 복습】 제18장 공손장

사람은 바르게 배우고 도리를 깨닫고 윤리 도덕을 실천해야 한다. 그래야 사람다운 사람이 된다. 그래서 스승이 반드시 있어야 한다. 허나 옛날부터 아버지는 직접 자기 자식을 가르치지 않았다. 그 이유를 맹자는 이 장에서 말했다. 부자간의 사랑이나 의리를 상하지 않기 위해서다. 부자간에 서로 책선(責善)하면, 의리를 상하게 된다.

제19장 事孰章 : 총 4 구절

[1] 孟子曰 事孰爲大 事親爲大 守孰爲大 守身爲大 不失其身 而能事其親者 吾聞之矣 失其身 而能事其親者 吾未之聞也.

맹자(이) 왈 사숙위대(오) 사친(이) 위대(하니라) 수숙위대(오) 수신(이) 위대(하니라) 불실기신 이능사기친자(를) 오문지의(오) 실기신 이능사기친자(를) 오미지문야(이로라)

[1] 맹자가 말했다. 「누구를 섬기는 것이 가장 중대하고 귀중한가. 친부모를 섬기는 일이 가장 중대하고 귀중하다. 무엇을 지키는 것이 가장 중대하고 귀중한가. 자신을 바르게 지키는 것이 가장 중대한 일이다. 자기가 지킬 도리를 잃지 않고, 그리고 자기 부모를 잘 섬긴다는 말이나 예를 나는 들어서 잘 알고 있다. <그러나> 자기의 도리를 잃고서, 자기 부모를 잘 섬겼다는 예를 나는 아직 듣거나 알지 못한다.」

[어구 설명] [1] ㅇ 孟子曰(맹자왈) : 맹자가 말했다. ㅇ 事孰爲大(사숙위대) : 누구를 섬기는 것이 가장 중대하고 귀중한가. ㅇ 事親爲大(사친위대) : 친부모를 섬기는 일이 가장 중대하고 귀중하다. ㅇ 守孰爲大(수숙위대) : 무엇을 지키는 것이 가장 중대하고 귀중

한가. ○守身爲大(수신위대) : 자신을 바르게 지키는 것이 가장 중대한 일이다. ○不失其身(불실기신) : 자신을 잃지 않는다. 즉 자기가 지킬 도리를 잃지 않는다. ○而能事其親者(이능사기친자) : 그리고 자기 부모를 잘 섬긴다. ○吾聞之矣(오문지의) : 나는 들어서 잘 알고 있다. ○失其身而能事其親者(실기신이능사기친자) : 자기의 도리를 잃고서, 자기 부모를 잘 섬겼다는 예를. ○吾未之聞也(오미지문야) : 나는 아직 듣거나 알지 못한다.

【集註】(1) 守身持守其身 使不陷於不義也 一失其身 則虧體辱親 雖日用三牲之養 亦不足以爲孝矣.

(1) 「수신(守身)」은 「자식된 도리와 인간의 절조(節操)를 잘 지키고 불의에 빠지지 않게 한다는 뜻이다.」「일단 도리와 절조를 잃으면 자신의 몸가짐을 훼손하고 부모를 욕되게 하며, 비록 일상생활에서 부모에게 봉양해 올리는 소(牛), 양(羊), 돼지(豚) 등 삼생(三牲)조차 부족하게 될 것이다.」

[2] 孰不爲事 事親 事之本也 孰不爲守 守身 守之本也.

숙불위사(리오마는) 사친(이) 사지본야(이오) 숙불위수(리오마는) 수신(이) 수지본야(이니라)

[2] <맹자의 말 계속>「윗사람치고 누군들 잘 섬기지 않을 수 있겠는가마는 친부모를 잘 섬기고 <효도하는 것이> 섬기는 일의 근본이다. 무엇인들 잘 지키지

않겠는가마는, 나 자신을 <도리에 맞게> 잘 지키는 것이 지킴의 근본이다.」

[어구 설명] [2] ㅇ孰不爲事(숙불위사) : <누구나 무슨 일인들> 잘 섬기지 않을 수 있겠는가. <모든 사람이나 모든 일을 도리에 맞게 잘 섬겨야 한다.> ㅇ事親 事之本也(사친 사지본야) : <그 중에도> 부모를 잘 섬기고 <효도하는 것이> 섬기는 일의 근본이다. ㅇ孰不爲守(숙불위수) : 무엇인들 잘 지키지 않아도 되겠는가. <모든 것을 도리에 맞게 지켜야 한다.> ㅇ守身 守之本也(수신 수지본야) : 자신을 도리에 맞게 잘 지키는 것이 지킴의 근본이다.

【集註】(1) 事親孝 則忠可移於君 順可移於長 身正 則家齊國治而天下平.

(1) 부모를 잘 모시고 효도하면, 곧 그 효를 옮겨 임금에게 충성할 수 있고, 순종을 어른에게 옮겨 잘 받들 수 있고, 몸을 바르게 간직하면 제가(齊家), 치국(治國), 평천하(平天下)하게 된다.

[3] 曾子養曾皙 必有酒肉 將徹必請所與 問有餘 必曰有 曾皙死 曾元養曾子 必有酒肉 將徹 不請所與 問有餘 曰 亡矣 將以復進也 此所謂養口體者也 若曾子 則可謂養志也.

증자(이) 양증석(호대) 필유주육(이러시니) 장철(할새)

필청소여(하시며) 문유여(이어든) 필왈 유(이라하시다)
증석(이) 사(커늘) 증원(이) 양증자(호대) 필유주육(하더니) 장철(할새) 불청소여(하며) 문유여왈(이어시든) 무의(라하니) 장이부진야(이라) 차소위양구체자야(이니) 약증자 즉가위양지야(이니라)

[3] <맹자의 말 계속>「옛날에, 증자(曾子)가 자기 아버지 증석(曾晳)을 봉양할 때에는 <다음같이 했다.> 상에는 언제나 술과 고기 반찬을 바쳐 올렸다. 상을 물릴 때에는 반드시「나머지 음식을 누구에게 줄까요?」하고 물었다. 아버지가 <입에 맞는 음식을 지적하고>「더 있느냐?」하고 물으면 아들 증자는 반드시「더 있습니다.」하고 대답했다.

증석(曾晳)이 죽고 증원(曾元)이 증자(曾子)를 봉양하게 되었다. <그 때에도> 상에는 반드시 술과 고기 반찬이 올랐다. <그러나> 상을 물릴 때에「나머지 음식을 누구에게 줄까요?」하고 묻지 않았다. 또 <아버지 증자가>「이 반찬이 더 있느냐?」하고 물으면 <아들 증원은>「없습니다.」라고 대답하고, 나중에 <아버지 입에 맞는 음식을> 다시 만들어 올렸다. 이러한 태도는 이른바 외형적으로 공양하는 효도이다. 증자가 아버지 증석을 봉양하는 것같이 해야 비로소 뜻을 받드는 효도라 할 수 있다.」

[어구 설명] [3] ㅇ 曾子養曾晳(증자양증석) : 증자(曾子)가 아버지 증석(曾晳)을 봉양할 때에는. ㅇ 必有酒肉(필유주육) : 매번 술과

고기 반찬을 바쳐 올렸다. ○將徹 必請所與(장철 필청소여) : 상을 물릴 때에는 반드시 「나머지 음식을 누구에게 줄까요?」하고 물었다. ○問有餘 必曰有(문유여 필왈유) : 부친이 <입에 맞는 음식이>「더 있느냐?」고 물으면, 아들은 반드시 「더 있습니다.」하고 대답했다. ○曾晳死 曾元養曾子(증석사 증원양증자) : 증석이 죽고, 증자를 아들인 증원(曾元)이 봉양하게 되었다. ○必有酒肉(필유주육) : 상에는 반드시 술과 고기 반찬이 올랐다. ○將徹 不請所與(장철 불청소여) : 상을 물릴 때에, 「나머지 음식을 누구에게 줄까요?」하고 묻지 않았다. ○問有餘曰 亡矣(문유여왈 무의) : <아버지 증자가>「이 반찬이 더 있느냐?」하고 물으면 <아들 증원은>「없습니다.」라고 말하고. ○將以復進也(장이부진야) : <아버지 입에 맞는 음식을> 다시 만들어 올렸다. ○此所謂養口體者也(차소위양구체자야) : 이러한 태도는 이른바, 외형적으로 공양하는 효도이다. ○若曾子 則可謂養志也(약증자 즉가위양지야) : 증자가 아버지 증석을 봉양하는 것같이 해야 비로소 뜻을 받드는 효도라 할 수 있다.

【集註】(1) 此承上文事親言之 曾晳名點 曾子父也 曾元曾子子也 曾子養其父 每食必有酒肉 食畢將徹去 必請於父曰 此餘者與誰 或父問此物 尙有餘否 必曰有 恐親意更欲與人也 曾元不請所與 雖有言無其意將以復進於親 不欲其與人也 此但能養父母之口體而已 曾子則能承順父母之志 而不忍傷之也.

(1) 이 구절은 앞을 받고 부모를 섬기는 <효도를> 말한 것이다. 「증석(曾晳)」은 이름이 점(點), 증자(曾子)의 아버지이다. 「증원(曾元)」은 증자의 아들이다. 증자는 자기 아버지를 봉양할 때 <다음같이 했다.> 상을 올릴 때마다, 술과 고기 반찬을 올렸다. 그리고 식사가 끝나고 상을 물릴 때에는 반드시 아버지에게 물었다. 「나머지 음식을 누구에게 주시렵니까?」 또 혹 아버지가 「이 반찬이 더 있느냐?」고 물으시면, 반드시 「있습니다.」하고 대답했다. 아버지의 뜻이 <그 반찬을> 남에게 주려고 하는구나 생각하고 어렵게 여겼던 것이다. 증원은 「나머지 음식을 누구에게 줄까요?」하고 묻지도 않고, 또 음식이 있어도, 「없다.」고 대답했다. <증원의 생각은> 다시 아버지에게 올리고자 하고, 남에게 주기를 원치 않았기 때문이다. 이러한 태도는 부모의 입이나 몸만을 봉양하는 효도일 뿐이다. 그러나 증자는 부모의 뜻과 마음을 잘 받들고 따랐으며, 거역하거나 다치지 않게 했던 것이다.

[4] 事親 若曾子者 可也.

사친(을) 약증자자(이) 가야(이니라)

[4] <맹자의 말 계속>「부모를 섬기는 효도는 증자같이 해야 비로소 가하니라.」

[어구 설명] [4] ㅇ事親 若曾子者 可也(사친 약증자자 가야) : 부모를 섬기는 효도는 증자같이 해야 한다.

【集註】(1) 言當如曾子之養志 不可如曾元但養口體 程子曰 子之身 所能爲者 皆所當爲 無過分之事也 故事親若曾子 可謂至矣 而孟子止曰可也 豈以曾子之孝爲有餘哉.

(1) 이는 곧 다음 같은 뜻을 말한 것이다.「마땅히 부모의 뜻을 봉양하는 증자(曾子) 같이 해야 한다. 입과 몸(口體)만을 봉양하는 증원(曾元)같이 하면 안 된다.」정자(程子)가 말했다.「자식된 몸으로 할 수 있는 모든 일을 다 당연히 해야 한다. <아무리 해도> 과분하게 섬기는 일이 없다.」고로 부모 섬김을 증자같이 하는 것은 지극하다고 말할 수 있다. 그런데 맹자는 다만「가(可)하다」고 했다. <그렇다고> 증자의 효도에 더할 일이 있겠는가. <아니다. 증자의 효도는 지극한 것이다.>

제19장 事孰章 : 白文

[1] 孟子曰 事孰爲大 事親爲大 守孰爲大 守身爲大 不失其身 而能事其親者 吾聞之矣 失其身 而能事其親者 吾未之聞也.

[2] 孰不爲事 事親事之本也 孰不爲守 守身守之本也.

[3] 曾子養曾晳 必有酒肉 將徹 必請所與 問有餘 必曰有 曾晳死 曾元養曾子 必有酒肉 將徹 不請所與 問有餘 曰亡矣 將以復進也 此所謂養

口體者也 若曾子 則可謂養志也.
[4] 事親 若曾子者可也.

【요점 복습】제19장 사숙장

　모든 윤리 도덕의 뿌리나 바탕은 효도(孝道)다. 그래서 맹자는 말했다.「윗사람을 받들고 섬기는 일 중에 가장 중대한 것은 부모를 잘 섬기는 효도다.(事孰爲大 事親爲大)」부모를 섬기고 효도하기 위해서 자식은「자신의 심신(心身)」을 잘 지켜야 한다.「마음으로 천도를 깨닫고 몸으로 실천해야 한다.」이를 맹자는「수신위대(守身爲大)」라고 했다. 사람은 금수(禽獸)가 아니다. 태어나 살다가 스러지면 그만이 아니다. 인간 인류는 세세대대(世世代代)로 역사와 문화를 계승하고 더욱 새롭게 발전해야 하는 사명을 가지고 태어나 삶을 누리고 있는 것이다. **이와 같이 인류의 역사 문화를 계승 발전하는 것이 곧「효도의 큰 뜻이다」.**

　작은 의미의 효도는 자기를 낳고 양육한 부모를 잘 섬기고 받드는 것이다. 그 작은 효도에도 외형적 효도와 내면적 효도가 있다. 부모의 마음과 뜻을 받들고 섬기는 효도를 해야 한다. 즉 증자(曾子)같이 해야 한다.

제20장 不足章 : 총 1 구절

[1] 孟子曰 人不足與適也 政不足間也 惟大人 爲能格君心之非 君仁 莫不仁 君義 莫不義 君正 莫不正 一正君 而國定矣.

맹자(이) 왈 인부족여적야(이며) 정부족간야(이라) 유대인(이야) 위능격군심지비(니) 군인(이면) 막불인(이요) 군의(면) 막불의(오) 군정(이면) 막부정(이니) 일정군 이국(이) 정의(니라)

[1] 맹자가 말했다. 「<임금이 아닌> 신하나 다른 사람을 견책하고 탓할 필요가 없다. 정사(政事)에 대해서도 비난할 필요가 없다. 오직 대인(大人)이라야 임금의 마음이나 생각의 잘못을 바로잡을 수 있다. 임금이 어질면 <밑에 있는> 신하도 어질지 않을 수 없다. 임금이 의로우면, <밑에 있는> 신하도 의롭지 않을 수 없다. 임금이 바르면, <밑에 있는> 신하도 바르지 않을 수 없다. 오직 임금을 바르게 <보필해야 한다.> <그러면> 나라가 안정된다.」

[어구 설명] [1] ㅇ 人不足與適也(인부족여적야) : <임금이 아닌> 신하나 다른 사람을 탓하고 견책할 필요가 없다. 「인(人)」은 「신하(臣下)」, 「부족(不足)」은 「불용(不用)」, 「여(與)」는 「이(以)」, 「적

(適)은「적(謫)」으로 푼다. ㅇ政不足間也(정부족간야) : 정사(政事)에 대해서도 비난할 필요가 없다. ㅇ惟大人 爲能格君心之非(유대인 위능격군심지비) : 오직 대인(大人)이라야 임금의 마음이나 생각의 잘못을 바로잡을 수 있다. ㅇ君仁 莫不仁(군인 막불인) : 임금이 어질면 <밑에 있는> 신하도 어질지 않을 수 없다. ㅇ君義 莫不義(군의 막불의) : 임금이 의로우면, <밑에 있는> 신하도 의롭지 않을 수 없다. ㅇ君正 莫不正(군정 막부정) : 임금이 바르면, <밑에 있는> 신하도 바르지 않을 수 없다. ㅇ一正君 而國定矣(일정군 이국정의) : 오직, 일단 임금을 바르게 <보필하면> 나라가 안정된다.

【集註】(1) 趙氏曰 適過也 間非也 格正也 徐氏曰 格者物之所取正也 書曰 格其非心 愚謂間字上 亦當有與字 言人君用人之非 不足過謫 行政之失 不足非間 惟有大人之德 則能格其君心之不正 以歸於正 而國無不治矣 大人者 大德之人 正己而物正者也 程子曰 天下之治亂 繫乎人君之仁與不仁耳 心之非 卽害於政 不待乎發之於外也.

(1) 조씨(趙氏)가 말했다.「적(適)은 '허물한다', 간(間)은 '비난한다', 격(格)은 '바르게 한다'의 뜻」이다. 서씨(徐氏)가 말했다.「격(格)은 '사물을 바르게 잡는다'는 뜻이다. 서경(書經) 주서(周書) 경명편(冏命篇)에 있다. '나쁜 마음을 바로잡는다(格其非心)'」<주자의 말>「나는 간자(間字) 위에 마땅히 '여

자(與字)'가 있어야 할 것이라고 생각한다.」이 구절은 다음 같은 뜻을 말한 것이다.「임금이 사람을 잘못 쓴 것이다. <그러므로 신하를> 책망하거나, 또 행정의 실책을 비난할 필요가 없다. <실책의 근본은 임금에게 있다. 그러므로> 오직 대인의 덕으로만 능히 임금의 바르지 못한 마음을 바로잡을 수 있고 또 바르게 돌아가게 할 수 있다. <그러면> 나라가 다스려지지 않음이 없을 것이다.」「대인은 대덕(大德)의 인물이다. 자기를 바르게 하고 아울러 남이나 만사를 바르게 만드는 사람이다.」정자(程子)가 말했다.「천하의 치란(治亂)은 임금의 인애(仁愛) 혹은 불인(不仁)에 매여 있다. 마음이 나쁘면 정사에 해가 된다. 밖으로 나타나기를 기다릴 필요가 없다.」

【集註】(2) 昔者 孟子三見齊王 而不言事 門人疑之 孟子曰 我先攻其邪心 心旣正而後 天下之事 可從而理也 夫政事之失 用人之非 知者能更之 直者能諫之 然非心存焉 則事事而更之 後復有其事 將不勝其更矣 人人而去之 後復用其人 將不勝其去矣 是以輔相之職 必在乎格君心之非 然後無所不正 而欲格君心之非者 非有大人之德 則亦莫之能也.

(2) 전에 맹자가 세 번이나 제나라 임금을 만났으나, 정사를 말하지 않자 문인들이 의아하게 여겼다. 맹자가 말했다.「나는 먼저 임금의 사악한 마음을 고쳐주려고 한다. 마음이 바르

게 잡힌 다음에야, 비로소 천하의 일을 천리(天理)를 따라 다스릴 수 있게 된다.」 허기는 정치의 실책은 인물 등용의 잘못이다. <그러므로> 지혜로운 자는 <임금으로 하여금> 능히 고치게 하고, 충직한 자는 능히 충간(忠諫)을 한다. 그러나 임금의 그릇된 마음이 그대로 있으면, 여러 가지 일들을 고쳐도, 뒤에 다시 그런 일이 있게 되므로 <일일이 다> 고칠 수 없게 될 것이다. 또 사람들은 내보내도, 또 다시 <그와 같은> 사람을 쓸 것이므로, 역시 모든 <나쁜 사람을> 일일이 다 내쫓지 못하게 될 것이다. 그러므로 보필하는 재상의 직책은 반드시 임금의 그릇된 마음을 바로잡는 데 두어야 한다. 그렇게 하면, 바르지 않은 바가 없게 된다. 그리고 임금의 바르지 않은 마음을 바로잡고자 하면, 대인의 덕을 지니지 않고서는 역시 불가능하다.

제20장 不足章 : 白文
[1] 孟子曰 人不足與適也 政不足間也 惟大人 爲能格君心之非 君仁莫不仁 君義莫不義 君正莫不正 一正君而國定矣.

【요점 복습】 제20장 부족장
「대인(大人)」은 「덕이 크고 높은 사람」으로 자신을 바르게 하고, 아울러 남이나 사물도 바르게 한다. 대인만이 임금을 바르게 깨우치고 보필할 수 있다.

제21장 不虞章 : 총 1 구절

[1] 孟子曰 有不虞之譽 有求全之毁.

맹자(이) 왈 유불우지예(하며) 유구전지훼(하니라)

[1] 맹자가 말했다.「뜻밖으로 예측하지 못했던 칭찬을 받는 수도 있고, <반대로> 자기는 완전하기를 구했으나, 남에게 욕을 먹는 경우도 있다.」

[어구 설명] [1] ○ 有不虞之譽(유불우지예) : 예측하지 않았던 칭찬을 받는 수도 있다.「우(虞)」는「헤아리다, 예측하다.」○ 有求全之毁(유구전지훼) : 자기는 완전하기를 구했으나, 남에게 욕을 먹는 경우도 있다.「훼(毁)」는「훼방을 받다, 비방의 말을 듣다.」

【集註】(1) 虞度也 呂氏曰 行不足以致譽 而偶得譽 是謂不虞之譽 求免於毁 而反致毁 是謂求全之毁 言 毁譽之言 未必皆實 修己者不可以是 遽爲憂喜 觀人者不可以是 輕爲進退.

(1)「우(虞)」는「헤아리다(度)」의 뜻이다. 여씨(呂氏)가 말했다.「한 일이 칭찬을 받을 만하지 못한데도 뜻밖에 칭찬을 받는 것을 바로 불우지예(不虞之譽)라고 한다. 비방을 면하고자 했으나 도리어 비방을 받는 것을 구전지훼(求全之毁)라고 한다.」<이는 곧 다음 같은 뜻을 말한 것이다.>「비방하거나 칭찬하는 말은 반드시 실한 것이 아니다. 자신을 수양하는

사람은 <남의 말을 듣고> 그 즉시 근심하거나 기뻐하면 안 된다. 인물 관찰에 있어서는 그와 같은 것을 가지고 가볍게 진퇴를 결정하면 안 된다.」

제21장 不虞章 : 白文
[1] 孟子曰 有不虞之譽 有求全之毁.

【요점 복습】제21장 불우장
수양하는 사람은 남의 말을 듣고 근심하거나 기뻐하면 안 된다.

제22장 易言章 : 총 1 구절

[1] 孟子曰 人之易其言也 無責耳矣.
맹자(이) 왈 인지이기언야(는) 무책이의(니라)

[1] 맹자가 말했다. 「사람들이 <함부로> 말을 쉽게 하는 것은 책임이 없기 때문이다.」

[어구 설명] [1] ○ 人之易其言也(인지이기언야) : 사람들이 말을 함부로 쉽게 하는 것은. ○ 無責耳矣(무책이의) : 책임이 없기 때문이다. 「무책(無責)」의 뜻을 두 가지로 풀이할 수 있다. 자기 말에 대한 책임을 지지 않는다, 혹은 말을 함부로 하는 저속한 사람을 책망할 필요도 없다. 주자(朱子)는 「책망을 받을 일이 없기 때문이다」라고 했다.

【集註】(1) 人之所以輕易其言者 以其未遭失言之

責故耳 蓋常人之情 無所懲於前 則無所警於後 非以
爲君子之學 必俟有責而後不敢易其言也 然此豈亦
有爲而言之與.

(1) 사람이 말을 경솔하게 하는 이유는 전에 실언에 대한 책망을 당해보지 않았기 때문이다. 보통사람의 정리(情理)는 전에 혼이 나지 않았으면, 뒤에도 경계하지 않는다. 군자 되는 학문을 <지니지 않은 사람은> 반드시 책망을 받고 나야 <비로소> 감히 말을 경솔하게 하지 않는다. 그러나 <맹자의 이 말도> 역시 <내용이나 목적이 있어서> 이렇게 말했을 것이리라.

제22장 易言章 : 白文
[1] 孟子曰 人之易其言也 無責耳矣.

【요점 복습】제22장 이언장
군자는 남의 책망이 없어도 말을 경솔하게 하지 않는다.

제23장 人患章 : 총 1 구절

[1] 孟子曰 人之患 在好爲人師.
맹자(이) 왈 인지환(이) 재호위인사(이니라)

[1] 맹자가 말했다.「사람의 걱정거리는 남의 스승 되기를 좋아함에 있다.」

[어구 설명] [1] ㅇ人之患 在好爲人師(인지환 재호위인사) : 사람의 걱정거리는 남의 스승 되기를 좋아함에 있다. 즉 자신의 학문이나 덕행을 헤아리지 않고 무조건 남을 가르치려고 한다.

【集註】(1) 王勉曰 學問有餘 人資於己 不得已而應之 可也 若好爲人師 則自足而不復有進矣 此人之大患也.

(1) 왕면(王勉)이 말했다. 「자기의 학문이 넘치면, 남이 자기를 바탕으로 배우려고 하는 경우에는 부득이 응하는 것은 가하고 좋다. <그러나 자기의 학문이나 덕행을 헤아리지 않고 무작정> 남의 스승 되기를 좋아한다면 스스로 만족하고 정진하지 못하므로 <바로 그것이> 모든 사람의 큰 걱정거리다.」

제23장 人患章 : 白文
　[1] 孟子曰 人之患 在好爲人師.

【요점 복습】 제23장 인환장

　자기의 학문이나 덕행을 헤아리지 않고 무작정 남의 스승 되기를 좋아하면 안 된다.

제24장 樂正章 : 총 3 구절

[1] 樂正子 從於子敖 之齊.

악정자(이) 종어자오(하야) 지제(러니)

[1] <노(魯)나라 사람으로 맹자의 제자인> 악정자(樂正子)가 자오(子敖)를 따라 제(齊)나라에 왔다.

[어구 설명] [1] ○樂正子(악정자) : 노(魯)나라 사람으로 맹자의 제자다. 성이「악정(樂正)」, 이름은「극(克)」이다.「양혜왕 하(梁惠王 下) 제16장」에도 보인다. ○從於子敖(종어자오) : 자오(子敖)를 따라서.「자오」는 제(齊)나라의 권신(權臣) 왕환(王驩)이다.「공손추 하(公孫丑 下) 제6장」에도 나온다. ○之齊(지제) : 제나라로 가다. 왕환이 제나라의 사신으로 노나라에 왔다가 돌아갈 때에, 악정자가 그를 따라갔다. 당시 맹자는 제나라에 있었다.

【集註】(1) 子敖 王驩字.

(1)「자오(子敖)」는「왕환(王驩)」의 자다.

[2] 樂正子見孟子 孟子曰 子亦來見我乎 曰先生 何爲出此言也 曰子來幾日矣 曰昔者 曰昔者 則我出此言也 不亦宜乎 曰舍館未定 曰子聞之也 舍館定然後 求見長者乎.

악정자(이) 견맹자(한대) 맹자(이) 왈 자역래견아호(아)
왈 선생(은) 하위출차언야(이시니이꼬) 왈 자래기일의
(오) 왈 석자(이니이다) 왈 석자 즉아출차언야(이) 불역의
호(아) 왈 사관(을) 미정(이라이다) 왈 자(이) 문지야(아)
사관(을) 정 연후(에) 구견장자호(아)

[2] 악정자가 맹자를 찾아보자, 맹자가 말했다.「그대도 역시 와서 나를 보려고 하는가.」<늦게 찾아왔다고 나무라는 말투. 대화 형식으로 적겠다.>
악정자 :「선생님, 왜 그렇게 말씀하십니까.」
맹자 :「그대가 온 지 며칠이 되었는가.」
악정자 :「며칠 전에 왔습니다.」
맹자 :「며칠 전에 왔는데, <이제야 찾아보니> 그래서 내가 그렇게 말한 것일세. 그래도 <내가 탓을 해도> 좋지 않은가.」
악정자 :「숙소를 미처 정하지 못해서 늦게 찾아뵈었습니다.」
맹자 :「숙소를 정한 다음에, 어른을 찾아본다고 그렇게 배우고 듣고 있는가.」

[어구 설명] [2] ㅇ 樂正子見孟子(악정자견맹자) : 악정자가 맹자를 찾아보자. ㅇ 孟子曰 子亦來見我乎(맹자왈 자역래견아호) : 맹자가 말했다.「그대도 역시 와서 나를 보려고 하는가.」<늦게 찾아왔다고 나무라는 말투다.> ㅇ 曰 先生 何爲出此言也(왈 선생 하위출차언야) : 악정자가 말했다.「선생님, 왜, 그렇게 말씀하십니까.」 ㅇ 曰 子來幾日矣(왈 자래기일의) : 맹자가 되물었다.「그대가 온 지 며

칠이 되었는가.」 ㅇ曰 昔者(왈 석자) : 악정자가 말했다.「며칠 전에 왔습니다.」 ㅇ曰 昔者 則我出此言也 不亦宜乎(왈 석자 즉아출차언야 불역의호) : 맹자가 말했다.「며칠 전에 왔는데, <이제야 나를 찾아보니> 그래서 내가 그렇게 말한 것일세. <내가 탓을 해도> 좋지 않은가.」 ㅇ曰 舍館未定(왈 사관미정) : 악정자가 말했다.「숙소를 미처 정하지 못해서 늦게 찾아뵈었습니다.」 ㅇ曰 子聞之也(왈 자문지야) : 맹자가 말했다.「그대는 듣고 또 알고 있는가.」 ㅇ舍館定 然後 求見長者乎(사관정 연후 구견장자호) :「숙소를 정한 다음에 어른을 찾아본다고 듣고 또 알고 있는가.」

【集註】(1) 昔者前日也 館客舍也 王驩孟子所不與言者 則其人可知矣 樂正子乃從之行 其失身之罪大矣 又不早見長者 則其罪又有甚者焉 故孟子姑以此責之.

(1)「석자(昔者)」는「전일(前日)」의 뜻이다.「관(館)」은「객사(客舍)」의 뜻이다.「왕환(王驩)」은 맹자가 상대하고 말도 하지 않는 자다. 그러니 그의 사람됨을 알만하다. 악정자(樂正子)가 그를 따라온 것은, 몸가짐에 있어 절개를 잃은 죄가 컸으며, 또 어른을 일찍 찾아보지 않았으므로 그 죄가 더욱 심히 컸다. 그래서 맹자가 이런 식으로 그를 꾸짖은 것이다.

[3] 曰 克有罪.

왈 극(이) 유죄(호이다)

[3] 악정자가 말했다.「제가 죄를 졌습니다.」

[어구 설명] [3] ㅇ曰 克有罪(왈 극유죄) : 악정자가 말했다.「제가 죄를 졌습니다.」「극(克)」은 악정자의 이름.

【集註】(1) 陳氏曰 樂正子固不能無罪矣 然其勇於受責 如此 非好善 而篤信之 其能若是乎 世有强辯飾非 聞諫愈甚者 又樂正子之罪人也.

(1) 진씨(陳氏)가 말했다.「악정자는 당연히 무죄일 수 없다. 그러나 그가 맹자의 문책을 용기 있게 받아들였으니, 선을 좋아하고 돈독히 실천하겠다는 자가 아니면, 그렇게 할 수 있겠느냐. 세상에는 강변으로 자기의 과실을 호도하고 또 간언을 들으면 한층 심하게 나쁜 짓을 하는 자들이 있다. 그런 자들은 또 다시 악정자에게 죄를 짓는 자라 하겠다.」

제24장 樂正章 : 白文
[1] 樂正子 從於子敖 之齊.
[2] 樂正子見孟子 孟子 曰 子亦來見我乎 曰 先生何爲出此言也 曰 子來幾日矣 曰 昔者 曰 昔者 則我出此言也 不亦宜乎 曰 舍館未定 曰 子聞之也 舍館定然後 求見長者乎.
[3] 曰 克有罪.

【요점 복습】제24장 악정장
　잘못을 책망 받으면, 더욱 강변하고 악한 짓을 하는 자들은, 결국 악정자에게 또 죄를 짓는 자들이라 하겠다.

제25장 子之章 : 총 1 구절

[1] 孟子謂樂正子曰　子之從於子敖來
徒餔啜也 我不意子學古之道 而以餔
啜也.

맹자(이) 위악정자 왈 자지종어자오래(는) 도포철야(로
다) 아불의 자(이) 학고지도 이이포철야(호라)

[1] 맹자가 악정자에게 말했다. 「그대가 자오를 따라서 <제나라에> 온 것은 공연히 먹고 마시기 위해 온 꼴이 되었다. 나는 그대가 옛날의 도리를 배웠거늘, <공연히> 먹고 마시고 하기를 바라지 않는다.」

[어구 설명] [1] ㅇ孟子謂樂正子曰(맹자위악정자왈) : 맹자가 악정자에게 말했다. ㅇ子之從於子敖來(자지종어자오래) : 그대가 자오를 따라서 <제나라에> 온 것은. ㅇ徒餔啜也(도포철야) : 공연히 먹고 마시기 위해 온 꼴이 되었다. 餔(먹을 포). 啜(마실 철). ㅇ我不意(아불의) : 나는 바라지 않는다. ㅇ子學古之道 而以餔啜也(자학고지도 이이포철야) : 그대가 옛날의 도리를 배웠거늘, <공연히> 먹고 마시기를 바라지 않는다.

【集註】(1) 徒但也 餔食也 啜飮也 言其不擇所從 但求食耳 此乃正其罪而切責之.

(1) 「도(徒)」는 「단(但)」의 뜻이다. 「포(餔)」는 「식(食)」의 뜻

이다.「철(啜)」은「음(飮)」의 뜻이다. 이 구절은 곧「악정자가 따라올 사람을 택하지 않고 <제나라에 온 것은 결국> 먹을 것을 얻고자 함이다」라고 책망한 것이다. 이는 곧 그의 잘못을 바로잡고 또 자르듯이 책망한 것이다.

【참고 보충】「책망의 단계」
제24장과 제25장은 앞뒤로 이어진다. 다 맹자가 제자 악정자를 책망하고 꾸짖은 글이다. 제24장에서는 악정자가 나쁜 사람 왕환(王驩 : 즉 子敖)을 따라 제(齊)나라로 온 것을 책망했다. 그러나 부드럽게「나를 일찍 찾아보지 않았느냐」하고 했다. 그러나 제25장에서는 노골적으로 딱 잘라서「네가 온 것은 먹고 마시기 위해 온 것이다.」라고 지적하고 꾸짖었다.

제25장 子之章 : 白文
[1] 孟子謂樂正子曰 子之從於子敖來 徒餔啜也 我
不意子學古之道 而以餔啜也.

【요점 복습】 제25장 자지장
맹자가 제자 악정자를 책망했다.「옛날의 도리를 배운 그대가 공연히 먹고 마시기만을 바라면 안 된다.」

제26장 不孝章 : 총 2 구절

[1] 孟子曰 不孝有三 無後爲大.

맹자(이) 왈 불효유삼(하니) 무후위대(하니라)

[1] 맹자가 말했다. 「불효에 셋이 있다. 그 중에도 뒤를 이을 자손이 없는 것이 가장 큰 불효다.」

[어구 설명] [1] ㅇ不孝有三(불효유삼) : <기본적으로 큰> 불효에 셋이 있다. ㅇ無後爲大(무후위대) : 그 중에도 뒤를 이을 자손이 없는 것이 가장 큰 불효다.

【集註】(1) 趙氏曰 於禮有不孝者 三事 謂阿意曲從 陷親不義 一也 家貧親老 不爲祿仕 二也 不娶無子 絶先祖祀 三也 三者之中 無後爲大.

(1) 조씨(趙氏 : 趙岐)가 말했다. 「고례(古禮)에서는 불효(不孝)를 세 가지 들었다. 아버지의 뜻에 아부하고, 잘못된 처사에 곡종(曲從)하여 결과적으로 아버지를 불의에 빠지게 하는 것이 첫 번째 불효다(阿意曲從 陷親不義 一也). 집안이 가난하고 어버이가 늙었는데도 벼슬하고 녹봉을 받지 않는 것이 두 번째 불효다(家貧親老 不爲祿仕 二也). 장가를 들지 않고 자식이 없어서 선조의 제사를 끊게 하는 것이 세 번째 불효다(不娶無子 絶先祖祀 三也). 세 가지 불효 중에서 뒤를 이을 자손이 없는 것이 가장 중대한 불효다(三者之中, 無後爲大).」

[2] 舜不告而娶 爲無後也 君子以爲猶告也.

순(이) 불고이취(는) 위무후야(이시니) 군자(이) 이위유고야(이라하니라)

[2] <맹자의 말 계속> 「순이 <완고한 아버지 고수(瞽瞍)에게 말하지 않고, 요임금의 두 딸을> 아내로 취한 것은 뒤를 이을 자손이 없을까 걱정해서 <승낙을 받지 않고 장가를 든 것이다.> 그러므로 후세의 군자들은 고(告)한 것과 같다고 생각했다.」

[어구 설명] [2] ㅇ舜不告而娶(순불고이취) : 순이 <완고한 아버지 고수(瞽瞍)에게 말하지 않고, 요임금의 두 딸을> 아내로 취한 것은. ㅇ爲無後也(위무후야) : 뒤를 이을 자손이 없을까. <걱정해서 장가를 든 것이다.> ㅇ君子以爲猶告也(군자이위유고야) : 그러므로 후세의 군자들은 <아버지에게> 고(告)한 것과 같다고 생각했다.

【集註】(1) 舜告焉 則不得娶 而終於無後矣 告者禮也 不告者權也 猶告 言與告同也 蓋權而得中 則不離於正矣.

(1) 순임금이 아버지에게 고하면 장가를 들지 못하고, 결국 뒤를 이을 자손이 없게 되었을 것이다. 「고하는 것은 예도(禮道)이고, 고하지 않음은 권도(權道)이다.」 「유고(猶告)」는

「고함과 같다」는 뜻이다. 대개 저울질하여 적중하면 즉 바름에서 이탈되지 않는다.

【集註】(2) 范氏曰 天下之道 有正有權 正者 萬世之常 權者 一時之用 常道 人皆可守 權非體道者 不能用也 蓋權 出於不得已者也 若父非瞽瞍 子非大舜 而欲不告而娶 則天下之罪人也.

(2) 범씨(范氏)가 말했다. 「천하의 도에는 정도(正道)와 권도(權道)가 있다. 정도는 만세 불변의 도리이고, 권도는 일시적으로 쓰는 도리이다. 상도(常道)는 모든 사람이 지켜야 한다. <그러나> 권도는 도(道)를 체득한 사람이 아니면 쓸 수 없다. 원칙적으로 권도는 부득이한 때에 나오는 것이다. 만약 아버지가 고수 같은 <완고한 아버지가> 아니고 자식이 대순 같은 <효자가> 아니면, <아버지에게> 고하지 않고 장가를 들려고 하면, 이는 곧 천하의 죄인이 된다.」

제26장 不孝章 : 白文
[1] 孟子曰 不孝有三 無後爲大.
[2] 舜不告而娶 爲無後也 君子以爲猶告也.

【요점 복습】제26장 불효장
　부득이한 경우에는 권도(權道)를 따라서라도, 자손을 낳고 집안을 계승 발전케 해야 한다.

제27장 仁之章 : 총 2 구절

[1] 孟子曰 仁之實 事親是也 義之實 從兄是也.

맹자(이) 왈 인지실(은) 사친(이) 시야(이오) 의지실(은) 종형(이) 시야(이니라)

[1] 맹자가 말했다. 「인(仁)의 핵심적 실천 사항은 바로 부모님을 사랑으로 섬기는 일, 즉 효(孝)다. 의(義)의 핵심적 실천 사항은 바로 형을 공경하고 따름, 즉 제(悌)이다.」

[어구 설명] [1] ○仁之實(인지실) : 인(仁)의 알맹이. 「실(實)」은 「실천하는 알맹이. 즉 핵심적 실천 사항.」 ○事親(사친) : 부모를 사랑으로 섬기는 일, 즉 효(孝)다. ○是也(시야) : 바로 그것이다. ○義之實 從兄是也(의지실 종형시야) : 의(義)의 핵심적 실천 사항은 바로 형을 공경하고 따름이다. 즉 제(悌)다.

【集註】(1) 仁主於愛 而愛莫切於事親 義主於敬 而敬莫先於從兄 故仁義之道 其用至廣 而其實 不越 於事親從兄之間 蓋良心之發 最爲切近而精實者 有子 以孝弟爲仁之本 其意亦猶此也.

(1) 인(仁)은 사랑을 주로 한다. 사랑은 어버이를 섬기는 것보다 더 절실한 것이 없다. 의(義)는 공경을 주로 한다. 공경은

형에게 순종하는 것보다 더 앞세울 것이 없다. 그러므로 인의의 도리는 그 실천의 범위가 지극히 넓다. <그러나> 알맹이, 즉 핵심적 실천 사항은, 사친(事親)과 종형(從兄)의 틀을 넘지 않는다. 무릇 양심의 발로는 가까울수록 더욱 절실하게 되고, 알찰수록 더욱 정밀하게 나타나는 법이다. 유자(有子)가 <논어에서 말한 바> 효제(孝悌)가 인(仁)을 이루는 근본이라고 말한 뜻이 역시 이와 같은 것이다.

[2] 智之實 知斯二者弗去是也 禮之實 節文斯二者是也 樂之實 樂斯二者樂 則生矣 生則惡可已也 惡可已 則不 知足之蹈之 手之舞之.

지지실(은) 지사이자(하야) 불거(이) 시야(이오) 예지실(은) 절문사이자(이) 시야(이오) 악지실(은) 낙사이자(이니) 낙즉생의(니) 생즉오가이야(이리오) 오가이(면) 즉부지족지도지 수지무지(니라)

[2] <맹자의 말 계속> 「지(智)의 알찬 실천은 곧 이 두 가지, 즉 '인(仁)과 의(義)의 도리'를 바르게 알고 행하고 이탈하지 않는 것이다. 예(禮)의 알찬 실천은 곧 인(仁)과 의(義) 두 가지를 절도에 따르고 또 문화적으로 실천하고 행하는 것이다. 음악의 알찬 실천은 곧 즐겁고 온화한 마음으로 인(仁)과 의(義)를 실천하게 함이다. 즐거우면 <인의효제(仁義孝悌)를 실천하

려는 마음이> 더욱 생생하게 살아난다. 생생하게 살아나니, 어찌 그만둘 수 있겠는가. 그만둘 수 없으니 자기도 모르게 손발을 놀리면서 춤을 추게 된다.」

[어구 설명] [2] ○智之實(지지실) : 지(智)의 알찬 실천은. ○知斯二者(지사이자) : 이 두 가지, 즉「인(仁)과 의(義)의 도리」를 바르게 알고 행한다. ○弗去是也(불거시야) : 이탈하지 않는 것이다. ○禮之實(예지실) : 예(禮)의 알찬 실천은. ○節文斯二者是也(절문사이자시야) : 인(仁)과 의(義) 두 가지를 절도에 따르고 또 문화적으로 실천하고 행하는 것이다.「절문(節文)」은「절도있게 행하고, 또 문화적으로 아름답게 행한다.」○樂之實(악지실) : 음악의 알찬 실천은. ○樂斯二者(낙사이자) : 즐겁고 온화한 마음으로 인(仁)과 의(義)를 실천하게 함이다. ○樂則生矣(낙즉생의) : 즐거우면 <인의효제(仁義孝悌)를 실천하려는 마음이> 더욱 생생하게 살아난다. ○生則惡可已也(생즉오가이야) : 생생하게 살아나니, 어찌 그만둘 수 있겠는가. ○惡可已(오가이) : 어찌 그만둘 수 있느냐. 그만두지 못한다. ○則不知(즉부지) : 즉 자기도 모르게. ○足之蹈之 手之舞之(족지도지 수지무지) : 발을 구르고, 손으로 춤을 추게 된다. 손발을 놀리면서 춤을 추게 된다.

【集註】(1) 斯二者 指事親從兄而言 知而弗去 則見之明 而守之固矣 節文謂品節文章 樂則生矣 謂和順從容 無所勉強 事親從兄之意 油然自生 如草木之有生意也 旣有生意 則其暢茂條達 自有不可遏者 所

謂惡可已也 其又盛 則至於手舞足蹈而不自知矣.

(1) 이 둘은「어버이 섬김, 즉 효(孝)와 형님을 따름, 즉 제(悌)를 말한 것이다.」「지이불거(知而弗去)」는 즉「밝게 나타내고 아울러 굳게 지킨다」는 뜻이다.「절문(節文)」은「품절하고 또 문화적으로 빛나게 나타낸다」는 뜻이다.「낙즉생의(樂則生矣)」는 화순종용(和順從容)하고 무리하게 애쓰지 않고 사친(事親)하고 종형(從兄)하는 뜻이 스스로 자연스럽게 우러나 온다. 마치 초목이 생생하게 살아나는 뜻이 있음과 같다. 먼저 생기가 있으면 곧 <산림이> 울창하게 자라는 것과 같이 스스로 멈출 수 없게 된다. 이를 곧「자유불가알자(自有不可遏者)」라고 한다.「이른바 어찌 그만두겠는가(所謂惡可已也)」는 곧「더욱 무성하게 자라고, 마침내 자기도 모르게 손발을 놀리고 춤을 추는 경지에 이른다」는 뜻이다.

【集註】(2) 此章 言事親從兄 良心眞切 天下之道 皆原於此 然必知之明而守之固然後 節之密而樂之深也.

(2) 이 장은 다음 같은 뜻을 말한 것이다.「사친(事親)과 종형(從兄)을 양심적이고 참되고 간절하게 행한다. 천하의 도리가 <바로 효제(孝弟)에> 근원을 둔다. 그러나 반드시 알고 밝게 나타내고 또 굳게 지켜야 한다. 그런 연후에 품절이 정밀하고 즐거움도 깊게 된다.」

【참고 보충】「인의예지(仁義禮智)의 확대」

　인(仁)의 기본은 부모를 친애하고 봉양하는 효(孝)다. 의(義)의 기본은 형에 대한 공경(恭敬), 즉 제(弟)이다. 인의(仁義)의 확대 발전이 곧 「충군(忠君), 애민(愛民), 이물(利物)」이다. 이와 같은 윤리 도덕을 문화적으로 표현하고 실천하는 것을 예(禮)라고 한다. 예는 천리(天理)를 바탕으로 만민(萬民) 만물(萬物)을 조화(調和)하고 화락(和樂)하게 만든다. 화락은 곧 음악의 세계다. 자연의 절주(節奏)에 따라 만민과 만물을 즐겁게 해주는 것이 음악이다.

제27장 仁之章 : 白文

[1] 孟子曰 仁之實 事親是也 義之實 從兄是也.
[2] 智之實 知斯二者 弗去是也 禮之實 節文斯二者是也 樂之實 樂斯二者 樂則生矣 生則惡可已也 惡可已 則不知足之蹈之 手之舞之.

【요점 복습】 제27장 인지장

　인의(仁義)의 알맹이는 효제(孝弟)이다. 지(智)의 알맹이는 인의효제(仁義孝弟)를 바르게 알고 실천하는 것이다. 인의효제를 문화적으로 나타내는 것이 예(禮)이고, 예는 곧 화락(和樂)에 통한다.

제28장 天下章 : 총 2 구절

[1] 孟子曰 天下大悅而將歸己 視天下悅而歸己 猶草芥也 惟舜爲然 不得乎親 不可以爲人 不順乎親 不可以爲子.

맹자(이) 왈 천하(이) 대열이장귀기(어든) 시천하열이귀기(하되) 유초개야(는) 유순(이) 위연(하시니) 부득호친(이면) 불가이위인(이요) 불순호친(이면) 불가이위자(이러시다)

[1] 맹자가 말했다. 「천하의 모든 사람들이 기뻐하면서 자기에게 귀순하려고 했다. <그러나 순임금은> 천하가 기뻐하면서 자기에게 귀순하는 것을 보고도 마치 초개(草芥)같이 <대수롭지 않게 여겼다. 그 이유는> 어버이에게 인정을 받지 못하면 사람이라 할 수 없고, 또 부모에게 효순(孝順)을 못했으니, 자식이라 할 수 없었기 때문이다.」

[어구 설명] [1] ㅇ 天下大悅而將歸己(천하대열이장귀기) : 천하가 기뻐하면서 자기에게 귀순한다. <모든 사람이 즐거운 마음으로 순임금에게 귀순한다.> ㅇ 視天下悅而歸己(시천하열이귀기) : <순임금은> 천하가 기뻐하면서 자기에게 귀순하는 것을 눈으로 보면서도. ㅇ 猶草芥也(유초개야) : 마치 초개(草芥)같이. <대수롭지 않

게 여겼다.〉 ○惟舜爲然(유순위연) : 그는 바로 순임금이었다. 〈그 이유는〉 ○不得乎親 不可以爲人(부득호친 불가이위인) : 어버이에게 인정을 받지 못했으므로 온전한 사람이라 할 수 없고. ○不順乎親 不可以爲子(불순호친 불가이위자) : 부모에게 효순(孝順)을 못했으니, 자식이라 할 수 없기 때문이다. 순의 아버지 고수(瞽瞍)는 완고했다. 그래서 순이 순리(順理)로 효도하지 못했던 것이다.

【集註】 (1) 言 舜視天下之歸己 如草芥 而惟欲得其親而順之也 得者曲爲承順 以得其心之悅而已 順則有以諭之於道 心與之一而未始有違 尤人所難也 爲人 蓋泛言之 爲子則愈密矣.

(1) 곧 다음 같은 뜻을 말한 것이다. 「순임금은 천하가 자기에게 돌아옴을 보고도 마치 초개같이 여겼다. 〈그 이유는〉 오직 부모로부터 인정을 받고 순탄하게 효도하기를 바랐기 때문이다.」 「득(得)」은 「인정을 받겠다는 뜻이다.」 〈그러나 순의 경우는 순탄하게 인정을 받지 못하고〉 「곡절 많고 고생스럽게 순종하여 마침내 부모의 마음의 기쁨을 얻었던 것이다. (得者 曲爲承順 以得其心之悅而已)」 「순탄하면 부모와 자식 간의 도리로 서로를 알게 한다. 〈고로〉 피차간의 마음이 〈도리에서〉 하나가 되므로 처음부터 어긋나지 않을 것이다. 〈이러한 경지는〉 보통 사람들이 어렵게 여기는 바이다.」 「위인(爲人)」은 일반적으로 한 말이고, 「위자(爲子)」는 더욱 친밀하게 한 말이다.

[2] 舜盡事親之道 而瞽瞍厎豫 瞽瞍厎豫而天下化 瞽瞍厎豫而天下之爲父子者定 此之謂大孝.

순(이) 진사친지도 이고수(이) 지예(하니) 고수(이) 지예이천하화(하며) 고수(이) 지예이천하지위부자자(이) 정(하니) 차지위대효(이니라)

[2] <맹자의 말 계속>「<온갖 핍박을 받고도> 순임금은 부모를 섬기는 도리를 <정성과 전력을 기울여> 다했다. <그래서 마침내 완고하던 아버지> 고수(瞽瞍)가 기뻐하게 되었다. 고수가 기뻐하자, 천하가 더욱 감화되었으며, 고수가 기뻐하자 또 천하의 모든 아버지와 아들이 저마다 <부자의 도리를 따라> 안정되었다. 그러므로 순임금을 천하의 대효(大孝)라고 말한다.」

[어구 설명] [2] ㅇ舜盡事親之道(순진사친지도) : <온갖 핍박을 받고도> 순임금은 부모를 섬기는 도리를 <정성과 전력을 기울여> 다했다. ㅇ而瞽瞍厎豫(이고수지예) : <그래서 마침내 완고하던 아버지> 고수(瞽瞍)가 기뻐하게 되었다. 「지(厎)」는 「이르다, 치(致)」의 뜻이다. 「저(底)」와는 다른 글자다. 「예(豫)」는 「기쁘다, 즐기다」의 뜻이다. ㅇ瞽瞍厎豫而天下化(고수지예이천하화) : <순임금의 효성으로> 고수가 기뻐하자, 천하가 더욱 감화되었다. ㅇ而天下之爲父子者定(이천하지위부자자정) : 또 천하의 모든 아

버지와 아들이 저마다 <부자의 도리를 따라> 안정되었다. ㅇ此之謂大孝(차지위대효) : 그러므로 순임금을 천하의 대효(大孝)라고 일컬었다.

【集註】(1) 瞽瞍舜父名 厎致也 豫悅樂也 瞽瞍至頑 嘗欲殺舜 至是而厎豫焉 書所謂不格姦 亦允若是也.

(1)「고수(瞽瞍)」는「순임금의 아버지 이름」이다.「지(厎)」는「치(致)」의 뜻이다.「예(豫)」는「열락(悅樂)」의 뜻이다. 고수는 지극히 완고했으며, 한때는 순(舜)을 살해하려고 했다. <그러나> 나중에는 <순의 정성과 효성으로 감화되어> 즐거워하게 되었다. 서경(書經) 요전(堯典)에서 말한 바,「간악한 죄를 짓지 않게 되었다」,「또한 동의하고 따랐다」고 한 말이 이것이다.

【集註】(2) 蓋舜至此 而有以順乎親矣 是以天下之爲子者 知天下無不可事之親 顧吾所以事之者未若舜耳 於是莫不勉而爲孝 至於其親亦厎豫焉 則天下之爲父者 亦莫不慈 所謂化也.

(2) 순임금은 그 때가 되어서 순리대로 부모에게 효도할 수 있었다. 그러므로 천하의 자식된 사람은 천하에는 섬기지 못할 부모가 없다는 것을 알아야 하며, 내가 아직도 순같이 부모를 섬기지 못함을 스스로 돌이켜 보아야 한다. 그러면 효도에

힘쓰지 않을 자식이 없고, 또 부모도 결국에는 기뻐하게 될 것이다. 즉 천하의 모든 아버지도 자애롭지 않을 수 없으니 이른바 <효도에 의한> 감화이니라.

【集註】(3) 子孝父慈 各止其所 而無不安其位之意 所謂定也 爲法於天下 可傳於後世 非止一身一家之孝而已 此所以爲大孝也.

(3) 자식이 효도하고 아버지가 자애로워 저마다 바른 도리에 머물러 있으면 저마다의 위치에서 불안함이 없게 된다. 이것이 이른바「정(定)」의 뜻이다. <이와 같은 순의 효도는> 천하의 법도가 되고 또 후세에 전해야 한다. 그러므로 비단 한 사람이나 한 집안의 효도가 아니다. 그러므로 천하의 대효(大孝)가 되는 것이다.

【集註】(4) 李氏曰 舜之所以能使瞽瞍厎豫者 盡事親之道 共爲子職 不見父母之非而已 昔羅仲素語此云 只爲天下無不是厎父母 了翁聞而善之曰 惟如此而後 天下之爲父子者定 彼臣弑其君 子弑其父者 常始於見其有不是處耳.

(4) 이씨(李氏)가 말했다.「순임금이 능히 고수로 하여금 기쁨을 이루게 한 바탕은, <순임금이> 어버이 섬기는 도리를 다하고, 또 공손하게 자식의 직책을 다하고 <일체> 부모의 잘

못을 드러내지 않았기 때문이다.」 전에 나중소(羅仲素)는 이에 덧붙여 말했다. 「천하에는 <자식의 효성에 감동하고도> 기쁨에 이르지 않는 부모는 없는 법이다.」 요옹(了翁)은 이 말을 듣고 좋아하면서 말했다. 「오직 이렇게 되어야 천하의 아버지와 자식이 서로 안정될 수 있다. 신하가 자기 임금을 시해하고, 자식이 자기 아버지를 죽이는 자들은 항상 옳지 못한 것을 보는 데서 비롯되는 것이다.」

제28장 天下章 : 白文

[1] 孟子曰 天下大悅而將歸己 視天下悅而歸己 猶草芥也 惟舜爲然 不得乎親 不可以爲人 不順乎親不可以爲子.

[2] 舜盡事親之道 而瞽瞍底豫 瞽瞍底豫而天下化 瞽瞍底豫而天下之爲父子者定 此之謂大孝.

【요점 복습】 제28장 천하장

  순(舜)은 지극한 효성(孝誠)으로 완악(頑惡)한 아버지를 감동케 했다. 그러므로 순을 대효(大孝)라 높이고, 효도의 모범으로 삼는다.

孟子集註 卷之八

離婁章句 下 : 총 33 장

「맹자집주 제8권, 이루장구 하(離婁章句 下)」는 총 33 장이다.
각 장의 이름과 그 요점은 대략 다음과 같다.

제1장 순생장(舜生章) : 대도(大道)는 동서고금에 통한다.
제2장 자산장(子産章) : 대범하고 공평한 인정을 펴야 한다.
제3장 시신장(視臣章) : 임금과 신하가 서로 존중해야 한다.
제4장 무죄장(無罪章) : 나쁜 임금을 버리고 떠나야 한다.
제5장 군인장(君仁章) : 임금이 어질면 백성도 어질게 된다.
제6장 비례장(非禮章) : 대인(大人)은 비례(非禮)를 안한다.
제7장 중야장(中也章) : 부형은 자제를 바르게 가르쳐야 한다.
제8장 불위장(不爲章) : 인위적 조작 대신 도를 행하라.
제9장 언인장(言人章) : 남을 욕하면 뒷감당이 어렵다.
제10장 중니장(仲尼章) : 공자는 중정(中正)의 도를 지켰다.
제11장 유의장(惟義章) : 의(義)를 지키는 대인(大人)
제12장 적자장(赤子章) : 대인과 적자(赤子)의 마음
제13장 양생장(養生章) : 송사(送死)가 대사(大事)
제14장 심조장(深造章) : 도(道)를 자득(自得)해야 한다.
제15장 박학장(博學章) : 박학(博學)과 반약(反約)
제16장 선복장(善服章) : 마음으로 순복(順服)하게 함.

제17장 무실장(無實章) : 무실(無實)한 말
제18장 서자장(徐子章) : 넘치는 물의 덕성(德性)
제19장 인지장(人之章) : 인의(仁義)를 따라야 금수와 다르다.
제20장 지주장(旨酒章) : 우(禹)임금은 술을 멀리했다.
제21장 왕자장(王者章) : 시(詩)가 망하자, 춘추(春秋)를 지었다.
제22장 사숙장(私淑章) : 맹자는 공자를 사숙(私淑)했다.
제23장 가이장(可以章) : 「염(廉), 혜(惠), 용(勇)」의 덕행
제24장 방몽장(逄蒙章) : 방몽을 가르친 후예(后羿)의 죄
제25장 서자장(西子章) : 목욕재계(沐浴齋戒)해야 한다.
제26장 언성장(言性章) : 본성(本性)을 따르면 잘산다.
제27장 공행장(公行章) : 맹자와 오만한 왕환(王驩)
제28장 이어장(異於章) : 남을 사랑하면, 남도 나를 사랑한다.
제29장 우직장(禹稷章) : 「우왕(禹王), 후직(后稷), 안자(顔子)」
제30장 광장장(匡章章) : 맹자가 말한 「다섯 가지 불효(不孝)」
제31장 증자장(曾子章) : 증자(曾子)와 자사(子思)의 처신
제32장 저자장(儲子章) : 요순(堯舜)도 같은 사람이다.
제33장 제인장(齊人章) : 무덤의 제물을 먹고 마신 사나이

제1장 舜生章 : 총 4 구절

[1] 孟子曰 舜生於諸馮 遷於負夏 卒於鳴條 東夷之人也.

맹자(이) 왈 순(은) 생어제풍(하사) 천어부하(하사) 졸어명조(하시니) 동이지인야(이시니라)

[1] 맹자가 말했다. 「순임금은 제풍에서 출생하시고, 부하에 옮겨 사셨고, 명조에서 생을 마치셨다. <그러므로> 동방의 미개지방 사람이시다.」

[어구 설명] [1] ㅇ舜生於諸馮(순생어제풍) : 순임금이 제풍(諸馮)에서 출생했다. 「제풍」은 고대의 지명. 산동성(山東省) 제성현(諸城縣)이라고 추측한다. ㅇ遷於負夏(천어부하) : 부하(負夏)에 옮겨 살았다. 「부하」도 역시 고대의 지명. 산동성 자양현(滋陽縣) 서쪽이라고 추측한다. ㅇ卒於鳴條(졸어명조) : 명조(鳴條)에서 생을 마쳤다. 「명조」는 산동성 정도현(定陶縣) 부근이라고 추측한다. 탕왕(湯王)이 걸(桀)을 토벌한 「명조」와 다른 곳이다. 「졸(卒)」을 「종(終)」으로 풀었다. 고대에는 「사(死)」를 신분에 따라 다르게 불렀다. 「천자(天子)는 붕(崩), 제후(諸侯)는 훙(薨), 대부(大夫)는 졸(卒), 사(士)는 불록(不祿), 서민(庶民)은 사(死)」라고 했다. 순임금은 천자다. 그래서 여기서는 졸(卒)을 「사(死)」로 풀지 않고 「종(終)」으로 풀이했다. ㅇ東夷之人也(동이지인야) : 순임금은 「동이(東夷) 사람」이다. 「동이」는 「동방의 미개지방」이라는 뜻이다.

【集註】(1) 諸馮負夏鳴條 皆地名 在東方夷服之地.

(1) 「제풍(諸馮), 부하(負夏), 명조(鳴條)」는 다 지명이다. 동방의 미개한 민족의 복장을 하고 사는 지방이다.

【참고 보충】「대전주소선역(大全註疏選譯)」

　어떤 사람이 「명조(鳴條)는 탕왕(湯王)이 걸(桀)을 친 곳이고, 또 순임금은 창오(蒼梧)에서 사망했다고 전합니다. 맹자는 왜 이렇게 말했을까요.」하고 묻자, 주자가 다음같이 말했다. 「맹자의 말은 반드시 근거가 있을 것이다. 두 책, 즉 서경(書經)과 죽서(竹書)의 기록은 엉키고 복잡하여 믿기 어려운 데도 있다. 그러나 다르게 고증할 수도 없으니, 접어 두어도 될 것이다.(朱子曰 孟子之言 必有所據 二書駁雜 恐難盡信 然無他考驗 闕之可也.)」

[2] 文王 生於岐周 卒於畢郢 西夷之人也.

　　문왕(은) 생어기주(하사) 졸어필영(하시니) 서이지인야 (이시니라)

[2] <맹자의 말 계속>「문왕은 기주에서 태어나시고, 필영에서 생을 마치셨다. <그러므로> 서쪽 미개지방 사람이다.」

[어구 설명] [2] ㅇ文王生於岐周(문왕생어기주) : 주(周)나라의 문왕은 「기주(岐周)」에서 출생했다. 「기주」는 「기산(岐山) 밑에 있

는 주나라의 땅」이다. 대략 섬서성(陝西省) 기산현(岐山縣) 동북쪽이다. ㅇ卒於畢郢(졸어필영) : 필영(畢郢)에서 생을 마쳤다. 「필영」은 섬서성 장안현(長安縣)으로 문왕의 능묘가 있다. 이상의 여러 지명에 대해서는 후세 학자들의 설이 분분하다. ㅇ西夷之人也(서이지인야) : 서쪽 미개지방 사람이다.

【集註】(1) 岐周 岐山下周舊邑 近畎夷 畢郢 近豐鎬 今有文王墓.

(1) 「기주(岐周)」는 기산(岐山) 밑에 있는 주나라의 옛 도읍이며, 견이(畎夷)와 가깝다. 「필영(畢郢)」은 문왕의 도읍 풍(豊) 및 무왕의 도읍 호(鎬)와 가깝다. 문왕의 묘가 있다.

[3] 地之相去也 千有餘里 世之相後也 千有餘歲 得志行乎中國 若合符節.

지지상거야(이) 천유여리(며) 세지상후야(이) 천유여세(로되) 득지행호중국(하사) 약합부절(하니라)

[3] <맹자의 말 계속> 「<순(舜)과 문왕(文王), 두 분은 지리상으로는> 그 거리가 천 리 이상이 된다. <한편> 세대적·시대적 차이가 천 년 이상이나 된다. <그러나 두 분이 다같이> 뜻을 이루고 <도를 따라 인정(仁政)을> 중국에서 행했으니 이는 흡사 부절을 맞춘 듯하다.」

[어구 설명] [3] ㅇ地之相去也 千有餘里(지지상거야 천유여리) :

<순(舜)과 문왕(文王) 두 분은> 그 거리가 <지리상으로는> 천리 이상이 된다. ○世之相後也 千有餘歲(세지상후야 천유여세) : 세대적·시대적 차이가 천 년 이상이나 된다. ○得志行乎中國(득지행호중국) : <그러나 두 분이 다같이> 뜻을 이루고 <도를 따라 인정(仁政)을> 중국에서 행했다. 「득지(得志)」는 「천도를 따라 덕치를 펴겠다는 뜻을 달성하다」이다. 「중국(中國)」은 「천하의 중심이 되는 나라」라는 뜻이다. ○若合符節(약합부절) : 흡사 부절(符節)을 맞춘 듯하다. 「부절」은 신표(信標)다. 옥(玉)이나 금속으로 만든 신표를 반으로 쪼개 한쪽씩 가지고 유사시에 맞추어본다.
* 절대선(絶對善)인 천도(天道)는 동양과 서양이 다같이 높인다. 또 과거·현재·미래를 통해서 항구불변(恒久不變)하는 도리이기도 하다.

【集註】(1) 得志行乎中國 謂舜爲天子 文王爲方伯 得行其道於天下也 符節 以玉爲之 篆刻文字 而中分之 彼此各藏其半 有故則左右相合 以爲信也 若合符節 言其同也.

(1) 「득지행호중국(得志行乎中國)」은 곧 「순이 천자가 되고, 문왕이 방백(方伯)이 되어, 도(道)를 천하에 행할 수 있었다」는 뜻이다. 「부절(符節)」은 옥으로 만들고 문자를 전각(篆刻)하고 반으로 나누어 피차가 반쪽을 보관한다. 그리고 유고시(有故時)에 좌우를 맞추어 보고 신뢰하는 신표이다. 「약합부절(若合符節)」은 「같다는 뜻」을 말한 것이다.

【참고 보충】「대전주소선역(大全註疏選譯)」

주자가 말했다.「옛사람이 생각한 바, 나와 남이 딱 맞는 것이 곧 지선(至善)이다. 천백 년 전의 과거나, 천백 년 후의 미래에도 <통하는 것이> 오직 이와 같은 도리(道理)다.(朱子曰 古人所爲 恰與我相合 只此便是至善 前乎千百世之已往 後乎千百世之未來 只是此箇道理)」*「지시차개도리(只是此箇道理)」는 곧「천도천리(天道天理)」를 말한다.

[4] 先聖後聖 其揆一也.

선성후성(이) 기규일야(이니라)

[4] <맹자의 말 계속>「먼저 나온 성인(聖人) 순(舜)이나 뒤에 나온 성인(聖人) 문왕(文王)이나 그들이 <좋다고 생각하고 헤아린> 법도(法度)는 하나인 천도다.」

[어구 설명] [4] ㅇ先聖後聖(선성후성) : 먼저 나타난 성인 순(舜)이나, 뒤에 나타난 성인 문왕(文王). ㅇ其揆一也(기규일야) : 그들이 생각하고 헤아린 법도(法度)는「하나(一)」이다.「규(揆)」를「좋다고 생각하고 헤아린 법도」로 풀이한다.「일(一)」은「유일무이(唯一無二)한 하늘, 절대선(絶對善)의 천도(天道)」이다.

【集註】(1) 揆度也 其揆一者 言度之而其道無不同也 范氏曰 言聖人之生 雖有先後遠近之不同 然其道則一也.

(1) 「규(揆)」는 「헤아리고 법도로 삼는다」는 뜻이다. 「기규일자(其揆一者)」는 「헤아리고 법도로 삼는 도리가 같지 않음이 없다」는 뜻이다. <하늘과 하늘의 도리다.> 범씨(范氏)가 말했다. 「성인(聖人)의 출생이 비록 <시대적으로> 앞과 뒤가 다르고, 또 <지리적으로> 멀거나 가까움이 같지 않아도 그 법도는 즉 동일하다.」

【참고 보충】「대전주소선역(大全註疏選譯)」

(1) 남헌 장씨가 말했다. 성인은 순수하게 천리를 따르고 행한다. <그러나> 순임금이나 문왕 및 그의 아들 무왕이 임금이 되었을 때와 신하로 있을 때에 <따르고 지키는 도리는> 같지 않다. <그러나 어떠한 경우에도> 그들이 좋다고 생각하고 헤아린 하나의 법도, 즉 합당하다고 한 <법도는> 곧 천리다. <한편> 순임금과 문왕은 지리적으로 다르지만 그래도 다같이 생각했다.(南軒張氏曰 聖人純乎天理 舜文父子 君臣之際 蓋不同矣 其揆一者 所契合者 天之理也 舜與文王 易地則皆然.)」

(2) 경원 보씨가 말했다. 「맹자가 도(道)라고 말하지 않았다. 그러나 '행호중국(行乎中國)'의 행(行)은 바로 도(道)를 행한 것이다. 맹자가 말한 '기규일자(其揆一者)'의 '규(揆)'도 역시 도(道)다.(慶源輔氏曰 孟子未嘗說著道字 然曰行乎中國行便是道 曰其揆揆亦是道)」

【참고 보충】「오늘의 세계와 종교통일」

세계에는 여러 민족이 살고 있으며 태고 때부터 저마다 다른 종교를 믿고 있다. 그러나 시대의 흐름에 따라 인류의 문화나 종교는 점차로 화합하고 통합되는 방향으로 나가고 있음을 감지할 수 있다. 자연 과학이나 물질문화는 빠르게 전파된다. 이에 비하면 정신문화나 종교문화는 속도가 느리지만 그래도 점차로 하나로 화합하는 추세로 나가고 있다고 낙관할 수 있다. 단 사람들이 먼저 남을 정복하고, 남의 재물을 탈취해서 나 혼자 잘살려는 정복욕을 극복해야 한다.

제1장 舜生章 : 白文
[1] 孟子曰 舜生於諸馮 遷於負夏 卒於鳴條 東夷之人也.
[2] 文王 生於岐周 卒於畢郢 西夷之人也.
[3] 地之相去也 千有餘里 世之相後也 千有餘歲 得志行乎中國 若合符節.
[4] 先聖後聖 其揆一也.

【요점 복습】제1장 순생장
도통사상(道統思想)을 다른 각도에서 말한 것이다. 천도(天道)는 유일무이(唯一無二)한 절대선(絶對善)의 도리다. 그러므로 성인(聖人)만이 순수무구(純粹無垢)하게 행할 수 있다. 지리적으로 동서남북을 가리지 않고, 또 시대적으로 과거와 미래를 일관하는 절대선의 도리다. 그러므로 천년 전의 동방의 순임금도 도를 따라 인정(仁政)을 폈고, 천년 후의 서방의 문왕도 도를 따라 인정을 폈던 것이다. 오늘의 인류가 진정한 평화와 행복을 누리기 위해서는 성인이 나타나야 한다.

제2장 子産章 : 총 5 구절

[1] 子産 聽鄭國之政 以其乘輿 濟人於 溱洧.

자산(이) 청정국지정(할새) 이기승여(로) 제인어진유(한 대)

[1] 자산(子産)이 정(鄭)나라의 정치를 맡아보았을 때, 자기의 수레에 사람을 태워 진수(溱水) 혹은 유수(洧水)를 건너게 해준 일이 있었다.

[어구 설명] [1] ㅇ子産(자산) : 춘추시대 정(鄭)나라의 재상(宰相). 기원전 522년에 사망했다. 그를 칭찬한 공자의 글이 논어 공야장(公冶長)에 보인다. 그러나 맹자는 다른 각도에서 그를 비판했다.
ㅇ聽鄭國之政(청정국지정) : 정나라의 정치를 맡아 다스렸을 때.
ㅇ以其乘輿 濟人於溱洧(이기승여 제인어진유) : 자기의 수레에 사람을 태워 진수(溱水) 혹은 우수(洧水)를 건너게 해주었다. 「진유(溱洧)」는 각기 강물 이름.

【集註】(1) 子産 鄭大夫公孫僑也 溱洧二水名也 子産見 人有徒涉此水者 以其所乘之車 載而渡之.

(1) 「자산(子産)」은 정(鄭)나라의 대부(大夫), 공손교(公孫僑)다. 「진유(溱洧)」는 두 개의 강물 이름이다. 자산은 사람들이 걸어서 강을 건너가는 것을 보고, 자기의 수레에 태워 그들을

건너게 해주었다.

[2] 孟子曰 惠而不知爲政.

　　　맹자(이) 왈 혜이부지위정(이로다)

[2] 맹자가 말했다.「은혜를 베푸는 것이다. <그러나 총체적으로는> 정치를 잘 모르는 처사이다.」

[어구 설명] [2] ㅇ孟子曰(맹자왈) : 맹자가 말했다. ㅇ惠而不知爲政(혜이부지위정) : <개별적으로는> 은혜를 베푸는 좋은 일이다. <그러나 총체적 견지에서는> 정치를 잘 모르는 처사이다.

【集註】(1) 惠謂私恩小利 政則有公平正大之體 綱紀法度之施焉.

(1)「혜(惠)」는「사은(私恩)과 소리(小利)」라는 뜻이다.「정치(政治)」는 곧「총체적으로 공평정대(公平正大)하고 아울러 기강(紀綱)과 법도(法度)를 바르게 세우는 일」이다. *「有--之體, --之施」를 의역했다.

[3] 歲十一月徒杠成 十二月輿梁成 民未病涉也.

　　　세십일월(에) 도강(이) 성(하며) 십이월(에) 여량(이) 성(하면) 민미병섭야(이니라)

[3] <맹자의 말 계속>「매년 11월에 작은 다리를 만들고, 12월에는 큰 다리를 만들면 백성들이 강을 건

너는 데 고생하지 않는다.」

[어구 설명] [3] ○歲十一月 徒杠成(세십일월 도강성) : 매년 11월에 작은 다리를 만들고. ○十二月 輿梁成(십이월 여량성) : 12월에는 큰 다리를 만들면. ○民未病涉也(민미병섭야) : 백성들이 강을 건너는 데 고생하지 않는다. 「강(杠)」은 「사람들이 건너다닐 수 있는 작은 다리」, 「여량(輿梁)」은 「수레가 건널 수 있는 큰 다리」이다. 「양(梁)」은 「교(橋)」의 뜻도 있다.

【集註】 (1) 杠方橋也 徒杠可通徒行者 梁亦橋也 輿梁可通車輿者 周十一月夏九月也 周十二月夏十月也 夏令曰十月成梁 蓋農功已畢 可用民力 又時將寒沍 水有橋梁 則民不患於徒涉 亦王政之一事也.

(1) 「강(杠)」은 널조각으로 만든 작은 다리(方橋)다. 「도강(徒杠)」은 걸어서 건널 수 있는 다리다. 「양(梁)」도 역시 다리다. 「여량(輿梁)」은 수레가 통행할 수 있는 다리다. 「주나라 달력(周曆)」 11월은 「하나라 달력(夏曆)」 9월이다. 「주나라 달력」 12월은 「하나라 달력」 10월이다. 하령(夏令)에 있다. 「10월에 다리를 만드는 것은, 대략 이때에 농사일이 끝나므로 백성들의 노동력을 쓸 수 있기 때문이다. 또 때가 장차 추워서 얼음이 얼 것이므로 강에 다리가 있으면, 백성들이 강을 맨발로 건너갈 걱정을 안하게 된다. 이것도 역시 왕도정치의 한 가지 일이다.」

[4] 君子平其政 行辟人可也 焉得人人而濟之.

군자(이) 평기정(이면) 행벽인(이) 가야(이니) 언득인인이제지(리오)

[4] <맹자의 말 계속> 「군자가 <공평무사한> 덕치를 행한다면, 행차할 때에 벽제(辟除)를 해도 좋다. 어찌 개개인을 수레에 태워 강을 건너게 하겠는가.」

[어구 설명] [4] ㅇ君子平其政(군자평기정) : 군자(君子)가 정치를 담당하면.「군자」는「지인용(智仁勇) 삼달덕(三達德)」을 갖춘 사람이다. ㅇ行辟人可也(행벽인가야) : 길을 갈 때 벽제(辟除)을 해도 좋다. ㅇ焉得人人而濟之(언득인인이제지) : 어찌 한 사람 한 사람을 자기 수레에 태워 강을 건너게 하겠는가.

【集註】(1) 辟 辟除也 如周禮閽人爲之辟之辟 言能平其政 則出行之際 辟除行人 使之避已 亦不爲過 況國中之水 當涉者衆 豈能悉以乘輿濟之哉.

(1)「벽(辟)」은「벽제(辟除)」다. 주례(周禮)에 있듯이 <임금이나 재상이 행차할 때에> 종자(從者)가 백성에게 길을 비키게 하는 것이다. 능히 정치를 공평하게 한다면, 행차할 때에 벽제하고 길을 트게 하는 것도 지나치지 않는다. 하물며 나라 안의 강물을 건너야 할 사람이 많은데, 어찌 모든 사람을 자기 수레에 태워 건너게 할 수 있겠는가.

[5] 故 爲政者每人而悅之 日亦不足矣.

고(로) 위정자(이) 매인이열지(면) 일역부족의(리라)

[5] <맹자의 말 계속> 「그러므로 위정자가 개개인을 다 즐겁게 해주려면 날이나 시간도 모자랄 것이다.」

[어구 설명] [5] ㅇ爲政者每人而悅之(위정자매인이열지) : 위정자가 개개인을 다 즐겁게 해주려면.

【集註】 (1) 言每人 皆欲致私恩 以悅其意 則人多日少 亦不足於用矣 諸葛武侯嘗言 治世以大德 不以小惠 得孟子之意矣.

(1) 다음 같은 뜻이다. 「개개인에게 개별적으로 은혜를 베풀고, 또 각자의 마음을 기쁘게 하려고 해도 백성의 수가 많으므로 역시 그렇게 하기에는 부족하다.」 제갈량(諸葛亮)이 전에 말했다. 「세상은 큰 덕으로 다스린다. 작은 은혜로 다스리지 않는다.」 <이는 곧> 맹자의 뜻을 터득한 말이다.

제2장 子産章 : 白文
[1] 子産 聽鄭國之政 以其乘輿 濟人於溱洧.
[2] 孟子曰 惠而不知爲政.
[3] 歲十一月 徒杠成 十二月輿梁成 民未病涉也.
[4] 君子平其政 行辟人可也 焉得人人而濟之.
[5] 故 爲政者 每人而悅之 日亦不足矣.

【요점 복습】 제2장 자산장
정치는 대국적 견지에서 공평하게 해야 한다.

제3장 視臣章 : 총 4 구절

[1] 孟子告齊宣王曰 君之視臣 如手足
則臣視君 如腹心 君之視臣 如犬馬
則臣視君 如國人 君之視臣 如土芥
則臣視君 如寇讐.

맹자(이) 고제선왕 왈 군지시신(이) 여수족 즉신시군(을) 여복심(하고) 군지시신(이) 여견마 즉신시군(을) 여국인(하고) 군지시신(이) 여토개 즉신시군(을) 여구수(니이다)

[1] 맹자가 제(齊)나라 선왕(宣王)에게 말했다. 「임금이 신하 보기를 <자기의> 손발같이 하고 <귀중하게 여기면>, 즉 신하도 임금 보기를 <자기의> 배나 마음 같이 귀중하게 보고 존중합니다. 임금이 신하 보기를 개나 말같이 보고 <부려쓰기만 하면>, 즉 신하도 임금 보기를 백성의 한 사람같이 봅니다. <남같이 보고 높이거나 존중하지 않는다.> 임금이 신하 보기를 흙이나 먼지같이 보고 <무시하면>, 즉 신하도 임금 보기를 적이나 원수같이 여깁니다.」

[어구 설명] [1] ○孟子告齊宣王曰(맹자고제선왕왈) : 맹자가 제(齊)나라 선왕(宣王)에게 말했다. ○君之視臣 如手足(군지시신 여수족) : 임금이 신하 보기를 <자기의> 손발같이 하고, <귀중하게

여기면.> ○則臣視君 如腹心(즉신시군 여복심) : 즉 신하도 임금 보기를 <자기의> 배나 마음같이 귀중하게 보고 존중한다. ○君之視臣 如犬馬(군지시신 여견마) : 임금이 신하 보기를 개나 말같이 보고. <부려쓰기만 하면.> ○則臣視君 如國人(즉신시군 여국인) : 즉 신하도 임금 보기를 백성의 한 사람같이 본다. <즉 다른 사람같이 보고 높이거나 존중하지 않는다.> ○君之視臣 如土芥(군지시신 여토개) : 임금이 신하 보기를 흙이나 티끌같이 보고. <무시하면.> ○則臣視君 如寇讎(즉신시군 여구수) : 즉 신하도 임금 보기를 적이나 원수같이 여긴다.

【集註】(1) 孔氏曰 宣王之遇臣下 恩禮衰薄 至於昔者所進 今日不知其亡 則其於群臣 可謂逸然無敬矣 故孟子告之以此 手足腹心 相待一體 恩義之至也 如犬馬則輕賤之 然猶有豢養之恩焉 國人 猶言路人 言無怨無德也 土芥 則踐踏之而已矣 斬艾之而已矣 其賤惡之 又甚矣 寇讎之報 不亦宜乎.

(1) 공씨(孔氏)가 말했다.「제나라 선왕은 신하에 대해서 은혜를 베풀거나 예양(禮讓)하는 일이 거의 없었다. 전에 등용해 썼던 신하가 지금 어디에 가 있는지도 알지 못했다. 즉 선왕이 신하에 대해서 무관심하고 공경하지 않는다고 말할 수 있다. 그러므로 맹자가 이렇게 말한 것이다.」「수족(手足)과 복심(腹心)」은 <임금과 신하가> 서로 한 몸으로 대한다는 뜻이며, 은의(恩義)가 지극한 경지이다.「견마(犬馬)」같음은 곧

가볍게 여기고 천시한다는 뜻이다. 그러나 아직도 먹이고 양육해주는 은혜는 있다.「국인(國人)」은「길 가는 사람 같다」는 뜻이며, 원한도 은덕도 없는 타인이라는 뜻이다.「토개(土芥)」는 곧 발로 밟거나 혹은 베어버릴 뿐이다. 천시하고 미워함이 더욱 심하다. 그러니 <신하가 임금을> 적이나 원수로서 보복하는 것도 당연하지 않겠는가.

[2] 王曰 禮爲舊君有服 何如 斯可爲服矣.

왕(이) 왈 예(에) 위구군유복(하니) 하여(이라야) 사가위복의(니이꼬)

[2] 선왕이 맹자에게 물었다.「옛날 예법에 신하가 옛 임금을 위해서 상복을 입는다고 했는데, 어떻게 하면 그렇게 할 수 있습니까.」

[어구 설명] [2] ㅇ王曰(왕왈) : 선왕이 맹자에게 물었다. ㅇ禮爲舊君有服(예위구군유복) : 예법에 신하가 옛 임금을 위해서 상복을 입는다고 했는데. ㅇ何如 斯可爲服矣(하여 사가위복의) : 어떻게 하면, 그렇게 할 수 있느냐.

【集註】(1) 儀禮曰 以道去君 而未絶者 服齊衰三月 王疑孟子之言太甚 故以此禮爲問.

(1) 의례(儀禮) 상복전(喪服傳)에 있다.「도를 지키기 위해 임금을 떠났으나, 절교하지 않은 경우에는, 임금이 죽었을 때,

석달 간 재최(齊衰)를 입는다.」 선왕은 맹자의 말이 너무 심하다고 생각하고 이와 같이 물은 것이다.

[3] 曰 諫行言聽 膏澤下於民 有故而去 則君使人道之出疆 又先於其所往 去三年不反 然後收其田里 此之謂三有禮焉 如此 則爲之服矣.

왈 간행언청(하야) 고택(이) 하어민(이오) 유고이거 즉군(이) 사인도지출강(하고) 우선어기소왕(하며) 거삼년불반 연후(에) 수기전리(하나니) 차지위삼유례언(이니) 여차 즉위지복의(니이다)

[3] 맹자가 대답해서 말했다. 「임금이 충신의 간언(諫言)을 듣고 행해서 <덕치의> 기름진 은혜가 백성에게 미치게 해야 합니다. <충신이> 연고가 있어 <임금 곁을> 떠나 <다른 나라로> 가게 되면 임금은 사람을 시켜서 <충신을> 안내하고 국경 밖으로 잘 나가게 인도해 주고, 또 <그 충신이> 가려는 나라에 먼저 사람을 보내 <그를 칭찬해 주어야 합니다.> 그가 떠난 다음, 3년이 되어도 되돌아오지 않으면, 그 후에 <비로소 그에게 주었던> 영토나 집을 회수해야 합니다. 이렇게 하는 것을 '세 가지 예(禮)'를 베푼다고 합니다. <임금이 먼저> 이렇게 예양(禮讓)하면 <임금 사망 시에 그 충신이> 상복을 입을 것입니다.」

[어구 설명] [3] ㅇ曰(왈) : 맹자가 대답해서 말했다. ㅇ諫行言聽(간행언청) : <임금이 충신의> 간언(諫言)을 듣고 행해서. ㅇ膏澤下於民(고택하어민) : <덕치의> 기름진 은혜가 백성에게 미치게 한다. ㅇ有故而去(유고이거) : <충신이> 연고가 있어 <임금 곁을> 떠나 <다른 나라에> 가게 되면. ㅇ則君使人道之出疆(즉군사인도지출강) : 즉 임금은 사람을 시켜서 <충신을> 안내해서 국경 밖으로 나가게 보호해준다. ㅇ又先於其所往(우선어기소왕) : 또 <그 충신이> 가려는 나라에 먼저 사람을 보내. <그 충신을 칭찬해준다.> ㅇ去三年不反(거삼년불반) : 그가 떠난 다음, 3년이 되어도 되돌아오지 않으면. ㅇ然後收其田里(연후수기전리) : 비로소 그 후에 <그에게 주었던> 영토나 집을 회수한다. ㅇ此之謂三有禮焉(차지위삼유례언) : 이렇게 하는 것을「세 가지 예(禮)」를 베푼다고 한다. 즉 ① 충신의 간언을 듣고 행한다. ② 신하가 다른 나라로 가는 경우에는 그를 잘 보내주고, 또 그 나라 임금에게 그를 칭찬해준다. ③ 3년이 지나서 그에게 내렸던 영토나 집을 거두어들인다. ㅇ如此則爲之服矣(여차즉위지복의) : <임금이 먼저> 이렇게 예양(禮讓)하면 <임금 사망 시에 충신이> 상복을 입을 것이다.

【集註】 (1) 導之出疆 防剽掠也 先於其所往 稱道其賢 欲其收用之也 三年而後 收其田祿里居 前此猶望其歸也.

(1) 인도해서 국경을 무사히 나가게 함은 곧 도적이나 약탈을 막아주자는 것이다. 먼저 그가 가는 나라에 그의 현명함을

칭찬하는 이유는 <그 나라에서> 그를 등용해 쓰기를 바라기 때문이다. 3년이 지난 뒤에 그에게 내렸던 녹봉이나 토지 및 주택을 회수하는 것은 그 전에 돌아오기를 바라기 때문이다.

[4] 今也爲臣 諫則不行 言則不聽 膏澤不下於民 有故而去 則君搏執之 又極之於其所往 去之日 遂收其田里 此之謂寇讎 寇讎何服之有.

금야(엔) 위신(이라) 간즉불행(하며) 언즉불청(하여) 고택(이) 불하어민(이오) 유고이거 즉군(이) 박집지(하고) 우극지어기소왕(하며) 거지일(에) 수수기전리(하나니) 차지위구수(이니) 구수(에) 하복지유(리이꼬)

[4] <맹자의 말 계속>「오늘에는 신하가 되어 <임금에게> 간언을 올려도 <임금이> 행하지 않고, 말을 올려도 들어주지 않으므로 <따라서> 기름진 은혜가 백성에게 미치지 않습니다. 한편 <신하가> 인연이 있어서 다른 나라에 가려고 하면 임금이 그를 잡아 묶어놓거나 그가 가려고 하는 나라에 <악선전을 하여> 궁지에 몰리게 합니다. 또 그가 나라를 떠나는 날 즉시 그의 전답이나 주택을 회수하니 이러한 임금은 바로 원수나 적이라 하겠습니다. 원수나 적을 <위해서> 어떻게 상복을 입겠습니까.」

[어구 설명] [4] ㅇ 今也爲臣(금야위신) : 오늘에는 신하가 되어,

즉 신하된 사람이. ○諫則不行(간즉불행) : 간언을 해도 <임금이 > 행하지 않고. ○言則不聽(언즉불청) : 말을 올려도 들어주지 않는다. ○膏澤不下於民(고택불하어민) : 기름진 은혜가 백성에게 내려 미치지 않는다. ○有故而去(유고이거) : 연고가 있어서 <신하가> 임금 곁을 떠나. <다른 나라로 가려고 하면.> ○則君搏執之 (즉군박집지) : 곧 임금이 그를 잡아 묶어놓고. 「박집지(搏執之)」는 신하나 가족을 체포하거나 구금하다. ○又極之於其所往(우극지어기소왕) : 또 그가 가려고 하는 나라에 악선전을 한다. 「극(極)」은 「극악하게 선전하고 궁지에 몰리게 한다」는 뜻이다. ○去之日遂收其田里(거지일 수수기전리) : 그가 나라를 떠나는 날 즉시, 그의 전답이나 주택을 회수한다. ○此之謂寇讎(차지위구수) : 이러한 임금은 바로 원수나 적이라 하겠다. ○寇讎 何服之有(구수하복지유) : 원수나 적을 <위해서> 어떻게 상복을 입겠느냐.

【集註】(1) 極窮也 窮之於其所往之國 如晉錮欒盈也 潘興嗣曰 孟子告齊王之言 猶孔子對定公之意也 而其言有迹 不若孔子之渾然也 蓋聖賢之別如此.

(1) 「극(極)」은 「궁(窮)」이다. 신하가 가는 나라에서 궁지에 몰리게 한다. 예를 들면 진(晉)나라가 난영(欒盈)을 가둔 것과 같다. * 진(晉)나라 난환자(欒桓子)의 아들 난영이 모략에 의해서 감금되었다. <左傳 襄公 21년>

반흥사(潘興嗣)가 말했다. 「맹자가 제나라 선왕에게 한 말은, 공자가 정공에게 대답한 뜻과 같다. 그러나 맹자의 말은 역사적 사실을 바탕으로 했으며, 공자의 추상적인 말과 같지 않다. 무릇 성인과 현인은 이와 같이 구별이 있다. <* 論語 八佾篇 19>」

【集註】(2) 楊氏曰 君臣以義合者也 故孟子爲齊王 深言報施之道 使知爲君者 不可不以禮遇其臣耳 若君子之自處, 則豈處其薄乎 孟子曰 王庶幾改之 予日望之 君子之言 蓋如此.

(2) 양씨(楊氏)가 말했다.「임금과 신하는 도의(道義)를 바탕으로 합해야 한다. 그러므로 맹자는 제나라 선왕에게 <임금이 신하에게> 보답하고 은혜를 베푸는 도리를 깊이 말하고 임금으로 하여금 반드시 신하를 예우(禮遇)하지 않으면 안 된다는 것을 알게 해주었다. 만약 군자가 스스로 일을 처리하는 경우에는 대우가 박하다고 어찌 일처리를 박하게 하겠는가. <신하는 충성을 다해야 한다.>」맹자는「임금님이 고치시기를 바라며 저는 날마다 바랍니다.」라고 말했다. 군자의 말은 대개 이와 같은 것이다.

제3장 視臣章 : 白文

[1] 孟子告齊宣王曰 君之視臣 如手足 則臣視君 如腹心 君之視臣 如犬馬 則臣視君 如國人 君之視臣 如土芥 則臣視君 如寇讎.

[2] 王曰 禮爲舊君有服 何如斯可爲服矣.

[3] 曰 諫行言聽 膏澤下於民 有故而去 則君使人

道之出疆　又先於其所往　去三年不反　然後收
其田里　此之謂三有禮焉　如此　則爲之服矣.
[4] 今也　爲臣諫　則不行　言則不聽　膏澤不下於民
有故而去　則君搏執之　又極之於其所往　去之
日　遂收其田里　此之謂寇讎　寇讎何服之有.

【요점 복습】제3장 시신장

　임금이 신하를 자기의 손발같이 귀중하게 여기면, 신하도 임금을 존중한다. 임금이 신하를 개나 말같이 부려쓰기만 하면, 신하도 임금에게 냉담하게 대한다. 임금이 신하를 무시하면 신하도 임금을 원수같이 여긴다. 반대로 임금이 충신의 간언(諫言)을 듣고 덕치를 하고, 신하가 연고가 있어 다른 나라에 가면 잘 보내주고, 또 3년 뒤에 그의 집이나 토지를 회수하면, 그 신하는 임금을 위해 상복을 입을 것이다. 즉 임금은 신하에게 삼례(三禮)를 베풀어야 한다.

제4장 無罪章 : 총 1 구절

[1] 孟子曰 無罪而殺士 則大夫可以去 無罪而戮民 則士可以徙.

맹자(이) 왈 무죄이살사 즉대부가이거(이오) 무죄이륙민 즉사가이사(이니라)

[1] 맹자가 말했다. 「임금이 죄 없는 선비를 죽인다면 곧 대부는 <그런 임금으로부터> 떠나야 한다. 임금이 죄 없는 백성을 죽게 한다면 곧 선비는 그런 임금으로부터 떠나야 한다.」

[어구 설명] [1] ㅇ無罪而殺士(무죄이살사) : <임금이> 죄 없는 선비를 죽이면. ㅇ則大夫可以去(즉대부가이거) : 대부는 <그런 임금으로부터> 떠나야 한다. ㅇ無罪而戮民(무죄이륙민) : <임금이> 죄 없는 백성을 죽게 한다면. ㅇ則士可以徙(즉사가이사) : 선비는 그런 임금으로부터 떠나야 한다.

【集註】(1) 言 君子當見幾而作 禍已迫 則不能去矣.

(1) 이는 곧 「군자는 마땅히 기미를 보고 <떠나가는> 행동을 취해야 한다. 재앙이 닥친 다음에는 떠나갈 수 없음」을 말한 것이다.

제4장 無罪章 : 白文

[1] 孟子曰 無罪而殺士 則大夫可以去 無罪而戮民 則士可以徙.

【요점 복습】제4장 무죄장

군자는 기미(幾微)를 살펴야 한다. 공자는 「위방불입 난방불거(危邦不入 亂邦不居)」<論語 泰伯>라고 했다.

제5장 君仁章 : 총 1 구절

[1] 孟子曰 君仁 莫不仁 君義 莫不義.

맹자(이) 왈 군인(이면) 막불인(이오) 군의(이면) 막불의 (니라)

[1] 맹자가 말했다. 「임금이 어질면, 어질지 않은 것이 없게 된다. 임금이 의로우면, 의롭지 않은 것이 없게 된다.」

[어구 설명] [1] ○ 君仁 莫不仁(군인 막불인) : 직역하면 「임금이 어질면, 어질지 않은 것이 없게 된다.」 ○ 君義 莫不義(군의 막불의) : 직역하면 「임금이 의로우면, 의롭지 않은 것이 없게 된다.」
* 직역은 추상적이다. 구체적인 뜻은 ⇒ 「참고 보충」

【集註】(1) 張氏曰 此章重出 然上篇 主言人臣當以正君爲急 此章 直戒人君 義亦小異耳.

(1) 장씨(張氏)가 말했다. 「앞에도 나왔다. 그러나 상편에서는 신하의 급선무는 임금을 바르게 보필하는 것임을 말했다. 이 장은 직접 임금에게 훈계한 말이다. 뜻도 약간 다르다.」

【참고 보충】「인의(仁義)와 상행하효(上行下效)」

임금은 나라를 다스리는 중심적 존재이며 동시에 최고의 통치자다. 그 임금이 선본성(善本性)의 핵심이 되는 인심(仁心)을 바탕으로 인정(仁政)을 펴고, 인덕(仁德)을 베풀면 신하도 백성도 인도(仁道)를 따르고 저마다 바르고 번성하게 된다. 그래서 춘추시대의 공자는 한마디로 「인(仁)」이라 했다. 이 때의 「인(仁)」 속에는 「의(義)」가 포함되어 있다. 그러나 전국시대는 무력전쟁이 격화했으므로 맹자는 특히 「의(義)」를 내세웠던 것이다. 맹자는 「의자인지정로(義者 人之正路)」라고 했다. 즉 「사회정의」다. 그러나 「의(義)」 속에는 「천도에 어긋나는 악을 처단한다」는 뜻이 포함되어 있다. 인의(仁義)는 천도 천리를 바탕으로 한 최고의 도덕이다. 임금이 인의를 바탕으로 「인정덕치」를 펴야 한다. 그러면, 신하도 백성(百姓)들도 천도 천리를 따라 바르게 되고 또 번성할 것이다. 윗사람이 먼저 행하면 아랫사람이 본받고 행한다.

제5장 君仁章 : 白文

[1] 孟子曰 君仁 莫不仁 君義 莫不義.

【요점 복습】제5장 군인장

임금이 책임을 지고 인의(仁義)의 선정(善政)을 펴야 한다.

제6장 非禮章 : 총 1 구절

[1] 孟子曰 非禮之禮 非義之義 大人弗爲.

맹자(이) 왈 비례지례(와) 비의지의(를) 대인(은) 불위(니라)

[1] 맹자가 말했다. 「예(禮)가 아닌 예와 의(義)가 아닌 의를 대인(大人)은 행하지 않고, 또 남에게도 강요하지 않는다.」

[어구 설명] [1] ○非禮之禮(비례지례) : 예(禮)가 아닌 예.「비례(非禮)」는 곧 천리(天理)나 도리에 맞지 않는 거짓되고 또 형식적인 예의라는 뜻이다. ○非義之義(비의지의) : 의(義)가 아닌 의.「비의(非義)」는 곧 천리(天理)나 도리에 맞지 않는 거짓되고 또 인위적(人爲的) 의리라는 뜻이다. ⇒「참고 보충」 ○大人弗爲(대인불위) :「대인(大人)」은 <거짓된 인의(仁義)를> 자신도 행하지 않고 또 남에게도 강요하지 않는다.

【集註】(1) 察理不精 故有二者之蔽 大人則隨事而順理 因時而處宜 豈爲是哉.

(1) 천리(天理)를 정밀하게 살피지 못함으로써, 두 가지 폐단이 있게 된다. 대인(大人)은 모든 일을 천리를 따라 하고 또 때에 맞게 처리한다. 그러니 어찌「예에 맞지 않는 인의」를

행하겠느냐.

【참고 보충】「비례지인의(非禮之仁義)」

　공자와 맹자가 높이는 「인의(仁義)」는 천도(天道)를 바탕으로 한 덕행(德行)이다. 천도는 광명정대(光明正大)하고 공평무사(公平無私)하고 영구불변(永久不變)하는 진리다. 「인(仁)」은 「서로 사랑하고 협동하여 함께 잘사는 공동체를 꾸미는 덕행」이다. 「의(義)」는 「도의(道義)와 정의(正義)를 굳게 지키고 실천하는 덕행」이다. 인(仁)의 바탕은 효(孝)이고, 의(義)의 바탕은 제(悌)이다. 효(孝)는 종적(縱的)・역사적 사랑의 협동(協同)이고, 제(悌)는 횡적(橫的)・사회적 사랑의 협동이다. 그러므로 「효제(孝悌) 인의(仁義)」는 곧 「우주적 사랑의 협동」이다. 대인(大人)은 천도(天道)와 하나가 된 사람이다. 그러므로 대인은 참다운 인의(仁義)를 실천한다. 한편 우매(愚昧)한 임금이나 소인(小人)은 천도를 모르고 사리 사욕을 채우려고 온갖 악덕(惡德)을 자행(恣行)한다. 그러므로 「거짓되고 형식적인 효도(孝道)나 충성(忠誠)을 강요하는 것이다.」 이것을 맹자가 「비례지인(非禮之仁), 비례지의(非禮之義)」라고 말한 것이다. 오늘의 인류사회에서 높이는 법치주의(法治主義)는 그 나름대로 의미(意味)와 가치(價値)가 있다. 그러나 국가마다 법을 정하는 기준이 서로 다르다.

제6장 非禮章 : 白文

　[1] 孟子曰 非禮之禮 非義之義 大人弗爲.

【요점 복습】 제6장 비례장

　대인(大人)은 천리(天理)에 맞는 인의(仁義)를 따른다.

제7장 中也章 : 총 1 구절

[1] 孟子曰 中也養不中 才也養不才 故 人樂有賢父兄也 如中也棄不中 才也 棄不才 則賢不肖之相去 其間不能以 寸.

맹자(이) 왈 중야(이) 양부중(하며) 재야(이) 양부재(라) 고(로) 인락유현부형야(이니) 여중야(이) 기부중(하며) 재야(이) 기부재(면) 즉현불초지상거 기간(이) 불능이촌 (이니라)

[1] 맹자가 말했다. 「중용(中庸)이나 중정(中正)의 도 (道)를 터득한 사람이 도를 터득하지 못한 사람을 교 육하고 배양한다. 또 재능 있는 사람이 재능 없는 사 람을 교육하고 배양한다. 고로 사람들이 현명한 <지 혜나 재능이 있는> 부형에게 <배우기를> 좋아한다. <그런데> 만약에 중정의 도를 터득한 사람이 도를 터득하지 못한 사람을 버리고 <교육하지 않거나> 재 능 있는 사람이 재능 없는 사람을 버리고 교육하지 않는다면 현인(賢人)과 불초(不肖)의 차등이나 양자 간의 거리가 한 치도 못될 것이다.」

[어구 설명] [1] ㅇ中也養不中(중야양부중) : 중용(中庸)이나 중정 (中正)의 도(道)를 터득한 사람이 도를 터득하지 못한 사람을 교육

하고 배양한다. ㅇ才也養不才(재야양부재) : 재능 있는 사람이 재능 없는 사람을 교육하고 배양한다. ㅇ故人樂有賢父兄也(고인락유현부형야) : 고로 사람들은 현명한 <지혜나 재능이 있는> 부형에게 <배우기를> 좋아한다. ㅇ如(여) : 만약에. ㅇ中也棄不中(중야기부중) : 중정의 도를 터득한 사람이 도를 터득하지 못한 사람을 버리고. <교육하지 않는다면.> ㅇ才也棄不才(재야기부재) : 재능 있는 사람이 재능 없는 사람을 버리고 교육하지 않는다면. ㅇ賢不肖之相去(현불초지상거) : 현인(賢人)과 불초(不肖)의 차등이나 거리. ㅇ其間不能以寸(기간불능이촌) : 양자간의 <차등이나 거리가> 한 치도 못될 것이다. <다같이 우매하게 된다.>

【集註】 (1) 無過不及之謂中 足以有爲之謂才 養謂涵育薰陶 俟其自化也 賢謂中而才者也 樂有賢父兄者 樂其終能成己也 爲父兄者 若以子弟之不賢 遂遽絶之而不能敎 則吾亦過中而不才矣 其相去之間 能幾何哉.

(1) 지나치지도 않고 또 모자라지도 않게 <도에 맞게 하는 사람을>「중(中)」이라 한다. 족히 일할 수 있는 능력을「재(才)」라고 한다.「양(養)」은「함육훈도(涵育薰陶)하고, 스스로 교화(敎化)되기를 기다린다」는 뜻이다.「현(賢)」은「중정(中正)의 도를 행하고 또 일을 할 재능이 있는 사람」의 뜻이다.「현명한 부형이 있어 즐겁다(樂有賢父兄者)」고 하는 이유는「<현명한 부형의 훈육을 받아> 결국 자기도 훌륭한 사람이

될 수 있으므로 즐겁게 여긴다(樂其終能成己也)」는 뜻이다.
「<그런데> 부형 된 자가, 만약에 자제가 현명하지 못하다고 해서, 즉각 그를 물리치고 끝내 그를 교육하지 않는다면, <부형 된> 나 자신이 '중정(中正)의 도'를 지나치고 또 <남을 교화하는> 재능이 없는 <어리석은 사람이 되는 것이다. 그렇다면> 양자간의 차이가 얼마나 되겠는가.」＊ 현명한 사람은 어리석은 사람을 교육해서 현명한 사람이 되게 해야 한다.

【참고 보충】「일반적 해석과 집주의 해석」

맹자의 말은 일반적으로 다음같이 해석할 수 있다. 「현인(賢人)」은 학문과 덕행을 겸비한 사람이다. 「불초(不肖)」는 「학문이나 덕행을 모르고, 오직 동물적 존재로 육체적 삶만을 사는 속인(俗人)」이다. 그러므로 현인은 속인을 가르치고 인도하여 그들도 도를 터득하고 도를 행하는 좋은 사람이 되게 감화해야 한다. 그러나 집주(集註)는 「고락유현부형자(故樂有賢父兄者)」에 중점을 두고 다음같이 풀이했다. 「현명한 아버지나 형은 절대로 어리석은 자식이나 동생을 교육 감화해서 스스로 학식과 덕행을 갖추게 훈육해야 한다. 불초(不肖)하다고 자식이나 동생을 내버려둔다면 결국 부형도 어리석은 사람과 같게 된다.」

【참고 보충】「대전주소선역(大全註疏選譯)」

(1)「경원 보씨가 말했다. 중(中)은 덕(德)을 말한다. 재(才)는 재능을 말한다. 덕은 성(性)에 뿌리를 두고, 재는 기(氣)에 뿌리를 둔다. 현(賢)은 재(才)와 덕(德)을 겸한 것이다.(慶源輔氏曰 中以德言 才以才言 德本於性 才本於氣 賢則兼有才德者也.)」

(2) 「남헌 장씨가 말했다. 양(養)이라고 말한 것은 천지가 만물을 품고 양육하고, 우로(雨露)가 물을 주고, 풍뢰(風雷)가 진동하고, 화기(和氣)가 훈도(薰陶)하며 간단(間斷)이 없으므로 만물이 잘 자라고 번성함과 같은 것이다. 부형이 자제를 양육하는 도리도 마땅히 이와 같이 해야 한다.(南軒張氏曰 養之云者 如天地涵養萬物 其雨露之所濡 風雷之所振 和氣之薰陶 寧有間斷乎哉 故物以生遂焉 父兄養子弟之道 亦當如是也)」

(3) 「신안 진씨가 말했다. 부형이 현명한 자제를 만나면 교육하기가 용이하다. 불행히 현명하지 못한 자제를 만나면 교육하기 어렵다. 그래서 양(養)을 귀하게 여긴다. 순(舜)임금이 설(契)에게 말했다.『삼가 오교(五敎)를 펴되 관대하게 해라.』관대하게 함은 곧 잘 키워나간다는 뜻이다.」(新安陳氏曰 父兄遇子弟之賢 其爲敎也易 不幸遇子弟之不賢 其爲敎也難 所以貴乎養之也 舜命契曰 敬敷五敎在寬 寬則養之謂也)」

제7장 中也章 : 白文
[1] 孟子曰 中也養不中 才也養不才 故人樂有賢父兄也 如中也棄不中 才也棄不才 則賢不肖之相去 其間不能以寸.

【요점 복습】 제7장 중야장
중정(中正)의 도(道)를 깨달은 부형(父兄)이 자제(子弟)를 잘 양육해야 한다.

제8장 不爲章 : 총 1 구절

[1] 孟子曰 人有不爲也 而後可以有爲.

맹자(이) 왈 인유불위야 이후(에) 가이유위(니라)

[1] 맹자가 말했다. 「사람은 <인의(仁義)에 어긋나는 일을> 하지 않을 수 있어야 비로소 <인의에 맞는 일을> 할 수 있다.」

[어구 설명] [1] ㅇ人有不爲也(인유불위야) : 사람은 <도리나 혹은 인의에 어긋나는 일을> 하지 않을 수 있어야. ㅇ而後(이후) : 비로소. ㅇ可以有爲(가이유위) : <도리에 맞는 일을> 할 수 있다.

【集註】(1) 程子曰 有不爲 知所擇也 惟能有不爲 是以可以有爲 無所不爲者 安能有所爲邪.

(1) 정자(程子)가 말했다. 「하지 않는 바가 있음은 곧 택하는 바를 바르게 알기 때문이다. 오직 <악(惡)을> 하지 않을 수 있으므로 <선(善)을> 행할 수 있다. <이것저것> 악을 다 행하는 자가 어찌 선(善)을 할 수 있겠느냐.」

제8장 不爲章 : 白文
[1] 孟子曰 人有不爲也 而後可以有爲.

【요점 복습】 제8장 불위장

선악을 분별하고 선은 행하고 악은 행하지 말아야 한다.

제9장 言人章 : 총 1 구절

[1] 孟子曰 言人之不善 當如後患何.

맹자(이) 왈 언인지불선(하다가) 당여후환(에) 하(오)

[1] 맹자가 말했다. 「남의 잘못이나 결점을 말하고 욕하지만 <뒤따르는> 후환을 어떻게 감당하겠느냐.」

[어구 설명] [1] ○言人之不善(언인지불선) : 남의 잘못이나 결점을 말하고 욕한다. ○當如後患何(당여후환하) : 뒤따른 후환을 어떻게 감당하겠느냐. 「당(當)」은 「당하다, 감당하다」의 뜻으로 푼다. 「如(여)--何(하)」는 「--을 어찌하랴.」

【集註】(1) 此亦有爲而言.
(1) 이 말도 역시 <나쁜 짓을 서슴없이> 행함을 <탓하는> 말이다.

제9장 言人章 : 白文
[1] 孟子曰 言人之不善 當如後患何.

【요점 복습】제9장 언인장

군자(君子)나 인자(仁者)는 「지인용(知仁勇) 삼달덕(三達德)」을 겸한 사람이다. 모든 사람에게 사랑을 베풀고, 가르쳐 도를 깨닫고, 관대하게 용서하고 품는다. 불인자(不仁者)는 함부로 남을 욕하거나 배척한다.

제10장 仲尼章 : 총 1 구절

[1] 孟子曰 仲尼不爲已甚者.

맹자(이) 왈 중니(는) 불위이심자(이러시다)

[1] 맹자가 말했다. 「공자는 지나치게 심한 일, <즉 극단적인 일을> 하지 않으셨다.」

[어구 설명] [1] ㅇ仲尼(중니) : 공자의 자(字). ㅇ不爲已甚者(불위이심자) : 지나치게 심한 일을 하지 않았다. 「이심(已甚)」은 「몹시 심하다, 극단적인 일」의 뜻이다.

【集註】(1) 已猶太也 楊氏曰 言聖人所爲 本分之外 不加毫末 非孟子眞知孔子 不能以是稱之.

(1) 「이(已)」는 「태(太)」와 같은 뜻이다. 양씨(楊氏)가 말했다. 「성인은 일을 할 때, 근본이 되는 도(道)만을 따랐고, 그 외의 말단은 털끝만큼도 가하지 않았다. <만약> 맹자가 참으로 공자를 알지 못했다면, 이렇게 칭찬하지 못했을 것이다.」

제10장 仲尼章 : 白文
[1] 孟子曰 仲尼不爲已甚者.

【요점 복습】 제10장 중니장

「극단적인 일을 안한다」는 뜻은 곧 「중정(中正)의 도를 알고 지켰다」는 뜻이다.

제11장 惟義章 : 총 1 구절

[1] 孟子曰 大人者 言不必信 行不必果 惟義所在.

맹자(이) 왈 대인자(는) 언불필신(이며) 행불필과(요) 유의소재(니라)

[1] 맹자가 말했다. 「<하늘과 하나가 되고 또 천도를 따르고 행하는> 대인(大人)은 <도덕인의(道德仁義)에 맞지 않는> 말을 <하지도 않지만 설사 했다고 해도> 반드시 행하지 않는다. 또 <도덕인의(道德仁義)에 맞지 않는> 행동을 <고집스럽게> 반드시 끝까지 관철하지도 않는다. 어디까지나 <말이나 행동을> 의(義)에 맞게 한다.」

[어구 설명] [1] ㅇ大人者(대인자) : 하늘과 하나가 된 경지에서, 천도를 따르고 행하는 사람을 대인이라고 한다. <혹은 대인을 임금으로 푸는 설도 있다.> ㅇ言不必信(언불필신) : <도덕인의(道德仁義)에 맞지 않는> 말을 <하지도 않고> 또 행하지도 않는다. ㅇ行不必果(행불필과) : <도덕인의에 맞지 않는> 행동을 반드시 끝까지 관철하지도 않는다. ㅇ惟義所在(유의소재) : 어디까지나 <말이나 행동을> 의(義)에 맞게 한다.

【集註】(1) 必猶期也 大人言行 不先期於信果 但義之所在 則必從之 卒亦未嘗不信果也 尹氏曰 主於

義 則信果 在其中矣 主於信果 則未必合義 王勉曰 若不合於義 而不信不果 則妄人爾.

(1) 「필(必)」은 「기약」과 같은 뜻이다. 대인은 언행에 있어, 그 성과를 믿고, 먼저 <남에게> 기약하지 않는다. 다만 도의(道義)가 있는 바를 따른다. <그러나> 결과적으로는 반드시 믿을 만한 성과가 있게 마련이다. 윤씨(尹氏)가 말했다. 「도의(道義)를 주로 하면, 믿을 만한 성과가 그 중에 있다. 믿을 만한 성과를 주로 하면, 도의에 맞지 않는 것이 없다.」 왕면(王勉)이 말했다. 「만약에 <언행이> 도의에 맞지 않고, 또 신의와 성과가 없다면 <그런 자는> 곧 망령된 사람이다.」

【참고 보충】「필부의 만용(匹夫之蠻勇)」

도덕(道德), 윤리(倫理), 인의(仁義)를 모르고 오직 동물적 욕심을 채우기 위하여 폭력과 무력을 함부로 휘두르는 포학무도(暴虐無道)한 자를 망인(妄人)이라고 한다. 그러한 자들의 용기를 필부의 만용이라고 한다.

제11장 惟義章 : 白文

[1] 孟子曰 大人者 言不必信 行不必果 惟義所在.

【요점 복습】제11장 유의장

말과 행동은 천도에 맞게 해야 한다.

제12장 赤子章 : 총 1 구절

[1] 孟子曰 大人者 不失其赤子之心者也.

맹자(이) 왈 대인자(는) 불실기적자지심자야(이니라)

[1] 맹자가 말했다. 「대인은 어린아이의 <순수한> 마음을 잃지 않은 사람이다.」

[어구 설명] [1] ㅇ大人者(대인자) : 하늘과 하나 된 사람. 천인합일(天人合一)의 경지에 든 사람. <대인을 임금이라고 풀기도 한다.> ㅇ不失其赤子之心者也(불실기적자지심자야) : 어린아이같이 순진무구(純眞無垢)한 마음, 즉 착한 본성을 잃지 않은 사람이다. 「임금은 <부모처럼> 어린아이를 사랑하고 양육하는 마음을 잃지 않는다」로 풀기도 한다.

【集註】(1) 大人之心 通達萬變 赤子之心 則純一無僞而已 然大人之所以爲大人 正以其不爲物誘 而有以全其純一 無僞之本然 是以擴而充之 則無所不知 無所不能 而極其大也.

(1) 대인의 마음은 만물의 도리와 변화에 통달한다. 어린아이의 마음은 순수하고 한결같고 거짓이 없다. 그러나 대인이 대인이 될 수 있는 근본 바탕은 물욕에 미혹되지 않고, 순진무구(純眞無垢)한 본연의 선본성(善本性)을 온전하게 지니고

있음에 있다. 그 선본성을 <우주적으로> 넓히고 <만물 만사를> 충실하게 한다. <따라서>「무소부지(無所不知), 무소불능(無所不能)하며, 지극지대(至極至大)」하게 된다.

【참고 보충】「대전주소선역(大全註疏選譯)」
「신안 진씨가 말했다. 보통사람은 사사로운 욕심에 사로잡혀, 적자의 마음을 잃는다. 그러나 대인은 사욕에 유혹되지 않고 도리어 본연의 마음을 확충한다. 맹자가 이 말을 한 것은 역시 사람으로 하여금 인욕(人欲)을 막고, 천리(天理)를 넓히기를 바라서이다. (新安陳氏曰 常人累於私欲 而失其赤子之心 大人不誘於私欲 而擴充其本然之心 孟子言此 亦是欲人 遏人欲擴天理也)」

제12장 赤子章 : 白文
[1] 孟子曰 大人者 不失其赤子之心者也.

【요점 복습】제12장 적자장
대인(大人)은 순수한 적자(赤子)의 마음을 잃지 않는다.

제13장 養生章 : 총 1 구절

[1] 孟子曰 養生者不足以當大事 惟送死可以當大事.
맹자(이) 왈 양생자(는) 부족이당대사(이오) 유송사(라야) 가이당대사(이니라)

[1] 맹자가 말했다. 「부모님 <생존시에> 잘 봉양해 올리는 것을 중대하게 여기는 것만으로는 부족하다. 특히 <돌아가신> 부모님 장례를 잘 모시는 것을 중대사로 <여기고> 잘 감당해야 한다.」

[어구 설명] [1] ㅇ養生者(양생자) : 부모님을 잘 봉양해 올리는 것을. ㅇ不足以當大事(부족이당대사) : 중대사라고 하기에는 부족하다. ㅇ惟送死(유송사) : 오직 <돌아가신> 부모님 장례를 잘 모시는 것을. ㅇ可以當大事(가이당대사) : 중대사로 <여기고> 잘 감당해야 한다.

【集註】(1) 事生 固當愛敬 然亦人道之常耳 至於送死 則人道之大變 孝子之事親 舍是 無以用其力矣 故尤以爲大事 而必誠必信 不使少有後日之悔也.

(1) 부모님 생존시에 마땅히 친애하고 공경해야 한다. 그러나 그것은 역시 모든 사람이 따르고 실천해야 할 기본 도덕이다. 부모님이 돌아가시고 장례를 지내는 일은 사람의 도리로서는 큰 변고라 하겠다. <그러므로> 효자가 부모를 섬김에 있어, 장례를 정중히 모시는 것 외에 또 따로 온갖 힘을 바칠 일이 없는 것이다. 고로 <상례를> 특히 중대사로 여기고, 반드시 정성으로 신실(信實)하게 <상례를> 모시고 후일에 조금도 후회되는 바 없게 해야 한다.

제13장 養生章 : 白文

[1] 孟子曰 養生者不足以當大事 惟送死可以當大事.

【요점 복습】제13장 양생장
　부모님을 잘 보양해 올리는 것도 중요하다. 그러나 장례를 잘 모시는 것이 더 중요하다.

제14장 深造章 : 총 1 구절

[1] 孟子曰 君子深造之以道 欲其自得之也 自得之 則居之安 居之安 則資之深 資之深 則取之左右 逢其原 故君子欲其自得之也.
　맹자(이) 왈 군자(이) 심조지어도(는) 욕기자득지야(이니) 자득지 즉거지안(하고) 거지안 즉자지심(하고) 자지심 즉취지좌우(에) 봉기원(이니) 고(로) 군자(는) 욕기자득지야(이니라)

　[1] 맹자가 말했다. 「군자는 도를 바른 방도를 따라서 깊고 높은 경지에 도달해야 한다. 즉 자신이 모든 것을 스스로 터득하기 위해서다. 스스로 도를 터득하면 곧 <마음이나 몸이> 안정된다. <마음이나 몸이> 안정되면 곧 도를 깊이 활용할 수 있다. 도를 바탕으로 하고 깊이 활용하면 자기의 좌우(左右)나 <주변의 만사 만물을> 취하고 또 처리함에 있어 도(道)의 근원이 되는 하늘(天)을 만나게 된다. 고로 군자는 스스로

도를 터득하기를 바란다.」

[어구 설명] [1] ○君子深造之以道(군자심조지이도) : 군자는 도(道)를 바탕으로 하고 깊고 높은 경지에 도달해야 한다. 이때의「도」는「올바른 방도나 방법의 뜻」을 포함하고 있다.「심조(深造)」는「깊은 조예(造詣)」, 즉「깊고 높은 경지에 도달한다」는 뜻이다. ○欲其自得之也(욕기자득지야) : 스스로 터득하기 위해서다.「자득(自得)」의「자(自)」는「자기 자신, 자기의 마음속으로」의 뜻이다.「득(得)」은「크게는 하늘의 도리, 작게는 사물의 도리를 터득하고 또 행한다」는 뜻이다. ○自得之則居之安(자득지즉거지안) : 스스로 도를 터득하면 곧 <마음이나 몸이> 안정된다. ○居之安則資之深(거지안즉자지심) : <마음이나 몸이> 안정되면 곧 도를 깊이 활용할 수 있다.「자(資)」는「도를 바탕으로 활용한다」는 뜻이다. ○資之深(자지심) : 도를 바탕으로 하고 깊이 활용하면. ○則取之左右(즉취지좌우) : 자신의 좌우(左右)나 <주변의 만사 만물을> 취하고 또 처리함에 있어.「취지(取之)」는「선택하고 처리한다」는 뜻이다. ○逢其原(봉기원) : 도(道)의 근원이 되는 하늘(天)을 만나게 된다. ○故君子欲其自得之也(고군자욕기자득지야) : 고로 군자는 스스로 도를 터득하고자 원한다.

【集註】(1) 造詣也 深造之者 進而不已之意 道則其進爲之方也 資猶藉也 左右身之兩旁 言至近而非一處也 逢猶値也 原本也 水之來處也.

(1)「조(造)」는「예(詣)」와 같은 뜻이다.「심조(深造)」는「끝없이 전진한다」는 뜻이다.「도(道)」는 즉「전진하는 방법」이

다. 「자(資)」는 「자(藉 : 빌다)」와 같은 뜻이다. 「좌우(左右)」는 「몸의 양쪽이다. 즉 지극히 가까우면서도 한곳이 아니고 사방으로 나아감이다.」「봉(逢)」은 「치(値)」와 같은 뜻이다. 「원(原)」은 「본(本)」이다. 즉 「물이 솟아나오는 근원이다.」

【集註】(2) 言君子務於深造而必以其道者 欲其有所持循 以俟夫默識心通 自然而得之於己也 自得於己 則所以處之者 安固而不搖 處之安固 則所藉者深遠而無盡 所藉者深 則日用之間取之至近 無所往而不値其所資之本也.

(2) <이 구절은> 다음 같은 뜻을 말한 것이다. 「군자는 반드시 도를 바탕으로 조예를 깊이 하고자 노력한다. <그 이유는> 자기가 <도를> 지키고 따라 장차는 <도를> 말없이 알고 마음속으로 통달하고 자연스럽게 <도를> 행하고자 해서이다. <도를> 자연스럽게 터득하면 근거하는 바가 굳고 안정되고 흔들리지 않는다. <도를> 근거로 하고 <마음이나 몸이> 안정되고 굳으면, <자기가> 바탕으로 삼고 활용하는 바 도나 도리가 깊고 원대하고 또 무궁무진하게 된다. <자기 마음속에 있는 도를> 바탕으로 삼고 또 활용하는 바가 깊으면 일용할 때에 지극히 가까운 <자기 마음속에 있는 도를> 취해 쓰고, 또 어디에 가도 근본이 되는 도에 맞지 않는 것이 없게 된다.」

【集註】(3) 程子曰 學不言而自得者 乃自得也 有安排布置者 皆非自得也 然必潛心積慮 優游饜飫於其間 然後可以有得 若急迫求之 則是私已而已 終不足以得之也.

(3) 정자(程子)가 말했다.「배움은 입으로 말하지 않고 스스로 <도를> 터득하는 것이다. 그것이 곧 자득(自得)이다. <외형적으로> 꾸미고 늘어놓는 것은 다 자득이 아니다. 그러므로 반드시 마음속 깊이 생각을 쌓아서 <모든 사물에> 여유 있게 바르게 적용하고 또 충분히 체험하고 활용해야 한다. 만약에 다급하게 <이득을> 구하면 곧 사사로운 이득이 되고 끝내 도를 얻지 못하게 될 것이다.」

【참고 보충】「심조지이도(深造之以道)」

「군자는 도를 바탕으로 하고 깊고 높은 경지에 도달해야 한다.(君子深造之以道)」 이 때의 「도(道)」는 「하늘의 도리와 하늘의 방도를 다 포함한다.」 하늘은 만물을 생육화성(生育化成)할 때 천도를 따라 만물을 고르게 품고 또 점진적으로 발전케 한다. 사리사욕(私利私慾)을 채우기 위해 남을 각박하게 몰아붙이거나 죽이는 법이 없다. 주자는 다음같이 말했다.「박학(博學) 심문(審問) 신사(愼思) 명변(明辨) 독행(篤行)」이 곧 「조도의 방도(造道之方)이다.」

【참고 보충】「대전주소선역(大全註疏選譯)」

「쌍봉 요씨가 말했다. 여기서 말하는 '도(道)'자는 즉 '치지(致知)하고 역행(力行)하는 방도(方道)'라는 뜻이며, 이는 소득(所得)하는 길을 말한다. 다음의 '거지(居之), 자지(資之), 취지(取之)'는 다 소득한 바를 말한다.(雙峯饒氏曰 這箇道字 便是致知力行之方之字 是指所得而言 下面居之資之取之 皆是指所得而言也)」

제14장 深造章 : 白文
[1] 孟子曰 君子深造之以道 欲其自得之也 自得之則居之安 居之安則資之深 資之深則取之左右逢其原 故君子欲其自得之也.

【요점 복습】제14장 심조장

군자는 하늘의 도리를 스스로 터득하고 또 하늘의 방도를 따라 만민과 만사를 다스려야 한다.

제15장 博學章 : 총 1 구절

[1] 孟子曰 博學而詳説之 將以反説約也.

맹자(이) 왈 박학이상설지(는) 장이반설약야(이니라)

[1] 맹자가 말했다.「군자가 넓게 많은 글을 배우고 또 자세하게 도리를 논하는 까닭은 장차 <모든 사물이나 도리를> 반대로 요약해서 말하기 위해서다.」

[어구 설명] [1] ㅇ博學而詳説之(박학이상설지) : 군자가 넓게 많은 것을 배우고 또 자세하게 도리를 논하는 까닭은. ㅇ將以反説約也(장이반설약야) : 장차 <모든 사물이나 도리를> 반대로 요약해서 말하기 위해서다.

【集註】(1) 言所以博學於文 而詳說其理者 非欲以誇多而鬪靡也 欲其融會貫通 有以反而說到至約之地耳 蓋承上章之意 而言學非欲其徒博 而亦不可以徑約也.

(1) 글을 넓게 많은 것을 배우고 또 도리를 세밀하게 설명하는 까닭은 많은 지식을 자랑하고 화려함을 내보이고자 해서가 아니다. <모든 사물을> 융합하고 도리를 관통해서 반대로 지극히 축약된 <근본 도리를> 설명하는 경지에 도달하기 위

해서다. 대개 앞장의 뜻을 받고 학문은 공연히 박학하기만을 바라지 말고 또 지나치게 간결 요약해도 안됨을 말한 것이다.

【참고 보충】「대전주소선역(大全註疏選譯)」

  (1)「정자(程子)가 말했다. 박(博)과 약(約)은 서로 대가 된다. 성인이 사람을 가르칠 때는 오직 박(博)과 약(約)해야 한다. 박(博)은 박학(博學), 다식(多識), 다문(多聞), 다견(多見)의 뜻이다. 약(約)은 오직 사람으로 하여금 요점을 알게 한다는 뜻이다.(程子曰 博與約正相對 聖人敎人 只此兩者 博是 博學多識多聞多見之謂 約只是使人知要也)」

  (2)「잠실 진씨가 말했다. 박학 다식하지 않으면, 요약을 할 바탕이 없다. 학(學)이 약(約)의 경지에 이르러야 허다하게 넓게 아는 것들이 비로소 유용하게 될 수 있다.(潛室陳氏曰 不博則約無所施 學到約後 許多博處 方有受用.)」

  (3)「공자(孔子)는 말했다. 군자는 넓게 글을 배우되 예로써 몸을 단속해야 어긋나지 않는다.(子曰 君子博學於文 約之以禮 亦可以弗畔矣夫)」<論語 雍也篇, 顔淵篇> * 단 공자의 약례(約禮)는 행동면에서 말한 것이고, 맹자의 반설약(反說約)은 지언(知言)을 말한 것이다. <大全註疏 : 新安陳氏曰>

  제15장 博學章 : 白文
  [1] 孟子曰 博學而詳說之 將以反說約也.

【요점 복습】제15장 박학장
군자는 박학다식하고 아울러 천도를 바탕으로 요약해야 한다.

제16장 善服章 : 총 1 구절

[1] 孟子曰 以善服人者 未有能服人者
也 以善養人 然後能服天下 天下不
心服 而王者未之有也.

맹자(이) 왈 이선복인자(는) 미유능복인자야(이니) 이선
양인연후(에) 능복천하(하나니) 천하(이) 불심복 이왕자
(이) 미지유야(이니라)

[1] 맹자가 말했다.「<임금이> 선도(善道)를 말하거나 내세우는 것만으로 사람들을 따르게 하려고 해도 아직까지 능히 사람들을 복종케 하거나 따르게 한 <예가> 없다. 선도로써 사람들을 교육 감화해야 하며, 그래야 비로소 천하 만민을 따르게 할 수 있다. 천하 만민이 마음으로 복종하지 않는데도 <참다운> 임금노릇을 한 예가 전에 없었다.」

[어구 설명] [1] ㅇ以善服人者(이선복인자) : <임금이> 선(善)을 말하거나 내세워 남이나 사람들을 따르게 하려고 해도. ㅇ未有能服人者也(미유능복인자야) : 능히 사람들을 복종케 하거나 따르게 한 <예가> 없다. ㅇ以善養人(이선양인) : 선으로써 사람들을 교육 감화해야 한다. ㅇ然後能服天下(연후능복천하) : 그런 다음에 비로소 천하 만민을 따르게 할 수 있다. ㅇ天下不心服(천하불심복) : 천하 만민이 마음으로 복종하지 않으면. ㅇ而王者未之有也(이왕

자미지유야) : 그런데도 임금노릇을 한 예가 없었다.

【集註】 (1) 服人者 欲以取勝於人 養人者 欲其同歸於善 蓋心之公私小異 而人之嚮背頓殊 學者於此不可以不審也.

(1) 「복인자(服人者)」는 「다른 사람을 눌러 이기고자 한다」는 뜻이다. 「양인자(養人者)」는 「남과 더불어 함께 선도에 돌아간다」는 뜻이다. 무릇 공적 마음을 갖느냐 사적 마음을 갖느냐에 따라, 사람의 <행동의> 향배가 크게 다르게 된다. 그러므로 학자는 이 점에 대하여 잘 살피지 않으면 안된다.

【참고 보충】 「이선복인(以善服人)」

「이선복인(以善服人)」을 「임금이 선언(善言)이나 선도(善道)로 백성들을 따르게 하다」로 푼다. 한편 「패자(覇者)가 거짓된 선으로 남을 굴복케 한다」로 풀이할 수도 있다. 그러나 앞뒤의 글을 종합하면 역시 「선도로써 백성을 가르치고 교화해서 마음으로 따르게 한다」로 푸는 것이 좋다. 한두 가지 좋은 일을 한 것만으로는 왕도덕치(王道德治)를 할 수 없다.

제16장 善服章 : 白文

[1] 孟子曰 以善服人者 未有能服人者也 以善養人然後能服天下 天下不心服 而王者 未之有也.

【요점 복습】 제16장 선복장

백성을 도(道)로써 교화하고 심복(心服)하게 해야 한다.

제17장 無實章 : 총 1 구절

[1] 孟子曰 言無實不祥 不祥之實 蔽賢者當之.

맹자(이) 왈 언무실불상(하니) 불상지실(은) 폐현자당지(니라)

[1] 맹자가 말했다.「말에 진실성이 없는 것이 가장 상서롭지 않고 나쁘다. 상서롭지 않은 말의 실재적 해독은 현명한 사람을 덮고 가로막는 것이다.」

[어구 설명] [1] ㅇ言無實不祥(언무실불상) : 여러 가지로 풀이한다. ①말에 알맹이가 없는 것이 상서롭지 않고 나쁘다. ②하는 말에 진실성이 없고 또 상서롭지 않다. ③말 자체는 사실로 상서롭지 않은 것도 없다. 이 책에서는 ①을 바탕으로 해석했다. ㅇ不祥之實(불상지실) : 상서롭지 않은 나쁜 말의 실재 열매. 즉 사실적 해독. ㅇ蔽賢者當之(폐현자당지) : 현명한 사람을 덮고 가로막는 것이다. 즉 무고(誣告)나 참언(讒言)이다.

【集註】(1) 或曰 天下之言 無有實不祥者 惟蔽賢爲不祥之實 或曰 言而無實者不祥 故蔽賢爲不祥之實 二說不同 未知孰是 疑或有闕文焉.

(1) 혹자는 <풀이한다.>「천하의 말은 <많고 다양하다. 그 중에서도> 진실성이 있으면서 상서롭지 않은 말은 없다. 다

만 어진 사람을 가려 덮는 말이 상서롭지 않은 나쁜 말이다.」 혹자는 <풀이한다.>「말에 진실성이 없는 것이 상서롭지 않고 나쁘다. 고로 현자를 가려 덮는 것이 좋지 않은 나쁜 열매라 하겠다.」 두 가지 설이 같지 않으나, 어느 것이 옳은지 알지 못한다. 아마도 <앞뒤에> 빠진 글이 있을 것이다.

【참고 보충】「언무실불상(言無實不祥)」

이 책에서는 「언무실불상(言無實不祥)」을 「말에 알맹이가 없는 것, 즉 진실성이 없는 말이 상서롭지 않고 나쁘다」고 풀었다. 그리고 「불상지실(不祥之實)」과 「폐현자당지(蔽賢者當之)」를 붙여서 다음같이 풀었다. 「상서롭지 않은 나쁜 말의 실재 열매, 즉 사실적 해독」은 곧 「현명한 사람을 덮고 가로막는 것이다. 즉 무고(誣告)나 참언(讒言)이다」라는 뜻으로 풀었다.

제17장 無實章 : 白文

[1] 孟子曰 言無實不祥 不祥之實 蔽賢者當之.

【요점 복습】 제17장 무실장

알맹이나 실상이 없는 나쁜 말은 곧 무고(誣告)나 참언(讒言)이다. 그러한 나쁜 말은 결국 현명한 군자를 엄폐하거나 몰아내고, 반대로 사악하고 음흉한 소인배들이 권세나 재물을 독점하려는 악덕한 술책에서 나온 것이다.

제18장 徐子章 : 총 3 구절

[1] 徐子曰 仲尼亟稱於水 曰水哉水哉 何取於水也.

서자(이) 왈 중니(이) 기칭어수 왈 수재수재(여하시니) 하취어수야(이시니이꼬)

[1] 맹자의 제자, 서자(徐子)가 물었다. 「공자께서 여러 차례 물을 칭찬하시고 『물이여! 물이여!』하고 감탄하셨는데, 물에서 어떤 점을 취하시고 그렇게 칭찬을 했습니까.」

[어구 설명] [1] ㅇ徐子曰(서자왈) : 맹자의 제자 서자(徐子)가 말하고 물었다. 「서자」는 앞에도 나왔다. <滕文公 上 제5장> ㅇ仲尼亟稱於水(중니기칭어수) : 공자가 자주 물을 칭찬하고. 「중니(仲尼)」는 공자의 자(字). 「기(亟)」는 「여러 차례, 자주」의 뜻이다. 여기서는 「극(亟)」을 「기」로 읽는다. ㅇ曰水哉水哉(왈수재수재) : <공자가> 『물이여! 물이여!』하고 찬탄했다. ㅇ何取於水也(하취어수야) : 물에서 어떤 점을 취해서 칭찬을 했습니까.

【集註】(1) 亟數也 水哉水哉 歎美之辭.

(1) 「기(亟)」는 수차(數次)의 뜻이다. 「물이여! 물이여!(水哉水哉)」는 감탄하고 칭찬하는 말이다.

[2] 孟子曰 原泉混混 不舍晝夜 盈科而後進 放乎四海 有本者如是 是之取爾.

맹자(이) 왈 원천(이) 곤곤(하야) 불사주야(하야) 영과이후(에) 진(하야) 방호사해(하나니) 유본자(이) 여시(라) 시지취이(시니라)

[2] 맹자가 대답해서 말했다. 「근본 뿌리가 깊은 샘물이 세차게 솟아 흐르고 낮과 밤에도 쉬지 않고 계속해서 흐른다. <그 물은> 움푹 파진 곳을 채우고 다시 또 흐른다. <그리고> 사해로 퍼져나간다. 뿌리가 있는 것은 이와 같다. <즉 뿌리깊은 샘물이 웅덩이를 메우고 다시 흘러 바다에 들어가듯이 하늘이나 하늘의 도리를 뿌리로 삼고 있는 성인(聖人)의 인덕(仁德)은 천하 사방에 퍼져나간다.> 이와 같은 덕성(德性)을 취해서 칭찬한 것이다.」

[어구 설명] [2] ㅇ孟子曰(맹자왈) : 맹자가 대답해 말했다. ㅇ原泉(원천) : 근원이 되는 샘. 「원(原)」은 「원(源)」이다. ㅇ混混(곤곤) : 「곤곤(滾滾)」과 같다. 「곤(滾)」은 「물이 세차게 솟아 흐르는 모양」을 표현한 자이다. ㅇ不舍晝夜(불사주야) : <물이> 낮과 밤에도 쉬지 않고 계속해서 흐른다. ㅇ盈科而後(영과이후) : 움푹 파진 곳을 채우고 다시 또 흐른다. 「영(盈)」은 채우다. 「과(科)」는 「감(坎 : 구덩이)」과 같은 뜻이다. ㅇ放乎四海(방호사해) : <물이> 사해로 퍼져나간다. ㅇ有本者如是(유본자여시) : 뿌리가 있고 깊

은 것은 이와 같다. 즉 뿌리깊은 샘물이 웅덩이를 메우고 다시 흘러 바다에 들어가듯이 하늘이나 하늘의 도리를 뿌리로 삼고 있는 성인(聖人)의 인덕(仁德)은 천하 사방에 퍼져나간다. ㅇ是之取爾(시지취이) : 이와 같은 덕성을 취해서 칭찬한 것이다.

【集註】(1) 原泉 有原之水也 混混 湧出之貌 不舍晝夜 言常出不竭也 盈滿也 科坎也 言其進以漸也 放至也 言水有原本 不已而漸進 以至於海 如人有實行 則亦不已而漸進 以至於極也.

(1)「원천(原泉)」은「깊은 뿌리가 있는 샘물」이다.「곤곤(混混)」은「용솟음쳐 나오는 물을 표현」한 말이다.「불사주야(不舍晝夜)」는「항상 물이 솟아나와 마르지 않는다」는 뜻을 말한 것이다.「영(盈)」은「가득 찬다」는 뜻이다.「과(科)」는「감(坎)」이다. 즉「물이 솟아 흐르고 점차로 나간다는 뜻」을 말한 것이다.「방(放)」은「지(至)」와 같은 뜻이다. 즉「깊은 뿌리가 있는 물이 끝없이 흘러나가서 바다에 이르는 것과 같이, 사람도 <하늘의 도리를> 성실하게 행하고 그치지 않고 점진적으로 나가면 지극한 경지에 이른다」는 뜻을 말한 것이다.

[3] 苟爲無本 七八月之間 雨集溝澮皆盈 其涸也 可立而待也 故聲聞過情 君子恥之.

구위무본(이면) 칠팔월지간(에) 우집(하야) 구회(이) 개

영(이나) 기고야(는) 가립이대야(이니) 고(로) 성문과정
(을) 군자(이) 치지(니라).

[3] <맹자의 말 계속> 「만약에 뿌리가 없으면, 7, 8월
에 내리는 소낙비 같게 된다. 비가 <일시에> 집중적
으로 쏟아져 내리자, 금새 도랑이나 개천에 물이 넘친
다. 그러나 쏟아져 내린 빗물 마르는 것도 서서 기다
릴 수 있다. <즉 즉시 물이 마른다.> 고로 허망하게
사실 이상으로 난 명성을 군자는 부끄럽게 여긴다.」

[어구 설명] [3] ○苟爲無本(구위무본) : 만약에 뿌리가 없으면.
○七八月之間(칠팔월지간) : 7, 8월에 내리는 소낙비같이. 주(周)나
라의 역으로 「칠팔월(七八月)」은 음력 「5, 6월」에 해당한다. ○雨
集溝澮皆盈(우집구회개영) : 비가 <일시에> 집중적으로 쏟아져
내려, 금새 도랑이나 개천에 물이 넘친다. 溝(작은 도랑 구), 澮(큰
도랑 회), 盈(찰 영). ○其涸也(기고야) : <쏟아져 내린 빗물이>
마르는 것도. ○可立而待也(가립이대야) : 서서 기다릴 수 있다.
즉 물이 즉시 마른다는 뜻. 「고(涸)」를 「학」으로도 읽는다. ○故
(고) : 그러므로. ○聲聞過情(성문과정) : 허망한 명성이 지나치게
난다. 「정(情)」은 사실, 실정. ○君子恥之(군자치지) : 군자는 <거
짓된 명성이 나는 것을> 부끄럽게 여긴다.

【集註】(1) 集聚也 澮田間水道也 涸乾也 如人無
實行 而暴得虛譽 不能長久也 聲聞名譽也 情實也
恥者 恥其無實而將不繼也.

(1) 「집(集)」은 「모이다」의 뜻이다. 「회(澮)」는 「전답 사이의 물길」이다. 「고(涸)」는 「마른다」는 뜻이다. 흡사 실적 없는 사람이 갑자기 허망한 명성을 얻어도 오래가지 못함과 같다. 「성문(聲聞)」은 「명예」의 뜻이다. 「정(情)」은 「사실, 실정」의 뜻이다. 「치(恥)」는 「곧 실정이 없는 <허망한 명성이> 오래가지 못할 것을 부끄럽게 여긴다」는 뜻이다.

【集註】(2) 林氏曰 徐子之爲人 必有躐等干譽之病 故孟子以是答之 鄒氏曰 孔子之稱水 其旨微矣 孟子獨取此者 自徐子之所急者 言之也 孔子嘗以聞達 告子張矣 達者有本之謂也 聞則無本之謂也 然則學者其可以不務本乎.

(2) 임씨(林氏)가 말했다. 「서자의 사람됨이 순서와 단계를 뛰어넘고 명예를 얻으려고 하는 결함이 있었다. 그러므로 맹자가 이렇게 대답한 것이다.」 추씨(鄒氏)가 말했다. 「공자(孔子)가 강물을 보고 감탄한 뜻은 미묘하다. 맹자는 오직 뿌리깊은 샘물을 예로 들고 서자의 조급한 결점을 탓한 말이다. 공자가 전에 문달(聞達)에 대한 말을 자장(子張)에게 고한 일이 있다. 달(達)은 뿌리가 있는 것이 자라서 도달한다는 뜻이다. 문(聞)은 뿌리 없는 소문이 퍼진다는 뜻이다. 그러니 학자는 뿌리에 힘을 쓰지 않을 수 있겠는가.」

제18장 徐子章 : 白文

[1] 徐子曰 仲尼亟稱於水曰 水哉水哉 何取於水也.

[2] 孟子曰 原泉混混 不舍晝夜 盈科而後 進放乎四海 有本者如是 是之取爾.

[3] 苟爲無本 七八月之間 雨集溝澮皆盈 其涸也可立而待也 故聲聞過情 君子恥之.

【요점 복습】 제18장 서자장

깊은 샘에서 솟아나는 물은 만물에게 생명을 준다. 밤낮을 쉬지 않고 흐르는 물은 낮은 웅덩이를 채우고 다시 흘러 사해(四海)를 채우고 넘친다. 절대선(絶對善)인 천도를 따르고 실천하는 군자의 덕이 바로 물과 같은 것이다.

제19장 人之章 : 총 2 구절

[1] 孟子曰 人之所以異於禽獸者 幾希 庶民去之 君子存之.

맹자(이) 왈 인지소이 이어금수자(이) 기희(하니) 서민(은) 거지(하고) 군자(는) 존지(니라)

[1] 맹자가 말했다.「사람과 금수가 다른 점은 지극히 미소하다. <그 미소한 점을> 일반 서민은 버리고 따르지 않는다. 군자만이 간직하고 행한다.」

[어구 설명] [1] ㅇ 人之所以(인지소이) : 사람이 --하는 이유, 까닭은. ㅇ 異於禽獸者(이어금수자) : <사람과> 금수와 다른 점. ㅇ 幾希(기희) : 극히 적다. 아주 미소하다. 즉 사람과 금수가 서로 다른 점이나 이유가 지극히 기미(機微)하고 미소하다. <⇒ 참고 보충> ㅇ 庶民去之(서민거지) : 일반 서민은 <미소한 차이를 간직하지 않고> 버린다. ㅇ 君子存之(군자존지) : 군자는 간직한다.

【集註】(1) 幾希少也 庶衆也 人物之生 同得天地之理 以爲性 同得天地之氣 以爲形 其不同者 獨人於其間 得形氣之正 而能有以全其性 爲少異耳 雖曰少異 然人物之所以分 實在於此 衆人不知此而去之 則名雖爲人 而實無以異於禽獸 君子知此而存之 是以 戰兢惕厲 而卒能有以全其所受之理也.

(1) 「기희(幾希)」는 「적다」는 뜻이다. 「서(庶)」는 「대중」의 뜻이다. 인간이나 동물이 태어나 사는 <바탕은> 다 같다. 즉 하늘과 땅의 이(理)를 받아서 저마다의 본성(本性)으로 삼고, 또 하늘과 땅의 기(氣)를 받아서 형상(形象)으로 삼고 있는 것이다. <인간과 동물이> 같지 않은 점은 천지간에 있는 만물 중에 오직 인간만이 형기(形氣)를 바르게 받아 가지고 본성(本性)의 도리를 온전하게 행할 수 있다는 점에 있다. <그러므로> 차이점이 적다고 말하는 것이다. 비록 조금 다르다고 하나, 사람과 동물의 차이점이 바로 이 점에 있다. <이를>

일반 대중들은 모르고 내버려두고 행하지 않는다. 그러므로 이름은 비록 사람이면서 실상은 금수와 다를 바가 없다. 군자는 이를 알고 잘 간직한다. <즉 천명으로 주어진 본성 속의 천리를 잘 간직한다.> 그러므로 <삶을 살고 행동을 함에 있어> 전전긍긍 두려워하며 따라서 <하늘로부터> 내려 받은 바 천리(天理)를 온전하게 행할 수 있다.

【참고 보충】「인간과 동물의 차이」

(1) 인간도 동물도 다 하늘에 의해서 태어나 살고 있다. 인간의 본성이나 형상도 하늘이 내려준 것이다. 동물의 본성이나 형상도 하늘이 내려준 것이다. 그러므로 기본적으로는 인간이나 동물은 다 같다. 그러나 인간은 하늘과 하늘의 도리를 인식한다. 그러나 동물은 인식하지 못한다. 같은 인간이라도 극소수의 군자는 인식하지만 대부분의 서민은 인식하지 못한다. 그래서 맹자는 인간과 동물의 차이가 극히 적다고 말한 것이다.

(2) 인간이 천리를 터득하고 윤리를 실천하는 바탕은 하늘이 인간에게 내려준 숭고한 정신과 영특한 마음이다. 그러나 많은 사람들은 형기(形氣)를 바탕으로 한 동물적 삶만을 알고, 숭고한 정신적 삶이나 가치를 모른다. 지식인도 동물적 본능과 이기적 욕심에 빠져 인의도덕을 외면하는 경우가 많다. 그래서 맹자는 인간과 동물의 차이가 극히 적다고 말한 것이다.

(3) 주자(朱子)는 말했다. 「사람과 동물은 다 같이 천리를 따른다. 그러나 사람에게는 천리를 터득하는 마음이 있는 점이 다르다. (人物之所同者理也 所不同者心也)」「사람이 만약에 사리사욕에

온통 덮이면 보이지 않으나, 영특하게 작용하는 마음이 금수의 본능으로 변한다. 사람과 금수의 차이는 오직 이 점에 있다. 그러므로 차이가 적다고 하는 것이다.(人若以私欲蔽了 這箇虛靈便是 禽獸 人與禽獸只爭這些子 所以謂幾希)」<大全註疏>

(4) 사람이나 금수가 다 같이 하늘의 소생이며, 동물이라는 점에서 같다. 그러나 천리를 인식하고 윤리(倫理)와 인의(仁義) 도덕을 행하는 면에서는 크게 다르다. 맹자가「차이가 극히 적다」고 말한 것은「만약에 인의도덕을 모르고 행하지 않는다면 인간과 금수의 차이가 극히 적다」는 뜻이다.

[2] 舜明於庶物 察於人倫 由仁義行 非行仁義也.

순(은) 명어서물(하시며) 찰어인륜(하시니) 유인의행(이라) 비행인의야(이시니라)

[2] <맹자의 말 계속>「옛날의 성제(聖帝) 순(舜)은 모든 사물의 도리를 밝게 알고 또 도리에 맞게 처리했으며 또 인간의 윤리를 잘 살피고 <모든 사람으로 하여금> 지키게 했다. 순임금은 인의(仁義)의 도리를 바탕으로 행한 것이지, 인의를 행한 것이 아니다.」

[어구 설명] [2] ㅇ舜明於庶物(순명어서물) : 옛날의 성제(聖帝) 순(舜)은 모든 사물의 도리를 밝게 알고 또 도리에 맞게 처리했다. ㅇ察於人倫(찰어인륜) : 인간의 윤리를 잘 살피고 <모든 사람으로 하여금> 지키게 했다. ㅇ由仁義行(유인의행) : <그러므로 순임금의 다스림은> 인의(仁義)의 도리를 바탕으로 행한 것이다. ㅇ非行

仁義也(비행인의야) : 인의(仁義)를 행한 것이 아니다.

【集註】(1) 物事物也 明則有以識其理也 人倫說見前篇 察則有以盡其理之詳也 物理固非度外 而人倫尤切於身 故其知之有詳略之異.

(1)「물(物)」은 「사물(事物)」이다. 「명(明)」은, 즉 「사물의 도리를 안다」는 뜻이다. 「인륜(人倫)에 대한 설명」은 앞에 있다. 「찰(察)」은 곧 「사물의 도리를 상세하게 알고 충분히 나타낸다」는 뜻이다. 모든 사물의 도리는 당연히 하늘의 법도 밖에 있는 것이 아니며, 그 중에도 인륜은 처신(處身)에 있어 가장 중요하고 절실한 것이다. 고로 도리와 인륜을 알고 행함에 있어 자상함과 간략함의 차이가 나게 마련이다.

【集註】(2) 在舜則皆生而知之也 由仁義行 非行仁義 則仁義已根於心 而所行皆從此出 非以仁義爲美而後 勉强行之 所謂安而行之也 此則聖人之事 不待存之 而無不存矣.

(2) 순임금의 경우는 모두가 「생이지지(生而知之)」이다. 「유인의행 비행인의(由仁義行 非行仁義)」는 곧 「인의가 마음의 뿌리이고 따라서 행하는 바가 다 마음에서 나오며, 인의가 미덕이기 때문에 억지로 행한다는 뜻이 아니다. 이른바 자연스럽게 행한다는 뜻이다. 이러한 경지는 곧 성인의 일이다.

의식적으로 지니지 않고도 스스로 지니지 않는 바가 없게 되는 것이다.」

【集註】(3) 尹氏曰 存之者 君子也 存者聖人也 君子所存 存天理也 由仁義行 存者能之.

(3) 윤씨(尹氏)가 말했다. 「의식적으로 간직하는 것은 군자가 할 일이다. 스스로 간직하는 경지가 성인이다. 군자가 간직하려는 것은 천리이다. 인의를 따르고 실천해야 능히 천리를 간직할 수 있다.」

【참고 보충】「하늘과 하나 된 순임금」

  맹자는 동물과 차원이 다른 인간의 전범으로 순(舜)임금을 내세웠다. 순임금은 곧 하늘과 하나된 경지의 성제(聖帝)다. 순임금은 천리를 터득하고 모든 사물을 천리에 맞게 다스렸으며, 사람들로 하여금 윤리 도덕을 따르고 실천케 했다. 순임금은 생이지지(生而知之)한 성제다. 그러므로 모든 군자들은 순임금을 본으로 삼고 배우고 노력해야 한다.

  장씨가 말했다. 「만물의 도리를 밝게 알고 다스리는 것이나 인륜을 살피고 모든 사람으로 하여금 따르고 행하게 하는 것이 곧 궁리이다.(張氏曰 明庶物 察人倫 皆窮理也)」「서산 진씨가 말했다. 간직하려고 하는 자는 노력을 필요로 한다. 순임금은 처신이 곧 도리이고 도리가 곧 처신이다. 혼연일체이기 때문에 힘을 쓸 필요가 없다.(西山眞氏曰 存之者 有待於用力也 舜則身卽理 理卽身 渾然無間 而不待於用力矣)」「운봉 호씨가 말했다. 서민은 <도덕성을>

간직하지 못한다. 그래서 금수와 다를 바가 없다. 군자는 알고 노력해서 간직한다. 그래서 서민과 다르다. 애를 쓰고 간직하는 사람은 군자이고, 스스로 지니는 사람은 성인이다. 이 점이 또 성인이 군자와 다를 점이다.(雲峯胡氏曰 庶民不能存 無以自異於禽獸 君子知此而存之 所以自異於庶民 存之者君子 存者聖人 此又聖人所以異於君子也)」<大全註疏>

제19장 人之章 : 白文
[1] 孟子曰 人之所以異於禽獸者幾希 庶民去之君子存之.
[2] 舜明於庶物 察於人倫 由仁義行 非行仁義也.

【요점 복습】제19장 인지장

맹자의 말을 오늘의 말로 풀면 다음같이 된다.

「사람도 동물이다. 그러므로 동물적 본능을 바탕으로 산다. 그러나 사람은 동물과 다른 숭고한 도덕성을 지니고 있다. 그러나 그 도덕성은 인간의 본성 속에 잠재하고 있으므로 계발하고 함양하지 않으면, 나타나지 않는다. 그래서 범인들은 잘 모르고 동물적인 삶만을 살게 마련이다.」

제20장 旨酒章 : 총 5 구절

[1] 孟子曰 禹惡旨酒 而好善言.

맹자(이) 왈 우(는) 오지주 이호선언(이러시다)

[1] 맹자가 말했다. 「하(夏)나라의 우왕(禹王)은 술을 싫어했으며 좋은 말 듣기를 좋아했다.」

[어구 설명] [1] ㅇ禹惡旨酒(우오지주) : 하(夏)나라의 우왕(禹王)은 맛있는 술을 싫어했다. 「지(旨)」는 「맛있다」는 뜻. 즉 「모든 사람이 좋다고 하는 술을 우왕은 배척했다」는 뜻이다. ㅇ而好善言(이호선언) : 좋은 말 듣기를 좋아했다.

【集註】(1) 戰國策 曰 儀狄作酒 禹飮而甘之曰 後世必有以酒亡其國者 遂疏儀狄 而絶旨酒 書曰 禹拜昌言.

(1) 전국책(戰國策)에 있다. 「의적(儀狄)이 만든 술을 우왕이 마시니 감미로웠다. 이에 우왕이 말했다.『후세에 반드시 술 때문에 나라를 망치는 자가 있을 것이다.』마침내 의적을 멀리하고 맛있는 술을 안 마셨다.」 서경(書經) 대우모(大禹謨)에 있다. 「우는 좋은 말을 들으면 절을 했다.(禹拜昌焉)」

[2] 湯執中 立賢無方.

탕(은) 집중(하시되) 입현무방(이러시다)

[2] <맹자의 말 계속>「은(殷)나라의 탕왕(湯王)은 중정(中正)의 도(道)를 굳게 지켰으며, 또 현명한 사람을 등용하고 <신분상의> 차별을 하지 않았다.」

[어구 설명] [2] ㅇ 湯執中(탕집중) : 은(殷)나라의 탕왕(湯王)은 중정(中正)의 도(道)를 잘 지켰다. ㅇ 立賢無方(입현무방) : 현명한 사람을 등용했으며, <출신이나 신분상의> 차별을 하지 않았다.

【集註】(1) 執謂守而不失 中者無過不及之名 方猶類也 立賢無方 惟賢則立之於位 不問其類也.

(1)「집(執)」은「굳게 지키고 잃지 않는다」는 뜻이다.「중(中)」은「지나치지도 않고 모자라지도 않게 한다」는 뜻이다.「방(方)」은「유(類)」와 같은 뜻이다.「입현무방(立賢無方)」은「오직 현명하면 내세워 직위를 주고, 부류를 묻지 않았다」는 뜻이다.

[3] 文王視民如傷 望道而未之見.

문왕(은) 시민여상(하시며) 망도이미지견(이러시다)

[3] <맹자의 말 계속>「주(周)나라의 문왕(文王)은 백성들 돌보기를 흡사 다친 사람 돌보듯 했다. 또 <실지로 인도(仁道)를 따르고 행하면서도> 멀리 앞을 바라보면서 아직도 인도를 보지 못한 것처럼 <더욱> 노력했다.」

[어구 설명] [3] ㅇ 文王視民如傷(문왕시민여상) : 주(周)나라 문왕

(文王)은 백성들 돌보기를 흡사 다친 사람 돌보듯 했다. ㅇ望道而未之見(망도이미지견) : <실지로 인도(仁道)를 따르고 행하면서도> 멀리 앞을 바라보면서 아직도 인도를 보지 못한 것처럼 더욱 분발하고 노력했다.

【集註】(1) 民已安矣 而視之 猶若有傷 道已至矣 而望之 猶若未見 聖人之愛民深 而求道切 如此 不自滿足 終日乾乾之心也.

(1) 백성들이 이미 안락하게 되었거늘, 문왕은 그들 보살피기를 다친 사람 돌보듯이 했다. 인도(仁道)를 이미 행하고 있거늘 아직도 <인도를> 발현(發現)하지 못한 것처럼, 더욱 앞을 보고 나갔다. 성인의 백성 사랑의 깊음과 구도(求道)의 절실함이 이와 같이 스스로 만족하지 않고 항상 강건한 마음으로 세차게 나갔던 것이다.

[4] 武王不泄邇 不忘遠.

무왕(은) 불설이(하시며) 불망원(이러시다)

[4] <맹자의 말 계속> 「주(周)나라 무왕(武王)은 친근한 신하나 제후들에게도 무례하게 하지 않았으며, 또 먼 나라의 제후들도 잊지 않고 돌보았다.」

[어구 설명] [4] ㅇ武王不泄邇(무왕불설이) : 주(周)나라 무왕(武王)은 친근한 신하나 제후들에게도 무례하게 하지 않았다. <그러므로 그들이 이탈하지 않았다.> ㅇ不忘遠(불망원) : 먼 나라의 제

후들도 잊지 않고 돌보았다.

【集註】(1) 泄狎也 邇者人所易狎而不泄 遠者人所易忘而不忘 德之盛 仁之至也.

(1)「설(泄)」은「압(狎)」이다. 가까이 있는 사람은 무례하게 하기 쉽다. 그러나 <무왕은> 그들을 이탈되게 하지 않았다. 한편 거리가 먼 사람은 망각하기 쉽다. 그래도 <무왕은> 잊지 않았다. 이는 곧 덕(德)이 성대하고 인(仁)이 지극하기 때문이다. *「압(狎)」은「친숙하다고 무례하게 해서 결국은 소원하게 된다」는 뜻이다.

[5] 周公 思兼三王 以施四事 其有不合者 仰而思之 夜以繼日 幸而得之 坐以待旦.

주공(은) 사겸삼왕(하샤) 이시사사(하샤되) 기유불합자(이어든) 앙이사지(하샤) 야이계일(하샤) 행이득지(어시든) 좌이대단(이러시다)

[5] <맹자의 말 계속>「주공단(周公旦)은 생각이나 사상이 세 임금을 겸했다. <즉 하우왕(夏禹王), 은탕왕(殷湯王), 주문왕과 무왕(周文武王), 삼대의 임금의 덕(德)을 겸했다.> 그리고 또 네 임금의 좋은 사업을 계승해서 시행했다. 혹 <주공 자신이 한 일이 선왕들의 덕업(德業)에> 맞지 않으면 하늘을 우러러 반성하

고, 밤을 낮에 이어, <생각을 하고> 요행히 좋은 생각
이나 방도를 터득하면 <잠을 안 자고> 앉아서 새벽
되기를 기다렸다.」

[어구 설명] [5] ○周公(주공) : 주공단(周公旦). 문왕의 아들, 무왕의 동생. 주나라의 문물제도를 제정했다. ○思兼三王(사겸삼왕) : 생각이나 사상이 세 임금을 겸했다. 즉「하 우왕(夏禹王), 은 탕왕(殷湯王), 주 문왕과 무왕(周文武王)」세 임금의 덕(德)을 겸했다. ○以施四事(이시사사) :「우왕, 탕왕, 문왕 및 무왕」세 임금의 좋은 사업을 계승해서 시행했다. ○其有不合者(기유불합자) : 혹 <주공 자신이 한 일이 선왕들의 덕업(德業)과> 맞지 않으면. ○仰而思之(앙이사지) : 하늘을 우러러 생각하고. ○夜以繼日(야이계일) : 밤을 낮에 이어. <생각하고.> ○幸而得之(행이득지) : 요행히 좋은 생각이나 방도를 터득하면. ○坐以待旦(좌이대단) : <잠을 안 자고> 앉아서 새벽 되기를 기다렸다.

【集註】(1) 三王 禹也湯也文武也 四事上四條之事也 時異勢殊 故其事或有所不合 思而得之 則其理初不異矣 坐以待旦 急於行也.

(1)「삼왕(三王)」은「우왕(禹), 탕왕(湯), 문왕·무왕(文武)」이다.「사사(四事)」는「위의 네 가지 일」이다. <그러나 주공단의 경우는> 시대와 형세가 다르기 때문에 <전의 임금들을 따라도> 일이 혹 맞지 않는 바가 있었다. 그래서 생각하고 맞게 했던 것이다. 그러므로 도리에 있어서는 처음부터 다른

것이 아니었다.「좌이대단(坐以待旦)」은「급하게 실행하고 싶어했다」는 뜻이다.

【集註】(2) 此承上章 言舜 因歷敍群聖 以繼之 而各舉其一事 以見其憂勤惕厲之意 蓋天理之所以常存 而人心之所以不死也 程子曰 孟子所稱 各因其一事而言 非謂武王不能執中立賢 湯卻泄邇忘遠也 人謂各舉其盛亦非也 聖人亦無不盛.

(2) 이 장은 앞의 장에 이어 순임금의 <성스러운 경지를> 말한 것이다. 즉 역대의 여러 성왕(聖王)들이 <순임금의 성덕을> 계승하고 저마다 한 가지씩 거행하는데, 저마다 마음과 뜻을 심히 '우근척려(憂勤惕厲)' 했음을 말한 것이다. <이와 같이 성왕들이 '우근척려'함으로써> 천하에 천리가 상존(常存)하고, 또 인심(仁心)이 항상 살아있게 마련이다. 정자가 말했다.「맹자는 <성왕들의 경우> 저마다 한 가지만을 칭찬한 것이다. 무왕(武王)이『중정(中正)을 지키지 않고 또 현명한 사람을 내세우지 못한 것』이 아니다. 탕왕(湯王)이『친근한 사람에게 무례하게 하고 사이가 먼 사람을 소홀히 한 것』이 아니다. 혹 어떤 사람은 맹자가 성왕(聖王)의 가장 높은 덕(德)을 한 가지만 내세웠다고 말하지만 <그러한 비판은> 잘못이다. 성인에게는 높지 않은 덕이 없다.」*「우근척려(憂勤惕厲)」는「<하늘의 도리를 따르고 실천하려고> 항상 근심

걱정하고 부지런히 애쓰고 노력한다」는 뜻이다.「인심(人心)」
은 곧「인심(仁心)」이다.

제20장 旨酒章 : 白文
[1] 孟子曰 禹惡旨酒 而好善言.
[2] 湯執中 立賢無方.
[3] 文王視民如傷 望道而未之見.
[4] 武王不泄邇 不忘遠.
[5] 周公 思兼三王 以施四事 其有不合者 仰而思
之 夜以繼日 幸而得之 坐以待旦.

【요점 복습】제20장 지주장
 순임금의 뒤를 이은 여러 성왕들의 덕행을 말했다.

제21장 王者章 : 총 3 구절

[1] 孟子曰 王者之跡 熄而詩亡 詩亡然後 春秋作.

맹자(이) 왈 왕자지적(이) 식 이시망(하니) 시망연후(에) 춘추(이) 작(하니라)

[1] 맹자가 말했다.「왕자의 업적이 끝을 맺자 시의 가르침도 자취를 감추었으며, 시의 가르침이 망하자 그 다음에 춘추가 나타났다.」

[어구 설명] [1] ㅇ王者之跡(왕자지적) : <평왕(平王)의 동천(東遷)으로 서주(西周)가 끝났다.> 아울러 주(周)나라의 참다운 임금의 업적도. <종식되었다.> ㅇ熄而詩亡(식이시망) : <참다운 왕자(王者)의 기풍이나 업적이> 종식되자, 따라서 시교(詩敎)도 사라졌다. ㅇ詩亡然後春秋作(시망연후춘추작) : 시교(詩敎)가 자취를 감추고 <천하가 문란해지자> 공자가 <노나라 역사 기록인> 춘추에 <붓을 대고 대의명분을 바로잡고자 했다.> <⇒ 참고 보충>

【集註】(1) 王者之跡熄 謂平王東遷 而政敎號令 不及於天下也 詩亡 謂黍離降爲國風而雅亡也 春秋 魯史記之名 孔子因而筆削之 始於魯隱公之元年 實平王之四十九年也.

(1)「왕자지적식(王者之跡熄)」은「평왕이 동천(東遷)하여 정

교(政敎)나 호령(號令)이 천하에 미치지 않게 됨」을 말한다.
「시망(詩亡)」은 「서리편(黍離篇)이 밑으로 내려가 국풍(國風)이 되고 또 아(雅)가 없어짐」을 말한다. 「춘추(春秋)」는 「노나라 역사 기록의 이름」이다. <그 기록을> 공자가 삭제 혹은 가필하고 <대의명분을 밝혔다.> 노나라 은공(隱公)이 자리에 오른 원년(元年)에 시작했다. 실은 주나라 평왕 49년이다.

【참고 보충】「왕자지적식(王者之跡熄)」

직역하면 「왕자의 자취가 멈추다, 사라지다」이다. 그러나 그 내용에 대한 설이 여러 가지 있다. (1) 서주(西周)의 마지막 임금 유왕(幽王)이 견융(犬戎)에게 피살되었다. 그러자 뒤를 이은 평왕(平王)은 국도 풍호(豊鎬)를 견융에게 내주고 동쪽 낙양(洛陽)으로 옮겼다. 이 때가 기원전 72년이며, 그 후를 동주(東周)라고 했다. 동주시대의 전반부는 춘추시대(春秋時代), 후반부는 전국시대(戰國時代)다. 따라서 서주(西周)와 더불어 「성왕(聖王)의 인정(仁政)의 기풍이 종식되었다.」 (2) 「왕자지적(王者之跡)」을 「주나라 초기에 있었던 순수관시(巡狩觀詩)의 기풍(氣風)이 없어졌다.」는 뜻으로 푼다. 임금이 직접 천하를 돌면서 민정을 살폈다. 한편 패관(稗官)이나 주인(遒人)이 목탁(木鐸)을 두드리면서 각지로 가서 민간의 시(詩)를 수집하고 민간의 기풍을 살폈다. 아울러 위에서는 백성들의 기풍을 시를 통해 교화했다. 이와 같은 시교(詩敎)가 사라졌다는 뜻이다. <* 적(跡)은 적(迹)이다.> (3) 「성왕(聖王)의 덕(德)을 칭송한 주남(周南), 소남(召南), 대아(大雅), 소아(小雅)

및 주나라 선조를 칭송한 송(頌) 같은 훌륭한 시가 자취를 감추었다.」는 뜻이다.

[2] 晉之乘 楚之檮杌 魯之春秋 一也.
진지승(과) 초지도올(과) 노지춘추(이) 일야(이니라)

[2] <맹자의 말 계속>「진(晉)나라에서는 승(乘)이라 했고, 초(楚)나라에서는 도올(檮杌)이라 했고, 노(魯)나라에서는 춘추(春秋)라 했다. 그러나 다 같은 역사 기록이다.」

[어구 설명] [2] ㅇ晉之乘(진지승) : 진(晉)나라의 승(乘), 진나라에서는 역사기록을 「승」이라고 일컬었다. ㅇ楚之檮杌(초지도올) : 초(楚)나라에서는 역사기록을 「도올」이라고 일컬었다. ㅇ魯之春秋(노지춘추) : 노(魯)나라에서는 역사기록을 「춘추」라고 일컬었다. ㅇ一也(일야) : <이름은 다르지만> 다 같은 역사기록이다.

【集註】(1) 乘義未詳 趙氏以爲興於田賦乘馬之事 或曰 取記載當時行事 而名之也 檮杌惡獸名 古者因以爲凶人之號 取記惡垂戒之義也 春秋者 記事者必表年以首事 年有四時 故錯擧以爲所記之名也 古者列國 皆有史官掌記時事 此三者 皆其所記冊書之名也.

(1)「승(乘)」에 대한 뜻을 잘 알 수 없다. 조씨(趙氏)는 다음같이 생각했다. 「전부(田賦)나 승마(乘馬) 같은 행사가 흥했으

므로 <역사기록을 승(乘)이라 했을 것이다.>」혹자는 다음같이 말했다. 「당시의 행사를 기재한 데서 취한 명칭이다.」「도올(檮杌)」은 나쁜 동물의 이름이다. 흉악한 사람을 도올이라 호칭하고 <그들의> 악덕을 기록하고 경계하게 한다는 뜻으로 <역사기록을 도올이라 했을 것이다.>「춘추(春秋)」는 역사를 기록한 사람이 반드시 연대(年代)를 <사건> 앞에 표시했으며, 해(年)에는 사계절이 있다. 고로 봄과 가을을 <사계절을 대표하는> 이름으로 내세워서 <역사기록의> 이름으로 삼은 것이다. 옛날에는 모든 나라에 사관(史官)이 있어, 사건을 관장하고 기록했다. <앞에 들은> 세 이름은 다 기록한 바 역사책의 이름이다.

[3] 其事則齊桓晉文 其文則史 孔子曰 其義則丘竊取之矣.

기사 즉제환진문(이오) 기문 즉사(이니) 공자(이) 왈 기의 즉구(이) 절취지의(로라하시니라)

[3] <맹자의 말 계속>「<춘추시대의 여러 나라 역사 기록의 중요한> 내용은 곧 제(齊)나라의 환공(桓公), 진(晉)나라의 문공(文公) 같은 패자(霸者)에 관한 일들이다. 그 기록은 주로 사관들이 쓴 것이다. 공자가 말했다.『<여러 나라의 사관들이 쓴 역사 기록을 놓고> 도의(道義)와 명분(名分)을 밝힌 것은 바로 공자가 외람되게 한 것이다.』<즉 공자가 하늘의 견지에

서 도의를 밝힌 것이다.>」

[어구 설명] [3] ㅇ其事則齊桓晉文(기사즉제환진문) : <춘추시대의 여러 나라 역사기록의 중요한> 내용은 곧 제(齊)나라의 환공(桓公), 진(晉)나라 문공(文公) 같은 패자(霸者)에 관한 일들이다. ㅇ其文則史(기문즉사) : 그 글은 주로 사관들이 쓴 것이다. ㅇ孔子曰(공자왈) : 공자가 말했다. ㅇ其義(기의) : <여러 나라의 사관들이 쓴 역사 기록 속에서> 도의(道義)와 명분(名分)을 밝힌 것은. ㅇ則丘竊取之矣(즉구절취지의) : 바로「나, 공자」가 외람되게 한 것이다. <공자가 하늘의 견지에서 도의를 밝힌 것이다.>

【集註】(1) 春秋之時 五霸迭興 而桓文爲盛 史史官也 竊取者 謙辭也 公羊傳 作其辭則丘有罪焉爾 意亦如此 蓋言斷之在己 所謂筆則筆 削則削 游夏不能贊一辭者也.

(1) 춘추시대에는 다섯 명의 패자가 바뀌어 일어났으며, 그 중에도 제나라의 환공, 진나라의 문공이 가장 강성했다. 「사(史)」는 「사관」이란 뜻이다. 「절취자(竊取者)」는 겸사(謙辭)다. 「공양전(公羊傳)」에서 「<대의명분을 밝힌> 말은 곧 나 자신에게 죄가 있다」고 한 뜻과 같다. 즉 <역사기록에 대한> 단죄를 자기가 했다는 뜻이다. 이른바 '가필할 것은 가필하고 삭제할 것은 삭제하였으며, 공자의 제자 자유(子游)와 자하(子夏)가 한 글자도 도울 수 없었다'고 한 것을 말한다.

【集註】(2) 尹氏曰 言孔子作春秋 亦以史之文 載當時之事也 而其義 則定天下之邪正 爲百王之大法 此又承上章歷敍群聖 因以孔子之事 繼之而孔子之事 莫大於春秋 故特言之.

(2) 윤씨(尹氏)가 말했다.「공자가 춘추를 고쳐 쓸 때에도 역시 사관의 글을 바탕으로 하고 당시의 일들을 적었다. 그러나 공자는 의(義)를 밝혔으니, 곧 천하의 모든 일의 사(邪)와 정(正)을 바르게 잡고 모든 임금들의 대법(大法)이 되게 하기 위해서다.」이 장도 역시 앞의 장에서 여러 성인들의 역사적 일을 서술한 것을 이어받은 것이다. 아울러 공자가 한 일을 뒤에 붙여 말했다. 그리고 공자의 일 중에 춘추를 지은 것보다 더 중대한 일이 없다. 그래서 특히 내세워 말한 것이다.

제21장 王者章 : 白文
[1] 孟子曰 王者之跡 熄而詩亡 詩亡然後 春秋作.
[2] 晉之乘 楚之檮杌 魯之春秋 一也.
[3] 其事則齊桓晉文 其文則史 孔子曰 其義則丘竊取之矣.

【요점 복습】제21장 왕자장
서주(西周)의 이상적인 덕치(德治)가 끝나자, 시교(詩敎)도 사라졌다. 그리고 공자가 노(魯)나라의 역사 기록인 춘추(春秋)를 산정(刪定)하여 대의명분을 밝혔다.

제22장 私淑章 : 총 2 구절

[1] 孟子曰 君子之澤 五世而斬 小人之澤 五世而斬.

맹자(이) 왈 군자지택(도) 오세이참(이오) 소인지택(도) 오세이참(이니라)

[1] 맹자가 말했다. 「군자의 은택(恩澤)이나 유풍(遺風)도 5세면 단절된다. 소인, 즉 평민의 영향이나 유풍도 5세면 단절된다.」

[어구 설명] [1] ㅇ五世而斬(오세이참) : 5세(五世)면 끊어진다, 단절된다.

【集註】（1）澤猶言流風餘韻也 父子相繼 爲一世 三十年 亦爲一世 斬絶也 大約君子小人之澤 五世而絶也 楊氏曰 四世而緦 服之窮也 五世祖免 殺同姓也 六世親屬竭矣 服窮則遺澤寖微 故五世而斬.

(1) 「택(澤)」은 「유풍(流風)」이나 「여운(餘韻)」과 같은 뜻이다. 부자 계승의 시간을 1세라 하는데, 30년이다. 「참(斬)」은 「끊어진다」는 뜻이다. 대략 군자나 소인이나 그 여택(餘澤)은 5세면 끊어진다. 양씨(楊氏)가 말했다. 「4세면 시마복(緦麻服)을 입으니 상복(喪服)을 입는 마지막이다. 5세면 단면(袒免)한다. 동성이라도 감쇄한다. 6세에는 친속(親屬) 관계가

끝난다. 상복이 다하면 유택(遺澤)도 점차로 쇠미해진다. 고로 5세면 끝나는 것이다.」

[2] 予未得爲孔子徒也 予私淑諸人也.

여(이) 미득위공자도야(이나) 여(는) 사숙제인야(이로라)

[2] <맹자의 말 계속>「나는 <시대가 달라서> 일찍이 공자의 제자가 되지 못했다. 그래서 나는 사숙(私淑)했다. <즉 여러 사람을 통해서 스스로 잘 배울 수 있었다.>」

[어구 설명] [2] ㅇ予私淑諸人也(여사숙제인야) : 그러나 여러 사람을 통해서 스스로 잘 배울 수 있었다.「사숙(私淑)」은「스스로 잘 배우고 공자의 가르침을 잘 받들고 따른다」는 뜻이다.

【集註】(1) 私猶竊也 淑善也 李氏以爲方言是也 人謂子思之徒也 自孔子卒 至孟子游梁時 方百四十餘年 而孟子已老 然則孟子之生 去孔子未百年也 故孟子言 予雖未得親受業於孔子之門 然聖人之澤 尙存 猶有能傳其學者 故我得聞孔子之道於人 而私竊以善其身 蓋推尊孔子 而自謙之辭也 此又承上三章 歷敍舜禹 至於周孔 而以是終之 其辭雖謙 然其所以自任之重 亦有不得而辭者矣.

(1)「사(私)」는「혼자 숨어서」의 뜻이다.「숙(淑)」은「선(善)」

의 뜻이다. 이씨(李氏)가 방언이라고 한 말이 옳다. 「인(人)」은 「자사(子思)의 문도」를 말한다. 공자 서거 후, 맹자가 양(梁)에 갔을 때까지, 약 140여 년이 되었다. <그때> 맹자는 이미 늙었으니, <아마도> 맹자의 출생은 공자로부터 미처 백년이 못 된 때일 것이다. 그러므로 맹자가 <다음같이> 말한 것이다. 「내가 비록 전에 직접 공자의 문하에서 친히 수업할 수 없었지만 그러나 성인의 은택이 여전히 남아있으므로 능히 공자의 학문을 전수하는 사람이 있었다. 그러므로 나는 사람을 통해 공자의 도를 듣고 배웠으며, 외람되게 스스로 몸을 수양할 수 있었다.」 <이 말은 맹자가> 공자를 높이고 존경하는 겸사(謙辭)다. 이 장도 앞의 3장을 이어받는 것이다. 즉 차례로 순임금과 우왕을 서술하고, 또 주공과 공자를 말하고 이 장으로써 종결을 지었다. 맹자의 말은 비록 겸사이지만 그러나 자신이 지고 있는 책임이 막중한 까닭으로 역시 부득이하게 말한 것이다.

제22장 私淑章 : 白文

[1] 孟子曰 君子之澤 五世而斬 小人之澤 五世而斬.
[2] 予未得爲孔子徒也 予私淑諸人也.

【요점 복습】 제22장 사숙장

맹자가 공자의 학문과 덕을 사숙하고 계승했다는 뜻이다.

제23장 可以章 : 총 1 구절

[1] 孟子曰 可以取 可以無取 取傷廉 可以與 可以無與 與傷惠 可以死 可以無死 死傷勇.

맹자(이) 왈 가이취(이며) 가이무취(에) 취(면) 상렴(이오) 가이여(이며) 가이무여(에) 여(이면) 상혜(이오) 가이사(이며) 가이무사(에) 사(이면) 상용(이니라)

[1] 맹자가 말했다.「취해도 좋고, 안 취해도 좋은 경우에 무턱대고 취하면 청렴(淸廉)과 결백(潔白)의 미덕(美德)을 해치게 된다. <내가 남에게> 줘도 되고 안 줘도 되는 경우에 <무턱대고> 주면 은혜를 베푼다는 미덕을 해치게 된다. 내가 죽을 수도 있고 죽지 않을 수도 있는 경우에 <무턱대고> 죽으면 곧 참다운 용맹의 미덕을 해치게 된다.」

[어구 설명] [1] ㅇ可以取 可以無取(가이취 가이무취) : 취해도 좋고, 안 취해도 좋은 경우에. <깊이 생각하고 도의(道義)에 맞게 해야 한다.> ㅇ取傷廉(취상렴) : 무턱대고 취하면 청렴(淸廉)을 해치게 된다. ㅇ可以與 可以無與(가이여 가이무여) : 줘도 되고 안 줘도 되는 경우에. ㅇ與傷惠(여상혜) : 무턱대고 주면 은혜의 미덕을 해치게 된다. ㅇ可以死 可以無死(가이사 가이무사) : 죽을 수도 있고 죽지 않을 수도 있는 경우에. ㅇ死傷勇(사상용) : 무턱대

고 죽으면 이는 곧 참다운 용맹의 미덕을 해치게 된다.

【集註】（1）先言可以者 略見而自許之辭也 後言可以無者 深察而自疑之辭也 過取固害於廉 然過與亦反害其惠 過死亦反害其勇 蓋過猶不及之意也 林氏曰 公西華受五秉之粟 是傷廉也 冉子與之 是傷惠也 子路之死於衛 是傷勇也.

(1)「앞에서 할 수 있다고 한 말」은「대략 보고 스스로 허락한다는 말의 뜻」이고,「뒤에서 할 수 없다고 한 말」은「깊이 통찰하고 스스로 의아하게 여겼다는 말」이다. 지나치게 취하는 것은 청렴을 해친다. 그러나 지나치게 주는 것도 역시 베푸는 덕에 해가 된다. 잘못되게 죽는 것도 역시 용기를 해친다. 지나침도 못 미침도 잘못이라는 뜻이다. 임씨가 말했다.「논어에 있듯이 공서화가 5병의 곡식을 받은 것은 청렴을 손상한 짓이고, 염자가 준 것은 은혜를 손상한 짓이고, 또 자로가 위나라에서 죽은 것은 참다운 용기를 손상한 짓이다.」

제23장 可以章 : 白文
[1] 孟子曰 可以取 可以無取 取傷廉 可以與 可以無與 與傷惠 可以死 可以無死 死傷勇.

【요점 복습】 제23장 가이장
중정(中正)의 도에 맞게 취하고, 주고, 또 죽어야 한다.

제24장 逢蒙章 : 총 2 구절

[1] 逢蒙學射於羿 盡羿之道 思天下 惟羿爲愈己 於是殺羿 孟子曰 是亦羿有罪焉 公明儀曰 宜若無罪焉 曰薄乎云爾 惡得無罪.

_{방몽(이) 학사어예(하야) 진예지도(하고) 사천하(에) 유예위유기(라하야) 어시(에) 살예(한대) 맹자(이) 왈 시역예(이) 유죄언(이니라) 공명의왈 의약무죄언(이라하나) 왈박호운이(언정) 오득무죄(리오).}

[1] 활을 잘 쏘는 방몽(逢蒙)은 후예(后羿)에게 활 쏘는 기술을 배웠다. 방몽은 후예의 궁도(弓道)를 다 배운 다음에 생각했다. 『천하에는 오직 후예만이 자기를 이길 수 있다.』 그래서 방몽은 <자기의 스승> 후예를 죽였다. 이에 대해서 맹자가 말했다. 「그와 같은 잘못에는 후예 역시 죄가 있다. 노(魯)나라의 공명의(公明儀)는 『후예는 마땅히 죄가 없다』고 말했다. 죄가 가볍다고 말할 수는 있어도 어찌 죄가 없겠는가.」 <사람을 알아보지 못하고 악한 인간에게 무술을 전수한 것은 잘못이며 동시에 죄가 된다.>

[어구 설명] [1] ㅇ逢蒙(방몽) : 신화에 나오는 용사로 활을 잘 쏘았다. ㅇ學射於羿(학사어예) : 방몽은 후예(后羿)에게 활 쏘는

기술을 배웠다.「후예」는 신화에 나오는 활의 명수로, 유궁국(有窮國)의 임금이다. ㅇ 盡羿之道(진예지도) : <방몽이> 후예의 궁도(弓道)를 다 배운 다음에. ㅇ 思天下 惟羿爲愈己(사천하 유예위유기) : <방몽이> 생각했다.「천하에는 오직 후예만이 자기를 이길 수 있다.」 ㅇ 於是殺羿(어시살예) : 그래서 방몽이 <자기의 스승인> 후예를 죽였다. ㅇ 孟子曰(맹자왈) : 이에 대해서 맹자가 말했다. ㅇ 是亦羿有罪焉(시역예유죄언) : 그렇게 된 데에는 후예 역시 죄가 있다. ㅇ 公明儀曰 宜若無罪焉(공명의왈 의약무죄언) :「노(魯)나라의 공명의(公明儀)는『후예는 마땅히 죄가 없을 것이다』라고 말을 했으나. ㅇ 曰薄乎云爾 惡得無罪(왈박호운이 오득무죄) : <맹자의 말>「죄가 가볍다고는 말해도, 어찌 무죄이겠는가.」
* 이 책에서는 공명의의 말을 맹자가 인용한 것으로 보았다. 한편 맹자와 공명의가 서로 주고받은 말이라는 설도 있다.
* 후예와 방몽에 대해서는 필자의 저서《고대 중국의 인간상》<명문당> 참조.

【集註】(1) 羿 有窮后羿也 逢蒙 羿之家衆也 羿善射 簒夏自立 後爲家衆所殺 愈猶勝也 薄 言其罪差薄耳.

(1)「예(羿)」는「유궁국(有窮國)의 임금」이다.「방몽(逢蒙)」은 후예의 가신이다.「예(羿)」는 활을 잘 쏘았으며, 하(夏)나라를 찬탈하고 임금이 되었으나, 뒤에 가신에게 피살되었다.「유(愈)」는「승(勝)」과 같은 뜻이다.「박(薄)」은「죄가 가벼울 뿐이라는 뜻」이다.

[2] 鄭人 使子濯孺子侵衛 衛使庾公之斯追之 子濯孺子曰 今日我疾作 不可以執弓 吾死矣夫 問其僕曰 追我者誰也 其僕曰 庾公之斯也 曰吾生矣 其僕曰 庾公之斯 衛之善射者也 夫子曰 吾生何謂也 曰庾公之斯 學射於尹公之他 尹公之他 學射於我 夫尹公之他端人也 其取友必端矣 庾公之斯至曰 夫子何爲不執弓 曰今日我疾作 不可以執弓 曰小人學射於尹公之他 尹公之他 學射於夫子 我不忍以夫子之道 反害夫子 雖然今日之事 君事也 我不敢廢 抽矢扣輪 去其金 發乘矢而後反.

정인(이) 사자탁유자(로) 침위(어늘) 위사유공지사(로) 추지(러니) 자탁유자(이) 왈 금일(에) 아질작(이라) 불가이집궁(이로소니) 오(이) 사의부(인저하고) 문기복 왈 추아자(는) 수야(이오) 기복(이) 왈 유공지사야(로소이다) 왈 오(이) 생의(로다) 기복(이) 왈 유공지사(는) 위지선사자야(이어늘) 부자(이) 왈 오생(은) 하위야(이꼬) 왈 유공지사(는) 학사어윤공지타(하고) 윤공지타(는) 학사어아

(하니) 부윤공지타(는) 단인야(이라) 기취우필단의(리라) 유공지사(이) 지 왈 부자(는) 하위부집궁(고) 왈 금일(에) 아(이) 질작(이라) 불가이집궁(이로다) 왈 소인(은) 학사어윤공지타(하고) 윤공지타(는) 학사어부자(하니) 아불인 이부자지도(로) 반해부자(하노라) 수연(이나) 금일지사(는) 군사야(이라) 아(이) 불감폐(라하고) 추시구륜(하야) 거기금(하고) 발승시 이후반(하니라)

[2] <맹자의 말 계속> 정(鄭)나라 사람들이 자탁(子濯)으로 하여금 위(衛)나라를 침공케 했다. <그러자> 위나라는 유공사(庾公斯)로 하여금 반격하고 쫓아내게 했다.

자탁이 말했다.『오늘 나는 질병이 발작해서 활을 잡고 싸울 수 없다. <잘못하다가는> 죽을지도 모른다.』<그리고> 부하 마부에게 물었다.『우리를 추격하는 <위나라의> 장군은 누구냐.』

부하 마부가『위나라의 유공사입니다』하고 대답했다. <그러자 자탁이>『나는 살겠구나.』하고 말했다. 부하 마부가 되묻고 말했다.『유공사는 위나라에서 가장 활을 잘 쏘는 무장입니다. 장군님께서 어째서 '나는 산다'고 말하십니까.』

<자탁이> 말했다.『유공사는 활 쏘는 것을 윤공타에게 배웠고, 윤공타는 활 쏘는 것을 나에게 배웠다. 본래 윤공타는 <인품이> 단정한 사람이다. 그러므로 벗으로 취하고 짝한 사람도 반드시 단정한 사람일 것이다.』

위나라의 유공사가 와서 <자탁에게> 물었다.『선생님은 왜 활을 잡고 <싸우지> 않으십니까.』
이에 자탁이 말했다.『오늘 나의 질병이 발작해서 활을 잡지 못하오.』
<그러자 위나라의 유공사가> 말했다.『소인은 윤공타에게 활 쏘는 것을 배웠으며, 윤공타는 선생님에게 배웠습니다. 저는 선생님의 궁도(弓道)를 가지고 도리어 선생님을 해치게 할 수 없습니다. 그러나 오늘의 싸움은 <우리나라의> 임금의 명을 받고 하는 일이므로 제가 독단으로 감히 폐할 수 없습니다.』
<이렇게 말하고.> 화살을 뽑아 <전차의> 바퀴에 두들겨 화살촉을 뽑아 버리고 네 개의 화살을 <사방으로> 쏘아 날렸다. 그리고 돌아갔다.

[어구 설명] [2] ㅇ鄭人使子濯孺子侵衛(정인사자탁유자침위) : 정(鄭)나라 사람들이 자탁유자(子濯孺子)로 하여금 위(衛)나라를 침공케 했다.「자탁유자」는 정나라의 대부(大夫)이자 무장(武將)이다.「유자(孺子)」는 자(字)다. 줄여서「자탁」이라 부르겠다. ㅇ衛使庾公之斯追之(위사유공지사추지) : 위나라는「유공지사(庾公之斯)」로 하여금 쫓아내게 했다.「유공지사」는 위나라의 대부,「유공사(庾公斯)」라고 줄이겠다.「추(追)」는「침략자를 반격하고 쫓아낸다」는 뜻이다. ㅇ子濯孺子曰(자탁유자왈) : 자탁이 말했다. ㅇ今日我疾作(금일아질작) : 오늘 나는 질병이 발작해서. ㅇ不可以執弓(불가이집궁) : 활을 잡고 싸울 수가 없다. ㅇ吾死矣夫(오

사의부) : <잘못하다가는> 죽을지도 모른다. ㅇ問其僕曰(문기복왈) : <자탁이> 자기 부하 마부에게 물었다. 「복(僕)」은 전차(戰車)를 모는 어자(御者), 즉 마부나 운전병(運轉兵). ㅇ追我者誰也(추아자수야) : 우리를 추격하는 <위나라의> 장군이 누구냐. ㅇ其僕曰庾公之斯也(기복왈유공지사야) : 부하가 「유공사입니다」하고 대답했다. ㅇ曰吾生矣(왈오생의) : <그러자 자탁이> 말했다. 「나는 살겠구나.」 ㅇ其僕曰(기복왈) : 그 부하 마부가 말했다. ㅇ庾公之斯 衛之善射者也(유공지사 위지선사자야) : 유공사는 위나라에서 가장 활을 잘 쏘는 무장입니다. ㅇ夫子曰 吾生何謂也(부자왈 오생하위야) : 「장군께서 어째서 '나는 산다'고 말하십니까.」 ㅇ曰(왈) : <자탁이> 말했다. ㅇ庾公之斯 學射於尹公之他(유공지사 학사어윤공지타) : 유공사는 활 쏘는 것을 윤공타(尹公他)에게 배웠고. ㅇ尹公之他 學射於我(윤공지타 학사어아) : 윤공타는 활 쏘는 것을 나에게 배웠다. ㅇ夫尹公之他端人也(부윤공지타단인야) : 본래 윤공타는 <인품이> 단정한 사람이다. ㅇ其取友必端矣(기취우필단의) : 그가 벗으로 취하고 짝한 사람도 반드시 단정한 사람일 것이다. ㅇ庾公之斯至曰(유공지사지왈) : <위나라의> 유공사가 <자탁에게> 와서 물었다. ㅇ夫子何爲不執弓(부자하위부집궁) : 선생님은 왜 활을 잡고 <싸우지> 않으십니까. ㅇ曰 今日我疾作 不可以執弓(왈 금일아질작 불가이집궁) : <자탁이> 말했다. 「오늘 나의 질병이 발작해서, 활을 잡지 못하오..」 ㅇ曰 小人學射於尹公之他(왈 소인학사어윤공지타) : <그러자 위나라의 유공사가> 말했다. 「소인은 윤공타에게 활쏘기를 배웠으며. ㅇ尹公之他 學射於夫子(윤공지타 학사어부자) : 윤공타는 활쏘기를 선생님에게 배웠습니다. ○我不忍以夫子之道 反害夫子(아불인이부자지도 반해부자) : 저는 선생님의 궁도(弓道)를 가지고 도리어 선생님을 해치게 할 수 없습니다.「불인(不忍)」은「차마 --하지 못하겠다」는 뜻. ○雖然今日之事(수연금일지사) : 그러나 오늘의 일, 즉 싸우는 일. ○君事也(군사야) : <우리나라의> 임금의 명을 받고 하는 일이므로. ○我不敢廢(아불감폐) : 내가 독단으로 감히 폐할 수 없다. <이렇게 말하고.> ○抽矢扣輪(추시구륜) : 화살을 뽑아 가지고, <전차의> 바퀴에 두들겨. ○去其金(거기금) : 화살촉을 뽑아 버리고. ○發乘矢(발승시) : 네 개의 화살을 <사방으로> 쏘아 날렸다.「승(乘)」은「넷」의 뜻이다. ○而後反(이후반) : 그리고 돌아갔다.

【集註】 (1) 之語助也 僕御也 尹公他亦衛人也 端正也 孺子以尹公正人 知其取友必正 故度庾公必不害已 小人庾公自稱也 金鏃也 扣輪出鏃 令不害人 乃以射也 乘矢四矢也 孟子言 使羿如子濯孺子 得尹公他 而敎之 則必無逢蒙之禍 然夷羿 篡弒之賊 蒙乃逆儔 庾斯雖全私恩 亦廢公義 其事皆無足論者 孟子蓋特以取友而言耳.

(1)「지(之)」는「어조사(語助辭)」다.「복(僕)」은「어부(御夫)」다.「윤공타(尹公他)」도 역시 위인(衛人)이다.「단(端)」은「단정(端正)하다」는 뜻이다. 유자(孺子), 즉 자탁(子濯)은 윤공타(尹公他)가 단정한 사람이니깐 그가 벗으로 취

하는 사람도 반드시 바른 사람일 것으로 알았다. 고로 유공사(庾公斯)가 반드시 자기를 해치지 않을 것으로 생각했다. 「소인(小人)」은 「유공사(庾公斯)가 자신을 부른 말」이다. 「금(金)」은 화살촉이다. 수레바퀴에 두들겨 촉을 빼내고 사람을 해치지 않게 하고 쏘려고 한 것이다. 「승시(乘矢)는 4개의 화살이다.」 맹자는 다음 같은 뜻으로 말한 것이다. 「가령 후예가 자탁이 윤공타같이 착한 사람을 얻어서 가르치듯이 했다면 절대로 방몽의 화를 당하지 않았을 것이다.」 그러나 예(羿)는 오랑캐이며, 군주를 시해하고 왕위를 찬탈한 역적이며 <그를 죽인> 방몽도 역적의 무리이다. <한편> 유공사(庾公斯)는 비록 사사로운 은혜를 입고 <생명을> 보전할 수는 있었으나 역시 국가의 대의를 폐한 꼴이 되었다. <그러므로 두 나라가 싸우는 마당에서 사제간의 의리를 논하는> 그런 일은 논의의 대상이 될 수 없다. 맹자는 아마도 특히 <초점을> 벗을 취하는 점에 두고 이 말을 했을 것이다.

제24장 逢蒙章 : 白文

[1] 逢蒙學射於羿 盡羿之道 思天下 惟羿爲愈己 於是殺羿 孟子曰 是亦羿有罪焉 公明儀曰宜若無罪焉 曰薄乎云爾 惡得無罪.

[2] 鄭人使子濯孺子侵衛 衛使庾公之斯追之 子濯孺子曰 今日我疾作 不可以執弓 吾死矣夫 問其僕曰 追我者誰也 其僕曰庾公之斯也 曰吾生

矣 其僕曰 庾公之斯 衛之善射者也 夫子曰 吾
生何謂也 曰庾公之斯 學射於尹公之他 尹公之
他 學射於我 夫尹公之他端人也 其取友必端矣
庾公之斯至曰 夫子何爲不執弓 曰今日我疾作
不可以執弓 曰小人學射於尹公之他 尹公之他
學射於夫子 我不忍以夫子之道 反害夫子 雖然
今日之事 君事也 我不敢廢 抽矢扣輪 去其金
發乘矢而後反.

【요점 복습】 제24장 방몽장

 이 장에서 맹자가 강조하는 요점을 다음같이 요약할 수 있다.
 (1) 무술(武術)을 악인에게 전수하면, 도리어 멸망한다. 국가적인 차원에서도 무력만을 강화하면, 결국 그 나라는 멸망하게 마련이다.
 (2) 맹자는 정(鄭)나라의 자탁(子濯)과 위(衛)나라의 유공사(庾公斯)를 예로 들었다. 맹자의 사상 속에는 임금이 부당하게 전투명령을 내려도 착한 장군이 그 싸움을 교묘하게 피할 수 있음을 말한 것이다. 그러나 주자(朱子)는 충군(忠君)을 강조하는 입장에서 맹자의 생각을 비판했다.

제25장 西子章 : 총 2 구절

[1] 孟子曰 西子蒙不潔 則人皆掩鼻而過之.

맹자(이) 왈 서자(이) 몽불결(이면) 즉인개엄비 이과지(니라)

[1] 맹자가 말했다. 「오(吳)나라의 절세미인 서시(西施)라도 몸에 불결한 오물을 뒤집어쓰고 나타나면, 즉 사람들이 코를 막고 지나갈 버릴 것이다.」

[어구 설명] [1] ○西子(서자) : 서시(西施). 오(吳)나라의 절세미인이다. ○蒙不潔(몽불결) : 몸에 불결한 오물을 뒤집어쓰다. ○則人皆掩鼻 而過之(즉인개엄비 이과지) : 즉 사람들이 코를 막고 지나가 버릴 것이다.

【集註】(1) 西子美婦人 蒙猶冒也 不潔汙穢之物也 掩鼻惡其臭也.

(1) 「서자(西子)」는 아름다운 부인이다. 「몽(蒙)」은 「모(冒)」로 「덮어쓰다」의 뜻이다. 「불결(不潔)」은 「더러운 물건」이다. 「엄비(掩鼻)」는 「코를 막고 악취를 싫어한다」는 뜻이다.

[2] 雖有惡人 齊戒沐浴 則可以祀上帝.

수유악인(이라도) 제계목욕 즉가이사상제(니라)

[2] <맹자의 말 계속> 「비록 <용모가> 못난 사람이라도 목욕재계하면 즉 상제의 제사에 참여할 수 있다. <심신(心身)을 수양하고 아름답게 가꾸면 제사에 참여할 수 있다.>」

[어구 설명] [2] ㅇ雖有惡人(수유악인) : 비록 <용모가> 못난 사람이라도. ㅇ齊戒沐浴(제계목욕) : 목욕재계하면. 「목(沐)」은 「머리를 감는다」, 「욕(浴)」은 「몸을 씻다」의 뜻이다. 「제계(齊戒)」는 「재계(齋戒)」와 같다. ㅇ則可以祀上帝(즉가이사상제) : 즉 상제의 제사에 참여할 수 있다.

【集註】(1) 惡人醜貌者也 尹氏曰 此章 戒人之喪善 而勉人以自新也.

(1) 「악인(惡人)」은 용모가 추악한 사람이다. 윤씨(尹氏)가 말했다. 「이 장은 사람에게 내면적 선(善)을 잃지 않게 훈계하고 아울러 항상 자신(自新)하기를 권면(勸勉)한 말이다.」

　　제25장 西子章 : 白文
　　[1] 孟子曰 西子蒙不潔 則人皆掩鼻而過之.
　　[2] 雖有惡人 齊戒沐浴 則可以祀上帝.

【요점 복습】 제25장 서자장
　외면적인 치장이나 화려함보다 내면적 아름다움과 덕성을 수양해야 한다. 그래야 「하늘 제사나 일」에 참여할 수 있다.

제26장 言性章 : 총 3 구절

[1] 孟子曰 天下之言性也 則故而已矣 故者 以利爲本.

맹자(이) 왈 천하지언성야(는) 칙고이이의(니) 고자(는) 이리위본(이니라)

[1] 맹자가 말했다. 「천하에서 말하는 성(性)이라고 하는 것은 바로 '칙고(則故)'일 뿐이다. <즉 하늘이 내려준 근본도리를 따라 자연만물이나 사람이 삶을 누리고 번식하는 성품이다.> '고(故)'는 <즉 하늘의 근본도리는> 이(利)를 근본으로 하고 있다.」 <⇒ 참고 보충>

[어구 설명] [1] ㅇ 天下之言性也(천하지언성야) : 「천하에서 말하는 성(性)은」. ㅇ 則故而已矣(칙고이이의) : <다른 것이 아니고, 바로> 「칙고(則故)」이다. 「칙(則)」은 「따르다」의 뜻이다. 「고(故)」는 「본(本)」이다. 즉 「성(性)」을 「칙고(則故)」라고 한 것은 다음 같은 뜻을 말한 것이다. 「만물이 지니고 있는 저마다의 본성(本性)은 바로 하늘이 내려준 저마다의 뿌리가 되는 생존의 도리를 따라서 생존하고 번식하는 저마다의 성품이다.」 식물에는 식물의 본성이 있고, 동물에는 동물의 본성이 있고, 사람에게는 사람의 본성이 있다. ㅇ 故者以利爲本(고자이리위본) : 하늘이 내려준 「고(故)」, 즉 「생존의 뿌리가 되는 삶의 도리」는 「이(利)」를 바탕으로 한다.

이 때의「이(利)」는 자연만물을「살게 하고 번식케 한다는 뜻이다.」특히 사람의 경우는「인의도덕(仁義道德)을 바탕으로 모든 사람이 함께 잘살고 또 발전한다는 뜻」이다.

【集註】(1) 性者人物所得以生之理也 故者其已然之跡 若所謂天下之故者也 利猶順也 語其自然之勢也 言事物之理 雖若無形而難知 然其發見之已然 則必有跡而易見 故天下之言性者 但言其故 而理自明 猶所謂善言天者 必有驗於人也 然其所謂故者 又必本其自然之勢 如人之善 水之下 非有所矯揉造作而然者也 若人之爲惡 水之在山 則非自然之故矣.

(1)「성(性)」은「사람이나 만물이 <하늘로부터 받아 지니고 있는> 삶의 도리」이다.「고(故)」는「현실적으로 나타난 자국(其已然之跡)」이다. 역경(易經)에서 말하는 바「천하지고(天下之故)」와 같은 것이다.「이(利)」는 순(順)과 같은 뜻으로, 자연의 형세나 추세를 말한 것이다. 즉 다음 같은 뜻을 말한 것이다.「사물의 도리는 형체가 없고 알기가 어렵다. 그러나 도리(道理)의 발현(發顯)은 <현실적 사물로> 이미 나타나 있다. 즉 <도리는> 반드시 자국이 있으므로, 쉽게 알아볼 수 있다.」그러므로 천하에서 <사람이나 만물의> 본성을 말하는 자들은 오직 본성을 바탕으로 나타난 자국만을 말할 뿐이다. 그래가지고 <본성 속의> 도리를 밝히는 것이다. 이른바

『하늘이 선하다고 말하는 사람이 반드시 사람을 징험(徵驗)으로 내세우는 것』과 같다. 그러나 이른바 「나타나 보이는 자국[故]」 역시 반드시 자연의 형상과 추세에 뿌리를 두는 것이다. 예를 들면, 사람의 본성이 착한 것이나, 물이 아래로 흐르는 것은, 억지로 본성을 조작해서 그렇게 되게 한 것이 아니다. <반대로> 사람이 악을 행하거나, 물이 거꾸로 산 위로 흐른다면, 그것이 곧 자연의 본성적 고(故)를 따르지 않는 것이다.

【참고 보충】「고(故)와 이(利)」

재래에는 「고(故)와 이(利)」에 대한 해석이 학자마다 다르고 분분했다. 「주자집주」의 풀이도 잘 알기 어렵다. 이를 오늘의 말로 다음같이 풀이할 수 있다.

「지상세계에 생존하고 있는 사람이나 만물에게는 저마다 <하늘이 내려준 저마다의> 본성이 있다. 그것은 곧 만물을 살게 하고 또 번성케 하는 바탕이다. 본성은 다름이 아니다. 하늘의 도리를 따라 살고 번성하는 바탕이다. (1)『근본 원인이나 연유가 되는 하늘의 도리다.』(2) 도리는 보이지 않는 무형의 본체(本體)다. 그러나 반드시 사실적 형체(形體)로 나타난다. 지상세계에 생존하고 있는 만물이 모두 하늘의 도리의 자국이다.」

「고(故)」는 바로 (1)과 (2)를 말한 것이다. 그리고 「하늘의 도리를 따라 만물이 살고 번성하는 것」을 「이(利)」라고 한 것이다. 앞의 「주자집주」도 결국은 이상과 같은 뜻을 말한 것이다.

[2] 所惡於智者 爲其鑿也 如智者若禹
之行水也 則無惡於智矣 禹之行水也
行其所無事也 如智者亦行其所無事
則智亦大矣.

소오어지자(는) 위기착야(이니) 여지자(이) 약우지행수야(이면) 즉무악어지의(니라) 우지행수야(는) 행기소무사야(이시니) 여지자(이) 역행기소무사(이면) 즉지역대의(리라)

[2] <맹자의 말 계속>「사람들이 간교한 지략이나 얕은꾀를 미워하는 이유는 <인간적 차원에서 얕은 지략(智略)으로> 지나치게 천착하기 때문이다. 만약에 지혜를 쓰는 사람이 우(禹)가 물을 다스리듯이 물줄기를 따라 강물을 흐르게 치수를 했다면 지혜를 미워하지 않을 것이다. 우가 물을 다스린 치수 방법은 인간적인 꾀를 부리지 않고 <자연의 도리를 따라> 물을 다스렸다. 그와 같이 지혜를 쓰는 사람이 <인간적 차원의> 꾀를 부리지 않고 <자연의 도리를 따르면> 그 지혜가 크게 될 것이다. <즉 하늘의 도리와 하나가 될 것이다.>」

[어구 설명] [2] ㅇ所惡於智者(소오어지자) : 사람들이 간교한 지략이나 얕은꾀를 미워하는 이유는. ㅇ爲其鑿也(위기착야) : <인간적 차원에서 얕은 지략(智略)으로> 지나치게 천착하기 때문이다.

ㅇ 如智者(여지자) : 만약에 지혜를 쓰는 사람이. ㅇ 若禹之行水也 (약우지행수야) : 우(禹)가 물을 다스리듯이 한다면. 즉 물줄기를 따라 강물을 흐르게 치수를 했다. 이를 소도(疏導)의 치수라고 한다. ㅇ 則無惡於智矣(즉무오어지의) : 지혜를 미워하지 않을 것이다. ㅇ 禹之行水也(우지행수야) : 우가 물을 다스린 치수 방법은. ㅇ 行其所無事也(행기소무사야) : 인간적인 꾀를 부리지 않고 <자연의 도리를 따라> 물을 다스렸다. ㅇ 如智者亦行其所無事(여지자역행기소무사) : 그와 같이 지혜를 쓰는 사람이 <인간적 차원의> 꾀를 부리지 않고. <자연의 도리를 따르면.> ㅇ 則智亦大矣 (즉지역대의) : 곧 그 지혜가 크게 될 것이다. 하늘의 도리와 하나가 될 것이다.

【集註】(1) 天下之理 本皆利順 小智之人 務爲穿鑿 所以失之 禹之行水 則因其自然之勢 而導之 未嘗以私智穿鑿 而有所事是 以水得其潤下之性 而不爲害也.

(1) 천하 만물의 도리는 본래가 다 만물을 이롭게 하는 순리이다. 인간적 차원의 작은 꾀는 <얕은 지식으로> 천착하므로 <하늘이 내려주는 참다운> 이득을 잃게 된다. 우왕이 홍수를 다스린 방법은 곧 자연의 형세에 따라 강물을 잘 흐르게 길을 내준 것이다. 전연 인간적인 사사로운 지략으로 천착하거나 인위적인 조작을 한 것이 아니다. 그러므로 물은 아래로 흘러가는 본성을 마냥 누렸고 <따라서 물길이 막혀 넘쳐> 해를

끼치지도 않았던 것이다.

[3] 天之高也 星辰之遠也 苟求其故 千歲之日至 可坐而致也.

천지고야(와) 성신지원야(이나) 구구기고(면) 천세지일지(를) 가좌이치야(이니라)

[3] <맹자의 말 계속>「하늘은 끝없이 높고 별들은 멀리까지 깔려있다. 일단 <우주천지의> 도리와 현상을 궁구(窮究)하면 천 년 후의 하지(夏至)나 동지(冬至)도 앉아서 알 수 있다.」

[어구 설명] [3] ㅇ天之高也(천지고야) : 하늘은 높고. ㅇ星辰之遠也(성신지원야) : 별들은 멀리까지 깔려있다. ㅇ苟求其故(구구기고) : 만약에 <우주천지의> 도리와 현상을 궁구(窮究)하면. ㅇ千歲之日至(천세지일지) : 천 년 후의 하지(夏至)나 동지(冬至)도. ㅇ可坐而致也(가좌이치야) : 앉아서 알 수 있다.

【集註】(1) 天雖高 星辰雖遠 然求其已然之跡 則其運有常 雖千歲之久 其日至之度 可坐而得 況於事物之近 若因其故 而求之 蓋有不得其理者 而何以穿鑿爲哉 必言日至者 造曆者 以上古十一月甲子朔夜半冬至 爲曆元也.

(1) 비록 하늘이 높고 별들이 멀리 있어도, 사실로 나타난 현상의 도리와 자취를 궁구(窮究)하면, 하늘의 운행의 불변의

법칙이 있음을 알 것이다. 그러면 비록 천 년 떨어진 동지와 하지의 도수를 앉아서도 알 수 있을 것이다. 하물며 가까이 있는 사물에 대해서, 만약에 본래의 도리와 이유를 구하면, 어찌 도리를 터득하지 못하겠느냐. 왜 <인간적 꾀로써> 천착을 하겠느냐. 반드시 동지 하지라고 말한 것은 책력을 만드는 자가 상고시대의 11월 갑자삭 야반에 동지가 든 날로써 책력의 기원을 삼았기 때문이다.

【集註】(2) 程子曰 此章專爲智而發 愚謂事物之理 莫非自然 順而循之 則爲大智 若用小智 而鑿以自私 則害於性 而反爲不智 程子之言 可謂深得此章之旨矣.

(2) 정자(程子)가 말했다. 「이 장은 다만 꾀를 부리는 것을 비판한 것이다.」<주자> 나는 생각한다. 「사물의 이치는 자연이 아닌 것이 없다. 그러므로 순응하고 따르는 것이 큰 지혜가 된다. 만약에 작은 지혜나 꾀를 쓰고, 사리사욕을 채우려고 천착을 하면, 본성의 도리에 해가 되고, 도리어 지혜롭지 못하게 될 것이다. 정자의 말은 이 장의 요지를 깊이 터득한 것이라 하겠다.」

【참고 보충】「대전주소선역(大全註疏選譯)」

「주자가 말했다. 이 장의 앞에서는 성(性)이 나타나는 표면만을 말하고 <보이지 않는 깊은 도리를 포함한> 전체를 말한 것이 아니다. 일부 천하에서 성을 말하는 자들은 <나타난> 연고나 흔적만을 보고 성을 말한다. 그래서 순자는 성악(性惡)이라 하고, 또 양주는 선악이 혼합했다고 말한다.(朱子曰 此章其初 只是性上泛說起 不是專說 但謂天下之說性者 只說得故而已 如荀言性惡 楊言善惡混)」* 그들은 보이지 않는 하늘의 도리가 만물을 이롭게 한다는 일면을 모른다. 하늘의 도리는 자연법칙도 포함된다.

제26장 言性章 : 白文
[1] 孟子曰 天下之言性也 則故而已矣 故者 以利爲本.
[2] 所惡於智者 爲其鑿也 如智者若禹之行水也 則無惡於智矣 禹之行水也 行其所無事也 如智者亦行其所無事 則智亦大矣.
[3] 天之高也 星辰之遠也 苟求其故 千歲之日至 可坐而致也.

【요점 복습】 제26장 언성장

사람을 포함해서 자연 만물에는 하늘이 내려준 본성적인 도리가 있다. 만물의 형상이나 삶의 모습이 다 천도천리(天道天理)가 나타난 자국[迹]이라 하겠다. 천도천리는 순리(順理)로 만물을 살고 또 번성케 하는 절대선(絶對善)의 도리다. 그러나 사람은 사리사욕(私利私欲)을 채우려고 얕은꾀를 바탕으로 하고 쓸데없이 천착을 한다. 그래서 악덕하게 되는 것이다. 참다운 대지(大智)는 천도천리를 자연스럽게 따르는 것이다. 그러면 온전하게 삶을 누리고 우주와 더불어 하나가 되고 번성할 것이다.

제27장 公行章 : 총 2 구절

[1] 公行子有子之喪 右師往弔 入門 有進而與右師言者 有就右師之位 而與右師言者 孟子不與右師言 右師不悅 曰 諸君子皆與驩言 孟子獨不與驩言 是簡驩也.

공행자(이) 유자지상(이어늘) 우사(이) 왕조(할새) 입문(커늘) 유진 이여우사언자(하며) 유취우사지위 이여우사언자(이러니) 맹자(이) 불여우사언(하신대) 우사(이) 불열 왈 제군자(이) 개여환언(이어늘) 맹자(이) 독불여환언(하시니) 시(는) 간환야(이로다)

[1] 전국시대 제(齊)나라의 대부 공행자가 <죽은> 자기 아들의 상례를 지냈다. 이에 <제나라의> 우사(右師)를 지냈던 왕환(王驩)이 가서 조문을 했다. <우사 왕환이 초상집> 대문에 들어서자 어떤 사람은 가서 우사 왕환에게 말을 걸었고, 또 어떤 사람은 우사 왕환의 자리로 가서 함께 말을 하는 자도 있었다. 맹자만은 우사 왕환에게 아무 말도 하지 않았다. 그러자 우사 왕환이 불쾌하게 여기고 말했다.「다른 모든 군자들은 나 왕환에게 말을 나누었는데 오직 맹자만은 나 왕환과 말을 하지 않았으니, 이는 곧 <맹자가>

나 왕환을 무시한 것이다.」

[어구 설명] [1] ○公行子(공행자) : 전국시대 제(齊)나라의 대부. ○有子之喪(유자지상) : 자기 아들의 상례를 지냈다. ○右師往弔(우사왕조) : 우사(右師 : 관직명)를 지냈던 왕환(王驩)이 가서 조문했다. ○入門(입문) : <우사 왕환이> 대문에 들어서자. ○有進而與右師言者(유진 이여우사언자) : 어떤 사람은 가서 우사 왕환과 말을 나누었고. ○有就右師之位(유취우사지위) : 또 어떤 사람은 우사 왕환의 자리로 다가가서. ○而與右師言者(이여우사언자) : 우사와 말을 하는 자도 있었다. ○孟子不與右師言(맹자불여우사언) : 맹자만은 우사 왕환에게 아무런 말도 하지 않았다. ○右師不悅曰(우사불열왈) : 그러자 우사 왕환이 불쾌하게 여기고 말했다. ○諸君子皆與驩言(제군자개여환언) : 다른 모든 군자들은 나 왕환에게 말을 걸고 나누었는데. ○孟子獨不與驩言(맹자독불여환언) : 오직 맹자만은 나 왕환과 말을 하지 않았다. ○是簡驩也(시간환야) : 이는 곧 <맹자가> 나 왕환을 무시한 것이다.

【集註】(1) 公行子齊大夫 右師王驩也 簡略也

(1)「공행자(公行子)」는 제(齊)나라 대부다.「우사(右師)」는 왕환(王驩)이다.「간(簡)」은「무시했다」는 뜻이다.

[2] 孟子聞之 曰 禮 朝廷不歷位而相與言 不踰階而相揖也 我欲行禮 子敎以我爲簡 不亦異乎.

맹자(이) 문지(하시고) 왈 예(에) 조정(에) 불력위 이상여
언(하며) 불유계 이상읍야(하나니) 아욕행례(어늘) 자오
이아위간(하니) 불역이호(아)

[2] 맹자가 <왕환의 말을> 듣고 말했다.「예법에 있다. 조정에서는 위계(位階)를 넘어서 서로 말을 하지 않고, 또 자리나 계단을 넘어가서 서로 읍례(揖禮)를 하지 않는 법이다. 나는 예절을 지키려 했거늘 왕환이 내가 자기를 무시했다고 하는 것은 또한 이상하지 않은가.」

[어구 설명] [2] ㅇ孟子聞之曰(맹자문지왈) : 맹자가 <왕환의 말을> 듣고 말했다. ㅇ禮(예) : 예법에 있다. ㅇ朝廷不歷位而相與言(조정불력위이상여언) : 조정에서는 위계(位階)를 넘어서 서로 말을 하지 않고. ㅇ不踰階而相揖也(불유계이상읍야) : 자리나 계단을 넘어가서 서로 읍례(揖禮)하지 않는다. ㅇ我欲行禮(아욕행례) : 나는 예절을 지키려 했다. ㅇ子敖以我爲簡(자오이아위간) : 왕환(王驩)이 내가 자기를 무시했다고 말하는 것은.「자오(子敖)」는 왕환의 자(字)다. ㅇ不亦異乎(불역이호) : 역시 이상하지 않은가.

【集註】(1) 是時 齊卿大夫以君命弔 各有位次 若周禮 凡有爵者之喪禮 則職喪 涖其禁令 序其事 故云朝廷也 歷更涉也 位他人之位也 右師未就位而進與之言 則右師歷已之位矣 右師已就位而就與之言 則已歷右師之位矣 孟子右師之位 又不同階 孟子不

敢失此禮 故不與右師言也.

(1) 그때에 제나라의 경대부들이 임금의 명을 받고 조문을 갔으므로 <그 곳에서도> 저마다 지위와 서열을 지켜야 했다. 주례(周禮)에 의하면「관작이 있는 자가 상례에 가면 직상(職喪)에 따라, 금령을 지키고 또 질서를 지킨다」라고 했다. 고로 조정(朝廷)이라고 말한 것이다.「역(歷)」은「<위치를 벗어나, 남의 자리로> 건너간다」는 뜻이다.「위(位)」는「타인의 위치」이다. 우사가 미처 자리를 잡기 전에 함께 말을 했다면, 그것은 우사가 자기의 위치를 이탈한 것이고, 우사가 이미 자리를 잡았는데 가서 말을 하면, 그것은 내가 우사의 자리로 간 것이 된다. 맹자와 우사의 자리와 계단은 같지 않다. 그래서 맹자가 감히 예를 잃을 수 없어서 우사와 말을 하지 않았던 것이다.

제27장 公行章 : 白文

[1] 公行子有子之喪 右師往弔 入門 有進而與右師言者 有就右師之位 而與右師言者 孟子不與右師言 右師不悅曰 諸君子皆與驩言 孟子獨不與驩言 是簡驩也.

[2] 孟子聞之 曰 禮 朝廷不歷位而相與言 不踰階而相揖也 我欲行禮 子敖以我爲簡 不亦異乎.

【요점 복습】 제27장 공행장

우사 왕환은 본래가 무례한 자다. 그래서 예를 지킨 맹자를 함부로 욕했던 것이다.

제28장 異於章 : 총 7 구절

[1] 孟子曰 君子所以異於人者 以其存心也 君子以仁存心 以禮存心.

맹자(이) 왈 군자소이이어인자(는) 이기존심야(이니) 군자(는) 이인존심(하며) 이례존심(이니라)

[1] 맹자가 말했다. 「군자가 보통사람과 다른 까닭은 그가 <도덕성을> 마음속에 지니고 있기 때문이다. 군자는 인(仁)을 마음속에 간직하고 있으며, 또 예(禮)를 마음속에 간직하고 있다.」

[어구 설명] [1] ○君子所以異於人者(군자소이이어인자) : 군자가 보통사람과 다른 까닭은. ○以其存心也(이기존심야) : 그가 <도덕성을> 마음속에 지니고 있기 때문이다. ○君子以仁存心以禮存心(군자이인존심이례존심) : 군자는 인(仁)을 마음속에 간직하고 있으며, 또 예(禮)를 마음속에 간직하고 있다.

【集註】(1) 以仁禮存心 言以是存於心而不忘也.

(1) 인(仁)과 예(禮)를 마음속에 간직하고 있다고 함은 곧 마음속에 <인과 예의 도덕성을> 간직하고 잊지 않고 <행한다는> 뜻을 말한다.

[2] 仁者愛人 有禮者敬人.

인자(는) 애인(하고) 유례자(는) 경인(하나니)

[2] <맹자의 말 계속>「<인덕(仁德)을 간직하고 행하는> 인자(仁者)는 남을 사랑한다. 예(禮)를 지키고 행하는 사람은 남을 공경(恭敬)한다.」

[어구 설명] [2] ㅇ仁者愛人(인자애인) : <인덕(仁德)을 간직하고 행하는> 인자(仁者)는 남을 사랑한다. ㅇ有禮者敬人(유례자경인) : 예(禮)를 지키고 행하는 사람은 남을 공경(恭敬)한다.

【集註】(1) 此仁禮之施.

(1) 이렇게 하는 것이 인(仁)과 예(禮)를 실천함이다.

[3] 愛人者人恒愛之 敬人者人恒敬之.

애인자(는) 인항애지(하고) 경인자(는) 인항경지(니라)

[3] <맹자의 말 계속>「남을 사랑하는 인자(仁者)는 항상 남으로부터 사랑을 받고, 또 예(禮)를 지키고 남을 공경하는 사람은 항상 남으로부터 공경을 받게 마련이다.」

[어구 설명] [3] ㅇ愛人者人恒愛之(애인자인항애지) : 남을 사랑하는 인자(仁者)는 항상 남으로부터 사랑을 받는다. ㅇ敬人者人恒敬之(경인자인항경지) : 예(禮)를 지키고 남을 공경하는 사람은 항상 남으로부터 공경을 받게 마련이다.

【集註】(1) 此仁禮之驗.

(1) 이것이 바로 인(仁)과 예(禮)의 효험이다.

[4] 有人於此 其待我以橫逆 則君子必自反也 我必不仁也 必無禮也 此物奚宜至哉.

유인어차(하니) 기대아이횡역(이어든) 즉군자(이) 필자반야(하야) 아필불인야(이며) 필무례야(이로다) 차물(이) 해의지재(오하나니라)

[4] <맹자의 말 계속>「가령 여기 어떤 사람이 있는데 그가 나에게 포악하고 무도한 태도로 대하면 곧 군자는 반드시 스스로 반성해야 한다.『내가 그에게 반드시 어질지 않게 했겠지, 혹은 내가 그에게 반드시 무례(無禮)하게 했겠지. <그렇지 않고서야> 이 자가 어찌 이와 같이 나에게 대할 수 있겠나.』」

[어구 설명] [4] 有人於此(유인어차) : <가령> 여기 어떤 사람이 있는데. ㅇ其待我以橫逆(기대아이횡역) : 그가 나에게 포악하고 무도한 태도로 대하면. ㅇ則君子必自反也(즉군자필자반야) : 곧 군자는 반드시 스스로 반성한다. ㅇ我必不仁也(아필불인야) : 내가 그에게 반드시 어질지 않게 했겠지. ㅇ必無禮也(필무례야) : 내가 그에게 반드시 무례(無禮)하게 했겠지. <하고 반성한다.> ㅇ此物奚宜至哉(차물해의지재) : <그렇지 않다면> 이 자가 어째서 이와 같이 나에게 대할 수 있겠나 하고. <스스로 반성한다.>

【集註】(1) 橫逆 謂強暴不順理也 物事也.

(1)「횡역(橫逆)」은「강압적이고 포악하고 도리를 따르지 않

는다」는 뜻이다. 「물(物)」은 「이와 같은 일」, 즉 포악무도한 일을 말한다.

[5] 其自反而仁矣 自反而有禮矣 其橫逆由是也 君子必自反也 我必不忠.

기자반이인의(며) 자반이유례의(로되) 기횡역(이) 유시야(이어든) 군자(이) 필자반야(하야) 아필불충(이로다하나니라)

[5] <맹자의 말 계속>「스스로 반성해보고, 자기는 어질게 했으며 또 스스로 반성해보고 자기는 예를 지켰는데도, 그 자가 여전히 포악무도하게 한다. <그래도> 군자는 <다시> 스스로를 반성해 본다. 즉 『<아마> 내가 충실하지 못했겠지』. <하고 또 반성한다.>」

[어구 설명] [5] ㅇ其自反而仁矣(기자반이인의) : 스스로 반성해보고, 자기는 어질게 했으며. ㅇ自反而有禮矣(자반이유례의) : 스스로 반성해보고, 자기는 예를 지켰는데도. ㅇ其橫逆由是也(기횡역유시야) : 그 자가 여전히 포악무도하게 한다면. ㅇ君子必自反也(군자필자반야) : <그래도 다시 한번> 군자가 스스로를 반성해 본다. ㅇ我必不忠(아필불충) : <아마> 내가 충실하지 못했겠지. <하고 또 반성해 본다.>

【集註】(1) 忠者 盡己之謂 我必不忠 恐所以愛敬人者 有所不盡其心也.

(1) 「충(忠)」은 「자기의 최선을 다한다」는 뜻이다. 「아필불충

(我必不忠)」은 「아마 내가 남을 사랑하고 공경함에 있어 마음으로 최선을 다하지 못함이 있지나 않았나 하고 두려워한다.」는 뜻이다.

[6] 自反而忠矣 其橫逆由是也 君子曰 此亦妄人也已矣 如此則與禽獸奚擇哉 於禽獸 又何難焉.

자반이충의(로되) 기횡역(이) 유시야(이어든) 군자(이) 왈 차역망인야이의(로다하나니) 여차 즉여금수해택재(리오) 어금수(에) 우하난언(이리오)

[6] <맹자의 말 계속>「스스로 반성해보고 나는 충실하게 대했는데 그자가 여전히 <나에게> 포악무도하게 대들면 군자는 말한다.『결국 이자도 역시 허망한 자다. 이와 같은 자는 곧 금수와 다를 바가 없는 자로다. 그러니 금수에게 어찌 상관을 하겠느냐.』<왜 어렵게 여기느냐.>」

[어구 설명] [6] ㅇ自反而忠矣(자반이충의) : 스스로 반성해보고 나는 충실하게 대했는데. ㅇ其橫逆由是也(기횡역유시야) : 그자가 여전히 <나에게> 포악무도하게 대들면. <그러면> ㅇ君子曰(군자왈) : 군자가 말한다. ㅇ此亦妄人也已矣(차역망인야이의) : <결국> 이자도 역시 <속이 없는> 허망한 자다. ㅇ如此則與禽獸奚擇哉(여차즉여금수해택재) : 이와 같은 자는 곧 금수와 다를 바가 없는 자로다. ㅇ於禽獸又何難焉(어금수우하난언) : 금수에게 어찌

또 <고생스럽게> 상관을 하겠느냐. 혹은 「왜 어렵게 여기느냐.」로 푼다.

【集註】(1) 奚擇何異也 又何難焉 言不足與之校也.

(1) 「해택(奚擇)」은 「무엇이 다르냐」의 뜻이다. 「우하난언(又何難焉)」은 「<그런 자는> 계교(計較)할 가치조차 없다」는 뜻을 말한 것이다. * 「계교(計較)」는 「헤아리고 저울질한다」는 뜻.

[7] 是故君子有終身之憂 無一朝之患也 乃若所憂則有之 舜人也 我亦人也 舜爲法於天下 可傳於後世 我由未免 爲鄕人也 是則可憂也 憂之如何 如舜而已矣 若夫君子所患則亡矣 非仁無爲也 非禮無行也 如有一朝之患 則君子不患矣.

시고(로) 군자(이) 유종신지우(이오) 무일조지환야(이니) 내약소우즉유지(하니) 순(도) 인야(이며) 아역인야(이로대) 순(은) 위법어천하(하샤) 가전어후세(어시늘) 아(는) 유미면위향인야(하니) 시즉가우야(이라) 우지여하(오) 여순이이의(니라) 약부군자소환즉망의(니라) 비인무위야(이며) 비례무행야(이라) 여유일조지환(이라

도) 즉군자불환의(니라)

[7] <맹자의 말 계속>「그러므로 군자에게는 평생을 두고 걱정할 일은 있어도 하루아침에 닥쳐오는 환난(患難) 같은 것은 없다. <즉 염두에 두지 않는다는 뜻이다.> <평생을 두고> 걱정해야 할 일들 중에는 <바로> 다음 같은 것이 있다. 순임금도 사람이고 나도 사람이다. <그런데> 순임금은 천하의 법도가 되어 후세에 이름을 전하거늘 나는 아직도 촌사람을 면하지 못했으니 그야말로 <참으로> 걱정할 만하다. 걱정하면, 어떻게 해야 하나. 스스로 <노력해서> 순 같은 훌륭한 사람이 되어야 한다. 만약에 그렇게 하면 군자로서 걱정할 바가 없어질 것이다. 인(仁)이 아닌 것은 행하지 말며, 예(禮)가 아닌 것은 행하지 말아야 한다. 만약에 일시적인 환난(患難)이 닥쳐와도 즉 군자는 걱정하지 않는다.」

[어구 설명] [7] ㅇ是故(시고) : 그러므로. ㅇ君子有終身之憂(군자유종신지우) : 군자에게는 평생을 두고 걱정할 일은 있어도. <평생을 두고 자기를 수양할 일을 걱정해야 한다.> ㅇ無一朝之患也(무일조지환야) : 하루아침에 닥쳐오는 환난(患難) 같은 것은. <염두에 두지 않는다는 뜻이다.> ㅇ乃若所憂 則有之(내약소우 즉유지) : <평생을 두고> 걱정해야 할 바, 일들 중에는 <바로> 다음 같은 것이 있다. 「내(乃)」는 「바로」, 「약(若)」은 「같다」의 뜻이다. ㅇ舜人也 我亦人也(순인야 아역인야) : 순임금도 사람이고 나도

사람이다. 순이나 나나 다 같은 사람이다. ○舜爲法於天下 可傳於後世(순위법어천하 가전어후세) : 순임금은 천하의 법도가 되어, 후세에 이름을 전하거늘. ○我由未免爲鄕人也(아유미면위향인야) : 나는 아직도 촌사람을 면하지 못했으니. ○是則可憂也(시즉가우야) : 그야말로 <참으로> 걱정할 만하다. 「시(是)」는 「이것, 참으로」의 뜻이다. ○憂之如何(우지여하) : 걱정하면, 어떻게 해야 하나. ○如舜而已矣(여순이이의) : 스스로 <노력해서> 순 같은 훌륭한 사람이 되어야 한다. ○若夫(약부) : 만약에 그렇게 하면. ○君子所患則亡矣(군자소환즉망의) : 군자로서 걱정할 바가 없어질 것이다. ○非仁無爲也(비인무위야) : 인(仁)이 아닌 것은 행하지 말며. ○非禮無行也(비례무행야) : 예(禮)가 아닌 것은 행하지 말아야 한다. ○如有一朝之患(여유일조지환) : 만약에 일시적인 환난(患難)이 닥쳐와도.

【集註】(1) 鄕人鄕里之常人也 君子存心不苟 故無後憂.

(1) 「향인(鄕人)」은 「향리에 묻혀 사는 평범한 사람」이다. 군자(君子)는 마음속에 <하늘이 내려준 도덕성을> 잘 간직하고 잠시도 소홀하게 하지 않는다. 그러므로 <하늘 앞에 떳떳하다. 따라서> 뒤의 걱정이 없다.

제28장 異於章 : 白文

[1] 孟子曰 君子所以異於人者 以其存心也 君子以仁存心·以禮存心.

[2] 仁者愛人 有禮者敬人.
[3] 愛人者人恒愛之 敬人者人恒敬之.
[4] 有人於此 其待我以橫逆 則君子必自反也 我必不仁也 必無禮也 此物奚宜至哉.
[5] 其自反而仁矣 自反而有禮矣 其橫逆 由是也 君子必自反也 我必不忠.
[6] 自反而忠矣 其橫逆由是也 君子曰 此亦妄人也已矣 如此則與禽獸奚擇哉 於禽獸又何難焉.
[7] 是故君子有終身之憂 無一朝之患也 乃若所憂則有之 舜人也 我亦人也 舜爲法於天下 可傳於後世 我由未免爲鄉人也 是則可憂也 憂之如何 如舜而已矣 若夫君子所患則亡矣 非仁無爲也 非禮無行也 如有一朝之患 則君子不患矣.

【요점 복습】제28장 이어장

　군자는 하늘이 내려준 착한 본성을 항상 간직하고 본성에 따라 행동한다. 그 점이 일반 사람과 다르다. 본성 중에서도 가장 긴요한 것이 인심(仁心)을 바탕으로 만민과 만물을 사랑하고 양육하는 일이다. 아울러 가정 사회 및 국가의 도덕 윤리의 핵심이 되는 예의(禮義)를 따르고 실천하는 일이다. 군자가 솔선수범해서 남을 사랑하면, 일반 사람들도 감화되어 남을 사랑하게 된다. 아울러 예의를 실천하면, 일반 사람들도 감화되어 남에게 예의를 지키게 된다. 군자는 인내심을 가지고 남을 감화시켜야 한다.

제29장 禹稷章 : 총 7 구절

[1] 禹稷當平世 三過其門而不入 孔子賢之.

우직(이) 당평세(하야) 삼과기문 이불입(하신대) 공자(이) 현지(하시니라)

[1] 하(夏)나라의 시조 우왕(禹王)이나 주(周)나라의 시조 후직(后稷)은 저마다 태평성세(太平盛世)를 맞이했으면서도 <저마다 바쁘게 일을 하고> 자기 집 대문을 세 번이나 지나면서도 <집안에> 들어가 <가족을 만나지> 않았다. <그 점을> 공자가 현명하다고 칭찬했다.

[어구 설명] [1] ㅇ禹稷(우직) : 하(夏)나라의 시조 우왕(禹王)이나 주(周)나라의 시조 후직(后稷). ㅇ當平世(당평세) : 태평성세(太平盛世)를 당했으면서도. ㅇ三過其門而不入(삼과기문이불입) : <저마다 바쁘게 일을 하고> 자기 집 대문을 세 번이나 지나면서도 <집안에> 들어가 <가족을 만나지> 않았다. ㅇ孔子賢之(공자현지) : <그 점을> 공자가 현명하다고 칭찬했다.

【集註】(1) 事見前篇.

(1) <우왕(禹王)이나 후직(后稷)은> 앞에 여러 번 나왔다. <맹자는 우왕과 후직을 자주 말했다.>

[2] 顔子當亂世 居於陋巷 一簞食 一瓢飲 人不堪其憂 顔子不改其樂 孔子賢之.

안자(이) 당란세(하야) 거어루항(하샤) 일단사(와) 일표음(을) 인불감기우(어늘) 안자(이) 불개기락(하신대) 공자(이) 현지(하시니라)

[2] 안자는 난세를 만나서 <어렵게 살았으며> 누추한 마을에 살면서 대나무로 만든 도시락밥을 먹고 표주박에 담은 물을 마시면서 <가난하게 살았다.> 다른 사람들이면 그러한 고생을 감당하지 못하겠거늘 안자는 안빈낙도(安貧樂道)의 즐거움을 변치 않고 <즐겁게 살았다.> 공자는 <그 점을> 현명하게 여기고 칭찬했다.

[어구 설명] [2] ㅇ顔子當亂世(안자당란세) : 안자는 난세를 만나서. <어렵게 살았다.> ㅇ居於陋巷(거어루항) : 누추한 마을에 살면서. ㅇ一簞食(일단사) : 대나무로 만든 도시락에 담은 밥을 먹고. ㅇ一瓢飲(일표음) : 표주박에 담은 물이나 마실 것을 마시면서. <가난하게 살았다.> ㅇ人不堪其憂(인불감기우) : 다른 사람들은 그러한 고생을 감당하지 못하겠거늘. ㅇ顔子不改其樂(안자불개기락) : 안자는 안빈낙도(安貧樂道)의 즐거움을 변치 않았다. ㅇ孔子賢之(공자현지) : 공자는 <그 점을> 현명하게 치고 칭찬했다. <* 논어에도 있다.>

[3] 孟子曰 禹稷顏回同道.

맹자(이) 왈 우직안회(이) 동도(이러라)

[3] 맹자가 말했다.「우왕이나 후직이나 안회가 취한 <태도는> 같은 도를 따르고 행한 것이다.」

[어구 설명] [3] ㅇ禹稷顏回同道(우직안회동도) : 우왕이나 후직이나 안회가 취한 <태도는> 같은 도를 따르고 행한 것이다.

【集註】(1) 聖賢之道 進則救民 退則修己 其心一而已矣.

(1) 성현이 따르고 행한 도(道)는 국가에 나가서 다스리면 백성들을 구제해주고 <정치에서> 물러나면 자기 자신을 수양한다. 그 마음은 한결같이 도를 따르고 행하는 것이다.

[4] 禹思天下 有溺者 由己溺之也 稷思天下 有饑者 由己饑之也 是以 如是其急也.

우(는) 사천하유닉자(어든) 유기닉지야(하시며) 직(은) 사천하유기자(어든) 유기기지야(하시니) 시이(로) 여시기급야(시니라)

[4] <맹자의 말 계속>「<치수의 책임을 진> 우왕은 천하에서 홍수 물에 빠져 허덕이는 사람이 있으면 마치 자기가 <그를> 물에 빠지게 한 것같이 생각했

다. 한편 <농업생산의 책임을 진> 후직은 천하에서 굶주리는 사람이 있으면, 마치 자기가 <그를> 굶주리게 한 것같이 생각했다. 그래서, 그와 같이 다급하게 부지런히 직책에 전념했던 것이다.」

[어구 설명] [4] ㅇ 禹思(우사) : <치수의 책임을 진> 우왕은 생각했다. ㅇ 天下有溺者 由己溺之也(천하유닉자 유기닉지야) : 천하에서 홍수 물에 빠진 사람이 있으면 마치 자기가 <그를> 물에 빠뜨린 것같이. <생각했다.> ㅇ 稷思(직사) : <농업생산의 책임을 진> 후직은 생각했다. ㅇ 天下有饑者 由己饑之也(천하유기자 유기기지야) : 천하에서 굶주리는 사람이 있으면 마치 자기가 <그를> 굶주리게 한 것같이. <생각했다.> ㅇ 是以 如是其急也(시이 여시기급야) : 그래서, 그와 같이 다급하게 <저마다> 부지런히 자기 직책에 전념했던 것이다.

【集註】(1) 禹稷 身任其職 故以爲己責 而救之急也.

(1) 우왕(禹王)과 후직(后稷)은 저마다 직책을 맡고 있었다. 그러므로 <백성 구제를> 자기의 직책으로 여겼으므로 다급하게 일했던 것이다.

[5] 禹稷顔子 易地 則皆然.

우직안자(이) 역지 즉개연(이리라)

[5] <맹자의 말 계속>「우왕이나 후직이나 안자 세

사람이 <만약에> <서로> 입장이나 처지가 바뀌었
다고 해도 다 같았을 것이다.」

[어구 설명] [5] ㅇ禹稷顔子(우직안자) : 우왕이나 후직이나 안자 세 사람이 <만약에>. ㅇ易地(역지) : <서로> 입장이 바뀌었다고 해도. ㅇ則皆然(즉개연) : 다 같았을 것이다.

【集註】(1) 聖賢之心 無所偏倚 隨感而應 各盡其道 故使禹稷居顔子之地 則亦能樂顔子之樂 使顔子居禹稷之任 亦能憂禹稷之憂也.

(1) 성현의 마음은 <하늘의 도리를 굳게 지키므로> 치우치고 기울지 않고, 어느 경우에도 저마다의 사물에 적절하게 대응하고 저마다의 도리를 다한다. 그러므로 만약 우왕이나 후직이 안자의 처지에 있었다면, 역시 안자같이 물러나서 안빈낙도했을 것이고, 만약 안자가 우왕과 후직 같은 직책을 맡았다면, 역시 능히 우왕과 후직같이 백성들을 걱정하고 <부지런히 일했을 것이다.> * 「수감이응 각진기도(隨感而應 各盡其道)」를 「어떠한 경우에도 저마다의 사물에 적절하게 맞게 대응하고 저마다의 도리를 다한다.」로 풀이했다.

[6] 今有同室之人 鬪者 救之 雖被髮纓冠 而救之 可也.

금유동실지인(이) 투자(이어든) 구지(호대) 수피발영관이구지(라도) 가야(이니라)

[6] <맹자의 말 계속> 「만약에 한 방에서 같이 지내는 친구가 서로 싸우면, 그 싸움을 말려야 하며, <그 때에는 다급하여> 비록 흐트러진 머리에 그냥 갓끈을 매고 가서 <싸움을> 말릴 수도 있을 것이다.」

[어구 설명] [6] ㅇ 今(금) : 만약에, 지금. ㅇ 有同室之人鬪者(유동실지인투자) : 한 방에서 같이 지내는 친구가 서로 싸우면. 「자(者)」는 「단락을 나타내는 허사(虛詞)」로 본다. ㅇ 救之(구지) : <싸움을> 말린다. ㅇ 雖被髮纓冠(수피발영관) : <다급하여> 비록 흐트러진 머리에 그냥 갓끈을 매고 가서라도. ㅇ 而救之 可也(이구지 가야) : <싸움을> 말리는 것도 가하다, 무방하다.

【集註】(1) 不暇束髮 而結纓往救 言急也 以喩禹稷.

(1) 머리를 묶을 틈이 없이, 갓끈만 매고 가서 싸움을 말린다. 다급하다는 뜻을 말한 것이다. 즉 우왕이나 후직을 비유한 말이다.

[7] 鄕鄰有鬪者 被髮纓冠 而往救之 則惑也 雖閉戶可也.

향린(에) 유투자(이어든) 피발영관 이왕구지 즉혹야(이니) 수폐호(이라도) 가야(이니라)

[7] <맹자의 말 계속> 「마을에 있는 이웃집에서 <남들이> 싸우는데 <내가> 흐트러진 머리에 <갓을 올

려 쓰고> 건성으로 갓끈을 매고 달려가서 싸움을 말리는 것은 즉 어리석고 잘못된 짓이다. <그런 경우에는> 비록 문을 닫고 <모른 척하고 상관하지 않는 편이> 더 좋다.」 <* 직책이나 책임이 없는 안자(顔子)가 안빈낙도(安貧樂道)한 것을 비유한 말이다.>

[어구 설명] [7] ㅇ鄕鄰有鬪者(향린유투자) : 마을에 있는 이웃집에서 <남들이> 싸우는데. ㅇ被髮纓冠而往救之(피발영관이왕구지) : 흐트러진 머리에 <갓을 올려 쓰고> 건성으로 갓끈을 매고 달려가서 싸움을 말리는 것은. ㅇ則惑也(즉혹야) : 곧 어리석고 잘못된 짓이다. ㅇ雖閉戶可也(수폐호가야) : <그런 경우에는> 비록 문을 닫고 <모른 척하고 상관하지 않는 편이> 더 좋다.

【集註】 (1) 喩顔子也 此章言 聖賢心無不同 事則所遭或異 然處之各當其理 是乃所以爲同也 尹氏曰 當其可之謂時 前聖後聖 其心一也 故所遇皆盡善.

(1) 안자(顔子)를 비유한 것이다. 이 장은 다음 같은 뜻을 말한 것이다. 「성현은 마음속에 <도를 간직하고 있으므로> 같지 않은 것이 없다. 다만 사물들이 닥쳐올 때에 저마다 다르게 대하게 마련이다. 그러나 <성현은> 모든 것을 처리할 때에 저마다 도리에 맞게 한다. 그러므로 바로 <도에 있어> 다 같게 된다.」 윤씨(尹氏)가 말했다. 「도리에 맞고 합당한 것을 '시(時)'라고 한다. 옛날의 성인이나 후세의 성인이나 그 마음속에 <도를 간직하고 있으므로> 동일하다. 고로 어떠한 경우

에도 최선을 다하는 것이다.」<* 시(時)는 중용(中庸)에서 말하는「시중(時中)」의 뜻이다.>

제29장 禹稷章 : 白文
[1] 禹稷當平世 三過其門而不入 孔子賢之.
[2] 顔子當亂世 居於陋巷 一簞食 一瓢飮 人不堪其憂 顔子不改其樂 孔子賢之.
[3] 孟子曰 禹稷顔回同道.
[4] 禹思天下有溺者 由己溺之也 稷思天下有飢者 由己飢之也 是以如是其急也.
[5] 禹稷顔子易地則皆然.
[6] 今有同室之人鬪者 救之 雖被髮纓冠而救之 可也.
[7] 鄕鄰有鬪者 被髮纓冠而往救之則惑也 雖閉戶可也.

【요점 복습】제29장 우직장
주(周)나라의 시조(始祖) 후직(后稷)은 농업과 경작을 적극적으로 지어 백성들의 식량을 해결해 주었다. 하(夏)나라의 시조 우왕(禹王)은 과문불입(過門不入)하면서 치수(治水)와 국토를 개발하여, 백성들의 삶을 안락하게 해주었다. 이들은 다 좋은 세상에서, 현명한 성제(聖帝) 밑에서 직책을 맡고 전력을 기울여 직책을 다했던 것이다. 그러나 공자의 수제자 안연(顔淵)은 그렇지 못했다. 난세에 태어나, 좋은 임금을 만나지 못했다. 그러므로 안빈낙도(安貧樂道)했던 것이다.

제30장 匡章章 : 총 5 구절

[1] 公都子曰 匡章 通國皆稱不孝焉 夫子與之遊 又從而禮貌之 敢問何也.

공도자(이) 왈 광장(을) 통국(이) 개칭불효언(이어늘) 부자(이) 여지유(하시고) 우종이례모지(하시니) 감문하야(이꼬)

[1] 맹자의 제자 공도자가 <맹자에게> 물었다. 「<제(齊)나라의 대부> 광장(匡章)은 전국 사람들이 불효(不孝)라고 말하는 사람입니다. 그런데 선생님은 그와 사귀시고, 또 교유하실 때에는 예의를 두루 갖추시니 어째서 그러시는지 감히 묻고자 합니다.」

[어구 설명] [1] ㅇ公都子曰(공도자왈) : 공도자(公都子)가 <맹자에게> 물었다. 「공도자」는 맹자의 제자. ㅇ匡章(광장) : 전국시대 제(齊)나라의 대부였다. <⇒ 참고 보충> ㅇ通國皆稱不孝焉(통국개칭불효언) : 전국의 모든 사람들이 그를 불효라고 말했다. 「통국(通國)」은 「전국(全局)」과 같은 뜻이다. 단 당시의 나라는 도성국가(都城國家)이다. ㅇ夫子與之遊(부자여지유) : 선생님은 그런 사람과 사귀시고. ㅇ又從而禮貌之(우종이례모지) : 또 교유할 때, 예의와 모양을 다 갖추다. 여기의 「종(從)」은 「종유(從遊), 교유(交遊)」의 뜻이다. ㅇ敢問何也(감문하야) : 감히 묻습니다. 「어째서입니까.」

【集註】(1) 匡章齊人 通國 盡一國之人也 禮貌 敬之也.

(1)「광장(匡章)」은 제(齊)나라 사람이다. 「통국(通國)」은 「그 나라 사람이 모두」라는 뜻이다. 「예모(禮貌)」는 「<예의를 갖춘 모양으로> 공경한다」는 뜻을 말한 것이다.

[2] 孟子曰 世俗所謂不孝者五 惰其四肢 不顧父母之養 一不孝也 博奕好飮酒 不顧父母之養 二不孝也 好貨財私妻子 不顧父母之養 三不孝也 從耳目之欲 以爲父母戮 四不孝也 好勇鬪狠 以危父母 五不孝也 章子有一於是乎.

맹자(이) 왈 세속소위불효자(이) 오(이니) 타기사지(하야) 불고부모지양(이) 일불효야(이오) 박혁호음주(하야) 불고부모지양(이) 이불효야(이오) 호화재(하며) 사처자(하야) 불고부모지양(이) 삼불효야(이오) 종이목지욕(하야) 이위부모륙(이) 사불효야(이오) 호용투한(하야) 이위부모(이) 오불효야(이니) 장자(이) 유일어시호(아)

[2] 맹자가 말했다. 「세속적으로 말하는 불효에 다섯 가지가 있다. 사지를 놀리고 일하는 데 게을러 부모에 대한 공양을 돌보지 않는 것이 첫째 불효이다. 노름에

미치고 음주를 좋아해서 부모에 대한 공양을 돌보지 않는 것이 둘째 불효이다. 돈이나 재물을 지나치게 좋아하고 자기 처자만을 사랑하고 부모에 대한 공양을 돌보지 않는 것이 셋째 불효이다. 귀나 눈의 욕구, 즉 관능적 쾌락을 마냥 누리고 향락만을 일삼고 부모를 욕되게 하는 것이 넷째 불효이다. 만용(蠻勇)을 좋아하고 싸움질을 심하게 하여 <가족이나> 부모를 위험에 빠뜨리는 것이 다섯째의 불효이다. <그런데> 광장(匡章)은 <그 다섯 가지 불효 중에> 어느 한 가지가 있느냐. 해당되는 것이 하나도 없다.」

[어구 설명] [2] ㅇ 世俗所謂不孝者五(세속소위불효자오) : 세속적으로 말하는 불효에 다섯 가지가 있다. ㅇ 惰其四肢 不顧父母之養 一不孝也(타기사지 불고부모지양 일불효야) : 사지를 놀리고 일하는 데 게을러, 부모에 대한 공양을 돌보지 않는 것이 첫째 불효이다. ㅇ 博奕好飮酒 不顧父母之養 二不孝也(박혁호음주 불고부모지양 이불효야) : 노름을 하거나 음주를 좋아해서 부모에 대한 공양을 돌보지 않는 것이 둘째 불효이다. ㅇ 好貨財 私妻子 不顧父母之養 三不孝也(호화재 사처자 불고부모지양 삼불효야) : 돈이나 재물을 지나치게 좋아하고 자기 처자에게 빠져 부모에 대한 공양을 돌보지 않는 것이 셋째 불효이다. ㅇ 從耳目之欲 以爲父母戮 四不孝也(종이목지욕 이위부모륙 사불효야) : 귀나 눈의 욕구, 즉 관능적 쾌락을 마냥 누려 부모를 욕되게 하는 것이 넷째 불효이다. 「육(戮)」을 여기서는 「욕되게 하다」의 뜻으로 푼다. ㅇ 好勇鬪狠

以危父母 五不孝也(호용투한 이위부모 오불효야) : 만용(蠻勇)을 좋아하고 싸움을 험하게 하여 <가족이나> 부모를 위험에 빠뜨리는 것이 다섯째 불효이다. ㅇ章子有一於是乎(장자유일어시호) : <그런데> 광장(匡章)은 <그 다섯 가지 불효 중에> 어느 한 가지가 있느냐. <해당되는 것이 하나도 없다.>

【集註】(1) 戮羞辱也 狠忿戾也.

(1)「육(戮)」은「부끄럽고 욕되게 한다」는 뜻이다.「한(狠)」은「성을 내고 마구 대든다」는 뜻이다.

[3] 夫章子 子父責善 而不相遇也.

부장자(는) 자부(이) 책선이불상우야(이니라)

[3] <맹자의 말 계속>「허기는 광장(匡章)의 경우는 아버지와 자식 사이에서 지나치게 선(善)하게 하라고 책하다가 <도리어> 서로 맞지 않은 것이다.」

[어구 설명] [3] ㅇ夫章子(부장자) : 허기는 광장(匡章)의 경우는. ㅇ子父責善(자부책선) : 아버지와 자식 사이에서 지나치게 책선(責善)하다가. ㅇ而不相遇也(이불상우야) : <도리어> 서로 맞지 않은 것이다.

【集註】(1) 遇合也 相責以善而不相合 故爲父所逐也.

(1)「우(遇)」는「맞는다」는 뜻이다. 즉「서로 선(善)하기를 강하게 요구하다가 <의견이> 맞지 않게 되었다.」 그래서 아들

인 광장이 아버지에게서 쫓겨났던 것이다.

[4] 責善朋友之道也 父子責善 賊恩之大者.

책선(은) 붕우지도야(이니) 부자책선(이) 적은지대자(이니라)

[4] <맹자의 말 계속>「책선(責善)은 붕우 사이에서나 할 도리다. <즉 붕우는 서로 허물을 책망하고 잘하라고 독려한다.> <그러나> 부자 사이에서 각박하게 허물을 탓하고 지나치게 선하기를 강요하면 도리어 은애(恩愛)를 해치게 된다.」

[어구 설명] [4] ㅇ責善朋友之道也(책선붕우지도야) : 책선(責善)은 붕우 사이에서나 할 도리다. 즉 붕우는 서로 허물을 책망하고 잘하라고 독려한다. ㅇ父子責善 賊恩之大者(부자책선 적은지대자) : 부자 사이에서 각박하게 허물을 탓하고 지나치게 선하기를 강요하면, 도리어 은애(恩愛)를 해치게 된다.「적(賊)」은「다친다, 해친다」는 뜻이다.

【集註】(1) 賊害也 朋友 當相責以善 父子行之 則害天性之恩也.

(1)「적(賊)」은「해친다」는 뜻이다. 붕우는 당연히 서로 선하라고 요구한다. 그러나 부자간에서 책선(責善)하면, 천성(天性)의 은애(恩愛)를 해치게 된다.

[5]　夫章子　豈不欲有夫妻子母之屬哉
　　爲得罪於父　不得近　出妻屛子　終身
　　不養焉　其設心　以爲不若是　是則罪
　　之大者　是則章子已矣.

부장자(는) 기불욕유부처자모지속재(리오마는) 위득죄어부(하야) 부득근(이라) 출처병자(하야) 종신불양언(하니) 기설심(에) 이위불약시(면) 시즉죄지대자(이라하니) 시즉장자이의(니라)

[5] <맹자의 말 계속>「허기는 광장(匡章)이 어찌 남편과 아내, 자식과 어머니가 함께 어울려 <단란하게> 살기를 바라지 않았겠느냐. 그러나 아버지의 노여움을 받고 <집에서 쫓겨났으므로 가족을> 가까이 할 수가 없었다. <그래서 광장도> 처를 내보내고 자식을 멀리하고 <홀로 고생스럽게 살았으며> 그러므로 아버지가 돌아갈 때까지, 아들로서 아버지를 봉양하지 못하게 되었던 것이다. <아버지의 노여움을 받고 쫓겨난 처지라> 광장은 <그와 같이 홀로 살지 않으면> 아버지를 노엽게 한 죄가 더욱 크다고 생각했던 것이다. 이렇게 한 것이 곧 광장의 전부이다. <그런데 사람들이 그를 불효라고 말한 것이다.>」

[어구 설명] [5] 夫章子豈不欲(부장자기불욕) : 허기는 광장(匡章)이 어찌「--하기를 바라지 않았겠느냐.」「--하고 싶었을 것이다.」
○ 有夫妻子母之屬哉(유부처자모지속재) : 남편과 아내, 자식과 어

머니가 함께 어울려. <단란하기를 원했을 것이다.> ㅇ爲得罪於父 不得近(위득죄어부 부득근) : 그러나 <가장인> 아버지의 노여움을 받고 <집에서 쫓겨났으므로 가족을> 가까이 할 수가 없었다. ㅇ出妻屏子(출처병자) : <그래서 집에서 쫓겨난 광장은> 처를 내보내고 자식을 멀리했다. <따로 처자식을 거느리고 딴 살림을 차리지 않았다.> ㅇ終身不養焉(종신불양언) : 그러므로 아버지가 돌아갈 때까지, 아들로서 아버지를 봉양하지 못하게 되었던 것이다. ㅇ其設心(기설심) : 광장의 마음가짐, 광장이 생각하기를. ㅇ以爲不若是(이위불약시) : 그와 같이 하지 않으면. 즉 처자식을 멀리하지 않는다면. ㅇ是則罪之大者(시즉죄지대자) : 바로 아버지를 노엽게 한 죄가 더욱 크다고. <생각했다.> ㅇ是則章子已矣(시즉장자이의) : 이것이 곧 광장의 전부이다. 광장은 그렇게 했을 뿐이다.

【集註】(1) 言 章子非不欲 身有夫妻之配 子有子母之屬 但爲身不得近於父 故不敢受妻子之養 以自責罰 其心以爲不如此 則其罪益大也.

(1) <이는 다음 같은 뜻을> 말한 것이다. 「광장이 '자신도 부부가 함께 살고(身有夫妻之配)' 또 '자식으로서 어머니 밑에서 함께 살기(子有子母之屬)'를 바라지 않은 것이 아니다(非不欲). 그러나 자신이 아버지 곁에 살 수 없게 되자, 자신도 처자를 곁에 두고 공양을 받지 않고 스스로 <아버지의 노여움을 산> 죄의 책임을 진 것이다. 그는 마음으로 그렇게 하지 않으면 자기의 죄가 더욱 크다고 생각했던 것이다.」

【集註】(2) 此章之旨 於衆所惡而必察焉 可以見聖賢至公至仁之心矣 楊氏曰 章子之行 孟子非取之也 特哀其志 而不與之絶耳.

(2) 이 장의 요지는 다음 같다.「모든 사람이 미워하고 <욕하는> 일에 대해서도 <경솔하게 부화뇌동하지 말고> 반드시 잘 살펴보아야 한다. 그러면 성현의 지극히 공평하고 인자한 마음을 알 수 있을 것이다.」양씨(楊氏)가 말했다.「광장의 행실을 맹자가 옳다고 긍정한 것이 아니다. 다만 광장의 뜻을 애처롭게 여기고 그와 절교하지 않았을 뿐이다.」

【참고 보충】「광장불효(匡章不孝)」

전국책(戰國策) 제책(齊策)에 대략 다음 같은 기사가 있다. 광장(匡章)의 어머니가 잘못하자 아버지가 노하고 그녀를 살해하고 시체를 마잔(馬棧) 밑에 묻은 일이 있었다. 그 후 광장의 아버지가 죽은 다음에 위왕(威王)이 연민하고 광장에게「그대의 어머니를 개장(改葬)하라.」고 권했다. 그러나 광장은「신이 마음대로 개장할 수 없습니다. 신의 어머니가 아버지에게 죄를 짓고 죽음을 당하고 마잔 밑에 매장된 것입니다. 또 신의 아버지는 신에게 개장하라고 말하지 않았습니다. 그러므로 만약에 신이 개장을 한다면 돌아가신 아버지를 기만하는 꼴이 됩니다.」한편 진(秦)나라의 군대가 제(齊)나라에 침략해 들어오자, 위왕이 광장을 장군으로 임명하고 나가서 싸우게 했다. 그러자 어떤 사람이 광장을 헐뜯고「광장은 제대로 싸우지 않고, 세 번이나 투항한 일이 있었다.」고 참언했다.

그러자 위왕이 말했다.「광장은 자기의 죽은 아버지도 속이지 않거늘, 살아있는 임금을 속이겠느냐.」하고 참언을 물리쳤다. 그 후 광장은 싸움에서 크게 이기고 돌아왔다. 그런데 제나라 사람들은 뜬소문으로 광장을 불효자라고 비난했다. 이에 대해서 맹자는 다음같이 그를 변명해 주었다.

【참고 보충】「부자책선(父子責善)」
 어려서는 부모가 자식을 엄하게 훈육하고 매질도 한다. 그러나 어른이 되고 특히 장가를 가거나 사회에 나가 한 사람으로서 역할을 하게 된 다음에는 부자간에 지나치게 허물을 탓하거나 각박하게 선(善)하기를 요구하면 도리어 부자간의 정리(情理), 즉 육친애(肉親愛)를 바탕으로 한 정리에 금이 간다. 광장(匡章)의 경우는 어머니에 대해 아버지가 지나치게 대했다. 그래서 자연히 부자 사이가 맞지 않게 되었을 것이며, 완고한 아버지가 광장을 집에서 내쫓았을 것이다.

【참고 보충】「다섯 가지 불효(五不孝)」
 맹자가 지적한「다섯 가지 불효(五不孝)」는 다음과 같다.
 (1) 게으르고 무능해서 부모를 봉양하지 못한다.(惰其四肢 不顧父母之養 一不孝也)
 (2) 노름과 음주에 미쳐 부모를 봉양하지 못한다.(博奕好飮酒 不顧父母之養 二不孝也)
 (3) 돈과 처자식만을 알고 부모를 돌보지 않는다.(好貨財私妻子 不顧父母之養 三不孝也)
 (4) 유흥 향락에 빠져 부모를 돌보지 않는다.(從耳目之欲 以爲父

母戮 四不孝也)

  (5) 범죄와 투쟁을 좋아하고 집안을 망친다.(好勇鬪很 以危父母 五不孝也) * 맹자의 말은 바로 오늘의 불효자식들을 두고 탓하는 말이라 하겠다.

제30장 匡章章 : 白文

[1] 公都子曰 匡章 通國皆稱不孝焉 夫子與之遊 又從而禮貌之 敢問何也.

[2] 孟子曰 世俗所謂不孝者五 惰其四肢 不顧父母之養 一不孝也 博奕好飮酒 不顧父母之養 二不孝也 好貨財私妻子 不顧父母之養 三不孝也 從耳目之欲 以爲父母戮 四不孝也 好勇鬪很 以危父母 五不孝也 章子有一於是乎.

[3] 夫章子 子父責善 而不相遇也.

[4] 責善朋友之道也 父子責善 賊恩之大者.

[5] 夫章子 豈不欲有夫妻子母之屬哉 爲得罪於父 不得近 出妻屛子 終身不養焉 其設心 以爲不若是 是則罪之大者 是則章子已矣.

【요점 복습】 제30장 광장장

  제30장의 요점은 제(齊)나라 사람들이 맹목적으로 불효하고 비난하는 광장(匡章)을 맹자가 변명해 준 것이다.

제31장 曾子章 : 총 3 구절

[1] 曾子 居武城 有越寇 或曰寇至盍去
諸 曰無寓人於我室 毁傷其薪木 寇
退 則曰修我牆屋 我將反 寇退 曾子
反 左右曰 待先生 如此 其忠且敬也
寇至 則先去 以爲民望 寇退 則反 殆
於不可 沈猶行 曰是非汝所知也 昔
沈猶有負芻之禍 從先生者七十人 未
有與焉.

증자(이) 거무성(하실새) 유월구(이러니) 혹왈 구지(하나니) 합거제(이리오) 왈 무우인어아실(하야) 훼상기신목(하라) 구퇴 즉왈 수아장옥(하라) 아장반(하리라) 구퇴(어늘) 증자(이) 반(하신대) 좌우(이) 왈 대선생(이) 여차기충차경야(이어늘) 구지 즉선거(하야) 이위민망(하시고) 구퇴 즉반(하시니) 태어불가(이로소이다) 심유행(이) 왈 시(는) 비여소지야(이라) 석(에) 심유(이) 유부추지화(이어늘) 종선생자칠십인(이) 미유여언(이라하니라)

[1] 증자(曾子)가 노(魯)나라 무성(武城)에 살았으며, 그 때에 월(越)나라의 군대가 침공해온 일이 있었다. 이에 어떤 사람이 <증자에게> 말했다. 「적군이 쳐들어오는데, 왜 피신하지 않으십니까?」 <그러자> 증자

가 피신하면서 빈집을 지킬 하인에게 말했다. 「＜내가 피난간 동안＞ 아무도 내 집이나 방에 들러가지 못하게 하라. 또 정원의 초목이나 나무들을 훼상(毁傷)하지 못하게 하라.」 한편 침략군이 물러나자 곧 말했다. 「우리집의 담이나 방을 수리해라. 내가 돌아가 살겠다.」 그리고 침략군이 퇴각하자, 증자가 다시 돌아와 살았다. 이에 좌우의 제자들이 ＜비판하며＞ 말했다. 「＜무성의 대부(大夫)가＞ 그렇게나 충성과 공경으로 선생님을 대우했거늘 적이 쳐오자 즉시 선생께서 남보다 먼저 피난을 가시고 백성들이 보게 하셨다. 한편 적군이 물러나자 즉시 되돌아오셨으니 그야말로 옳지 못한 일이라 하겠다.」 그러자 증자의 제자 심유행(沈猶行)이 말했다. 「그것은 그대들이 알지 못하고 하는 소리다. 옛날 ＜증자 선생님이 우리집＞ 심유가(沈猶家)에 계실 때 부추(負芻)라는 자가 반란하여 화난(禍難)을 입은 일이 있었다. ＜그 때에＞ 증자 선생을 따르는 제자 70명이 있었으나, ＜선생님의 지시에 따라 피신했으므로＞ 아무도 화난에 휩쓸리고 피해를 보지 않았다.」

[어구 설명] [1] ㅇ 曾子居武城(증자거무성) : 증자(曾子)가 무성(武城)에 살았다. 「증자」는 공자의 제자, 이름은 삼(參), 노(魯)나라 무성 사람이며, 그 곳에 살았다. ㅇ 有越寇(유월구) : 월(越)나라의 군대가 침공해왔다. 당시 월나라의 임금 구천(句踐)이 오(吳)나라

를 격파하고 세력을 확장했으며, 국경을 넘어 노나라를 침공했다.
ㅇ無寓人於我室(무우인어아실) : <내가 피난간 동안> 아무도 내 집이나 방에 들어가지 못하게 하라. ㅇ毁傷其薪木(훼상기신목) : 「정원의 초목이나 나무들[薪木]」을 훼상(毁傷)하지 못하게 하라. ㅇ待先生 如此 其忠且敬也(대선생 여차 기충차경야) : <무성의 대부(大夫)가> 그렇게나 충성과 공경으로 선생님을 대우했거늘. ㅇ寇至則先去(구지즉선거) : 적이 쳐들어오자, 즉시 선생이 남보다 먼저 피난을 가서. ㅇ以爲民望(이위민망) : 백성들로 하여금 보게 하셨다. ㅇ寇退則反(구퇴즉반) : 적군이 물러나자, 즉시 되돌아오셨다. ㅇ殆於不可(태어불가) : 그야말로 옳지 못하다. 「태어(殆於)」를 「아마도, 그야말로」의 뜻으로 푼다. ㅇ沈猶行曰(심유행왈) : 심유행(沈猶行)이 말했다. 「심유행」은 증자의 제자. 성이 심유(沈猶), 이름이 행(行)이다. ㅇ是非汝所知也(시비여소지야) : 그것은 그대들이 알지 못하고. <하는 소리다.> ㅇ昔沈猶有負芻之禍(석심유유부추지화) : 옛날 <증자 선생님이 우리집> 심유가(沈猶家)에 계실 때, 부추(負芻)의 화난(禍難)이 있었다. 「부추지화(負芻之禍)」는 자세하게 알 수 없다. 부추라고 하는 자가 반란을 해서 화를 입은 일이 있었다. ㅇ從先生者七十人(종선생자칠십인) : <그 때에> 증자 선생을 따르는 제자들 70명이 있었으나, <증자 선생의 지시에 따라 피신했으므로.> ㅇ未有與焉(미유여언) : <아무도> 그 화난에 휩쓸리고 피해를 보지 않았다.

【集註】(1) 武城魯邑名 盍何不也 左右曾子之門人也 忠敬言武城之大夫 事曾子忠誠恭敬也 爲民望

言使民望而效之 沈猶行弟子姓名也 言曾子嘗舍於
沈猶氏 時有負芻者作亂 來攻沈猶氏 曾子率其弟子
去之 不與其難 言師賓不與臣同.

(1)「무성(武城)」은 노(魯)의 성읍(城邑) 이름이다.「합(盍)」
은 하(何)와 불(不)을 합친 뜻이다.「좌우(左右)」는 증자(曾
子)의 문인들이다.「충경(忠敬)」은「무성의 대부가 증자를 충
성(忠誠)과 공경(恭敬)으로 섬겼다」는 뜻을 말한다.「위민망
(爲民望)」은「백성으로 하여금 보고 본받게 했다」는 뜻이다.
「심유행(沈猶行)」은 제자의 성명이다. 즉 다음 같은 뜻을 말
한 것이다.「증자가 전에 심유씨(沈猶氏) 집에 머물러 있었으
며, 그 때에 부추(負芻)가 난을 일으키고 심유씨의 집을 공격
했다. 그러자 증자는 제자들을 데리고 그 곳을 떠나, 난에 휩
싸이지 않게 했다.」즉「사빈(師賓)과 신하(臣下)가 같지 않음
을 말한 것」이다.

[2] 子思居於衛 有齊寇 或曰 寇至 盍去 諸 子思曰 如伋去 君誰與守.

자사(이) 거어위(하실새) 유제구(이러니) 혹왈 구지(하나
니) 합거제(이리오) 자사(이) 왈 여급(이) 거(이면) 군수
여수(이리오하시니라)

[2] 자사가 위(衛)나라에서 벼슬을 한 일이 있었다.
그때 제(齊)나라 군대가 침공해오자 어떤 사람이「적

이 침공해 오는데, 왜 피신하지 않습니까?」하고 말했다. 그러자 자사가 말했다. 「만약에 <신하인> 급(伋: 자사의 이름)이 떠나면 임금이 누구와 함께 나라를 지키느냐.」

[어구 설명] [2] ○ 子思居於衛(자사거어위): 자사는 공자의 손자로, 증자에게 배웠다. 위(衛)나라에서 벼슬을 한 일이 있었다. ○ 有齊寇(유제구): 제(齊)나라 군대가 침공해오자. ○ 或曰 寇至 盍去諸(혹왈 구지 합거제): 어떤 사람이 「적이 침공해 오는데, 왜 피신하지 않습니까」하고 말하자. ○ 子思曰(자사왈): 자사가 말했다. ○ 如伋去 君誰與守(여급거 군수여수): 만약에 <신하인> 급(伋: 자사의 이름)이 떠나면 임금이 누구와 함께 나라를 지키느냐.

【集註】(1) 言所以不去之意如此.

(1) <적이 쳐들어오자> 자사(子思: 伋)는 떠나지 않는 이유를 이와 같이 말한 것이다.

[3] 孟子曰 曾子 子思同道 曾子師也 父兄也 子思臣也 微也 曾子 子思易地則皆然.

맹자(이) 왈 증자 자사(이) 동도(하니) 증자(는) 사야(이며) 부형야(이오) 자사(는) 신야(이며) 미야(이니) 증자 자사(이) 역지 즉개연(이리라)

[3] 맹자가 말했다. 「증자(曾子)와 자사(子思)가 지키고 행한 도리는 같다. 증자는 스승이자 부형의 위치에

서 도리를 지키고 행했으며, 자사는 신하이자 미천한 자리에서 도를 지키고 행한 것이다. <그러므로 만약에> 증자와 자사가 서로 처지를 바꾼다면 곧 다 같은 도리를 지키고 행했을 것이다.」

[어구 설명] [3] ㅇ 曾子子思同道(증자자사동도) : 증자(曾子)와 자사(子思)가 지키고 행한 도리는 같다. ㅇ 曾子師也父兄也(증자사야부형야) : 증자는 스승이자 부형의 위치에서 도리를 지키고 행동했으며. ㅇ 子思臣也微也(자사신야미야) : 자사는 신하이자 미천한 자리에서 도를 지키고 행한 것이다. ㅇ 曾子子思易地 則皆然(증자자사역지 즉개연) : 증자와 자사가 서로 처지를 바꾸면, 곧 다 같은 도리를 지키고 행했을 것이다.

【集註】(1) 微猶賤也 尹氏曰 或遠害 或死難 其事不同者 所處之地不同也 君子之心 不繫於利害 惟其是而已 故易地則皆能爲之 孔氏曰 古之聖賢 言行不同 事業亦異 而其道 未始不同也 學者知此 則因所遇而應之 若權衡之稱物 低昂屢變 而不害其爲同也.

(1) 「미(微)」는 「천(賤)」과 같은 뜻이다. 윤씨(尹氏)가 말했다. 「혹은 위해(危害)를 멀리하거나, 혹은 국난(國難)에 몸을 바치고 죽기도 한다. 그 실천하는 일이 같지 않은 것은 처지가 같지 않기 때문이다. 군자의 마음은 이해관계에 매이지 않고 오직 그 때마다 맞고 옳은 도리를 지킬 뿐이다. 그러므로 처지가 바뀌면 <서로가 다 그 처지에 맞게> 행할 수 있을 것이다.」

공씨(孔氏)가 말했다. 「옛날의 성현(聖賢)은 언행(言行)이 같지 않고 또 일이나 업적 역시 달랐다. <그러나 지키고 행한> 도리는 처음부터 같지 않은 것이 없다. 학자도 이 점을 알아야 한다. 곧 <어떠한> 경우에도 잘 대응해야 한다. 흡사 권형(權衡)으로 저울질하고 길이를 재는 것과 같이 <저울추를> 여러 번 올렸다가 내리고 변해도 <기본 도리를> 해치지 않고 항상 같아야 한다.」

제31장 曾子章 : 白文

[1] 曾子居武城 有越寇 或曰 寇至盍去諸 曰無寓人於我室 毀傷其薪木 寇退則曰 修我牆屋 我將反 寇退 曾子反 左右曰 待先生 如此其忠且敬也 寇至則先去 以爲民望 寇退則反 殆於不可 沈猶行曰 是非汝所知也 昔沈猶有負芻之禍 從先生者七十人未有與焉.

[2] 子思居於衛 有齊寇 或曰 寇至 盍去諸 子思曰 如伋去 君誰與守.

[3] 孟子曰 曾子子思同道 曾子師也父兄也 子思臣也微也 曾子子思易地 則皆然.

【요점 복습】 제31장 증자장

군자는 처지에 맞게 적절하게 행동한다.

제32장 儲子章 : 총 1 구절

[1] 儲子曰 王使人瞯夫子 果有以異於人乎 孟子曰 何以異於人哉 堯舜與人同耳.

저자(이) 왈 왕(이) 사인간부자(하시나니) 과유이리어인호(이까) 맹자(이) 왈 하이이어인재(리오) 요순(도) 여인동이(시니라)

[1] 제(齊)나라의 대부로 저자(儲子)가 맹자에게 말했다. 「임금이 사람을 시켜 선생을 몰래 엿보게 하시니 <선생께서는> 과연 보통사람과 다른 점이 있습니까?」

맹자가 말했다. 「무엇이 다른 사람과 다르겠습니까. <다른 점이 없다.> 요임금・순임금도 다른 사람과 <다르지 않고> 같습니다.」

[어구 설명] [1] ㅇ儲子曰(저자왈) : 저자(儲子)가 말했다. 「저자」는 제(齊)나라의 대부로 선왕(宣王), 민왕(湣王)을 섬겼다. ㅇ王使人瞯夫子(왕사인간부자) : 임금이 사람을 시켜 선생을 몰래 엿보게 하시니. ㅇ果有以異於人乎(과유이리어인호) : <선생께서는> 과연 보통사람과 다른 점이 있습니까? ㅇ孟子曰(맹자왈) : 맹자가 말했다. ㅇ何以異於人哉(하이리어인재) : 무엇이 다른 사람과 다르냐? 다른 점이 없다. ㅇ堯舜與人同耳(요순여인동이) : 요임금・

순임금도 다른 사람과 <다르지 않고> 같다.

【集註】(1) 儲子齊人也 瞯竊視也 聖人亦人耳 豈有異於人哉.

(1)「저자(儲子)」는 제(齊)나라 사람이다.「간(瞯)」은「몰래 살펴본다」는 뜻이다. 성인(聖人)도 역시 사람이다. 어찌 다른 사람과 다르겠느냐.

제32장 儲子章 : 白文
[1] 儲子曰 王使人瞯夫子 果有以異於人乎 孟子曰
何以異於人哉 堯舜與人同耳.

【요점 복습】 제32장 저자장
　맹자의 인간관은 만인 평등이다. 요임금이나 순임금 같은 성인도 평범한 사람과 다르지 않다. 그러므로 모든 사람이 사리사욕을 억제하고 도를 따르고 행동하면, 누구나 다 요순(堯舜) 같은 성인이 될 수 있다.

제33장 齊人章 : 총 2 구절

[1] 齊人 有一妻一妾 而處室者 其良人 出 則必饜酒肉而後反 其妻問所與飲食者 則盡富貴也 其妻告其妾曰 良人出則必饜酒肉而後反 問其與飲食者 盡富貴也 而未嘗有顯者來 吾將瞷良人之所之也 蚤起施從良人之所之 徧國中 無與立談者 卒之東郭墦間之祭者 乞其餘 不足 又顧而之他 此其爲饜足之道也 其妻歸告其妾曰 良人者 所仰望而終身也 今若此 與其妾 訕其良人 而相泣於中庭 而良人未之知也 施施從外來 驕其妻妾.

제인(이) 유일처일첩 이처실자(이러니) 기량인(이) 출즉필염주육이후(에) 반(이어늘) 기처(이) 문소여음식자(하니) 즉진부귀야(이러라)

기처(이) 고기첩왈 양인(이) 출즉필염주육 이후반(할새) 문기여음식자(하니) 진부귀야(이로되) 이미상유현자래(하니) 오장간량인지소지야(하리라하고)

조기(하야) 시종량인지소지(하니) 편국중(하되) 무여립

담자(이러니) 졸지동곽번간지제자(하야) 걸기여(하고) 부족(이어든) 우고이지타(하니) 차기위염족지도야(이러라)

기처(이) 귀고기첩왈 양인자(는) 소앙망 이종신야(이어늘) 금약차(이라하고) 여기첩(으로) 산기량인 이상읍어 중정(이어늘) 이량인(이) 미지지야(하야) 시시종외래(하야) 교기처첩(하더라)

[1] 제(齊)나라 사람으로 본처와 첩 하나를 거느리고 한 방에서 가난하게 사는 사나이가 있었다. 그런데 남편인 그는 외출하면 반드시 술과 고기를 배불리 먹고 돌아오는 것이었다. 그의 처가 함께 마시고 먹은 사람이 누구냐고 물으면, 언제나 모두가 부귀(富貴)를 누리는 <세도가들이라고> 대답하는 것이었다.

<그러자> 본처가 소실에게 말했다. 「우리집 영감은 외출하면 반드시 술과 고기를 마냥 들고 돌아오며 함께 마시고 먹은 사람들이 <누구냐고> 물으면 모두가 부귀를 누리는 사람들이라고 하더라. 그러나 아직까지 <우리집에> 고귀한 사람이 온 일이 없으니 <이상하오.> 내가 몰래 남편 가는 곳을 <뒤쫓아> 살펴보겠소.」

<다음날 본처가> 일찍 일어나 먼발치서 몰래 <남편 가는 곳을> 뒤쫓아 살펴보았다. 남편은 성안 거리를 두루 돌아다녔으나 아무하고도 서서 말하는 사람이 없었다. 결국은 동쪽 성곽 밖에 있는 <무덤 사이에

서> 제사 지내는 사람에게 나머지 찌꺼기를 구걸하여 <얻어먹고> 부족하면, 또 사방을 둘러보고 다른 곳으로 가서 얻어먹는 것이었다. 이것이 바로 그가 물리도록 <마시고 먹은> 방도였다.

본처가 돌아와서 소실에게 말했다. 「남편이란 평생을 두고 우러러보고 죽을 때까지 의지해야 할 사람이다. 그런데 지금 알고 보니 저런 꼴이구려.」 그리고 소실과 함께 남편을 욕하면서 마당에서 함께 울고 있었다. 그러나 남편은 그런 줄도 모르고 비틀비틀 밖에서 들어오면서 <전과 같이> 본처와 첩에게 큰소리를 치는 것이었다.

[어구 설명] [1] 齊人 有一妻一妾 而處室者(제인 유일처일첩 이처실자) : 제(齊)나라 사람으로 본처와 첩 하나를 거느리고 한 방에서 사는 자가 있었다. ○其良人出(기양인출) : 그 남편이 외출하면. ○則必饜酒肉 而後反(즉필염주육 이후반) : 즉 반드시 술과 고기를 배불리 먹고, 그리고 돌아오는 것이었다. ○其妻問所與飮食者(기처문소여음식자) : 그의 처가 함께 마시고 먹은 사람이 누구냐고 묻자. ○則盡富貴也(즉진부귀야) : 즉 <함께 마시고 먹은 사람들> 모두가 부귀(富貴)한 사람이라고. <대답하는 것이었다.>

○其妻告其妾曰(기처고기첩왈) : <그러자> 본처가 소실에게 말했다. ○良人出 則必饜酒肉而後反(양인출 즉필염주육이후반) : 우리집 영감은 외출하면 반드시 술과 고기를 마냥 들고 돌아오며. ○問其與飮食者 盡富貴也(문기여음식자 진부귀야) : 함께 마시고

먹은 사람들이 <누구냐고> 물으면, 모두가 부귀를 누리는 사람들이라고. <하더라.> ㅇ而未嘗有顯者來(이미상유현자래) : 그러나 아직까지 <우리집에> 알려진 고귀한 사람이 온 일이 없으니. <이상하다.> ㅇ吾將瞯良人之所之也(오장간량인지소지야) : 내가 몰래 남편 가는 곳을 <뒤쫓아> 살펴보겠다. <여기까지가 본처의 말이다.>

ㅇ蚤起施從良人之所之(조기시종량인지소지) : <본처가> 일찍 일어나, 먼발치서 몰래 <남편 가는 곳을> 뒤쫓아 살펴보았다. 「시(施)」는 「이(迤 : 비스듬히)」와 같다. ㅇ徧國中(편국중) : 도성(都城) 안 거리를 두루 돌아다녀도. ㅇ無與立談者(무여립담자) : 아무하고도 서서 말하는 사람이 없었다. ㅇ卒之東郭墦間之祭者(졸지동곽번간지제자) : 결국은 동쪽 성곽 밖에 있는 <무덤 사이에> 가서, 제사 지내는 사람에게. ㅇ乞其餘(걸기여) : 나머지 찌꺼기를 구걸하여. <얻어먹고.> ㅇ不足又顧而之他(부족우고이지타) : <그것으로> 부족하면 또 사방을 둘러보고 다른 곳으로 가서 얻어먹는 것이었다. ㅇ此其爲饜足之道也(차기위염족지도야) : 이것이 바로 그가 물리도록 <마시고 먹은> 방도였다.

ㅇ其妻歸告其妾曰(기처귀고기첩왈) : 본처가 돌아와서 소실에게 말했다. ㅇ良人者 所仰望而終身也(양인자 소앙망이종신야) : 남편이란 평생을 두고 우러러보고 죽을 때까지 의지해야 할 사람이다. ㅇ今若此(금약차) : 지금 알고 보니 이런 꼴이구나. ㅇ與其妾 訕其良人(여기첩 산기양인) : 소실과 함께 남편을 욕하면서. 「산(訕)」은 헐뜯다, 욕하다. ㅇ而相泣於中庭(이상읍어중정) : 집안 마당에서 함께 울고 있었다. ㅇ而良人未之知也(이양인미지지야) : 그러

나 남편은 그런 줄도 모르고. ㅇ施施從外來(시시종외래) : 비틀비틀 밖에서 들어오면서. ㅇ驕其妻妾(교기처첩) : <전과 같이> 본처와 첩에게 큰소리를 쳤다.

【集註】(1) 章首當有孟子曰字 闕文也 良人夫也 饜飽也 顯者富貴人也 施邪施而行 不使良人知也 墦冢也 顧望也 訕怨詈也 施施喜悅自得之貌.

(1) 장 머리에 당연히「맹자왈(孟子曰)」이 있어야 하는데, 빠졌다.「양인(良人)」은 남편이다.「염(饜)」은「포식(飽食)의 뜻」이다.「현자(顯者)」는「부귀인(富貴人)」을 말한다.「시(施)」는「몰래 곁으로 간다, 남편에게 알리지 않는다」는 뜻이다.「반(墦)」은 무덤(冢)이다.「고(顧)」는「망(望)」의 뜻이다.「산(訕)」은「원망하고 욕한다」는 뜻이다.「시시(施施)」는「기뻐하고 의기양양한 모양」이다.

[2] 由君子觀之 則人之所以求富貴利達者 其妻妾 不羞也 而不相泣者幾希矣.

유군자관지(컨대) 즉인지소이구부귀리달자(이) 기처첩(이) 불수야 이불상읍자 기희의(니라)

[2] <맹자의 말 계속>「군자의 처지에서 볼 때, 즉 사람들이 부귀나 이득이나 영달을 구한 태도가 <결국 여기에 나오는 남편과 같으며 따라서> 그들의 부

인이나 첩들이 부끄럽게 여기지 않고, 또 울지 않을 사람이 거의 없을 것이다.」

[어구 설명] [2] ㅇ由君子觀之(유군자관지) : 군자의 처지에서 볼 때. ㅇ則人之所以求富貴利達者(즉인지소이구부귀리달자) : 사람들이 부귀나 이득이나 영달을 구하는 태도. <즉 추잡한 꼴이 결국 이 남편과 같으니라.> ㅇ其妻妾 不羞也 而不相泣者 幾希矣(기처첩 불수야 이불상읍자 기희의) : 그들의 부인이나 첩들이 부끄럽게 여기지 않고, 또 울지 않을 사람이 거의 없을 것이다.

【集註】(1) 孟子言自君子而觀 今之求富貴者 皆若此人耳 使其妻妾見之 不羞而泣者少矣 言可羞之甚也 趙氏曰 言今之求富貴者 皆以枉曲之道 昏夜乞哀以求之 而以驕人於白日 與斯人何以異哉.

(1) 맹자는 말했다. 「군자의 입장에서 본다면, 오늘 부귀를 구하는 자들은 모두 이 남편과 같으므로 만약 처나 첩이 그 뒤를 본다면 부끄러워 울지 않을 자가 적을 것이다.」 즉 심히 수치스럽다는 뜻을 말한 것이다. 조씨(趙氏)는 말했다. 「이는 다음 같은 뜻을 말한 것이다. 즉 오늘 부귀를 구하는 자들은 모두가 굽은 방법으로 어두운 밤에 애걸하여 얻은 것이며, 그것을 백일하에 내놓고 교만을 떨고 있으니, 이 남편과 무엇이 다르겠는가」

제33장 齊人章 : 白文

[1] 齊人 有一妻一妾 而處室者 其良人出 則必饜酒肉而後反 其妻問所與飮食者 則盡富貴也 其妻告其妾曰 良人出則必饜酒肉而後反 問其與飮食者 盡富貴也 而未嘗有顯者來 吾將瞯良人之所之也 蚤起施從良人之所之 徧國中無與立談者 卒之東郭墦間之祭者 乞其餘 不足 又顧而之他 此其爲饜足之道也 其妻歸告其妾曰 良人者所仰望而終身也 今若此 與其妾 訕其良人而相泣於中庭 而良人未之知也 施施從外來 驕其妻妾.

[2] 由君子觀之 則人之所以求富貴利達者 其妻妾不羞也 而不相泣者幾希矣.

【요점 복습】 제33장 제인장

　남의 무덤에 가서 제사 지내는 음식을 얻어먹고 집에 돌아와서 자랑하는 자를 비유한 말이다. 즉 악덕한 임금이나 세상에 붙어 벼슬을 살거나 녹을 먹는 자가 바로 남의 무덤의 제물을 얻어먹으면서 거드름을 피는 자라 하겠다. 조씨(趙氏)는 말했다.「오늘 부귀를 구하는 자들은 모두가 굽은 방법으로 어두운 밤에 애걸하여 얻은 것이며, 그것을 백일하에 내놓고 교만을 떨고 있으니, 이 남편과 무엇이 다르겠는가.」

孟子集註 卷之九

萬章章句 上 : 총 9 장

「맹자집주 제9권, 만장장구 상(萬章章句 上)」은 총 9 장이다.
각 장의 이름과 그 요점은 대략 다음과 같다.

제1장 순왕장(舜往章) : 대효(大孝) 순(舜)이 하늘에 읍소(泣訴)함.
제2장 취처장(娶妻章) : 순이 부모에게 말하지 않고 장가를 든 이유
제3장 상일장(象日章) : 순이 동생 상(象)에게 부귀를 누리게 함.
제4장 함구장(咸丘章) : 순이 효성으로써 아버지를 감동케 함.
제5장 요이장(堯以章) : 만민이 받아주면 하늘이 명을 내린다.
제6장 덕쇠장(德衰章) : 선양(禪讓)도 계승(繼承)도 다 천명이다.
제7장 할팽장(割烹章) : 탕(湯)을 도운 이윤(伊尹)의 현덕(賢德)
제8장 혹위장(或謂章) : 공자(孔子)가 신중하게 택한 주인집
제9장 백리해장(百里奚章) : 진(秦)의 명상(名相) 백리해(百里奚)의
　　　　총명과 지혜

제1장 舜往章 : 총 5 구절

[1] 萬章問曰 舜往于田 號泣于旻天 何爲其號泣也 孟子曰 怨慕也.
만장(이) 문왈 순(이) 왕우전(하샤) 호읍우민천(하시니) 하위기호읍야(이이꼬) 맹자(이) 왈 원모야(이니라)

[1] 맹자의 제자 만장이 물었다.「순임금이 밭에 가서 <경작을 할 때> 하늘에 대고 울면서 호소를 했다고 하는데, 어째서 그렇게 호소를 하고 울었습니까?」 맹자가 대답했다.「부모를 애달프게 그리워했기 때문이다.」

[어구 설명] [1] ㅇ萬章問曰(만장문왈) : 만장(萬章)이 맹자에게 물었다.「만장」은 제(齊)나라 사람으로, 맹자의 수제자다. ㅇ舜往于田(순왕우전) : 순임금이 밭에 가서. <경작을 하면서.> ㅇ號泣于旻天(호읍우민천) : 하늘에 대고 울면서 호소했으니.「호(號)」는「소리내고 말하다, 호소하다」의 뜻이다.「민천(旻天)」의「민(旻)」은「민(憫)」과 같다. 즉「천하 만물을 사랑하고 불쌍하게 여기는 하늘」의 뜻이다. ㅇ何爲其號泣也(하위기호읍야) : 어째서 그렇게 호소를 하고 울었습니까? ㅇ孟子曰 怨慕也(맹자왈 원모야) : 맹자가 대답했다.「부모를 애달프게 그리워했기 때문이다.」「원모(怨慕)」를「원망하고 사모하다」로 풀기도 하나, 적절치 않다. 순임금은 대효(大孝)다. 설사 부모가 자기의 효성(孝誠)을 알아주지 않

고, 자기를 해치려고 해도, 순임금은 「미워하거나 원망하는 마음을 품지 않았을 것이다.」

【集註】(1) 舜往于田 耕歷山時也 仁覆閔下 謂之旻天 號泣于旻天 呼天而泣也 事見虞書大禹謨篇 怨慕 怨己之不得其親而思慕也.

(1)「순임금이 밭에 갔다고 함」은 역산(歷山)에서 경작할 때의 일이다. <하늘은> 인(仁)으로 천하를 덮고 사랑하고 또 민망하게 여긴다. 그래서 「민천(旻天)」이라고 한다. 순이 하늘을 보고 소리내어 울었으며, 하늘에 호소하며 울었다. 순임금의 일은 서경(書經) 우서(虞書) 대우모편(大禹謨篇)에 보인다. 「원모(怨慕)」는 「자기가 부모의 사랑을 받지 못하는 것을 애달프게 생각하고, 또 그리워한다」는 뜻이다.

[2] 萬章曰 父母愛之 喜而不忘 父母惡之 勞而不怨 然則舜怨乎 曰 長息問於公明高曰 舜往于田 則吾旣得聞命矣 號泣于旻天于父母 則吾不知也 公明高曰 是非爾所知也 夫公明高以孝子之心 爲不若是恝 我竭力耕田 共爲子職而已矣 父母之不我愛 於我何哉.

만장(이) 왈 부모(이) 애지(어시든) 희이불망(하고) 부모(이) 오지(어시든) 노이불원(이니) 연즉순원호(이이까) 왈 장식(이) 문어공명고왈 순(이) 왕우전(은) 즉오(이) 기득문명의(어니와) 호읍우민천(과) 우부모(는) 즉오부지야(로이다) 공명고(이) 왈 시(는) 비이소지야(이라하니) 부공명고(는) 이효자지심(이) 위불약시갈(이라) 아(는) 갈력경전(하야) 공위자직이이의(니) 부모지불아애(는) 어아하재(오하니라)

[2] 만장이 <다시 맹자에게> 말했다. 「부모가 <자식인 나를> 사랑하면 <자식인 나는> 기뻐하고 <고마움을> 잊지 않는다. 혹 부모가 나를 미워하셔도 나는 <여전히 부모를 위해> 애를 쓸 뿐 원망하지 않는다고 알고 있습니다. 그런데 즉 순임금이 <부모를> 원망했습니까?」 <만장이 의아하게 생각하고 맹자에게 물은 말이다.> <그러자> 맹자가 <직접 답하지 않고, 다음과 같이 예를 들고 간접적으로> 말했다. 「전에 장식(長息)이 <자기 스승> 공명고(公明高)에게 물었다. 『순임금이 밭에 나가 경작했다는 일은 이미 선생님의 가르침을 듣고 알게 되었습니다. <그런데 순임금이> 하늘을 우러러보고, 또 부모를 생각하며 울고 호소했다는 것은 저는 잘 알 수가 없습니다.』 <그러자 스승인> 공명고가 <제자 장식에게> 말했다. 『<그와 같은> 깊은 경지를 자네는 알지 못할 것이다.』」 <이렇게 예를 들고, 맹자가 종합적으로 말했다.> 「대개 공명고가 <말한 깊은 경지는 이런 것이

다.> 즉 효자의 마음은 다음과 같이 냉담(冷淡)한 것
이 아니다.『내가 힘들여 밭을 갈고 <부모님을> 공양
(供養)하는 책임을 다하면 된다. 부모님이 나를 사랑
해주지 않아도 나에게는 아무렇지 않다.』고 하는 식
으로 냉정하지 않다는 뜻이다.」

[어구 설명] [2] ㅇ萬章曰(만장왈) : 만장이 <다시 맹자에게> 말했
다. ㅇ父母愛之 喜而不忘(부모애지 희이불망) : 부모가 <자식인
나를> 사랑하면 <자식인 나는> 기뻐하고 <그 고마움을> 잊지
않는다. ㅇ父母惡之 勞而不怨(부모오지 노이불원) : 혹 부모가 나
를 미워하셔도 나는 <여전히 부모를 위해> 애를 쓸 뿐 원망하지
말아야 한다. ㅇ然則舜怨乎(연즉순원호) : 그런데 즉 순임금은 <부
모를> 원망했습니까? <만장이 맹자에게 물은 말이다.> ㅇ曰
(왈) : <그러자> 맹자가 <다음과 같은 예를 들고> 대답했다. ㅇ長
息問於公明高曰(장식문어공명고왈) : <옛날에> 장식(長息)이
<자기 스승> 공명고(公明高)에게 <다음같이> 질문했다. ㅇ舜往
于田 則吾旣得聞命矣(순왕우전 즉오기득문명의) : <장식의 말이
다.>「순임금이 밭에 나가 경작했다는 일은 이미 저도 선생님의
가르침을 듣고 알게 되었습니다.」 ㅇ號泣于旻天 于父母(호읍 우
민천 우부모) : <순임금이> 하늘을 우러러보고 또 부모를 생각하
며 울고 호소했다고 하는 것은. ㅇ則吾不知也(즉오부지야) : 저로
서는 잘 알 수가 없습니다. ㅇ公明高曰 (공명고왈) : <스승> 공명
고가 <제자 장식에게> 말했다. ㅇ是非爾所知也(시비이소지야) :
「<그와 같이> 깊은 경지를 자네는 알지 못할 것이다.」 ㅇ夫公明

高(부공명고) : 허기는 공명고는. <맹자가 공명고의 생각을 대신해서 설명해 준 말이다.> ○ 以孝子之心 爲不若是恝(이효자지심 위불약시갈) : 효자의 마음은 다음과 같이 냉담(冷淡)한 것이 아니다. 「갈(恝)」은 「차갑고 무관심하다, 무관심하고 소홀하다」는 뜻이다. ○ 我竭力耕田 共爲子職而已矣(아갈력경전 공위자직이이의) : 나만 힘들여 밭을 갈고 <부모님을> 공양(供養)하는 책임을 다하면 된다. ○ 父母之不我愛 於我何哉(부모지불아애 어아하재) : 부모님이 나를 사랑해주지 않아도, 나에게는 아무렇지 않다. 내가 왜 걱정을 하는가. <이렇게 냉정하게 생각하는 것은 참다운 효심이 아니다. 진정한 사랑은 부모와 자식이 서로 통해야 한다.>

【集註】(1) 長息公明高弟子 公明高 曾子弟子 于父母 亦書辭 言呼父母而泣也 恝無愁之貌 於我何哉 自責不知己 有何罪耳 非怨父母也 楊氏曰 非孟子深知舜之心 不能爲此言 蓋舜 惟恐不順於父母 未嘗自以爲孝也 若自以爲孝 則非孝矣.

(1) 「장식(長息)」은 「공명고(公明高)」의 제자이고, 공명고는 증자(曾子)의 제자이다. 「우부모(于父母)」도 역시 서경(書經)에 있는 글이다. 「부모에게 호소하고 울었다」는 뜻이다. 「갈(恝)」은 「걱정하지 않는 품」이다. 「어아하재(於我何哉)」는, 「자기에게 무슨 죄가 있나 하고 자책할 뿐, 부모를 원망한 것이 아니다」라는 뜻이다. 양씨(楊氏)가 말했다. 「맹자가 순임금의 마음을 깊이 알지 않고서는 이런 말을 할 수 없다.

항상 순임금은 부모와의 사이가 순탄하지 못한 것을 두려워 했으며, 스스로 효도한다고 생각하지 않았다. 만약 스스로 효도한다고 생각했다면 그것은 참다운 효가 아니다.」

[3] 帝使其子九男二女 百官牛羊倉廩備 以事舜於畎畝之中 天下之士多就之者 帝將胥天下而遷之焉 爲不順於父母 如窮人無所歸.

제(이) 사기자구남이녀(로) 백관우양창름(을) 비(하야) 이사순어견무지중(하시니) 천하지사(이) 다취지자(이어늘) 제(이) 장서천하 이천지언(이러시니) 위불순어부모(이라) 여궁인무소귀(러시다)

[3] <맹자의 말 계속>「요임금이 자기의 아들 9명과, 2명의 딸로 하여금 <순임금을 섬기게 했다.> 또 백관(百官)과 우양(牛羊) 및 창름(倉廩)을 다 구비하고 논밭에서 농사를 짓는 순임금을 섬기게 했다. 그러자 천하의 선비들 중 순임금을 따른 사람이 많았다. 이에 요임금은 장차(將) 살펴보고(胥) 천하의 대권을 옮겨 주려고 했다. 그러나 순임금은 <자기의 효성이> 부모에게 순탄하게 받아들여지지 않기 때문에 마치 곤궁한 사람이 돌아갈 집이 없는 것처럼. <몸둘 바를 몰랐다.> <천하를 얻는 것보다 부모의 사랑을 받는 것이 더 중요하다.>」

[어구 설명] [3] ○帝使其子九男二女(제사기자구남이녀):「제(帝)」는「요(堯)임금」이다. 요임금이 자기의 아들 9명과, 2명의 딸로 하여금. <순임금을 섬기게 했다.> ○百官牛羊倉廩備(백관우양창름비) : 백관(百官)과 우양(牛羊) 및 창름(倉廩)을 다 구비하고. <순임금을 섬기게 했다.>「백관」은「여러 가지 일을 관장할 관리」,「우양」은「소나 양 기타의 가축」,「창름」은「곡식 창고」. ○以事舜(이사순) : 순임금을 받들고 섬기게 했다. ○於畎畝之中(어견무지중) : 논밭에서 농사를 짓는 순임금을 섬기게 했다. 앞의「제사(帝使)」는 여기까지 걸린다.「견(畎)」은 밭도랑,「무(畝)」는 밭이랑.「사순어견무지중(事舜於畎畝之中)」은「농사를 짓고 있는 순임금을 섬기다.」의 뜻이다. ○天下之士多就之者(천하지사다취지자) : 천하의 선비들 중, 순임금을 따른 사람이 많았다. ○帝將胥天下而遷之焉(제장서천하이천지언) : 요임금이 장차(將) 살펴보고(胥) 천하의 대권을 옮겨주고자 했다.「서(胥)」를「모두, 다」로 해석해도 된다. <즉 요임금이 순임금에게 천하(天下)를 선양(禪讓)하려고 했다.> ○爲不順於父母(위불순어부모) : 순임금은 <자기의 효성이> 부모에게 순탄하게 받아들여지지 않기 때문에. ○如窮人無所歸(여궁인무소귀) : 마치 궁핍한 자가 돌아갈 집이 없는 것처럼. <몸둘 바를 몰랐다.> <천하를 얻는 것보다 부모의 사랑을 받는 것이 더 중요하다.>

【集註】(1) 帝堯也 史記云 二女妻之 以觀其內 九男事之 以觀其外 又言 一年所居成聚 二年成邑 三年成都 是天下之士就之也 胥相視也 遷之移以與之

也 如窮人之無所歸 言其怨慕迫切之甚也.

(1)「제(帝)」는 요(堯)임금이다. 사기(史記)에 있다.「요임금이 두 딸을 순에게 시집가게 한 것은 집안 다스리는 능력을 보고자 한 것이다. 아들 9명으로 하여금 섬기게 한 것은 바깥 일 다스리는 능력을 보고자 한 것」이다. 또 <사기에> 다음같이 있다.「<순임금이 거처한 지> 1년 만에 부락을 이루었고, 2년에 읍을 이루었고, 3년에 도시를 이루었다.」이것이 곧 천하의 선비들이 순임금을 따르고 섬겼다는 뜻이다.「서(胥)」는 「살펴본다(相視)」는 뜻이다.「천지(遷之)」는「<천하의 대권을> 넘겨준다」는 뜻이다.「궁핍한 사람이 돌아갈 집이 없는 것처럼 <몸둘 바를 몰랐다는> 것은 곧「<부모의 사랑을> 애달프게 그리워하고 심히 절박하게 바랐다」는 뜻을 말한 것이다.

[4] 天下之士悅之 人之所欲也 而不足以解憂 好色人之所欲 妻帝之二女 而不足以解憂 富人之所欲 富有天下 而不足以解憂 貴人之所欲 貴爲天子 而不足以解憂 人悅之好色富貴 無足以解憂者 惟順於父母 可以解憂.

천하지사(이) 열지(는) 인지소욕야(이어늘) 이부족이해우(하시며) 호색(은) 인지소욕(이어늘) 처제지이녀(하샤대) 이부족이해우(하시며) 부(는) 인지소욕(이어늘) 부유천하(하샤대) 이부족이해우(하시며) 귀(는) 인지소욕(이어늘) 귀위천자(하샤대) 이부족이해우(하시니) 인열지(와) 호색(과) 부귀(에) 무족이해우자(이오) 유순어부모(이라야) 가이해우(이러시다)

[4] <맹자의 말 계속>「천하의 모든 선비들이 자기를 좋아하고 따르기를 사람은 바란다. <그러나 순임금은 그것으로는> 자신의 걱정을 풀기에 부족했다. <즉 부모의 사랑을 못 받는 걱정이 해소되지 않았다.> 호색(好色)은 사람이 원하는 바이다. 그러나 순임금은 요임금의 두 딸을 아내로 삼았으나, 그래도 걱정을 해소하는 데 부족했다. 부(富)는 모든 사람이 욕심내는 바이다. 순임금은 부에 있어 천하를 소유했으나, 그래도 걱정을 해소하는 데 부족했다. 귀(貴)는 모든 사람이 욕심내는 바이다. 순임금은 귀에 있어 천자가 되었으나, 그래도 걱정을 해소하는 데 부족했다. 모든 사람이 좋아하는 것과, 아름다운 아내와, 부귀로서는 순임금의 걱정을 해소할 수 없고, 오직 부모와 순탄하게 사랑을 서로 주고받는 것만이 비로소 <순임금의> 걱정을 해소할 수 있었던 것이다.」

[어구 설명] [4] ㅇ 天下之士悅之(천하지사열지) : 천하의 모든 선비들이 자기를 좋아하고 따르기를. ㅇ 人之所欲也(인지소욕야) : 모든 사람은 바라는 바이다. ㅇ 而不足以解憂(이부족이해우) : 그러나 순임금은 그것으로는 자신의 걱정을 해소하는 데 부족했다.

<즉 부모의 사랑을 못 받는 걱정이 해소되지 않았다.> ｏ好色人之所欲(호색 인지소욕) : 호색(好色)은 사람이 원하는 바이다. 「호색」은 「아름다운 여자나 미인을 아내로 삼는다」는 뜻. ｏ妻帝之二女 而不足以解憂(처제지이녀 이부족이해우) : 순임금은 요임금의 두 딸을 아내로 삼았으나, 그래도 걱정을 해소하는 데 부족했다. ｏ富人之所欲(부인지소욕) : 부(富)는 모든 사람이 욕심내는 바이다. ｏ富有天下 而不足以解憂(부유천하 이부족이해우) : 순임금은 부에 있어 천하를 소유했으나, 그래도 걱정을 해소하는 데 부족했다. ｏ貴人之所欲(귀인지소욕) : 귀(貴)는 모든 사람이 욕심내는 바이다. ｏ貴爲天子 而不足以解憂(귀위천자 이부족이해우) : 순임금은 귀에 있어 천자가 되었으나, 그래도 걱정을 해소하는 데 부족했다. ｏ人悅之 好色 富貴(인열지 호색 부귀) : 「모든 사람이 좋아하는 것과, 아름다운 아내와, 부귀」로서는. ｏ無足以解憂者(무족이해우자) : 순임금의 걱정을 해소할 수 없고. ｏ惟順於父母(유순어부모) : 오직 부모와 순탄하게 사랑을 서로 주고받아야. ｏ可以解憂(가이해우) : 비로소 걱정을 해소할 수 있었던 것이다.

【集註】 (1) 孟子推舜之心如此 以解上文之意 極天下之欲 不足以解憂 而惟順於父母 可以解憂 孟子眞知舜之心哉.

(1) 맹자(孟子)는 순(舜)의 마음을 이와 같이 추측하고 앞의 글의 뜻을 풀었다. <순임금은> 천하의 모든 사람이 바라는 바 <모든 것을> 최고로 얻었으나, 그래도 그의 걱정을 해소

하는 데 부족했으며, 오직 부모와 순탄하게 되는 것으로써만 걱정을 해소할 수 있다고 했다. 맹자는 참으로 순임금의 마음을 알았던 것이다.

[5] 人少則慕父母 知好色則慕少艾 有妻子則慕妻子 仕則慕君 不得於君則熱中 大孝終身慕父母 五十而慕者 予於大舜見之矣.

인(이) 소즉모부모(하다가) 지호색즉모소애(하고) 유처자즉모처자(하고) 사즉모군(하고) 부득어군즉열중(이니) 대효(는) 종신모부모(하나니) 오십이모자(를) 여어대순(에) 견지의(로라)

[5] <맹자의 말 계속> 「사람은 어려서는 부모를 사랑하고 그리워한다. 여자와의 짝짓기를 알게 되면, 즉 어리고 예쁜 여자를 그리워한다. 장가를 들고 처자식을 갖게 되면 곧 자기 처자식을 사랑하고 그리워한다. 출사하면 임금을 사랑하고 그리워하며, 만약에 임금의 총애를 받지 못하면 속을 태우고 열을 낸다. 그러나 크게 효성스런 아들은 죽을 때까지 부모를 사랑하고 그리워한다. 나이 50이 되어도 부모를 진심으로 사랑하고 그리워하는 사람을 나는 대효(大孝) 순임금에게서 보았노라.」

[어구 설명] [5] ㅇ 人少則慕父母(인소즉모부모) : 사람은 어려서는

부모를 사랑하고 그리워한다. ○知好色則慕少艾(지호색즉모소애) : 여자와의 짝짓기를 알게 되면, 즉 어리고 예쁜 여자를 그리워한다. ○有妻子則慕妻子(유처자즉모처자) : 장가를 들고 처자식을 갖게 되면 곧 자기 처자식을 사랑하고 그리워한다. ○仕則慕君(사즉모군) : 출사하고 벼슬에 오르면, 임금을 사랑하고 그리워한다. ○不得於君則熱中(부득어군즉열중) : 임금의 총애를 받지 못하면, 곧 속을 태우고 열을 내고 걱정을 한다. ○大孝終身慕父母(대효종신모부모) : 크게 효성스런 아들은 죽을 때까지 부모를 사랑하고 그리워한다. ○五十而慕者(오십이모자) : 나이 50이 되어도 부모를 진심으로 사랑하고 그리워한 사람을. ○予於大舜見之矣(여어대순견지의) : 나는 대효(大孝) 순임금에게서 보았노라.

【集註】(1) 言常人之情 因物有遷 惟聖人 爲能不失其本心也 艾美好也 楚詞 戰國策 所謂幼艾 義與此同 不得 失意也 熱中 躁急心熱也 言五十者 舜攝政時年五十也 五十而慕 則其終身慕 可知矣 此章言 舜不以得衆人之所欲 爲己樂 而以不順乎親之心 爲己憂 非聖人之盡性 其孰能之.

(1) 즉 다음 같은 뜻을 말한 것이다. 「일반인의 정은 사물에 따라 변하지만 오직 성인은 능히 본심에 주어진 인심(仁心)을 잃지 않는다.」 「애(艾)」는 「아름답고 예쁘다」는 뜻이다. 초사(楚辭)와 전국책(戰國策)에 이른바, 유애(幼艾)라고 한 말과 뜻이 같다. 「부득(不得)」은 「실의(失意)」의 뜻이다. 「열중(熱

中)」은「조급(躁急)하여 가슴속에 열이 난다」는 뜻이다.「언오십자(言五十者)」는 순임금이 섭정(攝政)한 때가 50년이란 뜻이다. 50년 간을 <부모의 사랑을 얻으려고> 그리워했으니, 곧 평생을 두고 사랑하고 그리워했음을 알 수 있다. 이 장은 다음 같은 뜻을 말한 것이다.「순은 모든 사람이 바라는 바를 얻는 것을 자기의 즐거움으로 삼지 않고, 부모의 마음에 순탄하게 받아들여지지 않는 것을 자기의 근심으로 삼았다. 성인이 본성의 인덕(仁德)을 다하는 것이 아니라면 그 누가 이렇게 할 수 있겠는가?」

제1장 舜往章 : 白文

[1] 萬章問曰 舜往于田 號泣于旻天 何爲其號泣也
孟子曰 怨慕也.

[2] 萬章曰 父母愛之 喜而不忘 父母惡之 勞而不怨 然則舜怨乎 曰 長息問於公明高曰 舜往于田 則吾旣得聞命矣 號泣于旻天于父母 則吾不知也 公明高曰 是非爾所知也 夫公明高 以孝子之心 爲不若是恝 我竭力耕田 共爲子職 而已矣 父母之不我愛 於我何哉.

[3] 帝使其子九男二女 百官牛羊倉廩備 以事舜於畎畝之中 天下之士多就之者 帝將胥天下而遷之焉 爲不順於父母 如窮人無所歸.

[4] 天下之士悅之 人之所欲也 而不足以解憂 好色 人之所欲 妻帝之二女 而不足以解憂 富人之所欲 富有天下 而不足以解憂 貴人之所欲 貴爲

天子 而不足以解憂 人悅之好色富貴 無足以解
憂者 惟順於父母 可以解憂.
[5] 人少則慕父母 知好色則慕少艾 有妻子則慕妻
子 仕則慕君 不得於君則熱中 大孝終身慕父母
五十而慕者 予於大舜見之矣.

【요점 복습】제1장 순왕장

　대효(大孝) 순임금에 대한 말이다. 순임금이 밭에 나가 경작을 하면서 하늘을 우러러보고 호읍(號泣)한 심정을 맹자가 깊이 해석한 것이다. 순임금은 절대로 부모를 원망하지 않았다. 반대로 자기의 효성과 정성이 부족하여 부모에게 순탄하게 통하지 않는 것을 스스로 반성하고 애달프게 여기고 호소하고 통탄했던 것이다. 순임금은 천하를 다스리고, 천하의 부를 누리고, 요제(堯帝)의 두 딸을 처로 삼았다. 즉 최고의 부귀를 누리면서도 부모에게 자기의 효성이 순탄하게 받아들여지지 않는 것을 걱정했던 것이다. 진정한 효도는 부모와 자식이 하나가 되는 것이다. 설사 부모가 자식을 알아주지 않아도 자식이 비상한 효도와 정성을 바치면, 마침내 부모와 자식이 하나가 되는 실례를 순임금이 보여준 것이다. 그래서 순임금을 대효(大孝)라고 한 것이다.

제2장 娶妻章 : 총 4 구절

[1] 萬章問曰 詩云 娶妻如之何 必告父母 信斯言也 宜莫如舜 舜之不告而娶何也 孟子曰 告則不得娶 男女居室 人之大倫也 如告則廢人之大倫 以懟父母 是以不告也.

만장(이) 문왈 시운 취처여지하(오) 필고부모(이라하니) 신사언야(인댄) 의막여순(이어시니) 순지불고이취(는) 하야(이이꼬) 맹자(이) 왈 고즉부득취(하시리니) 남녀거실(은) 인지대륜야(이니) 여고즉폐인지대륜(하야) 이대부모(이라) 시이불고야(이시니라)

[1] 맹자의 제자 만장(萬章)이 물었다. 「시경(詩經) 제풍(齊風) 남산편(南山篇)에 『아내를 취하려면 어떻게 하나. 반드시 부모에게 고해야 한다.』고 있습니다. 이 말을 믿고 따른다면, 의당히 순같이 해서는 안 될 것입니다. 그런데 순임금이 <자기 부모에게> 고하지 않고 아내를 취한 것은 어째서 입니까.」 맹자가 대답해서 말했다. 「<만약에 부모에게> 고했다면 장가를 들지 못했을 것이다. 남녀가 결혼하여 부부가 되고 자식을 낳고 키우는 것은 인간이 따라야 할 가장 중대한 윤리이다. 순이 만약에 <부모에게> 말했다면 즉

인간의 대륜을 폐하게 되고 또 부모를 원망하게 되었
을 것이다. 그래서 부모에게 고하지 않고 장가를 든
것이다.」

[어구 설명] [1] ㅇ萬章問曰(만장문왈) : 맹자의 제자 만장(萬章)이
물었다. ㅇ詩云(시운) : 시경(詩經) 제풍(齊風) 남산편(南山篇)에
있다. ㅇ娶妻如之何(취처여지하) : 아내를 취하려면 어떻게 하나.
ㅇ必告父母(필고부모) : 반드시 부모에게 고해야 한다. ㅇ信斯言
也(신사언야) : 이 말을 믿는다면. ㅇ宜莫如舜(의막여순) : 의당
히 순같이 해서는 안 된다. ㅇ舜之不告而娶何也(순지불고이취하
야) : 순이 <자기 부모에게> 고하지 않고 아내를 취한 것은 어째서
이냐. 왜 그렇게 했느냐. ㅇ孟子曰(맹자왈) : 맹자가 대답해서 말했
다. ㅇ告則不得娶(고즉부득취) : <만약에 부모에게> 고했다면, 장
가를 들지 못했을 것이다. ㅇ男女居室(남녀거실) : 남녀가 결혼하
여 부부가 되고 자식을 낳고 키우는 것은. ㅇ人之大倫也(인지대륜
야) : 인간이 따라야 할 중대한 윤리이다. ㅇ如告(여고) : 순이 만약
에 <부모에게> 말했다면. ㅇ則廢人之大倫(즉폐인지대륜) : 즉 인
간이 지켜야 할 중대한 윤리를 폐지하게 되고. ㅇ以懟父母(이대부
모) : 부모를 원망하게 된다.「대(懟)」는 원망한다. ㅇ是以不告也
(시이불고야) : 그래서 부모에게 고하지 않고 장가를 든 것이다.
집주(集註)는 「懟 直類反」이라 했다.

【集註】(1) 詩齊國風南山之篇也 信誠也 誠如此
詩之言也 懟讎怨也 舜父頑母嚚 常欲害舜 告則不聽
其娶 是廢人之大倫 以讎怨於父母也.

(1) 「시(詩)」는 「시경(詩經) 제국(齊風) 남산편(南山篇)의 시다.」 「신(信)」은 「참으로(誠)」의 뜻이다. 「참으로 이 시의 말과 같이 한다」는 뜻이다. 「대(懟)」는 「원수로 여기고 원망한다」는 뜻이다. 「순(舜)의 아버지는 완악(頑惡)하고, 어머니는 간악(奸惡)했으며, 항상 순을 해치려고 했다. <그러므로> 고했다면 순이 장가드는 것을 허락하지 않았을 것이다. 그렇게 되면 인간의 대륜(大倫)을 폐(廢)하고 부모를 원수로 여기고 원망하게 되었을 것이다.」

[2] 萬章曰 舜之不告而娶 則吾旣得聞命矣 帝之妻舜而不告 何也 曰帝亦知告焉 則不得妻也.

만장(이) 왈 순지불고이취(는) 즉오기득문명의(어니와) 제지처순이불고(는) 하야(이이꼬) 왈 제역지고언(이면) 즉부득처야(이시니라)

[2] 만장이 또 물었다. 「순임금이 <자기 부모에게> 고하지 않고 장가를 든 까닭은 지금 선생님의 말씀을 듣고 알았습니다. 허나 요임금이 순에게 자기의 딸들을 아내로 삼게 하면서 <순의 부모에게> 고하지 않은 까닭은 어째서 입니까.」 맹자가 말했다. 「요임금도 역시 미리 고하면 장가를 들게 하지 못할 것을 알고 있었기 때문이다.」

[어구 설명] [2] ㅇ萬章曰(만장왈) : 만장이 또 물었다. ㅇ舜之不告

而娶(순지불고이취) : 순임금이 <자기 부모에게> 고하지 않고 장가를 든 이유는. ㅇ則吾旣得聞命矣(즉오기득문명의) : 이미 <선생님의> 말씀을 듣고 알았습니다. ㅇ帝之妻舜而不告何也(제지처순이불고하야) : 요임금이 순에게 자기의 딸을 처로 삼게 하면서, <순의 부모에게> 고하지 않은 까닭은 어째서 입니까. ㅇ曰 帝亦知告焉 則不得妻也(왈 제역지고언 즉부득처야) : 맹자가 말했다. 「요임금도 역시 미리 고하면 장가를 들게 하지 못할 것을 알고 있었기 때문이다.」

【集註】(1) 以女爲人妻曰妻 程子曰 堯妻舜而不告者 以君治之而已 如今之官府 治民之私者亦多.

(1) 「자기 딸을 다른 사람의 아내가 되게 하는 것」을 「처(妻)」라고 했다. 정자(程子)가 말했다. 「요임금이 순에게 딸을 시집보내면서 그 부모에게 고하지 않은 것은 임금으로서 <천리를 따라 인륜을 바르게> 다스리고자 한 것이다. 오늘의 관부(官府) 같은 곳에서는 <천리가 아닌> 사사로운 생각으로 다스리는 경우가 역시 많으니라.」

[3] 萬章曰 父母使舜 完廩捐階 瞽瞍焚廩 使浚井出 從而揜之 象曰 謨蓋都君 咸我績 牛羊父母 倉廩父母 干戈朕 琴朕 弤朕 二嫂使治朕棲 象往入舜宮 舜在牀琴 象曰 鬱陶思君爾 忸

怩 舜曰 惟茲臣庶 汝其于予治 不識
舜不知象之將殺己與 曰奚而不知也
象憂亦憂 象喜亦喜.

만장(이) 왈 부모(이) 사순(으로) 완름연계(하고) 고수
(이) 분름(하며) 사준정(하야) 출(커시늘) 종이엄지(하고)
상(이) 왈 모개도군(은) 함아적(이니) 우양부모(이오) 창
름부모(이오) 간과짐(이오) 금짐(이오) 저짐(이오) 이수
(란) 사치짐서(하리라하고) 상(이) 왕입순궁(한대) 순(이)
재상금(이어시늘) 상(이) 왈 울도사군이(라하고) 유니(한
대) 순(이) 왈 유자신서(를) 여기우여치(라하시니) 불식
(케이다) 순(이) 부지상지장살기여(이까) 왈 해이부지야
(시리오) 상우역우(하시고) 상희역희(하시니라)

[3] 만장이 말했다. 「부모가 순으로 하여금, 창고의 지붕을 수리하게 하고, <순이 지붕에 올라간 다음에> 사다리를 치워버렸으며, 고수가 창고에 불을 질러, <순을 태워 죽이려 했습니다. 그러나 순이 공중을 날아서 내려와 무사했습니다. 두 번째는 순으로 하여금> 우물을 준설(浚渫)하게 했으며, <순이 우물에 들어가자, 위에서 흙을 쏟아 붓고, 순을 생매장해서 죽이려 했습니다. 그러나 이번에도 순은 다른 길을 타고 우물에서> 빠져 나왔습니다. <한편> 상(象)은 뒤따라 우물을 틀어막고 <형 순이 틀림없이 죽은 줄 알고> 말했습니다. 『계략을 꾸미고 우물에 뚜껑을 덮어 도군(都君)을 죽게 한 것은 모두가 다, 나의 공적이다.

〈그러므로 순임금의 재산을 처리함에 있어〉 소나 양 같은 가축은 부모가 가지시오. 곡물 창고도 부모가 가지시오. 방패나 창 같은 무기는 내가 갖겠습니다. 거문고도 내가 갖고 또 〈요임금이 준〉 붉은 칠을 한 활도 내가 갖겠습니다. 두 형수는 네가 잠자리 시중을 들게 하겠습니다. 〈즉 자기가 데리고 살겠다는 뜻이다.〉』」

「〈역시 만장이 맹자에게 한 말이다.〉 〈상은 순이 죽은 줄 굳게 믿고, 형의 집을 접수하려고〉 상이 순의 대궐 같은 집으로 가서 안에 들어갔습니다. 〈그런데 죽은 줄 알았던〉 순이 의연하게 침상에 앉아 거문고를 타고 있었습니다. 〈이에 교활한〉 상이 말했습니다.『우울하고 답답하고 형님 생각이 나서 이렇게 왔습니다.』그리고 부끄럽고 겸연쩍어했습니다. 〈그러자〉 순이 말했습니다.『이곳 도읍에 있는 모든 신하들을 네가 나와 함께 다스리리라.』」

〈다시 만장이 맹자에게 말하고 물었다.〉「저는 알 수가 없습니다. 순임금은 동생 상이 자기를 죽이려고 한 것을 몰랐습니까?」

맹자가 말했다.「왜 몰랐겠느냐. 다 알고 있었다. 〈그리고 맹자가 말했다.〉 순임금은 동생 상(象)이 걱정이 될 일을 하면, 자기도 걱정을 했으며, 동생 상이 〈잠시라도 착한 마음으로〉 즐겁게 대하면, 역시 즐겁게 대해 주었던 것이다.」

<성인은 끝없이 용서하고 인애(仁愛)를 베풀려고 한다. 만장은 성인의 높고 깊은 경지를 모르고, 세속적인 안목으로 물었으며, 맹자는 성인의 경지를 말해준 것이다.>

[어구 설명] [3] ㅇ萬章曰(만장왈) : 만장이 말했다. ㅇ父母使舜完廩 捐階(부모사순 완름 연계) : 부모가 순으로 하여금, 창고의 지붕을 수리하게 하고, <순이 지붕에 올라간 다음에> 사다리를 치워버렸다. 「완(完)」은 「치(治)」의 뜻이다. ㅇ瞽瞍焚廩(고수분름) : 고수가 창고에 불을 질러. <순을 태워 죽이려 했다.> <그러나 순이 공중을 날아서 내려와 무사했다.> ㅇ使浚井出(사준정출) : <두 번째는 순으로 하여금> 우물을 준설(浚渫)하게 했으며, <순이 우물에 들어가자, 위에서 흙을 쏟아 붓고, 순을 생매장해서 죽이려고 했다. 그러나 이번에도 순은 다른 길을 타고 우물에서> 빠져 나왔다. ㅇ從而揜之(종이엄지) : 상(象)이 뒤따라 우물을 틀어막고 밀폐했다. ㅇ象曰(상왈) : <순(舜)이 살아 나간 줄 모르는> 상(象)이 말했다. ㅇ謨蓋都君(모개도군) : 계략을 꾸미고 우물에 뚜껑을 덮어 도군(都君)을 죽게 한 것은. 「도군」은 「순임금」이다. 순이 거처한 지, 3년에 도읍(都邑)이 형성되었다. 그래서 순을 「도읍의 임금」이라 한 것이다. ㅇ咸我績(함아적) : 모두가 다, 나의 공적이다. <순을 죽이는 데 자기의 공적이 가장 크다. 그러므로 순임금의 재산을 처리함에 있어.> ㅇ牛羊父母(우양부모) : 소나 양 같은 가축은 부모가 가지시오. ㅇ倉廩父母(창름부모) : 곡물창고도 부모가 가지시오. ㅇ干戈朕(간과짐) : 방패나 창 같은 무기

는 내가 갖겠다. 진시황(秦始皇) 이전에는 평민들도 「짐(朕)」이라 했다. ○琴朕(금짐) : 거문고는 내가 갖겠다. ○弤朕(저짐) : <요임금이 준> 붉은 칠을 한 활은 내가 갖겠다. ○二嫂使治朕棲(이수사치짐서) : 두 형수는 나의 잠자리 시중을 들게 하겠다. 즉 자기가 데리고 살겠다는 뜻. ○象往入舜宮(상왕입순궁) : <상(象)은 형 순(舜)이 죽은 줄 알고, 형의 집을 접수하려고 갔던 것이다.> 상이 순의 대궐 같은 집으로 가서 안에 들어갔다. ○舜在牀琴(순재상금) : <그러나 죽은 줄 알았던> 순이 의연하게 침상에 앉아 거문고를 타고 있었다. ○象曰(상왈) : <교활한> 상이 말했다. ○鬱陶思君爾(울도사군이) : 우울하고 답답하고, 형님 생각이 나서. <이렇게 왔습니다.> ○忸怩(유니) : 부끄럽고 겸연쩍어했다. 忸(부끄러워할 유), 怩(겸연쩍어할 니). ○舜曰(순왈) : 순은 말했다. <순은 성인이다. 남을 의심하거나 미워하지 않는다. 어디까지나 인애(仁愛)를 베풀고자 한다.> ○惟玆臣庶 汝其于予治(유자신서 여기우여치) : 이곳 도읍에 있는 모든 신하들을 네가 나와 함께 다스리리라. ○不識(불식) : 저는 알 수가 없습니다. <만장은 성인(聖人)의 경지의 순(舜)을 이해하지 못하고 말한 것이다.> ○舜不知象之將殺己與(순부지상지장살기여) : 순임금은 동생 상이 자기를 죽이려고 한 것을 몰랐습니까? ○曰奚而不知也(왈 해이부지야) : 맹자가 말했다. 「왜 몰랐겠느냐. 다 알고 있다.」 ○象憂亦憂 象喜亦喜(상우역우 상희역희) : 순임금은 동생 상(象)이 걱정이 될 일을 하면, 자기도 걱정을 했다. 그러나 동생 상이 <잠시라도 착한 마음으로> 즐겁게 대하면, 역시 즐겁게 대해 주었던 것이다.

【集註】（1） 完治也 捐去也 階梯也 揜蓋也 按史記曰 使舜上塗廩 瞽瞍從下 縱火焚廩 舜乃以兩笠自捍而下去 得不死 後又使舜穿井 舜穿井 爲匿空旁出 舜旣入深 瞽瞍與象 共下土實井 舜從匿空中出去 卽其事也 象舜異母弟也 謨謀也 蓋蓋井也 舜所居 三年成都 故謂之都君 咸皆也 績功也.

(1) 「완(完)」은 「치(治)」의 뜻이다. 「연(捐)」은 「치워버린다」는 뜻이다. 「계(階)」는 「사다리(梯)」이다. 「엄(揜)」은 「개(蓋)」와 같다. 「사기(史記)」에는 <대략> 다음같이 있다. 「순을 시켜 창고에 올라가 흙을 바르게 했으며, 고수는 밑에서 불을 질러 창고를 태웠다. 그러나 순은 두 개의 삿갓을 <날개로 삼고> 자기 몸을 띄우고 내려와 죽지 않았다.」 뒤에 또 순으로 하여금 우물을 파게 했다. 순은 우물을 파면서, 남모르게 옆으로 빠져나올 공간을 만들어 놓았다. 순이 깊이 들어가자 고수와 상이 함께 흙을 내리 쏟아 우물을 막았다. 그러나 순은 남모르게 빈틈을 타고 밖으로 나왔다. 대략 이와 같은 사건이다. 「상(象)」은 순의 배다른 동생이다. 「모(謨)」는 모(謀)와 같다. 「개(蓋)」는 「우물을 덮었다」는 뜻이다. 「순」이 사는 곳은 3년이면 도시를 이루었다. 그래서 도군(都君)이라 했다. 「함(咸)」은 「개(皆)」의 뜻이다. 「적(績)」은 「공적」이다.

【集註】（2） 舜旣入井 象不知舜已出 欲以殺舜爲

己功也 干盾也 戈戟也 琴舜所彈五弦琴也 弤琱弓也 象欲以舜之牛羊倉廩與父母 而自取此物也 二嫂堯二女也 棲床也 象欲使爲己妻也 象往舜宮 欲分取所有 見舜坐在床彈琴 蓋旣出 卽潛歸其宮也 鬱陶思之甚而氣不得伸也 象言己思君之甚 故來見爾 忸怩慙色也.

(2) 앞서 순이 우물에 들어가자, <흙을 부어 그를 죽였다고 생각한> 상은 순이 밖으로 나온 것을 알지 못했다. <그리고> 순을 죽인 것을 자기의 공적이라 생각했다.「간(干)」은 방패이고,「과(戈)」는 창이다.「금(琴)」은「순이 연주하던 5현금」이다.「저(弤)」는「조각한 활」이다. 상은 순의 소나 양 및 곡물창고는 부모에게 주고 <창이나 방패, 활은> 자신이 취하려고 했다.「이수(二嫂)」는 요(堯)임금의 두 딸이다.「서(棲)」는「침상(寢床)」이다. 즉 상이 <두 형수를> 자기의 처로 삼으려고 했다. 상이 순의 집에 가서 모든 재물들을 취해 가지려고 했다. 그러나 순이 침상에 앉아 거문고를 타는 것을 보고, <크게 놀란 상은> 아마도 즉각 나와서, 자기 집으로 몰래 돌아왔을 것이다.「울도(鬱陶)」는「몹시 생각해서 기(氣)를 펴지 못할 지경이라는 뜻」이다. 즉 상이「형님 생각이 몹시 나서 보러 왔다」고 말한 것이다.「유니(忸怩)」는「부끄러워하는 기색」이다.

【集註】(3) 臣庶謂其百官也 象素憎舜 不至其宮 故舜見其來而喜 使之治其臣庶也 孟子言舜非不知其將殺已 但見其憂則憂 見其喜則喜 兄弟之情 自有所不能已耳 萬章所言 其有無不可知 然舜之心 則孟子有以知之矣 他亦不足辨也 程子曰 象憂亦憂 象喜亦喜 人情天理 於是爲至.

(3)「신서(臣庶)」는「백관(百官)」의 뜻이다. 상은 항상 순을 미워하고 순의 집에 오지 않았다. 그러므로 동생 상이 온 것을 보고 기뻐했으며 그로 하여금 백관들을 다스리게 하려고 했던 것이다. 맹자의 말은 다음 같은 뜻을 말한 것이다.「순은 동생 상이 자기를 죽이려고 한 것을 모르지 않았다. <그러나 순은 이미 성인의 경지에 오른 사람이다.> 그래서 동생이 걱정하면 함께 걱정을 하고, 동생이 기뻐하면 함께 기뻐했던 것이다. <천성으로 주어진 순수한> 형제의 정이 어쩔 수 없이 나타난 것이다.」만장(萬章)이 말한 바를 <살펴보면 만장은 어쩔 수 없는> 형제의 정이 있는지 없는지를 알지 못한다. 그러나 <성인의 경지에 든> 순의 순수한 마음을 맹자는 알고 있었다. 기타에 대해서는 말할 필요도 없다. 정자(程子)가 말했다.「상이 근심하면 순이 근심하고, 상이 기뻐하면 순 역시 기뻐한 것은 인정상으로나 천리면에서나 지극한 경지에 이른 것이다.」

[4] 曰然 則舜僞喜者與 曰否 昔者有饋
生魚於鄭子産 子産使校人畜之池 校
人烹之 反命曰 始舍之圉圉焉 少則
洋洋焉 攸然而逝 子産曰 得其所哉
得其所哉 校人出曰 孰謂子産智 予
旣烹而食之 曰得其所哉 得其所哉
故君子可欺以其方 難罔以非其道 彼
以愛兄之道來 故誠信而喜之 奚僞
焉.

왈 연즉순(은) 위희자여(이까) 왈 부(이라) 석자(에) 유궤 생어어정자산(이어늘) 자산(이) 사교인(으로) 축지지(한대) 교인(이) 팽지(하고) 반명왈 시사지(하니) 어어언(이러니) 소즉양양언(하야) 유연서(하더이다) 자산(이) 왈 득기소재(인저) 득기소재(인저하여늘) 교인(이) 출 왈 숙위자산(을) 지(오) 여기팽이식지(호니) 왈 득기소재(인져) 득기소재(인져코라하니) 고(로) 군자(는) 가기이기방(이어니와) 난망이비기도(이니) 피이애형지도(로) 내 고(로) 성신이희지(시니) 해위언(이시리오)

[4] 만장(萬章)이 말했다.「그렇다면, 순임금이 거짓으로 기쁜 척 했습니까?」맹자가 말했다.「아니다.」<그리고 다음 같은 예를 들었다.>「옛날 <춘추시대에> 한 사람이 정(鄭)나라의 재상, 자산(子産)에게

산 물고기를 선사했다. 자산은 <그 물고기를> 교인(校人)으로 하여금 연못에 넣고 키우게 했다. <그러나> 교인은 <그 물고기를> 삶아 먹었다. 그리고 돌아와서 자산에게 <거짓으로> 복명(復命)하며 말했다. 「처음에 <물고기를 연못에> 풀어 넣자 어리둥절하고 <잘 가지를 못하더니> 잠시 있자니 넘실넘실 <헤엄을 치고> 유연하게 어디론가 가버렸습니다.」 자산이 말했다. 「<물고기가> 제 자리를 얻었다. 제 자리를 얻었다.」

교인이 나와서 말했다. 「누가 자산을 현명하다고 하나? <그는 내가 속여도 모르더라.> 내가 이미 물고기를 삶아 먹었거늘 자산은 <나에게 속은 줄도 모르고>『<물고기가> 제 자리를 얻었다. 제 자리를 얻었다.』하고 말하더라.」 <맹자는 이렇게 자산과 교인의 예를 들고, 종합적으로 말했다.> 그런 고로 <자산과 교인의 경우에서 알 수 있듯이>「군자는 도리에 맞는 방법으로 속일 수는 있다. 그러나 도리가 아닌 방법으로 <군자를 속이려 해도> 안 된다. <상(象)의 경우도> 그가 <거짓이나마> 형을 사랑한다고 말하며 왔으므로 순임금이 참으로 믿고 기뻐했던 것이다. 어찌 거짓으로 기쁜 척 했겠는가.」

[어구 설명] [4] ○曰 然則舜僞喜者與(왈 연즉순위희자여) : 만장(萬章)이 말했다. 「그렇다면, 순임금이 거짓으로 기쁜 척 했습니

까?」 ㅇ曰 否(왈부) : 맹자가 말했다 「아니다.」 <그리고 다음의 예를 들었다.> ㅇ 昔者有饋生魚於鄭子産(석자유궤생어어정자산) : 옛날 <춘추시대에> 어떤 사람이 정(鄭)나라 재상, 자산(子産)에게 산 물고기를 선사했다. ㅇ 子産使校人畜之池(자산사교인축지지) : 자산은 <그 물고기를> 교인(校人)으로 하여금 연못에 넣고 키우게 했다. 「교인」은 「연못을 관리하는 사람.」 ㅇ 校人烹之(교인팽지) : 교인은 <그 물고기를> 삶아 먹었다. ㅇ 反命曰(반명왈) : 돌아와서 자산에게 <거짓으로> 복명(復命)하며 말했다. ㅇ 始舍之 圉圉焉(시사지 어어언) : 처음에 <물고기를 연못에> 풀어 넣자 어리둥절하고. <잘 가지를 못하더니.> ㅇ 少則洋洋焉 攸然而逝 (소즉양양언 유연이서) : 잠시 있자니 넘실넘실 <헤엄을 치고> 유연하게 어디론가 가버렸습니다. ㅇ 子産曰(자산왈) : 자산이 말했다. ㅇ 得其所哉 得其所哉(득기소재 득기소재) : <물고기가> 제 자리를 얻었다, 제 자리를 얻었다. ㅇ 校人出曰(교인출왈) : 교인이 나와서 말했다. ㅇ 孰謂子産智(숙위자산지) : 누가 자산을 현명하다고 하나? <그는 내가 속여도 모르더라.> ㅇ 予旣烹而食之(여기팽이식지) : 내가 이미 물고기를 삶아 먹었거늘. ㅇ 曰 得其所哉 得其所哉(왈 득기소재 득기소재) : 자산은 <나에게 속은 줄도 모르고> 말하더라 「<물고기가> 제 자리를 얻었다. 제 자리를 얻었다.」 <맹자는 이렇게 자산과 교인의 예를 들고 종합적으로 말했다.> ㅇ 故(고) : 그런 고로. <자산과 교인의 경우에서 알 수 있듯이.> ㅇ 君子可欺以其方(군자가기이기방) : <직역하면> 「군자는 도리에 맞는 방법으로 속일 수 있다.」 <깊은 뜻은 다음과 같다.> 「남들이 도리에 맞는 방법으로 군자를 속이려 해도 군자는 알면서

도 <그 자리에서 타박하거나 물리치지 않고> 기꺼이 받아들인다.」<그렇게 하면 그 자도 점차로 바른 도리를 진실로 알고 행하게 된다.> ㅇ難罔以非其道(난망이비기도) : 도리가 아닌 방법으로 <군자를 속이려 해도> 속일 수 없다.「난망(難罔)」은「할 수 없다」는 뜻이다. ㅇ彼以愛兄之道來(피이애형지도래) : <상(象)의 경우도> 그가 <거짓이나마> 형을 사랑한다고 말하며 왔으므로. ㅇ故誠信而喜之奚僞焉(고성신이희지 해위언) : 순임금이 참으로 믿고 기뻐했던 것이다. <속된 사람은 의심한다. 그러나 성인의 경지에 든 순임금은 착한 한마디 말에도 기쁨을 느끼고 환영을 한 것이다.> 어찌 거짓으로 기쁜 척 했겠는가.

【集註】(1) 校人主池沼小吏也 圉圉困而未紓之貌 洋洋則稍縱矣 攸然而逝者 自得而遠去也 方亦道也 罔蒙蔽也 欺以其方 謂誑之以理之所有 罔以非其道 謂昧之以理之所無 象以愛兄之道來 所謂欺之以其方也 舜本不知其僞 故實喜之 何僞之有 此章又言舜遭人倫之變 而不失天理之常也.

(1)「교인(校人)」은「연못을 돌보는 작은 관리」이다.「어어(圉圉)」는「갇힌 듯이 기를 펴지 못한다」는 뜻이다.「양양(洋洋)」은「풀리고 넘실넘실해진다」는 뜻이다.「유연이서자(攸然而逝者)」는「자득하여 멀리 간다」는 뜻이다.「방(方)」은「역시 도에 맞는 방법」의 뜻이다.「망(罔)」은「덮어쓰고 가리다」는 뜻이다.「기이기방(欺以其方)」은「도리가 있는 방법으

로 속인다」는 뜻이다. 「망이비기도(罔以非其道)」는 「도리 없는 방법으로 속인다」는 뜻이다. 상(象)이 형을 사랑하는 도리로써 왔으니, 이른바 도리에 맞는 방법으로 기만한 것이다. 순(舜)은 본래 속이는 것을 알지 못했다. 그러므로 실제로 기뻐한 것이다. 어찌 허위가 있었겠는가? 이 장도 역시 순이 인륜의 변고를 만났으면서도 천리의 상도(常道)를 잃지 않았음을 말한 것이다.

제2장 娶妻章 : 白文

[1] 萬章問曰 詩云 娶妻如之何 必告父母 信斯言也 宜莫如舜 舜之不告而娶何也 孟子曰 告則不得娶 男女居室 人之大倫也 如告則廢人之大倫 以懟父母 是以不告也.

[2] 萬章曰 舜之不告而娶 則吾旣得聞命矣 帝之妻舜而不告 何也 曰 帝亦知告焉 則不得妻也.

[3] 萬章曰 父母使舜 完廩捐階 瞽瞍焚廩 使浚井 出 從而揜之 象曰 謨蓋都君 咸我績 牛羊父母 倉廩父母 干戈朕 琴朕 弤朕 二嫂使治朕棲 象往入舜宮 舜在牀琴 象曰 鬱陶思君爾 忸怩 舜曰 惟玆臣庶 汝其于予治 不識 舜不知象之將殺己與 曰奚而不知也 象憂亦憂 象喜亦喜.

[4] 曰 然則舜僞喜者與 曰否 昔者有饋生魚於鄭子産 子産使校人畜之池 校人烹之 反命曰 始舍之 圉圉焉 少則洋洋焉 攸然而逝 子産曰 得其所哉 得其所哉 校人出曰 孰謂子産智 予旣烹

而食之 曰得其所哉 得其所哉 故君子可欺以其
方 難罔以非其道 彼以愛兄之道來 故誠信而喜
之 奚僞焉.

【요점 복습】제2장 취처장

 순(舜)임금은 대도(大道)와 대륜(大倫)을 지키려고 부모에게 고하지 않고, 요(堯)임금의 두 딸을 아내로 맞이했다. 그리고 도성(都城)을 다스리는 도군(都君)이 되었다. 그러자, 간악한 동생 상(象)이 그를 모살(謀殺)하고 형 순의 재물이나 아내를 탈취하려고 했다. 그러나 순임금은 현명한 부인의 도움으로 위기를 모면했던 것이다. 그래도 순은 동생을 의심하거나 미워하지 않고 인심(仁心)을 바탕으로 사랑을 베풀었다.

제3장 象日章 : 총 3 구절

[1] 萬章問曰 象日以殺舜爲事 立爲天子 則放之 何也 孟子曰 封之也 或曰 放焉.

만장(이) 문왈 상(이) 일이살순위사(이어늘) 입위천자 즉방지(는) 하야(이꼬) 맹자(이) 왈 봉지야(이어시늘) 혹왈 방언(이라하니라)

[1] 만장이 맹자에게 물었다.「이복동생 상(象)은 매일같이 순(舜)을 살해하려고 했거늘 순이 천자의 자리에 오르자 <악독한 상을 주살(誅殺)하지 않고> 추방만 한 것은 어째서 입니까.」맹자가 말했다.「순임금이 상을 봉(封)해 주었다. 그것을 다른 사람이 혹 추방했다고 말한 것이다.」

[어구 설명] [1] 萬章問曰(만장문왈) : 제자 만장이 맹자에게 물었다. ㅇ象日以殺舜爲事(상일이살순위사) : 이복동생 상(象)이 매일같이 순(舜)을 살해하려고 했거늘. ㅇ立爲天子(입위천자) : 순이 천자의 자리에 오르자. ㅇ則放之何也(즉방지하야) : 순임금이 <악독한 상을 주살(誅殺)하지 않고> 추방만 한 것은 어째서 입니까. ㅇ孟子曰(맹자왈) : 맹자가 말했다. ㅇ封之也 或曰放焉(봉지야 혹왈방언) : 순임금이 상을 봉(封)해 주었다. 그것을 다른 사람이 혹 추방했다고 말한 것이다.

【集註】(1) 放猶置也 置之於此 使不得去也 萬章疑舜何不誅之 孟子言舜實封之 而或者誤以爲放也.

(1)「방(放)」은「치(置)」와 같은 뜻이다.「한 곳에 머물러 있게 하고, 그 곳을 떠나지 못하게 한 것이다.」만장은「왜 순임금이 상을 죽이지 않았는가」하고 의심했다. <이에 대해서> 맹자는「실은 순이 상을 봉(封)해 준 것을 혹자가 추방한 것으로 생각했다.」고 말했다.

[2] 萬章曰 舜流共工于幽州 放驩兜于崇山 殺三苗于三危 殛鯀于羽山 四罪 而天下咸服 誅不仁也 象至不仁 封之有庳 有庳之人 奚罪焉 仁人固如是乎 在他人則誅之 在弟則封之 曰 仁人之於弟也 不藏怒焉 不宿怨焉 親愛之而已矣 親之欲其貴也 愛之欲其富也 封之有庳 富貴之也 身爲天子 弟爲匹夫 可謂親愛之乎.

만장(이) 왈 순(이) 유공공우유주(하시고) 방환두우숭산(하시고) 살삼묘우삼위(하시고) 극곤우우산(하사) 사죄(하신대) 이천하(이) 함복(은) 주불인야(이니) 상(이) 지불인(이어늘) 봉지유비(하시니) 유비지인(은) 해죄언

(고) 인인(도) 고여시호(이까) 재타인즉주지(하고) 재제
즉봉지(온여) 왈 인인지어제야(에) 부장노언(하며) 불숙
원언(이오) 친애지이이의(니) 친지(란) 욕기귀야(이오)
애지(란) 욕기부야(이니) 봉지유비(는) 부귀지야(이시
니) 신위천자(이오) 제위필부(이면) 가위친애지호(아)

[2] 만장이 <항변하듯이> 말했다.「순임금은 공공(共工)을 유주(幽州)에 유배하고, 환두(驩兜)를 숭산(崇山)으로 추방하고, 삼묘(三苗)를 삼위(三危)에서 멸하고, <치수에 실패한> 곤(鯀)을 우산(羽山)에 가두었습니다. <그와 같이> 네 가지의 죄를 벌하자 천하의 모든 사람이 다 복종했습니다. 즉 불인(不仁)한 자들을 다 주멸(誅滅)한 것입니다. <허기는> 상(象)은 지극히 불인(不仁)했거늘 그를 유비(有庳)에 봉했으니, 유비의 백성들이 무슨 죄가 있어 <상을 영주(領主)로 모셔야 합니까.> 인인(仁人)이란 본래 그렇게 하는 것입니까. 타인의 경우는 죽이고, 자기 동생의 경우는 <영주로> 봉합니까.」<만장이 이상과 같이 불평하자, 맹자가 다음과 같이 말하며 깨우쳤다.> 맹자가 말했다.「인인은 동생에 대하여 노여움을 묻어두지 않고, 원한을 속에 품지도 않으며, 오직 친애할 뿐이다. 친근하게 생각하므로 그를 귀하게 높여주려고 원하고, 친애하니깐 그를 부(富)하게 해주려고 원하는 것이다. 순이 동생 상을 유비에 봉한 것은, 동생에게 부귀를 주고자 함이었다. 자신은 천자가 되었

는데, 동생은 필부로 처지게 <내버려두면> 어찌 친
애라 하겠느냐.」

[어구 설명] [2] ㅇ萬章曰(만장왈) : 만장이 말했다. ㅇ舜流共工于
幽州(순류공공우유주) : 순임금이 공공(共工)을 유주(幽州)에 유
배하고. 「공공」은 신화에 나오는 악인이다. 환두(驩兜), 삼묘(三
苗), 곤(鯀)과 함께 사흉(四兇)이라 했다. 「유주」는 오늘의 하북성
(河北省)이다. ㅇ放驩兜于崇山(방환두우숭산) : 환두를 숭산(崇
山)으로 추방했다. 「숭산」은 호남성(湖南省)에 있다. ㅇ殺三苗于
三危(살삼묘우삼위) : 삼묘(三苗)라고 하는 부족(部族)을 삼위(三
危)에서 멸했다. 「삼묘」는 호남성에 있던 부족. 「삼위」는 감숙성
(甘肅省)에 있는 지명. ㅇ殛鯀于羽山(극곤우우산) : 우임금의 아버
지 곤(鯀)을 우산(羽山)에 가두었다. 「곤」이 치수(治水)에 실패하
자, 순임금이 그를 가두었다. 「극(殛)」은 「가두어두다」로 푼다. 「우
산」은 산동성(山東省) 봉래현(蓬萊縣)에 있다. ㅇ四罪(사죄) : 네
가지 죄를 벌했다. ㅇ而天下咸服(이천하함복) : 그래서 천하가 다
복종했다. ㅇ誅不仁也(주불인야) : 모두가 다 불인(不仁)한 자들을
주멸(誅滅)한 것이다. ㅇ象至不仁(상지불인) : 상(象)은 지극히 불
인(不仁)하거늘. ㅇ封之有庳(봉지유비) : 그를 유비(有庳)에 봉했
으니. 「유비」는 호남성에 있는 지명. ㅇ有庳之人 奚罪焉(유비지인
해죄언) : 유비의 백성들이 무슨 죄가 있다고, 상(象)을. <영주(領
主)로 봉(封)하고 받들게 했느냐.> ㅇ仁人固如是乎(인인고여시
호) : 인인(仁人)이란 본래 그런가요. ㅇ在他人則誅之(재타인즉주
지) : 타인의 경우는 즉 죽이고. ㅇ在弟則封之(재제즉봉지) : 자기

동생의 경우는 <영주로> 봉합니까. <만장이 이상과 같이 불평하자 맹자가 다음과 같이 말하며 깨우쳤다.> ㅇ曰(왈) : 맹자가 말했다. ㅇ仁人之於弟也(인인지어제야) : 인인(仁人)은 동생에 대하여. ㅇ不藏怒焉(부장노언) : 노여움을 묻어두지 않고. ㅇ不宿怨焉(불숙원언) : 원한을 속에 품지 않고. ㅇ親愛之而已矣(친애지이이의) : 어디까지나 친애할 뿐이다. ㅇ親之欲其貴也(친지욕기귀야) : 친근하게 생각하므로 그를 귀하게 높여주려고 원하고. ㅇ愛之欲其富也(애지욕기부야) : 친애하니깐 그를 부(富)하게 해주려고 원한다. ㅇ封之有庳 富貴之也(봉지유비 부귀지야) : 순이 동생 상을 유비에 봉한 것은, 동생에게 부귀를 주고자 함이다. ㅇ身爲天子 弟爲匹夫 可謂親愛之乎(신위천자 제위필부 가위친애지호) : 자신은 천자가 되었는데, 동생은 필부로 있게 <내버려두면> 어찌 친애라 하겠느냐.

【集註】(1) 流徙也 共工官名 驩兜人名 二人比周相與爲黨 三苗 國名 負固不服 殺 殺其君也 殛誅也 鯀禹父名 方命圮族 治水無功 皆不仁之人也 幽州崇山三危羽山有庳 皆地名也 或曰 今道州鼻亭 卽有庳之地也 未知是否 萬章 疑舜不當封象 使彼有庳之民無罪而遭象之虐 非仁人之心也 藏怒 謂藏匿其怒 宿怨 謂留蓄其怨.

(1) 「유(流)」는 「유배한다」는 뜻이다. 「공공(共工)」은 「관명(官名)」이다. 「환두(驩兜)」는 「인명(人名)」이다. 두 사람이 함

께 짝패가 되었다. 「삼묘(三苗)」는 나라 이름이다. 험고(險固)한 지세를 등에 업고 복종하지 않았다. 「살(殺)」은 「그 나라 임금을 죽였다」는 뜻이다. 「극(殛)」은 「주살(誅殺)」의 뜻이다. 「곤(鯀)」은 「우(禹)의 아버지 이름이다. 왕명을 거역하고 부족을 해쳤으며, 치수에 공을 세우지 못하였다. 이들은 다 불인(不仁)한 사람이다.」「유주(幽州), 숭산(崇山), 삼위(三危), 우산(羽山), 유비(有庳)」는 다 지명이다. 혹자는 말한다. 「오늘의 도주 비정(道州鼻亭)이 곧 유비 땅이다.」그러나 시비를 알 수 없다. 만장(萬章)은 다음과 같이 의아하게 여겼다. 「순임금은 마땅히 상을 봉하지 말고, 유비의 백성들로 하여금 죄 없이 상의 난폭한 학대를 받지 않게 했어야 한다. <그런데 상을 봉한 것은> 인인(仁人)의 마음이 아니다.」「장노(藏怒)」는 「자기의 노여움을 감춘다」는 뜻이다. 「숙원(宿怨)」은 「자기의 원한을 속에 묻어둔다」는 뜻이다.」 <* 방명비족(方命圯族)은 서경에 있는 말이다. 「방(方)은 거역한다, 비(圯)는 망친다」는 뜻이다.>

[3] 敢問 或曰放者何謂也 曰象不得有
爲於其國 天子使吏治其國而納其貢
稅焉 故謂之放 豈得暴彼民哉 雖然
欲常常而見之 故源源而來 不及貢以
政接于有庳 此之謂也.

감문 혹왈 방자(는) 하위야(이이꼬) 왈 상(이) 부득유위어
기국(하고) 천자사리(로) 치기국이납기공세언(이라) 고
(로) 위지방(이니) 기득포피민재(리오) 수연(이나) 욕상
상이견지 고(로) 원원이래(하니) 불급공(하야) 이정접우
유비(라하니) 차지위야(이니라)

[3] <만장>「감히 묻겠습니다. 혹 <상을> 추방했다고 말하는 까닭은 어째서 입니까.」맹자가 대답했다. 「<비록 영주로 봉해졌으나> 상은 그 나라를 직접 다스리지 못했다. 순임금은 관리로 하여금 그 나라를 다스리게 했으며, 공물이나 세금을 받아들이게 했던 것이다. <결국 상은 명목상으로만, 영주로 봉해졌지, 실지로 권력을 행사할 수 없었다.> 고로 추방이라고 말하는 것이다. <그러니> 상이 어찌 백성들에게 포악한 짓을 할 수 있었겠는가. 그렇기는 하지만 <다음 같은 점에서 추방과 또 다르다.> 순임금은 동생 상을 자주 만나고자 하고 <불렀으므로> <샘에서 물이 끝없이 솟아 나오듯 형제의 정에 넘쳐> 상이 자주 와서 순임금을 만났던 것이다. <옛날 기록에>『조공을 드릴 때도 아닌데, 정사(政事)로 해서 유비의 영주를 접견했다』고 있는 것이 바로 이를 말한 것이다.」

[어구 설명] [3] ㅇ敢問(감문) :「감히 묻겠습니다.」ㅇ或曰放者何謂也(혹왈방자하위야) :「<상에 대해서> 혹 추방했다고 말하는 것은 어째서 입니까.」<만장의 질문> ㅇ曰(왈) : 맹자가 대답했다. ㅇ象不得有爲於其國(상부득유위어기국) : <비록 영주로 봉해졌

으나> 상은 그 나라를 직접 다스리지 못했다. ○天子使吏治其國(천자사리치기국) : 천자, 즉 순임금은 관리로 하여금 나라를 다스리게 했다. ○而納其貢稅焉(이납기공세언) : <주자는 다음같이 해석했다.> 「공물이나 세금을 상에게 바쳤다.」 그러나, 「관리가 직접 공물이나 세금을 수납했다」로 해석할 수도 있다. <결국 상은 명목상으로만 영주로 봉해졌으며, 실질적인 권력을 행사할 수 없었다.> ○故謂之放(고위지방) : 고로 추방이라고 말하는 것이다. ○豈得暴彼民哉(기득포피민재) : <그러니> 상이 어찌 백성들에게 포악한 짓을 할 수 있었겠는가. ○雖然(수연) : 그렇기는 하지만. <다음 같은 점에서, 추방과 또 다르다.> ○欲常常而見之(욕상상이견지) : 순임금은 동생 상을 자주 만나고자 하고. <불렀다.> ○故源源而來(고원원이래) : 그러므로 <샘에서 물이 끝없이 솟아 나오듯 형제의 정에 넘쳐> 상이 자주 와서 순임금을 만났다. <다음은 옛날 기록의 글을 인용한 것이다.> ○不及貢(불급공) : 조공(朝貢)을 드릴 때가 안 되었는데. <일반 제후나 영주는 5년마다 천자에게 조공을 드렸다.> ○以政接于有庳(이정접우유비) : 정사(政事)로 해서 유비의 영주를 접견했다. ○此之謂也(차지위야) : 바로 이를 말한 것이다. <조공을 드릴 때가 아닌데 정사로 해서 유비의 영주를 접견했다고 한 옛날 기록은 이를 말한 것이다.>

【集註】(1) 孟子言 象雖封爲有庳之君 然不得治其國 天子使吏代之治 而納其所收之貢稅於象 有似於放 故或者以爲放也 蓋象至不仁 處之如此 則旣不失吾親愛之心 而彼亦不得虐有庳之民也 源源 若水

之相繼也 來謂來朝覲也 不及貢以政接于有庳 謂不
待及諸侯朝貢之期 而以政事 接見有庳之君.

(1) 맹자는 다음 같은 뜻을 말한 것이다.「상을 비록 유비의 군주로 봉했으나 나라를 다스리지는 못하게 했다. 그리고 천자는 관리로 하여금 대신 다스리게 하고 또 공물이나 조세를 상에게 납부하게 하였다. 그래서 추방한 것과 같았다. 고로 혹자는 추방으로 여겼다. 허기는 지극히 불인(不仁)한 상이지만 그와 같이 처우하면 형에 대한 친애의 마음도 잃지 않고 또 유비의 백성들도 학대하지 못할 것이다.」「원원(源源)」은「물이 계속해서 흐름과 같은 뜻」이다.「내(來)」는「와서 임금을 알현한다」는 뜻이다.「불급공 이정접우유비(不及貢以政接于有庳)」는「제후들같이 조공할 때를 기다리지 않고 <수시로> 정사(政事)를 가지고 유비의 임금과 접견했다」는 뜻이다.

【集註】(2) 蓋古書之辭 而孟子引 以證源源而來之意 見其親愛之無已如此也 吳氏曰 言聖人 不以公義廢私恩 亦不以私恩害公義 舜之於象 仁之至 義之盡也.

(2) 아마 고서(古書)의 말은 맹자가 인용해서「원원이래(源源而來)」의 뜻을 증거하고 친애의 정이 그와 같이 끝이 없음을 보여준 것이다. 오씨(吳氏)가 말했다.「성인은 공의(公義) 때

문에, 사은(私恩)을 폐하지 않고, 또 사은 때문에, 공의를 해치지 않는다. 순임금의 상에 대한 태도는 인(仁)의 극치이고, 의(義)의 극치이다.」

제3장 象日章 : 白文
[1] 萬章問曰 象日以殺舜爲事 立爲天子則放之何也 孟子曰 封之也 或曰放焉.
[2] 萬章曰 舜流共工于幽州 放驩兜于崇山 殺三苗于三危 殛鯀于羽山 四罪 而天下咸服 誅不仁也 象至不仁 封之有庳 有庳之人奚罪焉 仁人固如是乎 在他人則誅之 在弟則封之 曰 仁人之於弟也不藏怒焉 不宿怨焉 親愛之而已矣 親之欲其貴也 愛之欲其富也 封之有庳 富貴之也 身爲天子 弟爲匹夫 可謂親愛之乎.
[3] 敢問 或曰放者何謂也 曰象不得有爲於其國 天子使吏 治其國而納其貢稅焉 故謂之放 豈得暴彼民哉 雖然欲常常而見之 故源源而來不及貢以政接于有庳 此之謂也.

【요점 복습】 제3장 상일장
　순임금은 사죄(四罪)를 엄하게 벌주었다. 그러나 동생을 벌 주지 않았다. 공의(公義)와 사정(私情)을 잘 구별했다.

제4장 咸丘章 : 총 6 구절

[1] 咸丘蒙問曰 語云盛德之士 君不得而臣 父不得而子 舜南面而立 堯帥諸侯 北面而朝之 瞽瞍亦北面而朝之 舜見瞽瞍 其容有蹙 孔子曰 於斯時也 天下殆哉 岌岌乎 不識此語誠然乎哉.

함구몽(이) 문왈 어(에) 운 성덕지사(는) 군부득이신(하며) 부부득이자(이라) 순(이) 남면이립(이어시늘) 요(이) 솔제후(하야) 북면이조지(하시고) 고수(이) 역북면이조지(어늘) 순(이) 견고수(하시고) 기용(이) 유축(이라하야날) 공자(이) 왈 어사시야(에) 천하(이) 태재 읍읍호(인저하시니) 불식(케이다) 차어(이) 성연호재(이까)

[1] 맹자의 제자 함구몽이 물었다.「다음 같은 말이 있더군요.『덕이 높은 선비에 대해서는 임금이라 해도 그를 신하로 삼을 수 없고, 아버지도 그를 자식으로 취급할 수 없다. <그런데> 순임금이 남쪽을 바라보는 임금자리에 높이 앉자 요임금이 제후들을 거느리고 북쪽을 바라보며 <순임금에게> 조근(朝覲)했으며, 또 <순임금의 아버지> 고수도 역시 북쪽을 바라보며 조근했으며 <그 때에> 순임금이 <아버지>

고수를 보고 송구스러운 표정을 지었다. <이에 대해서> 공자도 그 때에 '천하가 위태롭고, 불안하다'고 말했다』고 하더군요.」<이상과 같이 떠도는 말을 함구몽이 옮기고 또 물었다.> 「저는 잘 모르겠습니다. 이상과 같은 말을 참으로 그렇다고 해야 하겠습니까.」

[어구 설명] [1] ㅇ 咸丘蒙問曰(함구몽문왈) : 함구몽(咸丘蒙)이 물었다. 「함구몽」은 전국시대 제(齊)나라 사람으로 맹자의 제자였다. 성이 함구(咸丘), 이름이 몽(蒙)이다. ㅇ 語云(어운) : 「다음 같은 말이 있습니다.」 ㅇ 盛德之士 君不得而臣 父不得而子(성덕지사 군부득이신 부부득이자) : 「덕이 높은 선비에 대해서는 임금도 그를 신하로 삼을 수 없고, 아버지도 그를 자식으로 취급할 수 없다.」 ㅇ 舜南面而立(순남면이립) : 「순임금이 남쪽을 바라보는 임금자리에 높이 오르자.」 ㅇ 堯帥諸侯 北面而朝之(요솔제후 북면이조지) : 「요임금이 제후들을 거느리고 북쪽을 바라보며 <순임금에게> 조근(朝覲)했다.」 ㅇ 瞽瞍亦北面而朝之(고수역북면이조지) : 「<순임금의 아버지> 고수도 역시 북쪽을 바라보며 <순임금에게> 조근했다.」 ㅇ 舜見瞽瞍 其容有蹙(순견고수 기용유축) : 「순임금이 고수를 보시고 송구스러운 표정을 지었다.」 「축(蹙)」은 「상을 찡그린다」는 뜻이다. ㅇ 孔子曰 於斯時也 天下殆哉 岌岌乎(공자왈 어사시야 천하태재 읍읍호) : 「공자도 그 때를 비판하고 천하가 위태롭고 불안하다고 말했다.」 「급(岌)」은 속음이다. 주자(朱子)는 「읍(魚及反)」이라고 주를 달았다. ㅇ 不識 此語 誠然乎哉(불식 차어 성연호재) : 「저는 잘 모르겠습니다. 이상의 말을 참으로 그렇

다고 해야 하겠습니까.」<여기까지가 함구몽의 질문이다.>

[2] 孟子曰 否 此非君子之言 齊東野人 之語也 堯老而舜攝也 堯典曰 二十 有八載 放勳乃徂落 百姓如喪考妣三 年 四海遏密八音 孔子曰 天無二日 民無二王 舜旣爲天子矣 又帥天下諸 侯 以爲堯三年喪 是二天子矣.

맹자(이) 왈 부(이라) 차비군자지언(이라) 제동야인지어 야(이라) 요(이) 노이순(이) 섭야(이러시니) 요전(에) 왈 이십유팔재(에) 방훈(이) 내조락(커시늘) 백성(은) 여상 고비삼년(하고) 사해(는) 알밀팔음(이라하며) 공자(이) 왈 천무이일(이오) 민무이왕(이라하시니) 순(이) 기위천 자의(오) 우솔천하제후(하야) 이위요삼년상(이면) 시 (는) 이천자의(니라)

[2] 맹자가 말했다.「아니다. 그렇지 않다.」<그리고 맹자가 그를 깨우치려고 다음같이 말했다.>「떠도는 그 말은 군자가 한 말이 아니고 제나라 동쪽에 사는 <무식한> 필부가 한 말이다. 요임금이 노쇠하자 순 이 섭정(攝政)했다. 서경(書經) 우서(虞書) 요전(堯 典)에 다음같이 있다.『순이 섭정(攝政)한 지 28년이 되자 요임금 방훈(放勳)이 돌아가셨다. 그러자 백성 들이 자기 부모같이 3년 동안 복상(服喪)했으며 사해

안의 모든 나라에서는 음악을 금하고 엄숙하게 지냈다. <후일> 공자도 『하늘에는 두 개의 태양이 없고, 백성에게는 두 임금이 없다.』고 말했다. <그 후에> 순이 천자가 된 다음에 천하의 제후들을 통솔하고 요임금의 삼년상을 지냈으니 <이를 두고> '두 천자가 있다'고 말한 것이다.」

[어구 설명] [2] ㅇ孟子曰 否(맹자왈 부) : 맹자가 말했다. 「아니다. 그렇지 않다.」ㅇ此非君子之言 齊東野人之語也(차비군자지언 제동야인지어야) : 떠도는 그 말은 군자가 한 말이 아니고 제나라 동쪽에 사는 <무식한> 필부가 한 말이다. <터무니없이 떠도는 말을「제동야어(齊東野語)」라고 한다.> ㅇ堯老而舜攝也(요로이순섭야) :「요임금이 노쇠하자, 순이 섭정(攝政)했다.」 ㅇ堯典曰(요전왈) : 서경(書經) 우서(虞書) 요전(堯典)에 있다. ㅇ二十有八載(이십유팔재) : 순이 섭정(攝政)한 지 28년에. ㅇ放勳乃徂落(방훈내조락) : 요임금이 돌아갔다.「방훈(放勳)」은 요임금의「호」혹은「이름」이라고 한다.「조(徂)」는「승(昇)」,「낙(落)」은「강(降)」이다. 사람은 죽으면 혼(魂)은 위로 올라가고 백(魄)은 아래로 내려간다. <사기(史記)에는 요임금이 나이 70세에 순(舜)을 알고 그 후 28년 간 순을 여러 가지로 시험해 보았다. 이것을 맹자는「28년 간 섭정했다」고 말한 것이다.> ㅇ百姓如喪考妣三年(백성여상고비삼년) : <요임금이 죽자> 백성들이 자기 부모같이 3년 동안 복상(服喪)했으며. ㅇ四海遏密八音(사해알밀팔음) : 사해 안의 모든 나라에서는 음악을 금했다.「알(遏)」은「음악을 멈추다(止)」,

「밀(密)」은 「조용하다(靜)」는 뜻이다. 「팔음(八音)」은 「여덟 가지 악기의 음악소리.」 즉 「금(金), 석(石), 사(絲), 죽(竹), 포(匏), 토(土), 혁(革), 목(木)」 등을 기본재료로 만든 모든 악기. ㅇ孔子曰 天無二日 民無二王(공자왈 천무이일 민무이왕) : 공자도 말했다. 「하늘에는 두 개의 태양이 없고, 백성에게는 두 임금이 없다.」<예기(禮記) 증자문편(曾子問篇)을 위시하여 다른 기록에도 보인다.> ㅇ舜旣爲天子矣(순기위천자의) : 순이 천자가 된 다음에. ㅇ又帥天下諸侯(우솔천하제후) : 천하의 제후들을 통솔하고. 「우(又)」를 「유(有)」로 풀 수 있다. ㅇ以爲堯三年喪(이위요삼년상) : 요임금의 '삼년상'을 지냈으니. ㅇ是二天子矣(시이천자의) : <이를 두고> 「두 천자가 있다」고 한 것이다.

【集註】 (1) 咸丘蒙孟子弟子 語者古語也 蹙顰蹙 不自安也 岌岌不安之貌也 言人倫乖亂 天下將危也 齊東 齊國之東鄙也 孟子言 堯但老不治事 而舜攝天子之事耳 堯在時 舜未嘗卽天子位 堯何由北面而朝乎 又引書及孔子之言以明之 堯典虞書篇名 今此文乃見於舜典 蓋古書 二篇 或合爲一耳 言舜攝位二十八年而堯死也 徂升也 落降也 人死則魂升而魄降 故古者謂死爲徂落 遏止也 密靜也 八音金石絲竹匏土革木 樂器之音也.

(1) 「함구몽(咸丘蒙)」은 「맹자의 제자다.」 「어(語)」는 「옛날에 <떠도는> 말이다.」 「축(蹙)」은 「상을 찌푸리고 스스로 불

안해한다」는 뜻이다. 「읍읍(岌岌)」은 「불안하다」는 뜻이다. 즉 「인륜이 뒤집히고 문란해졌으므로 천하의 질서가 위태롭게 되었다」는 뜻을 말한 것이다. 「제동(齊東)」은 「제(齊)나라의 동쪽 구석」이다. 맹자는 다음 같은 뜻을 말한 것이다. 「요임금이 노쇠하여 다스리지 못하게 되자 순이 천자의 일을 대신 맡아 다스렸을 뿐, 요임금이 살아있을 때는 순이 천자의 자리에 오르지 않았다. 그러니 요임금이 어찌 북면하고 조근(朝覲)하겠느냐.」 또 서경과 공자의 말을 인용하고 그 뜻을 밝힌 것이다. 「요전(堯典)」은 「서경(書經) 우서(虞書)의 편명(篇名)」이다. 지금 이 글은 순전(舜典)에 있다. 아마 옛날 서경책에는 <요전과 순전> 두 편이 혹 하나로 합쳤을 것이다. <또 맹자는>「순이 섭정(攝政)한 지, 28년 만에 요가 죽었다」고 말했다. 「조(徂)는 승(升)이고, 낙(落)은 강(降)」이다. 사람이 죽으면 혼은 올라가고 백은 내려간다. 고로 옛날에는 죽음을 조락(徂落)이라 했다. 「알(遏)은 지(止), 밀(密)은 정(靜)이다.」「팔음(八音)」은 「금(金), 석(石), 사(絲), 죽(竹), 포(匏), 토(土), 혁(革), 목(木)으로 만든 악기의 소리다.」

[3] 咸丘蒙曰 舜之不臣堯 則吾旣得聞命矣 詩云 普天之下 莫非王土 率土之濱 莫非王臣 而舜旣爲天子矣 敢問瞽瞍之非臣 如何.

함구몽(이) 왈 순지불신요(는) 즉오기득문명의(어니와) 시운 보천지하(이) 막비왕토(이며) 솔토지빈(이) 막비왕신(이라하니) 이순(이) 기위천자의(시니) 감문고수지비신(은) 여하(이이꼬)

[3] 함구몽이 말했다. 「순임금이 요임금을 신하로 다루지 않았다는 것은 선생님의 말씀을 듣고 알게 되었습니다. <그러나> 시경(詩經) 소아(小雅) 북산편(北山篇)에 『넓은 하늘 아래가 임금님의 땅 아닌 것이 없고, 바다 안의 땅에 살고 있는 모든 사람이 임금의 신하가 아닌 게 없다.』고 했거늘, 그런데 순임금이 천자가 되자 아버지 고수를 신하가 아니라고 한 말은, 어찌된 까닭입니까.」 <함구몽이 맹자에게 물었다. 이에 대해서 맹자가 다음같이 바르게 알려주었다.>

[어구 설명] [3] ㅇ咸丘蒙曰(함구몽왈) : 함구몽이 말했다. ㅇ舜之不臣堯(순지불신요) : 순임금이 요임금을 신하로 다루지 않았다는 것은. ㅇ則吾旣得聞命矣(즉오기득문명의) : 즉 저는 선생님의 말씀을 듣고 알게 되었습니다. ㅇ詩云(시운) : 시경(詩經) 소아(小雅) 북산편(北山篇)에 있다. ㅇ普天之下 莫非王土(보천지하 막비왕토) : 「보(普)」는 「온통, 넓다」의 뜻. 즉 넓은 하늘 아래가 임금님의 땅 아닌 것이 없다. ㅇ率土之濱 莫非王臣(솔토지빈 막비왕신) : 「바다 안의 땅에 살고 있는 모든 사람은 임금의 신하가 아닌 게 없다.」 「솔(率)」은 「순(循), 즉 둘레」이다. 「빈(濱)」은 「물가, 바닷가」이다. 「솔토지빈(率土之濱)」은 「사해지내(四海之內)」와 같은 뜻이다. ㅇ而舜旣爲天子矣(이순기위천자의) : <시경에, 토지와 백

성은 임금에 속한다고 했는데> 그런데, 순임금이 천자가 되자.
ㅇ敢問(감문) : 감히 묻겠습니다. ㅇ瞽瞍之非臣如何(고수지비신
여하) : 「순임금의 부친 고수는 신하가 아니라고 한 말은, 어찌된
영문입니까.」

[4] 曰是詩也 非是之謂也 勞於王事而
不得養父母也 曰此莫非王事 我獨賢
勞也 故說詩者不以文害辭 不以辭害
志 以意逆志 是爲得之 如以辭而已
矣 雲漢之詩曰 周餘黎民 靡有孑遺
信斯言也 是周無遺民也.

왈 시시야(는) 비시지위야(이라) 노어왕사 이부득양부모
야(하야) 왈 차막비왕사(이어늘) 아독현로야(이라하니)
고(로) 설시자(이) 불이문해사(하며) 불이사해지(오) 이
의역지(라야) 시위득지(니) 여이사이이의(인댄) 운한지
시(에) 왈 주여려민(이) 미유혈유(이라하니) 신사언야(인
대) 시(는) 주무유민야(이니라)

[4] 맹자가 말했다.「그 시는 그런 뜻을 말한 것이 아
니다. <대부(大夫)가> 임금의 일에 힘을 쏟아, 자기
부모를 공양하지 못하자 불평하는 말투로 말한 것이
다. 즉『이 모두가 임금을 위한 일이거늘, 왜 나 혼자
만 슬기와 노력을 바쳐야 하느냐.』고로 시를 말하는
자는 문자에 매달려 어구의 뜻을 해치지 말아야 한다.

어구에 매달려 전체의 뜻을 해치지 말아야 하며, 또 전체의 뜻에 매달려 시를 지은 사람의 의도에 거슬리면 안 된다. 그렇게 해야 시의 뜻을 바르게 터득할 수 있다. 만약 어구에만 매달리면 <전체의 뜻을 바르게 알지 못한다. 그 예를 들겠다.> 시경(詩經) 대아(大雅) 운한편(雲漢篇)의 시에 <다음 같은 어구가 있다.> <주(周)나라 여왕(厲王)의 난을 겪은 다음에> 『주나라의 살아남은 백성은 한 사람도 없었다.』 이런 시의 구절을 참말이라고 믿으면 사실로 주나라에는 유민이 하나도 없어야 할 것이다.」

[어구 설명] [4] ㅇ曰 是詩也 非是之謂也(왈 시시야 비시지위야) : 맹자가 말했다.「그 시는 그런 뜻을 말한 것이 아니다.」ㅇ勞於王事 而不得養父母也(노어왕사 이부득양부모야) : <대부(大夫)가> 임금의 일에 힘을 쏟아, 자기 부모를 공양하지 못하자. ㅇ曰 此莫非王事 我獨賢勞也(왈 차막비왕사 아독현로야) : 불평한 것이다. 「이 모두가 임금을 위한 일이거늘, 왜 나 혼자만 슬기와 노력을 바쳐야 하느냐.」「현(賢)」을「다(多)」로 풀기도 한다. ㅇ故說詩者(고설시자) : 고로 시를 말하는 자는. ㅇ不以文害辭(불이문해사) : 문자에 매달려 어구의 뜻을 해치지 말아야 한다. ㅇ不以辭害志(불이사해지) : 어구에 매달려 전체의 뜻을 해치지 말아야 한다. ㅇ以意逆志(이의역지) : 전체의 뜻에 매달려, 시를 지은 사람의 의도에 거슬리면 안 된다. ㅇ是爲得之(시위득지) : 그렇게 해야 시의 뜻을 바르게 터득한다. ㅇ如以辭而已矣(여이사이이의) : 만약 어구에만

매달리면. <전체의 뜻을 바르게 알지 못한다. 그 예를 들겠다.> ㅇ雲漢之詩曰(운한지시왈) : 시경(詩經) 대아(大雅) 운한편(雲漢篇)의 시에. <다음 같은 어구가 있다.> ㅇ周餘黎民 靡有孑遺(주여여민 미유혈유) : <주(周)나라 여왕(厲王)의 난을 겪은 다음에> 주나라의 살아남은 백성은 한 사람도 없었다. 「미(靡)」는 「무(無)」, 「혈(孑)」은 「홀로, 한 사람」의 뜻이다. ㅇ信斯言也(신사언야) : 이런 시의 구절을 참이라고 믿으면. ㅇ是周無遺民也(시주무유민야) : 사실로 주나라에는 유민이 하나도 없어야 할 것이다.

【集註】 (1) 不臣堯 不以堯爲臣 使北面而朝也 詩小雅北山之篇也 普徧也 率循也 此詩 今毛氏序云 役使不均 已勞於王事 而不得養其父母焉 其詩下文 亦云大夫不均 我從事獨賢 乃作詩者 自言天下皆王臣 何爲獨使我以賢才而勞苦乎 非謂天子可臣其父也 文字也 辭語也 逆迎也 雲漢大雅篇名也 孑獨立之貌 遺脫也 言說詩之法 不可以一字 而害一句之義 不可以一句 而害設辭之志 當以己意 迎取作者之志 乃可得之 若但以其辭而已 則如雲漢所言 是周之民 眞無遺種矣 惟以意逆之 則知作詩者之志 在於憂旱 而非眞無遺民也.

(1) 「불신요(不臣堯)」는 「요임금을 신하로 삼고 북면하고 조근하게 하지 않았다」는 뜻이다. 「시(詩)」는 「시경(詩經) 소아

(小雅) 북산편(北山篇)」이다.「보(普)」는「두루 다」의 뜻이다.
「솔(率)」은「따라서」의 뜻이다. 이 시를 모씨서(毛氏序)는
「사역(使役)이 공평하지 않고 자기만 왕사(王事)에 힘들게 일
했으며 부모를 공양하지 못했다고 <푸념한 것이다.>」라고
풀었다. 시 아래에 또「대부들이 고르게 일하지 않고 자기만
일을 하니 홀로 어질다」고 풀었다. 이 시는 즉 작자가 스스로
「천하의 선비가 다 왕의 신하인데 어찌하여 유독 나만으로
하여금 현재(賢才)라고 하여 수고롭게 일을 시키는가.」라고
말한 것이다.「천자가 그 아버지를 신하로 삼아도 된다」는
뜻을 말한 것이 아니다.「문(文)」은「자(字)」의 뜻이고,「사
(辭)」는「어(語)」의 뜻이다.「역(逆)」은「영합(迎合)」의 뜻이
다.「운한(雲漢)」은「시경(詩經) 대아(大雅)의 운한편(雲漢
篇)」이다.「혈(孑)」은「홀로 서 있는 품」이다.「유(遺)」는「탈
(脫)」의 뜻이다. 맹자가 다음 같은 뜻을 말한 것이다.「시를
논하는 방법은 한 글자에 매여 한 구절의 뜻을 해치지 말고,
또 한 구절에 매여 전체 시의 뜻을 해치지 말아야 한다.」「마
땅히 자기의 뜻을 작자의 뜻에 영합되게 해야 <시의 뜻을>
바르게 터득할 수 있다.」「만약 어구만을 가지고 <해석한다
면> 운한편에서 말한 바와 같이 주나라 백성은 참으로 살아
남은 사람이 없어야 할 것이다.」「오직 자기의 뜻을 작자의
뜻에 영합한다면, 즉 이 시를 지은 작자의 뜻이 한발(旱魃)을
걱정한 것이고 참으로 살아남은 백성이 없음을 걱정한 것이

아님을 알 수 있다.」

[5] 孝子之至 莫大乎尊親 尊親之至 莫大乎以天下養 爲天子父 尊之至也 以天下養 養之至也 詩曰 永言孝思 孝思維則 此之謂也.

효자지지(는) 막대호존친(이오) 존친지지(는) 막대호이천하양(이니) 위천자부(하니) 존지지야(이오) 이천하양(하시니) 양지지야(이라) 시왈 영언효사(이라) 효사유칙(이라하니) 차지위야(이니라)

[5] <맹자의 말 계속>「효자의 극치는 부모를 존경하는 것보다 더 큰 것이 없고, 존친의 극치는 천하의 부(富)로써 부모를 봉양하는 것보다 더 큰 것이 없다. <순임금은 자기 아버지를> 천자의 아버지가 되게 했으니 존경의 극치니라. 또 <순임금이 자기 아버지를> 천하의 부로써 봉양했으니 봉양의 극치니라. 시경(詩經) 대아(大雅) 하무편(下武篇)에 있다.『영원히 효도하려고 생각하니 그 효도 사상이 곧 <천하의> 법도니라.』<시경의 말이> 곧 순의 경우를 말한 것이다.」

[어구 설명] [5] ○孝子之至 莫大乎尊親(효자지지 막대호존친) : 효자의 극치는 부모를 존경하는 것보다 더 큰 것이 없다. ○尊親之至 莫大乎以天下養(존친지지 막대호이천하양) : 존친의 극치는 천

하의 부(富)로써 부모를 봉양하는 것보다 더 큰 것이 없다. ㅇ爲天子父 尊之至也(위천자부 존지지야) : <순임금이 자기 아버지를> 천자의 아버지가 되게 했으니, 존경의 극치니라. ㅇ以天下養 養之至也(이천하양 양지지야) : <순임금이 자기 아버지를> 천하의 부로써 봉양했으니, 봉양의 극치니라. ㅇ詩曰(시왈) : 시경(詩經) 대아(大雅) 하무편(下武篇)에 있다. ㅇ永言孝思 孝思維則(영언효사 효사유칙) : 영원히 효도하려고 생각하니, 그와 같은 효도 사상이 곧 <천하의> 법도니라.「언(言)」은 어조사(語助辭),「유(維)」는 「그것이 곧」의 뜻이다. ㅇ此之謂也(차지위야) : <시경의 말이> 곧 순의 경우를 말한 것이다.

【集註】(1) 言瞽瞍旣爲天子之父 則當享天下之養 此舜之所以 爲尊親 養親之至也 豈有使之北面 而朝之理乎 詩大雅下武之篇 言人能長言孝思而不忘 則可以爲天下法則也.

(1) 다음 같은 뜻을 말한 것이다.「고수가 이미 천자의 아버지가 되었으니 당연히 천하의 봉양을 받았다. 이것이 곧 순이 존친과 양친의 극치를 이룬 것이다. 그러니 어찌 아버지로 하여금 북면하고 조근하게 했겠느냐.」「시(詩)」는 「대아(大雅) 하무편(下武篇)」이다. 자식으로서 언제까지나 효도하고 생각하고 잊지 않으면 곧 천하의 법도가 될 수 있음을 말한 것이다.

[6] 書曰 祗載見瞽瞍 夔夔齊栗 瞽瞍亦允若 是爲父不得而子也.

서(에) 왈 지재견고수(하샤대) 기기제율(하신대) 고수역 윤약(이라하니) 시위부부득이자야(이니라)

[6] <맹자의 말 계속>「서경(書經) 대우모(大禹謨)에 있다.『<순임금이 아버지> 고수를 지극히 존경하고 섬기는 태도로 모셨으며 조심하고, 또 단정 근엄하게 <아버지를> 대했다. 그러자 아버지 고수도 역시 착하고 부드럽게 대했다.』그러므로 아버지면서 <천자가 된> 자식을 <예사롭게> 대하지 못했던 것이다.」

[어구 설명] [6] ㅇ 書曰(서왈) : 서경(書經) 대우모(大禹謨)에 있다. ㅇ 祗載見瞽瞍(지재견고수) : <순임금이 아버지> 고수를 지극히 존경하고 섬기는 태도로 모셨다.「지(祗)」는「공경하다」,「재(載)」는「섬기다」의 뜻이다. ㅇ 夔夔齊栗(기기제율) : 조심하고 또 단정하고 근엄하게. <아버지를 대했다.> ㅇ 瞽瞍亦允若(고수역윤약) : 아버지 고수도 역시 착하고 부드럽게 대했다. ㅇ 是爲父不得而子也(시위부부득이자야) : 그러므로 아버지이면서 <천자가 된> 자식을 <예사로운 아들로> 대하지 못했던 것이다.

【集註】(1) 書大禹謨篇也 祗敬也 載事也 夔夔齊栗 敬謹恐懼之貌 允信也 若順也 言舜敬事瞽瞍 往而見之 敬謹如此 瞽瞍亦信而順之也 孟子引此而言

瞽瞍不能以不善及其子 而反見化於其子 則是所謂
父不得而子者 而非如咸丘蒙之說也.

(1) 「서(書)」는 「서경(書經) 대우모편(大禹謨篇)」이다. 「지(祗)」는 「경(敬)」이다. 「재(載)」는 「섬기다」의 뜻이다. 「기기제율(夔夔齊栗)」은 「경근공구(敬謹恐懼)」하는 모습이다. 「윤(允)」은 「믿는다」의 뜻, 「약(若)」은 「순탄하게(順)」의 뜻이다. 즉 다음 같은 뜻을 말한 것이다. 「순이 고수를 공경하고 섬기자, <고수가> 가서 볼 적에도 <순이> 그렇듯이 공경하고 근엄하게 대했다. 그러므로 고수도 역시 믿고 부드럽게 <아들의 효성을> 받아주었다.」 맹자는 이와 같이 서경의 말을 인용하고 말했다. 「고수도 자기 아들에게 착하게 하지 않을 수 없었다. 그러니 도리어 자식에게 감화를 받는 것이다. 이것이 곧 아버지이면서 아들을 예사로운 아들로 대하지 못했다고 하는 것이다. 그러므로 함구몽의 말과 전연 같지 않은 것이다.」

제4장 咸丘章 : 白文

[1] 咸丘蒙 問曰 語云盛德之士 君不得而臣 父不得而子 舜南面而立 堯帥諸侯 北面而朝之 瞽瞍亦北面而朝之 舜見瞽瞍 其容有蹙 孔子曰 於斯時也 天下殆哉 岌岌乎 不識 此語誠然乎哉.

[2] 孟子曰 否 此非君子之言 齊東野人之語也 堯

老而舜攝也 堯典曰 二十有八載 放勳乃徂落
百姓 如喪考妣三年 四海 遏密八音 孔子曰 天
無二日 民無二王 舜旣爲天子矣 又帥天下諸
侯 以爲堯三年喪 是二天子矣.

[3] 咸丘蒙曰 舜之不臣堯 則吾旣得聞命矣 詩云
普天之下 莫非王土 率土之濱 莫非王臣 而舜
旣爲天子矣 敢問瞽瞍之非臣如何.

[4] 曰是詩也非是之謂也 勞於王事而不得養父母
也 曰此莫非王事 我獨賢勞也 故說詩者不以
文害辭 不以辭害志 以意逆志 是爲得之 如以
辭而已矣 雲漢之詩曰 周餘黎民 靡有孑遺 信
斯言也 是周無遺民也.

[5] 孝子之至 莫大乎尊親 尊親之至 莫大乎以天下
養 爲天子父 尊之至也 以天下養 養之至也 詩
曰 永言孝思 孝思維則 此之謂也.

[6] 書曰 祇載見瞽瞍 夔夔齊栗 瞽瞍亦允若 是爲
父不得而子也.

【요점 복습】 제4장 함구장

　제1장에서 제4장까지는 대효(大孝) 순(舜)임금에 대한 맹자의 칭송이다. 자기를 핍박하는 부모를 원망하지 않고 오직 정성과 인덕(仁德)으로 천자가 되어 결국은 부모를 영광되게 했다.

제5장 堯以章 : 총 5 구절

[1] 萬章曰 堯以天下與舜 有諸 孟子曰 否 天子不能以天下與人 然則舜有天下也 孰與之 曰 天與之 天與之者 諄諄然命之乎 曰 否 天不言 以行與事示之而已矣.

만장(이) 왈 요(이) 이천하여순(이라하니) 유제(이까) 맹자(이) 왈 부(이라) 천자(이) 불능이천하여인(이니라) 연즉순유천하야(는) 숙여지(이꼬) 왈 천(이) 여지(시니라) 천(이) 여지자(는) 순순연명지호(이이까) 왈 부(이라) 천(이) 불언(이라) 이행여사(로) 시지이이의(시니라)

[1] 맹자의 제자 만장이 물었다. 「요임금이 천하를 순임금에게 물려주었다고 하는데 사실로 그런 일이 있었습니까.」
맹자가 대답해서 말했다. 「아니다. 천자는 천하를 <자기 마음대로> 다른 사람에게 넘겨주지 못한다.」
<만장>「그렇다면 순임금이 천하를 지니고 다스렸으니, 그것은 누가 준 것입니까.」
<맹자>「하늘이 준 것이다.」
<만장>「하늘이 <순에게 천하를> 줄 때에 차근차근 말로 명을 내렸습니까.」

맹자가 말했다. 「아니다. 하늘은 말을 하지 않는다. 오직 덕행이나 이룩한 업적을 가지고 <그가 천자가 될 사람이라는 것을> 보여줄 뿐이다.」

[어구 설명] [1] ㅇ萬章曰(만장왈) : 맹자의 제자, 만장이 물었다. ㅇ堯以天下與舜(요이천하여순) : 요임금이 천하를 순임금에게 물려주었다고 하는데. ㅇ有諸(유제) : 사실로 그런 일이 있었느냐. ㅇ孟子曰否(맹자왈부) : 맹자가 말했다. 「아니다.」 ㅇ天子不能以天下與人(천자불능이천하여인) : 천자는 천하를 <자기 마음대로> 다른 사람에게 넘겨주지 못한다. ㅇ然則舜有天下也 孰與之(연즉순유천하야 숙여지) : <만장> 「그렇다면 순임금이 천하를 다스렸거늘, 누가 준 것입니까.」 ㅇ曰天與之(왈천여지) : <맹자> 「하늘이 준 것이다.」

ㅇ天與之者(천여지자) : 하늘이 <순에게 천하를> 줄 때에. ㅇ諄諄然命之乎(순순연명지호) : 차근차근 말로 명을 내렸습니까. 「순순연(諄諄然)」은 「차근차근 알아듣게 말로 한다」는 뜻. ㅇ曰否 天不言(왈 부 천불언) : <맹자> 「아니다. 하늘은 말을 하지 않는다.」 ㅇ以行與事 示之而已矣(이행여사 시지이이의) : 덕행이나 이룩한 업적을 가지고, <그가 천자가 될 사람이라는 것을> 보여줄 뿐이다.

【集註】(1) 天下者 天下之天下 非一人之私有 故也 萬章問 而孟子答也 萬章問也 諄諄詳語之貌 行之於身 謂之行 措諸天下 謂之事 言但因舜之行事

而示以與之之意耳.

(1)「천하(天下)」는 하늘 아래 지상세계로, <임금이나 천자> 한 사람의 사유물이 아니다. 그래서 <천자 마음대로 남에게 물려줄 수 없는 것이다.> 만장이 질문하고 맹자가 대답한 것이다.「만장이 질문한 것이다. 순순(諄諄)은 자상하게 말한다는 뜻이다.」「몸소 행한 것」을「행(行)」이라 하고,「천하에 이룩해 놓은 것」을「사(事)」라고 한다. 오직 순임금이 행하고 남긴 업적을 바탕으로 하고, <요임금이> 그에게 천하를 물려주려는 뜻을 표시했음을 말한 것이다.

[2] 曰以行與事 示之者 如之何 曰天子能薦人於天 不能使天與之天下 諸侯能薦人於天子 不能使天子與之諸侯 大夫能薦人於諸侯 不能使諸侯與之大夫 昔者堯薦舜於天而天受之 暴之於民而民受之 故曰 天不言 以行與事 示之而已矣.

왈 이행여사(로) 시지자(는) 여지하(이이까) 왈 천자(이) 능천인어천(이언정) 불능사천(으로) 여지천하(이며) 제후(이) 능천인어천자(이언정) 불능사천자(로) 여지제후(이며) 대부(이) 능천인어제후(이언정) 불능사제후(로) 여지대부(이니)

석자(에) 요(이) 천순어천이천(이) 수지(하시고) 폭지어 민이민(이) 수지(하니) 고(로) 왈 천(이) 불언(이라) 이행여사(로) 시지이이의(라하노라)

[2] <만장>「덕행과 업적을 바탕으로 하고 나타내 보인다고 함은 어떻게 하는 것입니까.」

맹자가 말했다.「천자는 <훌륭한> 사람을 하늘에 천거할 수는 있어도 하늘로 하여금 천하를 그 사람에게 주게 할 수는 없다. 제후도 훌륭한 사람을 천자에게 천거할 수는 있어도 천자로 하여금 그를 제후 되게 할 수는 없다. 대부도 훌륭한 사람을 제후에게 천거할 수는 있어도 제후로 하여금 그를 대부 되게 할 수는 없다.

옛날에 요임금이 순을 하늘에 천거하자, 하늘이 받아들이고 그를 백성에게 나타나게 했으며, 백성이 그를 받아들였던 것이다. 고로 말한다.『하늘은 말을 하지 않는다. 오직 덕행과 업적을 가지고 나타내 보일 뿐이다.』」

[어구 설명] [2] ㅇ曰 以行與事 示之者 如之何(왈 이행여사 시지자 여지하) : <만장>「덕행과 업적을 바탕으로 하고 나타내 보인다고 함은 어떻게 하는 것입니까.」ㅇ曰(왈) : 맹자가 말했다. ㅇ天子能薦人於天(천자능천인어천) : 천자는 <훌륭한> 사람을 하늘에 천거할 수는 있어도. ㅇ不能使天與之天下(불능사천여지천하) : 하늘로 하여금 천하를 그 사람에게 주게 할 수는 없다. ㅇ諸侯能薦人於天子(제후능천인어천자) : 제후도 훌륭한 사람을 천자에게 천거할

수는 있어도. ㅇ不能使天子與之諸侯(불능사천자여지제후) : 천자로 하여금 그를 제후 되게 할 수는 없다. ㅇ大夫能薦人於諸侯(대부능천인어제후) : 대부도 훌륭한 사람을 제후에게 천거할 수는 있어도. ㅇ不能使諸侯與之大夫(불능사제후여지대부) : 제후로 하여금 그 사람을 대부 되게 할 수는 없다.

ㅇ昔者(석자) : 옛날에. ㅇ堯薦舜於天而天受之(요천순어천이천수지) : 요임금이 순을 하늘에 천거하자 하늘이 받아들이고. ㅇ暴之於民而民受之(폭지어민이민수지) : 그를 백성에게 나타나게 했으며, 백성이 그를 받아들였던 것이다. 「폭(暴)」은 「폭(曝)」으로 「현현(顯現)하다」는 뜻이다. ㅇ故曰(고왈) : 고로 말한다. ㅇ天不言以行與事 示之而已矣(천불언 이행여사 시지이이의) : 하늘은 말을 하지 않고, <그 사람의> 덕행과 업적을 가지고 나타내 보일 뿐이다.

【集註】(1) 暴顯也 言下能薦人於上 不能令上必用之 舜爲天人所受 是因舜之行與事 而示之以與之之意也.

(1) 「폭(暴)」은 「현(顯)」의 뜻이다. 「아랫사람이 윗사람에게 사람을 추천할 수는 있어도, 윗사람으로 하여금 반드시 그를 쓰게 할 수는 없다.」는 뜻을 말한 것이다. 「순임금이 하늘과 사람에게 받아들여진 바가 되었다고 하는 것이(舜爲天人所受)」 곧 「순임금의 덕행과 공적으로 인해서, <하늘이> 그에게 천하를 주려는 뜻을 표시한 것이다.」

[3] 曰 敢問 薦之於天而天受之 暴之於
民而民受之 如何 曰 使之主祭而百
神享之 是天受之 使之主事而事治百
姓安之 是民受之也 天與之 人與之.

왈 감문 천지어천이천(이) 수지(하시고) 폭지어민이민
(이) 수지(는) 여하(이이꼬) 왈 사지주제이백신(이) 향지
(하니) 시(는) 천(이) 수지(오) 사지주사이사치(하야) 백
성(이) 안지(하니) 시(는) 민(이) 수지야(이라) 천(이) 여
지(하며) 인(이) 여지

[3] <만장> 「감히 묻겠습니다. 하늘에 천거하자, 하늘이 받아들이고 백성들 앞에 나타나게 하자, 백성들이 받아들였다고 <하는 말은> 무슨 뜻입니까.」

<맹자가> 말했다. 「그로 하여금 제사를 주관하게 하면 모든 신들이 <그가 지내는 제사를> 잘 받아주었다. 이것이 곧 하늘이 받아주었다는 뜻이다. 그로 하여금 일을 주관하게 하면, 모든 일이 잘 다스려져 백성이 편안하게 되었으니, 이것이 곧 백성이 받아들였다는 뜻이다. <그러니 결국> 하늘이 주고, 사람이 준 것이다.」

[어구 설명] [3] ㅇ曰 敢問(왈 감문) : <만장>「감히 묻겠습니다.」
ㅇ薦之於天 而天受之(천지어천 이천수지) : <사람을> 하늘에 천거하자, 하늘이 받아들이고. ㅇ暴之於民 而民受之(폭지어민 이민

수지) : 백성들 앞에 나타나게 하자, 백성들이 받아들였다고. <하는 말은>. ○如何(여하) : 무슨 뜻입니까. ○曰(왈) : 맹자가 말했다. ○使之主祭 而百神享之(사지주제 이백신향지) : 그로 하여금 제사를 주관하게 하면, 모든 신들이 <그가 지내는 제사를> 잘 받아주었으니. ○是 天受之(시 천수지) : 이것이 곧 하늘이 받아주었다는 뜻이다. ○使之主事 而事治(사지주사 이사치) : 그로 하여금 일을 주관하게 하면, 모든 일이 잘 다스려져. ○百姓安之(백성안지) : 백성이 편안하게 되었으니. ○是 民受之也(시 민수지야) : 이것이 곧 백성이 받아들였다는 뜻이다. ○天與之 人與之(천여지 인여지) : <결국> 하늘이 주고, 사람이 준 것이다.

[4] 故曰 天子不能以天下與人 舜相堯二十有八載 非人之所能爲也 天也 堯崩 三年之喪畢 舜避堯之子於南河之南 天下諸侯朝覲者 不之堯之子 而之舜 訟獄者 不之堯之子 而之舜 謳歌者 不謳歌堯之子 而謳歌舜 故曰 天也 夫然後之中國 踐天子位焉 而居堯之宮 逼堯之子 是篡也 非天與也.

고(로) 왈 천자(이) 불능이천하여인(이라하노라) 순(이) 상요이십유팔재(하시니) 비인지소능위야(이라) 천야(이라) 요(이) 붕(커시늘) 삼년지상(을) 필(하고) 순(이) 피요지자어남하지남(이어시늘) 천하제후조근자(이) 부지요지자 이지순(하며) 송옥자(이) 부지요지자 이지순(하며) 구가자(이) 불구가요지자 이구가순(하니) 고(로) 왈 천야(이라) 부연후(에) 지중국(하샤) 천천자위언(하시니) 이거요지궁(하야) 핍요지자(이면) 시(는) 찬야(이라) 비천여야(이니라)

[4] 고로『천자가 천하를 줄 수 없다』고 말한 것이다. 순임금이 <섭정(攝政)하고> 요임금을 도운 지 28년이 되었으니, <그와 같은 일은> 인간적 차원에서 할 수 있는 일이 아니고 하늘의 차원으로만 가능한 것이다. 요임금이 붕어하자, 삼년상을 마친 순임금은 요임금의 아들에게 <임금자리를 물려주기 위해서> 남하(南河)의 남쪽으로 가서 몸을 피했다. 그러나, 천하의 제후들로서, 조근(朝覲)하는 자는 요의 아들 단주(丹朱)에게 가지 않고, 순에게로 갔으며, 소송을 제기하는 사람도 요의 아들에게 가지 않고, 순에게로 갔으며, 공덕을 노래하고 칭송하는 사람도, 요의 아들을 노래하고 칭송하지 않고, 순을 노래하고 칭송했다. 그러므로 「하늘이 시키는구나」하고 말하고, 그런 다음에 <비로소> <나라의 중심인> 국도(國都)에 가서, 천자의 자리에 올랐던 것이다. 만약에 <요임금이 죽자 즉시 순임금이> 요임금의 궁전에 들어가 요임금의 아들 단주(丹朱)를 몰아냈다면 이는 찬탈이지, 하늘이 준 것이 아니다.」

[어구 설명] [4] ○故曰 天子不能以天下與人(고왈 천자불능이천하여인) : 고로『천자가 천하를 줄 수 없다』고 말한 것이다. ○舜相堯二十有八載(순상요이십유팔재) : 순임금이 <섭정(攝政)하고> 요임금을 도운 지, 28년이 되었으니. ○非人之所能爲也 天也(비인지소능위야천야) : <그와 같은 일은> 인간적 차원에서 할 수 있는 일이 아니고, 하늘의 차원으로 가능한 것이다. ○堯崩 三年之喪畢(요붕 삼년지상필) : 요임금이 붕어하자, <순임금은> 삼년상을 마치고. ○舜避堯之子於南河之南(순피요지자어남하지남) : 순임금은 요임금의 아들에게 <임금자리를 물려주기 위해서> 남하(南河)의 남쪽으로 가서 몸을 피했다. 「남하지남(南河之南)」은 「기주(冀州) 남쪽」. ○天下諸侯朝覲者(천하제후조근자) : 천하의 제후들로서, 조근(朝覲)하는 제후는. ○不之堯之子 而之舜(부지요지자 이지순) : 요의 아들, 단주(丹朱)에게 가지 않고, 순에게로 갔다. ○訟獄者 不之堯之子 而之舜(송옥자 부지요지자 이지순) : 소송을 제기하는 사람도, 요의 아들에게 가지 않고, 순에게로 갔다. ○謳歌者 不謳歌堯之子 而謳歌舜(구가자 불구가요지자 이구가순) : 공덕을 노래하고 칭송하는 사람도, 요의 아들을 노래로 칭송하지 않고, 순을 노래하고 칭송했다.
○故曰 天也(고왈 천야) : 그러므로 「하늘이 시키는구나」하고 말하고. ○夫然後 之中國 踐天子位焉(부연후 지중국 천천자위언) : 그런 다음에 <비로소> <나라의 중심인> 국도(國都)에 가서, 천자의 자리에 올랐던 것이다. ○而居堯之宮 逼堯之子(이거요지궁 핍요지자) : 「이(而)」를 「만약」의 뜻으로 푼다. 만약에 <요임금이 죽은 즉시 순임금이> 요임금의 궁전에 들어가 요임금의 아들 단

주(丹朱)를 몰아냈다면. ㅇ 是簒也 非天與也(시찬야 비천여야) : 이는 찬탈이지, 하늘이 준 것이 아니다.

【集註】(1) 南河 在冀州之南 其南 卽豫州也 訟獄 謂獄不決而訟之也.

(1)「남하(南河)」는 「기주(冀州)의 남쪽」이다. 그 남쪽은 즉 「예주(豫州)다.」「송옥(訟獄)」은 「옥사를 판결하지 못하고, 소송을 올린다」는 뜻이다.

[5] 太誓曰 天視自我民視 天聽自我民聽 此之謂也.

태서(에) 왈 천시(이) 자아민시(며) 천청(이) 자아민청(이라하니) 차지위야(이니라)

[5] <맹자의 말 계속> 「서경(書經) 태서편(泰書篇)에 있다. 『하늘이 보는 것은 우리 백성을 통해서 보고, 하늘이 듣는 것은 우리 백성을 통해서 듣는다.』<태서의 말이> 곧 이 뜻을 말한 것이다.」

[어구 설명] [5] ㅇ 太誓曰(태서왈) : 서경(書經) 태서편(泰書篇)에 있다. ㅇ 天視 自我民視(천시 자아민시) : 하늘이 보는 것은 우리 백성을 통해서 본다. 「자(自)」를 「유(由)」로 푼다. ㅇ 天聽 自我民聽(천청 자아민청) : 하늘이 듣는 것은 우리 백성을 통해서 듣는다. ㅇ 此之謂也(차지위야) : <태서의 말이> 곧 이와 같은 뜻을 말한 것이다.

【集註】(1) 自從也 天無形 其視聽 皆從於民之視聽 民之歸舜 如此 則天與之 可知矣.

(1)「자(自)」는「따르다」의 뜻이다. 하늘은 형체가 없다. 하늘의 보고 듣는 것은 모두 백성들의 보고 들음에 따른다. 백성들이 그와 같이 순임금에게 귀의(歸依)했으므로 곧 하늘이 <천하를> 주었다는 뜻도 알 수 있다.

제5장 堯以章 : 白文

[1] 萬章曰 堯以天下與舜 有諸 孟子曰 否 天子不能以天下與人 然則舜有天下也 孰與之 曰 天與之 天與之者 諄諄然命之乎 曰 否 天不言 以行與事 示之而已矣.

[2] 曰 以行與事 示之者 如之何 曰 天子能薦人於天 不能使天與之天下 諸侯能薦人於天子 不能使天子與之諸侯 大夫能薦人於諸侯 不能使諸侯與之大夫 昔者 堯薦舜於天而天受之 暴之於民而民受之 故曰 天不言 以行與事 示之而已矣.

[3] 曰 敢問薦之於天而天受之 暴之於民而民受之 如何 曰 使之主祭而百神享之 是天受之 使之主事而事治 百姓安之 是民受之也 天與之 人與之.

[4] 故曰 天子不能以天下與人 舜相堯二十有八載 非人之所能爲也 天也 堯崩 三年之喪畢 舜避

堯之子於南河之南 天下諸侯朝覲者 不之堯之
子而之舜 訟獄者 不之堯之子而之舜 謳歌者
不謳歌堯之子而謳歌舜 故曰天也 夫然後之中
國 踐天子位焉 而居堯之宮 逼堯之子 是篡也
非天與也.

[5] 太誓曰 天視自我民視 天聽自我民聽 此之謂
也.

【요점 복습】 제5장 요이장

고대 중국이나 유교사상에서는 천하(天下)를 사유화(私有化)하지 않고 총명(聰明)하고 유능(有能)하고 또 인덕(仁德)있는 사람에게 선양(禪讓)하는 것을 최고의 이상으로 삼았다. 그 시초가 바로 요(堯)임금이 천하를 순(舜)임금에게 선양한 것이다. 즉 천하를 천명(天命)에 의해 넘겨주는 것을 선양이라 한다.

맹자의 제자 만장(萬章)이 물었다.「하늘이 직접 말을 하고 명을 내려서 천하를 줍니까?」이에 대해서 맹자가 말했다.「하늘은 말을 하지 않는다.」그리고 맹자는 설명했다. 순임금이 제사를 지내면 하늘이 받아준다. 따라서 자연 만물이 번성하고 농사가 풍성하게 된다. 순임금이 나라를 다스리면 만민이 고르게 평화를 누리고 생활이 안정되고 또 윤리 도덕을 잘 따르고 행한다. 이와 같이 하늘이 받아주고 사람들이 행복을 누리는 것을 곧「하늘이 천하를 내려준다」고 말한다.

제6장 德衰章 : 총 8 구절

[1] 萬章問曰 人有言 至於禹而德衰 不傳於賢 而傳於子 有諸 孟子曰 否 不然也 天與賢則與賢 天與子則與子.

만장(이) 문왈 인(이) 유언(호대) 지어우이덕쇠(하야) 부전어현 이전어자(이라하니) 유제(이까) 맹자(이) 왈 부(이라) 부연야(이라) 천(이) 여현즉여현(하고) 천(이) 여자즉여자(이니라)

[1] 만장이 맹자에게 물었다. 「다음같이 말하는 사람이 있더군요. 『우(禹)임금에 이르러 덕(德)이 쇠하여 <임금자리를> 현명한 사람에게 넘겨주지 않고 자기 아들에게 물려주었다.』 그 말이 사실입니까.」

맹자가 말했다. 「아니다. 그렇지 않다. 하늘이 현자(賢者)에게 주고자 하면 현자에게 주고, 하늘이 아들에게 주고자 하면, 아들에게 주는 것이다.」

[어구 설명] [1] ㅇ萬章問曰(만장문왈) : 만장이 맹자에게 물었다. ㅇ人有言(인유언) : 사람이 말하더라. 다음같이 말하는 사람이 있더라. ㅇ至於禹而德衰(지어우이덕쇠) : 우(禹)임금에 이르러 덕(德)이 쇠하여. ㅇ不傳於賢 而傳於子(부전어현 이전어자) : <임금자리를> 현명한 사람에게 넘겨주지 않고, 자기 아들에게 물려주었다. ㅇ有諸(유제) : 그런 일이 있었습니까. 사실입니까. ㅇ孟子曰

否 不然也(맹자왈 부 불연야) : 맹자가 말했다. 「아니다. 그렇지 않다.」 ㅇ 天與賢則與賢(천여현즉여현) : 하늘이 현자에게 주고자 하면 곧 현자에게 주고. ㅇ 天與子則與子(천여자즉여자) : 하늘이 아들에게 주고자 하면 곧 아들에게 주는 것이다.

[2] 昔者 舜薦禹於天十有七年 舜崩 三年之喪畢 禹避舜之子於陽城 天下之民從之 若堯崩之後 不從堯之子 而從舜也 禹薦益於天七年 禹崩 三年之喪畢 益避禹之子於箕山之陰 朝覲訟獄者 不之益 而之啓 曰吾君之子也 謳歌者不謳歌益 而謳歌啓 曰吾君之子也.

석자(에) 순(이) 천우어천십유칠년(에) 순(이) 붕(커시늘) 삼년지상(을) 필(하고) 우(이) 피순지자어양성(이러시니) 천하지민(이) 종지(를) 약요붕지후(에) 부종요지자 이종순야(하니라) 우(이) 천익어천칠년(에) 우(이) 붕(커시늘) 삼년지상(을) 필(하고) 익(이) 피우지자어기산지음(이러니) 조근송옥자 부지익 이지계 왈 오군지자야(이라 하며) 구가자(이) 불구가익 이구가계 왈 오군지자야(이라 하니라)

[2]「옛날에, 순임금은 우를 하늘에 추천했으며, <우는> 17년 간이나 <순임금을 보필하고 또 치수(治水)

의 공을 세웠다.> 순임금이 붕어하자, <우는> 3년
간, 복상(服喪)을 다 마치고, 우(禹)는 순임금의 아들
<상균(商均)에게 자리를 내주려고> 양성(陽城)으로
몸을 피했다. <그러나> 천하의 모든 백성들이 <우
임금을> 따랐으니, 흡사 요임금이 돌아간 다음에,
<모든 사람들이> 요임금의 아들을 따르지 않고 순
(舜)을 따른 것과 같다. 우임금도 익(益)을 하늘에 천
거하고 7년 만에 서거했다. 우임금이 돌아가자 3년상
을 다 마친 백익(伯益)은 우임금의 아들 <계(啓)를
위해서> 기산(箕山) 북쪽으로 몸을 피했다. <그러
나> 조근(朝覲)이나 소송(訴訟)을 하려는 사람들이
백익에게 가지 않고, 도리어 우임금의 아들 계에게로
가서 『우리 임금님의 아드님이시다』라고 말했다. 또
노래하고 칭송하는 사람들도 백익을 칭송하지 않고
계를 칭송하고 『우리 임금님의 아드님이시다』라고
말했다.」

[어구 설명] [2] ㅇ 昔者 舜薦禹於天 十有七年(석자 순천우어천 십
유칠년) : 옛날에, 순임금은 우를 하늘에 추천했으며, <우는> 17년
간이나. <순임금을 보필하고 또 치수(治水)의 공을 세웠다.> ㅇ 舜
崩 三年之喪畢(순붕 삼년지상필) : 순임금이 붕어하자 <우는> 3
년 간, 복상(服喪)을 다 마치고. ㅇ 禹避舜之子於陽城(우피순지자
어양성) : 우(禹)는 순임금의 아들 <상균(商均)에게 자리를 내주
려고> 양성(陽城)으로 몸을 피했다. 「양성」은 지금의 하남성(河南

省) 등봉현(登封縣) 북쪽이다. ○天下之民從之(천하지민종지) : <그러나> 천하의 모든 백성들이 <우임금을> 따랐다. ○若堯崩之後 不從堯之子 而從舜也(약요붕지후 부종요지자 이종순야) : 흡사 요임금이 돌아간 다음에, <모든 사람들이> 요임금의 아들을 따르지 않고 순(舜)을 따른 것과 같았다. ○禹薦益於天七年(우천익어천칠년) : 우임금은 익(益)을 하늘에 천거하고 7년 만에 서거했다. 「익」은 우임금의 신하로, 「백익(伯益)」이라고도 한다. 우임금을 도와 많은 공을 세웠다. ○禹崩 三年之喪畢(우붕 삼년지상필) : 우임금이 돌아가자 <백익이> 3년상을 다 마치고. ○益避禹之子於箕山之陰(익피우지자어기산지음) : 백익은 우임금의 아들 <계(啓)를 위해서> 기산(箕山) 북쪽으로 몸을 피했다. 「기산지음(箕山之陰)」은 하남성 등봉현 남쪽이다. ○朝覲訟獄者 不之益 而之啓(조근송옥자 부지익 이지계) : 조근(朝覲)이나 소송(訴訟)을 하려는 사람들이 백익에게 가지 않고, 도리어 우임금의 아들 계에게로 갔다. ○曰吾君之子也(왈오군지자야) : 사람들이 「우리 임금님의 아드님이시다」라고 말했다. ○謳歌者不謳歌益 而謳歌啓(구가자불구가익 이구가계) : 노래하고 칭송하는 사람들도 백익을 칭송하지 않고 계를 칭송했다. ○曰 吾君之子也(왈 오군지자야) : 사람들이 「우리 임금님의 아드님이시다」라고 말했다.

【集註】 (1) 陽城 箕山之陰 皆嵩山下 深谷中 可藏處 啓禹之子也 楊氏曰 此語 孟子必有所受 然不可考矣 但云 天與賢則與賢 天與子則與子 可以見堯舜禹之心 皆無一毫私意也.

(1) 「양성(陽城)과 기산지음(箕山之陰)」은 다 숭산(嵩山) 아래 깊은 골짜기 속이며, 숨기 좋은 곳이다. 「계(啓)」는 우임금의 아들이다. 양씨(楊氏)가 말했다. 「이 말을 맹자는 반드시 전수 받았을 것이다. 그러나 상고할 수 없다.」허나「하늘이 현자에게 주고자 하면 곧 현자에게 주고, 하늘이 아들에게 주고자 하면 곧 아들에게 주는 것이다.」라고 한 말로써「요나 순의 마음속에 털끝만큼의 사욕이 없음을 알 수 있다.」

[3] 丹朱之不肖 舜之子亦不肖 舜之相堯 禹之相舜也 歷年多 施澤於民久 啓賢 能敬承繼禹之道 益之相禹也 歷年少 施澤於民未久 舜禹益相去久遠 其子之賢不肖 皆天也 非人之所能爲也 莫之爲 而爲者 天也 莫之致 而至者 命也.

단주지불초(에) 순지자(이) 역불초(하며) 순지상요(와) 우지상순야(는) 역년(이) 다(하야) 시택어민(이) 구(하고) 계(는) 현(하야) 능경승계 우지도(하며) 익지상우야(는) 역년(이) 소(하야) 시택어민(이) 미구(하니) 순우익상거구원(과) 기자지현불초(가) 개천야(이라) 비인지소능위야(이니) 막지위 이위자(는) 천야(이오) 막지치 이지자(는) 명야(이니라)

[3] <맹자의 말 계속>「요임금의 아들 단주(丹朱)는

불초(不肖)했다. 순임금의 아들 상균(商均)도 역시 불초했다. 순임금이 요임금을 도와준 것이나 우임금이 순임금을 도와준 것이나, 그 햇수가 오래였고, 또 백성에게 베푼 은택(恩澤)도 오래였다. 또 <우임금의 아들> 계(啓)는 현명했고 능히 우의 도를 공경하고 계승할 수 있었다. <그러나> 백익(伯益)이 우(禹)임금을 보필한 햇수는 적었으며 백성에게 은혜를 베푼 햇수도 오래지 않았다. <그러므로> 순임금·우임금에 비해 백익은 <모든 면에서> 차이가 크게 나고 또 햇수도 적었다. <한편> 임금의 아들들이 현명하거나 현명하지 못한 것은 다 하늘이 명으로 정해지는 것이지, 사람이 자기 마음대로 할 수 있는 바가 아니다. 인위적(人爲的)으로 하지 않는데, 스스로 이루어지는 것을 천(天)이라 한다. 인위적으로 이룩하려고 하지 않는데, 스스로 이루어지는 것을 천명(天命)이라 한다.」

[어구 설명] [3] 丹朱之不肖(단주지불초) : 요임금의 아들 단주는 불초(不肖)했다. 「불초」는 「닮지 않고, 현명하지 못하다」는 뜻. ○舜之子亦不肖(순지자역불초) : 순임금의 아들 상균(商均)도 역시 불초했다. ○舜之相堯(순지상요) : 순임금이 요임금을 도와준 것이나. ○禹之相舜也(우지상순야) : 우임금이 순임금을 도와준 것은. ○歷年多(역년다) : 지나간 햇수가 오래고. ○施澤於民 久(시택어민 구) : 백성에게 은택(恩澤)을 베푼 햇수도 오래였다.

○啓賢 能敬承繼 禹之道(계현 능경승계 우지도) : <우임금의 아들> 계(啓)는 현명했고, 능히 우의 도를 공경하고 계승할 수 있었다. ○益之相禹也 歷年少(익지상우야 역년소) : 백익(伯益)이 우(禹)임금을 보필한 햇수는 적었으며. ○施澤於民 未久(시택어민 미구) : 백성에게 은혜를 베푼 햇수도 오래지 않았다. ○舜禹益相去久遠(순우익상거구원) : 순임금·우임금에 비해, 백익은 <모든 면에서> 차이가 크게 나고 또 햇수도 적었다. ○其子之賢不肖 皆天也(기자지현불초 개천야) : 임금의 아들들이 현명하거나 현명하지 못한 것은 다 하늘이 정해주는 것이다. ○非人之所能爲也(비인지소능위야) : 사람이 자기 마음대로 할 수 있는 바가 아니다. ○莫之爲 而爲者 天也(막지위 이위자 천야) : 인위적(人爲的)으로 하지 않는데, 스스로 되는 것을 천(天)이라 한다. ○莫之致 而至者 命也(막지치 이지자 명야) : 인위적으로 이룩하려고 하지 않는데, 스스로 이루어지는 것을 천명(天命)이라 한다.

【集註】(1) 堯舜之子 皆不肖 而舜禹之爲相久 此堯舜之子 所以不有天下 而舜禹有天下也 禹之子賢 而益相不久 此啓所以有天下 而益不有天下也 然此皆非人力所爲 而自爲 非人力所致 而自至者 蓋以理言之 謂之天 自人言之 謂之命 其實則一而已.

(1) 요임금과 순임금의 아들은 모두 불초하였고, 순과 우가 <저마다의 임금을> 보필한 세월이 길었다. 그러므로 요와 순의 아들은 천하를 지니지 못했고, 순과 우는 천하를 다스렸

던 것이다. 우(禹)임금의 아들은 현명했다. 한편 백익(伯益)이 <나라를> 보필한 세월은 길지 않았다. 그러므로 계(啓)는 천하를 계승하고 다스렸으나 백익은 천하를 맡아 다스리지 못한 이유이다. 그러나 이러한 모든 일은 사람의 힘으로 만드는 일이 아니고 스스로 되는 것이며, 사람의 힘으로 이루게 하는 것이 아니고 스스로 그 경지에 이르는 것이다. 무릇 이(理)로써 말하면 천(天)이라 하고, 인간의 입장에서 말하면, 명(命)으로 받는다고 한다. 그러나 실은 하나로 같은 것이다.

[4] 匹夫 而有天下者 德必若舜禹 而又 有天子薦之者 故仲尼不有天下.

필부 이유천하자(는) 덕필약순우 이우유천자(이) 천지자 (이라) 고(로) 중니(이) 불유천하(하시니라)

[4] <맹자의 말 계속>「필부로서 천하를 다스릴 사람은 인덕(仁德)이 반드시 순임금이나 우임금 같아야 한다. 아울러 천자가 그를 <하늘에> 천거해 주어야 한다. <그러나 공자를 천거해 줄 천자가 없었다.> 고로 공자는 천하를 맡아 다스리지 못했던 것이다.」

[어구 설명] [4] ㅇ匹夫而有天下者(필부이유천하자) : 필부로서 <천자가 되어> 천하를 다스리는 사람은. ㅇ德必若舜禹(덕필약순우) : <우선> 인덕(仁德)이 반드시 순임금이나 우임금 같아야 한다. ㅇ而又有天子薦之者(이우유천자천지자) : <뿐만 아니라> 아울러 <당시의> 천자가 그를 <하늘에> 천거해 주어야 한다. ㅇ故

仲尼不有天下(고중니불유천하) : <그러나 하늘에 공자를 천거할 천자가 없었다.> 고로 공자는 천하를 맡아 다스리지 못했던 것이다. 「중니(仲尼)」는 공자의 자.

【集註】(1) 孟子因禹益之事 歷擧此下兩條 以推明之 言仲尼之德 雖無愧於舜禹 而無天子薦之者 故不有天下.

(1) 맹자는 우(禹)임금과 <그의 신하> 백익(伯益)의 사례 및 다음의 두 조항을 들어서, <천하를 맡아 다스릴 수 있는 심오한 바탕을> 밝혔다. <그리고 맹자는> 말했다. 「공자의 인덕은 비록 순임금이나 우임금에 비해 손색이 없지만 추천해 줄 천자가 없었다. 고로 천하를 맡아 다스리지 못했다.」

[5] 繼世以有天下 天之所廢 必若桀紂者也 故益伊尹周公 不有天下.

계세이유천하(에) 천지소폐(는) 필약걸주자야(이니) 고(로) 익 이윤 주공(이) 불유천하(하시니라)

[5] <맹자의 말 계속>「선대(先代)를 계승하여 천하를 물려받고 다스리는 경우에도, 하늘에 의해서 폐기되는 예가 있다. <그 필연적인 예가> 바로 하(夏)의 걸왕(桀王)이나 은(殷)의 주왕(紂王) 같은 폭군의 경우였다. <즉 포학무도한 자는 하늘이 반드시 폐하고 망하게 한다.> 고로 백익(伯益), 이윤(伊尹) 및 주공

(周公) 같은 현인(賢人)들은 <직접> 천하를 지니고 다스리지 않고 <성군(聖君)을 보필했던 것이다.>」

[어구 설명] [5] ㅇ繼世以有天下(계세이유천하) : 선대(先代)를 계승하여 천하를 물려받고 다스린 경우. ㅇ天之所廢(천지소폐) : 하늘에 의해서 폐망(廢亡)되는 예가 있다. <역사적인 실례가 바로.> ㅇ必若桀紂者也(필약걸주자야) : 반드시 <멸망한 예가 바로> 하(夏)의 걸왕(桀王)이나 은(殷)의 주왕(紂王) 같은 폭군이다. <즉 포학무도한 짓을 하면 하늘은 반드시 그들을 폐하고 망하게 한다.> ㅇ故益伊尹周公(고익이윤주공) : 고로, 백익(伯益)은 우왕(禹王)을 보좌했고, 이윤(伊尹)은 탕왕(湯王)을 보좌했고, 주공(周公)은 문왕(文王) 무왕(武王)을 보필하여. <좋은 임금이 되게 했던 것이다.> ㅇ不有天下(불유천하) : 그들 <현인들은> 천하를 지니고 다스리지 않고. <성군(聖君)을 보필했던 것이다.>

【集註】(1) 繼世而有天下者 其先世皆有大功德於民 故必有大惡如桀紂 則天乃廢之 如啓及太甲成王 雖不及益伊尹周公之賢聖 但能嗣守先業 則天亦不廢之 故益伊尹周公 雖有舜禹之德 而亦不有天下.

(1) 선대를 계승하고 천하를 지니고 다스린 자손이 <임금이 된 이유는> 그들의 선조가 다 백성에게 대공(大功)과 은덕(恩德)을 베풀었기 때문이다. 그러므로 <후손이라도> 걸왕(桀王)이나 주왕(紂王)같이 크게 포학무도한 자는 하늘이 반드시 그들을 버리고 망하게 한다.「우왕(禹王)의 아들 계(啓),

탕왕(湯王)의 손자 태갑(太甲) 및 무왕(武王)의 아들 성왕(成王)」은 비록 「<임금을 보필한> 백익(伯益), 이윤(伊尹) 및 주공(周公)」에 비하면, 현명하지도 못하고 또 성스럽지도 못했다. <그러나 후손이기 때문에> 그들은 능히 선조의 공업을 계승하고 나라를 지킬 수 있었고, 또 하늘도 역시 그들을 폐하지 않았던 것이다. 그러므로 「백익, 이윤 및 주공」은 비록 순임금, 우임금 같은 덕을 지니고 있으면서도 천하를 지니고 다스리지 못했던 것이다.

[6] 伊尹相湯 以王於天下 湯崩 太丁未立 外丙二年 仲壬四年 太甲顚覆湯之典刑 伊尹放之於桐三年 太甲悔過自怨自艾 於桐處仁遷義三年 以聽伊尹之訓己也 復歸于亳.

이윤(이) 상탕(하야) 이왕어천하(이러니) 탕(이) 붕(커시늘) 태정(은) 미립(하고) 외병(은) 이년(이오) 중임(은) 사년(이러니) 태갑(이) 전복탕지전형(이어늘) 이윤(이) 방지어동삼년(한대) 태갑(이) 회과(하야) 자원자애(하야) 어동(에) 처인 천의 삼년(하야) 이청이윤지훈기야(하야) 복귀우박(하시니라)

[6] <맹자의 말 계속>「이윤이 탕왕(湯王)을 도와서, 그를 천하의 왕자 되게 했다. <그리고> 탕왕이 붕어했으나, <탕왕의 태자> 태정(太丁)은 자리에 오르지

못하고 <죽었으며, 태정의 동생> 외병(外丙)은 <자리에 올라> 2년을 다스리다가 <죽었고>, 다시 중임(仲壬)이 4년을 다스렸다. <그리고 뒤에 오른 태정의 아들이며 어린 나이의> 태갑(太甲)이 <뒤를 이어 자리에 올랐다. 그러나> 탕왕의 전범(典範)과 형법(刑法)을 뒤집어엎고 폐기했으므로 이윤(伊尹)이 태갑을 <탕왕의 무덤이 있는> 동(桐)으로 추방하고 3년간 반성하고 자숙하게 했다. <이에> 태갑이 자기의 잘못을 뉘우치고 스스로의 잘못을 원망하고 스스로 바르게 되었다. <즉 탕왕의 무덤이 있는> 동에서 인(仁)을 지키고 의(義)를 따라 개과천선(改過遷善)했다. 그런 지 3년이 되었으며 이윤이 자기를 훈계한 가르침을 잘 듣고 따랐으므로 다시 국도(國都) 박(亳)으로 돌아왔던 것이다.」

[어구 설명] [6] ○伊尹相湯 以王於天下(이윤상탕 이왕어천하) : 이윤이 탕왕을 도와서, 그를 천하의 왕자가 되게 했다. ○湯崩(탕붕) : 탕왕이 붕어했다. ○太丁未立(태정미립) : <탕왕의 태자> 태정(太丁)은 자리에 오르자 못하고 <죽었으며>. ○外丙二年(외병이년) : <태정의 동생> 외병(外丙)은 <자리에 올라> 2년을 다스리다가 <죽었고>. ○仲壬四年(중임사년) : 다시 중임(仲壬)이 4년을 다스렸다. ○太甲顚覆湯之典刑(태갑전복탕지전형) : <그 뒤에 오른 태정의 아들이며, 어린> 태갑(太甲)이 <뒤를 이어, 자리에 올랐으나> 탕왕(湯王)의 전범(典範)과 형법(刑法)을 뒤집어

엎고 폐기했다. ○伊尹放之於桐三年(이윤방지어동삼년) : <그래서> 이윤(伊尹)이 태갑(太甲)을 <탕왕의 무덤이 있는> 동(桐)으로 추방하고 3년 간 <연금하고> 반성하고 자숙하게 했다. ○太甲悔過 自怨自艾(태갑회과 자원자애) : 태갑이 자기의 잘못을 뉘우치고 스스로 잘못을 원망하고 스스로 바르게 되었다. 「애(艾)」는 「나쁜 풀을 뽑다」의 뜻. ○於桐處仁遷義三年(어동처인천의삼년) : <탕왕의 무덤이 있는> 동(桐)에서 인(仁)을 지키고 의(義)를 따라 개과천선(改過遷善)한 지 3년이 되었으며. ○以聽伊尹之訓己也(이청이윤지훈기야) : 이윤이 자기를 훈계한 가르침을 잘 듣고 따랐다. ○復歸于亳(복귀우박) : 그래서 다시 국도(國都) 박(亳)으로 돌아왔던 것이다.

【集註】(1) 此承上文 言伊尹不有天下之事 趙氏曰 太丁湯之太子 未立而死 外丙立二年 仲壬立四年 皆太丁弟也 太甲太丁子也 程子曰 古人 謂歲爲年 湯崩時 外丙方二歲 仲壬方四歲 惟太甲差長 故立之也 二說 未知孰是 顚覆 壞亂也 典刑 常法也 桐湯墓所在 艾治也 說文云 芟草也 蓋斬絶自新之意 亳商所都也.

(1) 이 구절은 앞을 받고, 이윤이 천하를 소유하지 못한 이유를 말한 것이다. 조씨(趙氏)가 말했다. 「태정은 탕왕의 태자로, 자리에 오르지 못하고 죽었다. 외병은 즉위한 지 2년이고, 중임은 즉위한 지 4년이었으며, 다 태정의 동생이다. 태갑은

태정의 아들이다.」 정자(程子)가 말했다. 「옛사람은 나이를 연(年)이라 했다. 탕왕이 붕어한 때에 외병은 2세였고, 중임은 4세였다. 다만 태갑만이 조금 나이가 많았다. 그러므로 그를 옹립하였다고 한다. 허나 이들 설 중 어느 것이 옳은지 알 수 없다.」 「전복(顚覆)」은 파괴하고 흐트러지게 한다는 뜻이다. 「전형(典刑)」은 「떳떳한 법이다.」 「동(桐)」은 「탕왕의 무덤이 있는 곳이다.」 「애(艾)」는 치(治)다. 설문(說文)에서는 「삼초(芟草:풀을 뽑다)」라고 했다. 아마도 나쁜 것을 절단하고 스스로 새롭게 된다는 뜻을 말한 것이다. 「박(亳)」은 은(殷)나라의 도성(都城)이다.

[7] 周公之不有天下 猶益之於夏 伊尹之於殷也.

주공지불유천하(는) 유익지어하(와) 이윤지어은야(이니라)

[7] <맹자의 말 계속>「주공(周公)이 천하를 차지하지 않은 것은, 하나라에 대한 백익(伯益)이나 은나라에 대한 이윤(伊尹)의 경우와 같다.」

[어구 설명] [7] ㅇ 周公之不有天下(주공지불유천하) : 주공이 천하를 차지하지 않은 것은. ㅇ 猶益之於夏 伊尹之於殷也(유익지어하 이윤지어은야) : 하나라에 대한 백익(伯益)이나 은나라에 대한 이윤(伊尹)의 경우와 같다.

【集註】(1) 此復言周公所以不有天下之意.

(1) 이 구절은 다시 주공이 천하를 지니지 않은 이유를 말한 것이다.

[8] 孔子曰 唐虞禪 夏后殷周繼 其義一也.

공자(이) 왈 당우(는) 선(하고) 하후은주(는) 계(하니) 기의일야(이라하시니라)

[8] <맹자의 말 계속>「공자가 다음같이 말했다.『도당씨(陶唐氏) 요(堯)임금이 유우씨(有虞氏) 순(舜)임금에게 선양(禪讓)한 것이나, 하(夏)에서 임금을 <자식에게 계승하고>, 또 은(殷)과 주(周)나라에서 임금을 자손에게 계승한 것은 그 뜻이 같고 옳다. 즉 하나인 천명(天命)을 따른 것이다.』」

[어구 설명] [8] ㅇ孔子曰(공자왈) : 공자가 말했다. ㅇ唐虞禪(당우선) : 도당씨(陶唐氏) 요(堯)임금이 유우씨(有虞氏) 순(舜)임금에게 선양(禪讓)한 것이나. ㅇ夏后殷周繼(하후은주계) : 하(夏)에서 임금을 <자식에게 계승하고> 은(殷)과 주(周)나라에서 임금을 자손에게 계승한 것은. ㅇ其義一也(기의일야) : 그 뜻이 다 같고 옳다. 즉 하나인 천명(天命)을 따른 것이다.

【集註】(1) 禪受也 或禪或繼 皆天命也 聖人豈有私意於其間哉 尹氏曰 孔子曰 唐虞禪 夏后殷周 繼

其義一也 孟子曰 天與賢則與賢 天與子則與子 知前聖之心者 無如孔子 繼孔子者 孟子而已矣.

(1)「선(禪)」은「수(受 : 받음)」이다.「선(禪)이나 계승(繼承)이나 다 천명(天命)이다. 성인 사이에 어찌 사사로운 뜻이 있겠는가.」윤씨(尹氏)가 다음같이 말했다.「공자는『요(堯)임금과 순(舜)임금이 선양(禪讓)한 것이나 하(夏) 은(殷) 주(周)가 계승한 것이 다 같이 옳다』고 했으며, 맹자는『하늘이 현자에게 주면 현자에게 주고, 하늘이 자식에게 주면 자식에게 준다』고 하였다. 옛날의 성인의 마음을 안 사람은 공자 같은 이가 없고, 공자를 계승한 사람은 오직 맹자일 뿐이다.」

제6장 德衰章 : 白文

[1] 萬章問曰 人有言 至於禹而德衰 不傳於賢而傳於子 有諸 孟子曰 否 不然也 天與賢則與賢 天與子則與子.

[2] 昔者 舜薦禹於天十有七年 舜崩 三年之喪 畢 禹避舜之子於陽城 天下之民 從之 若堯崩之後 不從堯之子而從舜也 禹薦益於天七年 禹崩 三年之喪畢 益避禹之子於箕山之陰 朝覲訟獄者 不之益而之啓 曰 吾君之子也 謳歌者 不謳歌益而謳歌啓 曰 吾君之子也.

[3] 丹朱之不肖 舜之子亦不肖 舜之相堯 禹之相舜也 歷年多 施澤於民 久 啓賢 能敬承繼禹之道 益之相禹也 歷年少 施澤於民 未久 舜禹益相

去久遠 其子之賢不肖 皆天也 非人之所能爲也
莫之爲而爲者 天也 莫之致而至者 命也.

[4] 匹夫而有天下者 德必若舜禹 而又有天子薦之
者 故仲尼不有天下.

[5] 繼世以有天下 天之所廢 必若桀紂者也 故益伊
尹周公 不有天下.

[6] 伊尹相湯 以王於天下 湯崩 太丁未立 外丙二
年 仲壬四年 太甲 顚覆湯之典刑 伊尹放之於
桐三年 太甲悔過 自怨自艾 於桐處仁遷義三
年 以聽伊尹之訓己也 復歸于亳.

[7] 周公之不有天下 猶益之於夏 伊尹之於殷也.

[8] 孔子曰 唐虞禪 夏后殷周繼 其義一也.

【요점 복습】제6장 덕쇠장

　하늘은 현명하고 덕 있는 사람에게 천하를 다스리게 한다. 또 천하를 선양(禪讓)하거나 계승(繼承)하거나 다 천명(天命)을 따르는 것이다. 공자는「기의일야(其義一也)」라 했고, 맹자는「천여현즉여현(天與賢則與賢) 천여자즉여자(天與子則與子)」라고 했다.

제7장 割烹章 : 총 9 구절

[1] 萬章問曰 人有言 伊尹以割烹要湯 有諸.

만장(이) 문왈 인(이) 유언(호대) 이윤(이) 이할팽요탕(이 라하니) 유제(이까)

[1] 맹자의 제자 만장이 물었다. 「사람이 말하더군요. 『이윤이 요리 솜씨로써 탕왕의 신임을 얻었다.』사실 그러합니까?」

[어구 설명] [1] ㅇ萬章問曰(만장문왈) : 맹자의 제자, 만장이 물었다. ㅇ人有言(인유언) : 사람이 말하더군요. ㅇ伊尹以割烹要湯(이윤이할팽요탕) : 이윤이 요리 솜씨로써 탕왕의 신임을 얻었다. 「할팽(割烹)」은 「칼질하고 삶다. 즉 요리를 잘 만든다.」「요(要)」는 「구(求)하다」. ㅇ有諸(유제) : 그런 일이 있습니까. 사실입니까.

【集註】(1) 要求也 按史記 伊尹欲行道以致君而無由 乃爲有莘氏之媵臣 負鼎俎 以滋味說湯 致於王道 蓋戰國時 有爲此說者.

(1) 「요(要)」는 「구(求)」의 뜻이다. 사기(史記)에 있다. 「이윤은 요순(堯舜)의 도를 가지고 탕왕을 섬기려고 했으나, 연줄이 없었다. 그래서 유신씨(有莘氏)의 딸이 <탕왕에게 시집갈 때에> 잉신(媵臣 : 수행하는 종)이 되어, 솥과 도마를 지고

가서, 맛있는 음식으로 탕왕을 즐겁게 하고 아울러 왕도를 설득했다.」 전국시대에는 그런 말이 있었을 것이다.

[2] **孟子曰 否 不然 伊尹耕於有莘之野 而樂堯舜之道焉 非其義也 非其道也 祿之以天下 弗顧也 繫馬千駟 弗視 也 非其義也 非其道也 一介不以與 人 一介不以取諸人.**

맹자(이) 왈 부(이라) 불연(하니라) 이윤(이) 경어유신지야 이락요순지도언(하야) 비기의야(이며) 비기도야(이어든) 녹지이천하(이라도) 불고야(하며) 계마천사(이라도) 불시야(하고) 비기의야(이며) 비기도야(이어든) 일개(를) 불이여인(하며) 일개(를) 불이취제인(하니라)

[2] 맹자가 말했다. 「아니다. 그렇지 않다. 이윤은 유신국(有莘國)의 들에서 경작을 하면서 요순(堯舜)의 도를 즐겼다. 그는 <자기가 믿는 바> 바른 의(義)나, 도(道)가 아니면 천하를 녹으로 준다고 해도, 돌아보지 않았고 4천 마리의 말을 묶어놓고 준다고 해도, 거들떠보지도 않았다. 바른 의(義)나 도(道)가 아니면 풀 한 포기도 남에게 주지도 않고, 또 남으로부터 취해 갖지도 않았다.」

[어구 설명] [2] ㅇ孟子曰(맹자왈) : 맹자가 말했다. ㅇ否 不然(부 불연) : 아니다. 그렇지 않다. ㅇ伊尹 耕於有莘之野(이윤 경어유신

지야) : 이윤은 유신국(有莘國)의 들에서 경작을 했고. ㅇ而樂堯舜之道焉(이락요순지도언) : 요순(堯舜)의 도를 즐겼다. ㅇ非其義也 非其道也(비기의야 비기도야) : <자기가 믿는 바> 바른 의(義)나 도(道)가 아니면. ㅇ祿之以天下 弗顧也(녹지이천하 불고야) : 천하를 녹으로 준다고 해도, 돌아보지 않았고. ㅇ繫馬千駟 弗視也(계마천사 불시야) : 4천 마리의 말을 묶어놓고 준다고 해도, 거들떠보지도 않았다. ㅇ非其義也 非其道也(비기의야 비기도야) : 바른 의(義)나 도(道)가 아니면. ㅇ一介不以與人 一介不以取諸人(일개불이여인 일개불이취제인) : 풀 한 포기도 남에게 주지도 않고, 또 남으로부터 취해 갖지도 않았다. 「개(介)」는 「개(芥)」로 푼다.

【集註】 (1) 莘國名 樂堯舜之道者 誦其詩 讀其書而欣慕愛樂之也 駟四匹也 介與草芥之芥同 言其辭受取與 無大無細 一以道義而不苟也.

(1) 「신(莘)」은 국명(國名)이다. 「낙요순지도자(樂堯舜之道者)」는 요순(堯舜) 때의 시(詩)를 읊고, 글을 읽으며 <무위자연의 왕도정치를> 흠모(欣慕)하고 사랑하고 좋아했다는 뜻이다. 「사(駟)」는 「말 4필」이다. 「개(介)」는 「초개(草芥)의 개(芥)」와 같다. 즉 「사양(辭), 수령(受), 취득(取), 부여함(與)에 있어, 크고 작은 것을 막론하고, 한결같이 도의로써 하고, 구차하게 하지 않았다」는 뜻을 말한다.

[3] 湯使人以幣聘之 囂囂然曰 我何以

湯之聘幣爲哉 我豈若處畎畝之中 由是以樂堯舜之道哉.

탕(이) 사인이폐빙지(하신대) 효효연왈 아하이탕지빙폐위재(리오) 아기약처견무지중(하야) 유시이락요순지도재(리오)

[3] <맹자의 말 계속>「탕왕이 사람을 시켜 예물을 가지고 와서 <이윤을> 초빙했다. <그러자 이윤은 욕심 없이> 덤덤하고 태연한 태도로 말했다.『내가 어찌 탕왕의 예물 때문에 움직이겠느냐. 나는 차라리 논밭에서 경작을 하고, 그대로 요순(堯舜)의 도를 즐기고 살겠다. <벼슬하지 않고 야에 묻혀 시서(詩書)를 읽으며 즐기겠다.>』」

[어구 설명] [3] ㅇ湯使人以幣聘之(탕사인이폐빙지) : 탕왕이 사람을 시켜 예물을 가지고 와서 <이윤을> 초빙했다. ㅇ囂囂然曰(효효연왈) : <욕심 없이> 덤덤하고 태연한 태도로 말했다. ㅇ我何以湯之聘幣爲哉(아하이탕지빙폐위재) : 내가 어찌 탕왕의 예물 때문에 움직이겠느냐. ㅇ我豈若處畎畝之中(아기약처견무지중) : 나는 차라리 논밭에서 경작을 하겠다. 「견(畎)」은 밭도랑, 「무(畝)」는 밭이랑. 「기약(豈若)--재(哉)」는 「어찌 --만 하겠느냐. 차라리 -- 하겠다」는 뜻이다. ㅇ由是以樂堯舜之道哉(유시이락요순지도재) : 그대로 요순(堯舜)의 도를 즐기고 살겠다. <벼슬하지 않고 야에 묻혀 시서(詩書)를 읽으며 즐기겠다.>

【集註】(1) 囂囂 無欲自得之貌.

(1) 「효효(囂囂)」는 「욕심 없이 자득한 모양」이다.

[4] 湯三使往聘之 旣而 幡然改曰 與我處畎畝之中 由是以樂堯舜之道 吾豈若使是君 爲堯舜之君哉 吾豈若使是民 爲堯舜之民哉 吾豈若於吾身 親見之哉.

탕(이) 삼사왕빙지(하신대) 기이(오) 번연개왈 여아(이) 처견무지중(하야) 유시이락요순지도(로는) 오기약사시군(으로) 위요순지군재(며) 오기약사시민(으로) 위요순지민재(며) 오기약어오신(에) 친견지재(리오).

[4] <맹자의 말 계속> 「탕왕이 세 차례나 사신을 보내 이윤을 초빙했다. 그러자 <이윤이 생각을> 훌쩍 바꾸고 다음같이 생각하며 말했다.『내가 논밭에 있으면서 그대로 <글만을 읽고> 요순(堯舜)의 도를 즐기는 것보다, 차라리 내가 <나서서> 탕왕을 <도와서> 요순 같은 성군(聖君)이 되게 해주고, 또 내가 이 나라 백성들을 요순의 백성같이 잘살게 해주고, 내가 몸소 <현실적으로 이 세상이> 요순의 세상같이 되는 것을 눈으로 보리라.』」

[어구 설명] [4] ㅇ湯三使往聘之(탕삼사왕빙지) : 탕왕이 세 차례

나 사신을 보내 이윤을 초빙했다. ㅇ旣而(기이) : 그러자. ㅇ幡然改曰(번연개왈) : <이윤이 생각을> 홀쩍 바꾸고 말했다. 「번연(幡然)」은 「번연(翻然)」과 같다. ㅇ與我處畎畝之中(여아처견무지중) : 내가 논밭에 있으면서. ㅇ由是以樂堯舜之道(유시이락요순지도) : 그대로 <글만을 읽고>「요순(堯舜)의 도」를 즐기는 것보다. ㅇ吾豈若使是君(오기약사시군) : 내가 <나서서> 탕왕을. <도와서.> ㅇ爲堯舜之君哉(위요순지군재) : 요순 같은 성군(聖君)이 되게 해주는 것이. <더 좋지 않겠는가.> <*「與我處畎畝之中 由是以樂堯舜之道 吾豈若使是君 爲堯舜之君哉」를 「與其我樂堯舜之道, 不如我使湯爲聖君」으로 풀이했다. 다음도 같다.> ㅇ吾豈若使是民 爲堯舜之民哉(오기약사시민 위요순지민재) : 내가 차라리 이 나라 백성들을 요순의 백성같이 잘살게 해주리라. ㅇ吾豈若於吾身 親見之哉(오기약어오신 친견지재) : 내가 몸소 <현실적으로 이 세상이> 요순의 세상같이 되는 것을 내 눈으로 보리라.

【集註】(1) 幡然 變動之貌 於吾身親見之 言於我之身 親見其道之行 不徒誦說向慕之而已也.

(1)「번연(幡然)」은 「변동한 태도」이다. 「어오신친견지(於吾身親見之)」는 「나 자신이 직접 도가 행해지는 것을 보고, 다만 시서(詩書)를 외우고 말하고 흠모하는 것이 아니다.」라는 뜻을 말한 것이다.

[5] 天之生此民也 使先知覺後知 使先覺覺後覺也 予天民之先覺者也 予將

以斯道覺斯民也 非予覺之而誰也.

천지생차민야(는) 사선지(로) 각후지(하며) 사선각(으로) 각후각야(이시니) 여(는) 천민지선각자야(이로니) 여장이사도(로) 각사민야(이니) 비여(이) 각지(오) 이수야(이리오).

[5] <맹자의 말 계속>「하늘이 모든 사람들을 낳고 살게 할 때에는 선지자(先知者)로 하여금 후지자(後知者)를 깨닫게 하고, 또 선각자(先覺者)로 하여금 후각자(後覺者)를 깨닫게 하게 마련이다. 내가 바로 천민(天民)의 선각자이다. 내가 장차 하늘의 바른 도리로써 이들 천민을 깨우쳐야 한다. 내가 그들을 깨우치지 않으면 다른 누가 하겠는가.」

[어구 설명] [5] ㅇ天之生此民也(천지생차민야) : 하늘이 모든 사람들을 낳고 살게 할 때에는. ㅇ使先知 覺後知(사선지 각후지) : 선지자(先知者)로 하여금 후지자(後知者)를 깨닫게 하고. ㅇ使先覺 覺後覺也(사선각 각후각야) : 선각자(先覺者)로 하여금 후각자(後覺者)를 깨닫게 하게 마련이다. ㅇ予天民之先覺者也(여천민지선각자야) : 내가 바로 천민(天民)의 선각자이다. 「천민」은 「하늘의 도리를 따라 사는 문화 민족」이란 뜻이다. ㅇ予將以斯道 覺斯民也(여장이사도 각사민야) : 내가 장차 하늘의 바른 도리로써, 이들 천민을 깨우쳐야 한다. ㅇ非予覺之 而誰也(비여각지 이수야) : 내가 그들을 깨우치지 않으면, 다른 누가 하겠는가.

【集註】(1) 此亦伊尹之言也 知謂識其事之所當然

覺謂悟其理之所以然 覺後知後覺 如呼寐者而使之
寤也 言天使者 天理當然 若使之也 程子曰 予天民
之先覺 謂我乃天生此民中 盡得民道而先覺者也 旣
爲先覺之民 豈可不覺其未覺者 及彼之覺 亦非分我
所有以予之也 皆彼自有此理 我但能覺之而已.

(1) 이것 역시 이윤의 말이다.「지(知)」는「모든 사물의 당연한 바를 안다는 뜻」이다.「각(覺)」은「모든 사물이 이루어지는 도리를 깨닫는다는 뜻」이다.「후지자(後知者) 후각자(後覺者)를 깨닫게 함」은「흡사 잠든 사람을 불러서, 그로 하여금 잠을 깨게 하는 것과 같다.」「하늘이 시킨다고 말한 것(言天使者)」은 곧「천리에 의해 당연히 그렇게 되는 것이며, 흡사 시켜서 그렇게 되게 함과 같다는 뜻」이다. 정자(程子)가 말했다.「<이윤이> 나는 천민(天民)의 선각자라고 말한 것은 곧 내가 바로 하늘이 낳고 살게 한 백성 중에서 <내가> 바로 백성을 다스리는 도리를 다할 수 있는 선각자라는 뜻이다. <우리는> 이미 <옛날부터> 선각자가 다스려 온 백성이거늘 어찌 <내가 나서서> 깨닫지 못한 사람을 깨닫게 하지 않을 수 있겠느냐. <선각자가> 백성들을 깨닫게 한다는 뜻은 내가 알고 지니고 있는 바 <학문이나 지식을> 나눠준다는 뜻이 아니다. 모든 사람은 저마다 스스로 천리(天理)를 깨닫고 행하는 본성(本性)이 있으므로 나는 다만 그들을 깨우치게 할 뿐이다.」

**[6] 思天下之民 匹夫匹婦 有不被堯舜
之澤者 若己推而内之溝中 其自任以
天下之重 如此 故就湯而説之 以伐
夏救民.**

사천하지민(이) 필부필부(이) 유불피요순지택자(이어든) 약기(이) 추이내지구중(하니) 기자임이천하지중(이) 여차(이라) 고(로) 취탕이설지(하야) 이벌하구민(하니라)

[6] <맹자의 말 계속>「이윤은 천하의 백성이면서 필부필부들 중에 요순(堯舜) 때와 같이 인정(仁政)의 은택(恩澤)을 받지 못하는 사람이 있으면 마치 자기가 그들을 구덩이나 도랑 속에 빠뜨리고 고생을 시키는 것같이 생각했다. 이윤이 천하에 대한 책임의 중대함을 이와 같이 스스로 지고자 했던 것이다. 고로 탕왕에게 가서 설득하고 마침내, 하(夏)나라의 걸왕(桀王)을 치고 백성들을 구해 주었던 것이다.」

[어구 설명] [6] ㅇ思(사) : <이윤이> 생각했다. 「사(思)」는 뒤에도 걸린다. ㅇ天下之民 匹夫匹婦(천하지민 필부필부) : 천하의 백성이면서, 필부필부들 중에. ㅇ有不被堯舜之澤者(유불피요순지택자) : 요순(堯舜) 때와 같이 인정(仁政)의 은택(恩澤)을 받지 못하는 사람이 있으면. ㅇ若己推而内之溝中(약기추이납지구중) : <이윤은> 마치 자기가 그들을 구덩이나 도랑 속에 빠뜨리고 고생을 시키는 것같이 생각했다.> ㅇ其自任以天下之重 如此(기자임이천

하지중 여차) : 이윤은 천하에 대한 책임의 중대함을 이와 같이 스스로 지고자 했던 것이다. ㅇ故(고) : 고로. ㅇ就湯而說之(취탕이설지) : 탕왕에게 가서 설득하고. ㅇ以伐夏救民(이벌하구민) : 마침내, 하(夏)나라의 걸왕(桀王)을 치고 백성들을 구해 주었던 것이다.

【集註】(1) 書曰 昔先正保衡 作我先王 曰予弗克俾厥后爲堯舜 其心愧恥 若撻于市 一夫不獲 則曰 時予之辜 孟子之言 蓋取諸此 是時夏桀無道 暴虐其民 故欲使湯伐夏以救之 徐氏曰 伊尹 樂堯舜之道 堯舜揖遜 而伊尹說湯 以伐夏者 時之不同 義則一也.

(1) 서경(書經)에 다음같이 있다. 「옛날 선정(先正) 보형(保衡)이 우리의 선왕을 진작시키며 말했다.『내가 능히 임금을 도와서 요순(堯舜)과 같이 만들지 못하면 마음으로 부끄러워했으며, 흡사 <벌을 받고> 시장에서 종아리를 맞는 것과 같이 여겼다.』또 한 사람이라도 은덕을 입지 못하면 즉『이는 다 나의 잘못이다』라고 말했다.」<여기서 한> 맹자의 말은 아마도 이 기록을 바탕으로 했을 것이다. 당시 하(夏)나라의 걸(桀)이 무도하여 백성에게 포학하게 했다. 그래서 <이윤이> 탕왕(湯王)으로 하여금 하(夏)를 치고 백성들을 구했다. 서씨(徐氏)가 말했다. 「이윤은 요순의 도를 좋아했으며, 요순은 예읍(禮揖)하고 겸손(謙遜)했으며, <무력으로 남을 치지 않

았다.〉 그러나 이윤이 탕왕을 설득하여 하를 치게 했으니, 〈그것은〉 시대가 같지 않아서 그런 것이며, 대의(大義)에 있어서는 같은 것이다.」

[7] 吾未聞 枉己而正人者也 況辱己以正天下者乎 聖人之行 不同也 或遠或近 或去或不去 歸潔其身而已矣.

오(이) 미문왕기이정인자야(이로니) 황욕기이정천하자호(아) 성인지행(이) 부동야(이라) 혹원혹근(하며) 혹거혹불거(이나) 귀(는) 결기신이이의(니라)

[7] 〈맹자의 말 계속〉「나는 자신을 굽히는 자가, 남을 바르게 다스린다는 말을 듣지 못했다. 하물며 자신을 욕되게 하는 자가 〈어찌〉 천하를 바르게 다스리겠는가. 성인의 행동은 〈때와 경우에 따라〉 다르게 마련이다. 어떤 때는 〈임금으로부터〉 멀리 물러나 은퇴하기도 하고, 어떤 때는 가까이 와서 정치에 참여하기도 한다. 어떤 때는 〈벼슬을 내놓고〉 떠나기도 하고, 또 어떤 때는 자리를 지키고 머물러 있기도 한다. 그러나 〈성인은〉 자신의 몸가짐을 결백하게 지킨다는 점에 귀일(歸一)한다.」

[어구 설명] [7] ㅇ吾未聞枉己 而正人者也(오미문왕기 이정인자야) : 〈맹자의 말〉「나는 자신을 굽히는 자가, 남을 바르게 다스린다는 말을 듣지 못했다.」 ㅇ況辱己以正天下者乎(황욕기이정천하

자호) : 하물며, 자신을 욕되게 하는 자가 <어찌> 천하를 바르게 다스리겠는가. ○聖人之行 不同也(성인지행 부동야) : 성인의 행동은 <때와 경우에 따라> 다르게 마련이다. ○或遠或近(혹원혹근) : 어떤 때는 <임금으로부터> 멀리 있기도 하고 혹은 가까이 있기도 한다. ○或去或不去(혹거혹불거) : 어떤 때는 <임금 곁을> 떠나기도 하고 혹은 안 떠나기도 한다. ○歸潔其身而已矣(귀결기신이이의) : <어떠한 경우에나> 결국은 자신의 몸가짐을 결백하게 한다.

【集註】(1) 辱己 甚於枉己 正天下 難於正人 若伊尹 以割烹要湯 辱己甚矣 何以正天下乎 遠謂隱遁也 近謂仕近君也 言聖人之行 雖不必同 然其要歸 在潔其身而已 伊尹豈肯以割烹要湯哉.

(1) 욕기(辱己)는 왕기(枉己)보다 더 심하다. 정천하(正天下)는 정인(正人)보다 더 어렵다. 만약 이윤이 요리 솜씨를 가지고 탕왕에게 <등용되기를> 요구했다면, 욕기(辱己)의 심한 것이다. 그러니 어찌 천하를 바르게 했겠느냐. 원(遠)은 멀리 숨는다는 뜻이다. 근(近)은 임금 곁에서 출사한다는 뜻이다. <이 말은 곧 다음 같은 뜻을 말한 것이다.> 「성인의 행동은 비록 반드시 같지 않아도, 그의 요점과 귀결(歸結)은 자신의 몸가짐을 어디까지나 결백하게 함이다. 그러니 이윤 같은 <성인이> 어찌 요리 솜씨로서 탕왕에게 <등용되기를> 바랐겠는가.」

[8] 吾聞其以堯舜之道 要湯 未聞以割烹也.

오(는) 문 기이요순지도(로) 요탕(이오) 미문이할팽야(케라)

[8] <맹자의 말 계속> 「내가 듣고 알기로 <그는> 요순의 도로써 탕왕에게 등용되기를 구한 것이지, 요리 솜씨로 구한 것이 아니다.」

[어구 설명] [8] ○吾聞 其以堯舜之道 要湯(오문 기이요순지도 요탕) : 내가 듣고 알기로는 <그는> 요순의 도로써, 탕왕에게 등용되기를 구했다. ○未聞以割烹也(미문이할팽야) : 요리 솜씨로 <등용되기를 구한 것이> 아니다.

【集註】(1) 林氏曰 以堯舜之道要湯者 非實以是要之也 道在此而湯之聘自來耳 猶子貢言夫子之求之 異乎人之求之也 愚謂此語 亦猶前章所論 父不得而子之意.

(1) 임씨(林氏)가 말했다. 「요순의 도로써 탕왕에게 구했다는 것은(以堯舜之道要湯者)」「실제로 이윤이 탕왕에게 요순의 도를 말해가지고 구한 것이 아니다.(非實以是要之也)」「이윤이 요순의 도를 즐거워했으므로 탕왕의 초빙이 스스로 온 것이다.(道在此而湯之聘自來耳)」「이는 마치 논어에서 자공이 『공자 선생님의 구하심은 다른 사람과 다르시다』고 한 말과

같다.」〈이상은 의역으로 보충했다.〉 〈주자가 말했다.〉「이 말도 역시 앞장 '만장장구 상 제4장'에서 말한 바 『성인은 아버지도 자식으로 대할 수 없다』고 한 말과 같은 뜻이라고 생각한다.」

[9] 伊訓曰 天誅造攻 自牧宮 朕載自亳.

이훈(에) 왈 천주조공(을) 자목궁(은) 짐재자박(이라하니라)

[9] 〈맹자의 말 계속〉「서경(書經) 이훈편(伊訓篇)에 다음같이 있다. 『하늘이 하(夏)나라의 걸(桀)을 주멸(誅滅)하고 칠 때에, 〈걸의 궁전〉 목궁(牧宮)부터 쳐부수게 한 것은 애당초 내가 〈즉 이윤〉 박(亳)에서부터 그렇게 하라는 하늘의 뜻이었다.』」

[어구 설명] [9] ㅇ伊訓曰(이훈왈) : 서경(書經) 이훈편(伊訓篇)에 있다. ㅇ天誅造攻 自牧宮(천주조공 자목궁) : 하늘이 하(夏)나라의 걸(桀)을 주멸(誅滅)하고 칠 때에, 〈걸의 궁전〉 목궁(牧宮)부터 쳐부수게 했음. ㅇ朕載自亳(짐재자박) : 나, 즉 이윤이 애당초 박(亳)에서부터 시작한 것이었다. 「재(載)」는 「시(始)」의 뜻이다.

【集註】(1) 伊訓 商書 篇名 孟子引以證伐夏救民之事也 今書牧宮 作鳴條 造 載 皆始也 伊尹言 始攻桀無道 由我始其事於亳也.

(1)「이훈(伊訓)」은 서경(書經) 상서(商書)의 편명이다. 맹자

가 이를 인용해서 하(夏)를 치고 백성을 구한 일을 증명했다. 지금의 서경에는 목궁(牧宮)을 명조(鳴條)라고 적었다. 「조(造)나 재(載)」는 다 「시(始)」의 뜻이다. 이윤이 다음 같은 뜻을 말한 것이다. 「무도한 걸을 처음 친 것은 내가 애당초에 박(亳)에서부터 시작한 일이다.」

제7장 割烹章 : 白文

[1] 萬章問曰 人有言 伊尹以割烹要湯 有諸.

[2] 孟子曰 否 不然 伊尹 耕於有莘之野 而樂堯舜之道焉 非其義也 非其道也 祿之以天下 弗顧也 繫馬千駟 弗視也 非其義也 非其道也 一介不以與人 一介不以取諸人.

[3] 湯使人以幣聘之 囂囂然曰 我何以湯之聘幣爲哉 我豈若處畎畝之中 由是以樂堯舜之道哉.

[4] 湯三使往聘之 旣而 幡然改曰 與我處畎畝之中 由是以樂堯舜之道 吾豈若使是君 爲堯舜之君哉 吾豈若使是民 爲堯舜之民哉 吾豈若於吾身親見之哉.

[5] 天之生此民也 使先知 覺後知 使先覺 覺後覺也 予天民之先覺者也 予將以斯道 覺斯民也 非予覺之 而誰也.

[6] 思天下之民 匹夫匹婦有不被堯舜之澤者 若己推而內之溝中 其自任以天下之重 如此 故就湯而說之 以伐夏救民.

[7] 吾未聞枉己而正人者也 況辱己以正天下者乎

聖人之行 不同也 或遠或近 或去或不去 歸潔
其身而已矣.
[8] 吾聞其以堯舜之道 要湯 未聞以割烹也.
[9] 伊訓曰 天誅造攻 自牧宮 朕載自亳.

【요점 복습】 제7장 할팽장

　제자 만장(萬章)이 물었다.「이윤(伊尹)이 요리솜씨로 탕왕(湯王)에게 등용되었다고 하는데 사실입니까?」그러자, 맹자가 극구 부정하고 이윤을 성인으로 높이고 그의 공덕을 칭송했다. 즉 이윤은 하(夏)나라 말기 걸왕(桀王)이 무도하자, 은퇴하고 농사를 지으며, 홀로 시서(詩書)를 읽으며 스스로 결백하게 살았다. 그와 같은 소문을 듣고 은(殷)나라의 탕왕이 세 번이나 예를 갖추고 초빙하자, 마침내 천하와 만민을 구하고자 탕왕을 보필했던 것이다.

제8장 或謂章 : 총 4 구절

[1] 萬章問曰 或謂孔子 於衛主癰疽 於齊主侍人瘠環 有諸乎 孟子曰 否不然也 好事者爲之也.

만장(이) 문왈 혹(이) 위공자(이) 어위(에) 주옹저(하시고) 어제(에) 주시인척환(이라하니) 유제호(이까) 맹자(이) 왈 부(라) 불연야(이라) 호사자(이) 위지야(이니라)

[1] <맹자의 제자> 만장이 물었다. 「어떤 사람이 공자 선생께서 위(衛)나라에 계실 때는 의사 옹저(癰疽)를 주인집으로 삼으셨고, 또 제(齊)나라에서는 내시 척환(瘠環)의 집을 주인집으로 삼으셨다고 하던데 사실입니까.」 맹자가 말했다. 「아니다. 그렇지 않다. 호사자가 한 말이다.」

[어구 설명] [1] ㅇ萬章問曰(만장문왈) : 만장이 물었다. ㅇ或謂孔子(혹위공자) : 어떤 사람이 말하더군요. 혹 이런 말이 있더군요. ㅇ於衛 主癰疽(어위 주옹저) : 위(衛)나라에서는 옹저(癰疽)를 주인집으로 삼고. 「옹저」는 「종기를 고치는 의사」 혹은 「영공(靈公)의 환관(宦官) 옹거(雍渠)」라고도 한다. ㅇ於齊 主侍人瘠環(어제 주시인척환) : 제(齊)나라에서는 시인(侍人 : 내시) 척환(瘠環)의 집을 주인집으로 삼았다. ㅇ有諸乎(유제호) : 사실 그런 일이 있었습니까. ㅇ孟子曰 否 不然也(맹자왈 부 불연야) : 맹자가 말했다.

「아니다. 그렇지 않다.」 ㅇ 好事者爲之也(호사자위지야) : 호사자가 한 말이다.

【集註】(1) 主謂舍於其家 以之爲主人也 癰疽 瘍醫也 侍人 奄人也 瘠姓 環名 皆時君所近狎之人 好事 謂喜造言生事之人也.

(1) 「주(主)」는 「그의 집에 유숙하고 주인집으로 삼았다는 뜻이다.」 「옹저(癰疽)」는 종기를 고치는 의사다. 「시인(侍人)」은 내시다. 척(瘠)은 성, 환(環)이 이름이다. 이들은 당시 임금들이 친근하게 한 사람들이다. 「호사(好事)」는 터무니없는 말을 꾸며서 퍼뜨리기를 좋아하는 사람을 말한다.

[2] 於衛主顏讎由 彌子之妻 與子路之妻 兄弟也 彌子謂子路曰 孔子主我 衛卿可得也 子路以告 孔子曰 有命 孔子進以禮 退以義 得之不得 曰有命 而主癰疽與侍人瘠環 是無義無命也.

어위(에) 주안수유(이러시니) 미자지처(이) 여자로지처(로) 형제야(이라) 미자(이) 위자로왈 공자(이) 주아(하시면) 위경(을) 가득야(이라하야늘) 자로(이) 이고(한대) 공자(이) 왈 유명(이라하시니) 공자(이) 진이례(하시며) 퇴이의(하샤) 득지부득(에) 왈 유명(이라하시니) 이주옹저여시인척환(이시면) 시(는) 무의무명야(이니라)

[2] <맹자의 말 계속> 「<공자께서> 위(衛)나라에 계실 때에는 <위나라의 현명한 대부> 안수유(顔讎由)의 집에 주인을 정하고 유숙하셨다. <당시에 다음 같은 일이 있었다.> <위나라의 총신> 미자하(彌子瑕)의 처와 <공자의 제자> 자로(子路)의 처가 자매(姉妹)간이었다. <그래서> 미자하가 자로에게 말했다. 『공자께서 우리집을 주인으로 삼고 유숙하시면 위나라의 상경(上卿) 자리도 얻어 드릴 수 있다.』 자로가 <미자하의 말을> 공자에게 아뢰었다. <그러자> 공자가 말했다. <모든 것이> 명(命)을 따라 이루어진다. <그리고> 공자께서는 <오직> 예(禮)로써 나가시고, 의(義)로써 물러나셨으며 <자리나 벼슬을> 얻고 못 얻는 것을 명(命)이라고 말하셨다. <공자가 말한 명은 곧 예(禮)와 의(義)라는 뜻이다.> 그러하거늘 만약에 <공자께서> 옹저(癰疽)나 척환(瘠環)을 주인집으로 삼으셨다면 이는 곧 의(義)도 아니고 명(命)도 아닌 것이다.」

[어구 설명] [2] ㅇ 於衛主顔讎由(어위주안수유) : <공자께서> 위(衛)나라에 계실 때에는 <위나라의 현명한 대부> 안수유(顔讎由)의 집에 주인을 정하고 유숙하셨다. 「안수유」는 공자세가(孔子世家)에 나오는 「안탁추(顔濁鄒)」라는 설도 있다. ㅇ 彌子之妻(미자지처) : <당시 다음 같은 일이 있었다.> <위나라의 총신> 미자하(彌子瑕)의 처와. ㅇ 與子路之妻 兄弟也(여자로지처 형제야) : <공

자의 제자> 자로(子路)의 처가 자매(姉妹)간이었다. ○彌子謂子路曰(미자위자로왈) : <그래서> 미자하가 자로에게 말했다. ○孔子主我 衛卿 可得也(공자주아 위경 가득야) : 공자께서, 우리집을 주인으로 삼고 유숙하시면, 위나라의 상경(上卿) 자리도 얻어 드릴 수 있다. ○子路以告(자로이고) : 자로가 <미자하의 말을> 공자에게 아뢰었다. ○孔子曰 有命(공자왈 유명) : 공자가 말했다. <모든 것이> 천명(天命)을 따라 이루어진다. <공자가 말한 천명은 곧 예(禮)와 의(義)라는 뜻이다.> ○孔子 進以禮 退以義(공자 진이례 퇴이의) : <그리고> 공자께서는 <오직> 예(禮)로써 나가시고, 의(義)로써 물러나셨으며. ○得之不得 曰 有命(득지부득 왈 유명) : <자리나 벼슬을> 얻고 못 얻는 것을 <공자는> 명(命)이라고 말하셨다. <공자가 말한 명은 곧 예(禮)와 의(義)라는 뜻이다.> ○而主癰疽 與侍人瘠環(이주옹저 여시인척환) : 만약에 <공자께서> 옹저(癰疽)나 척환(瘠環)을 주인집으로 삼으셨다면.「이(而)」를「그러하거늘, 만약에」로 풀이한다. ○是無義無命也(시무의무명야) : 이는 곧 의(義)도 아니고 명(命)도 아닌 것이다.

【集註】(1) 顔讎由 衛之賢大夫也 史記 作顔濁鄒 彌子 衛靈公幸臣彌子瑕也 徐氏曰 禮主於辭遜 故進以禮 義主於斷制 故退以義 難進而易退者也 在我者 有禮義而已 得之不得 則有命存焉.

(1)「안수유(顔讎由)」는 위(衛)나라의 현명한 대부다. 사기(史記)에는 안탁추(顔濁鄒)라고 했다.「미자(彌子)」는 위(衛)

나라 영공(靈公)이 사랑하는 신하 미자하(彌子瑕)다. 서씨(徐氏)가 말했다. 「예(禮)는 사양과 겸손을 주로 한다. 고로 예로써 나간다. 의(義)는 단호하게 제약한다. 고로 의로써 물러난다. 나가서 벼슬하기는 어렵고 단호하게 자르고 물러나기는 용이하다. 오직 나는 예의만을 지킬 뿐이다. <자리나 벼슬을> 얻고 못 얻고는 명(命)에 달려 있다.」

[3] 孔子不悅於魯衛 遭宋桓司馬 將要而殺之 微服而過宋 是時孔子當阨 主司城貞子爲陳侯周臣.

공자(이) 불열어노위(하샤) 조송환사마(이) 장요이살지(하야) 미복이과송(하시니) 시시(에) 공자(이) 당액(하샤대) 주사성정자(이) 위진후주신(하시니라)

[3] <맹자의 말 계속>「공자는 노(魯)나라와 위(衛)나라에 있기를 좋아하지 않으시고 <송(宋)나라로 갔으며> 그곳에서 송나라의 사마(司馬) 환퇴(桓魋)라는 자가 <공자의 길을> 가로막고 살해하려는 변을 당하셨다. 그 때, 공자는 미복으로 변장하고 무사히 송나라 국경을 넘으셨다. 당시 공자는 <그와 같이> 간난(艱難)을 당하셨기 때문에, <특히 유숙하실 곳을 잘 고르셨으며> 진(陳)나라의 대부로, 사성(司城) 벼슬을 가진 정자(貞子)를 주인으로 삼고 유숙하셨다. 그는 진(陳)나라 임금의 신하였다.」

[어구 설명] [3] ㅇ孔子不悅於魯衛(공자불열어노위) : 공자는 노(魯)나라와 위(衛)나라에 있기를 좋아하지 않고. <송(宋)나라로 갔다.> ㅇ遭宋桓司馬將要而殺之(조송환사마장요이살지) : <그러자> 송나라의 사마(司馬) 환퇴(桓魋)라는 자가 <공자 일행의 길을> 가로막고 살해하려고 했다. 「사마」는 군사(軍事)를 다스리는 벼슬. 논어(論語) 술이편(述而篇) 22에도 있다. ㅇ微服而過宋(미복이과송) : 공자가 미복으로 변장하고 무사히 송나라 국경을 넘으셨다. ㅇ是時 孔子當阨(시시 공자당액) : 당시 공자는 <그와 같이> 여러 가지로 간난(艱難)을 당하셨기 때문에. <특히 유숙하실 곳을 잘 고르셨다.> ㅇ主司城貞子(주사성정자) : <그래서 공자는> 진(陳)나라의 대부로, 사성(司城) 벼슬을 가진 정자(貞子)를 주인으로 삼고 유숙하셨다. ㅇ爲陳侯周臣(위진후주신) : <사성정자(司城貞子)는 그 때> 진(陳)나라 후(侯 : 임금)의 신하였다.

【集註】(1) 不悅 不樂居其國也 桓司馬 宋大夫向魋也 司城貞子 亦宋大夫之賢者也 陳侯名周 按史記孔子 爲魯司寇 齊人饋女樂以間之 孔子遂行 適衛月餘 去衛適宋 司馬魋欲殺孔子 孔子去至陳 主於司城貞子 孟子言孔子雖當阨難 然猶擇所主 況在齊衛無事之時 豈有主癰疽侍人之事乎.

(1) 「불열(不悅)」은 「그 나라에 있기를 즐거워하지 않았다」는 뜻이다. 「환사마(桓司馬)」는 송(宋)나라 대부 환퇴(桓魋)다. 「사성정자(司城貞子)」도 역시 송나라의 대부로 현명한 사람

이다. 진(陳)나라 임금의 이름이 주(周)다. 사기(史記)에는 다음같이 있다.「공자가 노나라 사구(司寇)가 되자, 제(齊)나라 사람들이 여악(女樂)을 보내서 <임금과 공자의 사이를> 틈나게 했다. 그래서 공자가 결국 노나라를 떠나 위나라로 가서 한달 남짓 있다가 다시 위나라를 떠나 송나라로 갔다. 이때에 사마 환퇴가 공자를 살해하려고 했으며, 공자는 송나라를 떠나 진나라에 이르러, 사성정자를 주인집으로 삼았던 것이다.」 맹자는 다음 같은 뜻을 말한 것이다.「공자는 비록 곤란을 당해도 주인집을 선택했다. 그러니 하물며 제나라와 위나라에서 무사할 때에 어찌 의사 옹저나 내시 척환 같은 자의 집을 주인으로 삼았겠느냐. 삼지 않았다.」

[4] 吾聞 觀近臣 以其所爲主 觀遠臣 以其所主 若孔子主癰疽與侍人瘠環 何以爲孔子.

오문관근신(하되) 이기소위주(이오) 관원신(하되) 이기소주(라하니) 약공자(이) 주옹저여시인척환(이시면) 하이위공자(이시리오)

[4] <맹자의 말 계속>「나는 듣고 또 알고 있다. 근신(近臣)의 사람됨을 알기 위해서는 <그가 어떤 사람을> 주인으로 모시는가를 바탕으로 해야 한다. 원신(遠臣)의 사람됨을 알기 위해서는 <그가 어떤 사람을> 주인으로 모시는가를 바탕으로 해야 한다. <그

런데> 만약에 공자가 의사 옹저나, 내시 척환을 주인
집으로 삼았다면 어떻게 성현(聖賢) 공자라 하겠는
가.」

[어구 설명] [4] ㅇ 吾聞(오문) : 나는 듣고 또 알고 있다. ㅇ 觀近臣以
其所爲主(관근신 이기소위주) : 근신(近臣)의 사람됨을 알기 위해
서는 <그가 어떤 사람을> 주인으로 모시는가를 바탕으로 해야
한다. ㅇ 觀遠臣 以其所主(관원신 이기소주) : 원신(遠臣)의 사람됨
을 알기 위해서는 <그가 어떤 사람을> 주인으로 모시는가를 바탕
으로 해야 한다. ㅇ 若孔子主癰疽與侍人瘠環(약공자주옹저여시인
척환) : 만약에 공자가 의사 옹저나, 내시 척환을 주인집으로 삼았
다면. ㅇ 何以爲孔子(하이위공자) : 어떻게 성현(聖賢) 공자라 하겠
는가.

【集註】(1) 近臣在朝之臣 遠臣遠方來仕者 君子
小人 各從其類 故觀其所爲主 與其所主者 而其人可
知.

(1) 「근신(近臣)」은 조정에 있는 신하다. 「원신(遠臣)」은 먼
곳에서 와서 벼슬하는 사람이다. 군자와 소인은 저마다 같은
유를 따른다. 그러므로 그가 <어떤 사람을> 주인집으로 삼는
가를 보면, 그 주인과 아울러 그 사람의 인품도 알 수 있다.

제8장 或謂章 : 白文

[1] 萬章問曰 或謂孔子 於衛主癰疽 於齊主侍人瘠
環 有諸乎 孟子曰 否不然也 好事者爲之也.

[2] 於衛 主顏讎由 彌子之妻 與子路之妻 兄弟也 彌子謂子路曰 孔子主我 衛卿可得也 子路以告 孔子曰 有命 孔子進以禮 退以義 得之不得曰 有命 而主癰疽與侍人瘠環 是無義無命也.
[3] 孔子不悅於魯衛 遭宋桓司馬將要而殺之 微服而過宋 是時孔子當阨 主司城貞子爲陳侯周臣.
[4] 吾聞觀近臣 以其所爲主 觀遠臣 以其所主 若孔子主癰疽與侍人瘠環 何以爲孔子.

【요점 복습】 제8장 혹위장

 만장이 맹자에게「공자 선생께서 위나라에서는 의사 옹저의 집에 유숙하시고, 제나라에서는 내시 척환의 집에서 유숙하셨다고 하는데 사실입니까?」하고 물었다. 이에 대해서 맹자는 강력 부정하고 말했다.「공자 선생은 어디까지나 예(禮)를 따라 나가서 일하시고, 또 의(義)를 따라 물러나셨다. 공자 선생에게는 바로 예와 의가 천명이었다. 즉 공자는 철저하게 예의(禮義)를 따라 행동하셨다. 그런 분이 어떻게 옹저나 척환 같은 자의 집에 유숙했겠느냐.」아울러 미자하(彌子瑕)와 환퇴(桓魋)에 관한 이야기를 인용했다.

제9장 百里奚章 : 총 3 구절

[1] 萬章問曰 或曰 百里奚自鬻於秦養
牲者 五羊之皮 食牛 以要秦穆公 信
乎 孟子曰 否 不然 好事者爲之也.

만장(이) 문왈 혹왈 백리해(이) 자육어진양생자(하야) 오양지피(로) 사우(하야) 이요진목공(이라하니) 신호(이까) 맹자(이) 왈 부(라) 불연(하니라) 호사자위지야(이니라)

[1] 맹자의 제자 만장이 물었다. 「어떤 사람이 백리해는 자신의 몸을 진(秦)나라 희생(犧牲)을 양육하는 자에게 다섯 마리 양(羊) 가죽을 받고 팔고, 소를 사육하다가 진(秦)나라 목공(穆公)에게 등용되었다고 하는데, 사실입니까.」 맹자가 말했다. 「아니다. 그렇지 않다. 호사자가 제멋대로 한 말이다.」

[어구 설명] [1] ㅇ萬章問曰(만장문왈) : 맹자의 제자 만장이 물었다. ㅇ或曰(혹왈) : 어떤 사람이 말했다. ㅇ百里奚自鬻於秦養牲者(백리해자육어진양생자) : 백리해(百里奚)가 자신의 몸을 진(秦)나라 희생(犧牲)을 양육하는 자에게 팔았다. 「육(鬻)」은 「팔다」의 뜻. 「백리해」는 성이 백리(百里), 이름이 해(奚)이다. 원래는 우(虞)나라의 현인(賢人)이다. 후에 진(秦) 목공(穆公)의 재상이 되어, 진나라를 강대국으로 만들었다. 그를 오고대부(五羖大夫)라고

도 한다. ○五羊之皮 食牛(오양지피 사우) : 다섯 마리 양(羊) 가죽을 받고 <자신을 팔고> 소를 사육했으며. ○以要秦穆公 信乎(이요진목공 신호) : 그러다가 진(秦)나라 목공(穆公)에게 등용되었다고 하는데, 사실입니까. ○孟子曰 否 不然(맹자왈 부 불연) : 맹자가 말했다. 「아니다. 그렇지 않다.」 ○好事者爲之也(호사자위지야) : 호사자가 제멋대로 한 말이다.

【集註】(1) 百里奚 虞之賢臣 人言其自賣於秦養牲者之家 得五羊之皮而爲之食牛 因以干秦穆公也.

(1) 「백리해(百里奚)」는 우(虞)나라의 현명한 신하였다. 사람들이 말을 퍼뜨렸다. 「자진해서 진(秦)나라 희생을 기르는 집에 자신을 팔고 다섯 마리의 양가죽을 얻었으며, <자신이 노예가 되어> 소를 사육하다가, 진나라 목공에게 등용되기를 구했다.」

[2] 百里奚虞人也 晉人以垂棘之璧 與屈産之乘 假道於虞 以伐虢 宮之奇諫 百里奚不諫.

백리해(는) 우인야(이니) 진인(이) 이수극지벽(과) 여굴산지승(으로) 가도어우(하여) 이벌괵(이어늘) 궁지기(는) 간(하고) 백리해(는) 불간(하니라)

[2] <맹자의 말 계속> 「백리해는 원래 우(虞)나라 사람이다. 진(晉)나라 사람이 수극(垂棘)에서 산출된 옥

돌[璧]과 굴(屈)에서 산출한 명마(名馬)를 <우나라 임금에게 바치고> 우나라의 길을 빌려 <군대를 보내서> 괵(虢)을 치려고 했다. 이를 궁지기(宮之奇)는 <임금에게 안 된다고> 간하고 말렸으나, 백리해는 간하고 말리지도 않았다. <임금이 원래 우둔하기 때문에 말려도 소용이 없음을 알았기 때문이다.>」

[어구 설명] [2] ○百里奚虞人也(백리해우인야) : 백리해는 원래 우(虞)나라 사람이다. ○晉人(진인) : 진(晉)나라 사람이. ○以垂棘之璧 與屈産之乘(이수극지벽 여굴산지승) : 수극(垂棘)에서 산출된 옥돌[璧]과 굴(屈)에서 산출한 명마(名馬)를. <우나라 임금에게 바치고.> ○假道於虞以伐虢(가도어우이벌괵) : 우나라의 길을 빌려 <군대를 보내서> 괵(虢)을 치려고 했다. ○宮之奇諫(궁지기간) : 이를 궁지기(宮之奇)는 <임금에게 안 된다고> 간하고 말렸다. ○百里奚不諫(백리해불간) : 백리해는 간하고 말리지도 않았다. <임금이 원래 우둔하기 때문에 말려도 소용이 없음을 알았기 때문에 말리지 않은 것이다.>

【集註】(1) 虞虢 皆國名 垂棘之璧 垂棘之地所出之璧也 屈産之乘 屈地所生之良馬也 乘四匹也 晉欲伐虢 道經於虞 故以此物借道 其實欲幷取虞 宮之奇 亦虞之賢臣 諫虞公令勿許 虞公不用 遂爲晉所滅 百里奚 知其不可諫 故不諫而去之秦.

(1) 「우(虞)와 괵(虢)」은 다 나라 이름이다. 「수극지벽(垂棘之

璧)」은 「수극(垂棘)이란 곳에서 나오는 옥돌」이다. 「굴산지승(屈産之乘)」은 「굴(屈)이란 지방에서 산출된 양마(良馬)」다. 「승(乘)」은 「사필(四匹)」이다. 진(晉)나라가 괵(虢)나라를 치기 위해서는 <군대가> 우(虞)나라의 길을 통과해야 했다. 그래서, 그와 같은 예물을 주고 길을 빌리려고 했던 것이다. 그러나 실은 <진나라가> 우나라도 함께 점령하려고 했던 것이다. 「궁지기(宮之奇)」역시 현명한 신하다. 그래서 우공(虞公)에게 허락하지 말라고 간언했다. 그러나 우공은 <궁지기의 말을> 듣지 않았으며, 결국 진나라에게 멸망당하고 말았다. 「백리해(百里奚)」는 미리 간하고 말릴 수 없음을 알았기 때문에, 간언도 올리지 않고, <우나라를> 뒤로하고 진(秦)나라로 갔던 것이다.

[3] 知虞公之不可諫 而去之秦 年已七十矣 曾不知以食牛 干秦穆公之爲汙也 可謂智乎 不可諫而不諫 可謂不智乎 知虞公之將亡 而先去之 不可謂不智也 時擧於秦 知穆公之可與有行也 而相之 可謂不智乎 相秦而顯其君於天下 可傳於後世 不賢而能之乎 自鬻以成其君 鄕黨自好者 不爲 而謂賢者爲之乎.

지우공지불가간 이거지진(하니) 연이칠십의(라) 증부지
이사우 간진목공지위오야(이면) 가위지호(아) 불가간이
불간(하니) 가위부지호(아) 지우공지장망 이선거지(하
니) 불가위부지야(이니라) 시거어진(하야) 지목공지가여
유행야 이상지(하니) 가위부지호(아) 상진 이현기군어천
하(하야) 가전어후세(하니) 불현이능지호(아) 자육이성
기군(을) 향당자호자(도) 불위(온) 이위현자위지호(아)

[3] <맹자의 말 계속> 「<백리해(百里奚)가> 우공
(虞公)에게 간하고 말릴 수 없음을 알고 <우를> 뒤로
하고 진(秦)나라로 갔던 것이며, 그 때 나이 이미 70세
였다. <백리해가 만약에> 전에 <노예가 되어> 소를
사육하면서 진 목공(秦穆公)에게 등용된 것을 욕으로
생각하지 않는 <그런 사람이라면 그를> 지혜롭다고
하겠는가. <우공에게> 간할 수 없음을 <미리> 알고
간하지 않았으니 <그를> 지혜롭지 않다고 말할 수
있는가. 우공이 장차 망할 줄 알고 미리 우(虞)나라를
떠났으니 <그를> 지혜롭지 않다고 말할 수 없느니
라. 때맞추어 진(秦)나라에 등용되고 <백리해가> 진
(秦)나라 목공(穆公)을 함께 일할 만하다고 알고 그를
도왔으니 <즉 목공의 재상이 되었으니> 지혜롭지 않
다고 말할 수 있겠느냐. 진(秦)나라의 재상(宰相)이
되어 자기 임금을 천하에 빛나게 하고, 후세에도 이름
을 전하게 했으니 현명하지 않고서는 그렇게 할 수
있겠느냐. 자신을 노예로 팔고 자기 임금을 성공하게

하는 일은 시골 마을에 살면서 자기 자신을 아끼는 사람이라도 <그런 일을> 하지 않을 것이다. 그러하거늘 현명한 <백리해가> 그렇게 했겠느냐. 하지 않았다.」

[어구 설명] [3] ○知虞公之不可諫而去之秦(지 우공지불가간 이거지진) : <백리해(百里奚)가> 우공(虞公)에게 간하고 말릴 수 없음을 알고 <우를> 뒤로하고 진(秦)나라로 갔던 것이다. ○年已七十矣(연이칠십의) : 그 때 나이 이미 70세였다. ○曾不知以食牛干秦穆公之爲汚也(증부지이사우간진목공지위오야) : <백리해가 만약에> 전에 <노예가 되어> 소를 사육하면서 진 목공(秦穆公)에게 등용된 것을 욕으로 생각하지 않는. <그런 자라면.>「부지(不知)--위오(爲汚)」, 즉「--하는 것을 욕으로 여기지 않는다」로 풀어야 한다. ○可謂智乎(가위지호) : <그를> 지혜롭다고 하겠는가. ○不可諫而不諫 可謂不智乎(불가간이불간 가위부지호) : <우공에게> 간할 수 없음을 <미리> 알고 간하지 않았으니, <그를> 지혜롭지 않다고 말할 수 있는가. ○知虞公之將亡 而先去之(지우공지장망이선거지) : 우공이 장차 망할 줄 알고 미리 우(虞)나라를 떠났으니. ○不可謂不智也(불가위부지야) : <그를> 지혜롭지 않다고 말할 수 없느니라. ○時擧於秦(시거어진) : 때맞추어 진(秦)나라에 등용되고. ○知穆公之可與有行也(지목공지가여유행야) : <백리해가> 진(秦)나라 목공(穆公)을 함께 일할 만하다고 알고. ○而相之(이상지) : 그리고 그를 도왔으니. <즉 목공의 재상이 되었으니.> ○可謂不智乎(가위부지호) : 지혜롭지 않다고 말할 수 있겠

느냐. ○相秦而顯其君於天下(상진이현기군어천하) : 진(秦)나라의 재상(宰相)이 되어, 자기 임금을 천하에 빛나게 하고. ○可傳於後世(가전어후세) : 후세에도 이름을 전하게 했으니. ○不賢而能之乎(불현이능지호) : 현명하지 않고서는 그렇게 할 수 있겠느냐. ○自鬻以成其君(자육이성기군) : 자신을 노예로 팔고 자기 임금을 성공하게 하는 일은. ○鄕黨自好者 不爲(향당자호자 불위) : 시골 마을에 살면서 자기 자신을 아끼는 사람이라도 <그런 일을> 하지 않을 것이다. ○而謂賢者爲之乎(이위현자위지호) : 그러하거늘 현명한 <백리해가> 그렇게 하겠느냐. 하지 않을 것이다.

【集註】(1) 自好 自愛其身之人也 孟子言百里奚之智如此 必知食牛以干主之爲汚 其賢又如此 必不肯自鬻以成其君也 然此事 當孟子時 已無所據 孟子直以事理 反覆推之 而知其必不然耳.

(1) 「자호(自好)」는 「자신을 아끼는 사람」이다. 맹자는 다음 같은 뜻을 말한 것이다. 「백리해는 그와 같이 지혜로웠다. 그래서 반드시 소를 사육하는 신분으로서 임금에게 요구하는 것이 욕이 되는 줄 알았을 것이다. 또 그는 그와 같이 현명했으므로, 반드시 자신을 노예로 팔고서는 임금을 잘되게 할 것이라고 생각하지 않았을 것이다.」 그러나 이러한 일은 이미 맹자의 때에도 근거할 바가 없었다. 그래서 맹자는 오직 사리로써 <근거 없는 말을> 뒤집어엎고 배척하고 필연적으로 사실이 아님을 알게 했던 것이다.

【集註】(2) 范氏曰 古之聖賢 未遇之時 鄙賤之事 不恥爲之 如百里奚爲人養牛 無足怪也 惟是人君 不致敬盡禮 則不可得而見 豈有先自汙辱 以要其君哉 莊周曰 百里奚 爵祿 不入於心 故飯牛而牛肥 使穆公 忘其賤而與之政 亦可謂知百里奚矣.

(2) 범씨(范氏)가 말했다. 「옛날의 성현은 때를 못 만나면 비천한 일도 부끄러워하지 않고 했다. 그러므로 백리해가 남의 소를 사육한 것도 괴이할 것이 없다. 허나 임금이 공경하고 예를 다하지 않으면, 임금을 만나 볼 수 없다. 그러니 어찌 먼저 자신을 더럽히고 욕되게 하면서 임금에게 요구를 했겠느냐. 장자(莊子)가 말했다.『백리해는 작록 같은 것을 마음에 두지 않았다. 고로 소를 먹이고 소를 살찌게 했으며, 마침내 목공(穆公)으로 하여금 <그가> 천한 신분임을 잊게 하고 그를 정치에 참여케 한 것이다.』<장자의 말도> 참으로 백리해를 알고 한 말일 것이다.」

【集註】(3) 伊尹 百里奚之事 皆聖賢出處之大節 故孟子不得不辯 尹氏曰 當時好事者之論 大率類此 蓋以其不正之心 度聖賢也.

(3) 이윤(伊尹)이나 백리해(百里奚)의 일은 다 성현의 출처(出處)의 대절(大節)이다. 고로 맹자가 말하지 않을 수 없다. 윤씨(尹氏)가 말했다. 「당시의 호사자의 말이 대략 이와 같

왔다. 아마 바르지 못한 마음으로 성현을 헤아렸기 때문일 것이다.」

제9장 百里奚章 : 白文

[1] 萬章問曰 或曰 百里奚自鬻於秦養牲者 五羊之皮 食牛 以要秦穆公 信乎 孟子曰 否 不然 好事者爲之也.

[2] 百里奚虞人也 晉人以垂棘之璧與屈産之乘 假道於虞 以伐虢 宮之奇諫 百里奚不諫.

[3] 知虞公之不可諫而去之秦 年已七十矣 曾不知以食牛干秦穆公之爲汙也 可謂智乎 不可諫而不諫 可謂不智乎 知虞公之將亡而先去之 不可謂不智也 時擧於秦 知穆公之可與有行也而相之 可謂不智乎 相秦而顯其君於天下 可傳於後世 不賢而能之乎 自鬻以成其君 鄕黨自好者不爲而謂賢者爲之乎.

【요점 복습】제9장 백리해장

역시 제자 만장과 맹자와의 문답이다. 맹자가 뛰어난 지혜(智慧)와 현명(賢明)을 갖춘 진 목공(秦 穆公)의 명상(名相) 백리해(百里奚)를 칭찬한 말이다.

孟子集註 卷之十

萬章章句 下 : 총 9 장

「맹자집주 제10권, 만장장구 하(萬章章句 下)」는 총 9 장이다.
제자 만장(萬章)과의 문답 형식으로 여러 가지 문제를 논했다.
각 장의 이름과 그 요점은 대략 다음과 같다.

제1장 백이장(伯夷章) : 백이(伯夷), 이윤(伊尹), 유하혜(柳下惠) 및
　　　　공자(孔子)에 대한 평이다.
제2장 북궁장(北宮章) : 주(周)의 작위(爵位)와 녹봉(祿俸) 제도
제3장 문우장(問友章) : 임금이 선비를 벗하는 도리를 논했다.
제4장 교제장(交際章) : 임금과 군자가 교제하는 도리를 논했다.
제5장 위빈장(爲貧章) : 출사(出仕)는 녹을 위해서 하는 것이 아니다.
제6장 사지장(士之章) : 현인을 도와주는 임금의 태도를 논했다.
제7장 불견장(不見章) : 맹자가 제후에게 가서 만나지 않는 이유
제8장 일향장(一鄕章) : 천하의 현인은 물론 옛날의 성현과도 사귀
　　　　고 배워야 한다.
제9장 문경장(問卿章) : 동성(同姓)의 대신은 나쁜 임금을 갈아치울
　　　　수도 있다.

제1장 伯夷章 : 총 7 구절

[1] 孟子曰 伯夷目不視惡色 耳不聽惡聲非其君 不事 非其民 不使 治則進 亂則退 橫政之所出 橫民之所止 不忍居也 思與鄕人處 如以朝衣朝冠 坐於塗炭也 當紂之時 居北海之濱 以待天下之淸也 故聞伯夷之風者 頑夫廉 懦夫有立志.

맹자(이) 왈 백이(는) 목불시악색(하며) 이불청악성(하고) 비기군 불사(하며) 비기민 불사(하야) 치즉진(하고) 난즉퇴(하야) 횡정지소출(과) 횡민지소지(에) 불인거야(하며) 사여향인처(호대) 여이조의조관(으로) 좌어도탄야(이러니) 당주지시(에는) 거북해지빈(하야) 이대천하지청야(하니) 고(로) 문백이지풍자(는) 완부(이) 염(하며) 나부(이) 유립지(하니라)

[1] 맹자가 말했다.「백이는 눈으로 악한 빛을 보지 않고, 귀로 악한 소리를 듣지 않았다. 임금다운 임금이 아니면 <즉 인군(仁君)이 아니면> 그를 섬기지 않았고, 백성다운 백성이 아니면 <즉 선량한 백성이 아니면> 부려쓰지 않았다. 나라가 잘 다스려지면 나가서 벼슬하지만, 나라가 혼란하게 되면 물러났다. 횡

포하고 악덕한 일을 꾸며내는 나라나, 포악한 백성들이 사는 곳에서는 참고 살지 못했다. <우매하고 무례한> 촌사람과 함께 있는 것을 흡사 관복(官服)이나 관모(冠帽) 차림을 하고 더러운 흙탕물 속에 앉아 있는 것처럼 <어색하게> 생각했다. 은(殷)나라 주왕(紂王)의 폭정 때에는 북해(北海) 해변에 숨어살면서 천하가 맑아지기를 기다렸다. 고로 백이의 덕풍(德風)을 들으면, <감화되어> 탐욕한 사람도 청렴(淸廉)하게 되고, 나약한 사람도 굳게 뜻을 세우게 되었다.」

[어구 설명] [1] ㅇ非其君不事 非其民不使(비기군불사 비기민불사) : 임금다운 임금이 아니면 <즉 인군(仁君)이 아니면> 그를 섬기지 않았고, 백성다운 백성이 아니면 <즉 선량한 백성이 아니면> 부려쓰지 않았다. ㅇ橫政之所出 橫民之所止(횡정지소출 횡민지소지) : 횡포한 정치를 꾸며내는 나라나, 포악한 백성들이 사는 곳에서는. ㅇ不忍居也(불인거야) : 참고 살지 않았다. ㅇ思與鄕人處(사여향인처) : 촌사람과 함께 있는 것을. ㅇ如以朝衣朝冠(여이조의조관) : 흡사 관복(官服)이나 관모(冠帽) 차림을 하고. ㅇ坐於塗炭也(좌어도탄야) : 더러운 흙탕물 속에 앉아 있는 듯이 생각했다. 「사(思)」는 여기까지 걸린다. ㅇ當紂之時(당주지시) : 은(殷)나라 말기 주왕(紂王)이 <포학무도하게 나라를 망칠> 때에는. ㅇ居北海之濱(거북해지빈) : 북쪽 바닷가에 <숨어> 살면서. ㅇ以待天下之淸也(이대천하지청야) : 천하가 맑아지기를 기다렸다. ㅇ故聞伯夷之風者(고문백이지풍자) : 고로 백이의 덕풍(德風)에

대해서 듣는 사람은. <감화되어.> ㅇ頑夫廉(완부렴): 완고하고 욕심이 많은 사람도 청렴(淸廉)하게 되고. ㅇ懦夫有立志(나부유립지): 의지가 약하고 겁이 많은 사람도 굳게 뜻을 세우게 되었다.

【集註】(1) 橫謂不循法度 頑者無知覺 廉者有分辨 懦柔弱也 餘並見前篇.

(1)「횡(橫)은 법도를 따르지 않는다.」「완(頑)은 지각(知覺)이 없다.」「염(廉)은 분별이 있다.」「나(懦)는 유약하다.」는 뜻이다. 기타는 전편에 <이미> 나왔다.

[2] 伊尹曰 何事非君 何使非民 治亦進 亂亦進 曰 天之生斯民也 使先知 覺後知 使先覺 覺後覺 予天民之先覺者也 予將以此道 覺此民也 思天下之民 匹夫匹婦 有不與被堯舜之澤者 若己推而內之溝中 其自任以天下之重也.

이윤(이) 왈 하사비군(이며) 하사비민(이리오하야) 치역진(하며) 난역진(하야) 왈 천지생사민야(는) 사선지(로) 각후지(하며) 사선각(으로) 각후각(이시니) 여(는) 천민지선각자야(로니) 여장이차도(로) 각차민야(이라하며) 사천하지민(이) 필부필부(이) 유불여피요순지택자(이어든) 약기(이) 추이내지구중(하니) 기자임이천하지중야

(이니라)

[2] <맹자의 말 계속>「이윤은『왜 섬길 바, 임금이 아니며, 왜 부리고 쓸 바, 백성이 아니겠느냐. <즉 잘 섬기면 좋은 임금이 되고, 잘 부려쓰면 좋은 백성이 된다.>』고 말하고, <나라가> 다스려질 때에도 나가서 일하고, 혼란할 때에도 나가서 일을 했다. 그리고 또 <이윤은> 말했다.『하늘이 모든 사람을 낳고 살게 할 때에는 선지자로 하여금 후지자를 깨우치게 하고, 선각자로 하여금 후각자를 깨우치게 한다. 나는 하늘이 낳은 백성 중의 선각자이다. <그러므로> 나는 하늘의 바른 도리로써 이들 백성을 깨우치려고 한다.』 <그리고 또 이윤은> 다음같이 생각했다.『천하의 백성 중, 단 한사람의 평범한 남자나 여자들로서 요순시대와 같은 덕치(德治)의 은택(恩澤)을 받지 못하는 사람이 있으면 흡사 자기가 그들을 구덩이 속에 빠뜨린 것같이 생각했다.』<이와 같이 이윤은> 천하에 대한 무거운 짐을 스스로 책임지려고 했던 것이다.」

[어구 설명] [2] ㅇ何事非君(하사비군) : 누구인들 잘 섬기면 좋은 임금이 아니겠느냐. ㅇ何使非民(하사비민) : 누구인들 잘 부려쓰면 좋은 백성이 아니겠느냐. ㅇ天之生斯民也(천지생사민야) : 하늘이 이들 백성을 낳고 살게 할 때에는. ㅇ使先知 覺後知(사선지 각후지) : 선지자로 하여금 후지자를 깨우치게 하고. ㅇ使先覺 覺後覺(사선각 각후각) : 선각자로 하여금 후각자를 깨우치게 한다.

○予天民之先覺者也(여천민지선각자야) : 나는 하늘이 낳은 백성 중의 선각자이다. ○思天下之民(사천하지민) : 천하의 백성 중. ○匹夫匹婦(필부필부) : <단 한사람의> 평범한 남자나 여자들로서. ○有不與被堯舜之澤者(유불여피요순지택자) : 요순 시대와 같은 덕치(德治)의 은택(恩澤)을 받지 못하는 사람이 있으면. ○若己推而內之溝中(약기추이내지구중) : 흡사 자기가 그들 백성들을 구덩이 속에 빠뜨린 것같이 생각했다. 「내(內)」를 「납(納)」으로 읽을 수도 있다. 「사(思)」는 여기까지 걸린다. ○其自任以天下之重也(기자임이천하지중야) : 이윤은 <이와 같이> 천하에 대한 무거운 짐을 스스로 지려고 했다.

【集註】(1) 何事非君 言所事卽君 何使非民 言所使卽民 無不可事之君 無不可使之民也 餘見前篇.

(1) 「하사비군(何事非君)」은 「섬기면 곧 임금이다.」「하사비민(何使非民)」은 「부려쓰면 곧 백성이다.」「섬기지 못할 임금도 없고, 부려쓰지 못할 백성도 없다.」는 뜻이다. 다른 것은 앞에 나왔다.

[3] 柳下惠 不羞汙君 不辭小官 進不隱賢 必以其道 遺佚而不怨 阨窮而不憫 與鄉人處 由由然不忍去也 爾爲爾 我爲我 雖袒裼裸裎於我側 爾焉能浼我哉 故聞柳下惠之風者 鄙夫寬

薄夫敦.

유하혜(는) 불수오군(하며) 불사소관(하며) 진불은현(하야) 필이기도(하며) 유일이불원(하며) 액궁이불민(하며) 여향인처(호대) 유유연불인거야(하야) 이위이(오) 아위아(이니) 수단석라정어아측(인들) 이언능매아재(리오하니) 고(로) 문류하혜지풍자(는) 비부(이) 관(하며) 박부(이) 돈(하니라)

[3] <맹자의 말 계속> 「유하혜는 나쁜 임금 섬기는 것을 부끄럽게 여기지 않았고, 또 낮은 벼슬도 마다하지 않는다. 나가서 벼슬하면 자신의 슬기로움을 숨기지 않았고, 반드시 신하의 도리를 다했다. 버림을 받아도 원망하지 않았고 또 곤궁해도 비탄하지 않았다. <어쩌다가> 빈천한 촌사람들과 자리를 함께하고 <어울려도> 즐겁고 느긋하게 처했고, 몰인정하게 떠나려 하지 않았다. <어떠한 사람들과 어울려도>『너는 너고, 나는 나다.』라는 식으로 <초연했으며, 설사> 곁에 앉은 사람이 비록 웃통을 벗거나 알몸이라 해도,『그대가 어찌 나를 더럽힐 수 있겠느냐.』<하는 태도로 태연했다.> 그러므로 유하혜의 <그와 같은> 태도나 풍도(風度)에 대한 말을 듣고 알게 되면 <감화되어> 비천한 사람도 관대하게 되고, 박정(薄情)한 사람도 정이 두텁게 되었던 것이다.」

[어구 설명] [3] ㅇ柳下惠(유하혜) : ⇒「公孫丑 上, 제9장」. ㅇ不羞汙君(불수오군) : 나쁜 임금 섬기는 것을 부끄럽게 여기지 않는다.

ㅇ不辭小官(불사소관) : 낮은 벼슬도 마다하지 않는다. ㅇ進不隱賢 必以其道(진불은현 필이기도) : 나가서 벼슬하면 자신의 슬기로움을 숨기지 않고, 반드시 신하의 도를 다한다. ㅇ遺佚而不怨(유일이불원) : 버림을 받아도 원망하지 않고. ㅇ阨窮而不憫(액궁이불민) : 곤궁해도 비탄하지 않는다. ㅇ與鄕人處 由由然不忍去也(여향인처 유유연불인거야) : <빈천한> 촌사람들과 자리를 함께 하고, <어울려도> 즐겁고 느긋해하고, 몰인정하게 떠나려 하지 않았다. ㅇ爾爲爾 我爲我(이위이 아위아) : 너는 너고, 나는 나다. ㅇ雖袒裼裸裎於我側(수단석라정어아측) : 자기 곁에 앉은 사람이 비록 웃통을 벗거나 알몸이라도. 袒(옷 벗을 단), 裼(웃통 벗을 석), 裸(벌거숭이 라), 裎(벌거숭이 정). ㅇ爾焉能浼我哉(이언능매아재) : 그대가 어찌 나를 더럽힐 수 있겠느냐. <하는 태도로 태연했다.> 浼(더럽힐 매). ㅇ鄙夫寬 薄夫敦(비부관 박부돈) : 비천한 사람도 관대하게 되고, 박정(薄情)한 사람도 정이 두텁게 된다.

【集註】(1) 鄙狹陋也 敦厚也 餘見前篇.

(1) 「비(鄙)」는 「좁고 누추하다」는 뜻이다. 「돈(敦)」은 「후(厚)」의 뜻이다. 기타는 앞에 나왔다.

[4] 孔子之去齊 接淅而行 去魯 曰遲遲吾行也 去父母國之道也 可以速而速 可以久而久 可以處而處 可以仕而仕 孔子也.

공자지거제(에) 접석이행(하시고) 거노(에) 왈 지지(라)
오행야(이여하시니) 거부모국지도야(이라) 가이속이속
(하며) 가이구이구(하며) 가이처이처(하며) 가이사이사
(는) 공자야(이시니라)

[4] <맹자의 말 계속>「공자가 제(齊)를 떠나실 때에
는 물에 담갔던 쌀을 건져 그대로 서둘러 떠나가셨다.
그러나 노(魯)나라를 떠나실 때에는『부모의 나라를
뒤로하고 떠나는 길이다. 나는 천천히 가겠다.』라고
말하셨다. 빨리 떠나야 할 때는 빨리 떠나고, 오래 머
물러야 할 때는 오래 머물러 있고, 살만하면 살고, 출
사할 만하면 나가서 벼슬을 했던 것이다. <이와 같이
때와 곳에 따라 항상 도리에 맞게 행동한 분이> 바로
공자이시다.」

[어구 설명] [4] ㅇ 接淅而行(접석이행) : <밥을 지으려고 씻어 놓았
던 쌀을> 그대로 물에서 건져 가지고 길을 떠났다. <다급하게
서둘러 떠났다.> 淅(쌀 일 석). ㅇ 去魯(거노) : 노(魯)나라를 떠날
때에는. ㅇ 曰 遲遲吾行也 去父母國之道也(왈 지지오행야 거부모
국지도야) : 공자가「부모의 나라를 뒤로하고 떠나는 길이다. 그러
니 나는 천천히 가겠다.」라고 말했다. ㅇ 可以速而速 可以久而久
(가이속이속 가이구이구) : 빨리 떠나야 할 때는 빨리 떠나고, 오래
머물러야 할 때는 오래 머물러 있고. ㅇ 可以處而處 可以仕而仕(가
이처이처 가이사이사) : <그 나라에서> 살만하면 살고, 출사할
만하면 나가서 벼슬을 했다. ㅇ 孔子也(공자야) : <이와 같이 때와
곳에 따라, 항상 도리에 맞게 행동한 분이> 바로 공자이시다.

【集註】(1) 接猶承也 淅漬米水也 漬米將炊 而欲去之速 故以手承水取米而行 不及炊也 擧此一端 以見其久速仕止 各當其可也.

(1) 「접(接)」은 뜻이 「승(承)」과 같다. 「석(淅)」은 「쌀을 물로 일다.」의 뜻이다. 「쌀을 일고 밥을 지으려다가 속히 떠나야 하기 때문에, 손으로 쌀은 거두어 가지고 가느라고 밥을 짓지 못했다.」는 뜻이다. 이와 같은 작은 예를 들고, <공자가> 오래 머무르거나 혹은 속히 떠나거나 다 도리에 합당하게 했음을 보여준 것이다.

【集註】(2) 或曰 孔子去魯 不稅冕而行 豈得爲遲 楊氏曰 孔子欲去之意久矣 不欲苟去 故遲遲其行也 膰肉不至 則得以微罪行 矣 故不稅冕而行 非速也.

(2) 혹자가 말했다. 「공자가 노나라를 떠날 때에는 면류관을 벗지 않고 떠났으나, 어찌 느리게 지체하며 갔다고 할 수 있습니까.」 <이에 대해> 양씨(楊氏)가 말했다. 「공자가 노나라를 떠나려고 뜻한 지 오래되었다. 그러나 구차하게 떠나고 싶지 않았으므로 미적미적했던 것이다. <그러자 노나라 임금이> 제사를 지낸 다음 번육(膰肉)을 <대부인 공자에게> 내려주지 않았으므로 가벼운 허물의 핑계를 얻어 가지고 떠났던 것이다. 고로 면류관을 벗지 않고 떠난 것이라 하지만, 실은 급

하게 떠난 것이 아니다.」

[5] 孟子曰 伯夷聖之淸者也 伊尹聖之任者也 柳下惠聖之和者也 孔子聖之時者也.

맹자(이) 왈 백이(는) 성지청자야(이오) 이윤(은) 성지임자야(이오) 유하혜(는) 성지화자야(이오) 공자(는) 성지시자야(이시니라)

[5] <맹자의 말 계속>「백이는 성인 중에서도 가장 맑고 높은 분이다. 이윤은 성인 중에서도 가장 천하에 대한 중책을 책임진 분이다. 유하혜는 성인 중에서도 가장 조화를 이룬 분이다. 공자는 성인 중에서도 가장 시중(時中)한 분이시다.」

[어구 설명] [5] ○伯夷聖之淸者也(백이성지청자야) : 백이는 성인 중에서도 맑고 높은 분이다. ○伊尹聖之任者也(이윤성지임자야) : 이윤은 성인 중에서도 천하에 대한 중책을 책임진 분이다. ○柳下惠聖之和者也(유하혜성지화자야) : 유하혜는 성인 중에서도 조화를 이룬 분이다. ○孔子聖之時者也(공자성지시자야) : 공자는 성인 중에서도 가장 시중(時中)한 분이다.

【集註】(1) 張子曰 無所雜者 淸之極 無所異者 和之極 勉而淸 非聖人之淸 勉而和 非聖人之和 所謂聖者 不勉不思而至焉者也 孔氏曰 任者以天下爲己

責也 愚謂孔子 仕止久速 各當其可 蓋兼三子之所以
聖者而時出之 非如三子之可以一德名也 或疑伊尹
出處 合乎孔子 而不得爲聖之時 何也 程子曰 終是
任底意思在.

(1) 장자(張子)가 말했다.「잡스럽게 엉키지 않는 것이 청(淸)의 극치이고, 유별나게 다르지 않는 것이 화(和)의 극치이다. 억지로 맑게 하는 것은 성인의 맑음이 아니고, 억지로 어울리는 것은 성인의 어울림이 아니다. 이른바 성(聖)은 애쓰거나 의식하지 않고 자연스럽게 이르는 경지다.」공씨(孔氏)가 말했다.「임(任)은 천하를 <바로잡는 것을> 자기 책임으로 여긴다는 뜻이다.」나, 주자는 생각한다.「공자만이 '사지구속(仕止久速)'을 합당하게 했으며, 다른 세 사람의 성스러운 장점을 다 겸하고 때에 맞게 발휘했으니, 다른 세 사람이 한가지 덕으로 이름을 낸 것과 같지 않다.」혹자가 의아하게 여겼다.「이윤의 출처(出處) 태도가 공자의 출처의 태도와 맞는 것 같은데, <이윤이> 성인의 시중(時中)을 얻지 못한 까닭은 무엇일까요.」<이에 대해> 정자(程子)가 말했다.「이윤은 끝내 책임감을 의식하고 있었기 때문이다.」* 「사지구속(仕止久速)」은「나가서 출사하거나 그만두고 물러나거나, <그 때와 시간을> 오래하거나 속히 한다」는 뜻이다.

[6] 孔子之謂集大成 集大成也者 金聲

而玉振之也 金聲也者始條理也 玉振之也者終條理也 始條理者智之事也 終條理者聖之事也.

공자지위집대성(이니) 집대성야자(는) 금성이옥진지야(이라) 금성야자(는) 시조리야(이오) 옥진지야자(는) 종조리야(이니) 시조리자(는) 지지사야(이오) 종조리자(는) 성지사야(이니라)

[6] <맹자의 말 계속>「공자는 <모든 성인의 덕을> 집대성한 분이다. 집대성했다고 하는 뜻은 곧 <음악으로 비유하면> 금성(金聲)과 옥진(玉振)을 다 갖추었다는 뜻이다. 금성, 즉 종소리를 내는 것은 음악의 맥락(脈絡)을 계발하는 것이고, 옥진, 즉 경(磬)을 울리는 것은 음악의 맥락을 종결하는 것이다. 맥락을 계발한다는 것은 지혜(智慧)에 속하는 일이고, 맥락을 종결한다는 것은 성덕(聖德)에 속하는 일이다.」

[어구 설명] [6] ㅇ孔子之謂集大成(공자지위집대성) : 공자는 <모든 성인의 덕을> 집대성한 분이라 하겠다. ㅇ集大成也者 金聲而玉振之也(집대성야자 금성이옥진지야) : <학문이나 덕을> 집대성했다고 하는 뜻은 곧 <음악으로 비유하면> 금성(金聲)과 옥진(玉振)을 다 갖추었다는 뜻이다. ㅇ金聲也者 始條理也(금성야자 시조리야) : 금성(金聲), 즉 종소리를 내는 것은, 음악의 맥락(脈絡)을 계발하는 것이다. ㅇ玉振之也者 終條理也(옥진지야자 종조리야) : 옥진(玉振), 즉 경(磬)을 울리는 것은 음악의 맥락을 종결하는

것이다. ○ 始條理者 智之事也(시조리자 지지사야) : 맥락을 계발한다는 것은 지혜(智慧)에 속하는 일이고. ○ 終條理者 聖之事也(종조리자 성지사야) : 조리를 종결한다는 것은 성덕(聖德)에 속하는 일이다.

【集註】(1) 此言 孔子集三聖之事 而爲一大聖之事 猶作樂者 集衆音之小成 而爲一大成也 成者 樂之一終 書所謂 簫韶九成 是也 金鐘屬 聲宣也 如聲罪致討之聲 玉磬也 振收也 如振河海而不洩之振 始始之也 終終之也 條理猶言脈絡 指衆音而言也 智者知之所及 聖者德之所就也.

(1) 이 말은「공자가 세 성인의 덕을 모아 하나의 큰 덕을 이루었으며, 음악 연주에 비유하면 개별적 작은 음악 소리를 모아서 하나의 큰 음악 소리를 내는 것과 같다는 뜻」을 말한 것이다. 성(成)은 음악 연주를 한번 끝낸다는 뜻이다. 서경(書經) 익직편(益稷篇)에 말한「소소구성(簫韶九成)」이 바로 이 뜻이다. 금(金)은 종(鐘) 같은 악기류다. 성(聲)은 말한다[宣]는 뜻이다. 좌전(左傳)에 있는「성죄치토(聲罪致討)」의 성(聲)과 같다. 옥(玉)은 경(磬)이다. 진(振)은「수습(收拾)한다」는 뜻이다. <중용(中庸)에 있는>「진하해이불설(振河海而不洩)」의 진(振)과 같다. 시(始)는「음악을 시작하다」, 종(終)은「음악을 끝내다」의 뜻이다. 조리(條理)는「사람의 신체의 맥

락(脈絡)과 같은 뜻」이다. <여러 악기를> 합주(合奏)할 때의 <맥락을> 말한 것이다. 지(智)는 지혜가 미치는 바이고, 성(聖)은 덕(德)을 성취한 경지다.

* 소소구성(簫韶九成) : 순(舜)임금의 음악, 즉 소소(簫韶)를 모든 악기가 어울려 연주하면 <즉 구성(九成)하면>, 하늘에서 봉황(鳳凰)이 내려와 참여한다.
* 성죄치토(聲罪致討) : 좌전(左傳) 은공(隱公) 2년 호씨(胡氏)에 관한 기록에 있다. 「병사들이 죄를 말하고 토벌한다.」
* 진하해이불설(振河海而不洩) : 중용(中庸) 26장에 보인다. 뜻은 「하해의 물을 거두어들이고[振], 새지 않게 한다.」

【集註】(2) 蓋樂有八音 金石絲竹匏土革木 若獨奏一音 則其一音 自爲始終 而爲一小成 猶三子之所知偏於一 而其所就亦偏於一也 八音之中 金石爲重 故特爲衆音之綱紀 又金始震而玉終詘然也 故並奏八音 則於其未作 而先擊鎛鐘 以宣其聲 俟其既闋而後 擊特磬 以收其韻 宣以始之 收以終之.

(2) 대개 음악에는 팔음(八音)이 있다. 즉 「금(金)·석(石)·사(絲)·죽(竹)·포(匏)·토(土)·혁(革)·목(木)」이다. 만약에 하나의 악기만을 독주하면, 한가지 소리만으로 처음과 끝을 연주하는 작은 음악이라 하겠다. 마치 세 사람의 앎이 하나에 편중되고 성취 역시 하나에 편중됨과 같은 것이다. 여

덟 가지 음악 소리 중에도 금(金)과 석(石)의 소리가 중대하므로, 특히 모든 소리의 기강이 된다. 또 금(金)은 처음에 울리고, 옥(玉)은 끝을 맺듯이 울린다. 그러므로 팔음을 합주할 때에는 시작에 앞서 먼저 쇠북과 종을 쳐서 음악 소리를 펼친다. 그리고 <음악 연주가> 끝날 때가 되면 특히 경을 울려서 여운을 수습한다. 선(宣)으로써 시작하고 수(收)로써 끝난다.

【集註】(3) 二者之間 脈絡通貫 無所不備 則合衆小成 而爲一大成 猶孔子之知無不盡 而德無不全也 金聲玉振 始終條理 疑古樂經之言 故兒寬云 惟天子建中和之極 兼總條貫 金聲而玉振之 亦此意也.

(3) <시작하는 종소리와 거두는 옥소리> 두 소리 사이에 맥락이 관통하고 불비(不備)한 것이 없어야 비로소 저마다의 음악 소리를 모두 합쳐서 하나의 큰 음악 연주가 된다. 이는 흡사 공자의 지(知)에 미진함이 없고 덕(德)에 온전하지 않음이 없는 것과 같은 것이다. 「금성옥진(金聲玉振)과 시종조리(始終條理)」는 아마도 옛 악경(古樂經)의 말인 듯하다. 그러므로 한(漢)나라의 예관(兒寬)이 말했다. 「오직 천자만이 중화(中和)의 극을 세우고 조관(條貫)을 아울러 총괄하여 금(金)으로 소리를 퍼뜨리고 옥(玉)으로 거둔다고 하였다.」 그의 말도 역시 같은 뜻이리라.

[7] 智譬則巧也 聖譬則力也 由射於百步之外也 其至爾力也 其中非爾力也.

지(를) 비즉교야(이오) 성(을) 비즉력야(이니) 유사어백보지외야(하니) 기지(는) 이력야(어니와) 기중(은) 비이력야(이니라)

[7] <맹자의 말 계속> 「지혜는 비유하면 기교이고, 성덕(聖德)은 비유하면 기력(氣力)이다. 활을 백 보 밖에서 쏘아서 화살이 <표적에> 도달하는 것은 기력이고, 화살이 과녁에 명중하는 것은 기교에 의하는 것이다.」

[어구 설명] [7] ㅇ智譬則巧也(지비즉교야) : 지혜는 비유하면 기교이고. ㅇ聖譬則力也(성비즉력야) : 성덕(聖德)은 비유하면 기력(氣力)이다. ㅇ由射於百步之外也(유사어백보지외야) : 활을 백 보 밖에서 쏘아서. ㅇ其至爾力也(기지이력야) : 화살이 <표적에> 도달하는 것은 기력이지만. ㅇ其中非爾力也(기중비이력야) : 화살이 과녁에 명중하는 것은 기력이 아니고. <기교이다.>

【集註】(1) 此復以射之巧力 發明智聖二字之義 見孔子巧力俱全 而聖智兼備 三子則力有餘而巧不足 是以一節 雖至於聖 而智不足以及乎時中也.

(1) 이 구절도 역시 활쏘기의 기술과 힘을 예로 들고, 지(智)와

성(聖) 두 글자의 뜻을 설명한 것이다. 즉「공자는 기교와 기력을 다 온전하게 갖추어 성덕과 지혜를 겸비했으나, 세 사람은 기력은 넘치나 기교가 부족했다. 그래서 한 가지 면에서는 성(聖)에 이르렀으나, 지(智)에 있어서는 시중(時中)하기에는 부족했음」을 보인 것이다.

【集註】(2) 此章 言三子之行 各極其一偏 孔子之道 兼全於衆理 所以偏者 由其蔽於始 是以缺於終 所以全者 由其知之至 是以行之盡 三子 猶春夏秋冬之各一其時 孔子則大和元氣之流行於四時也.

(2) 이 장은 다음 같은 뜻을 말한 것이다.「세 사람의 행동은 저마다 한쪽에 심하게 치우쳤으나, 공자의 도는 모든 도리를 다 온전하게 겸비했다. <그들이> 한쪽에 치우친 이유는 처음부터 덮였기 때문이며, 그래서 끝까지 결함이 있었던 것이다. <한편 공자가> 온전한 이유는 지(知)를 다했음이며, 그러므로 행실이 완전했던 것이다. 세 사람은 흡사 춘하추동 중 한 계절만 때에 맞게 한 것이다. 그러나 공자는 즉 근본이 되는 원기를 사계절의 유행에 크게 어울리게 했다.」

제1장 伯夷章 : 白文

[1] 孟子曰 伯夷目不視惡色 耳不聽惡聲非其君不事 非其民不使 治則進 亂則退 橫政之所出 橫民之所止 不忍居也 思與鄕人處 如以朝衣朝冠

坐於塗炭也 當紂之時 居北海之濱 以待天下之
淸也 故聞伯夷之風者 頑夫廉 懦夫有立志.

[2] 伊尹曰 何事非君 何使非民 治亦進 亂亦進 曰
天之生斯民也 使先知 覺後知 使先覺 覺後覺
予天民之先覺者也 予將以此道 覺此民也 思天
下之民 匹夫匹婦 有不與被堯舜之澤者 若己推
而內之溝中 其自任以天下之重也.

[3] 柳下惠 不羞汙君 不辭小官 進不隱賢 必以其
道 遺佚而不怨 阨窮而不憫 與鄕人處 由由然
不忍去也 爾爲爾 我爲我 雖袒裼裸裎於我側
爾焉能浼我哉 故聞柳下惠之風者 鄙夫寬 薄
夫敦.

[4] 孔子之去齊 接淅而行 去魯 曰遲遲吾行也 去
父母國之道也 可以速而速 可以久而久 可以
處而處 可以仕而仕 孔子也.

[5] 孟子曰 伯夷聖之淸者也 伊尹聖之任者也 柳下
惠聖之和者也 孔子聖之時者也.

[6] 孔子之謂集大成 集大成也者 金聲而玉振之也
金聲也者始條理也 玉振之也者終條理也 始條
理者智之事也 終條理者聖之事也.

[7] 智譬則巧也 聖譬則力也 由射於百步之外也 其
至爾力也 其中非爾力也.

【요점 복습】 제1장 백이장

　맹자의 인물평이다. 수양산(首陽山)에서 굶어죽은 백이(伯夷)
는 지나치게 청렴(淸廉)하고 고고(孤高)했다. 은(殷)나라의 탕왕

(湯王)을 보좌하고 하(夏)나라 걸(桀)을 치고 은나라를 세운 이윤(伊尹)은 지나치게 천하에 대한 무거운 책임을 스스로 지려고 했다. 한편 노(魯)나라의 대부 유하혜(柳下惠)는 지나치게 아무에게나 어울리고 타협하려고 했다.

이들 세 사람은 부분적으로는 저마다의 특성이 있으며 또 대체로 성인의 경지에 도달한 사람들이다.

그러나 공자에 비할 수 없다. 맹자는 다음같이 공자를 높이고 칭찬했다.

「공자는 <모든 성인의 덕을> 집대성한 분이다. 집대성했다고 하는 뜻은 곧 <음악으로 비유하면> 금성(金聲)과 옥진(玉振)을 다 갖추었다는 뜻이다. 금성, 즉 종소리를 내는 것은 음악의 맥락(脈絡)을 계발하는 것이고, 옥진, 즉 경(磬)을 울리는 것은 음악의 맥락을 종결하는 것이다. 맥락을 계발한다는 것은 지혜(智慧)에 속하는 일이고, 맥락을 종결한다는 것은 성덕(聖德)에 속하는 일이다.」

제2장 北宮章 : 총 9 구절

[1] 北宮錡問曰 周室班爵祿也 如之何.

북궁기(이) 문왈 주실반작록야(는) 여지하(이꼬)

[1] <전국시대 위(衛)나라 사람> 북궁기(北宮錡)가 맹자에게 물었다. 「주(周)나라 때의 신분 등급이나 작위 녹봉 등의 제도가 어떠했습니까.」

[어구 설명] [1] ○北宮錡(북궁기) : 전국시대 위(衛)나라 사람. 성이 북궁(北宮)이다. ○周室班爵祿(주실반작록) : 주(周)나라 왕실에서 제정한 신분(身分), 반차(班次), 등급(等級), 작위(爵位), 녹봉(祿俸) 등. ○如之何(여지하) : 그 제도가 어떠하냐.

【集註】(1) 北宮姓 錡名 衛人 班列也.

(1) 북궁(北宮)은 성(姓), 기(錡)가 이름이다. 위(衛)나라 사람이다. 반(班)은 반열(班列)이나 등급(等級)의 뜻이다.

[2] 孟子曰 其詳不可得而聞也 諸侯惡其害己也 而皆去其籍 然而軻也 嘗聞其略也.

맹자(이) 왈 기상(은) 불가득이문야(이로다) 제후(이) 오기해기야 이개거기적(이어니와) 연이가야(이) 상문기략야(이로라)

[2] 맹자가 대답했다. 「그 자세한 것은 듣거나 알 수가 없다. <그 후의> 모든 나라의 제후들이 <주 왕실에서 제정한 제도가> 자기들에게 해가 되는 것을 싫어하고 문헌이나 기록을 다 없애 버렸기 때문이다. 그러나 나, 맹가(孟軻)는 전에 들어서 그 대략은 안다.」

[어구 설명] [2] ㅇ 其詳不可得而聞也(기상불가득이문야) : 그 자세한 것은 듣거나 알 수가 없다. ㅇ 諸侯惡其害己也 而皆去其籍(제후오기해기야 이개거기적) : 모든 나라의 제후들이 <주 왕실에서 제정한 제도가> 자기들에게 해가 되는 것을 싫어하고, 그 기록을 다 없애 버렸다. ㅇ 然而軻也 嘗聞其略也(연이가야 상문기략야) : 그러나 나, 맹가(孟軻)는 전에 들어서 그 대략을 안다.

【集註】(1) 當時諸侯兼幷僭竊 故惡周制妨害己之所爲也.

(1) 당시 전국시대(戰國時代)의 제후들은 무력병탄(武力倂呑)에 골몰했고, 저마다 왕(王)을 참칭(僭稱)했다. 그러므로 주(周)나라 제도가 자기들 행위에 방해가 되는 것을 싫어했던 것이다.

[3] 天子一位 公一位 侯一位 伯一位 子男同一位 凡五等也 君一位 卿一位 大夫一位 上士一位 中士一位 下士一位 凡六等.

천자(이) 일위(오) 공(이) 일위(오) 후(이) 일위(오) 백(이) 일위(오) 자남(이) 동일위(니) 범오등야(이라) 군(이) 일위(오) 경(이) 일위(오) 대부(이) 일위(오) 상사(이) 일위(오) 중사(이) 일위(오) 하사(이) 일위(니) 범륙등(이라)

[3] <맹자의 말 계속> 「<천자가 다스리는 주나라의 신분 위계는> 천자(天子)가 <최고의> 한 자리다. 다음이 공작(公爵)의 자리다. 다음이 후작(侯爵)의 자리다. 다음이 백작(伯爵)의 자리다. 다음의 자작(子爵)과 남작(男爵)은 같은 자리로 모두 오등급(五等級)이다.」

「<제후가 다스리는 제후국의 신분 위계는> 군주(君主)가 한 자리다. 다음이 경(卿)의 자리다. 다음이 대부(大夫)의 자리다. 다음으로 상사(上士), 중사(中士), 하사(下士) 등으로 모두 육등급(六等級)이다.」

[어구 설명] [3] * 맹자의 말과 같이, 주(周)나라의 정치나 신분 제도에 관해서는 이미 전국시대에 알지 못했다. 지금 전하는 예기(禮記)의 왕제(王制)나 주례(周禮)도 후세에 편찬된 전적이다. 그래서 내용이 서로 엇갈리고 또 혼잡하다. 따라서 후세의 학자들의 설도 다양하게 엇갈리고 분분하다. 오늘의 우리도 고증할 수가 없다. 고로 맹자의 말을 그대로 직역할 뿐이다.

【集註】 (1) 此班爵之制也 五等通於天下 六等施於國中.

(1) 이 글은 반열(班列)과 작위(爵位)의 제도를 말한 것이다.

오등급(五等級)은 천하에 통용되고, 육등급(六等級)은 한 나라 안에서 시행되는 제도이다.

[4] 天子之制地方千里 公侯皆方百里 伯七十里 子男五十里 凡四等 不能五十里 不達於天子 附於諸侯 曰附庸.

천자지제(는) 지방천리(요) 공후(는) 개방백리(오) 백(은) 칠십리(오) 자남(은) 오십리(니) 범사등(이라) 불능오십리(는) 부달어천자(하여) 부어제후(하나니) 왈부용(이니라)

[4] <맹자의 말 계속>「<토지제도는 다음과 같다.> 천자(天子)는 사방 천리(千里)이고, 공후(公侯)는 다 사방 백리(百里)이고, 백(伯)은 칠십리(七十里)고, 자남(子男)은 오십리(五十里)로, 모두 사등급(四等級)이다. 토지가 오십리에 미치지 못하는 자는 직접 천자 앞에 나설 수 없으며, 제후를 따라야 한다. 그래서 부용(附庸)이라 한다.」

[어구 설명] [4] * 맹자의 말을 그대로 받아들인다.

【集註】(1) 此以下 班祿之制也 不能猶不足也 小國之地 不足五十里者 不能自達於天子 因大國以姓名通 謂之附庸 若春秋邾儀父之類是也.

(1) 이하는 녹지(祿地)의 반열(班列) 제도다. 불능(不能)은 부족하다는 뜻이다. 작은 나라로 사방 50리에 못 미치는 자는 혼자서는 천자에게 통할 수 없다. 대국에 의지해서 성명을 통해야 한다. 그래서 부용(附庸)이라 한다. 춘추(春秋)에 나오는 주의보(邾儀父)와 같은 유가 이에 해당한다.

* 주의보 : 춘추 은공(隱公) 원년(元年)에 보인다.

[5] 天子之卿 受地視侯 大夫受地視伯 元士受地視子男.

천자지경(은) 수지시후(하고) 대부(는) 수지시백(하고) 원사(는) 수지시자남(이니라)

[5] <맹자의 말 계속> 「천자에게 직속하는 경상(卿相)은 후작(侯爵)에 버금가는 토지를 받고, 대부(大夫)는 백작(伯爵)에 버금가는 토지를 받고, 원사(元士)는 자작(子爵)이나 남작(男爵)에 버금가는 토지를 받는다.」

[어구 설명] [5] * 맹자의 말을 그대로 받아들인다.

【集註】(1) 視比也 徐氏曰 王畿之內 亦制都鄙受地也 元士上士也.

(1) 시(視)는 「버금간다(比)」는 뜻이다. 서씨(徐氏)가 말했다. 「왕기(王畿) 안에서도 역시 서울과 시골로 나누어 땅을 받았다.」 원사(元士)는 상사(上士)다.

[6] 大國地方百里 君十卿祿 卿祿四大
夫 大夫倍上士 上士倍中士 中士倍
下士 下士與庶人 在官者同祿 祿足
以代其耕也.

대국(은) 지방백리(니) 군(은) 십경록(이오) 경록(은) 사
대부(이오) 대부(는) 배상사(이오) 상사(는) 배중사(이오)
중사(는) 배하사(이오) 하사여서인재관자(는) 동록(하
니) 녹족이대기경야(이니라)

[6] <맹자의 말 계속>「대국(大國)은 땅이 사방 백
리(百里)이다. 군주(君主)는 경(卿)의 녹(祿)의 십배
(十倍)이다. 경의 녹은 대부(大夫)의 사배(四倍)이다.
대부는 상사(上士)의 배(倍)다. 상사는 중사(中士)의
배(倍)다. 중사는 하사(下士)의 배(倍)다. 하사와 서인
으로 벼슬하는 자는 같은 녹을 받으며, 그 녹은 농사
짓는 것을 대신할 만하다.」

[어구 설명] [6] * 맹자의 말을 그대로 받아들인다.

【集註】(1) 十十倍之也 四四倍之也 倍加一倍也
徐氏曰 大國 君田三萬二千畝 其入可食二千八百八
十人 卿田 三千二百畝 可食二百八十八人 大夫田
八百畝 可食七十二人 上士田 四百畝 可食三十六人
中士田 二百畝 可食十八人 下士與庶人在官者 田百

畝 可食九人至五人 庶人在官 府史胥徒也 愚按 君以下所食之祿 皆助法之公田 藉農夫之力以耕 而收其租 士之無田與庶人在官者 則但受祿於官 如田之入而已.

(1) 십(十)은 십배(十倍)다. 사(四)는 사배(四倍)다. 배(倍)는 일배(一倍)를 더함이다. 서씨(徐氏)가 말했다.「큰 나라에서는 군전(君田)은 3만 2천 무로, 그 수입으로 2천8백88인을 먹일 수 있다. 경전(卿田)은 3천2백 무로, 2백88인을 먹일 수 있다. 대부전(大夫田)은 8백 무로, 72인을 먹일 수 있다. 상사전(上士田)은 4백 무로, 36인을 먹일 수 있다. 중사전(中士田)은 2백 무로, 18인을 먹일 수 있다. 하사(下士)와 서인재관자(庶人在官者)의 토지는 1백 무로, 9인 내지 5인을 먹일 수 있다. 서인재관(庶人在官)은 부사(府史)나 서도(胥徒) 같은 아전이다. 나는 생각한다.『군주 이하가 먹는 녹봉은 모두 조법의 공전에서 농부의 힘을 빌어서 경작하여 거둔 조세다. 사(士)로서 토지가 없는 자와 서인으로 관직에 있는 자는 다만 관청에서 받는 녹봉이 토지의 수입과 같게 할 따름이다.』」

[7] 次國地方七十里 君十卿祿 卿祿三大夫 大夫倍上士 上士倍中士 中士倍下士 下士與庶人在官者 同祿 祿足以代其耕也.

차국(은) 지방칠십리(니) 군(은) 십경록(이오) 경록(은)
삼대부(요) 대부(는) 배상사(이오) 상사(는) 배중사(이오)
중사(는) 배하사(이오) 하사여서인재관자(는) 동록(하
니) 녹족이대기경야(이니라)

[7] <맹자의 말 계속>「다음으로 큰 나라의 영토는
사방 70리이다. 군록(君祿)은 10명의 경록(卿祿)에 해
당하고, 경록은 3명의 대부의 녹에 해당하고, 대부는
상사의 배이고, 상사는 중사의 배이고, 중사는 하사의
배이고, 하사와 서인으로 벼슬하는 자는 같은 녹을
받으며, 그 녹은 농사짓는 것을 대신할 만하다.」

[어구 설명] [7] * 맹자의 말을 그대로 받아들인다.

【集註】(1) 三謂三倍之也 徐氏曰 次國 君田 二萬
四千畝 可食二千一百六十人 卿田 二千四百畝 可食
二百十六人.

(1) 삼(三)은 삼배의 뜻이다. 서씨가 말했다.「차국(次國)은
군주의 토지는 2만 4천 무로, 2천1백60인을 먹일 수 있다.
경(卿)의 토지는 2천4백 무로, 2백16인을 먹일 수 있다.」

[8] 小國 地方五十里 君十卿祿 卿祿 二
大夫 大夫倍上士 上士倍中士 中士
倍下士 下士與庶人在官者 同祿 祿
足以代其耕也.

소국(은) 지방오십리(니) 군(은) 십경록(이오) 경록(은) 이대부(이오) 대부(는) 배상사(이오) 상사(는) 배중사(이오) 중사(는) 배하사(이오) 하사여서인재관자(는) 동록(하니) 녹족이대기경야(이니라)

[8] <맹자의 말 계속>「작은 나라의 영토는 사방 50리이다. 군록(君祿)은 10명의 경록(卿祿)에 해당하고, 경록은 2명의 대부의 녹에 해당하고, 대부는 상사의 배이고, 상사는 중사의 배이고, 중사는 하사의 배이고, 하사와 서인으로 벼슬하는 자는 같은 녹을 받으며, 그 녹은 농사짓는 것을 대신할 만하다.」

[어구 설명] [8] * 맹자의 말을 그대로 받아들인다.

【集註】(1) 二卽倍也 徐氏曰 小國 君田 一萬六千畝 可食千四百四十人 卿田 一千六百畝 可食百四十四人.

(1) 이(二)는 즉 배(倍)이다. 서씨(徐氏)가 말했다.「작은 나라는, 군주의 영지는 1만 6천 무로, 1천4백40인을 먹일 수 있다. 경의 영지는 1천6백 무로, 1백44인을 먹일 수 있다.」

[9] 耕者之所獲 一夫百畝 百畝之糞 上農夫食九人 上次食八人 中食七人 中次食六人 下食五人 庶人在官者 其祿以是爲差.

경자지소획(은) 일부(이) 백무(이니) 백무지분(에) 상농부(는) 사구인(하고) 상차(는) 사팔인(하고) 중(은) 사칠인(하고) 중차(는) 사륙인(하고) 하(는) 사오인(이니) 서인재관자(는) 기록(이) 이시위차(이니라)

[9] <맹자의 말 계속>「농사 짓는 사람의 소득은, <성년이 되어 장가를 든> 남자는 백 무(百畝)의 논밭을 받고, 그 백 무의 땅을 경작한다. 상농(上農)은 9명을 먹이고, 그 다음은 8명을 먹이고, 중농(中農)은 7명을 먹이고, 그 다음은 6명을 먹이고, 하농(下農)은 5명을 먹인다. 서민으로 관직에 있는 사람도 이와 같이 <다섯 등급으로> 차등이 있다.」

[어구 설명] [9] * 맹자의 말을 그대로 받아들인다.

【集註】(1) 獲得也 一夫一婦 佃田百畝 加之以糞 糞多而力勤者 爲上農 其所收可供九人 其次用力不齊 故有此五等 庶人在官者 其受祿不同 亦有此五等也.

(1) 획(獲)은 소득(所得)이다. 한 남자와 그의 부인이 논밭에 비료를 주고 경작한다. 비료를 많이 주고 힘들여 경작한 농가가 상농(上農)이다. 그 소득으로 9명을 먹일 수 있다. 단계적으로 힘들이는 데 차등이 있으므로 다섯 등급이 있게 마련이다. 서민으로 관에서 일하는 사람도 녹봉이 같지 않으며 다섯 등급이 있게 마련이다.

【集註】(2) 愚按 此章之說 與周禮王制 不同 蓋不可攷 闕之可也 程子曰 孟子之時 去先王未遠 載籍未經秦火 然而班爵祿之制 已不聞其詳 今之禮書 皆掇拾於煨燼之餘 而多出於漢儒一時之傅會 奈何欲盡信 而句爲之解乎 然則其事 固不可一二追復矣.

(2) 나는 생각한다. 이 장의 설은 주례(周禮)와 예기(禮記)의 왕제(王制)와 같지 않다. 그러나 고증할 수 없으므로 그냥 두어도 좋다. 정자는 다음같이 말했다.「맹자의 시대는 선왕(先王)에서 멀지 않았으며, 전적(典籍)도 진(秦)나라 때의 분서(焚書)의 화를 입지 않았다. 그러나 반열(班列)이나 작록(爵祿)의 제도를 이미 자세히 알 수가 없게 되었다. 지금 전하는 예서(禮書)는 다 <진(秦)의 분서에서> 불타고 남은 재료를 추리고 엮은 것이며, 대부분은 한대(漢代) 유학자(儒學者)들이 부회(附會)한 것이다. 그러니 어찌 다 믿고 또 자구의 해석을 하겠는가. 그러므로 사실에 대해서도 하나나 둘을 들어가지고 되돌려 알게 할 수 없다.」

제2장 北宮章 : 白文

[1] 北宮錡 問曰 周室班爵祿也 如之何.
[2] 孟子曰 其詳不可得聞也 諸侯惡其害己也 而皆去其籍 然而軻也 嘗聞其略也.
[3] 天子一位 公一位 侯一位 伯一位 子男同一位

凡五等也 君一位 卿一位 大夫一位 上士一位 中士一位 下士一位 凡六等.

[4] 天子之制 地方千里 公侯皆方百里 伯七十里 子男五十里 凡四等 不能五十里 不達於天子 附於諸侯 曰附庸.

[5] 天子之卿 受地視侯 大夫受地視伯 元士受地視子男.

[6] 大國地方百里 君十卿祿 卿祿 四大夫 大夫倍上士 上士 倍中士 中士 倍下士 下士與庶人在官者 同祿 祿足以代其耕也.

[7] 次國 地方七十里 君 十卿祿 卿祿 三大夫 大夫倍上士 上士 倍中士 中士 倍下士 下士與庶人在官者 同祿 祿足以代其耕也.

[8] 小國 地方五十里 君 十卿祿 卿祿 二大夫 大夫倍上士 上士 倍中士 中士 倍下士 下士與庶人在官者 同祿 祿足以代其耕也.

[9] 耕者之所獲 一夫百畝 百畝之糞 上農夫 食九人 上次 食八人 中 食七人 中次 食六人 下 食五人 庶人在官者 其祿以是爲差.

【요점 복습】 제2장 북궁장

　전국시대 위(衛)나라 사람, 북궁기(北宮錡)가 주(周)나라 때의 신분(身分), 반차(班次), 등급(等級), 작위(爵位), 녹봉(祿俸) 등에 대한 제도를 묻자, 맹자가 자세한 것은 알 수 없으나 대략 다음 같다고 말했다.

　이 장의 내용은 맹자가 말한 것으로 사실여부는 고증할 수 없다.

집주(集註)에서도, 주자(朱子)와 정자(程子)가 고증할 수 없다고 말했다. 「지금 전하는 예서(禮書)는 다 진(秦)의 분서(焚書)에서 남은 재료를 추리고 엮은 것이며 대부분은 한대(漢代) 유학자(儒學者)들이 부회(附會)한 것이다. 그러니 어찌 다 믿고 또 자구의 해석을 하겠는가. 그러므로 사실 여부에 대한 고증도 할 수 없다.」 <程子> 이 책에서도 맹자의 말을 그대로 풀이해서 옮겼을 뿐이다.

전국시대(戰國時代)의 제후들은 무력 병탄(武力倂呑)에 골몰했고 저마다 왕(王)을 참칭(僭稱)했다. 그러므로 주(周)나라의 제도를 의식적으로 무시했던 것이다.

흡사 오늘의 세계와 같다. 오늘의 세계와 인류는 거의가 다 돈과 무력만을 높인다. 그리고 과학기술과 공업생산 및 물질문화를 절대시한다. 그러므로 종교나 철학 및 특히 동양의 정신문화를 소외하거나 무용지물로 간주한다. 그래서 사람들이 개인적으로나, 국가적으로나 동물 이하로 전락하고 있는 것이다. 낡은 틀이나 제도를 쓸 수는 없다. 그러나 심성함양과 인격도야 및 윤리 도덕마저 망각하면 안 된다.

제3장 問友章 : 총 6 구절

[1] 萬章問曰 敢問友 孟子曰 不挾長 不挾貴 不挾兄弟而友 友也者 友其德也 不可以有挾也.

만장(이) 문왈 감문우(하노이다) 맹자(이) 왈 불협장(하며) 불협귀(하며) 불협형제이우(이니) 우야자(는) 우기덕야(이니) 불가이유협야(이니라)

[1] 맹자의 제자 만장이 「감히 묻겠습니다. 벗하는 도리에 대해서 <듣고자 합니다.>」 하였다. 맹자가 말했다. 「나이 많은 것을 끼거나, 신분이 높은 것을 끼거나, 형제의 권위를 끼지 말고, <오직 순수하게> 벗과 사귀어야 한다. 벗하는 것은 <서로> 덕을 벗하는 것이다. <그러니> 다른 것을 끼게 해서는 안 된다.」

[어구 설명] [1] ㅇ 友(우) : 벗을 사귀는 도리. ㅇ 不挾(불협) : 끼어들게 하지 않는다. <내세우거나 자랑하지 않는다.> ㅇ 長(장) : 나이 많은 것. ㅇ 貴(귀) : 신분이 존귀한 것. ㅇ 兄弟(형제) : 형제의 위세를 내세우는 것. ㅇ 而友(이우) : <아무것도 끼어들게 하지 않고 순수하게> 벗을 사귄다. ㅇ 友也者 友其德也(우야자 우기덕야) : 벗한다는 것은 서로 덕을 벗하는 것이다. ㅇ 不可以有挾也(불가이유협야) : <덕 이외의 어떠한 것도> 끼어들게 하면 안 된다.

【集註】(1) 挾者 兼有 而恃之之稱.
(1)「협(挾)」은「있다고 내세우고 자만한다」는 뜻이다.

[2] 孟獻子 百乘之家也 有友五人焉 樂
正裘 牧仲 其三人 則予忘之矣 獻子
之與此五人者友也 無獻子之家者也
此五人者亦有獻子之家 則不與之友
矣.

맹헌자(는) 백승지가야(이라) 유우오인언(하더니) 악정구(와) 목중(이오) 기삼인(은) 즉여(이) 망지의(로라) 헌자지여차오인자(로) 우야(에) 무헌자가자야(이니) 차오인자(이) 역유헌자지가(이면) 즉불여지우의(리라)

[2] <맹자의 말 계속>「노(魯)나라의 대부, 맹헌자는 백승(百乘)의 집안이었으나, 그에게는 다섯 명의 벗이 있었다. 악정구(樂正裘)와 목중(牧仲), 그리고 세 사람의 이름은 내가 잊어버렸다. 맹헌자가 그들 다섯 명과 벗하고 사귈 때 <맹헌자는> 자기 집안을 끼고 내세우지 않았다. 그들 다섯 명의 벗들도 <만약에 맹헌자가> 자기 집안을 끼고 내세웠다면, 즉 <맹헌자와> 벗하지 않았을 것이다.」

[어구 설명] [2] ㅇ 孟獻子 百乘之家也(맹헌자 백승지가야) : 노(魯)나라의 대부, 맹헌자는 백승(百乘)의 집안이었다. ㅇ 有友五人焉

(유우오인언) : 그에게는 다섯 명의 벗이 있었다. ㅇ樂正裘 牧仲(악정구 목중) : 악정구와 목중이다. 다 노나라 사람이다. ㅇ其三人則予忘之矣(기삼인 즉여망지의) : <그의 벗> 세 사람은 내가 <이름을> 잊어버렸다. ㅇ獻子之與此五人者 友也(헌자지여차오인자우야) : 맹헌자가 그들 다섯 명과 벗하고 사귈 때. ㅇ無獻子之家者也(무헌자지가자야) : <맹헌자가> 자기 집안을 끼고 내세우지 않았다. ㅇ此五人者亦有獻子之家(차오인자역유헌자지가) : 그들 다섯 명의 벗들도 <만약에 맹헌자가> 자기 집안을 끼고 내세웠다면. ㅇ則不與之友矣(즉불여지우의) : 즉 <맹헌자와> 함께 어울리고 또 벗하지 않았을 것이다.「여지(與之)」를「함께 어울리다」로 풀이할 수 있다.

【集註】(1) 孟獻子 魯之賢大夫仲孫蔑也 張子曰 獻子忘其勢 五人者忘人之勢 不資其勢 而利其有 然後 能忘人之勢 若五人者 有獻子之家 則反爲獻子之所賤矣.

(1) 맹헌자(孟獻子)는 노(魯)나라의 현명한 대부 중손멸(仲孫蔑)이다. 장자(張子)는 말했다.「맹헌자는 자기 집안의 세도를 잊었고, 다섯 사람도 그 집의 세도를 잊었다. 세도를 바탕으로 하지 않고 또 이용하지 않아야 비로소 남의 집의 세도를 잊을 수 있다. 만약에 다섯 사람이 맹헌자의 집안의 세도를 의식했다면 도리어 맹헌자에게 천하게 여겨졌을 것이다.」

[3]   非惟百乘之家爲然也　雖小國之君
　　　亦有之　費惠公曰　吾於子思　則師之
　　　矣　吾於顏般　則友之矣　王順長息　則
　　　事我者也.

비유백승지가(이) 위연야(이라) 수소국지군(이라도) 역
유지(하니) 비혜공(이) 왈 오(이) 어자사 즉사지의(오) 오
(이) 어안반 즉우지의(오) 왕순장식 즉사아자야(이라하
니라)

[3] <맹자의 말 계속>「비단 백승의 가문에서만 그런
것이 아니다. 작은 나라의 임금도 역시 그와 같이 <벗
의 도리를 지켰다.> 노나라 비읍(費邑)의 혜공(惠公)
이 말했다. 『나는 자사를 스승으로 모시고, 안반을 벗
으로 대하고, 왕순과 장식은 나를 섬기는 자로 대한
다.』」

[어구 설명] [3] ㅇ非惟百乘之家爲然也(비유백승지가위연야) : 백
승의 가문에서만 그런 것이 아니다. ㅇ雖小國之君 亦有之(수소국
지군 역유지) : 작은 나라의 임금이 <지킬 벗의 도리도> 역시
그와 같다. ㅇ費惠公曰(비혜공왈) : 비읍(費邑)의 혜공(惠公)이 말
했다. 비읍은 노나라에 있으며, 원래는 환공(桓公)의 아들 계우(季
友)의 봉읍이다. 삼환(三桓)이 전횡(專橫)하게 되자, 계우가 혜공이
라 참칭(僭稱)했다. ㅇ吾於子思 則師之矣(오어자사 즉사지의) : 나
는 자사를 스승으로 모신다. ㅇ吾於顏般 則友之矣(오어안반 즉우

지의) : 나는 안반을 벗으로 대한다. ○ 王順長息 則事我者也(왕순 장식 즉사아자야) : 왕순과 장식은 나를 섬기는 자로 대한다.

【集註】(1) 惠公費邑之君也 師所尊也 友所敬也 事我者所使也.

(1) 혜공(惠公)은 비읍(費邑)의 군주다. 사(師)는 스승으로 높이는 분이다. 우(友)는 벗으로 경애하는 사람이다. 사아자(事我者)는 내가 부리는 사람이다.

[4] 非惟小國之君爲然也 雖大國之君亦有之 晉平公之於亥唐也 入云則入 坐云則坐 食云則食 雖疏食菜羹 未嘗不飽 蓋不敢不飽也 然終於此而已矣 弗與共天位也 弗與治天職也 弗與食天祿也 士之尊賢者也 非王公之尊賢也.

비유소국지군(이) 위연야(이라) 수대국지군(이라도) 역유지(하니) 진평공지어해당야(에) 입운즉입(하며) 좌운즉좌(하며) 식운즉식(하야) 수소식채갱(이라도) 미상불포(하니) 개불감불포야(이라) 연(이나) 종어차이이의(오) 불여공천위야(하며) 불여치천직야(하며) 불여식천록야(하니) 사지존현자야(이라) 비왕공지존현야(이니라)

[4] <맹자의 말 계속> 「비단 작은 나라의 임금만 그렇게 한 것이 아니다. 큰 나라의 임금도 역시 그렇게 했다. 진(晉)나라 평공(平公)이 해당(亥唐)을 사귈 때에 그렇게 했다. <임금 평공이 해당 집에 갔을 때> <주인 해당이> 들어오라고 하면 들어가고, 앉으라고 하면 앉고, 먹으라고 하면 먹었다. 비록 잡곡밥과 채소국이었으나 언제나 배부르게 들었다. 허기는 감히 배부르게 들지 않을 수가 없었다. 그러나 끝내 그렇게 <순수한 벗의 도리로> 사귈 뿐이었다. <평공이 임금이라고 해서 해당에게> 나라의 벼슬자리를 주지 않았고, 함께 나라를 다스리지 않았고, 함께 나라의 녹을 나누어주지 않았다. <결국 평공과 해당의 사귐은> 선비가 현인을 존경하는 태도로 한 것이며, 임금이 현인을 존경하는 태도로 한 것이 아니었다.」

[어구 설명] [4] ㅇ 晉平公(진평공) : 춘추시대의 대국(大國), 진(晉)나라의 평공(平公). ㅇ 亥唐(해당) : 진나라의 현인(賢人). 그는 벼슬하지 않고 은거하고 있었다. 그러나 임금 평공은 그를 자주 찾아갔다. ㅇ 未嘗不飽(미상불포) : 언제나 배부르게 먹었다. ㅇ 蓋不敢不飽也(개불감불포야) : 허기는 <친구 집에서 음식이 나쁘다고> 감히 안 먹을 수도 없었다. ㅇ 然終於此而已矣(연종어차이이의) : 허나, 두 사람의 사귐은 그것일 뿐이었다. ㅇ 弗與(불여) : 더불어 --하지 않았다. ㅇ 共天位也(공천위야) : 나라의 벼슬자리를 함께 갖는다.

【集註】(1) 亥唐晉賢人也 平公造之 唐言入 公乃入 言坐 乃坐 言食 乃食也 疏食糲飯也 不敢不飽 敬賢者之命也 范氏曰 位曰天位 職曰天職 祿曰天祿 言天所以待賢人 使治天民 非人君所得專者也.

(1) 해당(亥唐)은 진(晉)나라의 현인(賢人)이다. 평공(平公)이 그의 집에 도달하여, 해당이 들어오라고 하면 공이 들어가고, 앉으라고 하면 앉고, 먹으라고 하면 먹었던 것이다. 소식(疏食)은 잡곡밥(糲飯)이다.「불감불포(不敢不飽)」는「현인의 명하는 바를 높이고 따랐다는 뜻」이다. 범씨(范氏)가 말했다.「나라의 자리를 천위(天位), 직책을 천직(天職), 녹을 천록(天祿)이라 한 것은 곧 하늘만이 현인을 내세우고 하늘 백성을 다스리게 하며, 사람인 임금이 멋대로 하는 것이 아님을 말한 뜻으로 <천(天)자를 붙인 것이다.>」

[5] 舜尚見帝 帝館甥于貳室 亦饗舜 迭爲賓主 是天子而友匹夫也.

순(이) 상현제(어시늘) 제(이) 관생우이실(하시고) 역향순(하샤) 질위빈주(하시니) 시(는) 천자이우필부야(이니라)

[5] <맹자의 말 계속>「순(舜)의 신분이 높아져, 요제(堯帝)를 알현하자, 요제는 부마(駙馬)인 순을 별도의 객관에 머무르게 했다. 그리고 <객관에서> 순이 베

푸는 잔치를 받았다. <이와 같이> 서로 손님과 주인의 자리를 바꾸었던 것이다. 이러한 것이 곧 천자와 필부가 사귀는 도리이다.」

[어구 설명] [5] ○舜尙見帝(순상현제) : 순(舜)이 요제(堯帝)의 두 공주를 맞아, 부마(駙馬)라는 높은 신분이 되었다. 그리고 요제를 알현했다. <이 때의 주인은 요제.> ○帝館甥于貳室(제관생우이실) : 요제가 사위를 별도의 객관(客館)에 들게 했다. 관(館)은 「객관에 들어가 살다」의 뜻. ○亦饗舜(역향순) : 요제(堯帝)도 역시 순이 베푸는 향연(饗宴)을 받았다. <이 때의 주인은 순.> ○迭爲賓主(질위빈주) : 빈(賓)과 주(主)가 서로 바뀌다(迭). ○是天子而友匹夫也(시천자이우필부야) : 이것이 천자인 요가 필부인 순과 사귄 도리였다.

【集註】(1) 尙上也 舜上而見於帝堯也 館舍也 禮妻父曰外舅 謂我舅者 吾謂之甥 堯以女妻舜 故謂之甥 貳室副宮也 堯舍舜於副宮 而就饗其食.
(1) 상(尙)은 상(上)이다. 순이 올라가 요제(堯帝)를 알현했다. 관(館)은 사(舍)다. 옛날의 예법으로 「처의 아버지를 외구(外舅)라 한다. 내가 구(舅)라고 하는 사람 <즉 장인은 사위인> 나를 생(甥)이라 한다.」 <이아(爾雅) 석친(釋親)> 요제(堯帝)가 딸을 순에게 시집 보냈으니 <순을> 생(甥)이라 한 것이다. 이실(貳室)은 부궁(副宮)이다. 요제가 순을 부궁에 머물게 하고, 요제가 그곳으로 가서 순이 베푸는 향연을 받았다.

[6] 用下敬上 謂之貴貴 用上敬下 謂之 尊賢 貴貴尊賢其義一也.

용하경상(을) 위지귀귀(오) 용상경하(를) 위지존현(이니) 귀귀존현(이) 기의일야(이니라)

[6] <맹자의 말 계속>「낮은 신분으로 위를 공경하는 것을 귀귀(貴貴)라고 한다. 즉 귀인(貴人)을 존귀(尊貴)하게 대접한다는 뜻이다. 높은 신분으로 아래를 존중하는 것을 존현(尊賢)이라고 한다. 즉 현인을 존귀하게 대접한다는 뜻이다. 귀귀(貴貴)나 존현(尊賢)이나 그 도의(道義 : 도리나 의미)는 하나이다.」

[어구 설명] [6] ㅇ用下敬上 謂之貴貴(용하경상 위지귀귀) : 낮은 신분으로 위를 공경하는 것을 「귀귀(貴貴)」라고 한다. 즉 「귀인(貴人)을 존귀(尊貴)하게 대접한다」는 뜻이다. ㅇ用上敬下 謂之尊賢(용상경하 위지존현) : 높은 신분으로 아래를 존중하는 것을 존현(尊賢)이라고 한다. 즉 「현인을 존귀하게 대접한다」는 뜻이다. ㅇ貴貴尊賢 其義一也(귀귀존현 기의일야) : 귀귀(貴貴)나 존현(尊賢)이나 그 도리나 의미는 하나로 같다.

【集註】(1) 貴貴 尊賢 皆事之宜者 然當時 但知貴貴 而不知尊賢 故孟子曰 其義一也 此言 朋友人倫之一 所以輔仁 故以天子友匹夫而不爲詘 以匹夫友天子而不爲僭 此堯舜所以爲人倫之至 而孟子言必

稱之也.

(1)「귀귀(貴貴)나 존현(尊賢)」은 모두 마땅히 지켜야 할 일이다. 그러나 당시 사람들은 다만「귀귀」만 알고「존현」을 몰랐다. 그래서, 맹자가「그 뜻이 하나로 같다」고 말한 것이다. 이 장은 다음 같은 뜻을 말한 것이다.「붕우의 도리도 인륜의 하나이며, 서로 보인(輔仁)의 바탕이다. 고로 천자가 필부를 벗으로 사귀어도 <필부인 나는> 굽히지 않는다. <한편> 필부인 내가 천자를 벗으로 사귀어도 참월(僭越)하지 않는다.」이렇게 한 것은 바로 요임금과 순임금이 인륜의 최고 경지에 도달한 것이다. 그러므로 맹자는 말할 때마다 반드시 그들을 칭찬했던 것이다.

제3장 問友章 : 白文

[1] 萬章問曰 敢問友 孟子曰 不挾長 不挾貴 不挾兄弟而友 友也者 友其德也 不可以有挾也.

[2] 孟獻子 百乘之家也 有友五人焉 樂正裘 牧仲 其三人 則予忘之矣 獻子之與此五人者友也 無獻子之家者也 此五人者亦有獻子之家 則不與之友矣.

[3] 非惟百乘之家爲然也 雖小國之君 亦有之 費惠公曰 吾於子思 則師之矣 吾於顔般 則友之矣 王順長息 則事我者也.

[4] 非惟小國之君爲然也 雖大國之君 亦有之 晉平公之於亥唐也 入云則入 坐云則坐 食云則食

雖疏食菜羹 未嘗不飽 蓋不敢不飽也 然終於此
而已矣 弗與共天位也 弗與治天職也 弗與食天
祿也 士之尊賢者也 非王公之尊賢也.

[5] 舜尙見帝 帝館甥于貳室 亦饗舜 迭爲賓主 是
天子而友匹夫也.

[6] 用下敬上 謂之貴貴 用上敬下 謂之尊賢 貴貴
尊賢其義一也.

【요점 복습】 제3장 문우장

  제자 만장(萬章)이「붕우의 도(朋友之道)」를 묻자 맹자가 대답했다.「서로 벗하고 사귀는 것은 서로 인덕(仁德)을 돕고 높이기 위해서다.」그리고 그 최고의 경지에 이른 사람의 예로 요(堯)임금과 순(舜)임금을 들었다. 이 장의 요점을 다음같이 추릴 수 있다.

  (1)「벗은 덕으로써 벗하는 것이다.(友其德也)」가문이나 권세나 지위나 재산 같은 것을 끼어들게 하면 안 된다.

  (2) 순수한 벗의 도리를 실천한 예를 맹헌자(孟獻子)로 들었다.

  (3) 나라가 작거나 크거나 불문하고 임금도「순수한 벗의 도리」를 지켜야 한다. 그 예를 비(費)의 혜공(惠公)이 자사(子思)를 스승으로 모셨고, 또 진(晉) 평공(平公)이 해당(亥唐)의 집에 가서는 주인이 하라는 대로 행동했다. 또 요제(堯帝)와 현명한 순(舜)의 경우는「벗의 도리의 극치」를 이룬 것이다.

  (4) 예양(禮讓)과 존현(尊賢)을 바르게 해야 한다.

제4장 交際章 : 총 7 구절

[1] 萬章問曰 敢問 交際何心也 孟子曰 恭也.

만장(이) 문왈 감문 교제(는) 하심야(이꼬) 맹자(이) 왈 공야(이니라)

[1] 만장(萬章)이 물으며 말했다.「감히 묻겠습니다. <제후(諸侯)들과> 교제할 때는 어떠한 마음가짐으로 해야 합니까.」맹자가 말했다.「공경하는 마음을 가져야 한다.」

[어구 설명] [1] ㅇ交際何心也(교제하심야) : <제후(諸侯)와> 교제할 때는 어떠한 마음가짐으로 해야 합니까. ㅇ恭也(공야) : 공경하는 마음을 가져야 한다.

【集註】(1) 際接也 交際 謂人以禮儀幣帛相交接也.

(1) 제(際)는 「접(接)」의 뜻이다. 교제(交際)는 「제후가 예의와 폐백을 갖추었으므로 서로 사귀고 접한다」는 뜻이다.

[2] 曰 卻之卻之爲不恭何哉 曰 尊者賜之 曰其所取之者義乎 不義乎 而後受之 以是爲不恭 故弗卻也.

왈 각지각지 위불공(은) 하재(이꼬) 왈 존자(이) 사지(어든) 왈 기소취지자 의호(아) 불의호(아) 이후수지(면) 이시위불공(이라) 고(로) 불각야(이니라)

[2] 만장:「<제후의 예물을> 굳게 사양하고 물리치는 것을 불공이라고 하는 까닭은 어찌해서 입니까.」
맹자:「존귀한 사람이 <예물을> 내려주었는데 <이쪽에서 속으로> 그가 이 물건을 취한 경로가 옳았는가 안 옳았는가를 헤아리고 <그리고> 나서 받으면 불공한 태도가 된다. 그러므로 제후가 <예를 갖추어 예물을 내려주면> 물리치지 말고 받아야 한다.」

[어구 설명] [2] ㅇ 卻之卻之(각지각지): 물리치고 또 물리치고 <끝내 받지 않는다.> ㅇ 其所取之者義乎不義乎(기소취지자의호불의호): 그 자가 이 물건을 취했을 때, 도의(道義)에 맞게 했을까, 불의(不義)하게 취했을까. ㅇ 故弗卻也(고불각야): 고로 <제후가 예를 갖추고 예물을 내려주면> 물리치지 않고 받아야 한다.

【集註】(1) 卻不受而還之也 再言之未詳 萬章疑交際之間 有所卻者 人便以爲不恭 何哉 孟子言 尊者之賜 而心竊計其所以得此物者 未知合義與否 必其合義 然後可受 不然則卻之矣 所以卻之爲不恭也.
(1)「각(卻)」은「받지 않고 돌려보낸다」는 뜻이다. 각지(卻之)를 두 번 거듭한 까닭은 잘 모르겠다. 만장은「제후와 교제할 때에 <예물을> 거절하는 것을 불공(不恭)이라고 하는 것은

왜일까」하고 의문을 제기했다. 맹자가 말했다.「존귀한 사람이 예물을 내려주었는데, 내가 마음속으로 그가 이 물건을 취득한 방도나 경위가 의리에 맞는지 안 맞는지를 알 수 없다고 헤아려본다. 그리고 반드시 의리에 맞아야 받아들이고 안 맞으면 물리친다. 그래서 물리치는 것을 불공(不恭)이라고 한 것이다.」

[3] 曰 請無以辭卻之 以心卻之 曰 其取諸民之不義也 而以他辭無受 不可乎 曰 其交也以道 其接也以禮 斯孔子受之矣.

왈 청무이사각지(요) 이심각지 왈 기취제민지불의야 이이타사무수(이) 불가호(이까) 왈 기교야(이) 이도(이오) 기접야(이) 이례(면) 사(는) 공자(도) 수지의(시니라)

[3] 만장 :「말을 하고 물리치지 말고, 마음속으로 생각만 하고 물리치면 어떻겠습니까. 즉 이 물건들은 백성들로부터 불의(不義)하게 탈취한 것이다. 그리고 다른 핑계를 말로 대고, <예물을> 받지 않으면 안 될까요.」

맹자 :「그의 교제가 도리에 맞고 그의 접근이 예에 맞으면, 공자님도 받아들이셨다.」

[어구 설명] [3] ㅇ曰(왈) : 만장이 말했다. ㅇ請(청) : <다음같이 하면> 어떻습니까. ㅇ無以辭卻之 以心卻之(무이사각지 이심각

지) : 말을 하고 물리치지 말고, 마음속으로 생각만 하고 물리치면 <어떻겠습니까.> ㅇ其取諸民之不義也(기취제민지불의야) : 이 물건들은 백성들로부터 불의(不義)하게 탈취한 것이다. <이런 생각을 말로 하지 말고 속으로만 생각한다.> ㅇ而以他辭無受(이이타사무수) : 그리고 다른 핑계를 말로 하고, <예물을> 받지 않으면. ㅇ不可乎(불가호) : 안 됩니까. ㅇ曰(왈) : 맹자가 말했다. ㅇ其交也以道 其接也以禮(기교야이도 기접야이례) : 그의 교제가 도리에 맞고, 그의 접근이 예에 맞으면. ㅇ斯孔子受之矣(사공자수지의) : 그런 경우에는 공자님도 받아들이셨다.

【集註】(1) 萬章以爲彼旣得之不義 則其餽 不可受 但無以言語間而卻之 直以心度其不義 而託於他辭以卻之 如此可否耶 交以道 如餽贐 聞戒 周其飢餓之類 接以禮 謂辭命恭敬之節 孔子受之 如受陽貨烝豚之類也.

(1) 만장(萬章)은 「제후(諸侯)가 원래 의롭지 않게 물건을 취했으니, 그가 주는 것을 받을 수 없다」고 생각했다. 그러나 「말을 하고 거절하지 않고 다만 마음으로 그 불의를 헤아리고 <겉으로는> 다른 말로 핑계를 대고 거절하면 어떻습니까」하고 물은 것이다. 「도로써 교제한다는 것(交以道)」은 곧 「전별금(餞別金)을 주거나, 경계의 말을 해주거나, 기아(飢餓) 때 도와주는 따위」를 말한다. 「예로써 접촉한다는 것(接以禮)」은 「주고받는 언사를 공손하고 경건하게 절도 있게 한다는

뜻」이다. 「공자도 받았다는 것(孔子受之)」은 「양화(陽貨)가 보낸 삶은 돼지를 받은 것과 같은 뜻」이다.

[4] 萬章曰 今有禦人於國門之外者 其交也以道 其餽也以禮 斯可受禦與 曰 不可 康誥曰 殺越人于貨 閔不畏死 凡民 罔不譈 是不待敎而誅者也 殷受夏 周受殷 所不辭也 於今爲烈 如之何其受之.

만장(이) 왈 금유어인어국문지외자(이) 기교야(이) 이도(이오) 기궤야이례(이면) 사가수어여(이까) 왈 불가(하니) 강고(에) 왈 살월인우화(하야) 민불외사(를) 범민(이) 망부대(라하니) 시(는) 부대교이주자야(이니) 은수하(하고) 주수은 소불사야 어금위렬 여지하기수지(리오)

[4] 만장 : 「만약 지금 나라의 대문 밖에서 <길을 막고 사람을 죽이고 재물을 탈취한> 살인 강도가 있어, 그가 도를 따라 교제를 하고, 예를 따라 물건을 준다면, 그런 자도 받아주어야 합니까.」

맹자 : 「안 된다. 서경(書經) 주서(周書) 강고편(康誥篇)에 있다.『사람을 죽이고 재물을 강탈하고 포악하고 죽음을 겁내지 않는 자를 모든 사람이 원망하고 미워한다.』<살인 강도를 주살(誅殺)하는 형벌은> 하(夏), 은(殷), 주(周) 삼대(三代)가 이어오며, 공통으

로 지켜오고 폐지하지 않은 형벌이다. 오늘에는 더욱
밝히는 형벌이거늘 어찌 <그런 살인 강도를> 받아주
겠느냐.」

[어구 설명] [4] ㅇ禦人(어인) : <길을 막고 사람을 죽이고 재물을
강탈하는> 살인 강도. ㅇ斯可受禦與(사가수어여) : 그와 같은 살
인 강도를 받아들일 수 있는가. ㅇ康誥(강고) : 서경(書經) 주서(周
書) 강고편(康誥篇). ㅇ殺越人于貨(살월인우화) : 사람을 죽이고
재물을 강탈한다. 월(越)은 어(於) 혹은 어조사. 우(于)는 취(取)로
푼다. ㅇ閔不畏死(민불외사) : 포악하고 죽음을 겁내지 않는 자.
민(閔)은 민(暋 : 굳세다)과 같다. ㅇ凡民罔不譈(범민망부대) : 모
든 사람이 원망하고 미워하지 않는 사람이 없다. 譈(원망할 대).
ㅇ殷受夏 周受殷 所不辭也(은수하 주수은 소불사야) : <살인 강도
를 주살(誅殺)하는 형벌은> 하(夏), 은(殷), 주(周) 삼대(三代)가
이어오며, 공통으로 지켜오고 폐지하지 않은 형벌이다. ㅇ於今爲
烈 如之何其受之(어금위렬 여지하기수지) : 오늘에는 더욱 밝히는
형벌이거늘, 어찌 <그런 살인 강도를> 받아주겠느냐.

【集註】(1) 禦止也 止人而殺之 且奪其貨也 國門
之外 無人之處也 萬章以爲苟不問其物之所從來 而
但觀其交接之禮 則設有禦人者 用其禦得之貨 以禮
餽我 則可受之乎 康誥 周書篇名 越顚越也 今書 閔
作暋 無凡民二字 譈 怨也 言殺人而顚越之 因取其
貨 閔然不知畏死 凡民無不怨之 孟子言 此乃不待教

戒 而當卽誅者也 如何而可受之乎 商受至爲烈 十四
字 語意不倫 李氏 以爲此必有斷簡或闕文者近之 而
愚意其直爲衍字耳 然不可攷 姑闕之可也.

(1) 「어(禦)」는 「지(止)」의 뜻이다. 「길가는 사람을 멈추게 하고 죽이고 재물을 탈취하는 자」를 말한다. 「국문지외(國門之外)」는 「사람이 없는 곳」이다. 만장은 「물건이 어떻게 온 것인지를 불문에 부치고 오직 교제하는 예만 본다면, 즉 설혹 살인강도가 죄를 짓고 얻은 재물을 예를 갖추어 보내준다면 받아도 좋겠느냐.」하고 생각한 것이다. 「강고(康誥)」는 서경(書經) 주서(周書)의 편명이다. 「월(越)」은 「넘어뜨린다」는 뜻이다. 지금의 「서경」에는 「민(閔)」을 「민(暋)」으로 적었으며 「범민(凡民)」 두 자가 없다. 「대(譈)」는 「원망한다」는 뜻이다. 「즉 사람을 죽여 넘어뜨리고 재물을 탈취하고도, 완악(頑惡)하여 죽음을 두려워할 줄 모르는 자를 모든 사람이 원망하지 않는 자가 없다」는 뜻을 말한 것이다. 이에 대해 맹자는 말했다. 「그런 자는 바로 교계(敎戒)를 기다리지 않고 마땅히 즉시 죽여야 한다. 어떻게 그런 것을 받을 수 있겠느냐」 「은수지위렬 십사자(殷受至爲烈 十四字)」는 「글의 뜻이 고르지 않다. 이씨(李氏)가 중간에 반드시 단절이나 결문이 있을 거라고 한 생각과 비슷할 것이다.」 「나는 다만 연자(衍字)가 될 뿐이라고 생각한다. 그러나 상고할 수 없으니 그대로 두어도 좋을 것이다.」

[5] 曰 今之諸侯取之於民也 猶禦也 苟
善其禮際矣 斯君子受之 敢問何說也
曰 子以爲有王者作 將比今之諸侯而
誅之乎 其敎之不改而後 誅之乎 夫
謂非其有而取之者 盜也 充類至義之
盡也 孔子之仕於魯也 魯人獵較 孔
子亦獵較 獵較猶可 而況受其賜乎.

왈 금지제후(이) 취지어민야(이) 유어야(이어늘) 구선기예제의(면) 사(는) 군자(도) 수지(라하시니) 감문 하설야(이니이꼬) 왈 자(이) 이위유왕자작(인댄) 장비금지제후이주지호(아) 기교지불개이후(에) 주지호(아) 부위비기유이취지자(를) 도야(는) 충류지의지진야(이라) 공자지사어노야(에) 노인(이) 엽교(이어늘) 공자(이) 역렵교(하시니) 엽교(도) 유가(이온) 이황수기사호(이꼬)

[5] 만장 : 「오늘의 제후들이 백성으로부터 재물을 탈취하는 양상은 흡사 살인 강도와 같습니다. <그런데도> 만약에 그들이 예를 갖추고 교제를 하고자 하면, 군자가 이를 수락하라고 하시니, 감히 묻겠습니다. 왜 그래야 합니까.」

맹자가 말했다.「그대는 <어느 쪽이 좋다고> 생각하는가. <만약에 참으로> 왕자가 나타나면, 장차 오늘의 나쁜 제후들을 모두 죽여야 한다고 <생각하는가.

먼저> 가르치고 <그래도> 고치지 않으면, 그 후에 죽여야 한다고 <생각하는가. 또 잘 듣게.> 자기의 소유가 아닌데 취해 갖는다고 <제후들을> 통틀어 도적이라고 <몰아붙이는 태도는> 유사한 모든 것을 묶어서[充類], 극단적인 정의(定義) <즉 강도에> 몰아붙이는 짓이라 하겠네. 공자께서 노나라에 벼슬하실 때에 노나라 사람들이 <관습에 따라> 엽교(獵較)를 했으며, 공자께서도 역시 엽교를 하셨네. <관습에 따른> 엽교도 가하다고 하셨으니, 하물며 <제후가 예를 갖추고 예물을 내린 것을> 받을 수 있지 않겠는가.」

[어구 설명] [5] ○今之諸侯取之於民也 猶禦也(금지제후취지어민야 유어야) : 오늘의 제후들이 백성으로부터 재물을 탈취하는 양상은 흡사 살인 강도와 같다. ○子以爲有王者作(자이위유왕자작) : 그대는 <어느 쪽이 좋다고> 생각하는가. <만약에 참으로> 왕자가 나타나면. ○將比今之諸侯而誅之乎(장비금지제후이주지호) : 장차 오늘의 나쁜 제후들을 모두 죽여야 한다고. <생각하는가?> 「장(將)」은 장차. 「비(比)」는 모두 다. ○其教之不改而後 誅之乎(기교지불개이후 주지호) : <일단은 먼저> 가르치고 <그래도> 고치지 않으면, 그 후에 죽여야 한다고. <생각하는가?> ○夫謂非其有而取之者 盜也(부위 비기유이취지자 도야) : 자기의 소유가 아닌데, 취해 갖는 자를 통틀어 도적이라고 말하는 것은. 「부위(夫謂)--도야(盜也)」를 「--을 통틀어 도적이라고 말한다.」 ○充類至義之盡也(충류지의지진야) : 유사한 모든 것을 묶어서[充類], 극단

적인 뜻 <즉 강도에> 몰아붙이는 짓이니라. 「지의지진(至義之盡)」의 「지(至)」는 「이르게 한다」, 「의지진(義之盡)」은 「극단적으로 나쁜 뜻이나 정의(定義)」. ○魯人獵較(노인엽교) : 노나라 사람들이 <관습에 따라> 엽교(獵較)를 했다. 「엽교」를 조기(趙岐)는 다음같이 주를 달았다. 「사냥을 한 다음, 잡은 것을 비교해보고, 많이 잡은 사람이 적게 잡은 사람의 것을 취해 가지고, 제사에 바치며, 그것을 길상(吉祥)으로 여겼다.」

【集註】(1) 比連也 言今諸侯之取於民 固多不義 然 有王者起 必不連合而盡誅之 必敎之不改而後 誅之 則其與禦人之盜 不待敎而誅者 不同矣 夫禦人於國門之外 與非其有而取之 二者固皆不義之類 然必禦人乃爲眞盜 其謂非有而取爲盜者 乃推其類 至於義之至精至密之處 而極言之耳 非便以爲眞盜也 然則今之諸侯 雖曰取非其有 而豈可遽以同於禦人之盜也哉 又引孔子之事 以明世俗所尙 猶或可從 況受其賜 何爲不可乎 獵較未詳 趙氏以爲田獵相較 奪禽獸之祭 孔子不違 所以小同於俗也 張氏以爲獵而較所獲之多少也 二說未知孰是.

(1) 「비(比)」는 「연(連 : 늘어놓다)」의 뜻이다. 맹자의 말은 다음 같은 뜻을 말한 것이다. 「오늘의 제후가 백성의 재물을 취하는 것은 당연히 매우 불의(不義)한 짓이다. 그러나 참다

운 왕자가 나타나도 반드시 그들을 다 늘어놓고 죽이지 않고, 반드시 먼저 가르친다. 그래도 개선하지 않으면 그 다음에 죽일 것이다. 그러므로 살인 강도를 가르치지 않고 죽이는 것과 같지 않다. 허기는 나라의 문 밖에서 길을 막고 재물을 탈취하는 어인(禦人)이나, 자기 소유가 아닌 것을 취해 갖는 제후들이나, 둘 다 불의(不義)한 점에서는 동류(同類)이다. 그러나 어인은 진짜 살인강도이다. 한편 자기 소유가 아닌 것을 취해 갖는 제후를 도적이라 말하는 것은 유추(類推)해서 말의 뜻을 지극히 정밀한 곳에 놓고 극단적으로 말한 것이지, 진짜 도적이라고 생각한 것이 아니다. 그러므로 지금의 제후들이 비록 자기 소유가 아닌 것을 취했다 해도, 어찌 당장에 어인과 같은 살인강도라고 말할 수 있겠는가.」 또 공자의 일을 인용해서 「세속에서 숭상하는 바를 따를 수 있거늘, 하물며 <예를 갖추어 내리는 예물을> 받는 것이 어찌 안 되겠는가 하는 뜻」을 밝힌 것이다. 「엽교(獵較)」는 자세히 알 수 없다. 조기(趙岐)는 사냥할 때에, <잡은 금수의 수량을> 서로 비교해서, <많이 잡은 사람이 적게 잡은 사람의> 금수를 빼앗아 제사를 지내는 것이라고 풀이했다. 공자도 <엽교를> 부정하지 않았으니, 그것은 약간이나마 세속을 같이하고자 해서이다. 장씨(張氏)는 「사냥하여 잡은 짐승의 다소를 비교하는 것이다」라고 풀었다. 이들의 두 설 중, 어느 것이 옳은지 알 수 없다.

[6] 曰 然則孔子之仕也 非事道與 曰 事道也 事道 奚獵較也 曰 孔子先簿正祭器 不以四方之食 供簿正 曰奚不去也 曰 爲之兆也 兆足以行矣 而不行而後去 是以未嘗有所終三年淹也.

왈 연즉공자지사야(는) 비사도여(이까) 왈 사도야(이시니라) 사도(이어시니) 해렵교야(이이꼬) 왈 공자(이) 선부정제기(하샤) 불이사방지식(으로) 공 부정(하시니라) 왈 해불거야(이시니이꼬) 왈 위지조야(이시니) 조(이) 족이행의 이불행이후(에) 거(하시니) 시이(로) 미상유소종삼년엄야(이시니라)

[6] 만장 : 「그렇다면 공자께서 출사하신 목적은 도(道)를 섬기고 실현하기 위한 것이 아니었습니까.」
맹자 : 「도를 실현하기 위해서다.」 <즉 왕도 덕치를 행하기 위해서다.>
만장 : 「도를 실현하기 위한다면서, 어째서 엽교(獵較)를 그냥 두고 따랐습니까.」
맹자 : 「공자는 먼저 <제사의 절차나 규범을 적은> 부책(簿冊)을 제정하시고, <그에 따라 제사를 지내는 절차나 혹은 바치는> 제물(祭物)이나 제기(祭器) 등을 바르게 하고, 또 제사에는 함부로 사방의 음식을 바치지 못하게 함으로써, 격식을 바르게 잡으려고 하셨던 것이다.」

만장 : 「<노나라에서 도가 행해지지 않았는데> 왜 공자께서 떠나지 않으셨습니까.」

맹자 : 「<왕도 덕치의> 징조나 단서를 만들기 위해서 다. <공자가 만들어 놓은 징조나 단서가> 충분하여 <왕도 덕치를> 행할 수 있는데도 <임금이> 행하지 않으면, 그 다음에 비로소 <공자께서> 그 나라를 떠나셨다. 그러므로 <공자께서는 어느 나라에서도> 3년이 끝날 때까지 그대로 머물러 계시지 않으셨던 것이다.」

[어구 설명] [6] ㅇ 然則孔子之仕也 非事道與(연즉공자지사야 비사도여) : 그렇다면 공자께서 출사하신 것은 도(道)를 섬기기 위한 게 아닙니까. 「사도(事道)」는 「왕도덕치(王道德治)의 실현이다.」 ㅇ 事道 奚獵較也(사도 해렵교야) : <만장의 말>「왕도를 실현하기 위한다면서, 어째서 엽교(獵較)를 그냥 두고 따랐습니까.」 ㅇ 曰 孔子先簿正祭器(왈 공자선부정제기) : <맹자의 말>「공자는 먼저 제사에 대한 부책(簿冊), 즉 기록을 제정하시고, <그에 따라> 제사를 지내는 절차나 혹은 바치는 제물(祭物), 제기(祭器) 등을 바르게 하려고 했던 것이다. ㅇ 不以四方之食供 簿正(불이사방지식공 부정) : 제사에는 함부로 사방의 음식을 바치지 못하게 함으로써, <부책에 적은 대로> 격식을 바르게 잡으려고 하셨다. ㅇ 曰 奚不去也(왈 해불거야) : <만장의 말>「<노나라에서 도가 행해지지 않았는데> 왜 공자께서 떠나지 않으셨습니까.」 ㅇ 曰 爲之兆也 (왈 위지조야) : <맹자의 말>「<왕도덕치의> 징조나 단서를 만들

기 위해서다.」「조(兆)」는「징조나 단서」의 뜻으로 풀이한다. ○兆足以行矣(조족이행의) : <공자가 만들어 놓은 징조나 단서가> 충분하여 <왕도덕치를> 행할 수 있는데도. ○而不行而後去(이불행이후거) : <임금이> 행하지 않으면, 그 다음에 <공자께서> 그 나라를 떠나셨다. ○是以 未嘗有所終三年淹也(시이 미상유소종삼년엄야) : 그러므로 <공자께서는 어느 나라에도> 3년이 끝날 때까지 그대로 머물러 있지 않으셨다.

【集註】(1) 此因孔子事 而反覆辯論也 事道者 以行道爲事也 事道奚獵較也 萬章問也 先簿正祭器 未詳 徐氏曰 先以簿書 正其祭器 使有定數 不以四方難繼之物實之 夫器有常數 實有常品 則其本正矣 彼獵較者 將久而自廢矣 未知是否也 兆猶卜之兆 蓋事之端也 孔子所以不去者 亦欲小試行道之端 以示於人 使知吾道之果可行也 若其端旣可行 而人不能遂行之 然後不得已而必去之 蓋其去 雖不輕 而亦未嘗不決　是以未嘗終三年留於一國也.

(1) 이 말은 공자의 사례를 들고 <극단적으로 몰아붙이지 말라는> 주장을 되풀이한 것이다.「사도자(事道者)」는「도를 행하는 것을 일로 여긴다.」는 뜻이다.「사도해렵교야(事道奚獵較也)」는 만장의 질문이다.「선부정제기(先簿正祭器)」의 뜻은 알 수 없다. 서씨(徐氏)가 말했다.「선이부서정기제기(先以簿書正其祭器)는 <제기나 제물에> 일정한 수량이 있으

며, 사방에서 계속해서 구해오기 어려운 물건은 <제기 속에> 고이지 않는다. 원래 제기에 고이는 제물에도 일정한 수량이 있고, 그 제기에 고여 바치는 제물은 항상 같은 산물이라야 한다. 그렇게 하는 것이 근본이고 바른 법도이다. <그렇게 되면, 그와 같은 관습상의> 엽교(獵較)는 오래지 않아 저절로 폐지하게 될 것이다. 허나 그런지 아닌지를 잘 모르겠다.」「조(兆)」는 「복점(卜占)의 징조와 같은 뜻이며, 일의 시단(始端)이다.」 공자가 떠나지 않은 까닭은, 작으나마 도를 행하는 단서를 시험해서 사람에게 보이고, 자기의 도가 결국은 행할 수 있음을 알게 하고자 해서이다. 그와 같이 단서를 행할 수 있는데도, 사람들이 끝내 행하지 못했다. 그래서 부득이하게 반드시 떠났던 것이다. 원칙적으로 <공자는> 떠나는 것을 가볍게 여기지 않았다. 그러나 항상 결단을 내렸던 것이다. 그러므로 한 나라에서 3년 이상을 머물러 있지 않았던 것이다.

[7] 孔子有見行可之仕 有際可之仕 有公養之仕 於季桓子 見行可之仕也 於衛靈公 際可之仕也 於衛孝公 公養之仕也.

공자(이) 유견행가지 사(하시며) 유제가지 사(하시며) 유공양지 사(하시니) 어계환자(엔) 견행가지사야(이오) 어위령공(엔) 제가지사야(이오) 어위효공(엔) 공양지사야(이니라)

[7] <맹자의 말 계속>「공자는 도를 행할 수 있다고 보았을 때, 출사를 했다. 또 <임금이 예를 갖추어> 교제를 할만하다고 생각이 되면, 출사를 했다. 또 <임금이> 성의로써 현인을 공양할 때에는, 출사를 했다. 노나라 계환자의 경우는 도를 행할 수 있다고 보았을 때, 출사한 예다. 위나라 영공의 경우는 교제를 할만하다고 해서, 출사를 한 예다. 위나라 효공의 경우는 성의로써 현인을 공양했으므로 출사를 한 예이다.」

[어구 설명] [7] ○孔子 有見行可之仕(공자 유견행가지 사) : 공자는 도를 행할 수 있다고 보았을 때, 출사를 했다. ○有際可之仕(유제가지 사) : <임금이 예를 갖추어> 교제를 할만하다고 인정되면, 출사를 했다. ○有公養之仕(유공양지사) : <임금이> 성의로써 현인을 공양할 때에, 출사를 했다. ○於季桓子 見行可之仕也(어계환자 견행가지 사야) : 계환자의 경우는 도를 행할 수 있다고 보았을 때, 출사한 예다. ○於衛靈公 際可之仕也(어위령공 제가지사야) : 위 영공의 경우는 교제를 할만하다고 인정이 되어서, 출사를 한 예다. ○於衛孝公 公養之仕也(어위효공 공양지사야) : 위 효공의 경우는 성의로써 현인을 공양했으므로 출사를 한 예이다.

【集註】(1) 見行可 見其道之可行也 際可接遇以禮也 公養國君養賢之禮也 季恒子魯卿季孫斯也 衛靈公衛侯元也 孝公 春秋史記皆無之 疑出公輒也 因孔子仕魯 而言其仕 有此三者 故於魯 則兆足以行矣

而不行然後去 而於衛之事 則又受其交際問餽 而不
卻之一驗也 尹氏曰 不聞孟子之義 則自好者爲於陵
仲子而已 聖賢辭受進退 惟義所在 愚按 此章文義多
不可曉 不必强爲之說.

(1)「견행가(見行可)」는「도를 행할 수 있음을 본다」는 뜻이
다.「제가(際可)」는「예로써 접하고 만난다」는 뜻이다.「공양
(公養)」은「나라의 임금이 현인을 공양하는 예(禮)이다.」「계
환자(季桓子)」는「노(魯)나라의 경(卿), 계손사(季孫斯)이다.」
「위 영공(衛靈公)」은「위(衛)나라의 후(侯) 원(元)이다.」「효
공(孝公)」은 춘추(春秋)나 사기(史記)에도 없으며, 혹 출공
(出公) 첩(輒)이 아닐까 의심한다. 「공자가 노나라에 출사한
것을 바탕으로 하고, 그의 출사에 이와 같이 세 가지 경우가
있음」을 말했다.「노나라에서는 <도를 행할> 징조가 족해서
출사했다. 그러나 사람들이 도를 행하지 않았으므로, 그 뒤에
는 떠났던 것이다. 위나라의 경우는 <영공이 교제를 할 때,
예에 맞게 했으며> <효공의 경우는 문례(問禮)와 예물(禮物)
을 받았으므로> 물리치지 않았다는 증험(證驗)을 말한 것이
다.」 윤씨(尹氏)가 말했다.「맹자의 의(義)를 듣지 못하고 스
스로 옳다고 생각하는 사람은 오릉중자(於陵仲子)같이 될 뿐
이다. 성현의 사양하고, 받고, 나아가고, 물러남은 어디까지나
의리(義理)에 맞는 바가 있다.」 나, 주자는 생각한다.「이 장의
글의 뜻에는 많은 곳을 잘 알 수 없다. 그러나 억지로 풀이할

필요가 없다.」

제4장 交際章 : 白文

[1] 萬章問曰 敢問交際 何心也 孟子曰 恭也.

[2] 曰 卻之卻之爲不恭 何哉 曰 尊者賜之 曰其所取之者義乎不義乎 而後受之 以是爲不恭 故弗卻也.

[3] 曰 請無以辭卻之 以心卻之 曰其取諸民之不義也 而以他辭無受 不可乎 曰 其交也以道 其接也以禮 斯孔子受之矣.

[4] 萬章曰 今有禦人於國門之外者 其交也以道 其餽也以禮 斯可受禦與 曰不可 康誥曰 殺越人于貨 閔不畏死 凡民罔不譈 是不待教而誅者也 殷受夏 周受殷 所不辭也 於今爲烈 如之何其受之.

[5] 曰 今之諸侯取之於民也 猶禦也 苟善其禮際矣 斯君子受之 敢問何說也 曰子以爲有王者作 將比今之諸侯而誅之乎 其教之不改而後 誅之乎 夫謂非其有而取之者盜也 充類至義之盡也 孔子之仕於魯也 魯人獵較 孔子亦獵較 獵較猶可 而況受其賜乎.

[6] 曰 然則孔子之仕也 非事道與 曰事道也 事道奚獵較也 曰 孔子先簿正祭器 不以四方之食供簿正 曰奚不去也 曰爲之兆也 兆足以行矣 而不行而後去 是以未嘗有所終三年淹也.

[7] 孔子有見行可之仕 有際可之仕 有公養之仕 於

季桓子 見行可之仕也 於衛靈公 際可之仕也
於衛孝公 公養之仕也.

【요점 복습】제4장 교제장

  설사 이상적인 임금이 아니라도, 그가 예를 갖추어 접근하면 일단은 받아주고 접촉하고 교제를 해야 한다. 그리고 가능하면 그 임금을 가르쳐서 왕도덕치(王道德治)를 실행하게 설득해야 한다. 그러나, 가망이 없으면, 떠나야 한다.

  그 본을 공자에게서 배워야 한다. 공자는 때와 경우에 맞게 행동했다. 사귈 만하면 사귀었고, 섬길 만하면 섬기고 벼슬했다.

제5장 爲貧章 : 총 5 구절

[1] 孟子曰 仕非爲貧也 而有時乎爲貧 娶妻非爲養也 而有時乎爲養.

맹자(이) 왈 사(이) 비위빈야 이유시호위빈(하며) 취처(이) 비위양야 이유시호위양(이니라)

[1] 맹자가 말했다.「군자가 벼슬하는 것은 가난을 <모면하기> 위해서가 아니다. 그러나 때로는 <불가 피하게> 가난 때문에 벼슬하는 경우도 있다. 남자가 처를 얻는 것은 <부모나 가족을> 봉양하기 위해서만 이 아니다. 그러나 때로는 불가피하게 가족을 양육하기 위해서 처를 얻는 수도 있다.」

[어구 설명] [1] ㅇ孟子曰(맹자왈) : 맹자가 말했다. ㅇ仕非爲貧也(사비위빈야) : <직역>「벼슬은 가난을 위해서 하는 것이 아니다.」즉「군자가 학덕(學德)을 겸비(兼備)하고 나가서 벼슬하는 기본목적은 왕도덕치(王道德治)와 경국제민(經國濟民)을 위해서다.」오늘의 말로 하면「정치 참여는 이름을 내고 돈을 벌기 위한 것이 아니고, 진정으로 애국애민(愛國愛民)하기 위해서다.」ㅇ而有時乎爲貧(이유시호위빈) : 그러나 때로는 <불가피하게> 가난 때문에 벼슬하는 경우도 있다. 즉 먹고살기 위해서 벼슬하는 경우도 있다. ㅇ娶妻非爲養也(취처비위양야) : 남자가 처를 취하는 목적은 <부모를 위시하여 가족들을> 봉양하기 위해서만이 아니다.

<보다 원칙적으로 큰 목적은 자손을 낳고 가문을 계승하고 집안을 더욱 발전케 하기 위해서다.> ㅇ而有時乎爲養(이유시호위양) : 그러나 때로는 불가피하게 가족을 양육(養育)하기 위해서 처를 얻고 장가를 드는 수도 있다.

【集註】(1) 仕 本爲行道 而亦有家貧親老 或道與時違 而但爲祿仕者 如娶妻本爲繼嗣 而亦有爲不能親操井臼 而欲資其餽養者.

(1) 벼슬은 본래 도를 행하기 위해서 하는 것이다. 그러나 때로는 집안이 가난하고 부모가 노쇠한 경우에는, 혹 도에 맞지 않고 또 때로 어긋나도, 오직 녹봉을 위해서 벼슬하는 수도 있다. 처를 취하는 경우에도 <기본 목적은> 본래 자손을 낳고 집안을 계승하기 위해서다. 그러나 내 자신 손수 물긷고 방아찧는 일을 할 수 없으므로, <처를 얻어> 부모나 가족에게 음식을 바치고 양육하는 데 도움이 되기를 바라고 <장가를 들기도 한다.>

[2] 爲貧者 辭尊居卑 辭富居貧.

위빈자(는) 사존거비(하며) 사부거빈(이니라)

[2] <맹자의 말 계속>「가난을 모면하기 위해서 벼슬하는 사람은 <스스로> 높은 자리를 사양하고 낮은 벼슬을 살아야 한다. 많은 녹봉을 사양하고 적은 녹봉을 받는 자리에 있어야 한다.」

[어구 설명] [2] ㅇ爲貧者(위빈자) : 가난을 모면하기 위해서 벼슬하는 사람은. ㅇ辭尊居卑(사존거비) : 높은 자리를 사양하고 낮은 벼슬을 살아야 한다. ㅇ辭富居貧(사부거빈) : 많은 녹봉을 사양하고 적은 녹봉을 받는 벼슬을 살아야 한다.

【集註】 (1) 貧富謂祿之厚薄 蓋仕不爲道 已非出處之正 故其所處但當如此.

(1)「빈부(貧富)」는「녹봉의 많고 적음을 말한 것이다.」본래 도를 위해서 벼슬한 것이 아니므로 이미 출처(出處)가 바르지 않다. 고로 처하는 바 <벼슬자리를> 스스로 그와 같이 사양해야 한다.

[3] 辭尊居卑 辭富居貧 惡乎宜乎 抱關擊柝.

사존거비(하며) 사부거빈(은) 오호의호(오) 포관격탁(이니라)

[3] <맹자의 말 계속>「높은 자리를 사양하고 낮은 벼슬을 살고, 많은 녹봉을 사양하고 적은 녹봉을 받는 자리에 있기 위해서는 어떻게 하는 것이 옳겠느냐. 즉 관문을 지키는 문지기나 딱딱이를 치는 야경꾼이 되어야 한다.」

[어구 설명] [3] ㅇ惡乎宜乎(오호의호) : 어떻게 하는 것이 옳으냐. ㅇ抱關擊柝(포관격탁) : 관문을 지키는 문지기나 밤에 딱딱이를

치는 야경꾼이 되는 것이 좋다.

【集註】(1) 柝夜行所擊木也 蓋爲貧者 雖不主於行道 而亦不可以苟祿 故惟抱關擊柝之吏 位卑祿薄 其職易稱 爲所宜居也 李氏曰 道不行矣 爲貧而仕者 此其律令也 若不能然 則是貪位慕祿而已矣.

(1)「탁(柝)」은「밤에 다니면서 딱딱이를 치는 야경원이다.」허기는 가난을 <모면하기> 위해서 벼슬하는 자는 비록 도를 행하는 일을 주로 하지 않는다 해도, <그렇다고> 거저 녹봉을 취할 수는 없다. 고로 포관격탁(抱關擊柝) 같은 벼슬을 해야 한다. 지위가 낮고 녹봉이 박해도 그 직책을 쉽게 감당할 수 있으니, <그와 같은 벼슬자리에는> 있을 만하다. 이씨(李氏)가 말했다.「도를 행하지 않고 오직 가난을 모면하기 위해서 벼슬하는 자에게는 그와 같이 하는 것이, 율법이라 하겠다. 만약에 그렇게 하지 않는다면, 곧 지위를 탐하고 녹봉을 욕심내는 것이니라.」

[4] 孔子 嘗爲委吏矣 曰 會計當而已矣 嘗爲乘田矣 曰 牛羊茁壯長而已矣.

공자(이) 상위위리의(샤) 왈 회계(를) 당이이의(라하시고) 상위승전의(샤) 왈 우양(을) 줄장장이이의(라하시니라)

[4] <맹자의 말 계속>「공자께서 전에 창고를 지키는

위리(委吏)가 되시자 말하셨다.『회계만을 정당하게
할 뿐이다.』또 공자께서 승전(乘田)이 되시자 말하셨
다.『나는 오직 소나 양을 잘 사육했을 뿐이다.』」

[어구 설명] [4] ㅇ孔子 嘗爲委吏矣(공자 상위위리의) : 공자가 전에 창고를 지키는 관리가 되시자.「위리(委吏)」는 곡물 창고를 지키는 천직. ㅇ曰(왈) : <자기 직분에 대해서> 말했다. ㅇ會計當而已矣(회계당이이의) : 회계만을 정당하게 할 뿐이었다. ㅇ嘗爲乘田矣(상위승전의) : 전에 승전(乘田)이 되시자.「승전」은 원유(苑囿)에서 동물 사육을 담당하는 하급 관리. ㅇ曰牛羊茁壯長而已矣(왈우양줄장장이이의) :「나는 오직 소나 양을 잘 사육하고 잘 자라게 했을 뿐이다」라고 말하셨다.「줄(茁)」혹은「촬(茁)」은, 집주(集註)는「조괄반(阻刮反)」이라고 했다.

【集註】(1) 此 孔子之爲貧 而仕者也 委吏 主委積之吏也 乘田 主苑囿芻牧之吏也 茁肥貌 言以孔子大聖 而嘗爲賤官不以爲辱者 所謂爲貧而仕 官卑祿薄而職易稱也.

(1) 이는 공자가 가난을 위해서 벼슬했다는 말이다. 위리(委吏)는 곡물 창고를 관장하는 관리다. 승전(乘田)은 원유(苑囿)에서 동물 사육을 관장하는 관리다. 줄(茁)은 비대한 모양이다. 즉「공자는 대성(大聖)이면서 일찍이 비천한 벼슬을 살았으며, 그것을 욕되게 생각하지 않았다는 뜻」을 말한 것이다. 이것이 곧 이른바「가난을 위해 벼슬할 때는 관직이 비천하고

녹봉이 적어야 그 직책을 감당하기 쉽다」는 실례이다.

[5] 位卑而言高 罪也 立乎人之本朝 而道不行恥也.

위비이언고(이) 죄야(이오) 입호인지본조 이도불행(이) 치야(이니라)

[5] <맹자의 말 계속>「낮은 자리에 있으면서 <함부로 국가 대사를> 논하는 것은 죄가 된다. 남의 나라나 조정에서 벼슬을 하면서, 도를 행하지 않는 것은 창피한 노릇이다.」

[어구 설명] [5] ㅇ位卑而言高 罪也(위비이언고 죄야) : 낮은 자리에 있으면서 <함부로 국가 대사를> 논하는 것은 죄가 된다. ㅇ立乎人之本朝 而道不行 恥也(입호인지본조 이도불행 치야) : 남의 나라나 조정에서 벼슬을 하면서, 도를 행하지 않는 것은 창피한 노릇이다.

【集註】(1) 以出位爲罪 則無行道之責 以廢道爲恥 則非竊祿之官 此 爲貧者之 所以必辭尊富 而寧處貧賤也 尹氏曰 言爲貧者 不可以居尊 居尊者 必欲以行道.

(1)「<낮은 벼슬자리에 있는 자가> 자기의 지위를 벗어나는 것을 죄로 여기며, 그는 곧 도를 행할 책임이 없다. <높은 자리에 있는 자가> 도가 폐하는 것을 창피하게 여기면, 그는

곧 녹을 도둑질하는 관리가 아니다. 이것이 곧 가난을 모면하기 위해 벼슬하는 사람이 반드시 높은 자리와 많은 녹봉을 사양하고 편안하게 빈천에 처하는 까닭이라 하겠다. 윤씨(尹氏)가 말했다. 「가난을 <모면하기> 위하여 벼슬하는 자는 높은 자리에 있지 말아야 한다. <한편> 높은 자리에 있는 사람은 반드시 도가 행해지기를 원해야 한다.」

제5장 爲貧章 : 白文

[1] 孟子曰 仕非爲貧也 而有時乎爲貧 娶妻非爲養也 而有時乎爲養.

[2] 爲貧者 辭尊居卑 辭富居貧.

[3] 辭尊居卑 辭富居貧 惡乎宜乎 抱關擊柝.

[4] 孔子嘗爲委吏矣 曰 會計當而已矣 嘗爲乘田矣 曰 牛羊茁壯長而已矣.

[5] 位卑而言高罪也 立乎人之本朝而道不行恥也.

【요점 복습】 제5장 위빈장

군자가 벼슬하는 것은 도를 행하기 위해서다. 오직 가난을 모면하기 위해서가 아니다. 그러나 때로는 불가피하게 가난 때문에 벼슬하는 경우도 있다. 남자가 처를 얻는 근본 목적은 집안을 계승하고 발전케 함이다. 오직 부모나 가족을 양육하기 위해서만이 아니다. 그러나 때로는 불가피하게 가족을 양육하기 위해서 처를 얻는 수도 있다. 가난을 모면하기 위해서 벼슬하는 사람은 스스로 높은 자리를 사양하고 낮은 벼슬을 살아야 한다. 많은 녹봉을 사양하고 적은 녹봉을 받는 자리에 있어야 한다.

제6장 士之章 : 총 6 구절

[1] 萬章曰 士之不託諸侯何也 孟子曰 不敢也 諸侯失國 而後託於諸侯禮也 士之託於諸侯 非禮也.

만장(이) 왈 사지불탁제후(는) 하야(이꼬) 맹자(이) 왈 불감야(이니라) 제후(이) 실국이후(에) 탁어제후(는) 예야(이오) 사지탁어제후(는) 비례야(이니라)

[1] 만장이 물었다. 「사(士)가 다른 임금에게 기탁하면 안 되는 것은 어째서 입니까.」 맹자가 말했다. 「감히 그렇게 할 수 없다. 임금의 경우는 자기 나라를 잃은 후에, 다른 나라 임금에게 의탁하는 것은 예(禮)로 허락된다. 그러나 사(士)가 다른 임금에게 의지하는 것은 예(禮)나 도리(道理)에 어긋난다.」

[어구 설명] [1] 士之不託諸侯(사지불탁제후) : 사(士)는 다른 나라 제후에게 의탁하면 안 된다. 「사」는 「임금에 직속하여, 일을 성실하게 하는 선비다. 다른 나라 임금에게 자신을 팔고 다른 나라의 녹을 받아먹으면 안 된다.」 ㅇ 諸侯失國而後 託於諸侯 禮也(제후실국이후 탁어제후 예야) : 임금의 경우는 자기 나라를 잃은 후에, 다른 나라의 임금에게 의탁하는 것은 예(禮)나 도리(道理) 상 허락된다. ㅇ 士之託於諸侯 非禮也(사지탁어제후 비례야) : 사(士)는 다른 임금에게 의지하는 것은 예(禮)가 아니다.

【集註】(1) 託寄也 謂不仕而食其祿也 古者 諸侯
出奔他國 食其廩餼 謂之寄公 士無爵土 不得比諸侯
不仕而食祿 則非禮也.

(1) 「탁(託)」은 「기탁(寄託)」의 뜻이다. 즉 「<남의 나라> 일을 하지 않고, 녹을 먹는다」는 뜻이다. 「옛날에는 제후가 다른 나라로 망명하고, 그 나라 창고의 곡식을 먹는 것을 기공(寄公)」이라 했다. 사(士)는 작위(爵位)나 영지(領地)가 없으며, 제후와 비교할 수 없다. <남의 나라에서> 일도 하지 않고, 녹을 받아먹는 것은 예(禮)가 아니다.

[2] 萬章曰 君餽之粟 則受之乎 曰受之 受之 何義也 曰 君之於氓也 固周之.

만장(이) 왈 군(이) 궤지속(을) 즉수지호(이까) 왈 수지 (니라) 수지(는) 하의야(이이꼬) 왈 군지어맹야(에) 고주 지(니라)

[2] 만장:「일반 백성들은 임금이 주는 곡식을 받아먹어도 됩니까.」

맹자:「받아먹어도 좋다.」

만장:「받아먹어도 좋다는 말은 무슨 뜻입니까.」

맹자:「임금은 모든 백성들을 마땅히 두루 구제해 주어야 하기 때문이다.」

[어구 설명] [2] ㅇ君餽之粟 則受之乎(군궤지속 즉수지호):<일반

사람이나 백성들은> 임금이 내려주는 곡식을 받아먹어도 되느냐. ㅇ受之何義也(수지하의야) :「받아먹어도 된다」고 하는 말은 무슨 뜻이냐. ㅇ君之於氓也 固周之(군지어맹야 고주지) : 임금은 백성을 당연히 구제해 주어야 한다.「맹(氓)」은「자기 나라 백성만이 아니고, 다른 나라에서 온 사람」도 다 포함한다.

【集註】(1) 周救也 視其空乏 則周卹之 無常數 君待民之禮也.

(1)「주(周)」는「두루 다 구휼(救恤)한다」는 뜻이다. 백성들이 공핍(空乏)한 것을 보면, 두루 다 구휼해 주어야 한다. 구휼에는 정해진 규범이나 수량의 한계가 없다. 그렇게 하는 것이 임금이 백성에게 대하는 예(禮)이자 도리(道理)이다.

[3] 曰 周之則受 賜之則不受 何也 曰 不敢也 曰 敢問其不敢 何也 曰 抱關擊柝者 皆有常職 以食於上 無常職 而賜於上者 以爲不恭也.

왈 주지즉수(하고) 사지즉불수(는) 하야(이이꼬) 왈 불감야(이니라) 왈 감문기불감(은) 하야(이이꼬) 왈 포관격탁자(이) 개유상직(하야) 이식어상(하나니) 무상직 이사어상자(를) 이위불공야(이니라)

[3] 만장 :「구휼해 주는 것은 받고, 하사해 주는 것은 받지 못하는 이유가 무엇입니까.」

맹자 : 「감히 받을 수 없기 때문이다.」
만장 : 「감히 받을 수 없다는 말은 무슨 뜻입니까.」
맹자 : 「<관문을 지키는> 문지기나 <밤에 딱딱이를 치는> 야경꾼은 일정한 직업을 가졌으니, 위로부터 녹을 받을 수 있다. 그러나 일정한 직업이 없는데 윗사람의 녹을 받는 것은 예나 도리에 어긋난다.」

[어구 설명] [3] ㅇ周之則受 賜之則不受(주지즉수 사지즉불수) : 구휼해 주는 것은 받고, 내려주는 것은 받지 않는다. ㅇ有常職 以食於上(유상직 이식어상) : 일정한 직책이 있으므로 위로부터 받아먹는다. ㅇ無常職而賜於上者(무상직이사어상자) : 일정한 직책이 없으면서, 위에서 내려주는 것을 받아먹는 것은. ㅇ以爲不恭也(이위불공야) : 불공(不恭)한 일이다. 이 때의 「불공」은 「예(禮)나 도리(道理)에 어긋난다」는 뜻이다.

【集註】(1) 賜 謂予之祿 有常數 君所以待臣之禮也.

(1) 「사(賜)」는 「내려주는 녹봉」이다. 녹봉에는 정해진 양이 있다. 그것이 바로 임금이 신하를 대우하는 예(禮)이다.

[4] 曰 君餽之則受之 不識 可常繼乎 曰
繆公之於子思也 亟問亟餽鼎肉 子思
不悅 於卒也 摽使者 出諸大門之外
北面稽首再拜 而不受 曰 今而後 知

君之犬馬畜伋 蓋自是 臺無餽也 悅
賢不能擧 又不能養也 可謂悅賢乎.

왈 군(이) 궤지즉수지(라하시니) 불식(케이다) 가상계호
(이까) 왈 목공지어자사야(에) 극문(하시며) 극궤정육(이
어시늘) 자사(이) 불열(하사) 어졸야(에) 표사자(하야) 출
제대문지외(하시고) 북면계수재배이불수 왈 금이후(에)
지군지견마축급(이라하시니) 개자시(로) 대무궤야(하
니) 열현불능거(이오) 우불능양야(이면) 가위열현호(아)

[4] 만장 : 「임금이 주는 것은 받아도 좋다고 하셨으
니, 노상 계속해서 받아도 좋은지 모르겠습니다.」
맹자 : 「노(魯)나라 목공(繆公)이 <사신을 보내서>
자사(子思)에게 자주 문안을 했고, 또 자주 삶은 고기
를 보냈다. <그러나> 자사는 좋아하지 않았다. 마침
내 사신을 손짓하여 대문 밖에 나가게 하고, 자기는
북면하고 머리를 조아리고 두 번이나 절을 하고 <목
공이 내린 고기를> 받지 않으면서 말했다. 『이제야
비로소 임금님이 나, 급(伋)을 개나 말 키우듯이 대하
고 있음을 알았노라.』 그때부터 대관(臺官)의 사령이
물건을 가지고 오지 않게 되었다. <한 나라의 임금으
로서> 현인(賢人)을 좋아하기만 하고, 그를 등용하지
못하고, 또 녹을 주어 스스로를 봉양하게 하지 못한다
면 <어찌> 현인을 좋아한다고 말하겠는가.」

[어구 설명] [4] ㅇ 可常繼乎(가상계호) : 노상 계속해서 받아도 됩

니까. ○繆公(목공) : 노(魯)나라 임금. 목공(穆公)이라고도 쓴다.
○亟(극) : 자주, 여러 차례. ○摽(표) : 손짓하다. ○北面稽首(북면
계수) : 북쪽을 바라보고 머리를 숙이고 <임금에게> 절을 하다.
○知君之犬馬畜伋(지군지견마축급) : 임금이 나 급(伋)을 개나 말
같이 양육하신다는 것을 알게 되었다. 「급」은 자사의 이름. ○臺無
餽也(대무궤야) : 임금이 대관(臺官)으로 하여금 다시는 물건을
주지 않았다. 「대(臺)」는 「대관」이다. 사령(使令)을 주관하는 천직
이다. ○不能擧(불능거) : 등용해서 쓰지 못하거나. ○又不能養也
(우불능양야) : <정식으로 녹봉을 주어 자신이나 부모를> 봉양하
지 못하게 한다면. ○可謂悅賢乎(가위열현호) : 참으로 현인을 좋
아한다고 말할 수 있겠느냐.

【集註】(1) 亟數也 鼎肉熟肉也 卒末也 摽麾也 數
以君命來餽 當拜受之 非養賢之禮 故不悅 而於其末
後復來餽時 麾使者出拜而辭之 犬馬畜伋 言不以人
禮待已也 臺賤官 主使令者 蓋繆公愧悟 自此不復令
臺來致餽也 擧用也 能養者未必能用也 況又不能養
乎.

(1) 「극(亟)」은 「자주, 여러 차례」의 뜻. 「정육(鼎肉)」은 「가마
솥에 넣고 푹 삶은 고기.」 「졸(卒)」은 「마침내」의 뜻이다. 「표
(摽)」는 「손짓하다」의 뜻. 임금이 자주 명을 내려 <사신으로
하여금> 물건을 보내주면, 그 때마다 <자사(子思)는 예를 갖
추어 임금을 대하듯이> 절을 하고 물건을 받아야 한다. <이

렇게 물질만을 내려주는 일은> 참으로 현인을 좋아하고 양육하는 바른 태도가 아니다. 그래서 자사가 좋아하지 않았으며, 마침내 다시 <사자로 하여금> 물건을 보내주자, 자사가 손짓으로 사자를 내보낸 다음, <임금을 바라보고> 절을 하고 <내린 물건을> 사양한 것이다. 「견마축급(犬馬畜伋)」은 「사람의 예로써 대하지 않는다는 뜻」을 말한 것이다. 「대(臺)」는 천관이며, 사령을 주관한다. 아마 목공이 부끄러워하고 깨닫고 그 후에는 다시 대관으로 하여금 물건을 보내지 않았을 것이다. 「거(擧)」는 「등용한다」는 뜻이다. <목공같이 물질적으로 선비를> 잘 봉양하는 임금도 반드시 등용해서 잘 쓰지 못한다. 그러니, 물질적으로 선비를 봉양하지 못하는 임금이 어찌 <참되게 현인을 등용해 쓰고> 봉양할 수 있겠는가.

[5] 曰 敢問 國君 欲養君子 如何 斯可謂養矣 曰 以君命將之 再拜稽首而受 其後 廩人繼粟 庖人繼肉 不以君命將之 子思以爲鼎肉 使己僕僕爾亟拜也 非養君子之道也.

왈 감문국군(이) 욕양군자(인댄) 여하(이라야) 사가위양의(니이꼬) 왈 이군명장지(어든) 재배계수이수(하나니) 기후(에) 늠인계속(하며) 포인계육(하야) 불이군명장지(니) 자사(이) 이위정육(이) 사기복복이극배야(이라) 비양군자지도야(이라하시니라)

[5] 만장 : 「감히 여쭈어 보겠습니다. 임금이 군자를 봉양(奉養)할 때, 어떻게 해야 참된 봉양이라 말할 수 있습니까.」

맹자 : 「처음에는 임금의 명으로 예물을 보내준다. <그러면 군자가> 재배하고 머리를 조아리고 받는다. <그러나> 그 다음부터는 직접 창고지기가 곡물을 계속해서 보내주고, 푸주 관리인이 계속해서 고기를 대주게 하고, 다시는 임금의 명을 내세우고 <물건을> 보내지 않게 해야 한다. 자사는 솥에 삶은 고기를 보내준 것은 자기로 하여금 성가시게 자주 임금에게 절을 하게 하는 것이라 생각했으니, 그런 방식은 참되게 군자를 봉양하는 도리가 아닌 것이다.」

[어구 설명] [5] ㅇ國君 欲養君子 如何 斯可謂養矣(국군 욕양군자 여하 사가위양의) : 임금이 군자를 봉양(奉養)할 때, 어떻게 해야, 참으로 봉양이라고 말할 수 있느냐. ㅇ以君命將之 再拜稽首而受(이군명장지 재배계수이수) : 처음에는 임금의 명으로 예물을 보내준다. 그러면 <군자는> 절하고 머리를 조아리고 받을 것이다. ㅇ其後 廩人繼粟 庖人繼肉(기후 늠인계속 포인계육) : 그 후에는 임금을 내세우지 않고, 곡물 창고지기가 계속해서 곡물을 대주고, 푸주 관리인이 계속해서 육류를 보내준다. ㅇ子思以爲鼎肉 使己僕僕爾亟拜也(자사이위정육 사기복복이극배야) : 자사는 「임금이 삶은 고기를 보내주는 것은 자기로 하여금 자주 성가시게 절을 하게 하는 것이라」 생각했다.

【集註】(1) 初以君命來餽 則當拜受 其後有司各以其職 繼續所無 不以君命來餽 不使賢者有亟拜之勞也 僕僕 煩猥貌.

(1) 처음에는 임금의 명으로 물건을 보내오면 당연히 절하고 받는다. 그러나 후에는 담당자가 각기 직책에 따라 <군자에게> 부족한 것을 계속해서 보내준다. 임금의 명으로 보내주는 것이 아니므로 현인으로 하여금 자주 절하는 수고를 면하게 한다. 「복복(僕僕)」은 「겁먹은 태도를 짓다」의 뜻이다.

[6] 堯之於舜也 使其子九男事之 二女女焉 百官牛羊倉廩備 以養舜於畎畝之中 後擧而加諸上位 故曰 王公之尊賢者也.

요지어순야(에) 사기자구남(으로) 사지(하며) 이녀(로) 여언(하시고) 백관우양창름(을) 비(하야) 이양순어견무지중(이러시니) 후(에) 거이가제상위(하시니) 고(로) 왈 왕공지존현자야(이니라).

[6] <맹자의 말 계속> 「요제(堯帝)가 순(舜)을 돌봐 줄 때에는, 자기의 아들 9명으로 하여금 순을 섬기게 했고, 또 두 딸을 순의 처로 주었으며 또 백관(百官)·우양(牛羊)·창름(倉廩)까지 다 갖추어 주고, 논밭에서 농사를 짓는 순이 잘살고 발전하게 했던 것이다.

그런 다음에 순을 등용해서 높은 자리에서 <나라를 다스리게 했다.> 고로 말한다.『<요제의 공양 태도가> 바로 임금이 현인을 높이는 태도이다.』」

[어구 설명] [6] ㅇ堯之於舜也(요지어순야) : 요제(堯帝)가 젊은 순(舜)을 도와두고 키워줄 때에. ㅇ以養舜於畎畝之中(이양순어견무지중) : 논밭에서 농사를 짓는 순을 도와주고 키워주고 잘되게 해주었다. ㅇ後擧而加諸上位(후거이가제상위) : 그런 다음에 등용하고 높은 자리에서. <나라를 다스리게 했다.> ㅇ王公之尊賢者也(왕공지존현자야) : <그런 태도가 바로> 임금이 현인(賢人)을 높이고 봉양하는 태도이다.

【集註】(1) 能養能擧 悅賢之至也 惟堯舜爲能盡之 而後世之所當法也.

(1) 현명한 사람을 능히 봉양(奉養)하고, 능히 높이 등용(登用)할 수 있는 것이 즐거움의 극치이다. 이와 같은 일은 오직 요임금과 순임금만이 할 수 있었다. 그래서 후세에서도 마땅히 전범(典範)으로 삼아야 한다.

제6장 士之章 : 白文

[1] 萬章曰 士之不託諸侯 何也 孟子曰 不敢也 諸侯失國而後 託於諸侯 禮也 士之託於諸侯 非禮也.

[2] 萬章曰 君餽之粟 則受之乎 曰 受之 受之何義也 曰 君之於氓也 固周之.

[3] 曰 周之則受 賜之則不受 何也 曰 不敢也 曰 敢問其不敢 何也 曰 抱關擊柝者 皆有常職 以食於上 無常職 而賜於上者 以爲不恭也.

[4] 曰 君餽之則受之 不識 可常繼乎 曰 繆公之於子思也 亟問亟餽鼎肉 子思不悅 於卒也 摽使者 出諸大門之外 北面稽首再拜而不受 曰 今而後知君之犬馬畜伋 蓋自是 臺無餽也 悅賢不能擧 又不能養也 可謂悅賢乎.

[5] 曰 敢問國君 欲養君子 如何 斯可謂養矣 曰 以君命將之 再拜稽首而受 其後 廩人繼粟 庖人繼肉 不以君命將之 子思以爲鼎肉 使己僕僕爾亟拜也 非養君子之道也.

[6] 堯之於舜也 使其子九男事之 二女女焉 百官牛羊倉廩備 以養舜於畎畝之中 後擧而加諸上位 故曰 王公之尊賢者也.

【요점 복습】 제6장 사지장

임금이 현인을 존경하는 바른 예절과 태도를 말했다. 즉 현인에게 물질을 보급해 주고, 그의 궁핍을 덜어주는 것으로 끝나면 안된다. 그보다 더 중요한 것은 현인의 총명한 학식과 높은 인덕(仁德)을 활용하고, 그를 등용하여 나라를 바르게 다스리고 백성을 잘살게 해주어야 한다. 잘못한 예로 노나라 목공과 자사를 들었고, 잘한 예로는 요임금과 순임금을 들었다.

제7장 不見章 : 총 8 구절

[1] 萬章曰 敢問 不見諸侯 何義也 孟子曰 在國曰 市井之臣 在野曰 草莽之臣 皆謂庶人 庶人不傳質爲臣 不敢見於諸侯禮也.

만장(이) 왈 감문 불견제후(는) 하의야(이꼬) 맹자(이) 왈 재국왈시정지신(이오) 재야왈초망지신(이라) 개위서인(이니) 서인(이) 부전지위신(하얀) 불감견어제후(이) 예야(이니라)

[1] 만장이 말했다.「감히 질문하겠습니다. 선생님께서 자진하여 제후를 만나지 않으시는 데는 어떠한 뜻이 있습니까.」

맹자 :「<벼슬하지 않는 군자나 현인이> 도성 안에 있으면 시정(市井)의 신이라 하고, 농촌에 있으면 초망(草莽)의 신이라 한다. 다 서인이다. 서인은 예를 갖추어 예물을 바치고 정식으로 신하가 되지 않고서는 감히 제후를 만나보지 않는 것이 예(禮)이다.」

[어구 설명] [1] ㅇ不見諸侯(불견제후) : 선생님께서 자진해서 제후를 만나보지 않으시는 것은. ㅇ何義也(하의야) : 무슨 뜻이냐. ㅇ草莽之臣(초망지신) : 농촌에 묻혀 사는 신하. 재야(在野)의 신하. ㅇ庶人(서인) : 일반 평민. ㅇ傳質(전지) : 정식으로 예물을 바

친다. 「지(質)」는 「지(贄)」로 「폐백이나 예물」의 뜻이다.

【集註】 (1) 傳通也 質者 士執雉 庶人執鶩 相見以自通者也 國內 莫非君臣 但未仕者 與執贄在位之臣不同 故不敢見也.

(1) 「전(傳)」은 「통(通)」의 뜻이다. 「지(質)」는 「지(贄)」로 「폐백이나 예물」의 뜻이다. 「사(士)는 꿩[雉], 서인은 집오리[鶩]를 들고 가야, 상견례(相見禮)하고, 스스로 통할 수 있다.」 나라 안에 <모든 사람은> 다 임금의 신하다. 그러나, 벼슬을 하지 못한 <서민과> 예물을 바치고 자리를 얻은 신하는 동일하지 않다. 고로 감히 뵙지 못하는 것이다.

[2] 萬章曰 庶人召之役 則往役 君欲見之 召之 則不往見之 何也 曰 往役義也 往見不義也.

만장(이) 왈 서인(이) 소지역 즉왕역(하고) 군욕견지(하야) 소지 즉불왕견지(는) 하야(이이꼬) 왈 왕역(은) 의야(이오) 왕견(은) 불의야(이니라)

[2] 만장 : 「서민은 제후가 부르면 가서 부역을 하는데, <군자는> 임금이 보고자 하여 불러도 곧 가서 만나지 않는 것은 어째서 입니까.」

맹자 : 「서민이 가서 부역하는 것은 의무이다. 그러나 군자가 가서 보는 것은 의무가 아니다.」

[어구 설명] [2] ㅇ庶人召之役 則往役(서인소지역 즉왕역) : 일반 서민은 <임금의 명으로> 소집하여 부역하라고 하면, 곧 가서 부역을 한다. ㅇ則不往見之 何也(즉불왕견지 하야) : <임금이 보고자 하여 불러도> 가서 <임금을> 보지 않는 것은 어찌해서냐. ㅇ往役義也(왕역의야) : <일반 서민이> 가서 부역하는 것은 의무이다. ㅇ往見不義也(왕견불의야) : 군자가 가서 <임금을> 보는 것은 의무가 아니다.

【集註】(1) 往役者 庶人之職 不往見者 士之禮.
(1) 가서 부역하는 것은 서민의 직책이다. <그러나 불러도> 가서 보지 않는 것은 군자나 선비의 예이다.

[3] 且君之欲見之也 何爲也哉 曰 爲其多聞也 爲其賢也 曰 爲其多聞也 則天子不召師 而況諸侯乎 爲其賢也 則吾未聞欲見賢 而召之也 繆公亟見於子思 曰 古千乘之國 以友士 何如 子思不悅 曰 古之人 有言曰 事之云乎 豈曰友之云乎 子思之不悅也 豈不曰 以位則子君也 我臣也 何敢與君友也 以德則子事我者也 奚可以與我友 千乘之君 求與之友 而不可得

也 而況可召與.

차군지욕견지야(는) 하위야재(오) 왈 위기다문야(이며) 위기현야(이니이다) 왈 위기다문야 즉천자(도) 불소사(이온) 이황제후호(아) 위기현야 즉오미문 욕견현 이소지야(케라) 목공(이) 극견어자사 왈 고(에) 천승지국(이) 이우사(하니) 하여(하니이꼬) 자사(이) 불열 왈 고지인(이) 유언왈 사지운호(이언정) 기왈우지운호(이리오하시니) 자사지불열야(는) 기불왈 이위즉자(는) 군야(이오) 아(는) 신야(이니) 하감여군우야(이며) 이덕즉자(는) 사아자야(이니) 해가이여아우(리오) 천승지군(이) 구여지우 이불가득야(이오) 이황가소여(아)

[3] 맹자 : 「또 임금이 나를 보고자 함은 어째서일까.」
만장 : 「<선생님이> 다문박식(多聞博識)하시고, 또 현명하시기 때문이겠지요.」
맹자 : 「다문박식하기 때문이라면 <의당 스승으로 높이고 대해야 한다.> 천자(天子)도 스승을 오라고 부르지 않거늘, 하물며 제후가 <오라고> 부를 수 있겠느냐. 현명하기 때문이라면 <의당히 예를 갖추고 등용해야 한다. 그렇게 하지 않고> 현인을 보고 싶다고 불러서 오라고 한다는 예를 <나는> 듣지 못했노라. <한 가지 예를 들겠다. 옛날 노나라의> 목공(繆公)이 자주 자사(子思)를 만났으며 <다음같이> 말한 바 있다.『옛날에는 천승(千乘)의 임금이 선비를 벗으로 삼았다고 하던데, <그대도 나와 벗하면> 어떻겠소.』그러자 자사는 불쾌한 듯이 임금에게 말했다.『옛사

람이 현인을 잘 섬겨야 한다고 말했거늘, 어찌 벗하자고 말하십니까.』 자사가 불쾌하게 여긴 것은 다음 같은 생각이 아니겠느냐.『지위로 말하면 그대는 임금이고 나는 신하다. 어찌 감히 임금과 벗하겠는가. <한편> 현덕(賢德)으로 말하면, 그대가 즉 나를 섬겨야 하거늘 어찌 나와 벗할 수가 있겠느냐.』<자사의 경우> 천승의 임금도 벗할 수 없거늘, 하물며 제후가 나를 오라고 부를 수 있겠느냐.」

[어구 설명] [3] ㅇ天子不召師 而況諸侯乎(천자불소사 이황제후호) : <박학다식한 현인이나 스승을> 천자도 함부로 오라고 부르지 못하거늘, 하물며 제후가 현인을 불러오라고 할 수 있겠느냐. ㅇ古之人有言曰(고지인 유언왈) : 옛사람이 <다음같이> 말한 바 있다. ㅇ事之云乎 豈曰友之云乎(사지운호 기왈우지운호) : <현명한 군자나 선비를> 섬길지언정, 어찌 벗하자고 말하겠느냐.

【集註】(1) 孟子引 子思之言 而釋之 以明不可召之意.

(1) 맹자가 자사의 말을 인용해서 뜻풀이를 하고 <임금이 현명한 사람을> 불러오라고 할 수 없음을 밝힌 것이다.

[4] 齊景公田 招虞人以旌 不至將殺之 志士不忘在溝壑 勇士不忘喪其元 孔子奚取焉 取非其招不往也.

제경공(이) 전(할새) 초우인이정 부지(어늘) 장살지(러
니) 지사 불망재구학(이오) 용사(는) 불망상기원(이라하
니) 공자(이) 해취언(이꼬) 취비기초불왕야(이시니라)

[4] <맹자의 말 계속>「옛날 제(齊)나라 경공(景公)이 사냥을 할 때 정기(旌旗)를 흔들고 원유(苑囿)지기를 오라고 불렀으나, 그가 오지 않자, 경공이 그를 죽이려고 했다. <그러나> 공자는 그를 칭찬하고 말했다.『지사(志士)는 항상 의(義)를 위해 죽어 도랑에 떨어질 각오가 되어 있고, 또 용사는 언제라도 자기의 목을 잃을 각오가 되어있어야 한다.』공자께서 어떤 점을 취해서 칭찬을 했을까. 그가 정당한 방법으로 자기를 부르지 않았으므로 <임금의 부름에도> 응하지 않은 점을 칭찬한 것이다.」

[어구 설명] [4] ㅇ田(전) : 사냥할 때. ㅇ招虞人以旌(초우인이정) : 정기(旌旗)를 흔들고 우인(虞人)을 오라고 불렀다.「우인」은 원유(苑囿)를 지키는 서리(胥吏). ㅇ志士不忘在溝壑(지사불망재구학) : 지사는 언제라도 죽어서, 도랑에 떨어질 각오가 되어 있다. ㅇ勇士不忘喪其元(용사불망상기원) : 용사는 언제라도 자기의 목을 잃을 각오가 되어 있다.「원(元)」은「목, 수(首)」.

【集註】(1) 說見前篇.

(1) 앞에 나왔다. ⇒「滕文公 下 제1장」

[5] 曰 敢問 招虞人何以 曰以皮冠 庶人

以旃 士以旂 大夫以旌.
왈 감문 초우인하이(니이꼬) 왈 이피관(이니) 서인(은) 이전(이오) 사(는) 이기(오) 대부(는) 이정(이니라)

[5] 만장:「감히 묻겠습니다. 원유지기는 무엇으로 불러야 합니까.」

맹자:「<원유지기는> 피관(皮冠)을 흔들고, 서인(庶人)은 <자루가 굽은> 전(旃)을 흔들고, 사(士)는 <용 그림과 방울이 달린> 기(旂)를 흔들고, 대부(大夫)는 <새털이 달린> 정(旌)을 흔들고 불러야 한다.」

[어구 설명] [5] ㅇ皮冠(피관): 사냥 때 쓰는 털모자. ㅇ旃(전): 자루가 굽은 기. ㅇ旂(기): 용을 그리고 방울이 달린 기. ㅇ旌(정): 깃대 끝에 새털이 달린 기.

【集註】(1) 皮冠 田獵之冠也 事見春秋傳 然則皮冠者 虞人之所有事也 故以是招之 庶人未仕之臣 通帛曰旃 士謂已仕者 交龍爲旂 析羽而注於旂干之首曰旌.

(1)「피관(皮冠)」은「사냥할 때 쓰는 관」이다. 이러한 기사는 춘추전(春秋傳)에 보인다. 그러나 피관을 쓰는 경우는 <오직> 우인(虞人)에게 일이 있을 때만, <피관을 흔들어 오라고 한다.>「서인(庶人)」은「미처 벼슬하지 않은 신하」의 뜻이다.「통백(通帛)」을「전(旃)」이라 한다.「사(士)」는「자기를 섬기고 일하는 사람」을 말한다.「두 마리 용이 어우러진 그림이

있는 기(旗)가 「기(旂)」다. 「새털을 나누어 깃대 끝에 달은 기(旗)」를 「정(旌)」이라 한다. * 「통백」은 「아무런 그림이나 글씨가 없는 비단으로 만든 기(旗).」

[6] 以大夫之招 招虞人 虞人死不敢往 以士之招 招庶人 庶人豈敢往哉 況乎以不賢人之招 招賢人乎.

이대부지초(로) 초우인(이어늘) 우인(이) 사불감왕(하니) 이사지초(로) 초서인(이면) 서인(이) 기감왕재(리오) 황호이불현인지초(로) 초현인호(아)

[6] <맹자의 말 계속> 「대부를 부르는 격식으로 우인을 불러도 <그 격식이 잘못되었으므로> 우인이 죽음을 각오하고 감히 가지 않은 것이다. 사를 부르는 격식으로 서인을 부르면, 서인이 감히 가겠는가. 하물며, 현인(賢人)을 초빙하는 예를 갖추지 않고, 현인을 부른다면, <내가 어찌 응하고 가겠는가.>」

[어구 설명] [6] ○虞人死不敢往(우인사불감왕) : 원유지기 같은 천한 벼슬아치도 죽음을 각오하고 감히 가지 않는다. ○況乎(황호) : 하물며. ○以不賢人之招 招賢人乎(이불현인지초 초현인호) : <제후가> 현인을 초빙하는 <예를> 갖추지 않고 현인을 부른다면. <내가 어찌 응하고 가서 만나보겠느냐.>

【集註】(1) 欲見而召之 是不賢人之招也 以士之招招庶人 則不敢往 以不賢人之招 招賢人 則不可

往矣.

(1) 제후가 보고 싶다고 <함부로> 부르는 것은 현인(賢人)을 초빙(招聘)하는 도리가 아니다. 벼슬하는 선비를 부르는 격식으로 일반 서민을 부르면, 서민은 감히 응하고 가지 못하게 마련이다. 현인을 초빙하는 예나 도리를 갖추지 않고, 현인을 부르면, 현인이나 군자는 갈 수가 없는 것이다.

[7] 欲見賢人 而不以其道 猶欲其入 而閉之門也 夫義路也 禮門也 惟君子能由是路 出入是門也 詩云 周道如底 其直如矢 君子所履 小人所視.

욕견현인 이불이기도(이면) 유욕기입 이폐지문야(이니라) 부의(는) 노야(이오) 예(는) 문야(이니) 유군자능유시로(하며) 출입시문야(이니) 시운 주도여저(하니) 기직여시(로다) 군자소리(요) 소인소시(라하니라)

[7] <맹자의 말 계속> 「제후가 현인을 만나보고자 하면서 바른 도리를 갖추지 않는 것은 마치 사람이 들어오기를 바라면서 문을 닫는 것과 같다. 무릇 의(義)는 길이고, 예(禮)는 문이다. 군자는 오직 바른 길을 따르고 바른 문으로만 출입할 수 있다. 시경(詩經)에 있다. 『주(周)나라의 길은 숫돌같이 평탄하고 곧기가 마치 화살 같다. 그 길을 군자가 밟고 다니자, 소인들이 모두 보고 따르니라.』」

[어구 설명] [7] ○猶欲其入 而閉之門也(유욕기입 이폐지문야) : 들어오기를 바라면서 대문을 잠가 놓는 것과 같다. ○夫義路也 禮門也(부의로야 예문야) : 무릇 의는 <따라야 할 바른> 길이고 예는 <지나고 들어가야 할> 대문이다. ○詩(시) : 시경(詩經) 소아(小雅) 대동편(大東篇). ○底(저) : 「숫돌 지(砥)」와 같다.

【集註】(1) 詩 小雅大東之篇 底與砥同 礪石也 言其平也 矢言其直也 視 視以爲法也 引此以證 上文能由是路之義.

(1) 「시(詩)」는 「시경(詩經) 소아(小雅) 대동편(大東篇)」의 시다. 「저(底)」는 「지(砥)」와 같으며, 숫돌이다. 평탄하다는 뜻을 말한 것이다. 「시(矢)」는 「곧다는 뜻」을 말한 것이다. 「시(視)」는 「보고 본으로 삼는다는 뜻」이다. 시를 인용하여 앞의 「능히 바른 길을 따른다」는 뜻을 증명한 것이다.

[8] 萬章曰 孔子君命召 不俟駕而行 然則孔子非與 曰 孔子當仕有官職 而以其官召之也.

만장(이) 왈 공자(는) 군(이) 명소(이어시든) 불사가이행(하시니) 연즉공자(이) 비여(이까) 왈 공자(는) 당사유관직 이이기관(으로) 소지야(이니라)

[8] 만장 : 「공자께서는 임금이 명을 내려 부르시면, <수레에> 말을 맬 틈을 기다리지 않고 즉시 가셨으

니, 그렇다면 공자께서는 잘못하신 것입니까.」
맹자 :「공자께서는 당시 관직에 계셨으며, 임금도 관직으로써 부르신 것이다.」

[어구 설명] [8] ㅇ不俟駕而行(불사가이행) : 수레에 말을 매는 시간도 기다리거나 지체하지 않고 즉시. <달려갔다.> ㅇ當仕有官職(당사유관직) : 그 때에는 벼슬하고 관직을 맡고 있었다. ㅇ而以其官召之也(이이기관소지야) : 그래서 관직으로 불렀다.

【集註】(1) 孔子方仕而任職 君以其官名召之 故不俟駕而行 徐氏曰 孔子 孟子 易地則皆然 此章 言不見諸侯之義 最爲詳悉 更合陳代 公孫丑所問者 而觀之 其說乃盡.

(1) 공자는 그 때에 벼슬하고 관직을 맡고 있었으며, 임금도 관직 명으로써 부른 것이다. 그러므로 수레에 말 매기를 기다리지 않고 서둘러 간 것이다. 서씨(徐氏)가 말했다.「공자와 맹자는 처지를 바꾸어도 같았을 것이다.」이 장은 맹자가 제후를 자진해서 만나지 않는 뜻을 가장 잘 말한 것이며, 앞에서 진대(陳代)와 공손추(公孫丑)의 질문에 답한 말과 함께 보면 더욱 충분히 알 수 있을 것이다.

제7장 不見章 : 白文

[1] 萬章曰 敢問不見諸侯何義也 孟子曰 在國曰市井之臣 在野曰草莽之臣 皆謂庶人 庶人不傳質爲臣 不敢見於諸侯禮也.

[2] 萬章曰 庶人 召之役 則往役 君欲見之 召之 則不往見之 何也 曰 往役義也 往見不義也.

[3] 且君之欲見之也 何爲也哉 曰 爲其多聞也 爲其賢也 曰 爲其多聞也 則天子 不召師 而況諸侯乎 爲其賢也 則吾未聞 欲見賢而召之也 繆公亟見於子思 曰 古千乘之國 以友士 何如 子思不悅 曰 古之人有言曰 事之云乎 豈曰友之云乎 子思之不悅也 豈不曰 以位則子君也 我臣也 何敢與君友也 以德則子事我者也 奚可以與我友 千乘之君 求與之友 而不可得也 而況可召與.

[4] 齊景公田 招虞人以旌 不至 將殺之 志士不忘在溝壑 勇士不忘喪其元 孔子奚取焉 取非其招不往也.

[5] 曰 敢問招虞人 何以 曰 以皮冠 庶人以旃 士以旂 大夫以旌.

[6] 以大夫之招 招虞人 虞人死不敢往 以士之招 招庶人 庶人 豈敢往哉 況乎以不賢人之招 招賢人乎.

[7] 欲見賢人而不以其道 猶欲其入而閉之門也 夫義路也 禮門也 惟君子能由是路 出入是門也 詩云 周道如底 其直如矢 君子所履 小人所視.

[8] 萬章曰 孔子君命召 不俟駕而行 然則孔子非與 曰 孔子當仕有官職 而以其官召之也.

【요점 복습】 제7장 불견장

　전국시대에는 수없이 많은 크고 작은 나라들이 치열하게 무력 전쟁을 했다. 크고 강한 나라는 약하고 힘이 없는 작은 나라를 무자비하게 침략하고 병탄(倂呑)했다. 한마디로 약육강식(弱肉强食)의 생지옥과 같은 난세였다. 전국(戰國) 초기에는 도성(都城)을 중심으로 한 제후국(諸侯國)이 약 150개 있었다. 그러나 약소국이 점차로 강대국에게 먹히거나 멸망되었으며, 말기에는 마침내「칠대강국(七大强國)」이 중심이 되어 수단방법을 가리지 않고 악랄하게 싸웠던 것이다. 그 과정에서 수없이 많은 나라의 제후(諸侯)들이 당황하고, 또 타락할 수밖에 별 도리가 없었다. 안 싸울 수도 없고, 또 싸움에 지면 멸망하고 모든 것을 잃는다.

　그러므로 모든 나라의 제후들은「죽느냐, 사느냐」의 다급한 현실 앞에서 불가피하게「부국강병책(富國强兵策)」을 택할 수밖에 다른 도리가 없었다. 한편 지식인들 중에도 시국에 편승하여 출세하고 이름내고 호강하려는 떠돌이 책략가(策略家)들이 우후죽순(雨後竹筍)으로 나타났다. 그들은 저마다 연줄을 타고 임금에게 접근하고 붙어서, 자리와 녹봉을 얻으려고 했던 것이다. 그러나 맹자는 제후가 불러도 가서 만나지 않았다. 그래서 만장이 의아하게 여기고 물은 것이다. 이에 대해 맹자는 말했다.「제후가 현인을 초빙하는 예(禮)와 도리(道理)를 갖추지 않기 때문이다.」이(利)보다 예와 도리를 높이는 것이 공자와 맹자이다.

제8장 一鄕章 : 총 2 구절

[1] 孟子謂萬章曰 一鄕之善士 斯友一鄕之善士 一國之善士 斯友一國之善士 天下之善士 斯友天下之善士.

맹자(이) 위만장왈 일향지선사(이아) 사우일향지선사(하고) 일국지선사(이아) 사우일국지선사(하고) 천하지선사(이아) 사우천하지선사(이니라)

[1] 맹자가 만장에게 말했다. 「한 고을에서 치는 착한 선비라야 비로소 그 고을의 착한 선비들과 벗할 수 있다. 한 나라에서 치는 착한 선비라야 비로소 그 나라의 착한 선비들과 벗할 수 있다. 천하에서 치는 착한 선비라야 비로소 천하의 착한 선비들과 벗할 수 있다.」

[어구 설명] [1] ㅇ一鄕之善士(일향지선사) : 한 고을에서 치는 착한 선비. ㅇ斯友一鄕之善士(사우일향지선사) : 그래야 비로소, 그 고을에 있는 착한 선비들과 벗하고 사귈 수 있다. 「사(斯)」는 「그 때에, 그래야, 비로소」의 뜻이다. 즉 접속부사(接續副詞)다.

【集註】(1) 言 己之善 蓋於一鄕 然後 能盡友一鄕之善士 推而至於一國天下 皆然 隨其高下 以爲廣狹也.

(1) 곧 다음 같은 뜻을 말한 것이다. 「내가 착한 사람이라는 사실이 고을 전체에 알려져야 비로소 그 고을에 사는 모든 착한 사람들과 벗하고 사귈 수 있다. <이 원칙을> 국가적 차원으로 미루어나가도 같다. <나의 현명한 지혜(智慧)와 인덕(仁德)의> 고하(高下)에 따라 <나와 벗하는 선비들의 범위의> 광협(廣狹)이 정해진다.」

[2] **以友天下之善士 爲未足 又尙論古之人 頌其詩 讀其書 不知其人 可乎 是以 論其世也 是尙友也.**

이우천하지선사(로) 위미족(하야) 우상논고지인(하나니) 송기시(하며) 독기서(호대) 부지기인(이) 가호(아) 시이(로) 논기세야(이니) 시상우야(이니라)

[2] <맹자의 말 계속>「<오늘 살아있는> 천하의 착한 선비만을 <벗하고 사귀는 것만으로는> 아직 부족하다. <그래서> 또 다시 옛날의 <착하고 현명한> 성현(聖賢)을 높이고 벗하고 <제반사를> 논해야 한다. <그러나 옛날의 성현을 높이고 벗하고, 또 논하기 위해서> 오늘의 선비는 시경(詩經)이나 서경(書經) 같은 경서(經書)를 읽는다. <그러나 글만을 읽고 그들 성현의> 인품을 몰라서야 되겠는가. 고로, 그들 성현이 살고 처했던 세상을 <역사적으로> 구명(究明)하고 바르게 알아야 한다. <그렇게 하는 것이>

바로 상우(尙友)이다.〈즉 성현을 벗으로 높이고 따르는 태도이다.〉」

[어구 설명] [2] ㅇ以友天下之善士(이우천하지선사) :〈오늘의〉 천하에 살아있는 착한 선비만을.〈벗하고 사귀는 것만으로는〉 ㅇ爲未足(위미족) : 아직 부족하다. ㅇ又尙論古之人(우상논고지인) :〈그래서〉또 다시 옛날의〈착하고 현명한〉사람들을 높이고 벗하고〈제반사를〉논한다.「상(尙)」을 주자(朱子)는「상(上)」으로 풀었다. ㅇ頌其詩 讀其書(송기시 독기서) : 선비는 시경(詩經)이나 서경(書經) 같은 경서(經書)를 읽는다. ㅇ是以 論其世也(시이 논기세야) : 고로, 그들 성현이 살고 처했던 세상을〈역사적으로〉논하고 바르게 알아야 한다. ㅇ是尙友也(시상우야) :〈이렇게 성현을 역사적으로 구명(究明)하는 것이〉바로 상우(尙友)이다. 즉「성현을 벗으로 높이고 따르는 태도이다.」

【集註】(1) 尙上同 言進而上也 頌誦通 論其世 論其當世行事之迹也 言旣觀其言 則不可以不知其爲人之實 是以 又考其行也 夫能友天下之善士 其所友衆矣 猶以爲未足 又進而取於古人 是能進其取友之道 而非止爲一世之士矣.

(1)「상(尙)」은「상(上)」과 같다.「〈벗하는 범위를 넓히고〉높이 올라간다」는 뜻이다.「송(頌)」은「송독(誦讀)」과 통한다.「논기세(論其世)」는「당시의 세상에서 행하는 사적(事迹)을 논한다」는 뜻이다.「이미 성현의 말을 알았으니, 그 성현의

인품의 실상을 알아야 한다」는 뜻을 말한 것이다. 그러므로 다시 그 성현의 행실을 고찰한다. 무릇, 모든 천하의 착한 선비들과 벗하고 사귀었으니, 그 사귀는 바 벗이 많을 것이다. 그래도 역시 부족하게 여기고, 더 나가서 옛날의 성현을 <사귀고> 취해야 비로소 「취우지도(取友之道)」를 확대할 수 있다. <자기가 사는> 세상의 선비만으로는 안 된다.

제8장 一鄕章 : 白文

[1] 孟子謂萬章曰 一鄕之善士 斯友一鄕之善士 一國之善士 斯友一國之善士 天下之善士 斯友天下之善士.

[2] 以友天下之善士 爲未足 又尙論古之人 頌其詩 讀其書 不知其人 可乎 是以 論其世也 是尙友也.

【요점 복습】 제8장 일향장

(1) 내가 착하면 착한 사람들과 벗하게 된다.

(2) 착하다는 뜻은 「현명한 지혜와 어진 인덕을 갖추었다는 뜻이다.」 나의 착함의 정도가 높으면, 내가 벗하고 사귀는 범위도 넓어지고 또 높아진다. 즉「한 고을에서 한 나라로 확대되고, 다시 천하로 넓어진다.」 그러나 현실 세상을 초월해서 역사적 성현으로 확대되고, 또 높아져야 한다. 그 길이 바로 경전(經典)을 공부하고, 성현의 인품과 실적을 연구하는 것이다. 맹자는 말했다. 「모든 인간의 본성은 착하다. 요순(堯舜)을 본받고 배우면, 요순 같은 성현이 될 수 있다.」

제9장 問卿章 : 총 4 구절

[1] 齊宣王 問卿 孟子曰 王 何卿之問也 王曰 卿不同乎 曰 不同 有貴戚之卿 有異姓之卿 王曰 請問貴戚之卿 曰 君有大過則諫 反覆之而不聽 則易位.

제선왕(이) 문경(한대) 맹자(이) 왈 왕(은) 하경지문야(이시니이꼬) 왕왈 경(이) 부동호(이까) 왈 부동(하니) 유귀척지경(하며) 유이성지경(하니이다) 왕왈 청문귀척지경(하노이다) 왈 군(이) 유대과 즉간(하고) 반복지 이불청 즉역위(니이다)

[1] 제(齊)나라 선왕(宣王)이 경(卿)에 대해서 묻자, 맹자가 되물었다.「임금님께서 물으시는 경은 어느 경이십니까.」
선왕 :「경은 다 같지 않소?」
맹자 :「같지 않습니다. 동성(同姓) 일가(一家)의 경도 있고, 이성(異姓) 타가(他家)의 경도 있습니다.」
선왕 :「우선 동성 일가의 경의 대해서 알고 싶소.」
맹자 :「임금이 크게 잘못하면, 간언을 올립니다. <그래도 임금이 잘못을> 반복하고 간언을 듣지 않으면, 그 때에는 임금을 바꾸려고 할 것입니다.」

[어구 설명] [1] ㅇ何卿之問也(하경지문야) : 어떤 경을 묻느냐. ㅇ有貴戚之卿(유귀척지경) : 같은 성, 같은 집안으로 친척이 되는 경. ㅇ異姓之卿(이성지경) : 성이 다르고 집안이 다른 경. ㅇ君有大過則諫(군유대과즉간) : 임금이 크게 잘못하면 곧 간언을 올린다. ㅇ反覆之而不聽(반복지이불청) : 임금이 잘못을 반복하고 간언을 듣지 않으면. ㅇ則易位(즉역위) : 그러면 <동성 귀족 출신의 경이> 임금자리를 바꾸려고 한다.

【集註】(1) 大過 謂足以亡其國者 易位 易君之位 更立親戚之賢者 蓋與君有親親之恩 無可去之義 以宗廟爲重 不忍坐視其亡 故不得已 而至於此也.

(1) 「대과(大過)」는 「그 나라를 망칠 만한 큰 잘못을 말한다.」 「역위(易位)」는 「임금의 자리를 바꾸고 일가 친척 중에서 현명한 사람을 다시 내세운다.」는 뜻이다. 허기는 <일가 친척이 되는 경들은> 임금과 <같은 선조를 모시고>, 또 일가 친족의 사랑을 함께하고 있으며, <임금이 잘못한다고> 임금을 버리고 떠날 수 없으며, 선조를 모신 종묘를 중하게 여기고 받들어야 한다. 그러므로, 나라가 망하는 것을 좌시(坐視)할 수 없다. 고로 부득이하게 <잘못한 임금을 바꿔야> 한다.

[2] 王勃然變乎色.

왕(이) 발연변호색(하신대)

[2] 선왕(宣王)이 불끈 화를 내고 안색이 변했다.

【集註】(1) 勃然 變色貌.

(1)「발연(勃然)」은 「<화를 내고> 안색이 변하는 모양」이다.

[3] 曰 王勿異也 王問臣 臣不敢不以正對.

왈 왕(은) 물이야(하소서) 왕(이) 문신(하실새) 신(이) 불감불이정대(호이다)

[3] 맹자 : 「임금님, 저를 탓하지 마십시오. 임금님이 물으시므로 신은 감히 바르게 대답하지 않을 수 없었습니다.」

[어구 설명] [3] 勿異(물이) : 「탓하지 말라」는 뜻으로 풀었다.

【集註】(1) 孟子言也.

(1) 맹자가 한 말이다.

[4] 王 色定 然後 請問異姓之卿 曰君有過則諫 反覆之 而不聽 則去.

왕(이) 색정 연후(에) 청문 이성지경(하신대) 왈 군(이) 유과즉간(하고) 반복지 이불청(이면) 즉거(이니이다)

[4] 선왕이 안색을 바로잡은 다음에 물었다. 「이성의 경은 <어떻게 합니까.>」

맹자 : 「임금님이 잘못하시면 곧 간언을 올립니다. <그런데도> 임금님이 <간언을 안 들으시고> 반복

해서 잘못하시면, <이성의 경은> 즉시 <임금님 곁을> 떠나고 말 것입니다.」

[어구 설명] [4] ㅇ王色定(왕색정) : 임금이 안색을 바로하다. ㅇ反覆之而不聽 則去(반복지이불청 즉거) : <간언을 안 듣고> 반복해서 잘못하면, <타성의 경은 임금 곁을> 떠나고 말 것이다.

【集註】(1) 君臣義合 不合則去 此章 言大臣之義 親疎不同 守經行權 各有其分 貴戚之卿 小過 非不諫也 但必大過而不聽 乃可易位 異姓之卿 大過 非不諫也 雖小過而不聽 已可去矣 然三仁 貴戚 不能行之於紂 而霍光異姓 乃能行之於昌邑 此又委任權力之不同 不可以執一論也.

(1) 임금과 신하는 의(義)로써 합한다. 의(義)에 있어 합하지 못하면 <신하는> 떠나야 한다. 이 장에서는 대신(大臣)이 지킬 의리(義理)를 말한 것이다. <대신이라도> 친소(親疎)가 같지 않으므로 상법(常法)을 지키거나 권력을 행사할 때에도 저마다 분별이 있게 마련이다. 귀척(貴戚)의 경(卿)이 임금의 작은 허물을 간하지 않는 것은 아니지만, 그러나 임금이 크게 잘못하고도 간언을 받아들이지 않으면 반드시 <자기네 선조가 세운 나라를 위해서 잘못한 임금을> 갈아치울 수도 있다. <그러나> 이성(異姓)의 경(卿)이 <임금의> 큰 잘못에 대해서 간하지 않는 것이 아니지만, 비록 작은 허물이라도, <임금

이 자기들의 간언을> 안 들으면, 훌쩍 떠날 수도 있다. 그러나 <은(殷)나라의 경우> 세 인자(仁者), 즉 「비간(比干)·기자(箕子)·미자(微子)」는 귀척(貴戚)이었으나, 포악한 주(紂)를 갈아치우지 못했다. 한편 전한(前漢)의 곽광(霍光)은 이성의 대신이었으나, 그의 창읍(昌邑)의 음란 무도한 임금 왕하(王賀)를 폐하고, 새로 선제(宣帝)를 자리에 올렸다. 이와 같이 <역사적 사실에 있어> 권력의 위임이 같지 않다. 그러므로 한가지 원칙만을 고집할 수도 없다.

제9장 問卿章 : 白文

[1] 齊宣王 問卿 孟子曰 王 何卿之問也 王曰 卿不同乎 曰 不同 有貴戚之卿 有異姓之卿 王曰 請問貴戚之卿 曰 君有大過則諫 反覆之而不聽則易位.

[2] 王勃然變乎色.

[3] 曰 王勿異也 王問臣 臣不敢不以正對.

[4] 王 色定 然後 請問異姓之卿 曰 君有過則諫 反覆之 而不聽 則去.

【요점 복습】 제9장 문경장

임금과 한 집안 출신의 귀척(貴戚)은 임금을 갈아치울 수 있다. 한편 이성(異姓)의 대신(大臣)은 임금을 버리고 떠날 수 있다.

朱子四書集註

新完譯 孟子集註新講(中)

初版 印刷●2007年　3月　12日
初版 發行●2007年　3月　16日
新譯講述●張　基　槿
發　行　者●金　東　求
發　行　處●明　文　堂(1926. 10. 1 창립)
서울특별시 종로구 안국동 17～8
대체　010041-31-001194
전화　(영) 733-3039, 734-4798
　　　(편) 733-4748
FAX 734-9209
Homepage www.myungmundang.net
E-mail mmdbook1@kornet.net
등록　1977. 11. 19. 제1～148호

●낙장 및 파본은 교환해 드립니다.
●불허복제

값 20,000원
ISBN 89-7270-849-6 94150
ISBN 89-7270-052-5 (세트)

新選明文東洋古典大系

明文堂은 傳統과 創意와 誠實을 바탕으로
여러분의 곁에 있습니다.

- ●改訂增補版 新完譯 論語
  張基槿 譯著 신국판 값 20,000원

- ●新完譯 한글판 論語
  張基槿 譯著 신국판 값 12,000원

- ●改訂增補版 新完譯 孟子 (上·下)
  車柱環 譯著 신국판 값 각 15,000원

- ●新完譯 한글판 孟子
  車柱環 譯著 신국판 값 각 15,000원

- ●改訂增補版 新完譯 詩經
  金學主 譯著 신국판 값 18,000원

- ●改訂增補版 新完譯 書經
  金學主 譯著 신국판 값 15,000원

- ●改訂增補版 新完譯 禮記 (上·中·下)
  李相玉 譯著 신국판 값 각 15,000원

- ●新譯 東洋 三國의 名漢詩選
  安吉煥 編著 신국판 값 15,000원

- ●新完譯 墨子 (上·下)
  金學主 譯著 신국판 값 각 15,000원
  (사)한국출판인회의 제29차
  이달의 책 인문분야 선정도서

- ●改訂版 新完譯 近思錄
  朱熹·呂祖謙 編 成元慶 譯 신국판 값 20,000원

- ●新譯 歐陽修散文選
  魯長時 譯註 신국판 값 20,000원

- ●新完譯 大學 - 경제학자가 본 알기 쉬운 대학
  姜秉昌 譯註 신국판 값 7,000원 양장 9,000원

- ●新完譯 中庸 - 경제학자가 본 알기 쉬운 중용
  姜秉昌 譯註 신국판 값 10,000원 양장 12,000원

- ●新完譯 論語 - 경제학자가 본 알기 쉬운 논어
  姜秉昌 譯註 신국판 값 18,000원

- ●新釋 明心寶鑑
  張基槿 譯著 신국판 값 15,000원

- ●中國古典漢詩人選❶ 改訂增補版 新譯 李太白
  張基槿 譯著 신국판 값 12,000원, 4×6배판 값 17,000원

- ●中國古典漢詩人選❷ 改訂增補版 新譯 陶淵明
  張基槿 譯著 신국판 값 12,000원, 4×6배판 값 17,000원

- ●中國古典漢詩人選❸ 改訂增補版 新譯 白樂天
  張基槿 譯著 신국판 값 12,000원, 4×6배판 값 17,000원

- ●中國古典漢詩人選❹ 改訂增補版 新譯 杜甫
  張基槿 譯著 신국판 값 12,000원, 4×6배판 값 17,000원

- ●中國古典漢詩人選❺ 改訂增補版 新譯 屈原
  張基槿·河正玉 譯著 신국판 값 12,000원, 4×6배판

- ●新釋 明心寶鑑
  張基槿 譯著 신국판 값 15,000원

- ●新完譯 孟子
  金學主 譯著 신국판 값 20,000원

- ●新完譯 蒙求 (上·下)
  李民樹 譯 신국판 값 각 15,000원

- ●新完譯 大學章句大全
  張基槿 譯註 신국판 값 20,000원 양장 값 25,000원

- ●新完譯 古文眞寶前集
  黃堅 編纂 金學主 譯著 신국판 값 20,000원 양장 값 25,000원

- ●新完譯 古文眞寶後集
  黃堅 編纂 金學主 譯著 신국판 값 25,000원 양장 값 30,000원

- ●新完譯 傳習錄
  金學主 譯著 신국판 값 20,000원 양장 값 25,000원

- ●新完譯 大學章句新講
  張基槿 譯註 신국판 값 18,000원 4×6배판 값 23,000원

- ●新完譯 中庸章句新講
  張基槿 譯註 신국판 값 20,000원 4×6배판 값 25,000원

- ●綜合漢文解釋
  張基槿 著 신국판 값 25,000원

- ●新完譯 孟子 - 경제학자가 본 알기 쉬운 맹자
  姜秉昌 譯註 신국판 값 25,000원

- ●新完譯 孝經
  金學主 譯著 신국판 값 10,000원

- ●新完譯 忠經
  金學主 譯著 신국판 값 8,000원

- ●新完譯 十八史略 (上·中·下)
  張基槿 著 신국판 값 (상) 20,000원 (중,하) 근간

- ●新完譯 世說新語 (上·中·下)
  劉義慶 撰 安吉煥 譯 신국판 값 (상) 15,000원 (중,하) 20,000원

- ●新完譯 孟子集註新講 (上·中·下)
  張基槿 新譯講述 신국판 값 (상,중) 20,000원 (하) 근간